rororo computer
Herausgegeben von Ludwig Moos

Adobe Photoshop ist der Bildbearbeitungsklassiker schlechthin. Weit verbreitet und äußerst beliebt, ist das Programm eines der vielseitigsten und qualitativ hochwertigsten Werkzeuge für die visuelle Gestaltung, in der Druckvorstufe wie auch im elektronischen Publizieren. Mit seinen hervorragenden Möglichkeiten löst es alle spezifischen Bildbearbeitungsaufgaben. Darüber hinaus bietet es einen kaum auszuschöpfenden kreativen Spielraum.

Dieses Handbuch vermittelt grundlegend die Handhabung des faszinierenden und anspruchsvollen Programms. Es wird vielen Anwendern helfen, Basiswissen in der Bildbearbeitung aufzubauen oder zu vertiefen. Darüber hinaus will dieses Buch Antworten auf vielfältige produktionstechnische Fragen geben und dazu beitragen, dass die Ergebnisse nicht nur ästhetisch gelungen, sondern auch in perfekter Bildqualität ausgegeben werden.

Pina Lewandowsky arbeitet als freiberufliche Grafikdesignerin und Dozentin.
Klaus Rudolf Bittl arbeitet als freiberuflicher Gestalter und Dozent.

Pina Lewandowsky
Klaus Rudolf Bittl

Photo**shop CS2**

Lösungen für Anwender

Für Mac und PC

Rowohlt Taschenbuch Verlag

Originalausgabe
Veröffentlicht im
Rowohlt Taschenbuch Verlag,
Reinbek bei Hamburg, März 2006
Copyright © 2006 by
Rowohlt Verlag GmbH,
Reinbek bei Hamburg
Umschlaggestaltung Walter Werner
Layout und Typosystem der Buchserie:
Anna Wagner / Guido Englich, Berlin
(Buchgestaltung durch die Autoren)
Herstellung Birgit Meyer
Druck und Bindung Clausen & Bosse, Leck
Printed in Germany
ISBN 13: 978 3 499 61256 5
ISBN 10: 3 499 61256 9

Inhalt

8	**1**	**Einführung**
8		Willkommen bei Adobe Photoshop CS2
13	**2**	**Grundlagen**
13		Was sind digitale Bilder?
20		Bildgröße, Bildauflösung, Bildschirmauflösung
23		Rasterweite, Geräteauflösung, Farbtiefe und Dateigröße
27	**3**	**Arbeiten mit Dokumenten**
27		Öffnen, Neuerstellen und Duplizieren von Dokumenten
39		Schließen und Speichern von Dokumenten, Programm beenden
42		Version Cue
46	**4**	**Hilfsmittel**
46		Darstellung von Bildern am Monitor
50		Lineale, Maße, Extras, Hilfslinien und Raster, Info-Palette und Histogramm-Palette und weitere Hilfsmittel
60	**5**	**Arbeitsumgebung**
60		Arbeiten mit Paletten
62		Übersicht über die Werkzeug-Palette
71		Arbeiten mit Ebenen
97	**6**	**Pixelbasierte Arbeitstechniken**
97		Festlegen von Auswahlbereichen
109		Bearbeiten von Auswahlbereichen
116		Bewegen, Kopieren, Ausschneiden, Einfügen und Löschen von Bildteilen
127		Fläche und Kontur füllen
137		Transformieren von Ebenen oder ausgewählten Bildteilen

143		Verändern von Dokumentgrößen
156		Pinsel und Werkzeug-Optionen für Werkzeuge zum pixelbasierten Arbeiten
208	**7**	**Vektorbasierte Arbeitstechniken**
208		Arbeiten mit Text und Textebenen
224		Form-Werkzeuge und Formebenen
233		Arbeiten mit Pfaden
263		Beschneidungspfade (Freistellungspfade)
269	**8**	**Ebenentechniken**
269		Ebenendeckkraft und Ebenenmodus
274		Ebeneneffekte
288		Ausblenden von Ebenenbereichen – Arbeiten mit Ebenenmasken (pixelbasiert)
298		Ausblenden von Ebenenbereichen – Arbeiten mit Vektormasken (vektorbasiert)
302		Schnittmasken (früher Beschnittgruppen)
305		Smart-Objekte
311		Ebenenkompositionen
315	**9**	**Bildimport**
315		Scannen von Bildern
330		Bilder von einer Digitalkamera
342	**10**	**Farben**
342		Farben darstellen – Farben reproduzieren
351		Farbmodi
360		Umwandeln von einem Farbmodus in einen anderen
372		Farben auswählen – Farben mischen
381	**11**	**Tonwert- und Farbkorrekturen**
381		Farbdarstellung und Farbmanagement
395		Warum sind Tonwert- und Farbkorrekturen notwendig?
399		Arbeiten mit dem Tonwertkorrektur-Dialog und dem Gradationskurven-Dialog
403		Die Korrektur – Schritt für Schritt
421		Farbeffekte / Auswählen auf der Basis von Farben
429		Einstellungsebenen und Füllebenen

436	**12**	**Filter**
437		Filterübersicht
442		Arbeiten mit Filtern
463		Neue Filter und andere Zusatzmodule (Plug-Ins) installieren
464	**13**	**Alpha-Kanäle**
464		Arbeiten mit Alpha-Kanälen
480	**14**	**Datenaustausch mit anderen Programmen**
480		Speichern von Dokumenten
483		Übersicht über die wichtigsten Speicherformate
495		Datenaustausch zwischen Photoshop und Zeichen- bzw. Layoutprogrammen (PostScript)
499	**15**	**Drucken**
499		Allgemeines
502		Ausgabe-Einstellungen
511	**16**	**Reproduzieren von Bildern für Printmedien**
512		Separation (Umwandlung vom RGB- in den CMYK-Modus)
517		Duplexbilder
520		Volltonfarbenkanäle (partielles Duplex)
528	**17**	**Bilder für das Web**
532	**18**	**Rückgängig machen und Wiederherstellen mit Protokoll-Palette und Protokoll-Pinsel**
541	**19**	**Arbeitsabläufe automatisieren**
541		Arbeiten mit der Aktionen-Palette
549		Automatisieren von Bildübersichten
555	**20**	**Speicherverwaltung**
556		**Stichwortverzeichnis**

1 Einführung

Willkommen bei Adobe Photoshop CS2

Seit *Adobe Photoshop* Version 5.5 gehört *ImageReady* zum Programmpaket. Die Fülle an Funktionen und die Komplexität *beider* Programme – möchte man sie nicht nur oberflächlich aufbereiten – würden den Umfang eines einzelnen Taschenbuches sprengen. Deshalb konzentriert sich das vorliegende Buch auf Photoshop mit dem Schwerpunkt Bildbearbeitung für Printmedien, also ohne ImageReady.

Adobe Photoshop ist unbestritten das leistungsfähigste Werkzeug für die digitale Bildbearbeitung. Neben der klassischen Print-Produktion, dem Web-, Offline-Multimedia- und Dynamic-Media-Design kommt das Programm zunehmend auch in anderen Bereichen, z.B. in Architektur, Restaurierung, Medizin und Forensik zum Einsatz. Es bietet hervorragende Möglichkeiten, allen diesen spezifischen Bildbearbeitungsaufgaben gerecht zu werden.

Die neueste Version, Adobe Photoshop CS2, ist Bestandteil der Adobe Creative Suite 2. Die Adobe Creative Suite 2 Premium kombiniert die neuen Versionen von Adobe Photoshop CS2 mit Adobe ImageReady CS2, Adobe Illustrator CS2, Adobe InDesign CS2, Adobe GoLive CS2 und Adobe Acrobat 7.0 Professional sowie den Designprozess-Manager Version Cue CS2. Alle Programme dieses Pakets sind als komplette Design-Umgebung konzipiert. Auch wenn Sie nur Teile dieser Umgebung – z.B. Photoshop und InDesign – nutzen, profitieren Sie davon, dass diese optimal aufeinander abgestimmt sind.

Zum Buch
Anliegen dieses Buches ist es, die Grundlagen der digitalen Bildbearbeitung sowie die wichtigsten Programmfunktionen von Photoshop zu vermitteln. Das Buch erhebt keinen Anspruch auf vollständige Dokumentation

aller möglichen Funktionen, zumal diese recht gut in der Hilfe-Funktion des Herstellers dokumentiert sind. Im Vordergrund steht vielmehr die Erläuterung häufig verwendeter Funktionen und deren Zusammenspiel für einen breiten Anwenderkreis. Die Anwender sollen Basiswissen und eine Orientierung bei der Einarbeitung in das komplexe Programm erhalten. Das Buch möchte außerdem, z.B. durch die ausführliche Erläuterung von Bildkorrekturen, dazu beitragen, dass die Ergebnisse nicht nur ästhetisch gelingen, sondern auch in optimaler Bildqualität ausgegeben werden. Dabei kann das Buch für das Selbststudium, unterrichtsbegleitend oder als handliches Nachschlagewerk eingesetzt werden.

✔ Da im Rahmen dieses Buches weniger praktische Übungsanleitungen und visuelle Effekte zum Nacharbeiten im Vordergrund stehen, sei zu diesem Zweck für fortgeschrittene Photoshop-Anwender das Buch „Photoshop: gewusst wie – Effektives Gestalten für Print und Web" – rororo, ebenfalls von Pina Lewandowsky, empfohlen.

Das vorliegende Buch wurde inhaltlich so gegliedert, dass von einfachen zu komplexen Themen vorgegangen wird. So können Programmeinsteiger die einzelnen Kapitel der Reihe nach durcharbeiten. Trotzdem lässt sich ein Springen zwischen den Kapiteln nicht vollständig vermeiden, da dem zum Teil recht vielfältigen Ineinandergreifen der verschiedenen Funktionen durch entsprechende Querverweise Rechnung getragen wird. Vorgestellte Anwendungsbeispiele beschreiben nur einen von mitunter verschiedenen möglichen Lösungswegen. Unter www.rowohlt.de finden Sie direkt beim Buch (Eingabe „Photoshop CS2" in die Schnellsuche) einige Bilddateien zur Verwendung für private Übungszwecke, die, wie auch viele der im Buch verwendeten Bilder, freundlicherweise von Getty Images zur Verfügung gestellt wurden.

Dieses Buch setzt Grundkenntnisse im jeweiligen Betriebssystem voraus. Sie sollten die

✔ Benutzen Sie auch die Hilfe-Funktion in der Menüleiste von Photoshop (s. S. 59). Bei Bedarf können Sie sich Teile davon ausdrucken. Auf der Original-Programm-CD befinden sich außerdem eine Schnellreferenz und ein Handbuch im PDF-Format, welche eingesehen und ebenfalls ausgedruckt werden können.

Verwendete Tastensymbole

⌘ Befehlstaste (Mac)
(Apfeltaste)
Steuerungstaste (Win)

⌥ Wahltaste (Mac)
Alttaste (Win)
(Optionstaste)

⌫ Löschtaste (Mac)
Entfernentaste (Win)
(Deletetaste)

⇧ Umschalttaste
(Shifttaste)

⇪ Feststelltaste
(Capslocktaste)

↩ Returntaste
(Zeilenschalter)

⌤ Entertaste
(Eingabebestätigung)

⇥ Tabtaste
(Tabulatortaste)

esc Escapetaste
(Abbruchtaste)

␣ Leertaste
(Spacetaste)

↓ ↑ → ←
Pfeiltasten

Viele Befehle können auch über eine Tastenkombination ausgelöst werden. Diese wird in den meisten Fällen im Menü direkt hinter dem Befehl aufgeführt. Im Buchtext werden die Befehle unter Verwendung der Tastensymbole (siehe oben) vermerkt, z. B.: Befehl *Alles auswählen* (⌘ A).

 Hinweis

✔ Tipp

Handhabung der Standardmenüs und -befehle beherrschen und keine Probleme haben, Dateien zu öffnen, zu speichern sowie Ihre Daten sinnvoll zu verwalten.

Das Programm Photoshop ist für Macintosh und Windows verfügbar und läuft unter verschiedenen Systemversionen mit dementsprechend modifizierten grafischen Benutzeroberflächen. Trotzdem sind alle Menü- und Dialoginhalte nahezu identisch. Demnach sind auch alle beschriebenen Funktionen und Techniken unter beiden Systemen nachvollziehbar. Für die Screenshots in diesem Buch wurde in der Regel das Erscheinungsbild unter Mac OS X 10.4 gewählt.

Minimale Unterschiede in der Tastaturbezeichnung wurden hier im Buch vereinheitlicht (siehe Übersicht links): Steuerungstaste (Strg oder Ctrl) (Win) = Befehls- oder Apfeltaste (Mac); Alttaste (Win) = Wahltaste (Mac); Entfernentaste (Win) = Löschtaste (Deletetaste) (Mac). Wo im Text auf Befehle innerhalb von Menüs bzw. Untermenüs hingewiesen wird, erfolgt die Schreibweise kursiv und durch „>" getrennt, zum Beispiel: *Photoshop > Voreinstellungen > Allgemeine*. Wichtige Hinweise und allgemeine Tipps sind in der Marginalspalte entsprechend gekennzeichnet.

Wie sollte der Rechner ausgestattet sein?

Da Bildbearbeitungsprogramme mit großen Datenmengen arbeiten, stößt man als Nutzer viel eher an Grenzen als bei Grafik- oder Textverarbeitungsprogrammen. Der Bedarf an Arbeitsspeicher (RAM) von Photoshop hängt von einer Reihe von Faktoren (z. B. den Bildmaßen / der Bildauflösung, dem Farbmodus, der Anzahl der Ebenen des Bildes) ab. Das Bearbeiten eines Bildes kann sehr unterschiedliche Mengen an Arbeitsspeicher beanspruchen – in der Regel das Vielfache der eigentlichen Dateigröße. Wenn der verfügbare Arbeitsspeicher (RAM) nicht ausreicht, greift Photoshop automatisch auf den (wesentlich langsameren) Festplattenspeicher des Startvolumes zu und benutzt ihn zur Zwischenlagerung von Daten. Reicht auch dieser nicht mehr aus, bietet Photoshop die Möglichkeit, weitere Festplattenkapazitäten (auch als Arbeitsvolume oder virtueller Speicher bezeichnet) zu nutzen: Es können drei weitere Arbeitsvolumes (also insgesamt 4) unter *Photoshop > Voreinstellungen > Zusatzmodule & Virtueller Speicher* ausgewählt werden (siehe auch S. 555). Damit sind Arbeitsvolumes mit beliebiger Speichergröße möglich, sofern das Betriebssystem die Größe unterstützt. Je mehr Arbeitsspeicher dem Programm zur Verfügung steht, je schneller der Computer und die Festplatte(n) sind, je besser also die Hardware, desto besser die Leistung von Photoshop.

✔ Hinweise zur Speicherverwaltung finden Sie ab S. 555 und darüber hinaus im Hilfe-Menü von Photoshop.

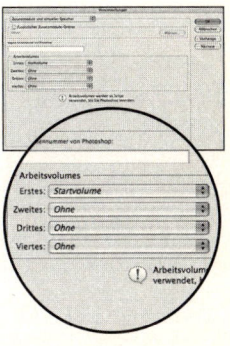

Systemanforderungen für Mac OS*

- Power PC®-Prozessor (G3, G4 oder G5)
- Mac OS® X Version 10.2.8 oder höher
- RAM:192 MB (256 MB empfohlen)
- 320 MB verfügbarer Festplattenspeicher
- Farbmonitor mit Farbvideokarte mit mind. 16 Bit Farbtiefe, besser 24 Bit (TrueColor)
- 1024 × 786 Pixel oder höhere Auflösung
- CD-ROM-Laufwerk
- Internet- oder Telefonverbindung für die Produktaktivierung.

* Herstellerangaben

Systemanforderungen für Windows*

- Intel® Xeon, Xeon Dual, Centrino, Pentium® Class III oder 4 Prozessor
- Microsoft® Windows® 2000 mit Service-Pack 3

✔ Für Macintosh und Windows: Zusätzlich empfehlenswert ist ein Farbscanner sowie ein PostScript-Drucker. Näheres zu den Themen Scannen und Drucken finden Sie in den Kapiteln 9 und 15 dieses Handbuches.

✔ Für die zunehmend auf dem Markt erscheinenden 64-Bit-Prozessoren für die Macintosh- und Windows-Betriebssysteme hat Adobe die Speicherverwaltung Photoshops erweitert: Die aktuelle Programmversion kann mit solchen CPUs bis zu 3,5 GB Arbeitsspeicher nutzen.

oder Windows XP
- RAM: 192 MB (256 MB empfohlen)
- 320 MB verfügbarer Festplattenspeicher
- Farbmonitor mit Farbvideokarte mit mind. 16 Bit Farbtiefe, besser 24 Bit (TrueColor)
- 800 × 600 Pixel oder höhere Auflösung
- CD-ROM-Laufwerk
- Internet- oder Telefonverbindung für die Produktaktivierung.

Starten des Programms unter Macintosh
Wählen Sie den Programmordner und öffnen Sie ihn mit Doppelklick. Dann wählen Sie das Programmsymbol und starten durch Doppelklick. Alternativ dazu können Sie das Programm über Doppelklick auf ein Alias des Programms starten. Das Alias ist ein Verweis auf das Original und erleichtert den Zugriff auf die entsprechende Datei, die u. U. in Unterordnern versteckt liegt. Das Alias wird einmalig erstellt, indem Sie das Programmsymbol einmal anklicken und in der Menüleiste des Finders *Ablage > Alias erzeugen* (⌘ L) anwählen. Anschließend verschieben Sie das Aliassymbol an eine schnell zugängliche Position, z. B. auf den Schreibtisch oder in das Dock.

Programmordner (Mac)

Programmsymbol (Mac)

Alias des Programms (Mac)

Starten des Programms unter Windows
Unter Windows wählen Sie *Start > Programme > Adobe > Adobe Photoshop CS2* (Standardinstallation). Auch unter Windows kann das Programm alternativ über eine Verknüpfung zum Original gestartet werden. Klicken Sie dazu einmalig mit der rechten Maustaste auf das Programmsymbol und wählen *Verknüpfung erstellen*. Verschieben Sie das Verknüpfungssymbol an eine beliebige Position, z. B. auf den Desktop oder in die Taskleiste, und starten Sie von dort über Doppelklick das Programm.

Programmsymbol (Win)

Verknüpfungssymbol (Win)

2 Grundlagen

Was sind digitale Bilder?

Betrachtet man beispielsweise eine Landschaft in natura in Bezug auf die Anzahl der vorhandenen Farben, wird man feststellen, dass dort unzählige, also unendlich viele Farbnuancen vorkommen. Nimmt man ein Farbdia von dieser Landschaft auf und betrachtet wiederum dieses, wird man feststellen, dass die Farbnuancen im Vergleich zur Natur zwar reduziert, aber insgesamt immer noch unendlich sind. Immer wenn es um unendliche Werte geht, spricht man von *kontinuierlichen Daten* oder auch von *analogen Daten*.

Analoge Daten

Leider können Computer mit der Unendlichkeit nicht ohne weiteres umgehen. Sie sind Rechenmaschinen, die „nur" Zahlen interpretieren können. Man muss also die analogen Daten in eine für den Computer bearbeitbare Version umwandeln. Das bedeutet, dass die ursprünglich unendliche Vielfalt in so genannte *diskrete Zahlenwerte* (diskret: begrenzt, getrennt) übersetzt werden muss. Man bezeichnet diesen Umwandlungsprozess auch als *Digitalisierung* (von *digit* <engl.> Ziffer nach <lat.> *digitus*: Finger).

Digitale Daten

Wenn Sie nun ein Bild dieser Landschaft am Computer bearbeiten wollen, müssen Sie es zunächst digitalisieren. Dafür sind je nach Art der analogen Daten unterschiedliche Geräte entwickelt worden. Für Fotos gibt es zu diesem Zweck Scanner (scannen: <engl.> abtasten, lesen), und für die Digitalisierung einer Landschaft, also eines dreidimensionalen Raumes, gibt es beispielsweise digitale Kameras. Das Ergebnis dieses Vorganges ist in jedem Falle der Verlust der unendlichen Vielfalt, da digitalisierte Daten begrenzt, also endlich sind.

Bits und Bytes

Informationen werden in Computern als *Bits* (Binary information digit = kleinstmögliche eindeutige Information) gespeichert und verarbeitet, wobei 1 Bit eine Speicherzelle belegt. Kleinstmögliche eindeutige Information bedeutet, dass es auf eine Frage maximal *zwei* mögliche eindeutige Antworten gibt: *ja oder nein*; ein Ton kann *an oder aus* sein; ein Bildpixel kann *schwarz oder weiß* sein, ein Wert kann *positiv oder negativ* sein. Alle Daten müssen zur Verarbeitung im Rechner in einem solchen binären oder auch dualen (auf *zwei* Zeichen basierenden) Code vorliegen bzw. in diesen umgesetzt werden, unabhängig davon, ob es sich bei den zu digitalisierenden Daten um Zahlen, Texte, Töne oder Bilder handelt.

Der Grund für die Beschränkung auf binäre Daten liegt in der Arbeitsweise der Computerschaltkreise, die für ihre Arbeit fließenden Strom verwenden. Das duale Zahlensystem (Zahlensystem, welches auf die Grundzahlen 0 und 1 bezogen ist) ist bestens dazu geeignet, fließenden bzw. nicht fließenden Strom darzustellen. Der Rechner interpretiert lediglich die zwei möglichen Signale ein = 1 oder aus = 0. Da 1 Bit für die Darstellung der meisten Daten nicht ausreichend ist, werden meist 8 Bits (8 belegte Speicherzellen) zusammengefasst. Aus dieser Kombination ergibt sich eine Potenzierung (Zweierpotenz) der möglichen Zustände, nämlich $2^8 = 256$ verschiedene Zustände. Nach diesem 8-Bit-System werden alle zu digitalisierenden Daten (egal ob Zahlen, Textzeichen, Töne oder Farben) zunächst einer

Zahl im Dezimalcode von 0 bis 255 zugeordnet. Bei einem digitalisierten Bild wird beispielsweise jedem Helligkeitswert (Farbwert) eine bestimmte dezimale Zahl zugeordnet. Der Farbe Schwarz wird der Wert 0 zugeordnet, der Farbe Weiß der Wert 255 und einem mittleren Grauton der Wert 128. Diese dezimalen Zahlen werden dann zur Bearbeitung im Rechner in den Binärcode (das duale Zahlensystem) umgewandelt.

In der Bildbearbeitung haben sich so genannte 24-Bit-Farbsysteme durchgesetzt. Das bedeutet, dass für das Digitalisieren, Darstellen und Bearbeiten von farbigen Bildern eine Speichermöglichkeit von 3 × 8 Bit = 24 Bit zur Verfügung steht. Dies erhöht die Informationsmenge bezüglich der Farbigkeit erheblich, nämlich auf über 16 Millionen mögliche reproduzierbare und darstellbare Farben.

Seit Photoshop CS bieten sich nun auch umfassende Bearbeitungsmöglichkeiten für farbige Bilder in 3 × 16 = 48 Bit.

Eine Gruppe von 8 Bits wird auch als Byte bezeichnet. Das Byte dient als Basiseinheit zur Beschreibung des Datenumfangs. In Photoshop wird dafür der Begriff Dateigröße verwendet. Die Dateigröße lässt somit auf die Menge der gespeicherten Information schließen. Und je mehr Informationen in dem digitalisierten Bild enthalten sind, umso näher müsste es der analogen Vorlage kommen.

Es muss also beim Digitalisieren der Bilder (bzw. beim Erstellen neuer Bilder in Photoshop) die Möglichkeit geben, auf die gespeicherte Informationsmenge Einfluss zu nehmen. Und das ist auch gut so, denn man kann sich vorstellen, dass für unterschiedliche Verwendungszwecke auch unterschiedliche Informationsmengen benötigt werden. Beispiels-

Bits	mögliche Zustände	Potenzschreibw.
1	2	2^1
2	4	2^2
3	8	2^3
4	16	2^4
8	256	2^8
16	65536	2^{16}
24	16,7 Mio.	2^{24}
32	4275,2 Milliarden	2^{32}

Beispiele für Darstellung im Dezimal- und Dualcode

Textzeichen: A
Dezimalcode: 65
8-Bit-Dualcode: 01000001

Farbwert: Weiß
Dezimalcode: 255
8-Bit-Dualcode: 11111111

Farbwert: Schwarz
Dezimalcode: 0
8-Bit-Dualcode: 00000000

Dateigröße

8 Bit = 1 Byte
Ein Kilobyte umfasst nicht exakt 1000, sondern 2^{10} = 1024 Bytes.

1 Kilobyte (KB) = 2^{10} Bytes = 1024 Bytes

1 Megabyte (MB) = 2^{20} Bytes = 1024 KB

1 Gigabyte (GB) = 2^{30} Bytes = 1024 MB

1 Terabyte (TB) = 2^{40} Bytes = 1024 GB

Pixel

*Seit Photoshop CS ist auch die Bearbeitung rechteckiger Pixel (sinnvoll für die Video- oder TV-Produktion) möglich.

Bildauflösung

Farbtiefe

weise braucht man für die Reproduktion eines Fotos auf einer Briefmarke wesentlich weniger Informationen als für die Reproduktion desselben auf einem Plakat. Oder für den Druck einer Schwarzweißpostkarte benötigt man keine Farbinformationen, selbst wenn das Foto, welches als Vorlage dient, farbig ist.

Kehren wir zurück zum Digitalisieren unseres Bildes, dem Scannen. Beim Scanvorgang wird das Bild in ein Gitternetz winziger quadratischer* Bildpunkte, der Pixel, unterteilt. Die Anzahl der Bildpunkte ist variabel und richtet sich danach, wie das Bild später ausgegeben werden soll. Sie wird in Photoshop als Bildauflösung bezeichnet. Die seit Jahren weltweit allgemein übliche Einheit für die Bildauflösung ist dpi (dots per inch) oder ppi (pixels per inch). (In diesem Buch wird die Bezeichnung Inch beibehalten, obwohl man in Photoshop CS *Inch* – in diesem Fall unsinnigerweise – ins Deutsche, also in *Zoll* übersetzt hat.) Je größer die Gesamtanzahl der Pixel im Bild, also je höher die Bildauflösung, desto genauer und detailreicher kann das Original wiedergegeben werden, desto größer ist die Menge an Information in der Datei.

Neben der Gesamtanzahl der Pixel wird für jedes Pixel beim Scanvorgang ein bestimmter Helligkeitswert (Farbwert) – entsprechend der Vorlage – gemessen und gespeichert. Der maximale Umfang dieser Helligkeitswerte ist ebenfalls variabel und richtet sich danach, ob das Bild später z. B. schwarzweiß oder farbig ausgegeben werden soll. Er wird auch als Farbtiefe bezeichnet und direkt in der Einheit Bit entsprechend dem benötigten Speicherplatz angegeben. Für die Wiedergabe eines farbigen Bildes braucht man wesentlich mehr Informationen als für ein Graustufenbild.

Pixelbild

Das Ergebnis des Scanvorgangs ist ein so genanntes Pixelbild mit einer bestimmten Dateigröße, die aus der Gesamtanzahl der Pixel im Bild (Bildauflösung) und deren Farbtiefe resultiert. Genauso sind Bilder, die Sie in Photoshop erstellen, oder Bilder, die Sie von einer Digitalkamera oder von einer Photo-CD-Sammlung öffnen, Pixelbilder mit diesen Eigenschaften. Das Pixelbild liegt nun in binärer Form im Computer zur Bearbeitung vor und wird auch als Datei oder Dokument bezeichnet. Das Ergebnis der Arbeit an diesem Bild sind zunächst auch nur duale Zahlen. Diese müssen für die Ausgabe (z. B. am Bildschirm) wieder in ihr dezimales Äquivalent zurückverwandelt werden. Schlussendlich wird in im Rechner integrierten Tabellen „nachgeschaut", welches Zeichen oder welche Farbnuance der gefundenen Dezimalzahl entspricht. 0 wird wieder als Farbe Schwarz interpretiert, 255 als Farbe Weiß und 128 als mittlerer Grauton und so z. B. am Bildschirm dargestellt.

Datei / Dokument

Pixelbilder

Computerbilder werden in zwei Hauptkategorien eingeteilt, die sich prinzipiell unterscheiden: die Pixelbilder und die Vektorbilder. Wie oben beschrieben, bestehen die Pixelbilder aus einem Raster kleiner quadratischer Punkte (der Pixel). Die meisten Funktionen des Programms beziehen sich auf alle oder eine bestimmte Auswahl von Pixeln im Bild.

Pixelbilder sind dazu geeignet, bei entsprechend hoher Bildauflösung und Farbtiefe feinste Farbabstufungen wiederzugeben. Deshalb kommen sie für die Reproduktion von so genannten Halbtonbildern (Fotos, Dias) sowie zur Darstellung von Bildern aus Malprogrammen in Frage.

Pixelbild in starker Vergrößerung

Da Pixelbilder aus einer festen Anzahl von Pixeln bestehen, kann es bei falscher Handhabung bzw. beim Skalieren und anderen Operationen zur unerwünschten Sichtbarkeit der einzelnen Pixel bzw. zu Unschärfeeffekten kommen.

Grundlagen

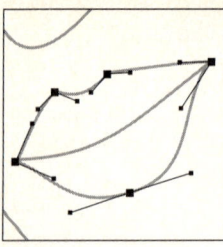

Vektorpfade (mit Ankerpunkten und Ziehpunkten) während der Bearbeitung

Vektorbilder

Im Gegensatz dazu bestehen Vektorbilder aus mathematisch definierten Ankerpunkten (auch Stützpunkte genannt), welche durch Linien bzw. Kurven miteinander verbunden sind. Jedem Ankerpunkt sind zwei Griffpunkte/-linien zugeordnet, die, nach Bedarf einzeln oder paarweise herausgezogen, Richtung und Krümmung der benachbarten Teilstücke beeinflussen. Der Vorzug gegenüber Pixelbildern besteht darin, dass Vektorelemente in jede beliebige Größe skaliert und auflösungsunabhängig ausgedruckt werden können, ohne ihre scharfe, klare Konturlinie zu verlieren. Auflösungsunabhängig bedeutet, dass die endgültige (Ausgabe-)Auflösung der Vektorelemente praktisch erst beim Drucken / Belichten entsprechend den im *Drucken* mit *Vorschau*-Dialog gemachten Einstellungen für die Rasterweite berechnet wird. Vektorelemente sind deshalb besonders für Text, Grafiken, Illustrationen und Logos geeignet, bei denen es auf eben diese scharfen Konturen ankommt. Wenn Sie mit Vektorgrafiken arbeiten, beziehen sich alle Programmfunktionen auf geometrische Objekte bzw. Elemente. Alle Zeichen- und Grafikprogramme, wie z. B. FreeHand, Illustrator, CorelDraw, arbeiten mit Vektorbildern. Vektorbilder haben gegenüber Pixelbildern einen vergleichsweise äußerst geringen Speicherbedarf.

✔ Vektorgrafiken können problemlos in Pixelgrafiken umgewandelt werden. Diesen Vorgang nennt man auch Rastern oder Rendern. Dies ist innerhalb von Photoshop für Text möglich, um beispielsweise Filter auf den Text anwenden zu können (s. S. 220). Auch während des Imports von EPS-Grafiken aus Zeichen- bzw. Layout-Programmen wird gerastert – dies ist allerdings unvermeidlich. Ebenso werden ursprüngliche Strichzeichnungen beim Scannen in Pixeln eingelesen. Umgekehrt ist es nicht unmöglich, jedoch meist nicht sinnvoll, ein Pixelbild in eine Vektorgrafik umzuwandeln (hierfür kann beispielsweise das Programm Adobe Illustrator CS2 verwendet werden).

Pixel- und Vektorbilder kombinieren

Bislang gab es kein Computerprogramm, welches die parallele Bearbeitung von Pixeln und Vektorelementen und gleichzeitig deren spezifische Ausgabe, nämlich mit fester Pixelauflösung einerseits und auflösungsunabhängiger Vektorausgabe andererseits, ermöglichte. Seit Version 6 ist Photoshop dazu in der Lage.

Damit ist eine Kombination von fotografischen Elementen und auflösungsunabhängigen Texten bzw. Illustrationen in ein und derselben Photoshop-Datei möglich. Dies macht in vielen Fällen, zum Beispiel bei der Gestaltung von einseitigen Dokumenten wie Covern, ein zusätzliches Grafik- bzw. Layout-Programm überflüssig.

Da Computerbildschirme aus einem Raster von Pixeln aufgebaut sind, werden sowohl Vektor- als auch Pixelbilder am Monitor in Pixeln angezeigt.

Ein anschauliches Beispiel für die Vorteile, die sich aus der Kombinationsmöglichkeit von Vektorkomponenten mit Rasterdaten ergeben: freigestellte Haare, die über einem scharfkonturigen Text liegen (wie in der Abbildung rechts) können nun in einer einzigen Photoshop-Datei angelegt werden (siehe Kapitel 7). Dies war früher nur mit teuren High-End-Prepress-Systemen möglich.

Pixelbild

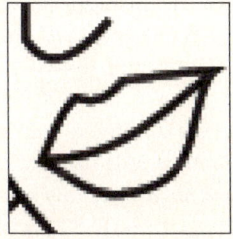

Pixelbild skaliert auf 500%

Pixelbild skaliert auf 1000%

Vektorgrafik

Vektorgrafik skaliert auf 500%

Vektorgrafik skaliert auf 1000%

Pixel- und Vektorbilder im Vergleich (*Skalieren* = vergrößern oder verkleinern)

Bildgröße, Bildauflösung, Bildschirmauflösung

Dieses Kapitel beschäftigt sich mit dem Basiswissen für die Bearbeitung von Pixelbildern.

Bildgröße und Bildauflösung

Die Bildauflösung und Bildgröße werden im *Neu*-Dialog eingegeben bzw. ausgewählt. Die *Auflösung* bezeichnet die Anzahl der Bildpunkte (Pixel) im Bild und wird in *Pixeln* bzw. in *Pixel pro Zoll* (= dots per inch = dpi) angegeben. (Die alternativ zu wählende Einheit *Pixel pro cm* ist nur etwas für alte Printhasen.) Die *Bildgröße* ist in der Breite und Höhe eines Bildes in einer konkreten Anzahl von Pixeln festgelegt. Die *Bildauflösung* kann somit auf zwei Weisen zum Ausdruck gebracht werden:

Bild mit einer Bildauflösung von 300 dpi (üblich für Drucksachen) sowie tausendfache Ausschnittvergrößerung

Identisches Bild, jedoch mit 72 dpi Bildauflösung (üblich für Web und CD-ROM) sowie identische Ausschnittvergrößerung

- *absolut* (z. B. 800 × 600 Pixel) durch Angabe einer konkreten Anzahl von Pixeln in der Breite und Höhe, wenn *Pixel* als Maßeinheit bei *Breite* und *Höhe* eingestellt ist,
- *relativ* (z. B. 300 dpi), wenn eine andere Maß-einheit als Pixel ausgewählt ist (z. B. cm), wobei sich die Bildauflösung dann auf die eingegebene Bildgröße bezieht (z. B. 10 × 10 cm mit 300 dpi).

Für eine ausschließliche Ausgabe des Bildes an einem Bildschirm (z. B. für eine Website oder eine CD-ROM) bestimmen Sie in Photoshop die Größe eines Bildes über die Eingabe der Maße für Höhe und Breite eines Bildes in *Pixeln*. Das heißt, beim Neuanlegen eines Bildes wird bei *Breite* und *Höhe* die Maßeinheit *Pixel* ausge-

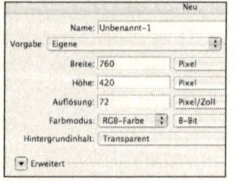

Datei > *Neu*-Dialog in Photoshop

wählt – der Wert bei *Auflösung* spielt in diesem Fall keine Rolle. Außerdem empfiehlt sich, in den Programm-Voreinstellungen (s. S. 50) die Maßeinheit *Pixel* einzustellen.

Für eine Ausgabe des Bildes in Printmedien bestimmen Sie die Größe des Bildes durch die Eingabe der Maße für Höhe und Breite eines Bildes in einer *Längeneinheit* (normalerweise Zentimeter) und der *Bildauflösung*, die sich dann auf diese Größe bezieht (Ermitteln der optimalen Bildauflösung s. S. 24 sowie S. 325).

Bei gleich bleibender Breite und Höhe eines Bildes bewirkt eine höhere Bildauflösung mehr und damit kleinere Pixel im Bild. Entsprechend feiner und detailreicher ist die Darstellung. Ist die Bildauflösung zu niedrig, können sogar einzelne Pixel erkennbar sein.

Bildschirmauflösung

Die Bildschirmauflösung bestimmt die Anzahl der Pixel, die der Monitor darstellt. Auch hier kann eine Angabe bezogen auf die Längeneinheit Inch erfolgen (dpi). Diese Standardauflösung beträgt bei den meisten Monitoren 72 dpi. In Photoshop entspricht die Größe der Bildpixel bei einer Ansichtsgröße von 100 % jeweils der Größe der Monitorpixel. Wird also ein Bild mit einer Bildauflösung von 72 dpi an einem solchen Monitor in 100 % Größe dargestellt, so entspricht die Ansichtsgröße der tatsächlichen Bildgröße – Entwurf und Ausgabe verhalten sich also 1:1. Moderne Multifrequenzmonitore bzw. Grafikkarten bieten nun die Möglichkeit, zwischen verschiedenen Bildschirmauflösungen zu wählen. Wenn Sie die Auflösung von beispielsweise 640 × 480 auf 1024 × 768 umstellen, werden die Pixel ent-

> In Photoshop werden *Inch* neuerdings in der Bezeichnung *Zoll* angegeben. Innerhalb dieses Buches wird weitgehend die Bezeichnung Inch verwendet, da diese eingeführt und allgemein üblich ist. Es gilt dabei: 1 Inch = 1 Zoll = 2,54 cm

> Eine nachträgliche Erhöhung der Bildauflösung eines einmal gescannten oder erstellten Bildes bewirkt meist keine wesentliche Verbesserung der Bildqualität, da die vorhandenen Informationen lediglich auf eine größere Anzahl von Pixeln verteilt werden. Im günstigsten Falle kann man einen eventuell vorhandenen sichtbaren Pixeleffekt kaschieren.

Bildschirmauflösungen lassen sich umstellen: Mac: *Apfelmenü > Systemeinstellungen > Monitore*; Win: *Start > Systemsteuerung > Monitore*

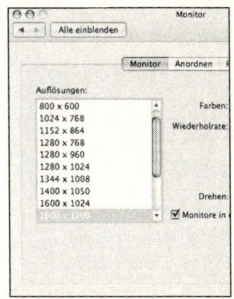

sprechend kleiner angezeigt. Von der aktuellen Bildschirmauflösung des Anwenders hängt also ab, in welcher Größe ein Bild am Monitor angezeigt wird. Insofern ist die dargestellte Größe eines Bildes (und damit der einzelnen Pixel), welches am Monitor dargestellt wird, variabel.

Bildgröße 10 × 10 cm, **72 dpi**, Ansichtsgröße **100 %**

Bildgröße 10 × 10 cm, **144 dpi**, Ansichtsgröße **100 %**

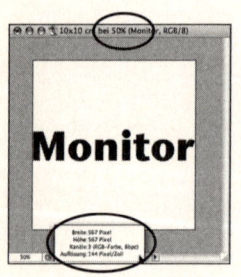

Bildgröße 10 × 10 cm, **144 dpi**, Ansichtsgröße **50 %**

In Photoshop entspricht ein Bildpixel bei 100 % Ansichtsgröße einem Monitorpixel. Das bedeutet, dass beispielsweise ein Bild mit einer Bildauflösung von 72 dpi und einer Größe von 10 × 10 cm an einem Monitor mit einer Bildschirmauflösung von 72 dpi etwa 10 × 10 cm groß (bei 100 % Ansichtsgröße) dargestellt wird. Würde man die Bildauflösung auf 144 dpi verdoppeln, dann würde das Bild etwa 20 × 20 cm groß, also doppelt so groß (bei 100 % Ansichtsgröße) dargestellt, ohne dass sich an der tatsächlichen Breite und Höhe des Bildes etwas ändert. (Die exakte Größe variiert je nach Anwendereinstellung.) In einer Ansichtsgröße von 50 % erscheint das 144-dpi-Bild genauso groß wie das 72-dpi-Bild in 100 % Darstellungsgröße.

Rasterweite, Geräteauflösung, Farbtiefe und Dateigröße

Rasterweite

Das Verhältnis zwischen Bildauflösung und Rasterweite bestimmt maßgeblich die Qualität des *gedruckten* Bildes.

Zum Drucken von Halbtonbildern werden Rasterpunkte verwendet, um die Halbtöne (also Tonwertabstufungen) wiederzugeben. Das so genannte autotypische Raster ist aus (unsichtbaren) quadratischen Rasterzellen aufgebaut, wobei jede dieser Rasterzellen einen einzelnen Rasterpunkt enthalten kann. Die *Rasterweite* gibt an, wie viele Rasterzellen auf einer Längeneinheit vorhanden sind, und wird in *Linien pro inch (lpi)* oder *Linien pro Zentimeter (lpcm, l/cm)* angegeben.

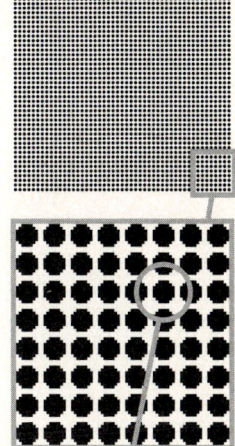

Rasterpunkt

Gerätepunkt   Rasterzelle

Autotypisches Raster in der Vergrößerung. Ein Rasterpunkt wird durch das Zusammensetzen vieler kleiner Gerätepixel durch den Drucker bzw. Belichter erzeugt (s. auch S. 500).

Autotypisches Raster heißt, dass alle Rasterzellen gleich groß sind. Zur Wiedergabe unterschiedlicher Halbtöne wird die Punktgröße des Rasterpunktes innerhalb der Rasterzelle variiert.

Alternativ dazu gibt es so genannte **frequenzmodulierte Raster** (auch Zufalls- oder Chaosraster genannt). Bei diesen Rastern sind alle Rasterpunkte gleich groß. Unterschiedliche Halbtöne werden durch unterschiedliche Häufung der Rasterpunkte erreicht.

Grundlagen

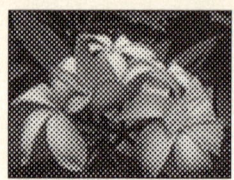  

Rasterweite 53 lpi
(= 21er Raster)
Typische Rasterweite eines
300-dpi-Laserdruckers*
optimale Bildauflösung:
100 dpi
(* Ein 300-dpi-Laser-
drucker ist ein einfacher
Laserdrucker mit einer
Geräteauflösung von
300 dpi – siehe Abschnitt
„Geräteauflösung".)

Rasterweite 74 lpi
(= 29er Raster)
Typische Rasterweite für
Zeitungen
optimale Bildauflösung:
150 dpi

Rasterweite 152 lpi
(= 60er Raster)
Typische Rasterweite für
vierfarbige Zeitschriften
optimale Bildauflösung:
300 dpi

Die ältere und in Druckereien übliche Bezeichnung für die Rasterweite ist *Linien pro Zentimeter*. Der Begriff *60er Raster* gibt die Rasterweite 60 Linien pro Zentimeter an. In den DTP-Programmen wird die Rasterweite meist in Linien pro Inch (lpi) angegeben. Für die Umrechnung gilt folgender Umrechnungsfaktor: 1 Inch = 1 Zoll = 2,54 cm. Achten Sie also immer genau auf die angegebene Einheit.

Beispiele:
• Rasterweite: „60er Raster" (= 60 l/cm) umrechnen in lpi:
60 × 2,54 = 152 lpi
optimale Bildauflösung:
152 lpi × 2 = 304 dpi (ca. 300 dpi)
• Rasterweite: „60 lpi"
optimale Bildauflösung:
60 lpi × 2 = 120 dpi

Das optimale Verhältnis zwischen Bildauflösung und Rasterweite ist 2:1, ein Verhältnis von 1,5:1 ist in einigen Fällen ausreichend. Das bedeutet, dass die Bildauflösung für ein gedrucktes Bild doppelt so hoch sein sollte wie die *Rasterweite in lpi*, mit der das Bild später gedruckt werden soll.

Für eine optimale Druckqualität sollten Sie die Rasterweite vor dem Scannen bzw. Erstellen neuer Bilder in Photoshop in Erfahrung bringen. Achten Sie hierbei auf die Maßeinheit. Falls Sie eine Angabe in l/cm erhalten, müssen Sie in lpi umrechnen.

Übliche Rasterweiten liegen zwischen 53 und 200 lpi bzw. zwischen 21 und 80 l/cm.

Geräteauflösung

Die *Geräteauflösung* gibt Auskunft über die Anzahl von Punkten, die ein Ausgabegerät (Laserdrucker oder Belichter) pro Inch ausgeben kann. Die Geräteauflösung beschreibt also die Leistungsfähigkeit des Ausgabegerätes. Sie steht normalerweise in einem proportionalen Verhältnis zur Bildauflösung. Je höher die Bildauflösung (Anzahl der Pixel im Bild), desto höher sollte auch die Geräteauflösung des Ausgabegerätes sein. Die Einheit für die Geräteauflösung wird leider sehr unterschiedlich angegeben und führt häufig zu Verwirrung: *dpi (dots per inch)* oder auch *lpi (Linien pro inch)* und *l/cm (Linien pro Zentimeter)* sind üblich.

Zu den Themen Rasterweite und Geräteauflösung finden Sie weitergehende Informationen im Kapitel 15.

Farbtiefe (Farbmodus)

Die Farbtiefe bestimmt, wie viele Farbinformationen für jedes Pixel im Bild maximal zur Verfügung stehen, und wird, wie schon auf Seite 16 beschrieben, in der Einheit Bit angegeben. Größere Farbtiefe bedeutet, dass mehr Farben zur Wiedergabe des Bildes zur Verfügung stehen, aber gleichzeitig der Datenumfang zunimmt. Ein Bild mit einer Farbtiefe von:

Weitere Informationen zum Thema Farbtiefe finden Sie im Kapitel 10.

    1 Bit hat 2 mögliche Farbwerte (2^1)
        (Schwarz oder Weiß) und entspricht
        dem Farbmodus *Bitmap*
    8 Bit hat 256 mögliche Farbwerte (2^8) und
        entspricht dem Farbmodus *Graustufen*
        oder *Indizierte Farben*
    24 Bit (= 3×8 Bit) hat 16,7 Mio. mögliche
        Farbwerte (2^{24}) und entspricht dem
        Farbmodus *RGB* oder *Lab*

✔ Photoshop CS 2 kann auch 16-Bit-Bilder umfassend bearbeiten: z. B. Graustufen in 16 Bit oder RGB-Bilder in $3 \times 16 = 48$ Bit.

Dateigröße

Die Dateigröße wird von zwei Faktoren beeinflusst: der Bildauflösung / Bildgröße und der Farbtiefe einer Datei. Die Dateigröße eines digitalen Bildes verhält sich proportional zu seiner Bildauflösung / Bildgröße. Je höher die Auflösung (bzw. Höhe und Breite) eines Bildes, desto größer ist auch der Datenumfang dieser Datei. So benötigt eine Datei mit einer Bildgröße von 10×10 cm und 200 dpi Bildauflösung viermal so viel Festplattenspeicher wie eine Datei mit einer Bildgröße von 10×10 cm und 100 dpi Bildauflösung, da sich aus der Verdopplung der Kantenpixel bei der Flächenberechnung eine Vervierfachung der Gesamtanzahl der Pixel ergibt.

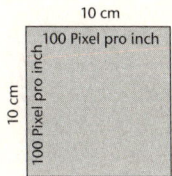

Gesamtanzahl der Pixel im Bild:
100×100 Pixel = *10000* Pixel

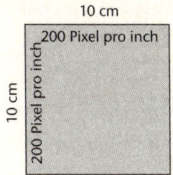

Gesamtanzahl der Pixel im Bild:
200×200 Pixel = *40000* Pixel

Grundlagen   25

Die Dateigröße eines digitalen Bildes verhält sich aber ebenso proportional zu seiner Farbtiefe. Je größer die Farbtiefe, desto größer die Dateigröße. Beispielsweise benötigt eine Datei (bei gleicher Bildgröße / Bildauflösung) mit einer Farbtiefe von 8 Bit den achtfachen Speicherbedarf im Vergleich zu einer Datei mit einer Farbtiefe von 1 Bit.

Die Dateigröße eines Bildes gibt Auskunft über den Datenumfang, der beim Speichern der Datei auf der Festplatte (oder einem anderen Speichermedium) benötigt wird, und beeinflusst die Geschwindigkeit, mit der die Datei bearbeitet und ausgegeben werden kann. Deshalb sollte die Bildauflösung ein Kompromiss zwischen wirklich benötigten Daten und dem Bestreben sein, die Dateigröße möglichst klein zu halten.

Die Dateigröße wird in Photoshop in *Kilobyte* (*K*) bzw. *Megabyte* (*M*) angegeben. Lesen Sie hierzu auch den Abschnitt *Was sind digitale Bilder?* (S. 13).

Die Dateigröße (= Speicherbedarf) eines Bildes bei einer Farbtiefe von 8 Bit lässt sich rechnerisch so ermitteln:

Dateibreite (in Inch) × Dateihöhe (in Inch) × Bildauflösung (in dpi)^2

= Dateigröße in Byte

Beispiel:
Es soll die Dateigröße eines A4-Graustufen-Bildes (21 cm × 29,7 cm) mit einer Bildauflösung von 300 dpi ermittelt werden. Da die Werte in Zentimetern vorliegen, müssen sie zunächst in Inch (: 2,54) umgerechnet werden.

8,27 Inch × 11,69 Inch × 90000 dpi

= 8 700 867 Byte
: 1024 = 8 497 Kilobyte
: 1024 = 8,3 Megabyte

Dateigröße eines RGB-Bildes (3 × 8 Bit Farbtiefe) gleicher Größe:

8,3 Megabyte × 3 = 24,9 MB

Dateigröße eines CMYK-Bildes (4 × 8 Bit Farbtiefe) gleicher Größe:

8,3 Megabyte × 4 = 33,2 MB

Einfacher lässt sich ein Test für die zu erwartende Dateigröße im *Neu*-Dialog von Photoshop machen – lesen Sie hierzu bitte auf S. 322 nach.

3 Arbeiten mit Dokumenten

Öffnen, Neuerstellen und Duplizieren von Dokumenten

Öffnen von Dokumenten

Bilder, die augenblicklich nicht bearbeitet werden, sind als *Dokumente* (*Dateien*) auf der Festplatte oder einem anderen Speichermedium gespeichert. Das geöffnete Dokument stellt sich in einem Fenster dar (siehe nächste Seite). Um ein bereits bestehendes Dokument zu öffnen, führen Sie folgende Arbeitsschritte aus:
- Wählen Sie *Datei* > *Öffnen...* (⌘ O).
- Der *Öffnen*-Dialog erscheint:

Datei-Menü

- Wählen Sie das gewünschte Laufwerk, den Ordner und das entsprechende Dokument. Dateiformat und Dateigröße werden angezeigt. Falls eine Vorschau verfügbar ist, wird diese angezeigt. Zum gleichzeitigen Öffnen mehrerer Dateien klicken Sie bei gedrückter Umschalttaste (⇧).
- Klicken Sie auf *Öffnen* oder doppelklicken Sie auf eine Datei.

⚡ Photoshop zeigt alle Dokumente in der *Bildschirmauflösung* an. Deshalb erscheint ein geöffnetes Dokument bei 100 % Ansichtsgröße am Bildschirm vergrößert, wenn seine *Bildauflösung* mehr als die Bildschirmauflösung beträgt (s. S. 22).

✔ Im *Adobe-Photoshop-Programmordner* > *Beispiele* finden Sie einige Übungsbilder. Falls Sie eine bestimmte Datei nicht finden, klicken Sie auf *Suchen* und geben den Namen der Datei ein.

Welche Informationen angezeigt werden, bestimmen Sie in den Voreinstellungen von Bridge im Bereich *Metadaten*.

Verwalten von Dateien mit Adobe Bridge

Zum Öffnen, Anzeigen und Verwalten von Bilddateien können Sie auch das eigenständige Programm Bridge (vordem *Dateibrowser*) verwenden. Aufgerufen wird es aus Photoshop mit *Datei > Durchsuchen...* (⌘ ⌥ O). In den Voreinstellungen können Sie auch festlegen, dass Bridge gemeinsam mit Photoshop gestartet wird.

Im rechten Bereich der Arbeitsumgebung von Bridge befindet sich die Inhaltsübersicht mit den Miniaturen der Objekte im aktuell ausgewählten Ordner. Sie können im Menü *Ansicht* zwischen verschiedenen Darstellungsoptionen (*Miniaturen, Filmstreifen, Details, Versionen und Alternativen*) wählen und die Objekte nach verschiedenen Kriterien sortieren (*Ansicht > Sortieren*).

Bilder können in jeder dieser Ansichten manuell sortiert werden, indem sie durch Ziehen und Loslassen (Drag and Drop) verschoben werden.

Durch die Zuweisung einer *Wertung* (von einem bis fünf Sternen) über das Menü *Beschriftung* lassen sich die Dateien danach sortieren bzw. filtern. Als weiteres Kriterium können Sie verschiedene Farben als *Beschriftung* festlegen. Unter der Miniatur der Datei erscheint dann ein Streifen in der gewählten Farbe. Wertung und Beschriftung können neben den anderen Kriterien zum Sortieren der Bilder (*Ansicht-Menü > Sortieren*) benutzt werden.

Wird eine Datei in Bridge durch Anklicken ausgewählt, erscheinen im linken Bereich von Bridge eine Vorschau sowie die so genannten Metadaten – Informationen über Bildgröße, Format, Dateigröße bis hin zu den von einer Digitalkamera importierten Daten (EXIF). Mehrere Dateien werden mit gedrückter Umschalttaste (⇧) bzw. gedrückter Befehlstaste (⌘) ausgewählt.

✔ Metadaten: Die einer Datei beigefügten Informationen werden mit XMP (E**x**tensible **M**etadata **P**latform) in die Datei eingebettet. XMP ermöglicht den Austausch von Metadaten zwischen Adobe-Anwendungen und über Publishing-Workflows hinweg. So können Sie z.B. Metadaten aus einer Datei als Vorlage speichern und die Metadaten dann in andere Dateien importieren.

Besonders komfortabel können einzelne oder mehrere Dateien durch Drag and Drop in andere Ordner verschoben werden. Das gleichzeitige Kopieren erfolgt bei gedrückter Wahltaste (⌥). Aus Bridge heraus können Dateien einfach mit einem Doppelklick geöffnet werden.

Weitere Verwaltungsoptionen sind möglich:
- Umbenennen einer ausgewählten Datei durch Markieren und Überschreiben des Dateinamens unter der Miniaturdarstellung.

Über das Menü *Datei*:
- Speicherort *Im Finder anzeigen* (Mac) / Speicherort *Im Explorer anzeigen* (Win): Der Befehl zeigt für die aktuell angewählte Datei den Ablageort auf der Festplatte.

Arbeiten mit Dokumenten

■ *In Papierkorb verschieben* (⌘ ⟨X⟩): Die Dateien werden in den Papierkorb des Systems verschoben, sind also nicht endgültig gelöscht.

Über das Menü *Bearbeiten*:
■ *Alles auswählen, Auswahl umkehren / Auswahl aufheben*
■ *Beschriftete* bzw. *Unbeschriftete auswählen*
■ *Suchen* von Dateien unter Anwendung verschiedener Optionen und nach festgelegten Kriterien wie Wertung oder Beschriftung
■ Dateien drehen (um 180°, 90° im und gegen den Uhrzeigersinn – betrifft nur die Monitordarstellung, sofern das gedrehte Bild nicht in diesem Zustand abgespeichert wird)
■ Mit *Creative Suite-Farbeinstellungen...* lassen sich für alle Programme der Creative Suite einheitliche Farbeinstellungen festlegen, aktivieren und deaktivieren, die für eine Vielzahl von Arbeitsbedingungen (universelle Zwecke, Druckvorstufe wie Webanwendungen) vorbereitet sind.

> Mehr zum Thema Farbdarstellung und Farbmanagement finden Sie im Kapitel *Tonwert- und Farbkorrekturen*.

Über das Menü *Werkzeuge*:
■ Die *Stapel-Umbenennung...* ermöglicht, alle Dateien in einem Ordner gleichzeitig umzubenennen. So können beispielsweise Bildern von einer Digitalkamera schnell aussagekräftigere Namen zugewiesen werden als die gegebenen.

> Mit der Option *Stapel-Umbenennung...* können Dateien, die ohne Dateinamenerweiterung (z.B. „Dateiname" statt „Dateiname.psd") abgespeichert wurden, nachträglich die entsprechenden Erweiterungen angefügt werden.

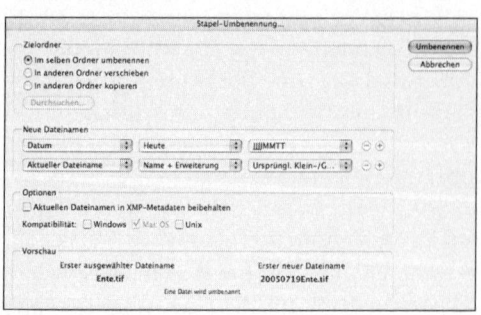

Mehrere Texteingabefelder bilden die Bausteine für die Erstellung des Namensschemas. Sie können die vorhandenen Namen entweder ergänzen oder jeweils einen neuen Namen zuweisen. Außerdem können das Datum angehängt, die Dateien fortlaufend nummeriert, eine Buchstabenreihenfolge hinzugefügt oder eine Dateinamenerweiterung angehängt werden.

- Schließen Sie ggf. alle Dateien, die Sie umbenennen möchten, da Bridge geöffnete Dateien nicht umbenennen kann.
- Suchen Sie in Bridge den Ordner, der die umzubenennenden Fotos enthält. Alle Dateien müssen sich im selben Ordner befinden – verschieben Sie ggf. die gewünschten Dateien in Bridge.
- Für eine fortlaufende Nummerierung (Option *Sequenzindexzahl* bzw. *-buchstabe*), ziehen Sie die Miniaturen in die gewünschte Reihenfolge. Beim Ziehen wird ein blauer Streifen zwischen den Bildern bzw. ein grauer Rahmen um die Miniatur eines Ordners eingeblendet, um anzuzeigen, an welcher Stelle das Bild eingefügt wird.
- Wenn Sie nicht alle Dateien im Ordner umbenennen möchten, klicken Sie bei gedrückter Befehlstaste (⌘) auf die gewünschten Dateien, um sie zu deaktivieren.
- Wählen Sie dann in der Menüleiste von Bridge *Automatisieren > Stapel umbenennen*.
- Wenn die Dateien nach dem Umbenennen in einen anderen Ordner in Bridge verschoben werden sollen, wählen Sie im Dialog die Option *In neuen Ordner verschieben* und wählen den entsprechenden Ordner aus.
- Geben Sie unter *Dateibenennung* Text in die Felder ein oder wählen Sie Optionen aus den Dropdown-Listen aus. Der endgültige Datei-

Diese Datei wurde mit der Option *Stapel-Umbenennung...* sowie den Optionen *JJJJMMTT* + *Dateiname* + *Erweiterung* (Auswahl aus den Dropdown-Listen) umbenannt.

✔ *Ansicht > Aktualisieren* stellt die umbenannten Dateien neu sortiert dar.

✔ Unter *Werkzeuge > Photoshop* haben Sie zudem Zugriff auf die Automatisierungsfunktionen von Photoshop, ohne das andere Programm öffnen zu müssen (s. S. 547).

✔ Automatisierungsfunktionen (in Photoshop aufzurufen über *Datei > Automatisierung*) sind u. a.:
• *PDF-Präsentation* (erstellt aus mehreren Bilddateien ein mehrseitiges PDF-Dokument oder eine PDF-Dia-Show – beides zu betrachten mit dem Acrobat Reader)
• *Kontaktabzug* (platziert mehrere Bilddateien in einer neuen Datei in frei wählbaren Spalten und Zeilen entsprechend verkleinert. Ein Ausdruck davon ist gut zur Archivierung oder als Bild-Index geeignet)
• *Photomerge* (erstellt eine Panoramamontage aus mehreren Bildern, die optional jedes Bild der Komposition als separate Ebene speichert, um z.B. die Farbe der einzelnen Bilder separat korrigieren zu können – leider werden die vorgeschlagenen Überblendungen nicht als Masken übernommen)

name wird über den Feldern zur Dateibenennung in jedem Fall angezeigt.
• Wählen Sie die passende *Kompatibilität* (z. B. Windows) und klicken dann auf *OK*.

■ Über das Menü *Beschriftung*:
Auf einfachste Weise kategorisieren Sie Ihre Bilddateien mit *Wertung* oder farbiger *Beschriftung* und bereiten sie so für eine schnelle Sortierung vor.

Das Adobe Bridge Center

ist unter dem Reiter *Favoriten* auf der linken Seite des Programmfensters zu finden: hier werden die zuletzt benutzten Dateien und Ordner angezeigt. In einem RSS-Reader können aktuelle Kopfzeilen ausgewählter Websites und Informationen von Adobe angezeigt werden. Daneben gibt es nützliche Hinweise unter *Tipps und Tricks* sowie die Möglichkeit, ein neues Version-Cue-Projekt (s. S. 42 ff.) zu erstellen, und direkten Zugriff auf die Hilfe und die Farbmanagement-Einstellungen.

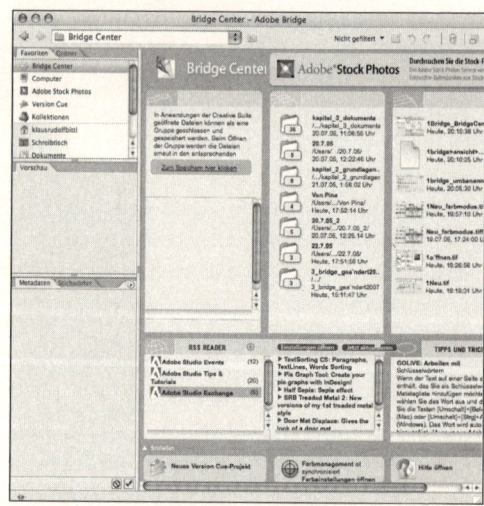

32 Arbeiten mit Dokumenten

Metadaten

Der Reiter *Metadaten* enthält Informationen zu einer Datei, darunter Autor, Auflösung, Farbraum und Stichwörter. Mit Hilfe von Metadaten können Sie Ihren Workflow optimieren und Ihre Dateien organisieren. Diese Informationen werden unter Verwendung der XMP-Norm (Extensible Metadata Platform) in standardisierter Form gespeichert. XMP basiert auf XML (Extensible Markup Language). Zumeist werden die Informationen in der Datei gespeichert, sodass sie nicht verloren gehen (auch wenn sie in anderen Programmen möglicherweise nicht lesbar sind). Ist keine Speicherung der Informationen in der Datei möglich, werden die XMP-Metadaten in einer separaten Datei (Filialdokument genannt) angehängt.

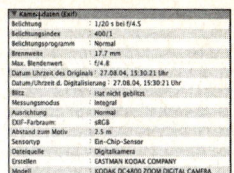

Zu jedem Bild können Informationen gespeichert werden, die Metadaten. Zum Beispiel zum Autor bzw. Ersteller der Datei, dem Farbraum, der Auflösung. Von Digitalkameras übermittelte Daten – Belichtungszeit, Blende, Erstellungszeit – werden hier ebenfalls gespeichert.

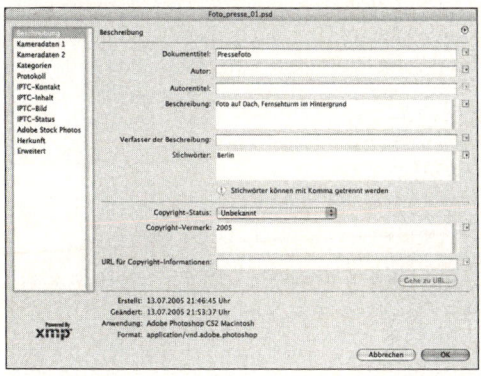

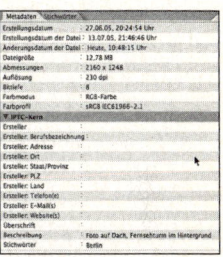

Datei-Informationen

Metadaten werden in Photoshop und Bridge im Dialogfeld *Datei-Informationen* bearbeitet, das im *Datei*-Menü erreichbar ist (⌥↑⌘I). Hier können die mit dem Bild zu speichernden Daten eingetragen, die bereits gespeicherten ergänzt und bearbeitet werden. Des Weiteren können Sie hier Stichwörter eintragen, die eine Basis für die Verwaltung und Suche in Bridge bilden.

Die Datei-Informationen, wie sie in Bridge (oben und unten) sowie in Photoshop (große Abbildung) erscheinen.

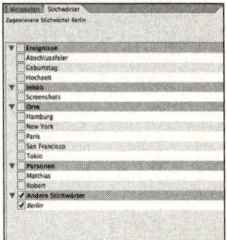

⚠️ Halten Sie nur so viele Dokumente wie unbedingt nötig geöffnet, um Arbeitsspeicher zu sparen.

Die Programmoberfläche

Die folgende Abbildung zeigt die Programmoberfläche (am Mac) nach dem Öffnen eines Bildes. Die Erscheinung der Fensterelemente, wie Rollbalken, Schließ-, Format- und Erweiterungsfeld bzw. Schalter zum Minimieren/ Maximieren bzw. zum Wiederherstellen usw. sind systemspezifisch. Haben Sie mehrere Dokumente gleichzeitig geöffnet, kann immer nur eines zur Zeit aktiv sein, d. h., dass sich alle Befehle und Aktionen auf dieses aktive Dokument beziehen. Sie aktivieren ein Dokument durch Anklicken oder durch Auswahl im Menü *Fenster*, in dem alle zurzeit geöffneten Dokumente aufgelistet sind.

Menüleiste
Dateifenster
Titelleiste mit Dateiname / Darstellungsgröße / Ebene / Farbmodus
Werkzeug-Optionen-Leiste
Palettenraum
Paletten

Werkzeugleiste
Darstellungsgröße- (Zoomstufe-) Eingabefeld
Anzeigefeld für Dateigrößen, Dokumentprofil, Dokumentmaße, Arbeitsdatei-Größen, Effizienz, Version Cue, aktuelles Werkzeug u.a.
Auswahlmenü für den Anzeigemodus

34 Arbeiten mit Dokumenten

Erstellen eines neuen Dokuments

Beim Erstellen eines neuen Dokuments sind zunächst Bildgröße, Bildauflösung und Farbmodus (Farbtiefe) wählbar. Im Menü *Vorgabe* sind verschiedene Formate vordefiniert.

- Um ein neues Dokument anzulegen, wählen Sie Datei > *Neu...* (⌘ N). Das gleichnamige Dialogfeld erscheint.

Vorgaben im *Neu*-Dialog

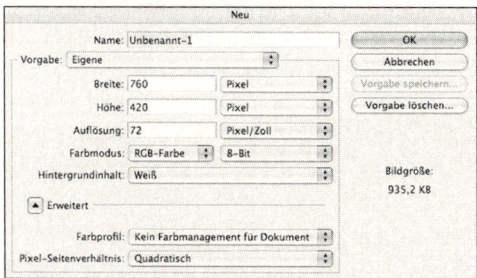

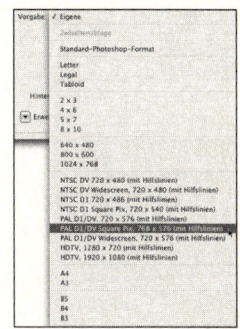

Photoshop bietet viele Standardformate, z.B. DIN A 4, schon als Vorgabe an. Interessant sind hierbei vor allem die Video- und TV-Formate, welche sogar mit Hilfslinien für aktions- und titelsichere Bereiche erscheinen.

Eigene Einstellungen, die Sie öfter verwenden wollen, lassen sich auch als eigene Vorgabe abspeichern und erscheinen dann im Menü *Vorgabe*.

✔ Es kann vorkommen, dass eine ursprünglich als ganze Zahl eingegebene Größe, z.B. in cm, später zwei Stellen nach dem Komma aufweist. Da Photoshop intern mit Pixeln rechnet, wird die eingegebene Größe in Pixel und dann wieder in cm umgerechnet.

- Möchten Sie eigene Einstellungen vornehmen, wählen Sie zunächst die Maßeinheit, in der Sie arbeiten wollen. Für Breite und Höhe können Sie zwischen *Pixel* (Bilder für Online- und Bildschirmpräsentationen), Zoll (bisher Inch), *Zentimeter, Millimeter, Punkt, Pica* oder *Spalten* (Bilder für Printmedien) wählen. Die maximale Größe beträgt 300000 × 300000 Pixel. Es wird empfohlen, bei (Bild-) *Auflösung* stets *Pixel/Zoll* (= Pixel/Inch = dpi) einzustellen.

Bestimmen Sie beim Speichern eigener Vorgaben, welche Parameter mit in der Vorgabe enthalten sein sollen.

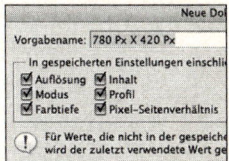

Arbeiten mit Dokumenten

✔ Bei *Spalten* geben Sie die gewünschte Anzahl ein. Spaltenbreite und -abstand legen Sie unter *Photoshop > Voreinstellungen > Maßeinheiten & Lineale* fest. Lesen Sie dazu ab S. 50.

✔ Der Farbmodus kann auch nachträglich jederzeit geändert werden (s. S. 360 ff.).

✔ Wenn Sie ein neues Dokument erstellen, erscheinen die zuletzt gewählten Voreinstellungsgrößen im Dialog (Maßeinheiten s. S. 50).

✔ Falls sich beim Erstellen einer neuen Datei Bilddaten in der Zwischenablage befinden (durch *Kopieren* oder *Ausschneiden*), erscheint im *Neu*-Dialog unter *Vorgabe: Zwischenablage* und die entsprechenden Maße (in Pixeln) des Bildteils aus der Zwischenablage. Wählen Sie bei gedrückter Wahltaste *Datei > Neu*, erscheinen wieder die zuletzt gewählten Voreinstellungsgrößen im Dialog.

✔ Möchten Sie für ein neues Bild die Einstellungen eines beliebigen *geöffneten* Bildes (in der voreingestellten Maßeinheit) übernehmen, wählen Sie bei geöffnetem *Neu*-Dialog im Menü *Fenster > Dokument* das Bild, dessen Einstellungen als Vorlage dienen sollen.

• Wählen Sie dann einen *Farbmodus*. In allen Farbmodi (außer Bitmap) kann zwischen 8 und 16 Bit Farbtiefe pro Farbkanal gewählt werden. 16 Bit Farbtiefe ist nur für die hochwertige Printausgabe empfehlenswert – beachten Sie, dass sich die Dateigröße gegenüber einer Datei mit 8 Bit verdoppelt.

▮ *Bitmap* für reine Schwarz/Weiß-Bilder (die Pixel können nur schwarz oder weiß sein).

▮ *Graustufen* für Graustufen-Bilder (die Pixel im Bild können 256 (bei 8 Bit) bzw. 512 (bei 16 bit) Grauabstufungen zwischen Schwarz oder Weiß haben.

▮ *RGB-Farbe* für Farbbilder (die Pixel im Bild können 16,7 Mio. (bei 8 Bit) bzw. 33,4 Mio. (bei 16 Bit) Farbabstufungen haben.

▮ *CMYK-Farbe* ausschließlich für farbige Bilder, die später in Printmedien ausgegeben werden sollen (die Pixel im Bild haben nur theoretisch Milliarden von Farbnuancen – dieser Modus speichert die Farben in 4 Farbkanälen, die für den industriellen Druck benötigt werden. Aus technischen Gründen ist dieser Farbumfang nicht druckbar. Es empfiehlt sich, ein farbiges Bild zunächst im RGB-Modus anzulegen und später in den CMYK-Modus umzuwandeln.

▮ *Lab-Farbe* für Farbbilder mit dem maximalen Farbumfang (s. S. 348) (die Pixel im Bild können 16,7 Mio. (bei 8 Bit) bzw. 33,4 Mio. (bei 16 Bit) Farbabstufungen haben).

• Falls Sie ein neues Dokument mit den Optionen *Weiß* oder *Hintergrundfarbe* für den Hintergrundinhalt erstellen, wird das Dokument mit einem deckenden Hintergrund versehen. Neue, transparente Dokumente enthalten eine Ebene ohne Farbwerte – erkennbar am grauweißen Schachbrettmuster.

- Zum Bestätigen in allen Dialogen klicken Sie auf *OK* oder drücken die Returntaste (⏎) oder die Entertaste (⌅), zum Abbrechen können Sie auch die Escapetaste (esc) benutzen.
- Ein neues Dokument *Unbenannt-1* (Mac) bzw. *Ohne Namen-1* (Win) erscheint.

✔ Achten Sie abschließend immer auf die Dateigröße (im *Neu*-Dialog heißt sie *Bildgröße*). Falsche Einstellungen machen sich dort zuerst an einer unverhältnismäßigen Dateigröße bemerkbar.

Erweiterte Einstellungen

Klicken Sie im *Neu*-Dialog auf das Dreieck *Erweitert*, erscheinen Menüs zur Auswahl eines Farbprofils und zum *Pixel-Seitenverhältnis*. Bei *Farbprofil* handelt es sich je nach gewähltem Modus um einen Arbeitsfarbraum, welcher im Bild als Profil mitgespeichert werden kann – nicht jedoch muss (vergl. S. 382). Bei RGB-Bildern für Web und Multimedia gilt *sRGB IEC61966-2.1* als Standard, bei RGB-Bildern für den industriellen Druck *Adobe RGB (1989)*. Für Bilder im CMYK-Modus können Sie *Euroscale Coated v2* (für gestrichenes Papier) oder *Euroscale Uncoated v2* (für ungestrichenes Papier) verwenden. Für Bilder im Graustufen-Modus für Web und Multimedia können Sie das Profil *Gamma Gray 2.2* (für die Anzeige auf Windows-Computern) oder *Gamma Gray 1.8* (für die Anzeige auf Macintosh-Computern) wählen; für Bilder im Graustufen-Modus für den industriellen Druck wählen Sie *Dot Gain 10 % – 30 %*, je nach verwendetem Papier und erwartetem Druckpunktzuwachs (vergl. S. 385).

Sie können aber auch ohne Farbmanagement arbeiten. Alle Farbprofile können unter *Photoshop > Farbeinstellungen* eingesehen bzw. bearbeitet werden (s. a. S. 382).

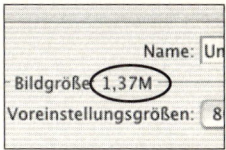

Farbprofil

Das Pixel-Seitenverhältnis für Web, Multimedia und Printaufgaben ist grundsätzlich quadratisch. Seit Photoshop CS können jedoch auch nicht quadratische Pixel – hilfreich für

Pixel-Seitenverhältnis

Verwenden Sie *Datei > Exportieren > Videovorschau*, um ein Photoshop-Dokument in der Vorschau auf einem mit FireWire angeschlossenen Anzeigegerät, z. B. einem Videomonitor, anzuzeigen. Weitere Informationen finden Sie in der Online-Hilfe.

Video- und TV-Formate – angezeigt und bearbeitet werden. Einige TV-Format-Vorgaben, z.B. *PAL D1/DV, 720 x 576 (mit Hilfslinien)*, enthalten nicht quadratische Pixel. Diese Dokumente werden standardmäßig mit aktivierter Ansichtsoption *Pixel-Seitenverhältnis-Korrektur* geöffnet, d.h., das Bild wird statt mit quadratischen mit rechteckigen Pixeln anzeigt.

Bild mit quadratischen Pixeln auf einem Computerbildschirm

Bild mit quadratischen Pixeln auf einem Videomonitor (Darstellung simuliert)

Dasselbe Bild mit korrigiertem Pixel-Seitenverhältnis auf einem Videomonitor (Simulation)

Diese Option dient der Vorschau und es kann jederzeit unter *Ansicht > Pixel-Seitenverhältnis-Korrektur* zwischen beiden Ansichten hin- und hergeschaltet werden. So kann die zu erwartende Verzerrung (s. Marginalspalte) beurteilt und ihr ggf. mit einer unproportionalen Skalierung (*Bearbeiten > Transformieren*) entgegengewirkt werden. Werden Bildteile in ein Dokument mit nicht quadratischen Pixeln kopiert, werden diese automatisch auf das entsprechende Pixel-Seitenverhältnis skaliert. Den Dokumenten können vorgebene oder eigene Pixelverhältnisse zugewiesen werden (s. S. 37).

Duplizieren von Bildern

Photoshop kann mit dem Befehl *Bild > Bild duplizieren...* ein geöffnetes Bild duplizieren. Ein Duplikat, das übrigens in den Arbeitsspeicher geladen wird, ist sinnvoll, wenn Sie an Ihrem Bild experimentieren und es ständig mit dem Original vergleichen wollen.

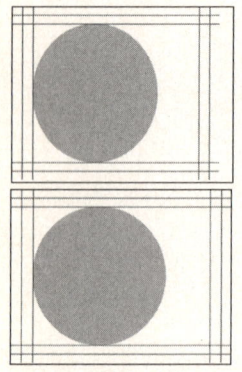

Kreis in einem Dokument mit nicht quadratischen Pixeln bei deaktivierter Option Pixel-Seitenverhältnis-Korrektur (oben)/ bei aktivierter Option (unten)

Schließen und Speichern von Dokumenten, Programm beenden

Schließen von Dokumenten
Mit dem Befehl *Datei > Schließen* (⌘ W) wird das aktive Dokument geschlossen. Sollten Sie vergessen haben, Änderungen zu speichern, gibt es eine entsprechende Abfrage. Klicken Sie mit dem Pfeilzeiger in das Schließfeld des Dateifensters, wird die gleiche Befehlsfolge ausgelöst. Haben Sie Ihre aktuellen Veränderungen gespeichert, wird die Datei geschlossen, jedoch nicht das Programm beendet.

Dokumente speichern
Wie in anderen Programmen auch, ist ein neu erstelltes Dokument zunächst nicht auf der Festplatte gespeichert, bis Sie dies mit dem Befehl *Datei > Speichern unter...* (⇧ ⌘ S) getan haben. Bis dahin werden alle Arbeitsschritte lediglich im Arbeitsspeicher gehalten und sind bei einem eventuellen Systemabsturz verloren.

Um ein Dokument das erste Mal zu speichern:
- Wählen Sie *Datei > Speichern unter...*
- Es erscheint der gleichnamige Dialog.
- Vergeben Sie als Erstes einen Namen für das Dokument.
- Wählen Sie jetzt das Laufwerk und den entsprechenden Ordner, in dem das Dokument abgelegt werden soll.
- Falls Sie einen neuen Ordner anlegen wollen, in welchem Sie das Dokument speichern, wählen Sie einen Speicherplatz im Menü des Dialoges *Speichern unter...* und klicken dann

✔ Wenn Sie ein neues Dokument das erste Mal speichern, ist der Befehl *Datei > Speichern* nicht aktiv, da Sie erst einmal einen Namen und Speicherplatz vergeben müssen.

Arbeiten mit Dokumenten 39

✔ Wird eine Datei, die zwar bereits abgespeichert wurde, deren verwendetes Speicherformat aber die seitdem erfolgten Änderungen nicht unterstützt, gespeichert, werden ausschließlich Formate angeboten, welche diese Features unterstützen.

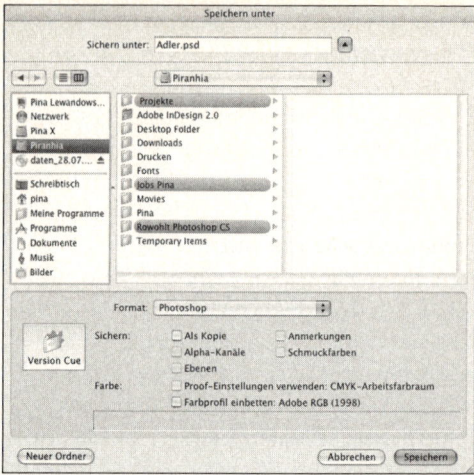

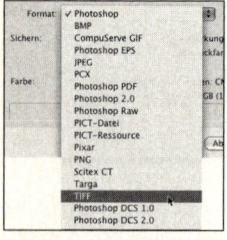

Format-Dropdown-Menü im *Speichern*-Dialog (Ausführliche Informationen zu den verschiedenen Formaten finden Sie ab S. 483).

auf den Schalter Neuer Ordner. Geben Sie einen Namen für den neuen Ordner ein, und klicken Sie dann auf Erstellen.

• Wählen Sie ein Format. Photoshop bietet die Möglichkeit, Dokumente in verschiedenen Dateiformaten zu speichern. Diese Fähigkeit ermöglicht es, Photoshop-Dokumente in anderen Programmen zu importieren und zwischen verschiedenen Computersystemen auszutauschen. Beachten Sie, dass nur die Dateiformate Photoshop, Photoshop PDF sowie TIFF alle Features, die Photoshop anbietet (z. B. Ebenen), unterstützen, also mit abspeichern. Sie können zum Speichern zwar jedes angebotene Format auswählen, erhalten jedoch ggf. den Hinweis darauf, dass die Datei mit dieser (Format-)Auswahl als Kopie gespeichert werden muss. Wählen Sie ein solches Format, bleibt der aktuelle Status der Datei also erhalten, und beim Schließen dieser Datei haben Sie nochmals Gelegenheit, in einem Format abzuspeichern, welches diese Features erhält.

• Klicken Sie dann auf Speichern.

Das Dokument ist nun gespeichert. Um weitere Veränderungen zu speichern, genügt der Befehl *Datei > Speichern* (⌘ S). Die aktuelle Version Ihres Dokumentes überschreibt (ersetzt) dann die jeweils davor gesicherte. Speichern Sie Ihr Dokument so oft wie möglich. Im Programm Photoshop bestehen zwar verschiedene Möglichkeiten, Arbeitsschritte rückgängig zu machen – bei einem Systemabsturz sind ungesicherte Daten jedoch trotzdem verloren. Eine einfache Variante, Arbeitsschritte rückgängig zu machen, ist der Befehl *Datei > Zurück zur letzten Version*. Dieser Befehl öffnet die letzte gesicherte Version des Dokuments.

Kopie einer Datei speichern

Mit angeklickter Option *Als Kopie* wird im Dialog *Datei > Speichern unter...* (⌘ ⌥ S) eine Kopie der Datei auf der Festplatte gespeichert. Die aktuelle Datei, mit der Sie zurzeit arbeiten, wird jedoch weder ersetzt noch verändert. Photoshop ergänzt den Dateinamen automatisch mit *Kopie* als entsprechendem Hinweis. Der vorgeschlagene Name kann natürlich geändert werden.

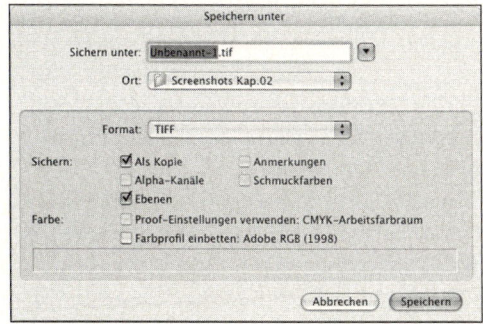

Programm beenden

Sie beenden das Programm durch den Befehl *Photoshop > Photoshop Beenden* (⌘ Q).

✔ Der Befehl *Eine Version speichern...* ist für Bilder vorgesehen, die mit dem Version-Cue-Arbeitsbereich der Adobe-Creative-Suite-Anwendungen verwaltet werden. Damit können verschiedene Versionen einer Datei gespeichert und kommentiert, innerhalb von Adobe-Creative-Suite-Anwendungen in Projekten verwaltet und von verschiedenen Personen mit spezifischen Zugriffsrechten verwendet werden. Weitere Informationen finden Sie in der Version-Cue-Dokumentation VersionCue-Help.pdf auf der Adobe-Creative-Suite-CD und der Adobe-Photoshop-CS-CD).

✔ Die Option *Als Kopie* (speichern) kann dazu verwendet werden, eine separate Datei zum Exportieren (z. B. in einem anderen Format) oder einfach eine zweite Version der Datei zu erstellen – die ursprüngliche Datei bleibt erhalten. Eine Kopie wird auch gespeichert, wenn ein Format gewählt wird, welches die vorhandenen Features nicht unterstützt.

✔ Informationen zum Befehl *Datei > Für Web speichern...* finden Sie ab S. 529. Alle weiteren Speicheroptionen, -befehle sowie Voreinstellungen, die das Speichern von Dateien betreffen, werden im Kapitel 14 (S. 480 ff.) besprochen.

Version Cue

> ⚠️ Version Cue ist ein ausschließlich mit der Adobe Creative Suite ausgeliefertes Werkzeug zum Design-Management. Es werden damit nicht nur reine Bild- und Textdateien verwaltet, sondern auch Erstellungs- und Versionsdaten an einem Arbeitsplatz oder im Netzwerk für eine ganze Arbeitsgruppe überschaubar gemacht.
>
> Dazu wird ein Rechner gewählt, auf dem das Projekt zentral abgelegt wird. Ist dieser Rechner zeitweilig nicht verfügbar, können Sie dennoch an Ihrem Projekt weiterarbeiten. Die dann auf Ihrem Rechner vorhandenen Dateien müssen später mit den Dateien auf dem entfernten Rechner synchronisiert werden, damit der aktuellste Stand allen Benutzern zugänglich wird.

Im Lauf der Arbeit mit Photoshop kann es ratsam sein, hin und wieder eine Version der Arbeitsdatei abzuspeichern. Änderungen lassen sich so besser nachvollziehen und man verfügt so über einen älteren Stand der Arbeit, auf den man bei Bedarf zurück greifen kann.

Ein Problem, das beim herkömmlichen Speichern von Versionen auftaucht, ist der Mangel an Information zum jeweiligen Bild. Ohne die Datei zu öffnen, ist es kaum möglich, Informationen über deren Inhalt, erst recht aber nicht zu den erfolgten Änderungen zu bekommen. Der Versuch, das Problem mit der Vergabe entsprechender Dateinamen zu umgehen, ist eine nicht immer befriedigende Lösung.

In solchen Fällen hilft Version Cue bei der Verwaltung von Dateien und ihren erstellten Versionen an einem Einzelarbeitsplatz, aber vor allem auch innerhalb einer Arbeitsgruppe und programmübergreifend für alle Bestandteile des Creative-Suite-Pakets. Version Cue ist standardmäßig nach der Installation des Programmpakets aktiviert.

Innerhalb eines Version-Cue-Projekts wird die ursprüngliche Datei einmal mit einem aussagekräftigen Namen versehen. Weitere Benennungen sind nicht mehr nötig. Verwenden Sie den Befehl *Datei > Eine Version speichern...*, um Änderungen zu sichern. Im daraufhin erscheinenden Dialogfeld haben Sie die Möglichkeit, Anmerkungen, z. B. zu den erfolgten Änderungen, als Kommentar zu sichern, die später u. a. auch als Suchkriterium dienen können. Die ursprüngliche Version der Datei bleibt erhalten.

Erstellen eines Version-Cue-Projektes für einen Einzelarbeitsplatz

Für ein aktuelles, noch nicht gespeichertes Dokument können Sie ein neues Version-Cue-Projekt anlegen:

• Rufen Sie den Speichern-Dialog auf (*Datei > Speichern unter...*, ⇧ ⌘ S), wählen Sie den *Adobe-Dialog*. Hier stehen Ihnen alle nötigen Funktionalitäten von Version Cue zur Verfügung.

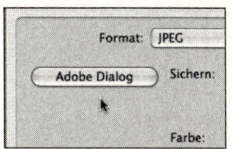

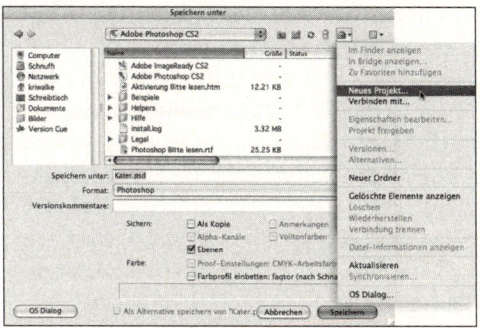

• Wählen Sie das Menü *Projektwerkzeuge* (Aktentaschen-Symbol) und dort *Neues Projekt...*
• Vergeben Sie einen Namen für das Projekt, fügen Sie optional Informationen zum Projekt hinzu. Bestätigen Sie mit *OK*.
• Jetzt ist ein neues Projekt angelegt. Wenn dieser Vorgang abgeschlossen ist, wählen Sie im Bereich *Favoriten* Version Cue aus. Aus der Liste der vorhandenen Projekte wählen Sie das eben angelegte aus und klicken Sie auf *Öffnen*.
• Speichern Sie nun Ihr Bild.
• Um neue Versionen Ihrer Datei zu speichern, wählen Sie den Befehl *Datei > Version speichern...*
• Geben Sie im Feld *Versionskommentare* Hin-

Arbeiten mit Dokumenten 43

Version Cue aktivieren und deaktivieren

Version Cue bringt seine besondere Kompetenz beim Arbeiten über ein Netzwerk ein. An einem Einzelarbeitsplatz ist es ggf. vorzuziehen, das Programm zu deaktivieren, um den dadurch frei werdenden Arbeitsspeicher anderweitig zu nutzen. Version Cue lässt sich innerhalb der einzelnen Programme der Adobe Creative Suite deaktivieren bzw. aktivieren (z. B. *Photoshop > Voreinstellungen > Dateien verarbeiten*).

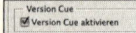

Funktionen wie *Eine Version speichern...* stehen nur bei aktiviertem Version Cue zur Verfügung.

weise zum Inhalt oder zu den erfolgten Änderungen ein. Klicken Sie auf *Speichern*.

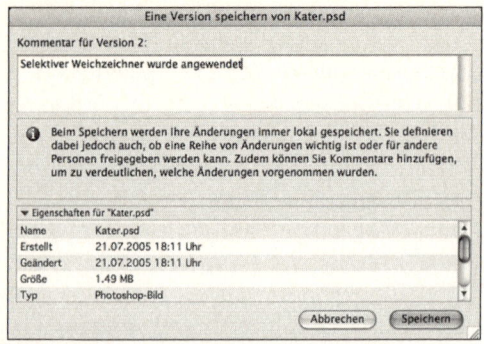

Betrachten und Verwalten von Versionen mit Adobe Bridge

Alle Versionen einer so verwalteten Datei können in der *Versions- und Alternativenansicht* von Bridge bequem betrachtet werden. Neben der Miniatur der jeweiligen Datei und ihrer Versionen wird eine Liste mit den wichtigsten Datei-Informationen angezeigt. Dazu gehören auch die Versionskommentare, die die vorgenommenen Änderungen dokumentieren. Diese dienen der umfassenden Dateiverwaltung und -suche in Bridge.

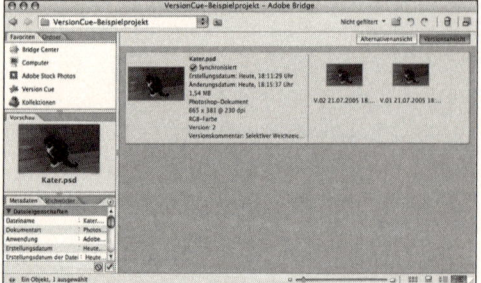

Um mit Bridge nach einer bestimmten Datei oder einer Version zu suchen, rufen Sie den Befehl *Bearbeiten > Suchen* (⌘ F) auf. Mit der

Option *Kommentare* unter *Kriterien* suchen Sie nach den von Ihnen eingegebenen Versionskommentaren.

Das Ergebnisfenster zeigt die aktuelle Version und die früheren Versionen. Verweilen Sie mit dem Mauszeiger über der Miniatur einer Version, erhalten Sie weitere Informationen.

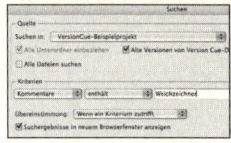

Die Suchergebnisse können in einem eigenen Fenster geöffnet werden.

Speichern von Alternativen

In einigen Fällen ist es nötig, einen weiteren Entwurf parallel zu dem ursprünglichen Entwurf anzulegen und weiterzuentwickeln. Mit Version Cue können Sie diesen dann als Alternative speichern.

Öffnen oder erstellen Sie den als Alternative vorgesehenen Entwurf. Wählen Sie *Datei* > *Speichern unter...* (⇧ ⌘ S) und vergeben Sie einen Namen für die Datei, markieren Sie *Als Alternative speichern von „..."*. Bestätigen Sie mit *Speichern*.

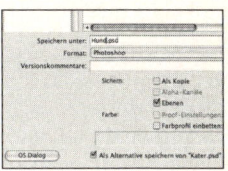

Dieser Entwurf steht Ihnen nun als Alternative zur ursprünglichen Version zur Verfügung, Sie können nun auch von der Alternative Versionen speichern. Mit Adobe Bridge können Sie die Alternative jetzt ebenso wie die ursprüngliche Datei betrachten oder die gewünschten Versionen aus der Übersicht öffnen.

In der *Alternativenansicht* sehen Sie die Miniaturen der Dateien und die möglichen Alternativen. Die Miniatur der jeweils primären Alternative wird in der rechten Spalte oben mit fett hervorgehobenem Dateinamen angezeigt.

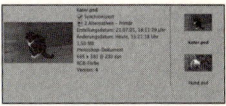

In der *Versionsansicht* sehen Sie die Miniaturen der Alternativen mit den davon erstellten Versionen. Die Miniatur der aktuellen Version wird in der linken Spalte vergrößert dargestellt.

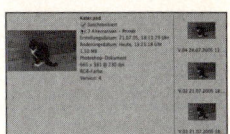

Vertiefende Informationen zu Version Cue finden Sie in der Photoshop-Hilfe.

4 Hilfsmittel

Darstellung von Bildern am Monitor

⚡ Die Darstellungsgröße eines Bildes am Monitor beeinflusst nicht seine Bildgröße oder Bildauflösung.

Zoom-Werkzeug

Einzoomen
(Vergrößern der Ansicht)

Auszoomen
(Verkleinern der Ansicht)

Vergrößern und Verkleinern der Ansicht
Zum schrittweisen Vergrößern der Ansicht können Sie das *Einzoomen-Werkzeug* (🔍) aus der Werkzeug-Palette benutzen. Klicken Sie auf den Bildausschnitt, den Sie vergrößern wollen. Bei jedem Klicken wird die Ansicht um eine Zoomstufe vergrößert (max. 1600 %). Die vergrößerte Ansicht wird um den Punkt herum zentriert, auf den Sie geklickt haben. Alternativ können Sie zum Vergrößern der Ansicht den Befehl *Ansicht > Einzoomen* (⌘ +) verwenden. Außerdem lässt sich durch Ziehen mit dem Zoom-Werkzeug über einen Bildausschnitt dieser fensterfüllend vergrößern. Zum schrittweisen Verkleinern der Ansicht können Sie ebenfalls das *Einzoomen-Werkzeug*, jedoch bei gedrückter Wahltaste (⌥) benutzen. Bei jedem Klicken auf den Bildausschnitt erfolgt die Verkleinerung um eine Zoomstufe. Alternativ können Sie zum Verkleinern der Ansicht den Befehl *Ansicht > Auszoomen* (⌘ −) verwenden.

✔ Verwenden Sie die Tabulatortaste (⇥) zum Ein- und Ausblenden der Werkzeugleiste, aller Paletten sowie der Werkzeug-Optionen-Leiste. Tabulator- und Umschalttaste (⇥ ⇧) blendet nur die Paletten ein und aus. Aus- und Einblenden der Lineale mit ⌘ R.

Wird ein beliebiges Werkzeug aus der Werkzeug-Palette ausgewählt, so erscheinen die dafür verfügbaren Werkzeug-Optionen (Einstellungsmöglichkeiten) in einer Leiste unterhalb der Programm-Menüleiste. Diese Werkzeug-Optionen werden jeweils im Buch zusammen mit dem zugehörigen Werkzeug besprochen und sind mit einem grauen Pluszeichen (✚) gekennzeichnet.

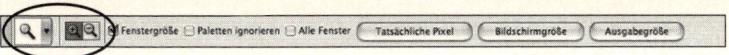

Werkzeug-Optionen-Leiste bei aktivem Zoom-Werkzeug

Zoom-Werkzeug-Optionen

✢ *Fenstergröße:* Bei ausgeschaltetem Schalter bleibt die Fenstergröße beim Zoomen mit dem *Zoom-Werkzeug* unverändert. Andernfalls wird die Fenstergröße dynamisch der Bildgröße angepasst. Eine vergleichbare Wirkung wird mit *Voreinstellungen > Allgemeine > Zoom ändert Fenstergröße* erzielt. Diese bezieht sich jedoch ausschließlich auf die Verwendung der Tastaturkürzel (⌘ +) und (⌘ −).

✢ *Paletten ignorieren*: Bei ausgeschaltetem Schalter wird die Fenstergröße so eingerichtet, dass sich Bildfenster und geöffnete Paletten nicht überlagern. Andernfalls wird bei entsprechender Fenstergröße ein Überlagern zugelassen.

✢ *Alle Fenster*: Der Zoom betrifft die Fenster aller geöffneten Dokumente.

✢ *Tatsächliche Pixel*: Bewirkt eine Darstellung des Bildes in 100%. Alternativ doppelklicken Sie auf das Zoom-Werkzeug.

✢ *Ganzes Bild* stellt Fenstergröße und Zoomstufe so ein, dass das gesamte Bild in maximaler Größe angezeigt wird. Alternativ doppelklicken Sie auf die *Verschiebehand* (siehe nächste Seite). Mit diesem Befehl kann es zur Darstellung in nicht ganzzahligen Prozentwerten kommen, die für viele Arbeiten nicht optimal ist.

✢ *Ausgabegröße* bewirkt, dass Fenster- und Ausgabegröße sich 1:1 verhalten. Ein Bild wird in der Größe, in der es ausgedruckt würde, dargestellt. Die Darstellungsgröße hängt also von der aktuellen Bildgröße/Bildauflösung ab.

Eine weitere Möglichkeit, die Darstellungsgröße des Bildes zu beeinflussen, ist die Ein-

> Beachten Sie, dass eine Ansichtsgröße von 100% nicht die tatsächliche Bildgröße anzeigt, sondern auf der *Bildschirmauflösung* (72 dpi) und der *Bildauflösung* beruht. Dokumente mit einer höheren Auflösung erscheinen größer am Bildschirm als Dokumente mit niedriger Auflösung (siehe auch Kapitel 2, S. 22).

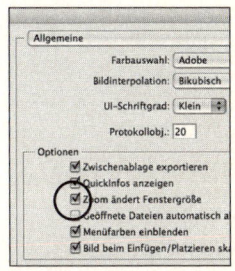

Menü *Bearbeiten > Voreinstellungen > Allgemein* Option *Zoom ändert Fenstergröße*

Hilfsmittel 47

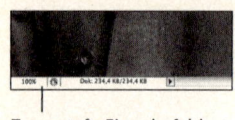

Zoomstufe-Eingabefeld

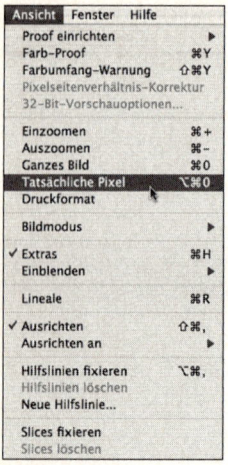

Menü *Ansicht*

Verschiebehand

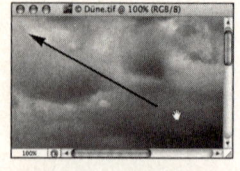

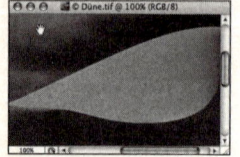

gabe eines Zielwertes in Prozent in das Zoomstufe-Eingabefeld unten links im Dokumentfenster. Die Eingabe muss mit der Returntaste (⏎) bestätigt werden.

Menü Ansicht

Die Befehle aus dem Menü *Ansicht > Ganzes Bild* (⌘ 0), *Tatsächliche Pixel* (⌥ ⌘ 0) und *Druckformat (= Ausgabegröße)* entsprechen denen im Abschnitt Zoomwerkzeug.

Möchten Sie mehrere *Ansichten* eines Bildes öffnen, wählen Sie den Befehl *Fenster > Anordnen > Neues Fenster für...* Ein neues Ansichtsfenster kann beispielsweise dazu genutzt werden, zwei oder mehr Ansichten in verschiedenen Darstellungsgrößen zu sehen, um ein Bilddetail in einer starken Vergrößerung zu bearbeiten und gleichzeitig die Auswirkung bei 100 % zu kontrollieren.

Verschieben des Bildes innerhalb des Fensters

Wenn das Bild größer ist als der Ausschnitt, der im Fenster zu sehen ist (geschieht beim Einzoomen), können Sie den Bildausschnitt im Fenster mit der *Verschiebehand* aus der Werkzeug-Palette verschieben. Falls gerade ein anderes Werkzeug aktiv sein sollte, können Sie zeitweilig durch Gedrückthalten der Leertaste (␣) auf die Verschiebehand zugreifen. Natürlich können Sie auch die Rollbalken des Fensters benutzen. Die Verschiebehand-Optionen können Sie bei Zoomwerkzeug-Optionen nachlesen.

Die Navigator-Palette

Mit Hilfe der Navigator-Palette haben Sie eine weitere Möglichkeit, die Darstellung des Bildes am Monitor zu beeinflussen. Mit der Navigator-Palette können Sie anhand der Miniatur-Darstellung Ihres Dokuments die Ansicht des Bildes im Fenster bestimmen. Verschieben Sie einfach den roten Ansichtsrahmen mit der Maus, oder klicken Sie auf eine beliebige Stelle in der Miniatur-Darstellung. Zusätzlich gibt es die Möglichkeit, mittels Schieberegler eine Vergrößerungsstufe (maximal 1600%) einzustellen. Für schrittweises Zoomen können Sie auch auf den Auszoomen- bzw. Einzoomen-Schalter klicken. Oder Sie geben die gewünschte Zoomstufe numerisch in das Eingabefeld ein und bestätigen mit der Returntaste (⏎). Über das Paletten-Menü lässt sich die Palette an den Palettenraum andocken (s. S. 67) oder die Farbe des Ansichtsrahmens ändern.

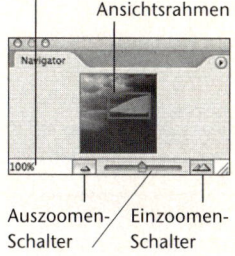

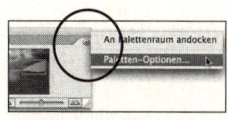

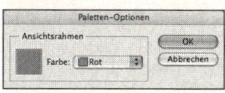

Die Farbe des Ansichtsrahmens in der Navigator-Palette kann bei Bedarf in den *Paletten-Optionen* geändert werden.

Bildmodus (Bildschirmmodus)

Mit *Ansicht > Bildmodus* wählen Sie eine von drei möglichen Bildschirmanzeigen. Alternativ dazu, oder falls die Werkzeugleiste ausgeblendet ist, drücken Sie nacheinander die Taste *F*, um sich von einem zum nächsten Modus durchzuklicken. Auch durch Klicken auf die untersten Schalter in der Werkzeug-Palette können Sie den gewünschten Bildschirmmodus einstellen:

▪ *Standardmodus* zeigt alle geöffneten Fenster und die Menüleiste (sowie Paletten und Lineale, sofern sie eingeblendet sind).

▪ *Vollbildmodus mit Menüleiste* zeigt nur das aktive Fenster mit Menüleiste, aber ohne Titelleiste und Rollbalken (sowie Paletten und Lineale, sofern sie eingeblendet sind).

▪ *Vollbildmodus* zeigt nur das aktive Fenster vor einem schwarzen Hintergrund.

Zum Aus- und Einblenden aller Paletten verwenden Sie die Tabulatortaste (⇥) und zum Aus- und Einblenden der Lineale den Befehl ⌘ R (*Ansicht > Lineale*).

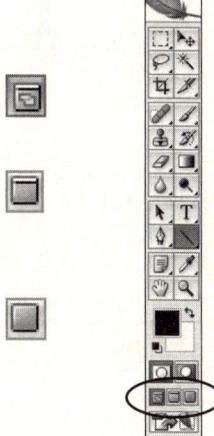

Bildschirmmodi

Lineale, Maße, Extras, Hilfslinien und Raster, Info-Palette und Histogramm-Palette

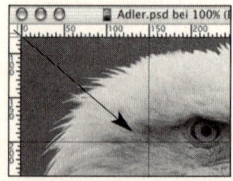

Nullpunkt verschieben

✔ Zum Messen von Strecken und Winkeln können Sie auch das *Mess-Werkzeug* verwenden. Eine Beschreibung finden Sie auf S. 191.

✔ Falls Sie mit der Einheit *Punkt* arbeiten und an PostScript-fähigen Geräten ausgeben, sollten Sie die Punktgröße 72 Punkt / Inch wählen.
Der *Punkt* ist eine typografische Maßeinheit, die häufig in DTP-Programmen – vorzugsweise für Schrift – verwendet wird.
1 p (PostScript / DTP) = 0,35277 mm
1 p (Traditionell / Pica-Point) = 0,35147 mm

Lineale

Die Lineale werden durch den Befehl *Ansicht > Lineale ein(aus)blenden* (⌘ R) ein- und ausgeblendet. Sie erscheinen am linken und oberen Fensterrand in der Unterteilung der eingestellten Maßeinheit. Der Nullpunkt befindet sich in der linken oberen Ecke des Dokumentfensters. Auf den Nullpunkt beziehen sich die in der Info-Palette angegebenen Werte für die X-/Y-Koordinaten. Sie können den Nullpunkt verschieben, indem Sie ihn anklicken und an die gewünschte Position ziehen. Doppelklicken Sie auf den Nullpunkt, um ihn zurückzusetzen.

Maße

Die Programm-Voreinstellungen für Maßeinheiten, angezeigt in den Linealen und der Info-Palette (*Prozent* nur in der Info-Palette), finden Sie unter *Photoshop > Voreinstellungen > Maßeinheiten & Lineale*. Alternativ gelangen Sie durch Doppelklicken auf die Lineale in diesen Dialog.

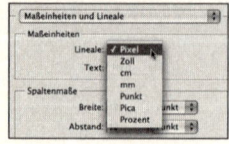

Mögliche Maßeinheiten

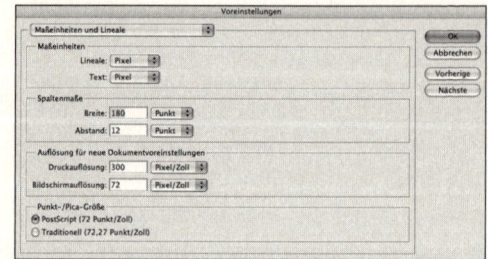

Daneben kann eine Maßeinheit für die Textwerkzeuge (*Art*) voreingestellt werden (Pixel, Punkt oder Millimeter). Weiterhin können Sie Werte für Spaltenbreite und Spaltenabstand eingeben. Die Einheit *Spalten* ist für mehrspaltige Drucksachen empfehlenswert und in den Dialogen *Neu, Bildgröße, Arbeitsfläche* und mit dem *Freistellungs-Werkzeug* wählbar. Maße lassen sich auch sehr schnell über die *Info-Palette* oder das Kontextmenü ändern (siehe die entsprechenden Stichworte).

✔ Benutzen Sie die Info-Palette, um die genaue Position Ihrer Hilfslinien beim Herausziehen zu kontrollieren. Um eine exakte Position für eine neue Hilfslinie festzulegen, benutzen Sie den Befehl *Ansicht > Neue Hilfslinie*.

Extras

Hilfslinien, Raster, Ebenenkanten, Auswahlbegrenzungen, Textbegrenzungen, Textgrundlinien, Textauswahlen, Zielpfad (sowie Slices, Imagemaps in ImageReady) und Anmerkungen sind *nicht druckbare* Extras, die das Auswählen, Verschieben oder Bearbeiten von Bildern und Objekten erleichtern, ohne dass sich das Bild dabei verändert. Beschreibungen der einzelnen Extras finden Sie unter dem jeweiligen Stichwort.

• Um Extras ein- oder auszublenden, wählen Sie *Ansicht > Extras* (⌘H).

• Im Untermenü *Ansicht > Einblende*n kann ausgewählt werden, welche der Extras ein- oder ausgeblendet werden sollen. Neben allen zurzeit *ein*geblendeten Extras erscheint ein Häkchen – neben allen zurzeit *aus*geblendeten Extras erscheint ein Punkt (Win) bzw. Strich (Mac).

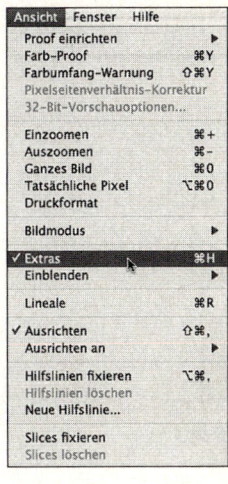

Menü Ansicht

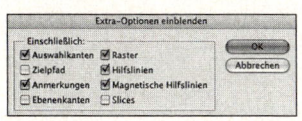

Die hier ausgewählten Extras werden mit ⌘H ein- und ausgeblendet

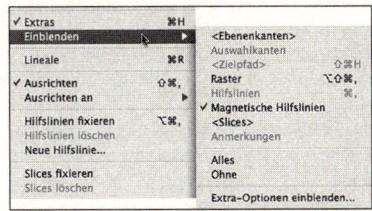

✔ **Kurzbefehle zum Ein- und Ausblenden:**
- alle ausgewählten Extras ⌘H
- nur Hilfslinien ⌘,
- nur Raster ⌥⌘,
- nur Pfad ⇧⌘H

Der Befehl *Ansicht > Extras* (⌘H) blendet jeweils die Kombinationen von Extras ein bzw. aus, die im Untermenü *Ansicht > Einblenden > Extra-Optionen einblenden* ausgewählt sind.

Somit können beliebige Kombinationen von Extras zusammengestellt werden. In diesem Dialog nicht ausgewählte Extras erscheinen im Menü *Ansicht > Einblenden* in spitze Klammern gesetzt, z. B. <Slices>.

✔ Mit dem Befehl *Ansicht > Extras einblenden* werden auch *Farbaufnehmer* ein- bzw. ausgeblendet, obwohl sie nicht im Untermenü *Einblenden* erscheinen.

Unabhängig davon können Sie einzelne Extras ein- oder ausblenden, indem Sie den Befehl *Ansicht > Einblenden* und dann ein Extra aus der Liste wählen.

Außerdem können alle Extras vollständig deaktiviert und aktiviert werden: Wählen Sie *Ansicht > Einblenden > Ohne*, um alle verfügbaren Extras zu deaktivieren und gleichzeitig auszublenden. Wählen Sie *Ansicht > Einblenden > Alles*, um alle verfügbaren Extras wieder zu aktivieren und gleichzeitig einzublenden. Das Deaktivieren unterdrückt lediglich die Anzeige der Extras, die Optionen selbst werden nicht verändert.

Ausrichten

Das Ausrichten kann auch an *Dokumentbegrenzungen* sowie *Slices* erfolgen, sofern die Optionen *Ansicht > Ausrichten* und *Ansicht > Ausrichten an > Dokumentbegrenzungen* bzw. *Slices* ausgewählt sind. Ähnlich wie bei den Extras kann die Ausrichtungseigenschaft vollständig deaktiviert und wieder aktiviert werden über die Befehle *Ansicht > Ausrichten an > Ohne* bzw. *Allen*.

Hilfslinien und Raster

Hilfslinien und Raster sind nichtdruckende Linien, die als Positionierhilfe für viele Werkzeuge und Aktionen dienen können, sofern die entsprechenden Optionen *Ansicht > Ausrichten* und *Ansicht > Ausrichten an > Hilfslinien* bzw. > *Raster* ausgewählt sind. Der Anziehungsabstand (Fangradius) beträgt 8 Pixel.

Die Hilfslinien ziehen Sie nach Bedarf aus den Linealen. Hilfreich ist es dabei, die Info-Palette geöffnet zu halten. Neue Hilfslinien können auch numerisch exakt über den Befehl *Ansicht > Neue Hilfslinie...* erzeugt werden. Sie können die Hilfslinien jederzeit nachträglich verschieben. Benutzen Sie dafür das *Bewegen-Werkzeug* aus der Werkzeug-Palette. Wenn Sie das Bewegen-Werkzeug über einer Hilfslinie bewegen, zeigt der Mauszeiger die Bereitschaft zum Verschieben durch einen Doppelpfeil an. Zum Entfernen einer Hilfslinie ziehen Sie diese aus dem aktiven Fenster. Zum Entfernen aller Hilfslinien verwenden Sie den Befehl *Ansicht > Hilfslinien löschen*.

Bewegen-Werkzeug

Der Befehl *Ansicht > Hilfslinien fixieren* (⌥ ⌘ ,) setzt die Hilfslinien an ihrer aktuellen Position fest, sodass sie nicht unabsichtlich verschoben werden können. Mit nochmaligem Anwählen des Befehls können die Hilfslinien wieder gelöst werden.

Um Voreinstellungen für die Hilfslinien und Raster wie Linienfarbe, Linienart und Rasterabstand zu treffen, wählen Sie *Photoshop > Voreinstellungen > Hilfslinien & Raster und Slices*. Wählen Sie eine der vorgegebenen Farben im Untermenü oder eine eigene, indem Sie auf den Farbwähler (das quadratische Farbfeld) klicken.

Magnetische Hilfslinien

Magnetische Hilfslinien sind temporäre Hilfslinien und helfen beim exakten Positionieren von Objekten, wie Formen, Text, Slices und Auswahlbegrenzungen. Sie werden automatisch angezeigt, sobald Sie eine Form zeichnen oder eine Auswahl bzw. ein Slice erstellen. Sie erscheinen ebenso, wenn Sie Objekte auf ihren Ebenen verschieben. Die magnetischen Hilfslinien können bei Bedarf ausgeblendet werden (*Ansicht > Einblenden > Magnetische Hilfslinien*).

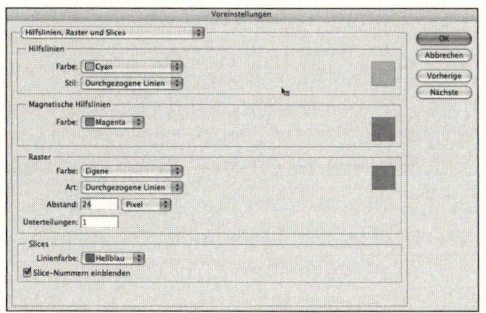

Hilfsmittel

Die Info-Palette

Ein weiteres unentbehrliches Hilfsmittel ist die Info-Palette (*Fenster > Informationen*). Grundsätzlich werden die x- und y-Koordinaten in der voreingestellten Maßeinheit sowie der Farbwert des Pixels der aktuellen Zeigerposition angezeigt. Daneben kann die Info-Palette je nach ausgewähltem Werkzeug spezifische Informationen über das Werkzeug selbst, Größen, Entfernung, Dreh- und Neigungswinkel enthalten. Zusätzlich kann die Info-Palette die Farbwerte von vier weiteren mit dem *Farbaufnehmer* ( ) zu bestimmenden Punkten im Bild anzeigen (s. S. 190).

✔ In der Info-Palette haben Sie eine weitere Möglichkeit, die Programm-Voreinstellung für die Maßeinheiten zu verändern: Klicken Sie auf das Fadenkreuz bei den x-/y-Koordinaten. Halten Sie die Maustaste gedrückt und wählen Sie eine Einheit aus.

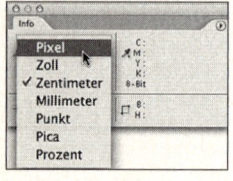

Ebenso lassen sich alle Voreinstellungen für die Anzeige der Farbsysteme in der Info-Palette ändern. Weitere Informationen zum Farbmodus finden Sie im Kapitel „Farben".

Nachfolgend sind mögliche Informationen als Übersicht zusammengestellt (Sie können diesen Abschnitt auch überspringen und später, wenn Sie sich mit den grundlegenden Arbeitstechniken und Werkzeugen vertraut gemacht haben, darauf zurückkommen). Sie können in der Info-Palette folgende Informationen ablesen:

■ Beim Arbeiten mit *Auswahlrechteck* oder *-oval* werden Breite (W) und Höhe (H) der Auswahlbereiche beim Ziehen und weiterhin angezeigt, solange die Auswahl aktiv ist.

■ Beim Arbeiten mit dem *Freistellungs- oder Zoom-Werkzeug* erscheinen ebenfalls Breite (W) und Höhe (H) des ausgewählten Bereiches sowie beim *Freistellungs-Werkzeug* der Drehwinkel (D).

■ Wenn Sie mit dem *Linienzeichner*, dem *Zeichenstift* oder dem *Verlauf-Werkzeug* arbeiten oder eine Auswahl bewegen, werden die x- und y-Koordinaten der Anfangsposition, die Entfernung auf der x-Achse (ΔX) und auf der y-Achse (ΔY), der Winkel (W), die Länge (Distanz) der Linie, des Verlaufs bzw. des Weges (D) beim Ziehen angezeigt.

■ Wenn Sie den *Frei-Transformieren-Befehl* oder einen der Befehle *Skalieren, Drehen, Neigen, Verzerren* oder *Perspektivisch verzerren* verwenden, werden Breite (W) und Höhe (H) der Auswahl, die prozentuale Veränderung in der Breite (W) und Höhe (H), der Drehwinkel (W) sowie der horizontale (H) und vertikale (V) Neigungswinkel beim Ziehen angezeigt.

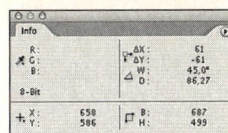

Info-Palette beim Bewegen einer Auswahl

■ Beim Arbeiten mit der *Pipette* werden die Farbinformationen des Pixels (bzw. eines Pixelbereichs) unter der Spitze der Pipette angezeigt.

■ Ein kleines Ausrufezeichen neben einem CMYK-Wert zeigt an, dass diese Farbe außerhalb des CMYK-Farbumfangs liegt (siehe auch Kapitel 10, S. 374 ff.).

■ Wenn Sie mit einem Farbkorrektur-Dialog arbeiten (z.B. *Tonwertkorrektur* oder *Gradationskurven*), werden die Farbwerte der Pixel vor und nach der Korrektur angezeigt (siehe auch Kapitel 11, S. 403 ff.).

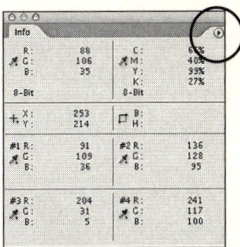

Info-Palette mit der Anzeige der Farbwerte von vier weiteren mit dem *Farbaufnehmer* festgelegten Punkten. Die angezeigten Farbwerte der vom *Farbaufnehmer* festgelegten Punkte können über das Untermenü der Info-Palette ein- und ausgeblendet werden.

Größen, Entfernungen, Dreh- und Neigungswinkel können zum größten Teil auch in der Werkzeug-Optionen-Leiste abgelesen und als Zielwerte eingegeben werden. Messen verschiedener Größen ist außerdem auch mit dem *Mess-Werkzeug* aus der Werkzeug-Palette möglich (s. S. 191).

In diesem Untermenü können Sie ebenfalls eine Auswahl für die Anzeige von Statusinformationen für das aktuelle Dokument treffen sowie Quick-Infos für das aktuelle Werkzeug ein- oder ausblenden.

Die Histogramm-Palette

Das Histogramm zeigt die Helligkeitsverteilung der Pixel im Bild als Grafik an, wahlweise beschränkt auf die aktuelle Ebene oder eine aktive Auswahl. Im Untermenü dieser Palette (schwarzes Dreieck) können dazu verschiedene Darstellungsformen gewählt werden.

Weitere Hinweise zur Verwendung finden Sie im Kapitel „Tonwert- und Farbkorrekturen".

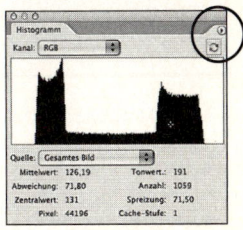

Anzeigen von Bildinformationen

Am unteren Rand des Dokumentfensters befindet sich ein Auswahl-Menü mit verschiedenen Anzeigemodi für Bildinformationen. Standardmäßig ist dort *Dateigrößen* ausgewählt. Unabhängig vom gewählten Modus wird beim Klicken mit gedrückter Wahltaste (⌥) auf das Anzeigefeld für die Dateigröße (Maustaste gedrückt halten) Breite und Höhe in Pixeln, der voreingestellten Maßeinheit, die Bildauflösung sowie die Anzahl der Kanäle im Dokument angezeigt.

Dateigröße-Anzeigefeld

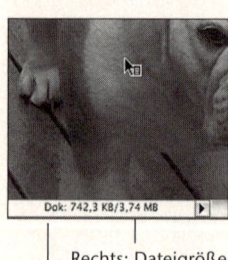

Rechts: Dateigröße im aktuellen Zustand

Links: Dateigröße im reduzierten Zustand

■ Version Cue zeigt den Version-Cue-Arbeitsgruppenstatus des Dokuments an, z. B. geöffnet, nicht gespeichert usw. Diese Option ist nur verfügbar, wenn Version Cue aktiviert ist.

■ *Dateigrößen* zeigt immer zwei Werte an. Der linke Wert gibt die Dateigröße des endgültigen Dokuments an, so wie es zum Exportieren an ein Layoutprogramm oder einen Drucker geschickt werden würde – also nur aus einer Hintergrundebene bestehend. Der rechte Wert zeigt die aktuelle Dateigröße mit allen Ebenen und Kanälen.

■ *Dokumentprofil* zeigt den Namen des in das Bild eingebetteten Farbprofils an (s. S. 381 ff.).

■ *Dokumentmaße* zeigt die Breite und Höhe des Dokuments in Pixeln an.

■ *Arbeitsdatei-Größen* zeigt links an, wie viel Arbeitsspeicher das Programm mit allen geöffneten Bildern, Kanälen, Ebenen und dem Inhalt der Zwischenablage zurzeit benötigt.

Der rechte Wert zeigt, wie viel Arbeitsspeicher dem Programm insgesamt zur Verfügung steht. Dieser Wert entspricht dem Gesamtarbeitsspeicher, der Photoshop zur Verfügung steht, abzüglich des Arbeitsspeichers, den das Programm selbst zum Laufen benötigt. Sollte der linke Wert größer als der rechte sein, reicht der verfügbare Arbeitsspeicher nicht aus, und Photoshop greift auf virtuellen Speicher (z. B. Festplattenspeicher) zu, was sich auch an der Arbeitsgeschwindigkeit bemerkbar machen dürfte.

Weitere Informationen zu Speicherverwaltung und virtuellem Speicher finden Sie auf S. 555.

▪ *Effizienz und Timing* zeigt die prozentuale Auslastung des Arbeitsspeichers im Vergleich zur Nutzung des virtuellen Speichers an. Ein Wert unter 100 % bedeutet, dass der eingebaute Arbeitsspeicher (RAM) nicht ausreicht und auf die langsamere Festplatte zugegriffen wird, um die Operation auszuführen. *Timing* zeigt die Dauer der zuletzt durchgeführten Operation an.

▪ *Aktuelles Werkzeug* zeigt den Namen des zurzeit aktiven Werkzeuges.

▪ *32-Bit-Belichtung* bietet einen Schieberegler zum Anpassen des Vorschaubilds für die Anzeige von HDR-Bildern (High Dynamic Range) mit 32 Bit pro Kanal auf dem Computerbildschirm. Diese Option ist nur verfügbar, wenn im Dokumentfenster ein HDR-Bild angezeigt wird (mehr zu HDR auf S. 414).

Position des Bildes auf dem Papierformat

Ein einfacher Mausklick auf das Anzeigefeld für die Dateigröße (Maustaste gedrückt halten) zeigt die im Dialog *Drucken mit Vorschau...* (s. S. 502) vorgenommenen Einstellungen, z.B. Größe und Position des Bildes auf dem gewählten Papierformat, in einer Miniatur-Vorschau.

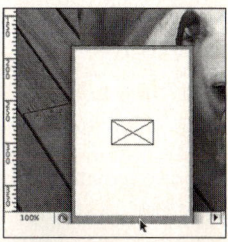

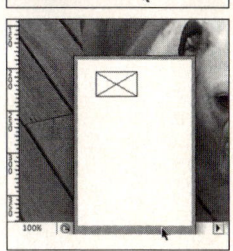

Die weiße Fläche visualisiert das ausgewählte Papierformat, die Box die aktuelle Größe und Position des Bildes auf dem Papierformat.

Hilfsmittel 57

Tastaturkürzel

Photoshop enthält einen standardmäßigen Satz von Tastaturbefehlen für Menübefehle (Anwendungsmenüs), Paletten-Menüs und Werkzeuge. Sie können diese Tastaturbefehle Ihren eigenen Bedürfnissen anpassen (*Bearbeiten > Tastaturbefehle...* / ⌥ ⇧ ⌘ K). Es können sowohl einzelne Tastaturbefehle geändert als auch eigene Sätze mit verschiedenen Tastaturbefehlen definiert werden.

Wählen Sie beispielsweise den Tastaturbefehl, den Sie ändern möchten, durch Anklicken im Dialogfenster aus. Drücken Sie dann die gewünschten Tasten. Wenn Sie Änderungen vorgenommen haben, erhält der Name im Auswahlfeld Set den Zusatz *geändert*. Die neuen Tastaturkürzel werden dann auch im Menü direkt hinter dem Befehl – wie die Standard-Tastaturkürzel – aufgeführt. Eine ausführliche Beschreibung finden Sie in der Photoshop-Hilfe.

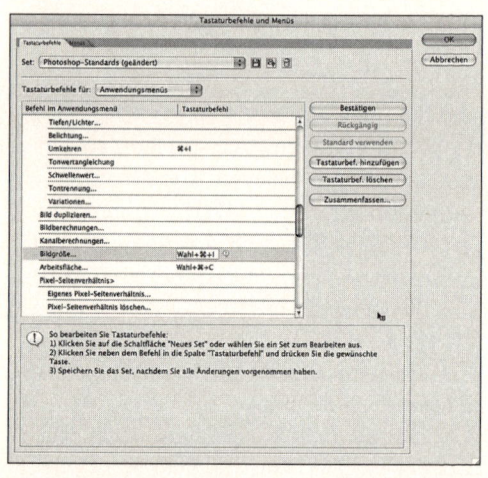

Personalisierte Menüs

Innerhalb von Anwendungs- und Paletten-Menüs können einzelne Befehle ausgeblendet oder zur besseren Orientierung farbig markiert werden (*Bearbeiten > Menüs...*/ ⌥ ⇧ ⌘ M).

Wollen Sie die ausgeblendeten Menübefehle zeitweilig anzeigen, wählen Sie in einem Menü mit ausgeblendeten Befehlen *Alle Menübefehle einblenden*. Öffnen Sie das Menü erneut, sind die Befehle wieder ausgeblendet.

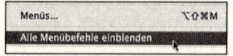

Kontextmenüs

Zusätzlich zu den ständig sichtbaren Programm- und Paletten-Menüs können kontextabhängige Menüs verwendet werden. Diese enthalten Befehle in Abhängigkeit vom aktuellen Status, vom aktiven Werkzeug, der aktuellen Auswahl oder Palette.

So zeigen Sie Kontextmenüs an:

- Platzieren Sie den Zeiger über einem Bild- oder Palettenelement.
- Klicken Sie mit der rechten Maustaste bzw. drücken Sie ggf. am Mac die Befehlstaste ([ctrl]) und halten Sie die Maustaste gedrückt.

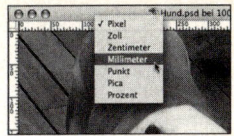

Über das Kontextmenü der Lineale kann z. B. schnell die Maßeinheit geändert werden.

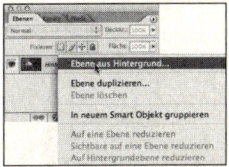

Das Kontextmenü enthält Befehle in Abhängigkeit vom aktuellen Status.

Hilfe

Ausführliche Hilfe erhalten Sie über das Menü *Hilfe > Photoshop-Hilfe...* Wird die Hilfe aufgerufen, startet automatisch das mit Photoshop auf Ihrem Rechner installierte Hilfe-Programm. Hier kann das gewünschte Stichwort über *Inhalt*, *Index* oder *Suchen* gefunden werden. Die einzelnen Hilfe-Inhalte können auch ausgedruckt werden. Eine Auswahl der gängigsten Fragen mit dem Verweis auf deren Lösung ist im Menü *Hilfe* bereits vorformuliert.

✔ Möglicherweise ist die Hilfe beim ersten Start nicht mit der Sprache Ihrer Bedienoberfläche synchronisiert. Lokalisieren Sie dann die Hilfe im Dialog *Adobe Help Center > Einstellungen*.

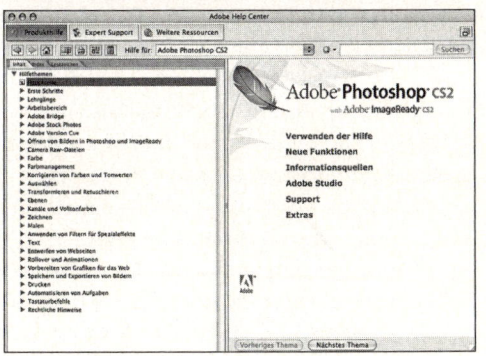

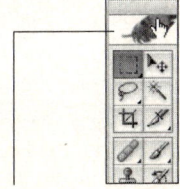

Durch Klick auf diesen Button in der Werkzeug-Palette wird die Adobe Web-Unterstützung aufgerufen

Hilfsmittel

5 Arbeitsumgebung

Arbeiten mit Paletten

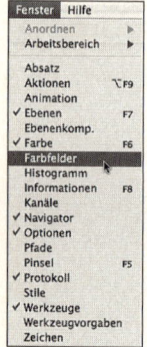

Standardpalettengruppen im Menü Fenster

Photoshop bietet eine Vielzahl von Paletten an, welche die zur Bearbeitung von Bildern nötigen Werkzeuge, Befehle oder Optionen bereithalten. In den Paletten sehen Sie beispielsweise den Aufbau Ihres Dokuments (Ebenen, Kanäle, Pfade), erhalten Informationen, verfolgen Arbeitsschritte, wählen Farben aus und anderes mehr.

Sie können alle Paletten über das *Fenster-Menü* ein- und ausblenden, wobei jeweils mehrere sich sinnvoll ergänzende Paletten standardmäßig zu einer Gruppe zusammengefasst sind.

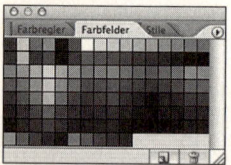

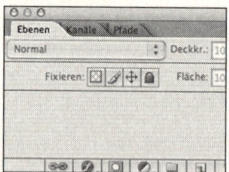

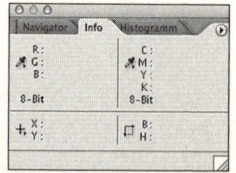

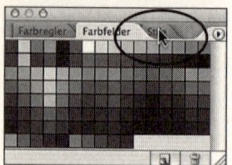

Klicken auf den Palettenreiter

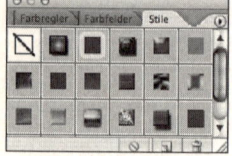

Palette wird aktiv

Die Palettenfenster funktionieren genauso wie andere Fenster auch: sie haben Schließ- und Formatschalter sowie Rollbalken (falls nicht der gesamte Inhalt zu sehen ist). Sie lassen sich an der oberen Leiste anklicken und auf der Arbeitsfläche verschieben oder über Doppelklick darauf öffnen und schließen. Die Paletten innerhalb einer Gruppe sind wie Karteikarten hintereinander angeordnet. Der Name der Palette befindet sich auf einem so genannten *Palettenreiter*. Um eine Palette innerhalb einer Gruppe zu aktivieren (also nach vorn zu stellen), klicken Sie auf den gewünschten Reiter.

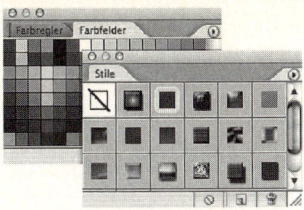
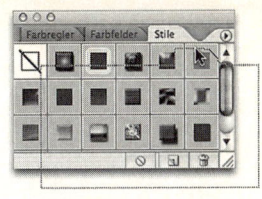

Es ist auch möglich, die Palettengruppen in einzelne Paletten aufzuteilen. Dazu klicken Sie auf den Palettenreiter der gewünschten Palette, halten die Maustaste gedrückt und ziehen die Palette an eine beliebige Position auf Ihrer Arbeitsfläche.

Ebenso können Sie sich eigene Gruppen nach Bedarf zusammenstellen. Klicken Sie auf den entsprechenden Palettenreiter, halten Sie die Maustaste gedrückt, und ziehen Sie die Palette auf eine andere Palettengruppe.

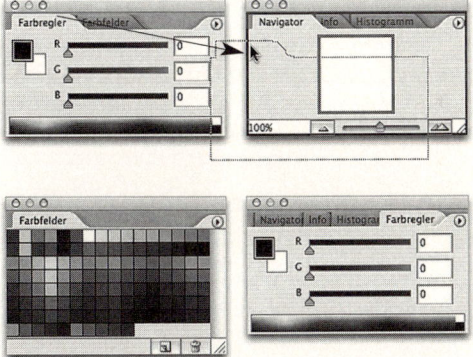

In jeder Palette befindet sich ein Untermenü, welches Sie durch Klicken auf das schwarze Dreieck neben dem Palettennamen aufrufen.

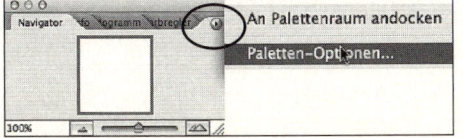

✔ Paletten können auch platzsparend im *Palettenraum* angeordnet werden (s. S. 67).

✔ **Arbeitsbereich speichern**

Standardmäßig speichert Photoshop beim Beenden des Programms die letzten Anordnungen von Paletten und beweglichen Dialogfeldern. Möchten Sie stattdessen bei jedem Neustarten von Photoshop mit den Standardpositionen beginnen, müssen Sie im Menü *Bearbeiten (bzw. Photoshop) > Voreinstellungen > Allgemeine* die Option *Standardpalettenpositionen speichern* ausschalten. Die Änderung ist erst beim nächsten Start des Programms wirksam. Möchten Sie im laufenden Programm die *Palettenpositionen zurücksetzen*, wählen Sie zusätzlich im Menü *Fenster > Arbeitsbereich* den gleichnamigen Befehl. Des Weiteren können Sie mehrere unterschiedliche Anordnungen von Paletten und beweglichen Dialogfeldern als *Arbeitsbereiche* über *Fenster > Arbeitsbereich > Arbeitsbereich speichern* sichern, aufrufen, löschen.

Übersicht über die Werkzeug-Palette (Toolbox)

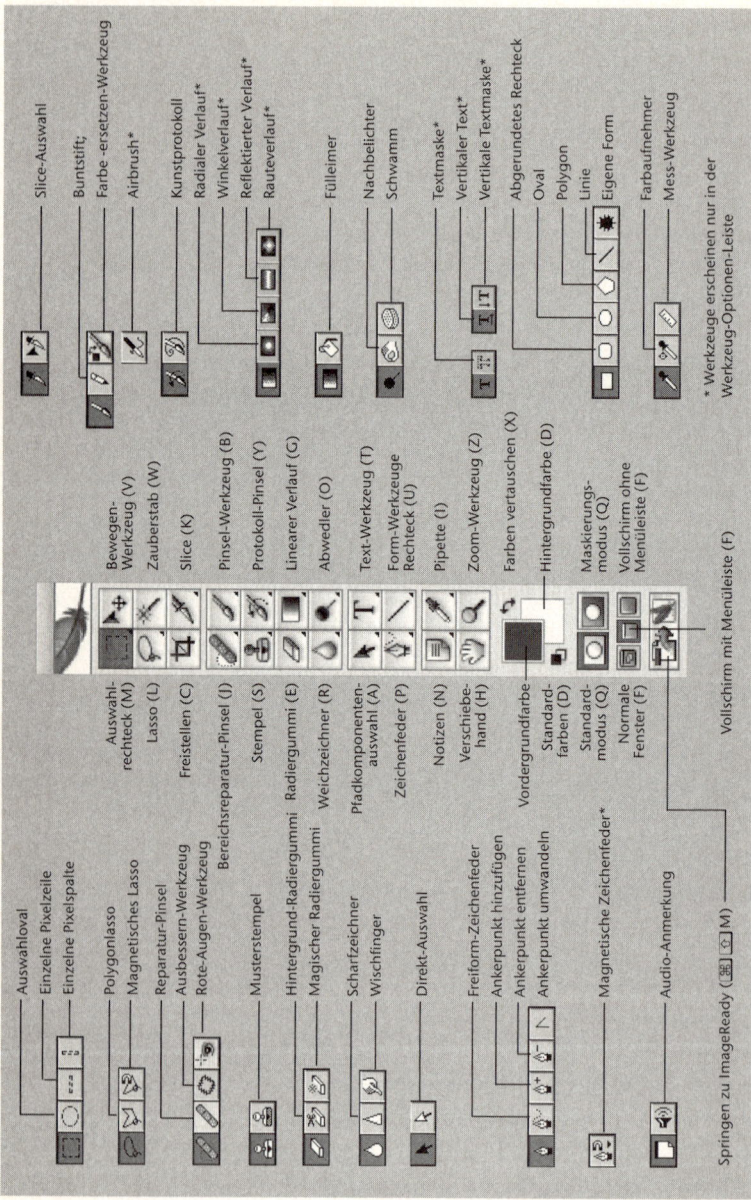

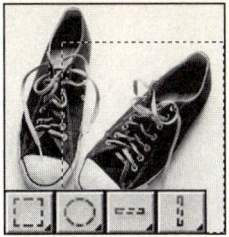
Auswahl-Werkzeuge erstellen rechteckige bzw. ovale, einzeilige oder einspaltige Auswahlbereiche.

Bewegen-Werkzeug bewegt Auswahlbereiche, Ebenen und verschiebt Hilfslinien.

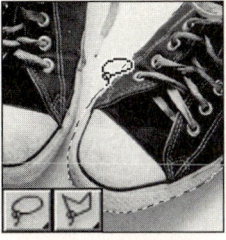
Lasso erstellt frei geformte Auswahlbereiche / **Polygonlasso** erstellt Auswahlbereiche mit geraden Kanten.

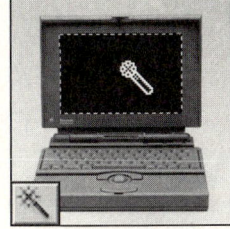
Zauberstab wählt Bildbereiche basierend auf Farbähnlichkeit angrenzender Pixel durch Mausklick aus.

Freistellungs-Werkzeug beschneidet Bilder.

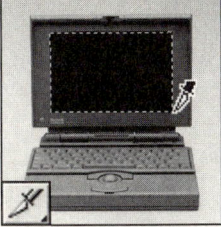
Slice-Werkzeug erstellt Slices. Slices dienen zum Unterteilen eines Bildes in verschiedene funktionale Bereiche, die für das Speichern als Web-Elemente eine Rolle spielen.

✔ Die meisten Werkzeuge können durch Einstellungen in der Werkzeug-Optionen-Leiste und in der Werkzeugspitzen-Palette (🗔) beeinflusst werden.

Werkzeug-Kurzbefehle

• Klicken Sie auf ein Werkzeug, um es zu wählen. Halten Sie die Maustaste gedrückt, um ein verborgenes Werkzeug (Werkzeuge mit einem kleinen schwarzen Dreieck) aus dem Einblendmenü zu wählen.

• Zur schnellen Werkzeug-Auswahl drücken Sie die in Klammern angegebene Taste.

• Um ein verborgenes Werkzeug auszuwählen, können Sie auch die ⌥-Taste gedrückt halten und so oft auf das Werkzeug klicken, bis das gewünschte erscheint.

• Halten Sie die Umschalttaste (⇧) gedrückt, um das Ziehen oder Zeichnen auf gerade Linien bzw. ein Vielfaches von 45° zu beschränken.

• Verwenden Sie die ⇥-Taste zum Ein- und Ausblenden der Werkzeugleiste zusammen mit anderen Paletten. Um nur die Werkzeugleiste aus- und einzublenden, verwenden Sie den Befehl *Fenster > Werkzeuge*.

• Befehlstaste (ctrl) + Tabulatortaste (⇥) aktiviert nacheinander alle geöffneten Dokumente.

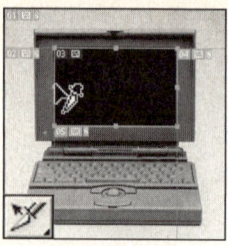

Sliceauswahl-Werkzeug wählt Slices aus.

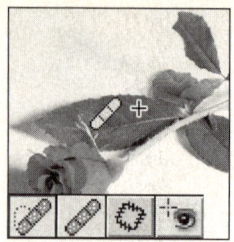

(Bereichs-)Reparatur-Pinsel, Ausbessern- und Rote-Augen-Werkzeug beheben kleine Makel mit aus einem Bild aufgenommenen Bereichen.

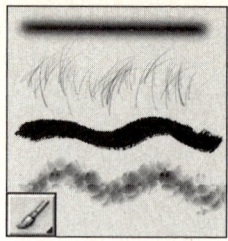

Werkzeugspitzen (Pinsel) malen Striche mit harten, weichen, nassen, strukturierten, gesprenkelten, airbrushartigen u. v. a. Kanten.

Buntstift malt Striche mit harten (ungeglätteten) Kanten.

Kopierstempel malt mit aus einem Bild aufgenommenen Bereichen.

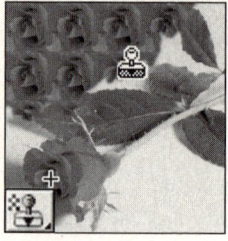

Musterstempel malt mit aus einem Bild aufgenommenen Mustern.

Protokoll-Pinsel malt mit einer Kopie eines zurückliegenden Arbeitsschrittes oder Schnappschusses.

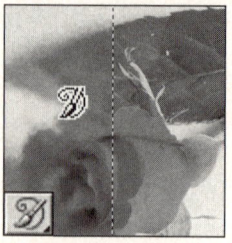

Kunstprotokoll-Pinsel malt stilisierte Malstilstriche aus einer Kopie eines zurückliegenden Arbeitsschrittes oder Schnappschusses.

Radiergummi löscht Bildteile durch Malen so, dass sie transparent werden bzw. die Hintergrundfarbe oder den zuletzt gespeicherten Zustand annehmen.

Hintergrund-Radiergummi löscht durch Malen Bereiche mit ähnlicher Farbe, sodass sie transparent werden.

Magischer Radiergummi löscht durch einen einfachen Mausklick Bereiche mit ähnlicher Farbe.

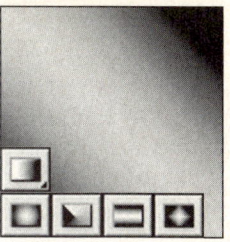

Verlauf-Werkzeuge erstellen lineare, radiale, gewinkelte, reflektierte und rautenförmige Verläufe zwischen zwei oder mehr Farben.

Füll-Werkzeug füllt durch Klicken Bereiche ähnlicher Farbe, die an den Pixel angrenzen, auf den Sie geklickt haben, mit Farbe.

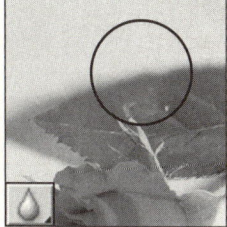

Weichzeichner zeichnet Teile des Bildes weich.

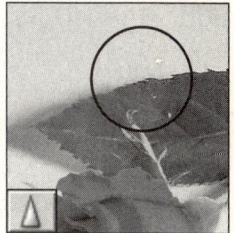

Scharfzeichner zeichnet Teile des Bildes scharf.

Wischfinger erzielt einen Effekt wie beim Wischen über feuchte Farbe.

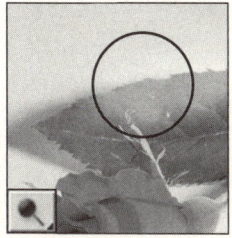

Abwedler hellt Teile des Bildes auf.

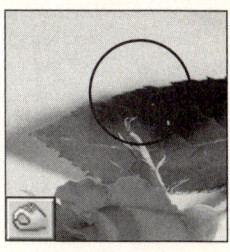

Nachbelichter dunkelt Teile des Bildes ab.

Schwamm erhöht oder verringert die Sättigung in Teilen des Bildes (zeigt in einem Graustufenbild aber keine Wirkung).

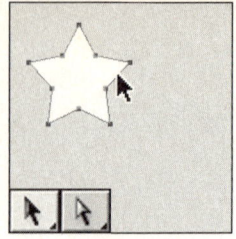

Pfadkomponenten-Auswahl- und **Direkt-Auswahl-Werkzeug** wählen Vektorformen, Pfade, Ankerpunkte oder Segmente aus.

Text-Werkzeuge erstellen Vektor-Text auf einer separaten Ebene.

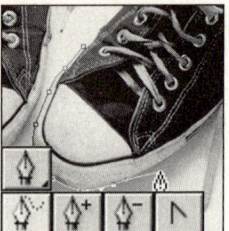

Zeichenfeder erstellt glatte Vektor-Pfade durch Setzen von Ankerpunkten, welche mit den übrigen Pfad-Werkzeugen modifiziert werden können.

Form-Werkzeuge erstellen vor- oder benutzerdefinierte Formen, die entweder vektor- oder auch pixelbasiert sein können.

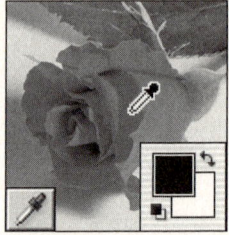

Pipette nimmt Farbe aus einem Bild auf und setzt sie als Vorder- oder Hintergrundfarbe ein.

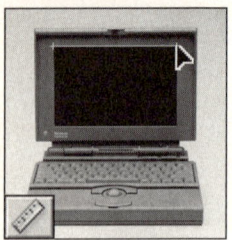

Mess-Werkzeug misst Größen, Entfernungen, Dreh- und Neigungswinkel.

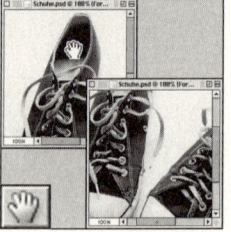

Verschiebehand verschiebt das Bild innerhalb des Fensters, sofern nicht der gesamte Bildinhalt im Fenster zu sehen ist.

Zoom-Werkzeug vergrößert oder verkleinert die Ansicht.

Werkzeug-Optionen-Leiste

Wird ein Werkzeug gewählt, erscheint die kontextsensitive Werkzeug-Optionen-Leiste unterhalb der Programm-Menü-Leiste. Die Werkzeug-Optionen-Leiste enthält auch die *Werkzeugvoreinstellungen* (von Photoshop oder eigene vordefinierte Kombinationen aus Werkzeugspitzen und -optionen) sowie *Werkzeugspitzenvoreinstellungen* (von Photoshop oder eigene vordefinierte Werkzeugspitzen). Des Weiteren befindet sich hier die *Werkzeugspitzen-Palette* zum Erstellen und Bearbeiten von Werkzeugspitzen.

✔ *Kontextsensitiv* heißt, dass sich der Zustand und damit das Aussehen dieser Leiste abhängig vom aktiven Werkzeug ändert.

Neu hinzugekommen in der Werkzeug-Optionen-Leiste ist der Schalter *Gehe zu Bridge*, der das Programm startet oder in den Bildschirm-Vordergrund holt.

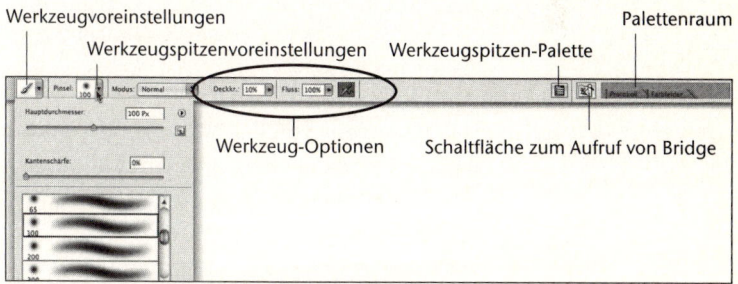

Werkzeug-Optionen-Leiste bei aktivem *Werkzeugspitzen-Werkzeug* (Pinsel)

Im Palettenraum lassen sich beliebige Paletten durch Drag and Drop platzsparend und übersichtlich zusammenstellen. Klicken Sie auf den Palettenreiter der gewünschten Palette und ziehen die Palette mit gedrückter Maustaste in den Palettenraum und auf die gleiche Weise wieder zurück in die Palettenfenster. Der Befehl *Fenster > Arbeitsbereich > Palettenpositionen zurücksetzen* setzt die Paletten zurück auf ihre Standardpositionen (s. S. 61).

⚠ Der Palettenraum steht nur zur Verfügung, wenn Sie mit einer Bildschirmauflösung von mehr als 800 x 600 Pixel arbeiten (empfehlenswert sind mindestens 1024 x 768).

Palettenraum

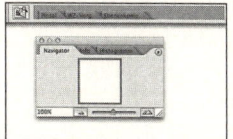
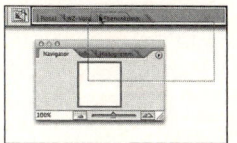
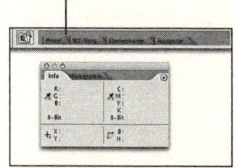

Arbeitsumgebung 67

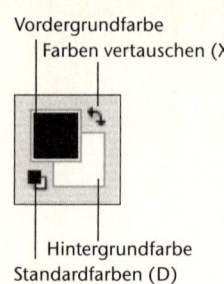

Vordergrundfarbe
Farben vertauschen (X)
Hintergrundfarbe
Standardfarben (D)

Vorder- und Hintergrundfarbe

Die *Vordergrundfarbe* ist die zur Zeit aktive Farbe. Sie wird immer verwendet, wenn Sie Farbe mit einem Malwerkzeug auftragen oder Flächen füllen. Standardmäßig ist es Schwarz.

Die *Hintergrundfarbe* wird als zweite Farbe zum Erstellen von Verläufen verwendet und erscheint, wenn Bildbereiche auf einer *Hintergrundebene* gelöscht werden. Außerdem ist sie eine weitere Farbe, auf die Sie sehr schnell zugreifen können. Standardmäßig ist es Weiß.

Zum Vertauschen der Vordergrund- und Hintergrundfarbe klicken Sie auf das *Farben-vertauschen*-Symbol (X).

Aktuelle Vorder- oder Hintergrundfarbe ändern

Um die aktuelle Vordergrundfarbe oder Hintergrundfarbe zu ändern, gibt es u. a. diese Möglichkeiten:
• Klicken Sie auf das *Vordergrundfarbe*-Symbol.

Zum Arbeiten mit dem Farbwähler und den Farbpaletten lesen Sie ab S. 372.

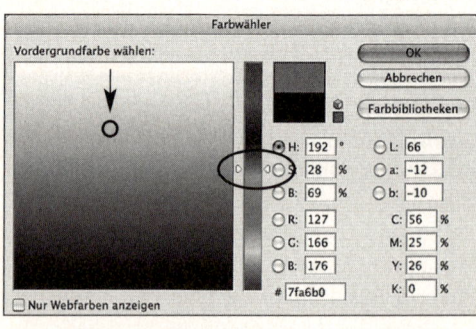

Es erscheint der Farbwähler: Treffen Sie eine Vorauswahl mit dem Schieberegler. Klicken Sie auf die gewünschte Farbe in der großen Farbfläche und bestätigen Sie mit *OK*.
• Klicken Sie auf das *Hintergrundfarbe*-Symbol. Gehen Sie vor wie oben beschrieben.
Oder:

- Öffnen Sie die Farbfelder-Palette. Wählen Sie eine der vordefinierten Farben durch Anklicken. Sie erscheint dann im *Vordergrundfarbe*-Symbol.
- Wählen Sie eine neue *Hintergrundfarbe*, indem Sie die Wahltaste (⌥) gedrückt halten und auf eine der vordefinierten Farben in der Farbfelder-Palette klicken.

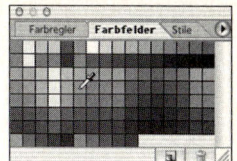

Farbfelder-Palette

Wenn Sie wieder die Standardfarben Schwarz und Weiß verwenden wollen, klicken Sie auf das Standardfarbensymbol (D).

Standardmodus
Maskierungsmodus

Arbeitsmodi
In Photoshop gibt es zwei grundsätzlich verschiedene Arbeitsmodi: den *Standardmodus* und den *Maskierungsmodus*. Der gewünschte Modus wird durch Klicken auf das entsprechende Symbol in der Werkzeugpalette aktiviert.

Sie arbeiten normalerweise im Standardmodus. Der Maskierungsmodus dient zum Auswählen von Bildbereichen mit Hilfe einer Maske und wird im Kapitel 6 behandelt.

Wenn Sie Programmeinsteiger sind, sollten Sie unbedingt darauf achten, dass Sie zunächst grundsätzlich im Standardmodus arbeiten, bis Sie sich mit dem Maskierungsmodus vertraut gemacht haben (s. S. 194).

Werkzeugzeigerdarstellung
Jedes Werkzeug hat einen so genannten „Hot Spot", d. h. einen aktiven Punkt, von dem aus eine Operation, z. B. Auswählen oder Malen, beginnt und dessen Koordinaten in der Info-Palette angezeigt werden. Wenn Sie ein Werkzeug ausgewählt haben, z. B. das Auswahlrechteck, erscheint der Mauszeiger als Fadenkreuz, welches diesen Hot Spot visualisiert. Haben Sie ein Malwerkzeug, z. B. das Pinselwerkzeug ausgewählt, ist als Mauszeiger ein Kreis (normale Pinselspitze) zu sehen. Das Fadenkreuz – also der Hot Spot – kann für solche Werkzeuge jedoch sichtbar gemacht wer-

Fadenkreuz

Pinselspitze in voller Größe und mit gedrückter Feststelltaste
Die Anzeige der aktuellen Größe im Bild richtet sich nach der ausgewählten Werkzeugspitzengröße.

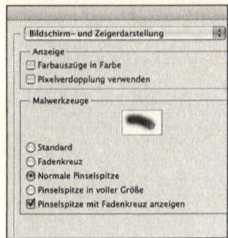

Umschalten zwischen Werkzeugzeigerdarstellungen in den *Voreinstellungen*

den, indem man die Feststelltaste (⇧) drückt. Beim Lösen der Feststelltaste erhalten Sie die vorherige Zeigerform zurück. Für die Malwerkzeuge gibt es zusätzlich noch weitere Optionen der Zeigerdarstellung: die Anzeige als *Normale Pinselspitze* oder *Pinselspitze in voller Größe* . Diese Darstellungen des Zeigers können mit einem Fadenkreuz kombiniert werden.

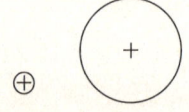

Normale Pinselspitze bzw. *Pinselspitze in voller Größe* mit der Option *Pinselspitze mit Fadenkreuz anzeigen*

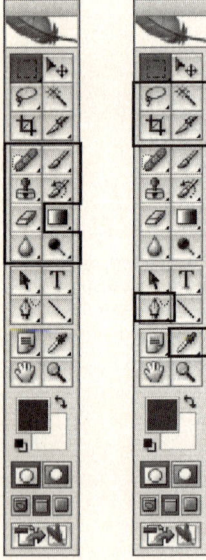

Malwerkzeuge   Andere Werkzeuge

✔ Wenn mit dem magnetischen Lasso oder der magnetischen Zeichenfeder das Fadenkreuz verwendet wird, erscheint der Cursor als Kreis in der Größe der in der Werkzeug-Optionen-Leiste angegebenen Lassobreite (s. S. 103 und S. 242).

Möchten Sie eine dieser Optionen der Zeigerdarstellung wählen, öffnen Sie *Photoshop > Voreinstellungen > Bildschirm- & Zeigerdarstellung*.

Von den hier vorgenommenen Einstellungen der Zeigerdarstellung betroffen sind die in der Randspalte eingerahmten *Malwerkzeuge* sowie einige *andere Werkzeuge*.

Unabhängig von der Wahl der möglichen Einstellungen dient das Drücken bzw. Lösen der Feststelltaste (⇧) zum Umschalten zwischen den Zeigerformen:

▪ *Standard* wird zu *Fadenkreuz*.
▪ *Fadenkreuz* wird zu *Standard* (Andere Werkzeuge).
▪ *Fadenkreuz* wird zu *Normale Pinselspitze* (Malwerkzeuge).
▪ *Normale Pinselspitze* wird zu *Fadenkreuz* (Malwerkzeuge).
▪ *Pinselspitze in voller Größe* wird zu *Fadenkreuz* (Malwerkzeuge).

Arbeiten mit Ebenen

Ebenen bieten durch zahllose Bearbeitungsmöglichkeiten äußerste Flexibilität bei der Gestaltung, der Montage und Korrektur von Bildern und Grafiken. Die Bildteile können auf unterschiedlichen Ebenen unabhängig voneinander beliebig bearbeitet, in ihrer Größe und Erscheinung, ihrer Deckkraft und Wirkung zueinander verändert und mit besonderen Ebeneneffekten versehen werden. Die meisten dieser Bearbeitungsergebnisse können jederzeit modifiziert oder auch vollständig rückgängig gemacht werden. Wahlweise können einzelne oder alle Ebenen zu einer zusammengefasst werden. Eine oder mehrere Ebenen können in Ordnern als Gruppe zusammengefasst werden. Solche Gruppen erleichtern die Orientierung bei komplexeren Dateien enorm. Außerdem ist es möglich, einige Eigenschaften (Ebenenmasken, Beschneidungspfade sowie Transparenz) auf eine komplette Gruppe, also alle darin enthaltenen Ebenen zu übertragen.

Die folgenden Abschnitte in diesem Kapitel geben zunächst einen Überblick über die Ebenenorganisation, also die allgemeine Handhabung von Ebenen und Gruppen in Photoshop. Die Funktionalität und die Bearbeitungsmöglichkeiten der einzelnen *Ebenenarten* sowie der *Ebeneneffekte, Ebenenformate, Ebenenmasken, Smart-Objekte* usw. werden an anderer Stelle besprochen.

Verschiedene Ebenenarten in Photoshop

- Normale **Inhaltsebenen** enthalten die eigentlichen Bildinformationen in Pixeln (dies können auch ehemalige Text- oder Vektordaten sein, welche gerastert wurden).
- **Effektebenen** enthalten Ebeneneffekte und existieren nur in Verbindung mit Inhalts-, Text- oder Formebenen (s. S. 274 ff.).
- **Formebenen** enthalten Vektordaten (s. S. 224 ff.).
- **Textebenen** enthalten editierbaren Text (s. S. 208 ff.).
- **Einstellungsebenen:** die Untergruppe *Füllebenen* enthält Farbfüllungen, Verläufe oder Muster; die eigentlichen Einstellungsebenen enthalten Farb- oder Tonwertkorrekturen sowie verschiedene Farb- und Tonwerteffekte (s. S. 429 ff.).

Jedes Bild, das in Photoshop geöffnet wird, besteht aus mindestens einer Ebene. Es können eine oder mehrere neue Ebenen hinzugefügt werden. Vom Programm her besteht – was die Anzahl der Ebenen angeht – keine Obergrenze, wohl aber von der Leistungsfähigkeit des Rechners. Die Dateigröße nimmt zu, je mehr Ebenen angelegt werden, wobei transparente Bereiche nicht ins Gewicht fallen.

Den Aufbau eines Dokuments mit mehreren Ebenen kann man sich so vorstellen: Jede Inhaltsebene ist eine Art transparente Folie, die deckende, teilweise deckende oder lasierende Farben enthalten kann. In den Bereichen, wo sich keine Farbe befindet, kann man durch die Folie hindurch auf darunterliegende andere Folien schauen. Dort, wo teilweise deckende oder lasierende Farben aufgetragen sind, ist der Inhalt darunterliegender Folien dementsprechend teilweise sichtbar. Die unterste Ebene kann entweder eine transparente Folie oder aber eine Art Leinwand, die von ihrer Grundeigenschaft her nicht transparent ist, sein. Diese nicht transparente Ebene wird immer als *Hintergrund* (oder auch *Hintergrundebene*) bezeichnet und in der Ebenen-Palette kursiv dargestellt. Es kann maximal eine Hintergrundebene in einem Dokument geben. Alle anderen (transparenten) Inhaltsebenen bezeichnet man auch als normale Ebenen.

✔ Wenn Sie Dokumente öffnen, die mit älteren Photoshop-Versionen als Version 5 erstellt wurden und eine Hintergrundebene enthielten, heißt der *Hintergrund* weiter *Hintergrundebene*.

Arbeiten mit der Ebenen-Palette

Die Ebenen-Palette ist das zentrale Werkzeug zur Verwaltung eines jeden Dokuments. Sie öffnen die Ebenen-Palette über den Befehl *Fenster > Ebenen*. In der Ebenen-Palette sehen Sie alle Ebenen Ihres Dokuments, wobei die vorderste Ebene ganz oben erscheint.

Benutzen Sie die Rollbalken, wenn nicht alle Ebenen sichtbar sind. In der Ebenen-Palette können Sie neue Ebenen erstellen, Ebenen ein- und ausblenden, kopieren, zusammenfügen und löschen. Weitere Befehle zum Bearbeiten von Ebenen sind im Menü *Ebene* verfügbar.

Beispiel für ein Dokument, welches aus mehreren Ebenen besteht. Die untere Abbildung zeigt den Aufbau, die Abbildung auf der linken Seite die zugehörige Ebenen-Palette. Der *Hintergrund* **(5.)** (unterste Ebene) enthält ausschließlich deckende Pixel. Die darüberliegende **Einstellungsebene (4.)** enthält einen Verlauf von Weiß (oben) nach transparent (unten). Gleichzeitig bewirkt eine rechteckige Fläche in der zugehörigen Ebenenmaske, dass der obere Teil des Verlaufs ausgeblendet wird.

Darüber liegt eine **Inhaltsebene (3.)**, welche Ebeneneffekte (weißen *Rahmen* sowie *Schlagschatten*) enthält. Darüber wiederum befindet sich eine **Formebene (2.)** – eine Formebene deshalb, damit die Tropfen in Größe und Form editierbar bleiben. Die zugehörigen Ebeneneffekte bewirken die Erscheinung von Wassertropfen. Zuoberst liegt eine editierbare **Textebene (1.)** mit einem Schlagschatteneffekt sowie reduzierter Deckkraft.

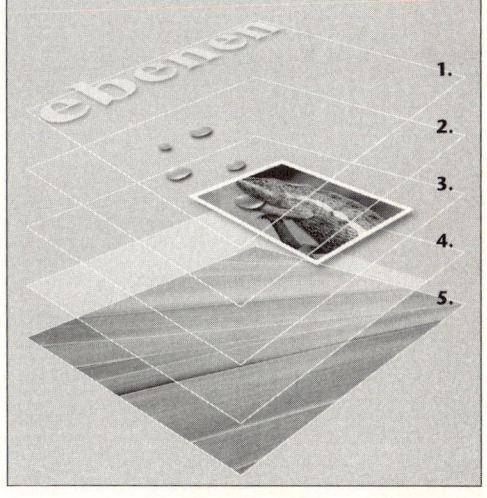

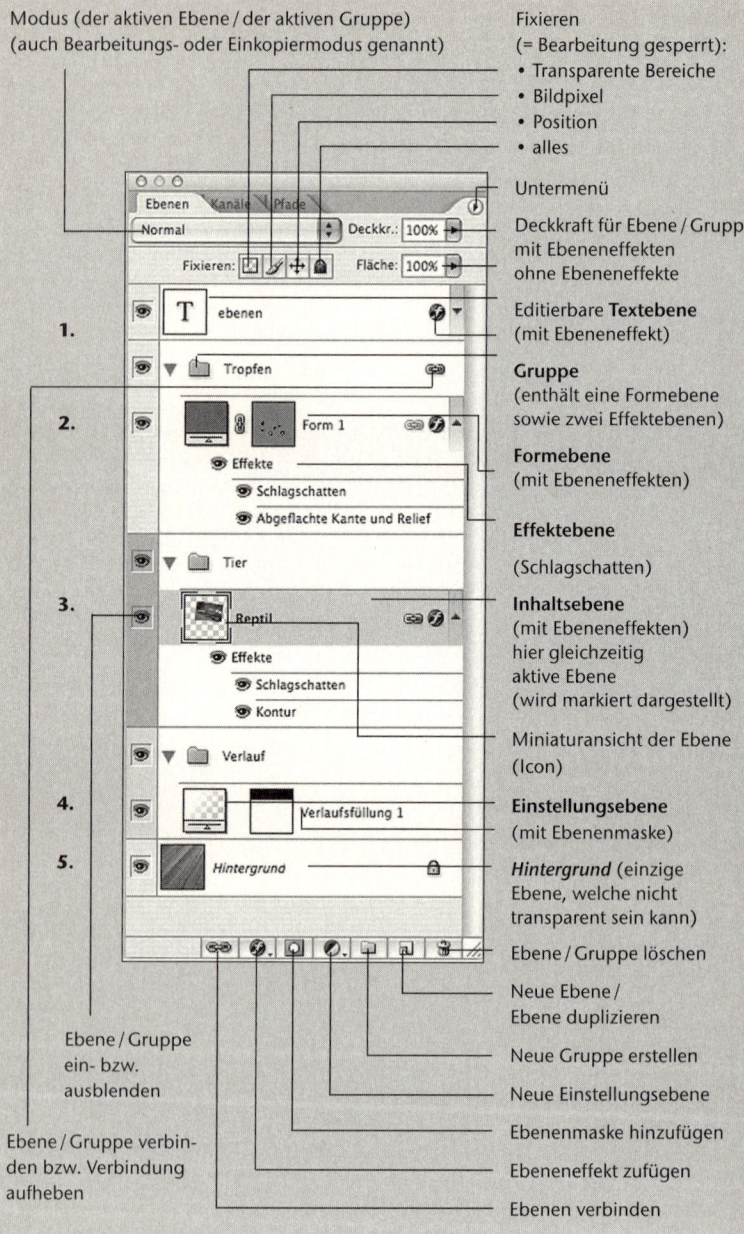

Um eine Ebene zu aktivieren, klicken Sie auf den Namen oder das Icon der entsprechenden Ebene in der Ebenen-Palette. Die aktive Ebene wird immer farbig markiert dargestellt. Es kann zurzeit immer nur eine Ebene aktiv sein. Alle Veränderungen betreffen nur diese Ebene. Eine Ebene kann außerdem durch die Option *Ebene automatisch wählen* des Bewegen-Werkzeuges (![]) aktiviert werden (s. S. 81).

Ebene aktivieren (Ebene zur Bearbeitung auswählen)

✔ Effektebenen können nur mit einem Doppelklick aktiviert werden – dabei wird ihr Einstellungsdialog geöffnet.

Durch Klicken auf das Augensymbol in der ersten Spalte der Ebenen-Palette kann die betreffende Ebene aus- und eingeblendet werden. Durch Klicken und Ziehen mit gedrückter Maustaste über die Augen-Spalte können mehrere Ebenen gleichzeitig aus- und eingeblendet werden. Beim Klicken mit gedrückter Wahltaste ([⌥]) auf eines der Augen wird nur diese Ebene angezeigt. Bei nochmaligem Klicken mit gedrückter Wahltaste auf das Auge werden alle Ebenen eingeblendet.

Ebenen anzeigen

 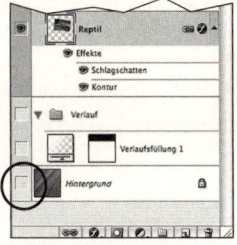

Hier wurde der *Hintergrund* ausgeblendet (das Schachbrettmuster visualisiert die transparenten Bereiche).

Hinzufügen neuer Inhaltsebenen
Es gibt verschiedene Möglichkeiten, zu einer neuen Inhaltsebene zu gelangen.
• Wählen des Befehls *Neue Ebene…* ([⇧] [⌘]N) im Untermenü der Ebenen-Palette führt in den gleichnamigen Dialog. Hier kann ein *Name* für die neue Ebene vergeben werden.

✔ Neue Ebenen entstehen außerdem durch Erstellen von Text mit dem Text-Werkzeug (= Textebene) oder durch Verwenden eines Form- oder Zeichenfeder-Werkzeuges (= Formebene).

Arbeitsumgebung 75

Ebenen umbenennen

Der Name der aktiven Ebene kann durch Doppelklicken und Überschreiben in der Ebenen-Palette geändert werden. Oder Sie wählen *Ebeneneigenschaften* aus dem *Untermenü der Ebenen-Palette*, dem *Ebene*-Menü oder dem *Kontextmenü* (s. S. 59). Zusätzlich kann im Dialog auch die Farbe der Ebene innerhalb der Ebenen-Palette verändert werden.

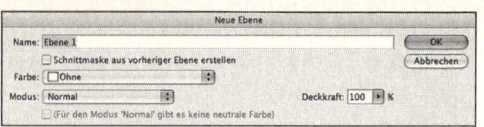

Dialog *Neue Ebene*

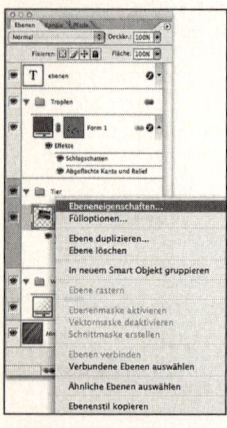

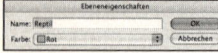

Wählen der *Ebeneneigenschaften* mittels *Kontextmenü*

Deckkraft und *Modus* sollten zunächst unverändert bleiben, sie können später jederzeit in der Ebenen-Palette eingestellt werden. Wählen Sie bei Bedarf eine Farbe für die Darstellung der Ebene innerhalb der Palette. (Die übrigen Einstellungen werden später besprochen.) Bei Bestätigung mit *OK* wird eine neue leere, also transparente Inhaltsebene über der zur Zeit aktiven Ebene angeordnet.

• Klicken auf den Schalter Neue Ebene (▫) der Ebenen-Palette erstellt sofort eine neue Inhaltsebene. Auf diese Weise erstellte Ebenen werden mit Ebene bezeichnet und durchnummeriert. Der Name kann nachträglich durch Wählen der *Ebeneneigenschaften* geändert werden. Wahlweise kann mit gedrückter Wahltaste (⌥) auf den Schalter Neue Ebene (▫) geklickt werden, um den Neue-Ebene-Dialog zu öffnen.

• Sie können ein neue Inhaltsebene auch über das Menü *Ebene > Neu > Ebene...* einrichten.

• Eine neue Inhaltsebene entsteht außerdem automatisch, wenn Bildteile aus der Zwischenablage in das Dokument eingesetzt werden, sowie in einigen anderen Fällen.

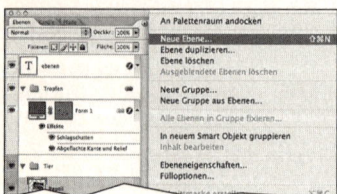 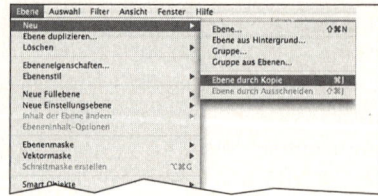

Ebene-Menü in der Ebenenpalette (links) und in der Programm-Menüleiste (rechts)

Umwandeln einer Auswahl in eine Inhaltsebene

Sie können eine beliebige Auswahl (die Pixel enthält) auf einer Inhaltsebene in eine eigene Ebene umwandeln. Verwenden Sie dazu den Menübefehl *Ebene > Neu > Ebene durch Kopie* (⌘ J). Liegt keine aktive Auswahl vor oder handelt es sich um eine Form- oder Textebene, wird mit diesem Befehl die gesamte Ebene dupliziert. Eine weitere Möglichkeit besteht darin, eine aktive Auswahl (die Pixel enthält) aus einer Inhaltsebene auszuschneiden und diese gleichzeitig in eine neue Ebene umzuwandeln. Dafür ist der Menübefehl *Ebene > Neu > Ebene durch Ausschneiden* (⇧ ⌘ J) vorgesehen. Liegt keine aktive Auswahl vor oder handelt es sich um eine Form- oder Textebene, wird mit diesem Befehl die gesamte Ebene dupliziert.

✔ Zum Arbeiten mit Auswahlbereichen lesen Sie bitte ab S. 97 nach.

Neue Ebene durch Kopie / Neue Ebene durch Ausschneiden

✔ Die Befehle *Neue Ebene durch Kopie* bzw. *durch Ausschneiden* sind nicht verfügbar im Modus *Indizierte Farben* sowie im *Bitmap*-Modus. Auf der Quellebene ggf. vorhandene Ebeneneffekte werden mit auf die neu entstehende Ebene übernommen, ebenso der Bearbeitungsmodus der Ebene, z. B. *Multiplizieren*.

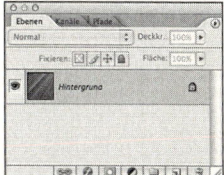

Ausgangsebene
(mit aktiver Auswahl)

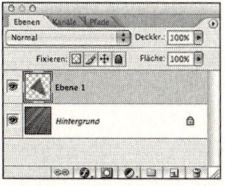

Neue Ebene durch Kopie

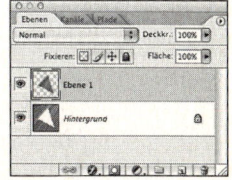

Neue Ebene durch Ausschneiden

Stapelreihenfolge von Ebenen verändern

Ganz einfach lassen sich Ebenen in ihrer Stapelreihenfolge verändern:

- Klicken Sie die gewünschte Ebene in der Ebenen-Palette an (Zeigehand 🖑 erscheint).
- Halten Sie die Maustaste gedrückt (Zeigehand ändert ihre Form 👌), und ziehen Sie die Ebene an die neue Position. Die Zielposition wird vor dem Absetzen durch eine doppelte Trennlinie angezeigt.

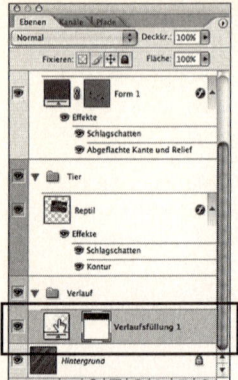
Reihenfolge der Ebenen ändern: Ebene anklicken

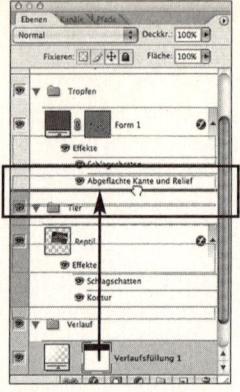
Mit gedrückter Maustaste ziehen und an neuer Position loslassen

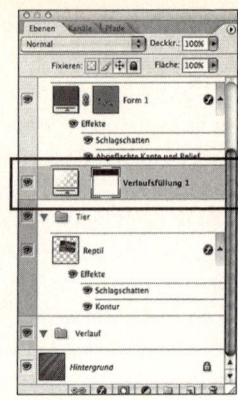
Ergebnis

Die Verlaufsebene wurde über die „Tier"-Ebene verschoben.

Alternativ können Sie die Stapelreihenfolge der Ebenen über die Befehle *Ebene > Anordnen* verändern. Befehle, die für die aktive Ebene nicht verfügbar sind, sind grau dargestellt. Beachten Sie, dass es nicht möglich ist, den *Hintergrund* in seiner Position zu verändern.

Hintergrund in eine Inhaltsebene umwandeln
Haben Sie ein Dokument geöffnet, welches einen *Hintergrund* enthält, erscheint der *Hintergrund* immer ganz unten in der Stapelreihenfolge der Ebenen und kann in seiner Position nicht verändert werden. Dies ist auch an einem kleinen Schloss erkennbar. Ebenso erhalten Sie ein neues Dokument aus einem *Hintergrund* bestehend, wenn es mit den Optionen *Weiß* oder *Hintergrundfarbe* für den *Inhalt* angelegt wird (s. S. 36). Es kann nun vorkommen, dass Sie die *Hintergrundebene* an eine andere Position innerhalb des Stapels bzw. eine normale Ebene hinter den Hintergrund verschieben oder Deckkraft und Modus des Hintergrundes verändern möchten.

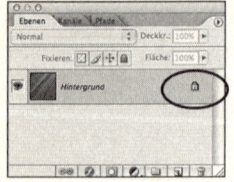
Ein Hintergrund kann nicht in seiner Position verändert werden.

- Doppelklicken Sie dazu auf den *Hintergrund* innerhalb der Ebenen-Palette. Alternativ kann auch der Befehl *Ebene > Neu > Ebene aus Hintergrund* gewählt werden.
- Der Dialog *Neue Ebene* öffnet sich.

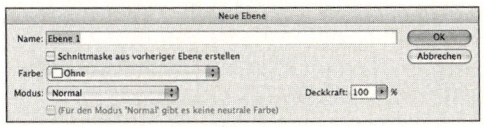

- Sie können wahlweise Einstellungen ändern oder einfach mit *OK* bestätigen. Der ehemalige *Hintergrund* wird in eine normale Inhaltsebene umgewandelt. Nun kann diese an jede beliebige Position im Stapel verschoben und außerdem Modus und Deckkraft verändert werden.

Ebene in *Hintergrund* umwandeln

Wird eine neue Datei mit der Option *Transparent* für den *Inhalt* angelegt, erscheint das Bild *ohne* Hintergrund, also nur aus einer transparenten Inhaltsebene bestehend (siehe auch S. 36). Auch vorhandene Dateien können ohne *Hintergrund* vorliegen. Für den Fall, dass Sie in einem solchen Dokument einen *Hintergrund* anlegen möchten, gehen Sie so vor:

- Aktivieren Sie eine beliebige Ebene. Wählen Sie *Ebene > Neu > Hintergrund aus Ebene*. Diese Option ist nur in Dateien ohne *Hintergrund* verfügbar. Beachten Sie, dass ehemals transparente Bildbereiche dann in der eingestellten Hintergrundfarbe aufgefüllt werden und die Ebene zuunterst erscheint.

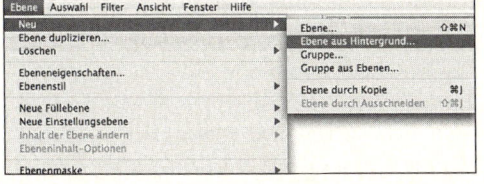

Der *Hintergrund* unterscheidet sich dadurch von den normalen Ebenen, dass er niemals transparente Bereiche enthalten kann. Wenn beispielsweise ein Auswahlbereich auf einer *Hintergrundebene* gelöscht wird, wird der betroffene Bereich mit der eingestellten Hintergrundfarbe aufgefüllt. Der gleiche Auswahlbereich, auf einer normalen Inhaltsebene gelöscht, wird transparent (s. S. 126 ff.). Beachten Sie außerdem, dass Deckkraft und Modus nicht für eine *Hintergrundebene* eingestellt werden können (s. S. 269 ff.).

✔ Ein Photoshop-Dokument muss nicht notwendigerweise einen *Hintergrund* enthalten. Lediglich für die Beurteilung des Arbeitsergebnisses ist es mitunter sinnvoll, einen deckenden Hintergrund zu haben, da beim Export des Photoshop-Dokuments in andere Programme im Normalfall die ehemals transparenten Bereiche weiß gefüllt werden. Eine weiß gefüllte normale Inhaltsebene erfüllt aber den gleichen Zweck.

Ebene duplizieren: Ebene anklicken

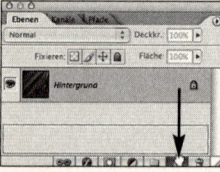

Ebene auf Symbol *Neue Ebene* ziehen

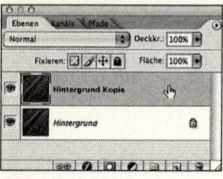

Ergebnis (wenn man den *Hintergrund* wie in diesem Beispiel dupliziert, dann wird das Duplikat in eine normale Inhaltsebene umgewandelt).

✔ Eine Effektebene kann nicht auf die hier beschriebene Weise dupliziert werden. Um einen Ebeneneffekt 1 : 1 auf eine andere Ebene zu übertragen, wird die jeweilige Effektebene in der Ebenen-Palette angeklickt, mit gedrückter Maustaste knapp unter die die Zielebene (doppelte Trennlinie zeigt Zielposition an) gezogen und dort losgelassen (s. S. 283).

✔ Beim Löschen einer Inhaltsebene werden gleichzeitig ggf. zugehörige Effektebenen mit entfernt.

Duplizieren von Ebenen

Eine sehr praktische Angelegenheit ist das Duplizieren einer vorhandenen Ebene im selben Dokument. Diesen Befehl kann man wählen, um identische Bildteile zu erzeugen, die jedoch beispielsweise in Deckkraft oder Modus verändert werden sollen. Sie können auch aus einer duplizierten Ebene wahlweise gleich ein neues Dokument erzeugen.
So gehen Sie vor:

• Der einfachste Weg besteht darin, eine Ebene zum Duplizieren mit gedrückter Maustaste auf den Schalter *Neue Ebene* (🔲) zu ziehen. Der Name der duplizierten Ebene wird übernommen und durch *Kopie* ergänzt. Der Name der neuen Ebene kann jederzeit über die *Ebeneneigenschaften* geändert werden.

• Alternativ wählen Sie *Ebene duplizieren...* im Untermenü der Ebenen-Palette oder im *Ebene*-Menü. Oder Sie ziehen die zu duplizierende Ebene mit gedrückter Wahltaste (⌥) auf den Schalter *Neue Ebene* (🔲). In diesen Fällen gelangen Sie in den Dialog *Ebene duplizieren* und können gleich einen Namen vergeben. Außerdem können Sie hier bestimmen, ob aus der duplizierten Ebene ein neues Dokument entstehen soll. Dazu wählen Sie aus dem *Datei*-Untermenü *Neu* und geben einen Namen für das neue Dokument ein.

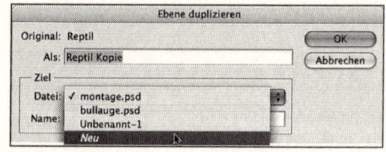

Löschen von Ebenen

Zum Löschen einer Ebene klicken Sie das Icon der betreffenden Ebene in der Ebenen-Palette an und ziehen sie mit gedrückter Maustaste auf den Paletten-Papierkorb (🗑). Alternativ kann bei aktiver Ebene auf den Papierkorb geklickt werden (Letzteres mit Sicherheitsabfrage). Eine einzelne bzw. mehrere Ebenen (welche zuvor verbunden oder ausgeblendet werden müssen) können über den entsprechenden Menübefehl *Ebene > Löschen > Ausgeblendete Ebenen* oder den Ebenen-Paletten-Befehl *Ausgeblendete Ebenen löschen* entfernt werden.

Bewegen von Ebenen
Um den Inhalt einer einzelnen Ebene oder auch mehrerer Ebenen gemeinsam zu bewegen, verwendet man das Bewegen-Werkzeug ( ). Achten Sie darauf, dass nichts ausgewählt ist, wenn Sie den kompletten Inhalt einer Ebene bewegen wollen – ansonsten wird nur der Inhalt der Auswahl bewegt.
• Wählen Sie eine Ebene in der Ebene-Palette.
• Klicken Sie ins Bild und ziehen Sie mit gedrückter Maustaste.

Bewegen-Werkzeug-Optionen
✤ *Ebene automatisch wählen:* Aktiviert automatisch die Ebene, auf deren deckende Pixel Sie klicken, sofern ihre Deckkraft mehr als 50 % beträgt.
✤ *Gruppe automatisch wählen* aktiviert eine vorhandene Gruppe, wenn deren Deckkraft über 50 % liegt.

⚡ Achten Sie bei der Drag-and-Drop-Methode darauf, die zu löschende Ebene auf der Ebenenminiatur (Icon) anzuklicken. Bei einer Formebene, Einstellungsebene oder einer Ebene mit Ebenenmaske etwa befindet sich neben dem Ebenen-Icon ein zweites Icon – klicken Sie dieses beim Löschen per Drag and Drop an, wird nicht die komplette Ebene, sondern nur dieser Bestandteil gelöscht.

✔ Um vorübergehend auf das Bewegen-Werkzeug zuzugreifen, während ein anderes Werkzeug ausgewählt ist, halten Sie die Befehlstaste (⌘) gedrückt. Dies funktioniert nicht bei der Zeichenfeder sowie den anderen Werkzeugen im Zeichenfeder-Einblendmenü.

✔ Die Bewegung kann auf ein Vielfaches von 45° eingeschränkt werden, indem man beim Ziehen die Umschalttaste (⇧) gedrückt hält. Mit den Pfeiltasten der Tastatur können Sie den kompletten Inhalt der Ebene, ohne dass etwas ausgewählt ist, in 1-Pixel-Schritten bewegen. Mit den Pfeiltasten und gedrückter Umschalttaste (⇧) bewegen Sie die Ebene in 10-Pixel-Schritten.

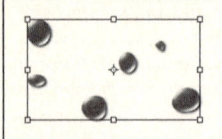

Sichtbare Boundingbox

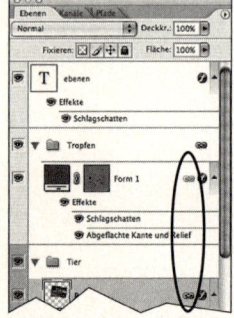

Verbundene Ebenen in der Ebenen-Palette

Die 50-%-Hürde
Pixelbereiche mit einer Deckkraft von weniger als 50 % haben in etlichen Fällen einen Sonderstatus. So werden diese nicht durch eine Auswahlbegrenzung angezeigt oder es bleibt diese Inhaltsebene unbeeinflusst von der Anwendung einiger Befehle. Dies wird u. U. durch eine entsprechende Warnmeldung angezeigt. Betroffen davon sind u. a.
• die Werkzeug-Option *Ebene / Gruppe automatisch wählen* des Bewegen-Werkzeuges (s. S. 81)
• die Anzeige des *Begrenzungsrahmens* (siehe oben)
• die Anzeige der *Auswahlbegrenzung* (s. S. 97)
• das *Ausrichten* und *Verteilen* von Ebenen (s. S. 83).

✢ *Transformationssteuerungen:* Ein Begrenzungsrahmen erscheint um die äußersten Koordinaten der Pixel einer aktiven Ebene, die mehr als 50 % Deckkraft aufweisen. Der Begrenzungsrahmen wird auch als <engl.> *Boundingbox* bezeichnet. Der Begrenzungsrahmen dient dazu, Bildteile einer Ebene frei zu transformieren, und kann – wenn der Ebeneninhalt ausschließlich bewegt werden soll – ausgeblendet werden.

Mehrere Ebenen bewegen / Verbundene Ebenen

Sie können den Inhalt beliebig vieler Ebenen auswählen und gemeinsam bewegen. Voraussetzung dafür ist, dass entweder mehrere in der Stapelreihenfolge zusammenhängende Ebenen mit der Umschalttaste (⇧), auseinander liegende mit der Befehlstaste (⌘) ausgewählt werden oder die betreffenden Ebenen verbunden sind. Eine Verbindung zur momentan aktiven Ebene wird hergestellt, indem man die gewünschten Ebenen wie eben beschrieben in der Ebenen-Palette auswählt und das Verbindungssymbol am unteren Palettenrand anklickt (⟷). Die folgenden Aktionen mit dem Bewegen-Werkzeug betreffen dann die aktive und alle mit ihr auf diese Weise verbundenen Ebenen.

Eine solche Verbindung von Ebenen benötigen Sie auch, um mehrere Ebenen gemeinsam zu *transformieren* (s. S.137).

Um die Verbindung für eine bestimmte Ebene zu lösen, aktivieren Sie diese Ebene und klicken erneut auf das Verbindungssymbol der Ebenen-Palette.

Ebenen ausrichten

Mehrere Ebenen lassen sich aneinander ausrichten. Auch hierfür müssen die betreffenden Ebenen *verbunden* oder Teil einer Mehrfachauswahl sein – ansonsten sind die Optionen nicht verfügbar. Bezugskanten sind immer die deckenden Pixel der *aktiven* Ebene, sofern ihre Deckkraft mehr als 50 % beträgt.

✔ Die Mehrfachauswahl ist eine neue Funktion von Photoshop CS2 und bietet die Möglichkeit, Ebenen auf einfachste Art (und wie von Vektorzeichenprogrammen gewohnt) in Gruppen zusammenzufassen.

✔ Ein (aktiver) *Hintergrund* kann nicht an einer Auswahl ausgerichtet werden (die Befehle sind nicht anwählbar). Wandeln Sie den *Hintergrund* zuvor über einen Doppelklick in eine normale Inhaltsebene um (s. S. 78).

Verbundene Ebenen ausrichten: Die aktive Ebene (hier „Ebene 1") ist die Bezugsebene (es ist keine aktive Auswahl vorhanden)

Ausgangssituation

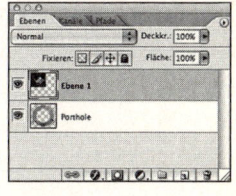
Zugehörige Ebenen-Palette

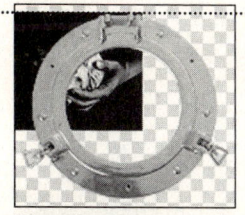
Obere Kanten

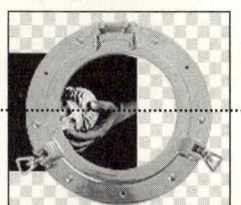
Vertikale Mitten

Untere Kanten

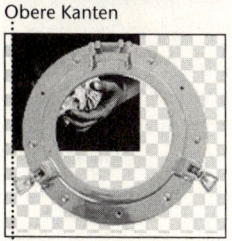
Linke Kanten

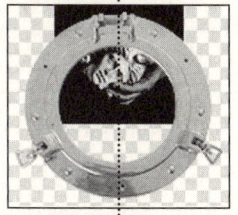
Horizontale Mitten

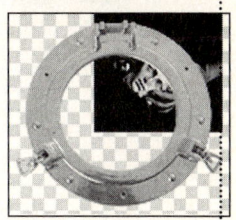
Rechte Kanten

Falls ein *Hintergrund* die aktive Ebene ist oder eine Ebene vollständig deckende Pixel enthält, erfolgt die Ausrichtung an der entsprechenden Bildkante.

Ebenso ist es möglich, die deckenden Pixel (Deckkraft mehr als 50%) einer oder mehrerer Ebenen an einer Auswahlbegrenzung auszurichten. Bezugskanten sind hierbei die Begrenzungen der Auswahl. Soll nur eine einzelne Ebene an der Auswahl ausgerichtet werden, muss diese nicht mit anderen verbunden sein – sind mehrere Ebenen verbunden, so werden sie gemeinsam an der Auswahl ausgerichtet.

Wählen Sie einen der Befehle im Menü *Ebene > Ausrichten* bzw. *Ebene > Ebenen an Auswahl ausrichten* (letzterer ist nur bei einer aktiven Auswahl verfügbar). *Vertikale Mitten* bewirkt eine Ausrichtung der Mitten der deckenden Pixel in der Höhe. *Horizontale Mitten* bewirkt eine Ausrichtung der Mitten der deckenden Pixel in der Breite. Die übrigen Befehle erklären sich selbst.

Verbundene Ebenen an einer aktiven Auswahl ausrichten

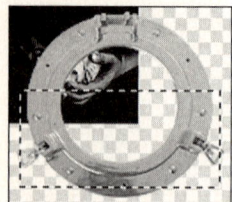
Ausgangssituation

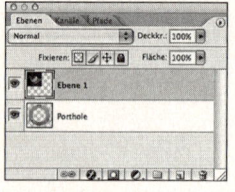
Zugehörige Ebenen-Palette

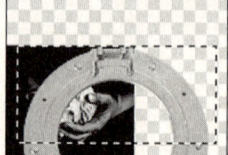
Obere Kanten

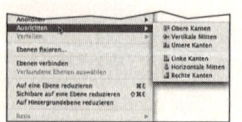
Ebene-Menü

Bewegen-Werkzeug-Optionen

✦ Eine schnelle Alternative zu den Menübefehlen zum *Ausrichten* bieten die ersten sechs Schalter in der Bewegen-Werkzeug-Optionen-Leiste.

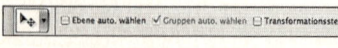 

Ebenen verteilen

Auf eine ähnliche Art und Weise können die Abstände zwischen den Kanten oder Mitten der deckenden Pixel verbundener oder gemeinsam ausgewählter Ebenen gleichmäßig verteilt werden. Es müssen mindestens 3 Ebenen miteinander verbunden sein (kein *Hintergrund*). Die aktive Ebene spielt hier keine Rolle, da die verbundenen Ebenen zueinander in Bezug gesetzt werden. Die entsprechenden Befehle finden Sie im Menü *Ebene > Verteilen*. *Vertikale Mitten* verteilt die Abstände gleichmäßig zwischen den Mitten in der Höhe. *Horizontale Mitten* verteilt die Abstände gleichmäßig zwischen den Mitten in der Breite. Die übrigen Befehle erklären sich selbst.

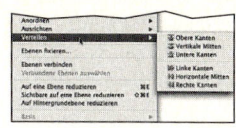

Ebene-Menü

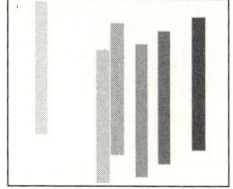

Ausgangssituation

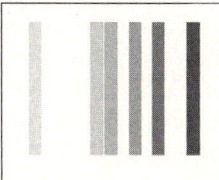

Ebene > Verbundene ausrichten > Vertikale Mitten

Ebene > Verbundene verteilen > Horizontale Mitten

Bewegen-Werkzeug-Optionen

✢ Eine schnelle Alternative zu den Menübefehlen zum *Verteilen* bieten die letzten sechs Schalter in der Bewegen-Werkzeug-Optionen-Leiste.

Kopieren von Ebenen zwischen Bildern

Sie können jede beliebige Ebene (auch den *Hintergrund*) und auch mehrere Ebenen gemeinsam in ein anderes geöffnetes Dokument kopieren. Effektebenen werden automatisch mit ihren zugehörigen Inhaltsebenen mitkopiert. Es gibt drei Möglichkeiten:

✔ Die Drag-and-Drop-Methode ist auch deshalb dem Kopieren über die Zwischenablage vorzuziehen, weil der Arbeitsspeicher weniger belastet wird.

Arbeitsumgebung 85

Überstehender Ebeneninhalt

- Seit Photoshop 4 kann der Inhalt einer Ebene größer sein als die Abmessungen des Bildes, d. h., es wird nur der Teil der Ebene gezeigt, der auf die Arbeitsfläche passt – der Rest wird im Arbeitsspeicher gehalten. Dieser Fall kann entstehen, wenn eine größere Ebene per Drag and Drop in ein kleineres Bild gezogen wird. Mit dem *Bewegen-Werkzeug* kann der Überstand jederzeit auf die Arbeitsfläche verschoben bzw. mit dem *Transformieren*-Befehl auf die gewünschte Größe skaliert werden.
- Der Befehl *Bild > Alles einblenden* vergrößert das Bild so, dass der ggf. überstehende Ebeneninhalt sichtbar wird.
- Der Befehl *Bild > Freistellen* beschneidet das Bild entlang der Kanten einer aktiven Auswahl.
- Beachten Sie, dass bei der Anwendung des Befehls *Auswahl > Alles auswählen* (⌘A) nur der auf die Arbeitsfläche passende Bildausschnitt ausgewählt wird und nicht der sich eventuell außerhalb der Arbeitsfläche befindliche. Bei nachfolgender Anwendung des Befehls *Freistellen* (s. S. 143) wird ggf. überstehender Ebeneninhalt entfernt bzw. beim *Transformieren* nicht mit transformiert.

- Kopieren durch Drag and Drop (dies ist die beste Methode): Aktivieren Sie in der Ebenen-Palette der Quelldatei die Ebene, die Sie kopieren wollen. Ziehen Sie den Ebenennamen oder das -Icon mit gedrückter Maus in das Bildfenster der Zieldatei. Oder: Verwenden Sie das Bewegen-Werkzeug ( ), klicken in das Quell-Bildfenster und ziehen die Ebene in das Bildfenster der geöffneten Zieldatei (bezieht sich immer auf die aktiven Ebenen; s. Abb. S. 87). Der Zielbereich wird in beiden Fällen markiert dargestellt. Die kopierte Ebene erscheint über der zuvor aktiven Ebene in der Ebenen-Palette an der Position, wo Sie die Maustaste loslassen. Benutzen Sie das Bewegen-Werkzeug ( ), um den Inhalt der Ebene an die gewünschte Position zu verschieben. Halten Sie während des Drag-and-Drop-Vorgangs die Umschalttaste (⇧) gedrückt, erscheint der Ebeneninhalt im Zieldokument an exakt derselben Position (wenn das Zielbild die gleichen Bildmaße in Pixeln aufweist) bzw. exakt in der Mitte des Zieldokuments (bei abweichenden Bildmaßen). Falls Sie einen *Hintergrund* kopieren, wird dieser in eine normale Ebene umgewandelt. Die Ursprungsdatei bleibt in jedem Falle unverändert.
- Kopieren über die Zwischenablage: Aktivieren Sie in der Ebenen-Palette der Quelldatei die Ebene, die Sie kopieren wollen. Erstellen Sie eine Gesamtauswahl über den Befehl *Auswahl > Alles auswählen*. Damit werden alle Pixel der gerade aktiven Ebene ausgewählt. (Pixel, die sich eventuell außerhalb der Arbeitsfläche befinden, werden nicht mit ausgewählt! – siehe Hinweis in der Marginalspalte). Verwenden Sie dann den Befehl *Bearbeiten > Kopieren*, aktivieren Sie die Zieldatei, und wählen Sie *Bearbeiten > Einfügen*.

- Kopieren über Duplizieren: Gehen Sie wie auf S. 80 beschrieben vor, um aus einer Ebene ein neues Dokument zu erstellen.

Kopieren einer Ebene durch Drag and Drop mit dem Bewegen-Werkzeug

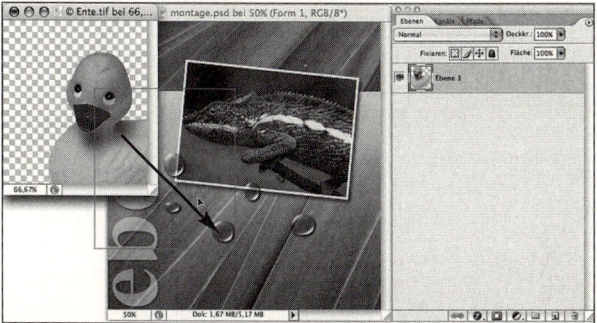

In das Quell-Bildfenster klicken, Maustaste gedrückt halten und in das Fenster der Zieldatei ziehen, bis dort ein Begrenzungsrahmen erscheint

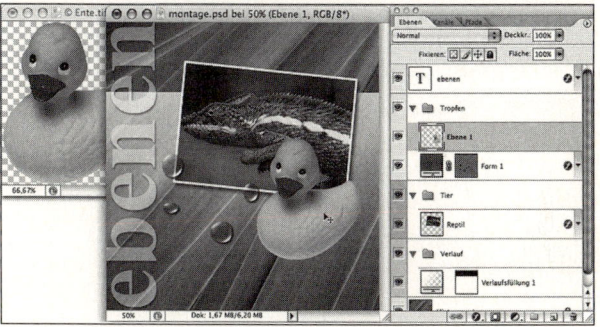

Maustaste loslassen und Position ggf. mit dem Bewegen-Werkzeug korrigieren

Kopieren mehrerer Ebenen zwischen Bildern
Das Kopieren mehrerer editierbarer Ebenen ist nur durch Drag and Drop möglich. Dazu müssen die betreffenden Ebenen gemeinsam ausgewählt werden oder Teil einer Gruppe sein, wenn das Ordnersymbol auf das Zieldokument verschoben wird. Der Kopiervorgang kann *nicht* von der Ebenen-Palette aus, sondern nur mit dem Bewegen-Werkzeug vom Bildfenster aus vorgenommen werden.

✔ Das Hinzufügen von Ebenen in einem Dokument vergrößert die Datei und damit den benötigten Speicherbedarf. Transparente Bereiche wirken sich übrigens nicht auf die Dateigröße aus.

⚡ Falls nicht alle zu reduzierenden Ebenen eingeblendet sind, erhalten Sie in einigen Fällen eine Abfrage, ob verborgene Ebenen gelöscht werden sollen. In anderen Fällen werden ausgeblendete Ebenen jedoch ohne Abfrage gelöscht, bzw. der gewünschte Befehl ist nicht verfügbar.

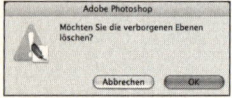

Handhabung von Dokumenten mit mehreren Ebenen / Ebenen reduzieren

Zwei oder mehrere Ebenen, die nicht mehr einzeln bearbeitet werden müssen, können zu einer zusammenfügt werden. In Photoshop wird dieser Vorgang *Ebene(n) reduzieren* genannt. Damit werden die betroffenen Ebenen zu einer verschmolzen. Entsprechend den unterschiedlichen Bedürfnissen bzw. Konstellationen sind zum Reduzieren verschiedene Befehle verfügbar. Nicht auf jede denkbare Konstellation kann in diesem Rahmen eingegangen werden. Sollte das Reduzieren nicht zum gewünschten Ergebnis führen, kann der Vorgang widerrufen (⌘Z) oder durch Arbeiten mit der *Protokoll-Palette* rückgängig gemacht werden. Die zu reduzierenden Ebenen sollten immer *eingeblendet* sein. Die Befehle zum Reduzieren von Ebenen befinden sich im *Ebene*-Menü und alternativ im Untermenü der *Ebenen-Palette*.

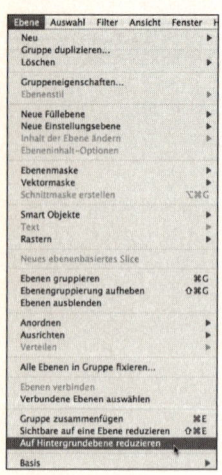

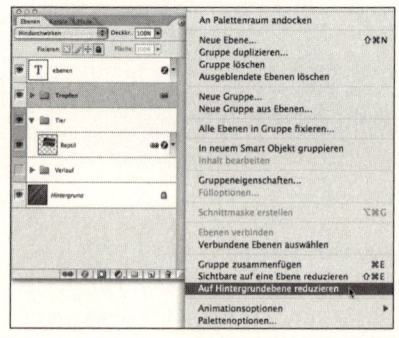

Ebene-Menü (links) und Untermenü der Ebenen-Palette

Mit darunter liegender auf eine Ebene reduzieren

Mit dem Befehl *Ebene > Mit darunter liegender auf eine Ebene reduzieren* (⌘E) können Sie, wie der Name sagt, eine aktive Ebene mit der darunter liegenden verschmelzen. Das Aussehen des Bildes kann sich ändern, wenn die untere der von der Reduzierung betroffenen Ebenen nicht den Modus *Normal* aufweist (s. S. 270). Die reduzierte Ebene nimmt dann den Modus der ehemals darunter liegenden Ebene an – dieser kann zwar nachträglich geändert werden, führt aber meist nicht zum ursprünglichen Aussehen. Ebenso wird der Name der unten liegenden Ebene übernommen, kann aber über *Ebene > Ebeneneigenschaften* geändert werden.

Auf eine Ebene reduzieren
Ist die aktive Ebene mit einer oder mehreren anderen Ebenen ausgewählt (s. S. 81), erscheint statt des Befehls *Ebene > Mit darunter liegender auf eine Ebene reduzieren* an gleicher Stelle und mit gleichem Tastaturkürzel (⌘E) der Befehl *Ebene > Auf eine Ebene reduzieren*. Hier bleibt jedoch das Aussehen des Bildes erhalten! Möchte man also mehrere, jedoch nicht alle Ebenen gezielt reduzieren, ohne das Aussehen des Bildes zu verändern, empfiehlt es sich, diese vorher auszuwählen.

Sichtbare auf eine Ebene reduzieren
Ebenso reduziert der Befehl *Ebene > Sichtbare auf eine Ebene reduzieren* (ohne das Aussehen des Bildes zu verändern) auf eine Ebene, wobei Sie hier zuvor alle Ebenen ausblenden müssen, die nicht reduziert werden sollen.

Auf die Hintergrundebene reduzieren
Dieser Befehl reduziert alle Ebenen auf eine *Hintergrundebene* und nimmt damit auch deren Eigenschaften an. Das heißt, dass sich das Aussehen des Bildes ändern kann: Alle in der Gesamtansicht des Bildes sichtbaren, zuvor transparenten Bereiche werden weiß! Da ein

Besondere Konstellationen beim Reduzieren von Ebenen

- Beim Reduzieren von Ebenen mit dem Befehl *Ebene > Mit darunter liegender auf eine Ebene reduzieren* erhält die neue Ebene den Namen und den Modus der untersten Ebene innerhalb der von der Reduzierung betroffenen Ebenen.
- Ebenso werden die Ebeneneffekte der untersten der reduzierten Ebenen übernommen. Ggf. vorher vorhandene Ebeneneffekte bleiben zusätzlich erhalten.
- Ist die unterste der zu reduzierenden Ebenen eine *Formebene* (ggf. auch mit Effektebenen), entsteht als reduzierte Ebene eine normale Inhaltsebene (Vektordaten und die Bearbeitungsmöglichkeit der Effekte gehen verloren).
- Ist die unterste der zu reduzierenden Ebenen eine *Textebene*, ist der Befehl *Mit darunter liegender auf eine Ebene reduzieren* nicht verfügbar. Wird in diesem Fall der Befehl *Sichtbare auf eine Ebene reduzieren* angewählt, so wird die Textebene gerendert, also in Pixel umgewandelt.

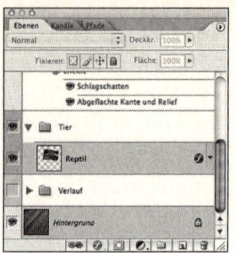
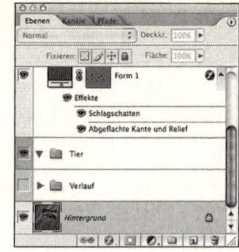

Ausgangssituation und gleichzeitig Ergebnis (der Ordner „Verlauf" wurde hier vor dem Reduzieren ausgeblendet).

Zugehörige Ebenen-Palette mit Mehrfachauswahl vor Anwendung des Befehls *Auf eine Ebene reduzieren.*

Zugehörige Ebenen-Palette nach der Reduzierung. Der Befehl hinterlässt keine sichtbaren Spuren am Bild.

solches reduziertes Bild keine weiteren Ebenen enthält, kann sich auch die Dateigröße u. U. erheblich reduzieren. Ein auf die Hintergrundebene reduziertes Bild ist häufig notwendig, um die Datei in andere Programme exportieren zu können. Trotzdem sollten Sie diesen Schritt wohl überlegen, also erst durchführen, wenn garantiert keine Änderungen mehr anstehen, da Sie danach die Ebenen nicht mehr einzeln bearbeiten können. Alternativ zum manuellen Reduzieren auf die Hintergrundebene wird beim Speichern, sofern man ein Exportformat wählt, in jedem Fall auf die Hintergrundebene reduziert – dies betrifft alle Formate außer dem *Photoshop-*, *Photoshop-PDF-* und *TIFF-Format* (s. S. 492).

Zum Anwenden des Befehls müssen alle gewünschten Ebenen eingeblendet sein. Ausgeblendete Ebenen werden beim Ignorieren einer entsprechenden Warnung gelöscht. Welche Ebene die aktive ist, spielt keine Rolle.

 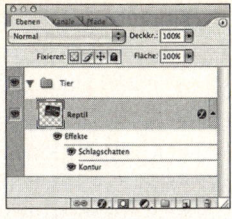 

Ausgangsbild bestehend aus einer Inhaltsebene mit transparenten Bereichen.

Zugehörige Ebenen-Palette vor Anwendung des Befehls *Auf Hintergrundebene reduzieren*.

Ergebnis. In diesem Fall werden durch das *Reduzieren auf die Hintergrundebene* ehemals transparente Bereiche weiß.

Ebenen stempeln
Als eine Sonderform des Reduzierens können Ebenen auch „gestempelt", d. h. der Inhalt von zwei oder mehr ausgewählten Ebenen in einer Zielebene vereinigt werden.

Um Ebenen oder Gruppen zu stempeln, gehen Sie so vor:
- Aktivieren Sie die gewünschten Ebenen und / oder Gruppen durch eine Mehrfachauswahl mit der Befehls- oder Umschalttaste (⌘ / ⇧).
- Drücken Sie ⌘ ⌥ E. Über der obersten beteiligten Ebene wird eine neue Ebene erzeugt, die das gewünschte Stempelbild beinhaltet. Die Ausgangsebenen bleiben erhalten.

Stempeln aus allen sichtbaren Ebenen:
- Drücken Sie die Tastenkombination ⇧ ⌘ ⌥ E.

Über der zuletzt aktiven Ebene wird eine neue Ebene mit dem Inhalt aller sichtbaren Ebenen gestempelt. Die Ausgangsebenen bleiben unberührt.

Für die weitere Bearbeitung bleiben transparente Bereiche auch nach dem Zusammenfügen durchsichtig erhalten.

> ⚠ Insbesondere bei der Gestaltung und Vorbereitung von Dateien für die Multimedia-Produktion werden oft viele Screens mit gleichen, meist kleinteiligen Grundelementen (z. B. für die Navigation), deren Rollover- oder sonstigen Effekten sowie variierenden Inhalten in einem einzigen Photoshop-Dokument entworfen bzw. zusammengestellt. Hier ist das Arbeiten mit Gruppen besonders komfortabel.

✔ Wird eine Photoshop-Datei in Illustrator weiterverarbeitet, erkennt das Vektorprogramm immerhin 5 Hierarchieebenen.

Gruppen umbenennen

Gruppen können durch Doppelklick und Überschreiben ihres Namens in der Ebenen-Palette oder durch Wählen des Befehls *Gruppeneigenschaften...* aus dem *Untermenü der Ebenen-Palette*, dem *Ebene*-Menü oder dem *Kontextmenü* (s. S. 59) der aktiven Gruppe umbenannt werden. Zusätzlich kann im Dialog auch die Farbe der Gruppe innerhalb der Ebenen-Palette verändert werden.

Umgang mit Gruppen

Was in Photoshop bisher *Ebenenset* genannt wurde, heißt jetzt *Gruppe* und erlaubt die komfortable Bündelung von Ebenen.

Die Organisation inhaltlich zusammenhängender Teile in Gruppen stellt ein große Erleichterung bei der Handhabung umfangreicher Dokumente dar. Zusätzlich ermöglichen Gruppen, einige Eigenschaften (Modus, Ebenenmasken, Beschneidungspfade sowie Transparenz) auf alle darin enthaltenen Ebenen zu übertragen. Wie dies im Einzelnen aussieht, wird an späterer Stelle erläutert.

Ebenen innerhalb von Gruppen verhalten sich wie normale Ebenen außerhalb einer Gruppe: sie können ein- und ausgeblendet, aktiviert, dupliziert, bewegt und in ihrer Stapelreihenfolge verändert werden. Ebenen können beliebig zwischen Gruppen verschoben oder neue Ebenen innerhalb einer Gruppe erstellt werden. Zudem können Gruppen seit Photoshop CS2 verschachtelt, also eine Gruppe in einer anderen erstellt oder dahin verschoben werden. Es ist allerdings *nicht* möglich, einen Ebeneneffekt auf eine gesamte Gruppe anzuwenden oder eine Gruppe als Basis einer Maskierungsgruppe (Beschnittgruppe) zu verwenden.

Die Stapelreihenfolge von Gruppen innerhalb der Ebenen-Palette kann genauso verändert werden wie die von einzelnen Ebenen (s. S. 77). Eine *Hintergrundebene* kann jedoch nicht Bestandteil einer Gruppe sein, sondern immer nur als separate Ebene existieren.

Gruppen werden (ähnlich wie die Ebenen, s. a. S. 80) durch Ziehen auf das Symbol (🗀) in der Ebenen-Palette dupliziert bzw. durch Ziehen

auf den Papierkorb (🗑) gelöscht. Alternativ
können nach dem Aktivieren der gewünschten Gruppe die Befehle im Untermenü der Ebenen-Palette verwendet werden.

Gruppen und deren Inhalt anzeigen
Gruppen werden durch ein Ordnersymbol innerhalb der Ebenenpalette gekennzeichnet. Durch Klicken auf das Augensymbol in der ersten Spalte der Ebenen-Palette kann das betreffende Ebenenset insgesamt aus- und wieder eingeblendet werden. Der Inhalt einer Gruppe wird durch Klicken auf den kleinen Pfeil links neben dem Ordner angezeigt.

Hinzufügen einer neuen (leeren) Gruppe
Ähnlich wie das Anlegen einer neuen Ebene erfolgt das Anlegen einer Gruppe durch Klicken auf das Symbol *Neue Gruppe erstellen* (📁) in der Ebenen-Palette oder durch Verwendung des gleichnamigen Befehls aus dem Untermenü der Ebenen-Palette oder dem Befehl *Ebene > Neu > Gruppe*. Es wird eine leere Gruppe standardmäßig mit dem Modus *Hindurchwirken* erstellt. Das bedeutet, die Gruppe besitzt keinen eigenen Modus, sondern die Ebenen innerhalb des Satzes werden genauso angezeigt wie außerhalb des Satzes. (Nähere Informationen zum Modus für Ebenen und Gruppen s. S. 270).

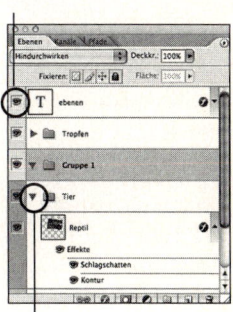

Gruppen ein- und ausblenden

Inhalt von Gruppen anzeigen

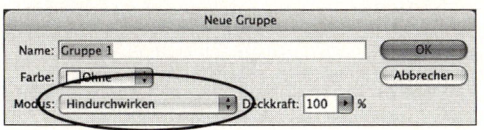

Modus *Hindurchwirken* für eine Gruppe

Arbeitsumgebung

Zusammenfassen von vorhandenen Ebenen in Gruppen

Haben Sie bereits mehrere Ebenen erstellt, können diese auch im Nachhinein in Gruppen zusammengefasst werden. Das Zusammenfassen von Ebenen in Gruppen ist von Vorteil, wenn die Gruppe insgesamt verschoben werden soll – sowohl die Ebeneninhalte als auch die Gruppe innerhalb der Stapelreihenfolge der Ebenen-Palette. Außerdem gestaltet sich die Anzeige übersichtlicher, da sich eine Gruppe insgesamt ein- oder ausblenden lässt. Des Weiteren können, wie bereits erwähnt, ein Modus und/oder eine Maske auf eine Gruppe insgesamt angewendet werden.

Mehrfachauswahl von Ebenen

• Wählen Sie alle Ebenen aus, die in einer neuen Gruppe zusammengefasst werden sollen (s. S. 81) und verwenden die Tastenkombination ⌘ G. Alternativ wählen Sie *Ebene > Neu > Gruppe aus Ebenen* oder den gleichnamigen Befehl aus dem Untermenü der Ebenen-Palette.

Drag and Drop

Natürlich können Ebenen auch mit der Drag-and-Drop-Methode in Gruppen verschoben und aus diesen herausgezogen werden.

Ebene in eine Gruppe ziehen

• Ebene in eine Gruppe ziehen: Ist der Gruppenordner ausgeblendet bzw. sein Inhalt nicht angezeigt, wird die Ebene an unterster Stelle innerhalb der Gruppe platziert. Wird hingegen der Inhalt des Ordners angezeigt, können Sie die Ebene an die gewünschte Position ziehen und dort loslassen.

Ebene aus einer Gruppe herausziehen

• Ebene aus einer Gruppe herausziehen: Ziehen Sie die Ebene in der Ebenen-Palette nach unten oder oben und lassen an der gewünschten Position los. Soll die Ebene direkt unterhalb einer Gruppe platziert werden, ziehen Sie sie unter das Ordnersymbol und lassen links von den darin enthaltenen Ebenen los. Ist die Gruppe ausgeblendet, ziehen Sie die

Ebene unter den Gruppen-Ordner und achten darauf, dass er beim Loslassen nicht markiert ist.

Speichern von Dokumenten mit mehreren Ebenen

Es ist meist sinnvoll, zwei Versionen einer Datei zu speichern: eine reduzierte Version für die endgültige Verwendung und eine zweite Version mit allen Ebenen für eine eventuelle spätere Bearbeitung (vgl. auch *Version Cue*, ab S. 42).

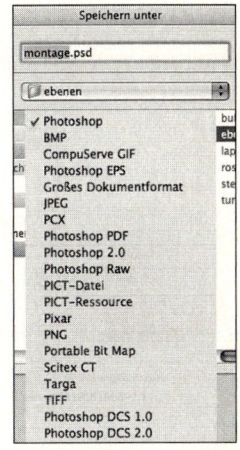

Zum Erhalten der Ebenen beim Speichern von Dokumenten empfiehlt es sich, im *Format*-Einblendmenü des Dialoges *Speichern unter...* das Dateiformat *Photoshop* zu wählen. Außerdem kommen noch die Formate *Photoshop-PDF* oder *TIFF* in Frage, da nur diese alle Features, die Photoshop anbietet, (u. a. Ebenen) unterstützen, also speichern. Wahlweise kann entschieden werden, ob Ebenen mitgespeichert werden sollen. Dokumente, die im *Photoshop*-Format gespeichert wurden, lassen sich allerdings mit allen Optionen nur im Programm Photoshop *öffnen*. Wählen Sie ein anderes als die oben genannten Formate, erhalten Sie ggf. den Hinweis: *Die Datei muss mit dieser* (Format-) *Auswahl als Kopie gespeichert werden*. Das Programm ergänzt in diesem Fall automatisch den Dateinamen mit *Kopie*. Damit bleibt der aktuelle Status der geöffneten Datei erhalten. Beim *Schließen* dieser Datei kann erneut ein Format gewählt werden, welches alle Features unterstützt.

✔ Die anderen Programme der Adobe Creative Suite sind in der Lage Photoshop-Dokumente in ihrer eigenen Programmumgebung zu öffnen. InDesign, Illustrator und GoLive unterstützen dabei jedoch nicht alle Optionen, die in einer Photoshop-Datei enthalten sein können.

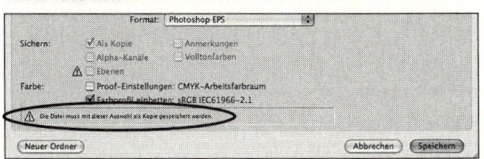

✔ Weitere Informationen zum Speichern von Dokumenten und zur Auswahl von Dateiformaten finden Sie ab S. 483.

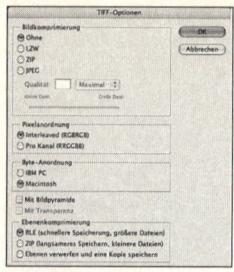

TIFF-Optionen im *Speichern unter...*-Dialog

Soll ein Dokument mit auflösungsunabhängigen Text- und Vektorebenen in ein Layout-Programm exportiert werden (betrifft ausschließlich die Ausgabe in Printmedien), sollte das Speichern im *TIFF*-Format erfolgen. Im TIFF-Optionen-Dialog, der dem Speichern-Dialog folgt, muss eine der Optionen *Ebenenkomprimierung > RLE* oder *ZIP* aktiviert sein. Beim Speichern in allen anderen *Export*formaten werden alle Ebenen auf eine reduziert, und gegebenfalls vorhandene Text- oder Vektordaten werden in der Bildauflösung gerastert.

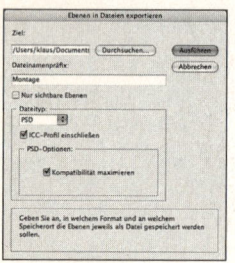

Exportieren von Ebenen: Wählen Sie einen Speicherort und ein Speicherformat. Die Originaldatei wird beim Exportieren nicht verändert.

Exportieren von Ebenen

Um alle Ebenen oder nur die sichtbaren in einzelnen Dateien zu exportieren, wählen Sie *Datei > Skripten > Ebenen in Dateien* exportieren.

Ebenen-Palette-Optionen

In den *Paletten-Optionen...* im Untermenü der Ebenen-Palette können Sie einstellen, wie groß die Miniaturen in der Ebenen-Palette dargestellt werden sollen.

Da die Darstellung der Miniaturen wertvollen Arbeitsspeicher benötigt, ist nur die kleinste Darstellung empfehlenswert. Außerdem nimmt eine größere Darstellung unnötig viel Bildschirmfläche in Anspruch. Die Option *Ohne* stellt nur den Namen der Ebenen ohne Miniatur dar und ist gewöhnungsbedürftig. Gerade für Programmeinsteiger ist diese Option nicht ratsam.

Miniaturinhalt zeigt die Ebenenminiatur wahlweise bezogen auf das Format des gesamten Dokuments oder beschränkt auf den Inhalt der Ebene an.

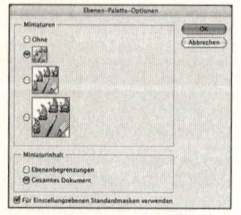

Paletten-Optionen

Die Option *Für Einstellungsebenen Standardmasken verwenden* legt für Einstellungsebenen Ebenenmasken an.

6 Pixelbasierte Arbeitstechniken

Festlegen von Auswahlbereichen

Dieses Kapitel beschäftigt sich mit den grundlegenden Arbeitstechniken zum Bearbeiten von Pixelbildern, also mit dem Arbeiten auf *Inhaltsebenen*. Daneben sind die hier beschriebenen Techniken bei der Bearbeitung von *Ebenenmasken* und *Alpha-Kanälen* anzuwenden.

✔ Zum Arbeiten mit Ebenenmasken und Alpha-Kanälen lesen Sie bitte ab S. 288 bzw. 464 nach.

Um einen Teilbereich eines Pixelbildes in Adobe Photoshop zu bearbeiten, muss dieser Bereich zuerst ausgewählt werden. Dafür stehen verschiedene *Auswahl-Werkzeuge* zur Verfügung, die auf den nächsten Seiten beschrieben werden. Das aktive Werkzeug erkennen Sie an dem gedrückten Werkzeugschalter in der Werkzeug-Palette. Der Pfeilzeiger nimmt die Form eines Fadenkreuzes bzw. des Werkzeuges an.

Auswahl-Werkzeuge

Die Bereiche, die Sie mit einem Auswahl-Werkzeug markieren, werden durch eine umlaufende gestrichelte Linie gekennzeichnet und als *Auswahlbereich* oder kurz *Auswahl* bezeichnet. Die blinkende Linie stellt die Auswahlbegrenzung dar. Diesen Bereich können Sie nun bewegen, kopieren, mit Farbe füllen oder durch Spezialeffekte verändern. Alle verwendeten Befehle betreffen dann lediglich die Pixel innerhalb der Auswahl.

💡 Werkzeuge, mit denen Sie inner- und außerhalb eines Auswahlbereiches arbeiten, hinterlassen nur innerhalb des Auswahlbereiches Spuren, da ausschließlich dieser Bereich zur Bearbeitung freigegeben ist.

✔ In der *Werkzeug-Optionen-Leiste* können Sie für alle Auswahl-Werkzeuge spezifische Voreinstellungen treffen, z. B. um einen rechteckigen Auswahlbereich mit genau festgelegten Maßen auszuwählen. Mehr Informationen ab S. 98.

Auswahl aufheben

Ist ein Bereich des Bildes ausgewählt, wird die Auswahl durch erneuten Mausklick in das Bild (*Abklicken*) oder durch den Befehl *Auswahl > Auswahl aufheben* (⌘ D) aufgehoben.

Quadratische oder runde Auswahl

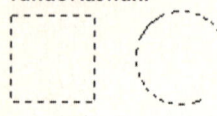

Auswahl von der Mitte aus aufziehen

Auswahlrechteck und -oval

Mit dem Auswahlrechteck bzw. -oval können Sie rechteckige bzw. ovale Bildteile auswählen, indem Sie einen Auswahlbereich mit gedrückter Maustaste diagonal aufziehen. Möchten Sie eine quadratische bzw. runde Auswahl, halten Sie beim Ziehen die Umschalttaste (⇧) gedrückt und lassen zuerst die Maustaste, dann die Umschalttaste los.

Normalerweise befindet sich der Ursprungspunkt der Auswahl an der Position, an der Sie klicken und zu ziehen beginnen. Sie haben aber auch die Möglichkeit, das Rechteck bzw. Oval von seiner Mitte aus aufzuziehen. Halten Sie hierfür die Wahltaste (⌥) beim Ziehen gedrückt.

Einzelne Zeile / Einzelne Spalte

Mit diesen Werkzeugen kann eine *Einzelne Zeile* (1 Pixel hoch über die gesamte Bildbreite) oder eine *Einzelne Spalte* (1 Pixel breit über die gesamte Bildhöhe) ausgewählt werden.

Auswahl-Werkzeug-Optionen

Beachten Sie, dass die Einstellungen in der Werkzeug-Optionen-Leiste *vor* dem Verwenden der Werkzeuge vorgenommen werden müssen – ein nachträgliches Ändern der Optionen hat keine Auswirkung auf eine schon bestehende Auswahl.

✢ *Weiche Kante* erzeugt einen weichen Übergang zwischen den ausgewählten und den übrigen Bereichen. Je nach Stärke der weichen Kante unterscheidet sich eine Auswahl mit weicher Kante optisch kaum bzw. durch abgerundete Ecken von einer normalen Auswahl. Der Effekt wird praktisch erst bei weiterer Bear-

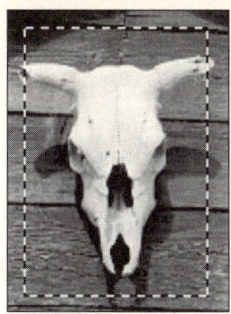
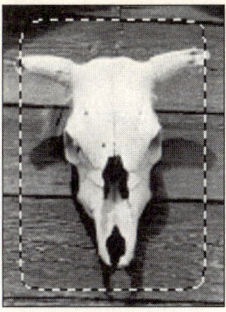
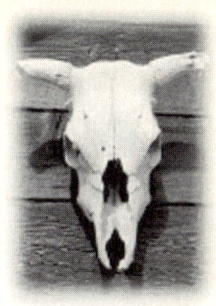

Normale Auswahl ohne weiche Kante

Auswahl mit weicher Kante (vor dem Aufziehen wurde die Option *Weiche Kante* eingestellt)

Auswahl umgekehrt und *Bearbeiten > Fläche füllen* (Weiß) angewendet (Befehle werden auf S. 109 und 127 ff. beschrieben)

beitung, z. B. beim Füllen oder Bewegen sichtbar. (Die Option *Weiche Kante* entspricht dem Befehl *Auswahl > Weiche Auswahlkante ...*, wird jedoch im Gegensatz zu diesem vor dem Aufziehen der Auswahl eingestellt; s. S. 111.)

✦ *Glätten:* Bei aktivem *Auswahloval* wird die Option *Glätten* verfügbar. Damit erhalten Sie weichere Rundungen. Ausführliche Informationen zum Glätten finden Sie auf S. 166.

✦ *Art > Normal*: Höhe und Breite sind variabel und werden beim Aufziehen bestimmt.
✦ *Art > Seitenverhältnis*: Hier kann ein festes Seitenverhältnis vorgegeben werden (z. B. doppelt so breit wie hoch = 2 : 1).
✦ *Art > Feste Größe*: Hier kann eine feste Größe in einer Maßeinheit (siehe rechts; max. 300 000 × 300 000 Pixel) eingegeben werden.

Lasso

Das Lasso wird zur Definition von freien Auswahlbereichen verwendet, z. B. um unregelmäßig geformte Bereiche „einzufangen".

Verfügbare Maßeinheiten und Kürzel

(die Maßeinheit kann ausgeschrieben oder ihr Kürzel verwendet werden):

Pixel	px
Zoll	Z
Zentimeter	cm
Millimeter	mm
Punkt	pt
Pica	pica
Prozent	%

Pixelbasierte Arbeitstechniken

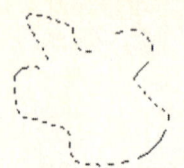
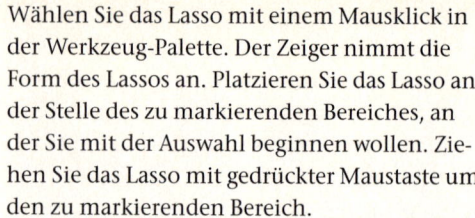

✔ Sie können die Feststelltaste drücken, um mit dem Fadenkreuz genauer zu arbeiten.

Wählen Sie das Lasso mit einem Mausklick in der Werkzeug-Palette. Der Zeiger nimmt die Form des Lassos an. Platzieren Sie das Lasso an der Stelle des zu markierenden Bereiches, an der Sie mit der Auswahl beginnen wollen. Ziehen Sie das Lasso mit gedrückter Maustaste um den zu markierenden Bereich.

Haben Sie die Auswahl nicht vollständig umfahren (nicht geschlossen) und lassen die Maustaste los, wird die Auswahlbegrenzung von diesem Punkt aus durch eine Gerade zum Anfangspunkt geschlossen.

Polygonlasso

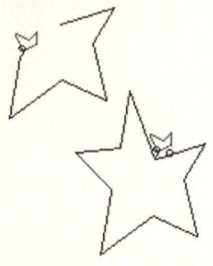

Um *gerade* freie Auswahlbereiche nachzuziehen, verwenden Sie das Polygonlasso. Klicken Sie den Anfangspunkt des Polygons, lassen Sie die Maustaste los, und ziehen Sie die Maus weiter. Am Zeiger hängt nun, wie ein Gummiband, die Polygonlinie. Klicken Sie weitere Polygoneckpunkte. Um die Auswahlform zu schließen, platzieren Sie die Maus auf dem Anfangspunkt. Der Mauszeiger ändert seine Form ⌧. Klicken Sie, um die Auswahl zu schließen.

Vorgang abbrechen

Zum Abbrechen des Vorgangs können Sie jederzeit die Escapetaste (esc) drücken.

Lasso-Werkzeug-Optionen

Für das Lasso und Polygonlasso lassen sich lediglich eine *Weiche Kante* und die Option *Glätten* (s. S. 98 bzw. S. 166) einstellen.

Kombination von Lasso und Polygonlasso

Für eine Kombination aus freien und freien geraden Auswahlformen benutzen Sie das Lasso (oder das Polygonlasso) zusammen mit der Wahltaste (⌥). Diese Technik erfordert etwas Übung. Gehen Sie folgendermaßen vor:

- Wählen Sie das Lasso in der Werkzeug-Palette und drücken Sie die Wahltaste (⌥).
- Ziehen Sie mit gedrückter Maustaste einen Auswahlbereich frei nach. Halten Sie die Wahltaste ständig gedrückt, sonst schließt das Werkzeug die Auswahl durch eine Gerade vom letzten Punkt zum Anfangspunkt.
- Wollen Sie mit einem geraden Segment fortfahren, lassen Sie die Maustaste los, halten aber immer noch die Wahltaste gedrückt. Bewegen Sie die Maus. Es erscheint wieder das Gummiband. Klicken Sie mit der Maustaste einen Eckpunkt.
- Um weitere gerade Liniensegmente anzufügen, platzieren Sie das Lasso an weiteren Punkten und verankern mittels Mausklick.
- Möchten Sie mit freien Linien fortfahren, klicken Sie nicht, sondern halten die Maustaste gedrückt und ziehen den Zeiger.
- Haben Sie den Auswahlbereich vollständig definiert, lassen Sie zuerst die Maustaste und dann die Wahltaste los.

Magnetisches Lasso

Das magnetische Lasso ist besonders geeignet, um schnell Auswahlbereiche mit komplexen Formen zu erstellen. Es nutzt den Helligkeitskontrast zwischen den Pixeln im Bild. Demzufolge funktioniert es umso präziser, je stärker sich der auszuwählende Bereich in seiner Helligkeit vom Hintergrund abhebt. Einstellungsmöglichkeiten für das magnetische Lasso zur Anpassung des Werkzeuges an eine spezifische Aufgabe (z. B. die Einstellung des Kantenkontrasts und der Lassobreite) finden Sie in der *Werkzeug-Optionen-Leiste*.

Zur Auswahl eines Bereiches mit dem magnetischen Lasso gehen Sie so vor:

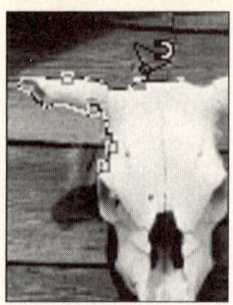

Auswählen mit dem magnetischen Lasso

- Klicken Sie in das Bild in der Nähe des auszuwählenden Bereichs.
- Sie können nun mit gedrückter oder auch ungedrückter Maustaste den auszuwählenden Bereich umfahren. Eine Markierung erscheint und springt an die Kante mit dem jeweils größten Helligkeitskontrast. Entlang dieser Auswahlkante setzt Photoshop von Zeit zu Zeit Ankerpunkte.
- Wenn die Markierung nicht an die von Ihnen gewünschte Position springt, können Sie Ankerpunkte auch manuell durch Klicken (jeweils einmal) mit der Maus bestimmen.

Letzten Schritt löschen
- Der jeweils zuletzt erzeugte Ankerpunkt kann mit der Löschtaste (⌫) entfernt werden.

Zeitweiliges Umschalten auf das Lasso
- Um während der Arbeit mit dem *Magnetischen Lasso* auf das *Lasso* umzuschalten, halten Sie die Wahltaste (⌥) gedrückt und *ziehen mit gedrückter Maustaste*. (Zum Zurückschalten auf das magnetische Lasso lassen Sie die Wahltaste los und ziehen mit gedrückter Maustaste weiter.)

Zeitweiliges Umschalten auf das Polygonlasso
- Um während der Arbeit mit dem *Magnetischen Lasso* auf das *Polygonlasso* umzuschalten, halten Sie die Wahltaste (⌥) gedrückt und *klicken* Polygoneckpunkte. (Zum Zurückschalten auf das magnetische Lasso lassen Sie die Wahltaste los und ziehen mit gedrückter Maustaste weiter.)

Auswahlbegrenzung schließen
- Um die Auswahlbegrenzung zu schließen, umfahren Sie den auszuwählenden Bereich bis zum Anfangspunkt oder machen einen Doppelklick oder drücken die Returntaste (⏎) (Mac) bzw. die Entertaste (⏎) (Win). Zum Schließen mit einem geraden Segment halten Sie die Wahltaste (⌥) gedrückt und machen einen Doppelklick.

Vorgang abbrechen
- Zum Abbrechen des Vorgangs drücken Sie die Escapetaste (esc).

Magnetisches-Lasso-Werkzeug-Optionen

✣ *Weiche Kante* und *Glätten*: siehe Auswahl-Werkzeug-Optionen S. 98 bzw. S. 166.

✣ *Lassobreite* legt den Erfassungsbereich ausgehend vom Hot Spot des Werkzeuges fest (Werte zwischen 1 und 40 Pixel sind möglich). Das Lasso erfasst nur Kanten innerhalb dieser Breite.

✣ *Kantenkontrast* legt fest, wie sensibel das Werkzeug auf den Kontrastunterschied zwischen dem auszuwählenden Bereich und dem Hintergrund reagiert (Werte zwischen 1 % und 100 % sind möglich).

Eine geringere Lassobreite und ein niedriger Kantenkontrast sind für Bereiche mit wenig Kontrastunterschieden besser geeignet.

✣ *Frequenz* bestimmt, wie dicht Ankerpunkte gesetzt werden sollen (Werte zwischen 0 und 100 sind möglich).

✣ *Zeichenstiftdruck* erscheint nur bei angeschlossenem Grafiktablett und variiert die *Breite* je nach Zeichenstift-Druck oder -Schrägstellung.

✔ Um den Cursor als Kreis in der Größe der in der Werkzeug-Optionen-Leiste angegebenen Lassobreite anzuzeigen, drücken Sie die Feststelltaste (⇧).

Zauberstab

Bei der Verwendung des Zauberstabes muss der auszuwählende Bereich nicht nachgezogen werden, sondern es genügen ein bzw. mehrere Mausklicks. Entscheidend ist die Farbe bzw. der Helligkeitswert des Pixels, auf den geklickt wird. Durch einen Vergleich mit den *angrenzenden* Pixeln werden *farbähnliche, innerhalb einer bestimmten Farbwerttoleranz liegende Pixel* in die Auswahl einbezogen. Deshalb ist er gut geeignet, unregelmäßig geformte, aber gleichmäßig gefärbte Bildteile auszuwählen, und kommt recht häufig zum Einsatz.

Mit dem Zauberstab erstellte Auswahl

✔ Drücken Sie die Feststelltaste, um mit dem Fadenkreuz genauer zu arbeiten.
Der letzte Arbeitsschritt resp. der letzte Mausklick kann jeweils mit dem Befehl *Bearbeiten > Widerrufen* (⌘Z) rückgängig gemacht werden.

Die gewünschte Toleranz sowie andere Optionen werden in der *Werkzeug-Optionen-Leiste* eingestellt.

Um eine Auswahl mit dem Zauberstab zu erstellen, wählen Sie das Werkzeug in der Werkzeug-Palette. Platzieren Sie den Zeiger auf dem Farbbereich, den Sie auswählen wollen. Klicken Sie einmal mit der Maustaste. Durch erneutes Klicken bei gedrückter Umschalttaste (⇧) in weitere auszuwählende Bildbereiche lässt sich die Auswahl erweitern.

Zauberstab-Werkzeug-Optionen

✤ *Toleranz* legt den Helligkeits- bzw. Farbwert-Umfang der Auswahl fest. Möglich sind Werte von 1 (nur angrenzende Pixel, die exakt den gleichen Farbwert haben wie der, auf den geklickt wurde, werden ausgewählt) bis 255 (alle Pixel im Bild werden ausgewählt). Beginnen Sie mit dem Wert 32 und erhöhen oder reduzieren Sie nach Bedarf. Der hier eingestellte Toleranzwert hat auch Einfluss auf die Auswahlbefehle *Auswahl vergrößern* und *Ähnliches auswählen* (s. S. 109).

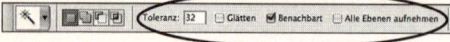

✤ *Glätten*: Siehe Auswahl-Werkzeug-Optionen, S. 156.

✤ *Benachbart*: Die *ein*geschaltete Option bewirkt, dass nur *angrenzende* farbähnliche Pixel innerhalb der festgelegten Toleranz ausgewählt werden. Ist die Option *aus*geschaltet, werden alle farbähnlichen Pixel innerhalb der Toleranz im *gesamten* Bild ausgewählt.

✤ *Alle Ebenen einbeziehen*: Normalerweise bezieht sich der Zauberstab nur auf die aktive Ebene. *Alle Ebenen einbeziehen* erweitert die Auswahl um Pixel aus allen *sichtbaren* Ebenen.

⚠ Der Zauberstab ist nicht für Bilder im Bitmap-Modus verfügbar.

Auswahl(-Begrenzung) verschieben
Gleichgültig, mit welchem Auswahlwerkzeug eine Auswahl erstellt wurde, kann diese in ihrer Position mit jedem *Auswahlwerkzeug* nachträglich noch verschoben werden. Die Pixel innerhalb der Auswahl verändern sich hierbei nicht. Dazu platzieren Sie den Mauszeiger innerhalb des ausgewählten Bereiches, seine Form ändert sich: . Bewegen Sie jetzt die Markierung mit gedrückter Maustaste an die gewünschte Stelle.

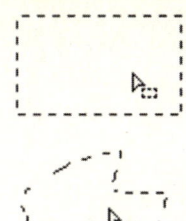

Um die Bewegung der Auswahl auf einen 45°-Winkel einzuschränken, halten Sie beim Ziehen die Umschalttaste (⇧) gedrückt.

Mit den Pfeiltasten der Tastatur können Sie die Auswahl in 1-Pixel-Schritten bewegen. Mit den Pfeiltasten und gedrückter Umschalttaste (⇧)bewegen Sie die Auswahl in 10-Pixel-Schritten.

Eine Auswahl lässt sich auch während des Auswählens (Aufziehens) verschieben, solange man die Leertaste (␣) gedrückt hält.

Auswahlbegrenzung während des Auswählens verschieben

Auswahlbereiche verändern
Photoshop ermöglicht, die bereits ausgewählten Bereiche zu erweitern oder einzuschränken. Hierbei ist es unwichtig, mit welchem der Auswahlwerkzeuge die aktive Auswahl ursprünglich erstellt wurde. Zum Erweitern einer bestehenden Auswahl können Sie an diese Auswahl angrenzende und/oder nicht angrenzende Bildbereiche auswählen. So können zwei oder mehrere Bereiche anschließend gemeinsam bearbeitet werden.

✔ Veränderungen von Auswahlbereichen (wie auf der nächsten Seite beschrieben) können sowohl über Aktivierung der entsprechenden Option in der Werkzeug-Optionen-Leiste als auch über Tastaturkürzel erreicht werden. Bei Verwendung des Tastaturkürzels wird automatisch auf die jeweilige Werkzeugoption umgeschaltet.

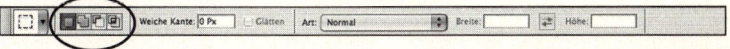

Pixelbasierte Arbeitstechniken 105

Auswahlbereich erweitern (hinzufügen)

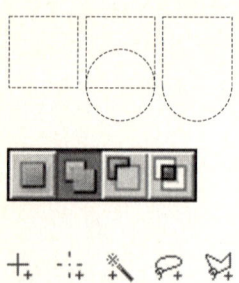

Um einer bestehenden Auswahl weitere hinzuzufügen oder sie zu erweitern, halten Sie die Umschalttaste (⇧) gedrückt und benutzen ein beliebiges Auswahlwerkzeug in der jeweils beschriebenen Technik. Der Mauszeiger wird durch ein Pluszeichen ergänzt, um Ihnen den Vorgang anzuzeigen. Alle ausgewählten Bereiche werden durch die umlaufende (blinkende) Linie gekennzeichnet. Haben Sie die Auswahl entsprechend Ihren Wünschen erweitert, lassen Sie erst die Maustaste und dann die Umschalttaste los.

Auswahlbereich einschränken (abziehen)

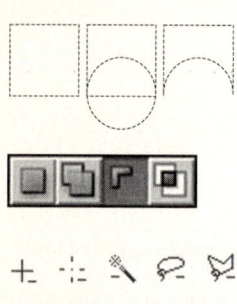

Sie können eine bestehende Auswahl einschränken, indem Sie Bereiche auswählen, die aus der ursprünglichen Auswahl entfernt werden sollen.

Zum Einschränken einer Auswahl aktivieren Sie ein beliebiges Auswahlwerkzeug und halten die Wahltaste (⌥) gedrückt. Der Mauszeiger wird durch ein Minuszeichen ergänzt. Definieren Sie nun eine Auswahl über dem Bereich der schon bestehenden Auswahl, den Sie aus der aktuellen Auswahl entfernen möchten. Lassen Sie wieder zuerst die Maustaste los.

Schnittmenge auswählen

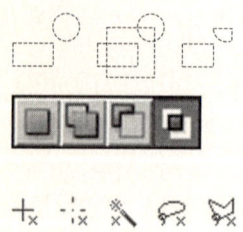

Haben Sie mehrere Bereiche ausgewählt, können Sie nun aus dieser bereits bestehenden „Menge" wiederum Teile auswählen. Die entstehende Auswahl wird aus den sich überschneidenden Teilen der ursprünglichen Auswahl mit der neuen Auswahl gebildet.

Um eine Schnittmenge zu definieren, halten Sie Umschalttaste und Wahltaste (⇧ ⌥) gedrückt. Der Mauszeiger wird durch ein Kreuzzeichen ergänzt. Aktivieren Sie ein beliebiges Auswahlwerkzeug und bestimmen Sie über den schon bestehenden Auswahlbereichen die Schnittmenge.

Auswählen des gesamten Bildes

Wenn Sie das gesamte Bild bearbeiten wollen, wählen Sie im Menü *Auswahl* > *Alles auswählen* (⌘ A). Die gestrichelte Auswahlbegrenzung erscheint am äußersten Rand des Bildes.

Erneut wählen

Der Befehl *Auswahl* > *Erneut wählen* (⌘ ⌥ D) dient dazu, die letzte aufgehobene (abgeklickte) Auswahl wieder aufzurufen. Die jeweils letzte Auswahl wird also bis zum Beenden des Programms im Arbeitsspeicher gehalten. Sollen Auswahlbereiche länger aufbewahrt werden, müssen sie mittels Alpha-Kanal gespeichert werden (s. S. 114).

Transparenzmaske (Ebenentransparenz)

Mit dieser häufig verwendeten Auswahlmethode erstellen Sie eine Auswahl von allen *nicht transparenten* Bereichen einer normalen Inhaltsebene (funktioniert demzufolge nicht auf einem *Hintergrund*) oder einer Textebene. Die Transparenzmaske kann auch von einer *Ebenenmaske* (s. S. 288) oder von einem *Alpha-Kanal* (s. S. 464 ff.) erstellt werden.

So erstellen Sie eine Transparenzmaske:
- Halten Sie in der *Ebenen-Palette* über der gewünschten Ebenenminiatur die Befehlstaste (⌘) gedrückt, bis das Symbol (👆) erscheint.
- Klicken Sie dann einmal.

- Zum Hinzufügen der Auswahl zu einer bestehenden halten Sie über der Ebene Befehls- und Umschalttaste (⌘ ⇧) gedrückt (👆) und klicken.
- Zum Abziehen der Auswahl von einer bestehenden halten Sie über der Ebene Befehls- und Wahltaste (⌘ ⌥) gedrückt (👆) und klicken.

⚡ Beachten Sie, dass Sie eine mit ⌘ A erstellte Auswahlbegrenzung eventuell nicht sehen, wenn die Ansicht des Bildes im Fenster so eingestellt ist, dass nicht das gesamte Bild sichtbar ist (z. B. eingezoomt). Wählen Sie in diesem Fall *Ansicht* > *Ganzes Bild* (⌘ 0).

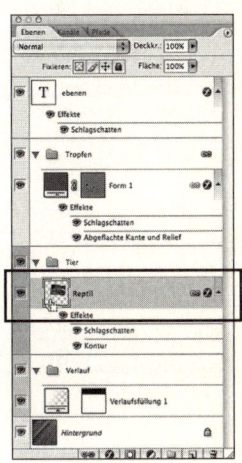

Mit gedrückter Befehlstaste auf die Ebenenminiatur klicken erstellt die Transparenzmaske.

✔ Pixelbereiche mit einer Deckkraft von weniger als 50 % werden zwar entsprechend ihrer Deckkraft mit ausgewählt, jedoch nicht durch eine Auswahlbegrenzung angezeigt (s. S. 81).

Ebeneninhalt auswählen

Muss der gesamte Ebeneninhalt, also auch die halb transparenten Pixel, vollständig ausgewählt werden, empfiehlt sich folgendes Vorgehen: Erstellen Sie eine Auswahl mit dem Befehl *Auswahl > Alles auswählen* (⌘ A). Damit wird zwar zunächst die gesamte Ebene ausgewählt, wird jedoch diese Auswahl bewegt, umfasst die Auswahl nur noch die nicht transparenten Bereiche. Für eine unverschobene Auswahl bewegen Sie also die Auswahl bei aktivem *Bewegen*-Werkzeug mit den Pfeiltasten der Tastatur z. B. einmal nach links und dann – wieder zurück – einmal nach rechts.

✔ Weitere Auswahlmöglichkeiten über:
• *Masken* (Arbeiten im Maskierungsmodus) ab S. 194.
• *Pfade* (Umwandeln von Pfaden in Auswahlbereiche) ab S. 259.
• *Farben* (*Farbbereich auswählen* bzw. *Farbe ersetzen*) ab S. 428.

• Für eine Schnittmenge aus bestehender Auswahl und der Transparenzmaske halten Sie über der Ebene Befehls-, Wahl- und Umschalttaste (⌘ ⇧ ⌥) gedrückt (👆) und klicken.

Alternativ kann auch der Befehl *Auswahl > Auswahl laden > Ebene (X) Transparenz* gewählt werden (ggf. mit einer der Operationen, s. S. 474).

Das Ergebnis ist also eine temporäre Auswahl in der Deckkraft der Pixel. Das heißt: Wenn die Ebene Pixel in verminderter Deckkraft (z. B. typisch in den Randbereichen eines Motives resultierend aus der Kantenglättung) enthält, so ist auch die Auswahl an diesen Stellen teilweise transparent. Das bedeutet, dass z. B. bei einer Farbfüllung einer solchen Auswahl nur die zu 100 % deckenden Bereiche auch vollständig gefüllt werden – die halb transparenten Pixel hingegen werden nur entsprechend ihrer Deckkraft gefüllt, sodass sie sich mit der alten Pixelfarbe mischen. Ebenso können Spuren von halb transparenten Randpixeln liegen bleiben, wenn ein Motiv mittels *Transparenzmaske* ausgewählt und dann ausgeschnitten oder bewegt wird. Eine *Transparenzmaske* sollte deshalb nicht auf die eigene Ebene angewendet werden, sondern alternativ (z. B. für eine Farbfüllung) die Option *Fixieren > Transparente Bereiche* (s. S. 167) oder die Technik Ebeneninhalt auswählen (s. Marginalspalte).

Zum Auswählen der Transparenzmaske von einer *Ebenenmaske* bzw. von einem *Alpha-Kanal* gehen Sie wie oben beschrieben vor, halten jedoch auf der gewünschten *Ebenenmaske* (in der *Ebenen-Palette*) bzw. auf dem gewünschten *Alpha-Kanal* (in der *Kanäle-Palette*) die Befehlstaste (⌘) gedrückt, bis das Symbol (👆) erscheint, und klicken dann einmal.

Bearbeiten von Auswahlbereichen

In diesem Kapitel können Sie sich mit den Möglichkeiten, die Photoshop zur Veränderung und Verfeinerung *bestehender* Auswahlbereiche anbietet, vertraut machen. Sie finden die entsprechenden Befehle in dem eigens dafür eingerichteten Menü *Auswahl*. Beachten Sie, dass diese Befehle nur verfügbar sind, wenn es bereits eine aktive Auswahl gibt, da sie sich auf diese beziehen.

Menü *Auswahl*

Auswahl umkehren

Der Befehl *Auswahl > Auswahl umkehren* (⌘ ⇧ I) ist ein sehr häufig eingesetzter Befehl. Es kann manchmal effektiver (weil einfacher) sein, erst einige Bildbereiche, die nicht bearbeitet werden sollen, z. B. einen einfarbigen Hintergrund, auszuwählen. Anschließend werden die nicht markierten Bereiche durch Anwendung des Befehls zur aktiven Auswahl definiert.

Mit dem Zauberstab ausgewählter (weißer) Hintergrund

Auswahl vergrößern / Ähnliches auswählen

Der Befehl *Auswahl > Auswahl vergrößern* erweitert eine bestehende Auswahl um *angrenzende* Pixel mit *ähnlicher Farbe* innerhalb des für den Zauberstab eingestellten *Toleranzwertes*.

Auswahl umgekehrt

Die Einstellung des Toleranzwertes wird in der Zauberstab-Optionen-Leiste vorgenommen (s. S. 104).

Auch der Befehl *Auswahl > Ähnliches auswählen* erweitert eine bestehende Auswahl auf der Grundlage eines *Farbvergleiches*. Hier werden aber nicht nur angrenzende, sondern *alle Pixel des Bildes*, die im *Toleranzbereich des Zauberstabes*

⚡ Die Befehle *Auswahl vergrößern / Ähnliches auswählen* funktionieren nicht auf Bildern im Bitmap-Modus.

Pixelbasierte Arbeitstechniken

Ursprüngliche Auswahl

Nach Anwendung des Befehls *Auswahl vergrößern*

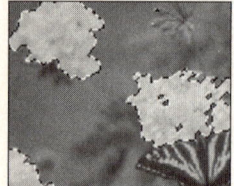
Nach Anwendung des Befehls *Ähnliches auswählen*

liegen, ermittelt und der Auswahl hinzugefügt. Bei beiden Befehlen empfiehlt es sich, mit unterschiedlichen Toleranzeinstellungen in der *Werkzeug-Optionen-Leiste* für den *Zauberstab* zu experimentieren. Häufig kommt man mit mehrmaliger Anwendung der Befehle *und* unterschiedlichen Toleranzeinstellungen zum Ziel.

Auswahl verändern > Umrandung

Wenn Sie den Befehl *Auswahl > Auswahl verändern > Umrandung* anwenden, wird, ausgehend von der bestehenden Auswahl, nach innen und außen ein Auswahlrahmen in selbst definierter Stärke erzeugt. Der Bereich zwischen beiden Auswahlbegrenzungen ist nun ausgewählt. Der Auswahlrahmen hat einen weichen Übergang zu den nicht ausgewählten Bereichen. Diese Eigenschaft wird jedoch erst sichtbar, wenn die Auswahl z. B. mit einer Farbe gefüllt wird.

Auswahl verändern > Abrunden

Der Befehl *Auswahl > Auswahl verändern > Abrunden* rundet Auswahlbereiche mit Ecken in einem selbst definierten Radius ab. Für die Herstellung von abgerundeten Buttons und dgl. ist allerdings die Verwendung einer Vektorform vorzuziehen, da dieser Befehl Ecken ungeglättet abrundet und dies zu einer meist unerwünschten Pixelkante führt. Dies ist erst bei nachfolgender Bearbeitung, z. B. Farbfüllung, zu sehen.

Ursprüngliche Auswahl

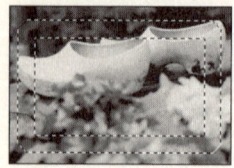
Nach Anwendung des Befehls *Rahmen erstellen* (40 Pixel)

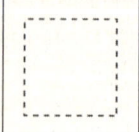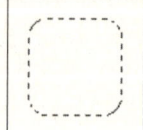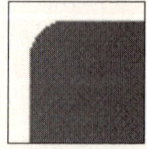
Nach Anwendung des Befehls *Abrunden* und Farbfüllung

Auswahl verändern > Ausweiten / Verkleinern
Wenn Sie eine Auswahl einmal erstellt haben, können Sie sie mit den Befehlen *Auswahl > Auswahl verändern > Ausweiten / Verkleinern* verändern, indem Sie die Auswahlkontur um eine zu bestimmende Anzahl von Pixeln (max. 16 Pixel) ausweiten oder verkleinern.

Weiche Auswahlkante ...
Mit dem Befehl *Auswahl > Weiche Auswahlkante* (⌘ ⌥ D) ist es möglich, den Übergang zwischen ausgewählten und nicht ausgewählten Bereichen weich zu gestalten. Dieser Befehl wird verwendet, um Kanten beim Einmontieren von Bildteilen fließend in den Hintergrund übergehen zu lassen oder um Spezialeffekte wie weiche Schatten zu erzeugen. Der weiche Übergang wird, ausgehend von der bestehenden Auswahl, nach innen und außen erzeugt. Die Breite dieses Übergangsbereiches stellen Sie in Pixeln (0,2 bis 250 Pixel) ein.

Beachten Sie, dass der Befehl zunächst nur die Auswahl betrifft und der eigentliche Effekt erst sichtbar wird, wenn Sie die Auswahl anschließend z. B. durch Ausschneiden, Bewegen, Einsetzen oder Füllen der Pixel verändern.

> Wenn Sie eine eckige Auswahlform über den Befehl *Auswahl verändern > Ausweiten* vergrößern, werden die Ecken abgerundet.

> Wie groß genau ein Wert in Pixeln ist, hängt von der Bildauflösung ab. Ein Abstand von 10 Pixel stellt in einem Bild mit einer Auflösung von 72 dpi eine größere Entfernung dar als in einem Bild mit einer Auflösung von 300 dpi.

> Wenn die weiche Auswahl insgesamt weniger als 50 % Deckkraft aufweist, ist die Auswahlbegrenzung *unsichtbar*. Sie erhalten dann eine entsprechende Meldung. Die Auswahl existiert jedoch und kann bearbeitet werden (s. S. 81).

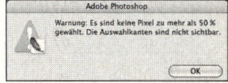

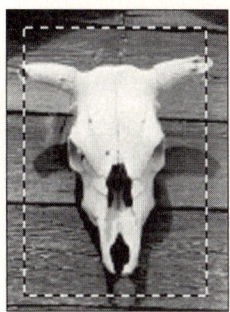

Ursprüngliche Auswahl

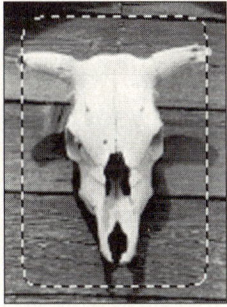

Weiche Auswahlkante (15 Pixel) angewendet

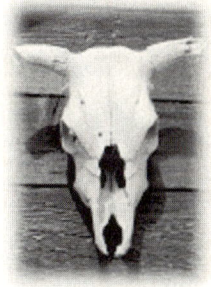

Auswahl umgekehrt und *Bearbeiten > Fläche füllen* (Weiß) angewendet

⚡ Für Programmeinsteiger: Vergessen Sie nicht, die Auswahlbegrenzung wieder einzublenden. Es kann sonst vorkommen, dass Sie das Bild bearbeiten und kein Ergebnis sehen, da Sie eventuell einen Bildbereich außerhalb der unsichtbaren Auswahlbegrenzung bearbeiten.
Wenn Sie unsichtbare Auswahlbereiche erweitern (mit gedrückter Umschalttaste), einschränken (mit gedrückter Wahltaste) oder eine Schnittmenge davon bilden (mit gedrückter Umschalt- und Wahltaste), wird die Auswahl automatisch wieder sichtbar.

Auswahlbegrenzung aus- und einblenden

Sollte Sie die Auswahlbegrenzung beim Arbeiten stören oder möchten Sie die Wirkung von Veränderungen auf die Kanten der Auswahl betrachten, *ohne die aktuelle Auswahl aufzuheben*, kann die Auswahlbegrenzung ausgeblendet werden. Sowohl zum Aus- als auch Einblenden der Auswahlbegrenzung wenden Sie den Befehl *Ansicht > Extras einblenden* (⌘H) an. Mit diesem Befehl werden allerdings auch alle anderen *Extras* aus- bzw. eingeblendet, die im Dialog *Ansicht > Einblenden > Extra-Optionen einblenden...* ausgewählt sind (s. S. 51). Neben allen *aus*geblendeten Extras wird im Untermenü *Ansicht > Einblende*n ein Punkt (Win) bzw. Strich (Mac) angezeigt. Die Auswahl ist nun unsichtbar, aber alle folgenden Bearbeitungen beziehen sich trotzdem auf die aktuelle Auswahl.

Auswahl transformieren

Die Funktionalität des Befehls ist mit der der Transformationsbefehle für Ebenen und Pfade vergleichbar. Jedoch bezieht sich der Befehl *Auswahl > Auswahl transformieren* lediglich auf eine Auswahl(begrenzung), *ohne die Pixel in ihr zu verändern*. Die veränderte Auswahl kann dann wie jede gewöhnliche Auswahl weiterbearbeitet werden.

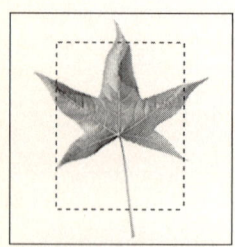

Vorhandene Auswahl

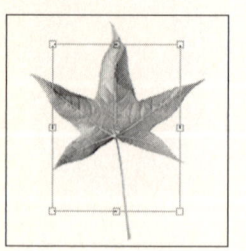

Nach Wahl des *Auswahlverändern*-Befehls

So wird eine Auswahl transformiert:
• Wählen Sie den Befehl *Auswahl > Auswahl transformieren* (Voraussetzung ist eine bereits vorhandene Auswahl). Es erscheint ein *Begrenzungsrahmen mit 8 Anfassern* über der Auswahl. Sie können die Auswahl transformieren, indem Sie einen der 8 Anfasser an die gewünschte Position ziehen. Darunter liegende Bereiche (Pixel) werden hierbei *nicht* verändert.

Sobald Sie den Befehl ausgewählt haben, zeigt die Werkzeug-Optionen-Leiste die Optionen für Transformieren *Per Eingabe* an. Hier können Sie Transformationen alternativ über die Eingabe numerischer Zielwerte steuern. Eine Beschreibung der Eingabemöglichkeiten im Einzelnen finden Sie auf S. 140.

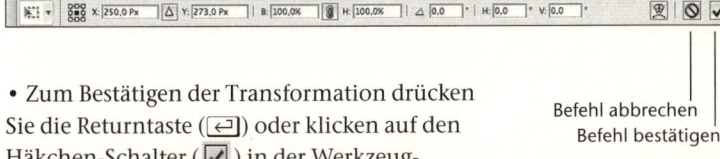

- Zum Bestätigen der Transformation drücken Sie die Returntaste (⏎) oder klicken auf den Häkchen-Schalter (✔) in der Werkzeug-Optionen-Leiste. Zum Abbrechen des Vorgangs drücken Sie die Escapetaste (esc) oder klicken auf den Verbotsschalter (⊘) in der Werkzeug-Optionen-Leiste.
- Zum Bewegen des Begrenzungsrahmens mit Auswahl platzieren Sie den Mauszeiger innerhalb des Rahmens (▶), klicken und ziehen.

Befehl abbrechen
Befehl bestätigen

Skalieren

Durch *Skalieren* können Sie eine Auswahl dehnen oder stauchen, d. h. der Auswahlbereich wird in seiner Länge oder Breite auseinander gezogen oder zusammengedrückt.

■ Zeiger über einem Anfasser platzieren (↖) und ziehen. Für proportionales Skalieren halten Sie die Umschalttaste (⇧) gedrückt. Somit bleibt das Größenverhältnis (Breite zu Höhe) konstant.

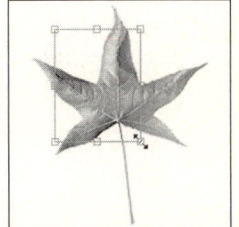

Skalieren der Auswahl

Drehen

Durch *Drehen* kann eine Auswahl frei um ihren Mittelpunkt gedreht werden. Sie können den Mittelpunkt (✧) mit gedrückter Maustaste an eine neue Position ziehen – der Mittelpunkt kann auch außerhalb des zu transformierenden Bereiches liegen.

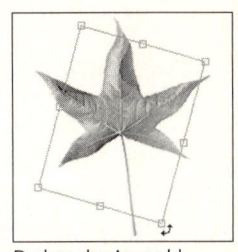

Drehen der Auswahl

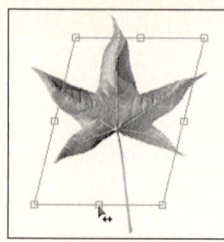
Neigen der Auswahl

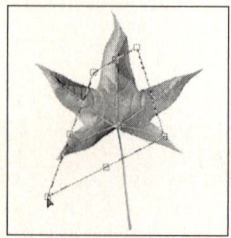
Verzerren der Auswahl

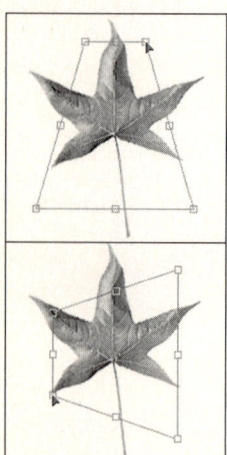
Perspektivisches Verzerren der Auswahl

▪ Zeiger außerhalb des Rechtecks in der Nähe eines Eckanfassers platzieren ( ) und ziehen. Halten Sie die Umschalttaste (⇧) gedrückt, wird in 15°-Winkel-Schritten gedreht.

Neigen

Durch *Neigen* wird die Auswahl entlang ihrer Kanten gekippt.

▪ Halten Sie bei gedrückter Befehls- und Umschalttaste (⌘ ⇧) den Zeiger über einen seitlichen Anfasser ( ) und ziehen Sie.

Verzerren

Beim Verzerren können alle vier Eckpunkte unabhängig voneinander bewegt werden. Die Auswahl wird so beliebig verzerrt.

▪ Zeiger bei gedrückter Befehlstaste (⌘) über einem Eckanfasser halten ( ) und ziehen.

Perspektivisch verzerren

Die Richtung der perspektivischen Verzerrung bestimmen Sie mit dem Ziehen. Beim Ziehen bewegen sich die zueinander gehörenden Griffe entgegengesetzt, entweder aufeinander zu oder voneinander weg, sodass ein perspektivischer Eindruck entsteht.

▪ Zeiger bei gedrückter Befehls-, Umschalt- und Wahltaste (⌘ ⇧ ⌥) über einen Eckanfasser halten ( ) und ziehen.

Auswahl speichern

Da eine bestehende Auswahl durch einen einfachen Mausklick mit einem Auswahlwerkzeug aufgehoben wird, sie aber vielleicht später weiter bearbeitet oder wiederverwendet werden soll, gibt es die Möglichkeit, diese mit dem Befehl *Auswahl > Auswahl speichern* zu speichern. Wenn Sie die Einstellungen im Dialog unverändert lassen, wird die Auswahl als

 Beachten Sie, dass bei *Auswahl speichern* nur die Auswahl, nicht jedoch die Pixel innerhalb der Auswahl gespeichert werden.

so genannter *Alpha-Kanal* zusammen mit dem Dokument abgespeichert. Falls Sie mehrere Auswahlbereiche speichern, wird bei jedem Speichervorgang, sofern Sie die Standardeinstellungen verwenden, ein neuer, nummerierter Alpha-Kanal angelegt. Alpha-Kanäle können in der Kanäle-Palette betrachtet und bearbeitet werden. Die Dateigröße nimmt beim Speichern von Auswahlbereichen zu.

✔ Ausführliche Informationen zum Arbeiten mit Kanälen finden Sie ab S. 464.

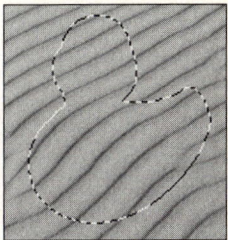

Aktive Auswahl | Alpha-Kanal der gespeicherten Auswahl | Geladene Auswahl auf einer anderen Ebene

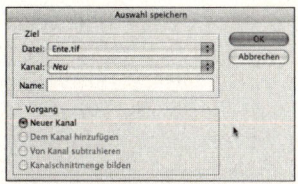
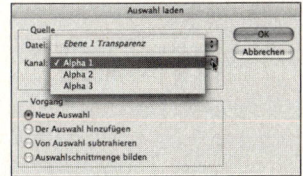

Auswahl laden

Haben Sie einen oder mehrere Auswahlbereiche gespeichert, können Sie diese, sooft Sie wollen, mit dem Befehl *Auswahl > Auswahl laden* wieder aufrufen und weiter bearbeiten. Falls Sie mehrere Auswahlbereiche gespeichert haben, erscheint im *Kanal*-Untermenü eine Liste, aus der Sie sich den gewünschten auswählen können. Die ursprünglich erstellte Auswahl erscheint wieder als blinkende Auswahlbegrenzung.

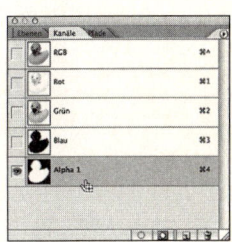

Kanäle-Palette mit einem Alpha-Kanal = einer gespeicherten Auswahl

Pixelbasierte Arbeitstechniken 115

Bewegen, Kopieren, Ausschneiden, Einfügen und Löschen von Bildteilen

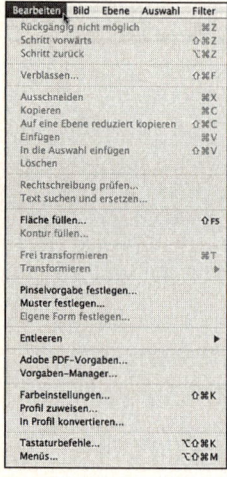

Das Menü *Bearbeiten*

Mit dem Erstellen und Bearbeiten von Auswahlbereichen werden zunächst keine Pixel im Bild verändert. Das vorliegende Kapitel beschäftigt sich nun mit den grundlegenden Techniken zur Bearbeitung von Bildteilen, dem *Bewegen, Kopieren, Ausschneiden, Einfügen* und *Löschen* von Pixeln im Bild. Zum Bewegen (für alle Ebenenarten) benutzen Sie das *Bewegen-Werkzeug* (). Die übrigen Befehle befinden sich im *Bearbeiten*-Menü und können neben Inhaltsebenen auch für Alpha-Kanäle und Masken angewendet werden, sofern diese aktiviert und Teile davon ausgewählt sind. Für Teile von Formebenen müssen diese zuvor ggf. mit dem Pfad-Auswahl-Werkzeug () ausgewählt werden. Probieren Sie die Bearbeiten-Befehle zunächst an einer Inhaltsebene aus. Auch hier muss ein Bildteil ausgewählt sein, um bearbeitet werden zu können.

Rückgängig (Widerrufen)

Ein wichtiger Befehl, zumal beim Erlernen des Programms, ist die Möglichkeit zum Rückgängigmachen eines Arbeitsschrittes. Die letzten Arbeitsschritte werden im Arbeitsspeicher des Rechners gehalten und können unter Umständen sehr speicherintensiv sein. Über den Befehl *Bearbeiten > Rückgängig* (⌘ Z) kann der letzte Schritt rückgängig gemacht werden. Sie haben daneben die Möglichkeit, mit den Befehlen *Bearbeiten > Schritt zurück* (⌥ ⌘ Z) und *Bearbeiten > Schritt vorwärts* (⇧ ⌘ Z) zwischen mehreren Arbeitsschritten zurück- und vorzuspringen. Alternativ kann über die *Protokoll-Palette* gezielt zu einzelnen zurückliegenden Arbeitsschritten gesprungen werden (s. S. 534). Die Anzahl der gespeicherten Arbeitsschritte *(Protokollobjekte)* kann – je nachdem, wie viel Arbeitsspeicher zur Verfügung steht – im Dialog *Bearbeiten (bzw. Photoshop) > Voreinstellungen > Allgemeine* gewählt werden. Eine gute Wahl ist die Standardeinstellung mit 20 Arbeitsschritten. Reduzieren Sie die Anzahl der Schritte, falls Sie nicht ausreichend Arbeitsspeicher zur Verfügung haben bzw. das Programm zu Abstürzen neigt.

✔ Zur Arbeit mit der Protokoll-Palette lesen Sie bitte ab S. 532 nach. Um alle Arbeitsschritte seit dem Öffnen der Datei rückgängig zu machen, können Sie über *Datei > Zurück zur letzten Version* zur letzten gespeicherten Fassung zurückkehren. Daneben gibt es noch einige spezielle Möglichkeiten, Bildteile zu rekonstruieren. Lesen Sie dazu unter den Stichwörtern *Fläche füllen*, *Schnappschuss* und *Stempel* nach.

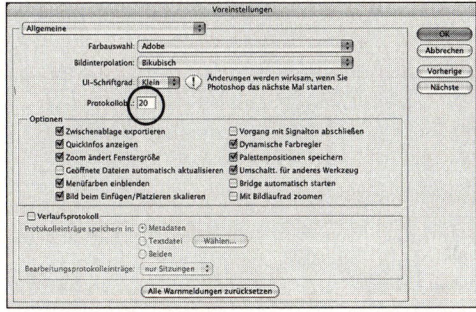

Die *Voreinstellungen* befinden sich unter Mac OS X im Menü *Photoshop*.

Wenn Sie ein anderes Tastaturkürzel für den Befehl *Bearbeiten > Rückgängig* (Standard ⌘ Z) festlegen wollen, können Sie das über *Bearbeiten > Tastaturbefehle* tun.

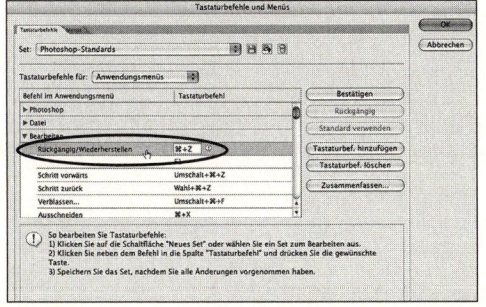

✔ Die übrigen *Voreinstellungen* werden themenabhängig in den zugehörigen Kapiteln besprochen und können auch über das Stichwortregister gefunden werden.

Pixelbasierte Arbeitstechniken 117

Bewegen von Bildteilen mit dem Bewegen-Werkzeug

Der gesamte Inhalt einer aktiven Ebene oder *ausgewählte Bildteile einer Inhaltsebene* können beliebig an neue Positionen bewegt werden. Um die gesamte Ebene zu verschieben:

- Stellen Sie sicher, dass nichts ausgewählt ist.
- Wählen Sie das *Bewegen-Werkzeug* aus der Werkzeug-Palette. Der Mauszeiger nimmt die Form des Werkzeuges an.
- Klicken Sie ins Bildfenster, ziehen Sie die Ebene mit gedrückter Maustaste an eine neue Position und lassen dort los.
- Falls der Vorgang auf einem *Hintergrund* stattfinden soll, muss dieser zuvor in eine normale (transparente) Ebene umgewandelt werden (Doppelklick auf den Hintergrund; s. S. 77). Beim Bewegen wird der freigelegte Bereich transparent. Transparente Bereiche werden in Photoshop durch ein Schachbrettmuster dargestellt.

⚡ Mit dem Bewegen-Werkzeug können die Inhalte aller Ebenenarten – also von Inhalts-, Text-, Form- und Einstellungsebenen – insgesamt bewegt werden. Ist hingegen ein Bildteil ausgewählt, so wird lediglich bei aktiver Inhaltsebene dieser Bildteil bewegt, also praktisch ausgeschnitten – bei allen anderen Ebenenarten wird gemeinsam mit der aktiven Auswahl der gesamte Ebeneninhalt bewegt.

Es kann nicht bewegt werden, wenn die Option *Fixieren > Bewegen* aktiviert ist (s. S. 167).

Mit dem Bewegen-Werkzeug können ebenfalls *Ebenenmasken* und *Alpha-Kanäle* insgesamt sowie ausgewählte Teile davon bewegt werden. *Ebenenmasken* und *Alpha-Kanäle* verhalten sich dabei ähnlich wie eine Hintergrundebene.

Es ist nichts ausgewählt

Bewegen mit dem Bewegen-Werkzeug

Um ausgewählte Bildteile zu verschieben (möglich auf einer aktiven Inhaltsebene):

- Erstellen Sie eine Auswahl mit einem beliebigen *Auswahl-Werkzeug*.
- Wählen Sie das *Bewegen-Werkzeug* aus der Werkzeug-Palette.
- Halten Sie das Bewegen-Werkzeug über der Auswahl. Der Mauszeiger ändert dabei seine Form ▶︎.
- Drücken Sie die Maustaste und ziehen Sie die Auswahl an eine neue Position.

Auswahl erstellt

Bewegen einer Auswahl auf dem *Hintergrund*

Bewegen einer Auswahl auf einer normalen (transparenten) Inhaltsebene

- Falls der Vorgang auf einer aktiven *Hintergrundebene* erfolgt, wird die frei werdende Fläche mit der eingestellten Hintergrundfarbe aufgefüllt. Wenn der Vorgang auf einer normalen Inhaltsebene durchgeführt wird, wird der freigelegte Bereich transparent.
- Das Ergebnis ist ein ausgeschnittener Bildteil, der über der aktiven Inhaltsebene schwebt *(schwebende Auswahl)*.

Was ist eine schwebende Auswahl?
Oder anders gefragt: Was unterscheidet eine schwebende von einer normalen Auswahl?

Wenn Sie einen Teil einer Inhaltsebene (oder auch eines Alpha-Kanals oder einer Ebenenmaske) mit einem Auswahlwerkzeug auswählen, handelt es sich zunächst um eine nicht schwebende Auswahl. Beim *Bewegen*, *Ausschneiden* oder *Löschen* dieser Auswahl wird die freigelegte Stelle mit der Hintergrundfarbe aufgefüllt bzw. transparent, d. h., die unter der Auswahl liegenden Pixel verändern sich bei diesem Vorgang. Im Gegensatz dazu werden die unter einer schwebenden Auswahl liegenden Pixel beim *Bewegen*, *Ausschneiden* oder *Löschen* derselben nicht verändert. Wie auch der Name sagt, schwebt die Auswahl ohne Kontakt mit dem Bild über ihm.

Eine schwebende Auswahl entsteht, wenn Sie einen *normalen (also nicht schwebenden) Auswahlbereich wenigstens einmal mit dem*

✔ Um die Bewegung auf ein Vielfaches von 45° einzuschränken, halten Sie beim Ziehen die Umschalttaste (⇧) gedrückt.

Mit den Pfeiltasten der Tastatur können Sie ausgewählte Bildteile in 1-Pixel-Schritten bewegen. Mit den Pfeiltasten und gedrückter Umschalttaste (⇧) bewegen Sie in 10-Pixel-Schritten. Sie sollten dafür eine Darstellung des Bildes in mindestens 100 % wählen.

Bewegen einer normalen (nicht schwebenden) Auswahl

Bewegen einer schwebenden Auswahl

Pixelbasierte Arbeitstechniken

✔ Um vorübergehend auf das Bewegen-Werkzeug zuzugreifen, während ein anderes Werkzeug ausgewählt ist, halten Sie die Befehlstaste (⌘) gedrückt. Dies funktioniert nicht bei der Zeichenfeder, den anderen Werkzeugen im Zeichenfeder-Einblendmenü sowie der Verschiebehand.

Bewegen-Werkzeug (oder den Pfeiltasten) bewegt haben oder eine *Auswahl beim Bewegen kopieren* (siehe unten). Sie könnten eine schwebende Auswahl also zunächst daran erkennen, wie sich der Hintergrund bei ihrem Bewegen oder Löschen verhält – allerdings müssen Sie diesen Schritt u. U. widerrufen. Sie erkennen eine schwebende Auswahl auch an der Darstellung des Mauszeigers, wenn Sie ihn über der fraglichen Auswahl halten:

▶✂ = normale (nicht schwebende) Auswahl
▶ = schwebende Auswahl.

Leider wird ab Version 5 die schwebende Auswahl nicht mehr in der Ebenen-Palette als solche angezeigt.

Beachten Sie, dass, sobald Sie die schwebende Auswahl durch Abklicken mit einem Auswahlwerkzeug oder durch den Befehl *Auswahl > Auswahl aufheben* (⌘ D) aufheben, die Auswahl verloren geht und in die aktive Ebene eingerechnet wird. Dies kann natürlich widerrufen werden.

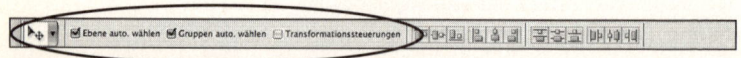

✔ Programmeinsteiger sollten die Option *Ebene automatisch wählen* in der Bewegen-Optionen-Leiste zunächst ausgeschaltet lassen.

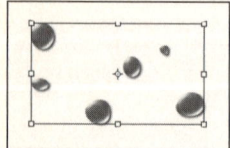

Eingeblendeter Rahmen bei aktivierter Option *Transformationssteuerung*

Bewegen-Werkzeug-Optionen

✢ *Ebene automatisch wählen:* Aktiviert automatisch die Ebene, auf deren deckende Pixel Sie klicken, sofern ihre Deckraft mehr als 50 % beträgt (s. S. 81).

✢ *Gruppen automatisch wählen:* Aktiviert eine vorhandene Gruppe, auf deren deckende Pixel Sie klicken (die Option ist nur anwählbar, wenn *Ebene automatisch wählen* aktiviert ist).

✢ *Transformationssteuerung:* Der Begrenzungsrahmen („Boundingbox") erscheint um die äußersten Koordinaten der Pixel einer aktiven Ebene, die mehr als 50 % Deckkraft aufweisen. Der Begrenzungsrahmen dient dazu, Bildteile einer Ebene frei zu transformieren, und kann – wenn der Ebeneninhalt ausschließlich bewegt werden soll – ausgeblendet werden.

Befehls- und Wahltaste über der Auswahl gedrückt

Kopieren einer Auswahl beim Bewegen
Möchten Sie einen Bildbereich kopieren, ohne die Pixel der aktiven Inhaltsebene auszuschneiden (also eine schwebende Auswahl erzeugen), *kopieren Sie die Auswahl beim Bewegen*. Gehen Sie folgendermaßen vor:
- Erstellen Sie eine neue Auswahl.
- Halten Sie die Befehls- und Wahltaste (⌘ ⌥) über der betreffenden Auswahl gedrückt. Der Mauszeiger zeigt einen Doppelpfeil ▸.
- Ziehen Sie nun die schwebende Auswahl mit der Maus an die gewünschte Stelle.

Kopieren einer Auswahl beim Bewegen

Kopieren und Ausschneiden über die Zwischenablage
Eine Auswahl, auf die Sie die Befehle *Bearbeiten > Ausschneiden* oder *Bearbeiten > Kopieren* anwenden, gelangt dadurch in die Zwischenablage (einen dafür reservierten Teil des Arbeitsspeichers Ihres Rechners). Sie kann jederzeit durch den Befehl *Bearbeiten > Einfügen* wieder aufgerufen werden. Sie bleibt jedoch nur so lange verfügbar, bis eine neue Auswahl ausgeschnitten oder kopiert und damit der Inhalt der Zwischenablage überschrieben wird. In Photoshop wird beim Beenden des Programms der Inhalt der Zwischenablage standardmäßig *nicht* gelöscht. Wenn Sie diese Möglichkeit nicht nutzen wollen, können Sie unter *Bearbeiten (bzw. Photoshop) > Voreinstellungen > Allgemeine* die Checkbox *Zwischenablage exportieren* ausschalten. Beim

Menü *Bearbeiten* Mac OS X

⚠ Sind Befehle in den Menüs nicht verfügbar (also grau dargestellt), bedeutet dies immer, dass die Bedingungen für die Anwendung nicht gegeben sind.

Wenn z. B. der *Kopieren*-Befehl nicht verfügbar ist, müssen Sie zunächst eine Auswahl erstellen.

Pixelbasierte Arbeitstechniken 121

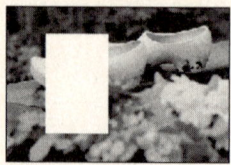

Auswahl auf einem *Hintergrund* ausgeschnitten

Auswahl auf einer normalen (transparenten) Ebene ausgeschnitten

Abschalten des Rechners wird der Inhalt des Arbeitsspeichers in jedem Fall gelöscht.
So kopieren Sie eine Auswahl in die Zwischenablage:

• Verwenden Sie den Befehl *Bearbeiten > Kopieren* (⌘ C). Dieser Befehl bezieht sich immer auf den Inhalt der gerade aktiven Ebene im Dokument.

Um eine Auswahl auszuschneiden:

• Verwenden Sie den Befehl *Bearbeiten > Ausschneiden* (⌘ X). Beachten Sie, dass damit die Auswahl aus dem Bild entfernt wird. Auch dieser Befehl bezieht sich immer auf den Inhalt einer gerade aktiven Ebene.
• Falls das Bild nur aus einem *Hintergrund* besteht, wird die frei werdende Fläche mit der eingestellten Hintergrundfarbe aufgefüllt. Falls das Bild aus einer normalen (transparenten) Ebene besteht oder die Operation auf einer normalen Ebene durchgeführt wird, wird der freigelegte Bereich transparent.
• Falls Sie eine schwebende Auswahl aus dem Bild ausschneiden, bleibt der Hintergrund unverändert.

Auf eine Ebene reduziert kopieren

Beim Bearbeiten von Dokumenten mit mehreren Ebenen können zwar auch mehrere Ebenen aktiv sein. Der Standardbefehl *Bearbeiten > Kopieren* ist aber nur für Auswahlbereiche einer gerade aktiven Ebene verfügbar. Mit dem Befehl *Bearbeiten > Auf eine Ebene reduziert kopieren* (⇧ ⌘ C) ist es möglich, die Pixel innerhalb der Auswahl durch mehrere Ebenen hindurch zu kopieren. Eine der Ebenen, aus denen kopiert werden soll, muss aktiviert sein, und alle Ebenen, aus denen kopiert werden soll, müssen sichtbar sein.

Einfügen

Mit dem Befehl *Bearbeiten > Einfügen* (⌘ V) können Sie den Inhalt der Zwischenablage in das aktuelle oder ein anderes geöffnetes Dokument einfügen. Ist zum Zeitpunkt des Einfügens eine leere Inhaltsebene aktiviert, so wird zentriert auf dieser eingefügt. Enthält die aktive Ebene dagegen bereits Pixel, so erscheint bei Anwendung des Befehls eine neue Ebene, in deren Mitte sich der ausgeschnittene bzw. kopierte Bereich befindet. Die übrigen Teile dieser neuen Ebene sind transparent.

⚡ Beim Einfügen von Bildteilen, die über den Befehl *Bearbeiten > Auf eine Ebene reduziert kopieren* in die Zwischenablage gelangt sind, entsteht ebenfalls nur *eine* neue Ebene, d. h. die Bildteile von ehemals verschiedenen Ebenen werden zu einer Ebene zusammengefasst.

✔ Verwenden Sie das Bewegen-Werkzeug, um eingefügte Bildteile an die gewünschte Position zu verschieben. Zu diesem Zweck muss nichts ausgewählt sein.

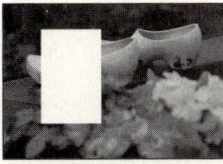

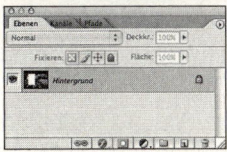
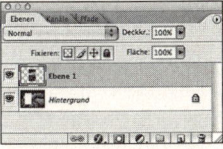

Ausgeschnittene Auswahl mit zugehöriger Ebenen-Palette

Eingesetzte Auswahl mit zugehöriger Ebenen-Palette

Einfügen in eine andere Auswahl

Eine Variante des Einfügens ist der Befehl *Bearbeiten > In die Auswahl einfügen*. Damit haben Sie die Möglichkeit, den Inhalt der Zwischenablage (Quellauswahl) in eine aktuelle Auswahl (Zielauswahl) im aktuellen oder einem anderen Dokument einzufügen. Die Quellauswahl wird bei Anwendung dieses Befehls entsprechend der Zielauswahl *maskiert*.

Gehen Sie so vor:
- Kopieren Sie die einzusetzende Auswahl (Quellauswahl) mittels *Bearbeiten > Kopieren* (⌘ C) in die Zwischenablage.

- Markieren Sie mit einem beliebigen Auswahlwerkzeug einen neuen Auswahlbereich (Zielauswahl) im aktuellen oder einem anderen Dokument.
- Wenden Sie den Befehl *Bearbeiten > In die Auswahl einfügen* an.
- Es entsteht bei diesem Vorgang eine *neue* Ebene mit einer *Ebenen-Maske*. Nur die Pixel innerhalb der Zielauswahl werden dargestellt, der übrige Bildbereich ist durch eine Maske abgedeckt.
- Verwenden Sie das Bewegen-Werkzeug, um die Quellauswahl in der Zielauswahl an die gewünschte Position zu verschieben.

Quellauswahl (mit dem Befehl ⌘ A erstellt)

Zielauswahl in einem anderen geöffneten Bild (mit dem Zauberstab, Toleranz 32 erstellt)

Quellauswahl *in die (Ziel-) Auswahl eingefügt.*

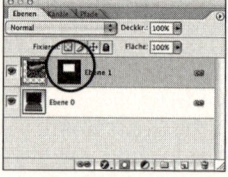

Bei der Anwendung des Befehls *In die Auswahl einfügen* entsteht eine neue Ebene mit einer Ebenenmaske (s. S. 288).

Einfügen bei unterschiedlichen Auflösungen

Wenn Sie Auswahlbereiche zwischen Dokumenten mit unterschiedlicher Bildauflösung kopieren und einfügen, behält die eingefügte Auswahl ihre aktuelle Pixelgröße bei. Dadurch kann es vorkommen, dass die Größe der eingefügten Auswahl nicht zu dem neuen Bild passt. Um die Bildteile einander anzugleichen, können Sie die eingefügten Bildbereiche nachträglich skalieren (siehe *Transformieren von Ebenen oder ausgewählten Bildteilen*, S. 137), oder Sie verwenden *vor* dem Kopieren den Befehl *Bild > Bildgröße*, um für beide Bilder die gleiche Bildauflösung festzulegen und anhand dieser die Größen vergleichen und eventuell korrigieren zu können (siehe *Verändern von Dokumentgrößen*, S. 143).

✔ Um Bildgrößen optisch miteinander vergleichen zu können, müssen die betreffenden Bilder die gleiche Auflösung aufweisen und in der gleichen Darstellungsgröße am Monitor dargestellt werden.

Kopieren durch Drag and Drop
Die schnellste und einfachste Methode, Bildteile (Auswahlbereiche oder auch ganze Ebenen) zwischen zwei *geöffneten* Bildern zu kopieren, ist das Verschieben per Drag and Drop. Diese Methode hat außerdem den Vorteil, dass nur der Widerrufen-Speicher, nicht jedoch die Zwischenablage belegt wird.

Um Bildteile von einem Dokument in ein anderes zu ziehen:
• Wählen Sie das Bewegen-Werkzeug (🔀) aus der Werkzeug-Palette.
• Klicken Sie in das Bild bzw. die Auswahl, die kopiert werden soll. Halten Sie die Maustaste gedrückt und ziehen Sie sie über das Zieldokument. Wenn der Zielbereich markiert erscheint, lassen Sie die Maustaste los. Beim Ablegen wird das kopierte Bild bzw. die Auswahl in einer neuen Ebene platziert.
• Halten Sie beim Drag-and-Drop-Vorgang die Umschalttaste (⇧) gedrückt, wird der Inhalt der Zwischenablage exakt an gleicher Position wie in der Quellebene eingefügt, sofern Quell- und Zieldokument die gleiche Größe in Pixeln aufweisen. Wenn dies nicht der Fall ist, wird der Inhalt der Zwischenablage zentriert abgelegt.

✔ Wenn Sie Macintosh-Nutzer sind, können Sie zum Kopieren oder Ausschneiden auch den Zwischenspeicher umgehen. Ziehen Sie einfach ein Bild oder eine Auswahl auf die Schreibtischoberfläche. Daraus wird ein *Grafik-Clip* auf der Festplatte Ihres Rechners abgespeichert. Den Grafik-Clip können Sie jederzeit wieder in jedes beliebige Bild ziehen.

Pixelbasierte Arbeitstechniken

Kopieren per Drag and Drop:

Anklicken eines Bildes mit dem Bewegen-Werkzeug

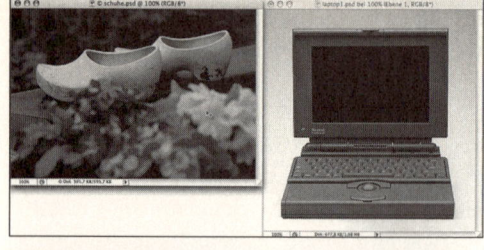

Ziehen des Bildes in ein anderes geöffnetes Dokument. Erscheint der Zielbereich markiert, wird losgelassen.

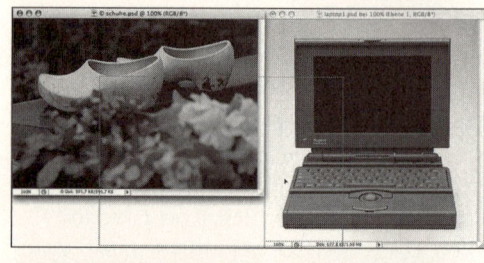

Das Quellbild bleibt unverändert. Im Zielbild erscheint der kopierte Inhalt auf einer neuen Ebene.

Löschen von Bildteilen

Mit dem Befehl *Bearbeiten* > *Löschen* oder durch das Drücken der Löschtaste (⌫) wird die aktuelle Auswahl aus dem Bild entfernt.

Falls der Vorgang auf einem *Hintergrund* stattfindet und es sich um eine nicht schwebende Auswahl handelt, wird die frei werdende Fläche mit der aktuellen Hintergrundfarbe aufgefüllt. Falls der Vorgang auf einer normalen (transparenten) Inhaltsebene stattfindet, wird der freigelegte Bereich transparent. Wird eine schwebende Auswahl gelöscht, so hat dies keine Auswirkung auf die darunter liegenden Pixel.

✔ Wenn Sie eine Auswahl bewegt oder eingesetzt haben, können unerwünschte umgebende Pixel mit in die Auswahl einbezogen worden sein. Diese werden dann u. U. vor einem andersfarbigen Hintergrund sichtbar. Photoshop bietet einige Möglichkeiten, diese Randpixel zu entfernen (s. S. 273).

Fläche und Kontur füllen

Fläche füllen

Sie können eine Auswahl oder eine Inhaltsebene mit einer *Farbe*, einem *Muster* oder der zuletzt gespeicherten Version des Bildes *(Protokoll)* mittels *Füllen*-Befehl aus dem *Bearbeiten*-Menü füllen (Text- und Formebenen können nur über die Kurzbefehle, siehe nächste Seite, gefüllt werden). Die Farbe der betroffenen Pixel wird hierdurch verändert. Alternativ können Sie eine *Füll- oder Musterebene* anlegen. Erläuterungen hierzu finden Sie ab S. 429.

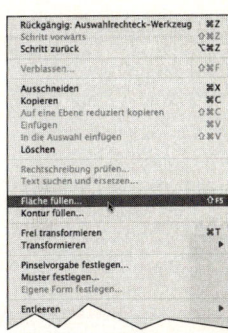

Bearbeiten-Menü

So füllen Sie eine Fläche auf einer aktiven *Inhaltsebene*:

- Wählen Sie den zu füllenden Bereich mit einem beliebigen Auswahl-Werkzeug aus. Wenn nichts ausgewählt ist, bezieht sich der Befehl auf die gesamte aktive Ebene.
- Wählen Sie jetzt den Befehl *Bearbeiten > Fläche füllen* (⇧ ⌫). Der Fläche-füllen-Dialog erscheint:

Weißer Hintergrund mit dem Zauberstab ausgewählt (Toleranz 32)

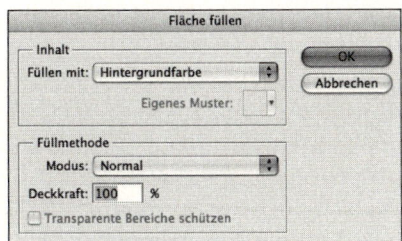

Fläche gefüllt mit Schwarz, 100 % Deckkraft, Normal

- Um den Bildbereich mit einer Farbe zu füllen, wählen Sie aus dem Untermenü die aktuelle *Vorder-* oder *Hintergrundfarbe, Schwarz, 50 % Grau* oder *Weiß*.

Kurzbefehle zum Füllen
(funktionieren auch auf Text- und Formebenen!)

Füllen mit
Vordergrundfarbe: ⌥ ⌫
Hintergrundfarbe: ⌘ ⌫

Nur *nicht transparente* Bereiche füllen mit
Vordergrundfarbe: ⇧ ⌥ ⌫
Hintergrundfarbe: ⇧ ⌘ ⌫

✔ Über die Wirkungsweise des *Modus* lesen Sie ab S. 133. Eine Übersicht über die Modi finden Sie im Farbteil dieses Buches.

⚠ Beachten Sie, dass der Befehl *Bearbeiten > Muster festlegen* nur verfügbar ist, wenn *keine* oder eine *exakt rechteckige Auswahl* vorhanden ist. Überprüfen Sie gegebenenfalls die Einstellungen für das Auswahlrechteck in der Werkzeug-Optionen-Leiste (es darf keine weiche Kante eingestellt sein) und ziehen Sie die Auswahl ggf. noch einmal neu auf.

• Wählen Sie *Muster*, um den Bildbereich mit einem Muster zu füllen. In diesem Fall wird das Menü *Eigenes Muster* aktiv, und es kann ein vordefiniertes Muster ausgewählt werden.

• Wählen Sie *Protokoll*, um den Bildbereich mit *der zuletzt gespeicherten Version* des Bildes zu füllen.

• Um die Intensität des Farbauftrages beim Füllen zu bestimmen, geben Sie im Feld *Deckkraft* einen Wert zwischen 1 = fast transparent und 100 = vollständig deckend ein.

• Wählen Sie einen *Modus* aus dem Einblendmenü. Damit legen Sie fest, wie Pixel durch die Bearbeitung verändert werden sollen. *Normal* bedeutet, dass jedes Pixel innerhalb des Auswahlbereiches mit der eingestellten Zielfarbe in der eingestellten Deckkraft gefüllt wird.

• Wenn Sie nur die Bereiche füllen wollen, die Farbwerte (deckende Pixel) enthalten, wählen Sie die Option *Transparente Bereiche schützen*.

• Klicken Sie *OK*, um die Auswahl zu füllen.

Eigenes Muster definieren

Statt vordefinierter Muster aus einem der 7 Mustersätze von Photoshop können auch selbst definierte Muster verwendet werden. Selbst definierte Muster müssen vor der Anwendung des Füllen-Befehls festgelegt werden. So legen Sie ein eigenes Muster fest:

• Wählen Sie mit dem *Rechteck*-Auswahl-Werkzeug den Bereich aus, den Sie als Füllmuster verwenden wollen. Wenn nichts ausgewählt ist, wird der gesamte zur Zeit sichtbare Bildinhalt als Muster festgelegt. Transparente Bildbereiche werden auch transparent in das Muster übernommen.

• Wählen Sie nun den Befehl *Bearbeiten > Muster festlegen*. Im Dialog können Sie einen Namen für das Muster eingeben.

Ein festgelegtes Muster wird im aktuellen Mustersatz gespeichert und kann nun im Fläche-füllen-Dialog (⇧ ⌫) sowie bei einer *Musterebene* (Füllebene) oder als *Ebenenstil* ausgewählt werden.

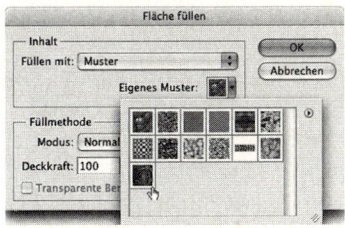

Ein selbst definiertes Muster ist so lange verfügbar, bis es im Musterbearbeitungsmenü des Fläche-füllen-Dialoges oder im *Vorgaben-Manager* (siehe rechts) gelöscht wird oder die Mustersätze auf die Standardsätze zurückgesetzt werden. Beliebige Mustersätze können im Musterbearbeitungsmenü des Fläche-füllen-Dialoges oder im *Vorgaben-Manager* dauerhaft gespeichert und geladen werden. Auf diese Weise gespeicherte Mustersätze werden im *Photoshop-Programmordner* > *Vorgaben* > *Muster* mit der Extension **.pat* abgelegt.

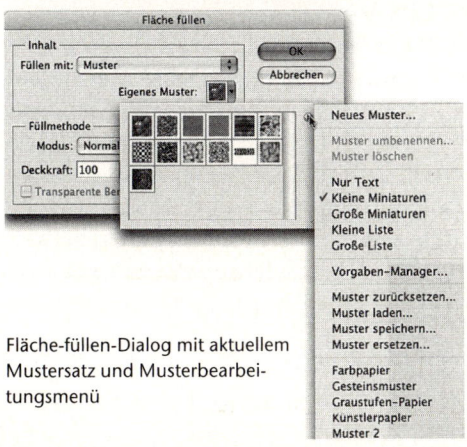

Fläche-füllen-Dialog mit aktuellem Mustersatz und Musterbearbeitungsmenü

Vorgaben-Manager

Der Vorgaben-Manager im *Bearbeiten*-Menü ist eine Bibliothek, in der verschiedene Bibliotheksarten verwaltet werden. Die Bibliotheksarten sind *Werkzeugspitzen (Pinsel), Farbfelder, Verläufe, Stile, Muster, Konturen, eigene Formen* sowie *Werkzeuge* (Werkzeugvoreinstellungen). Jede Bibliotheksart kann mehrere von Photoshop oder selbst vordefinierte Sätze enthalten. Neu erstellte *Muster, Pinsel* usw. werden automatisch in dem jeweiligen „Editor" (für *Muster* z. B. im Musterbearbeitungsmenü, siehe links; für *Pinsel/Werkzeugspitzen* in der Werkzeugspitzen-Palette usw.) sowie im *Vorgaben-Manager* angezeigt und in einer Voreinstellungsdatei – jedoch zunächst nicht dauerhaft – gespeichert. Neue *Pinsel, Farbfelder, Verläufe, Stile, Muster, eigene Formen* usw. können in dem jeweiligen Editor, mit dem sie erstellt wurden, *oder* im *Vorgaben-Manager* dauerhaft als Vorgabe gespeichert werden. Anderenfalls können sie verloren gehen, wenn Sie z. B. einen Satz durch einen neuen Satz derselben Bibliotheksart ersetzen, statt diesen anzufügen. Jede Bibliotheksart hat eine eigene Dateinamenerweiterung und einen Standardordner (im Programm-Ordner *Vorgaben*).

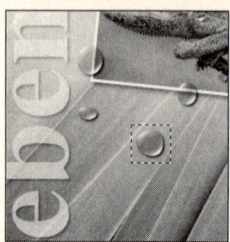

Auswahl für *Muster festlegen*

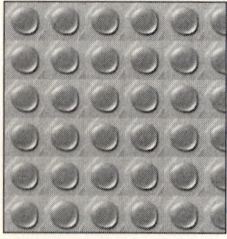

Fläche mit Muster gefüllt

✔ Wenn Sie ein *Muster mit transparenten Bereichen* (von einer transparenten Ebene) festlegen wollen, müssen Sie beim Festlegen des Musters alle anderen eventuell sichtbaren Ebenen ausblenden.

✔ Der Mustergenerator steht nur für 8-Bit-Bilder und nicht im Bitmap-Modus zur Verfügung.

✔ Ein Muster kann nur aus einer rechteckigen Auswahl generiert werden. Bei einer nicht rechteckigen Auswahl verwendet Photoshop die Pixel innerhalb des Begrenzungsrahmens (der Boundingbox).

Um ein Füllmuster anzuwenden:
• Legen Sie zu Übungszwecken am besten eine neue *Inhaltsebene* an (Text- und Formebenen können nicht auf diese Weise gefüllt werden).
• Heben Sie die Auswahl, die Sie zum Musterfestlegen verwendet haben, auf, sodass nichts ausgewählt ist, oder definieren Sie einen neuen (größeren) Auswahlbereich.
• Wählen Sie den Befehl *Bearbeiten > Fläche füllen*. Der Fläche-füllen-Dialog erscheint.
• Wählen Sie aus dem Untermenü *Füllen mit: Muster,* dann aus dem Menü *Eigenes Muster* das neu definierte Muster und klicken *OK*.

Das Muster wird immer ausgehend von der *linken oberen Dokumentecke nach rechts und unten fortlaufend* aneinander gesetzt und somit die gesamte Ebene bzw. Auswahl gefüllt.

Der Mustergenerator

Mit dem Mustergenerator können Sie aus einer Auswahl oder dem Inhalt der Zwischenablage beliebige Muster erstellen. Der Unterschied zu den vorhergehend beschriebenen Mustern besteht darin, dass der Generator die Auswahl nicht kachelartig aneinander setzt, sondern versucht, das Muster nur auf der Basis der ausgewählten Pixel zu erstellen sowie einen relativ nahtlosen Übergang zu generieren. Außerdem bietet der Mustergenerator von jeder generierten Variante eine komfortable Vorschaufunktion, durch die vor- und zurückgeblättert werden kann. Gehen Sie so vor:
• Aktivieren Sie die Ebene, aus der das Muster generiert werden soll. Da die Ebene dann mit dem Muster gefüllt wird, empfiehlt es sich ggf., diese vorher zu duplizieren.
• Wählen Sie mit dem *Rechteck*-Auswahl-Werkzeug den Bereich aus, den Sie als Füllmuster verwenden wollen.

- Wenn das Muster in einer neuen Datei oder auf einer neuen Ebene erstellt werden soll, kopieren Sie die Auswahl in die Zwischenablage (⌘C). Erstellen Sie dann eine neue Datei bzw. eine neue Ebene.
- Wählen Sie dann im Menü *Filter > Mustergenerator*.

Ausgewählter Bildbereich

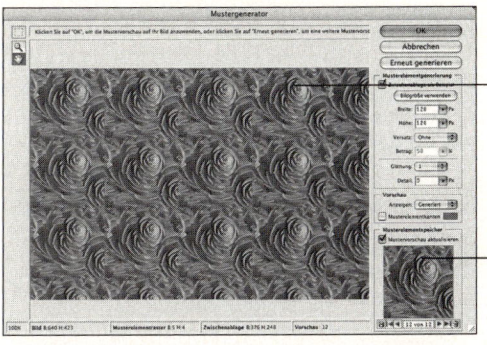

Mustervorschau (nur bei aktivierter Option *Mustervorschau aktualisieren*)

Musterelementvorschau

- Zum Korrigieren der Auswahl verschieben Sie diese mit dem Auswahl-Werkzeug. Wenn sich Ihre Auswahl in der Zwischenablage befindet, wählen Sie *Zwischenablage als Beispiel*.
- Klicken Sie auf *Generieren*. Das Muster erscheint als Einzelelement und bildfüllende Vorschau. Mit *Erneut generieren* werden jeweils weitere Muster mit denselben bzw. geänderten Optionen generiert.

Experimentieren Sie mit den Einstellungen:

▩ *Breite* und *Höhe* legen die Abmessungen der Musterelemente im generierten Muster fest.

▩ *Bildgröße verwenden* verwendet die Bildgröße als Musterelementgröße, sodass ein Muster mit nur einem Musterelement entsteht.

▩ *Versatz: Vertikal/Horizontal* versetzt die Musterelemente um den gewählten Prozentsatz (der Musterelementgröße) in die gewählte Richtung.

▩ *Glättung* und *Detail:* Bei erhöhtem Wert

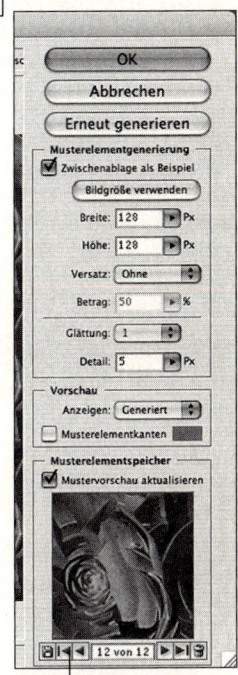

Steuerungsleiste zum Durchblättern, Speichern und Löschen von Musterelementen

Pixelbasierte Arbeitstechniken 131

Glättung werden ggf. Kanten weniger auffällig. Sind Details eventuell zerschnitten, kann mit einem erhöhten Wert unter *Detail* entgegengewirkt werden.

▪ *Musterelementkanten:* Wahlweise können die Kanten der Musterelemente in beliebiger Farbe sichtbar gemacht werden.

▪ Mit der Steuerungsleiste unterhalb der Musterelementvorschau können Sie alle generierten Musterelemente samt Vorschau, sofern die Option *Mustervorschau aktualisieren* aktiviert ist, durchblättern. Ein Klick auf das Diskettensymbol (🖫) speichert das ausgewählte Muster als Vorgabe; ein Klick auf das Papierkorbsymbol (🗑) löscht das Muster.

• Bestätigen Sie mit *OK*, um die Ebene mit dem Muster zu füllen.

Kontur füllen

Der Befehl Kontur füllen ermöglicht es, beliebige Bildbereiche mit einer Kontur zu versehen. Falls eine aktive Auswahl im Bild existiert, wird die Kontur entlang dieser Auswahl gefüllt. Auf einem *Hintergrund* muss zuvor alles ausgewählt werden. Wenn nichts ausgewählt ist, wird auf einer normalen Inhaltsebene die Kontur entlang der Kanten der deckenden Pixel auf dieser Ebene gefüllt (wenn diese Kanten weich sind, wird auch der Rahmen weich erzeugt).

So füllen Sie eine Kontur:

• Aktivieren Sie eine *Inhaltsebene* und erstellen ggf. eine Auswahl (Text- und Formebenen können nicht auf diese Weise mit einer Kontur versehen werden).

• Wählen Sie *Bearbeiten > Kontur füllen*, es erscheint der Kontur-füllen-Dialog:

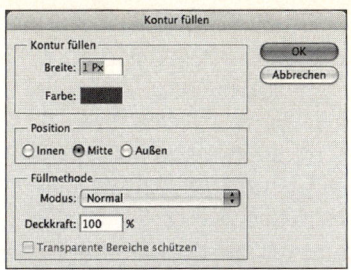

Verfügbare Maßeinheiten und Kürzel

(Die Maßeinheit kann ausgeschrieben oder ihr Kürzel verwendet werden):

Pixel	px
Zoll	Z
Millimeter	mm
Zentimeter	cm
point	pt
picas	pica
Prozent	%

- Geben Sie für die Stärke einen Wert zwischen 1 und maximal 250 Pixel (px) oder in einer anderen Maßeinheit (siehe rechts) ein.
- Wählen Sie eine Konturfarbe aus, indem Sie auf das Farbfeld klicken (zur Arbeit mit dem Farbwähler lesen Sie auf S. 372 nach).
- Legen Sie unter *Position* fest, ob der Rahmen von der Auswahlbegrenzung/Pixelkante aus nach *Innen*, nach innen und außen (*Mitte*) oder nach *Außen* erstellt werden soll.
- Wie für den Befehl *Fläche füllen* können Sie auch hier die Deckkraft für die gefüllte Kontur und den gewünschten Modus festlegen und bestimmen, ob eventuell vorhandene transparente Bereiche nicht mit gefüllt werden sollen.

✔ Weitaus flexiblere und editierbare Konturfüllungen lassen sich mit den *Ebeneneffekten* erstellen (s. S. 282).

⚠ Bei der Konturfüllung von *eckigen Auswahlbereichen* werden bei den Optionen Mitte und Außen die Ecken der Kontur abgerundet. Um dies zu vermeiden, ziehen Sie eine neue, größere Auswahl auf und verwenden *Position Innen*.

Auswahl festlegen

Kontur weiß gefüllt, 16 Pixel, innen, 100 % Deckkraft

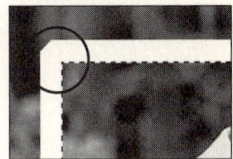

Kontur einer eckigen Auswahl gefüllt, außen

Mal- oder Bearbeitungsmodus

Der Mal- und Bearbeitungsmodus (auch die Füllmethode genannt) ist verfügbar:

- in der *Werkzeug-Optionen-Leiste* für ein Mal- und Bearbeitungswerkzeug,
- im *Fläche/Kontur-füllen*-Dialog,
- in der *Ebenen-Palette* für Ebenen.

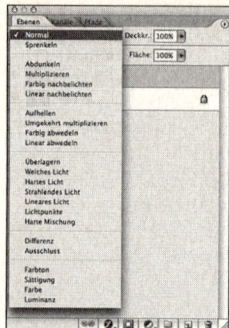

Die Mal- und Bearbeitungsmodi (in der Ebenen-Palette)

Mit dem Mal- oder Bearbeitungsmodus legen Sie fest, wie die Farbwerte der Pixel im Bild *(Ausgangsfarbe)* durch den Farbauftrag eines Werkzeuges oder durch das Füllen einer Fläche/Kontur mit einer Farbe *(Füllfarbe)* verändert werden *(Ergebnisfarbe)*. Der Mal- oder Bearbeitungsmodus kann auch für eine Ebene oder eine Gruppe insgesamt festgelegt werden und damit die Farben darunterliegender Ebenen (bzw. Gruppen) beeinflussen.

Die Mal- und Bearbeitungsmodi sind verschiedene vordefinierte Rechenoperationen. Die Werte, mit denen gerechnet wird, sind die Farb*werte* der Pixel. Wie Sie wissen, ist jedem Pixel ein Farbwert und diesem Farbwert wiederum eine bestimmte Zahl im Dezimalcode zugeordnet – s. S. 14 ff.). Das Ergebnis ist ein neuer Farbwert, abhängig von den zur Berechnung verwendeten Farbwerten und der gewählten Rechenoperation.

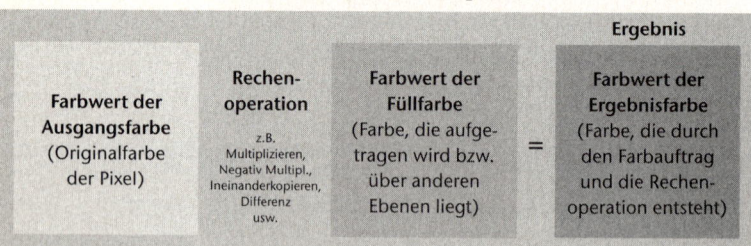

Das Ergebnis kann bei Millionen von möglichen Farbwerten im Bild im Vorhinein nur bedingt abgeschätzt werden. Deshalb sollten Sie in jedem Fall mit den Mal- und Bearbeitungsmodi und unterschiedlichen *Deckkraft*-Einstellungen experimentieren. Es lohnt sich.

✔ Beim Bearbeiten von Bildern im *Bitmap*- oder *Indizierte-Farben*-Modus wird der *Normal*-Modus zum *Schwellenwert*.

Modus Normal

■ Der Standardmodus ist *Normal*. Jedes Pixel, über das gemalt oder das bearbeitet wird, nimmt die Farbe an, die aufgetragen wird.

■ *Sprenkeln* ist abhängig von der Deckkraft-einstellung. Sprenkeln eignet sich am besten für die Werkzeuge *Pinsel* und *Airbrush* mit einer großen Werkzeugspitze.

■ *Dahinter auftragen* füllt nur transparente Bildbereiche, ist demzufolge nur auf Ebenen mit transparenten Bereichen verfügbar.

■ *Löschen* kann nur im Fläche/Kontur-füllen-Dialog angewählt werden.

✔ *Dahinter auftragen* und *Löschen* sind nur für spezielle Aktionen über die Werkzeug-Optionen-Leiste verfügbar.

✔ Beim Modus *Dahinter auftragen* darf in der Ebenen-Palette der Schalter *Fixieren: Transparenz* nicht eingeschaltet sein.

Modi vorwiegend zum farbigen Abdunkeln

■ *Abdunkeln* wählt die jeweils dunklere Farbe aus Ausgangs- oder Füllfarbe als Ergebnisfarbe. Pixel, die heller als die Füllfarbe sind, werden ersetzt, Pixel, die dunkler sind als die Füllfarbe, bleiben unverändert.

✔ Beachten Sie, dass die Farben Schwarz, Weiß und Grau in verschiedenen Modi nicht die gewünschte oder überhaupt keine Wirkung zeigen.

■ *Multiplizieren* multipliziert den Farbwert der Ausgangsfarbe mit dem der Füllfarbe. Die Ergebnisfarbe erscheint gleichzeitig koloriert und abgedunkelt. Multiplizieren verstärkt die Tiefen, ohne die Farbigkeit der darunterliegenden Ebenen zu verlieren, und ist deshalb gut zum Schattieren geeignet (durch Füllen mit Schwarz entsteht Schwarz; Füllen mit Weiß hat keine Auswirkung).

■ *Farbig nachbelichten* und *Linear nachbelichten* dunkelt die Ausgangsfarbe ab (weißer Farbauftrag hat keine Auswirkung).

Modi vorwiegend zum farbigen Aufhellen

■ *Aufhellen* wählt die jeweils hellere Farbe aus Ausgangs- oder Füllfarbe als Ergebnisfarbe. Pixel, die dunkler als die Füllfarbe sind, werden ersetzt, Pixel, die heller sind als die Füllfarbe, bleiben unverändert.

■ *Negativ multiplizieren* multipliziert die umgekehrten Farbwerte der Ausgangsfarbe und der Füllfarbe mit dem Ergebnis einer gleichzeitigen Aufhellung und Abschwächung der Farbigkeit (Füllen mit Schwarz hat keine Auswirkung; durch Füllen mit Weiß entsteht Weiß).

▪ *Farbig abwedeln* und *Linear abwedeln* hellt die Ausgangsfarbe auf (schwarzer Farbauftrag hat keine Auswirkung).

Modi vorwiegend zum farbigen Mischen

▪ *Überlagern, Weiches Licht* und *Hartes Licht* sind (verschiedene) Kombinationen aus Multiplizieren und Negativ multiplizieren mit jeweils unterschiedlicher Wirkung auf helle und dunkle Farben. Ein 50%iges Grau ist ein neutrale Farbe, die in allen drei Modi keine Veränderung zeigt. Deshalb ist sie für Reliefeffekte besonders geeignet, da die eigentlichen Pixel praktisch ausgeblendet und nur die Reliefkanteneffekte sichtbar werden.

▪ *Strahlendes Licht, Lineares Licht* und *Lichtpunkte:* Die Füllfarbe wirkt als eine Art Lichtquelle mit jeweils unterschiedlicher Wirkung auf helle und dunkle Farben (schwarzer und weißer Farbauftrag hat keine Auswirkung).

▪ *Harte Mischung* hebt den Kontrast dramatisch an und führt so eine Tontrennung in maximal 8 Farben durch.

▪ *Differenz* subtrahiert die Farbe (Ausgangs- oder Füllfarbe) mit dem niedrigeren Helligkeitswert von der mit dem höheren Helligkeitswert. Das Füllen mit Weiß kehrt die Ausgangsfarbenwerte um. Beim Füllen mit Schwarz gibt es keine Änderung.

▪ *Ausschluss* erzeugt einen ähnlichen, jedoch kontrastärmeren Effekt wie *Differenz*.

▪ *Farbton, Sättigung, Farbe* sowie *Luminanz* arbeiten mit Kombinationen der Komponenten des HSB-Modells (s. S. 347) und können nur auf Farbbilder angewendet werden.

✔ Im Farbteil dieses Buches finden Sie eine Übersicht über die Wirkung verschiedener Modi.

Transformieren von Ebenen oder ausgewählten Bildteilen

Mit den Transformieren-Befehlen im Menü *Bearbeiten* können Sie *ausgewählte Bildteile von Inhaltsebenen, von Ebenenmasken* oder *von Alpha-Kanälen*, aber auch *komplette Ebenen* (Inhalts-, Text- und Formebenen) und Gruppen sowie *Pfade* transformieren, d. h. skalieren, drehen, neigen, verzerren, perspektivisch verzerren oder spiegeln.

Transformationsbefehle im Menü *Bearbeiten*

Es ist nicht möglich, einen *Hintergrund* zu transformieren. Ausnahme ist eine *schwebende Auswahl* über einem *Hintergrund*. Ein Hintergrund kann ggf. mit dem Befehl *Bild > Arbeitsfläche...* bearbeitet werden (s. S. 146).

Wenn Sie einen der Transformieren-Befehle auf *Inhaltsebenen* anwenden, müssen für bestimmte Pixel neue Farbwerte errechnet werden. Die Methode, nach der das Programm die Farbe der veränderten Pixel ermittelt, nennt man *Interpolation*. Lesen Sie hierzu auch im Abschnitt *Verändern von Dokumentgrößen* ab S. 143. Bei starken Verzerrungen kann die Inhaltsebene nach dem Anwenden der Transformieren-Befehle unscharf erscheinen. Nicht immer führt eine Anwendung des *Filters Unscharf Maskieren (USM)* oder eines anderen Scharfzeichnungsfilters (s. S. 456) in diesen Fällen zu einer Verbesserung. Generell ist es günstiger, eine größere Vorlage zu verkleinern als umgekehrt. Bei Text- und Formebenen (Vektoren) tritt das Problem nicht auf.

✔ Einschränkungen:
• Transformieren ist nicht auf dem *Hintergrund* möglich. Doppelklicken Sie auf die Hintergrundebene, bestätigen Sie mit OK – so wird der *Hintergrund* eine normale Ebene.
• Textebenen können nicht mit den Befehlen *Verzerren* sowie *Perspektivisch verzerren* behandelt werden. Sie können jedoch bei Bedarf zuvor gerastert, also in eine Inhaltsebene umgewandelt werden (s. S. 220).

Pixelbasierte Arbeitstechniken

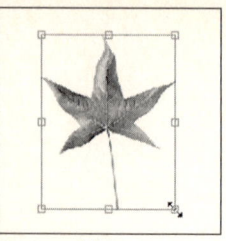

Ausgangsbild

Transformation bestätigen / abbrechen

Photoshop bezieht die Transformation, wenn keine aktuelle Auswahl vorhanden ist, auf die gesamte aktive Ebene. So transformieren Sie:

• Wählen Sie einen der Transformationsbefehle aus dem Menü *Bearbeiten*. Nun schwebt die zu transformierende Auswahl bzw. Ebene als *Vorschau innerhalb eines Begrenzungsrechtecks (= Boundingbox) mit 8 Anfassern* über dem Bild. Das heißt, Sie können die Ebene bzw. Auswahl verändern oder weiter transformieren, indem Sie einen der 8 Anfasser an die gewünschte Position ziehen. Das Ergebnis wird jeweils in einer groben Vorschau gezeigt.

• Zum Bestätigen der Transformation drücken Sie die Returntaste (⏎) oder klicken auf den Häkchen-Schalter (✓) in der Werkzeug-Optionen-Leiste. Zum Abbrechen des Vorgangs drücken Sie die Escapetaste (esc) oder klicken auf den Verbotsschalter (⊘) in der Werkzeug-Optionen-Leiste.

• Zum Bewegen des Begrenzungsrahmens mit Inhalt platzieren Sie den Mauszeiger innerhalb des Rahmens (▶), klicken und ziehen.

Skalieren

Mit dem Befehl *Bearbeiten > Transformieren > Skalieren* können Sie eine Auswahl dehnen oder stauchen, d. h. der Auswahlbereich wird in seiner Länge oder Breite auseinander gezogen oder zusammengedrückt. Halten Sie die Umschalttaste (⇧) gedrückt, um die Proportionen beizubehalten. Somit bleibt das Größenverhältnis (Breite zu Höhe) konstant, und die Auswahl wird nicht verzerrt.

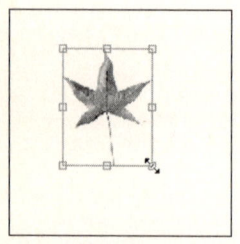

Skalieren

Drehen

Mit dem Befehl *Ebene > Transformieren > Drehen* kann eine Ebene oder Auswahl frei um ihren Mittelpunkt gedreht werden. Sie können

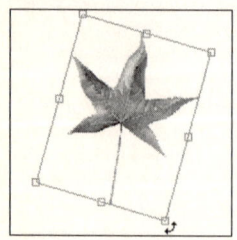

Drehen

den Mittelpunkt (✣), um den gedreht wird,
mit gedrückter Maustaste an eine neue Position verschieben – der Mittelpunkt kann auch
außerhalb des Begrenzungsrechtecks liegen.
Halten Sie die Umschalttaste (⇧) gedrückt,
wird in 15°-Winkel-Schritten gedreht. Für eine
vorgegebene Drehung wählen Sie 180°, 90°
im Uhrzeigersinn (UZS) oder 90° gegen den
Uhrzeigersinn.

Neigen

Sie können mit dem Befehl *Bearbeiten > Transformieren > Neigen* die Auswahl bzw. Ebene
entlang ihren Kanten horizontal oder vertikal
kippen.

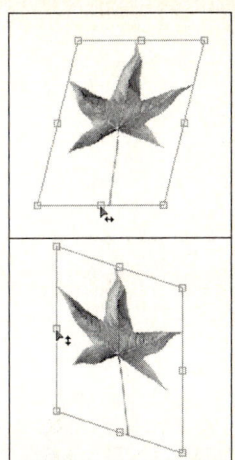

Neigen

Verzerren

Beim Anwenden des Befehls *Bearbeiten > Transformieren > Verzerren* können alle vier
Eckpunkte unabhängig voneinander bewegt
werden. Die Auswahl bzw. Ebene wird so beliebig verzerrt.

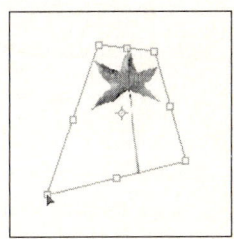

Verzerren

Perspektivisch verzerren

Wenden Sie den Befehl *Bearbeiten > Transformieren > Perspektivisch verzerren* an, wenn Sie
den Effekt einer Perspektive in Ihrem Bild erzielen wollen. Die Richtung der perspektivischen Verzerrung bestimmen Sie über das Ziehen der Anfasser. Beim Ziehen bewegen sich
die zueinander gehörenden Griffe entgegengesetzt, entweder aufeinander zu oder voneinander weg, sodass der perspektivische Eindruck
entsteht.

Spiegeln

Eine Auswahl bzw. Ebene kann mit dem Befehl
*Bearbeiten > Transformieren > Horizontal spiegeln
/ Vertikal spiegeln* gespiegelt werden. *Horizontal*

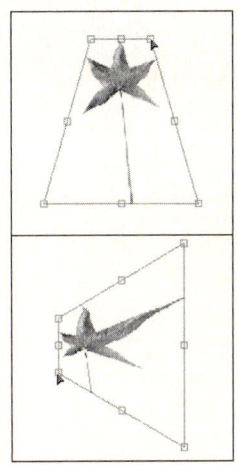

Perspektivisch verzerren

Pixelbasierte Arbeitstechniken

✔ Wird der *Mittelpunkt* (✧) aus der Mitte des Begrenzungsrahmens verschoben, so kann ausschließlich dieser als Bezugspunkt fungieren, d. h. seine Koordinaten werden bei x/y angegeben und es kann in der Werkzeug-Optionen-Palette kein anderer Bezugspunkt mehr ausgewählt werden.

spiegelt horizontal entlang einer vertikalen Achse. *Vertikal* spiegelt vertikal entlang einer horizontalen Achse. Etwas verwirrend – probieren Sie es aus.

Transformieren per Eingabe

Möchten Sie genaueste Kontrolle über Ihre Transformationen, empfiehlt sich die numerische Eingabe in der Werkzeug-Optionen-Leiste, die bei Aufrufen eines der Transformieren-Befehle erscheint.

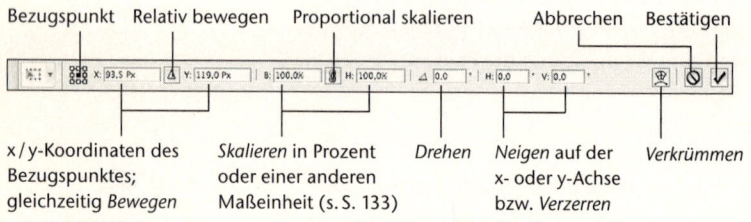

Bezugspunkt Relativ bewegen Proportional skalieren Abbrechen Bestätigen

x/y-Koordinaten des Bezugspunktes; gleichzeitig *Bewegen* | *Skalieren* in Prozent oder einer anderen Maßeinheit (s. S. 133) | *Drehen* | *Neigen* auf der x- oder y-Achse bzw. *Verzerren* | *Verkrümmen*

✔ Option *Relativ bewegen* in der Werkzeug-Optionen-Leiste: Bei *aus*geschalteter Option wird der zu transformierende Bereich ausgehend vom Nullpunkt um den eingegebenen Betrag verschoben – bei *ein*geschalteter Option wird der zu transformierende Bereich um den eingegebenen Betrag verschoben.

• Wählen Sie einen Bezugspunkt für die Transformation durch Anklicken aus.
• Lassen Sie die Werte für unerwünschte Transformationen unverändert und geben Sie Zielwerte für die gewünschten Transformationen ein.

Frei transformieren

Beim Befehl *Ebene > Frei transformieren* (⌘T) sind alle auf den vorhergehenden Seiten vorgestellten Transformationen zugleich verfügbar. Nach Aufrufen des Befehls erscheint ebenfalls das Begrenzungsrechteck mit acht Anfassern um die Auswahl bzw. an den Bildkanten.

Und so wird transformiert:

▪ Bewegen: Zeiger innerhalb des Rechtecks platzieren (▶) und ziehen.
▪ Skalieren: Zeiger über einem Anfasser platzieren (↖) und ziehen. Für proportionales

Skalieren halten Sie die Umschalttaste (⇧) gedrückt.

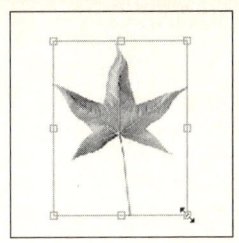

▪ Drehen: Zeiger außerhalb des Rechtecks in der Nähe eines Eckanfassers platzieren (↧) und ziehen. Bei gedrückter Umschalttaste (⇧) wird in 15°-Winkel-Schritten gedreht.
▪ Neigen: Halten Sie bei gedrückter Befehls- und Umschalttaste (⌘ ⇧) den Zeiger über einen seitlichen Anfasser (▸₊₊), und ziehen Sie.
▪ Verzerren: Zeiger bei gedrückter Befehlstaste (⌘) über einen Eckanfasser halten (▸) und ziehen.
▪ Perspektivisch verzerren: Halten Sie bei gedrückter Befehls-, Umschalt- und Wahltaste (⌘ ⇧ ⌥) den Zeiger über einen Eckanfasser (▸) und ziehen Sie.

• Zum Widerrufen der letzten Veränderung verwenden Sie den Befehl *Bearbeiten > Widerrufen* (⌘ Z).
• Zum Bestätigen bzw. Abbrechen des Vorgangs siehe S. 138.

Erneut transformieren
Dieser Befehl wiederholt die zuletzt benutzte Transformation.

Mehrere Ebenen gleichzeitig transformieren
Besonders hilfreich ist die Möglichkeit, mehrere Ebenen (oder auch Gruppen) gleichzeitig zu transformieren, ohne sie auf eine Ebene reduzieren zu müssen. Voraussetzung dafür ist, dass die betreffenden Ebenen verbunden, gruppiert oder Teil einer Mehrfachauswahl sind.

Die folgenden Transformationen betreffen dann die aktive und alle mit ihr auf eine dieser Weisen verbundenen Ebenen.

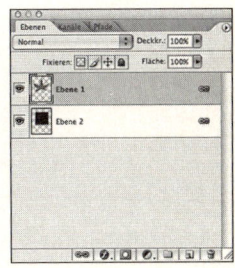

• Zwei Ebenen sind miteinander verbunden.

Pixelbasierte Arbeitstechniken

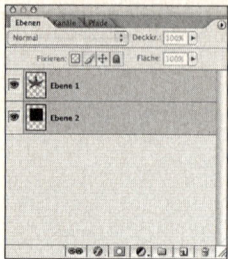
- Zwei Ebenen sind gemeinsam ausgewählt.

Ausgangsbild, bestehend aus zwei transparenten Ebenen

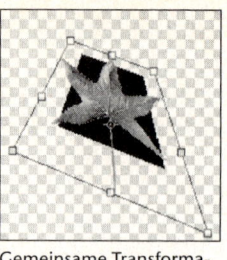
Gemeinsame Transformation möglich

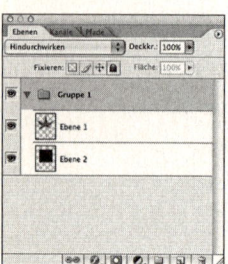
- Zwei Ebenen sind Teil einer Gruppe.

Falls ein *Hintergrund* Bestandteil von verbundenen Ebenen ist oder mit ausgewählt wurde, kann nicht transformiert werden. Doppelklicken Sie auf den Hintergrund, um seinen Status zu ändern, oder verwenden Sie den Befehl *Ebene > Neu > Ebene aus Hintergrund...* und bestätigen den folgenden Dialog mit *OK* (benennen Sie die Ebene nach Wunsch), wird der Hintergrund in eine transparente Ebene umgewandelt, und das Transformieren ist möglich.

Verkrümmen

Eine Sonderform der Transformation ist das Verkrümmen. Mit *Bearbeiten > Transformieren > Verkrümmen* oder mit dem Umschalter in der Werkzeug-Optionen-Leiste wählen Sie eine der vorbereiteten Formen oder verformen in der Stellung *Eigene* das Gitternetz an den Griffen.

Zwei Verkrümmungen: Einmal mit der Option *Eigene*, die zweite als *Wirbel*.
Verkrümmen lässt sich nur eine einzelne ausgewählte Ebene.

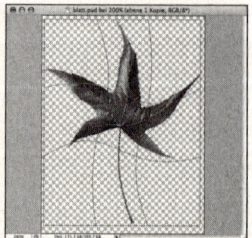

Verändern von Dokumentgrößen

Sie haben jederzeit die Möglichkeit, vorhandene Dokumente in ihrer Größe und/oder Auflösung zu verändern. Die entsprechenden Befehle befinden sich im *Bild*-Menü.

Es gibt Veränderungen, die keine Auswirkung auf die Qualität des Bildes haben. Dazu zählen die Befehle *Freistellen, Zuschneiden, Nichts maskiert* und die Vergrößerung der *Arbeitsfläche* von Bildern. Bei anderen Veränderungen, die die *Bildgröße* oder *Bildauflösung* betreffen, können Sie entscheiden, ob eine *Neuberechnung* des Bildes stattfinden soll oder nicht. Dabei müssen Sie jedoch einige Zusammenhänge kennen und berücksichtigen, um die Qualität Ihres Bildes möglichst nicht zu verschlechtern.

Menü *Bild*

✔ Beim Freistellen muss keine exakt rechteckige Auswahl vorliegen. Freistellen lässt sich auch eine runde oder frei geformte Auswahl, wobei das Freistellen immer entlang rechteckiger Kanten erfolgt und somit das Ergebnis immer ein rechteckiges Bild ist.

Freistellen (Beschneiden) von Bildern

Der Befehl *Bild > Freistellen* beschneidet das Bild entlang der Kanten einer aktiven *Auswahl*. Mit diesem Befehl wird die Gesamtanzahl der Pixel im Bild verringert – die Bildauflösung bleibt unverändert.

Ausgangsbild Auswahl

Freigestelltes Bild – alles, was außerhalb der Auswahl lag, wurde beschnitten (entfernt).

✔ Beim Verwenden des Befehls wird zwangsläufig die Dateigröße verkleinert. Alternativ zum Freistellen-Befehl gibt es das Freistellungs-Werkzeug. Informationen dazu finden Sie ab S. 152.

Ausgangsbild

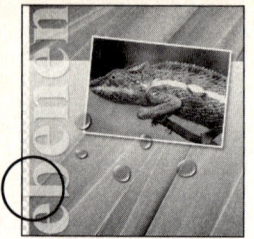

Bild nach Anwendung des Befehls *Alles einblenden*. Das Bild wurde so vergrößert, dass der links überstehende Ebeneninhalt, die Oberlänge des „b", nun sichtbar ist.

Überstehender Ebeneninhalt

Seit Photoshop 4 kann der Inhalt einer Ebene größer sein als die Abmessungen des Bildes, d. h., es wird nur der Teil der Ebene gezeigt, der auf die Arbeitsfläche passt – der Rest ist überstehender Ebeneninhalt. Dieser Fall kann entstehen, wenn eine größere Ebene per Drag and Drop in ein kleineres Bild gezogen wird oder Ebeneninhalt über die Bildkanten hinaus (in den Anschnitt) bewegt wird. Mit dem *Bewegen-Werkzeug* kann der Überstand jederzeit auf die Arbeitsfläche verschoben bzw. mit dem *Transformieren*-Befehl auf die gewünschte Größe skaliert werden. Beachten Sie, dass bei der Anwendung des Befehls *Auswahl > Alles auswählen* (⌘A) nur der auf die Arbeitsfläche passende Bildausschnitt ausgewählt wird. Bei nachfolgender Anwendung des Befehls *Freistellen* wird ggf. überstehender Ebeneninhalt entfernt.

Alles einblenden

Der Befehl *Bild > Alles einblenden* vergrößert das Bild so, dass der ggf. überstehende Ebeneninhalt sichtbar wird.

Zuschneiden

Der Befehl *Bild > Zuschneiden...* beschneidet das Bild auf der Basis transparenter Bereiche oder der Pixelfarbe der linken oberen oder rechten unteren Ecke – ggf. überstehender Ebeneninhalt wird abgeschnitten. Demzufolge eignet er sich gut, um Motive auf transparenten oder einfarbigen Hintergründen zu beschneiden. Zur Anwendung ist keine Auswahl nötig. Bei Aufrufen des Befehls öffnet sich der Optionen-Dialog:

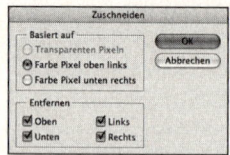

- Wählen Sie eine der Optionen:

▪ *Transparente Pixel:* Transparente Bereiche werden an den Bildkanten abgeschnitten, sodass ein möglichst kleines Bild ohne transparente Pixel übrig bleibt.

▪ *Farbe Pixel oben links:* Es werden Bereiche aus dem Bild gelöscht, deren Farbe mit dem Pixel in der oberen linken Bildecke übereinstimmt.

■ *Farbe Pixel unten rechts:* Es werden Bereiche aus dem Bild gelöscht, deren Farbe mit dem Pixel in der unteren rechten Bildecke übereinstimmt.

• Wählen Sie die abzuschneidenden Bildbereiche: *Oben, Unten, Links* und/oder *Rechts*.

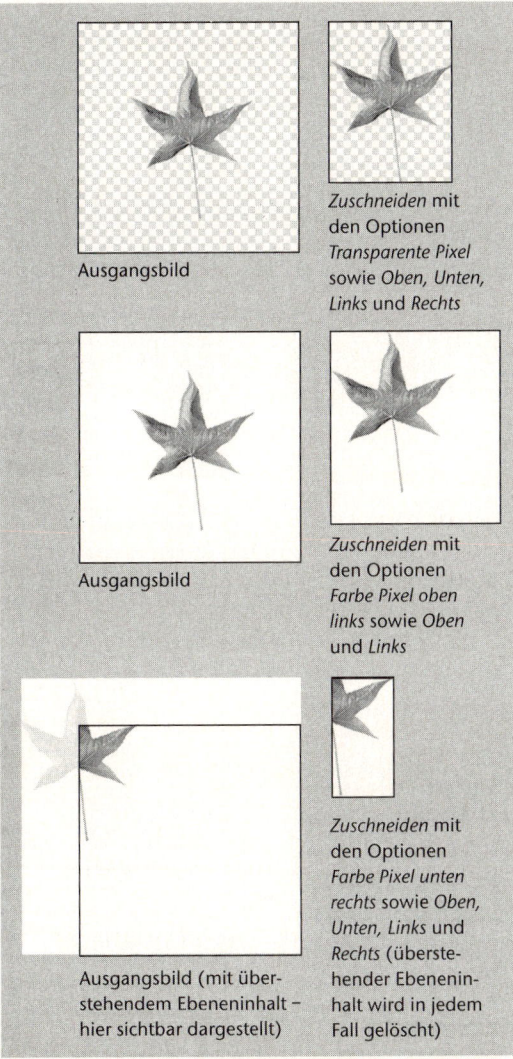

Ausgangsbild

Zuschneiden mit den Optionen *Transparente Pixel* sowie *Oben, Unten, Links* und *Rechts*

Ausgangsbild

Zuschneiden mit den Optionen *Farbe Pixel oben links* sowie *Oben* und *Links*

Ausgangsbild (mit überstehendem Ebeneninhalt – hier sichtbar dargestellt)

Zuschneiden mit den Optionen *Farbe Pixel unten rechts* sowie *Oben, Unten, Links* und *Rechts* (überstehender Ebeneninhalt wird in jedem Fall gelöscht)

⚡ Die *Arbeitsfläche* ist die Fläche, die bearbeitet werden kann. Sie ist Bestandteil des Bildes und besteht auch aus Pixeln. In Photoshop gibt es keine Montagefläche wie in Grafik- oder Layoutprogrammen, die Sie zum Ablegen von Bildteilen verwenden können. Beim Verwenden des Befehls nimmt die Dateigröße zu. Halten Sie deshalb die Arbeitsfläche nur so groß wie unbedingt notwendig.

Arbeitsfläche vergrößern

Mit dem Befehl *Bild > Arbeitsfläche...* wird das Gegenteil zur Freistellung bewirkt, nämlich die Vergrößerung des Bildes. Es wird mit diesem Befehl die Gesamtanzahl der Pixel im Bild erhöht – die Bildauflösung bleibt unverändert. Wenn das Dokument nur aus einem *Hintergrund* besteht, wird die neue Arbeitsfläche in der momentan eingestellten Hintergrundfarbe aufgefüllt. Ansonsten werden die neuen Bereiche transparent. Für die Anwendung des Befehls muss nichts ausgewählt sein.

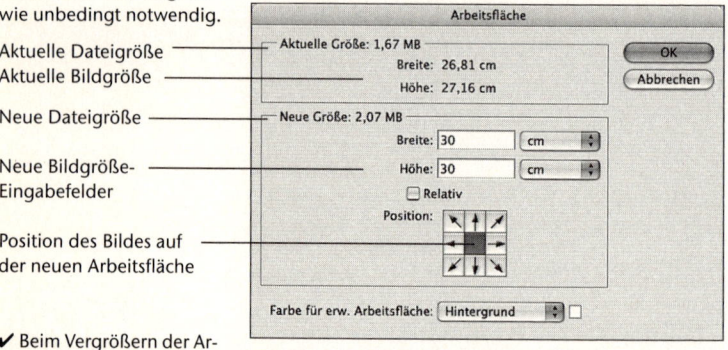

Aktuelle Dateigröße
Aktuelle Bildgröße

Neue Dateigröße

Neue Bildgröße-Eingabefelder

Position des Bildes auf der neuen Arbeitsfläche

✔ Beim Vergrößern der Arbeitsfläche können die Maße einer anderen *geöffneten* Datei übernommen werden: Wählen Sie bei geöffnetem *Arbeitsfläche*-Dialog im Menü *Fenster* das gewünschte Bild.

• Geben Sie im *Arbeitsfläche*-Dialog die gewünschte *neue Größe* ein.
• Bestimmen Sie die *Position* Ihres Bildes *auf der neuen Arbeitsfläche* durch Anklicken im Positionsfeld.

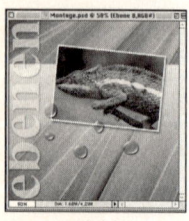
Ausgangsbild

Arbeitsfläche vergrößert (*Hintergrund*)

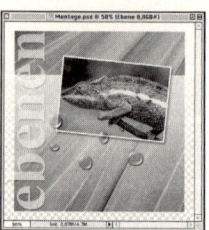
Arbeitsfläche vergrößert (*Normale Ebene*)

146 Pixelbasierte Arbeitstechniken

Arbeitsfläche drehen und spiegeln

Die Befehle *Bild* > *Arbeitsfläche drehen* und *spiegeln* beziehen sich auf das *gesamte Bild mit allen vorhandenen Ebenen* mit Ausnahme von Verlaufsebenen. (Falls Sie nur einzelne Ebenen drehen oder spiegeln wollen, verwenden Sie die Befehle im *Bearbeiten*-Menü – s. S. 137 ff.) Es muss nichts ausgewählt sein, eine eventuell vorhandene aktive Auswahl geht verloren.

Arbeitsfläche-drehen-Befehle im Menü Bild

 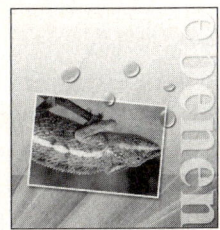

Ausgangsbild (links) und um 180° gedreht. Das etwas unerwartete Ergebnis ist darauf zurückzuführen, dass die Verlaufsebene nicht mitgedreht wurde, jedoch ihre Maske.

Verändern von Bildgröße oder Bildauflösung

Auch wenn Sie Ihre Arbeit bestens vorbereiten und beim Scannen bzw. Neuerstellen Ihrer Bilder von Anfang an auf die richtige Größe achten, kann es vorkommen, dass die Bildgröße und/oder -auflösung verändert werden muss.

In einigen Fällen muss das betreffende Bild sogar *neu berechnet* werden, das heißt, dass neue Pixel hinzugefügt oder Pixel aus dem Bild entfernt werden. Durch die Neuberechnung verändert sich die Gesamtanzahl der Pixel im Bild, ohne dass ein Bildteil freigestellt oder die Arbeitsfläche vergrößert wird. Damit verbunden ist immer eine Veränderung der Dateigröße. Wenn das Ergebnis einen größeren Dateiumfang als vor der Berechnung aufweist, spricht man auch von *Hochrechnen*, bei einer niedrigeren Dateigröße von *Herunterrechnen*.

Für die Neuberechnung wird in Photoshop eine Berechnungsmethode angewendet, die *Interpolation* heißt. Mittels Interpolation werden aus *vorhandenen* Farbwerten *neue* Farb-

Neuberechnung und Interpolation

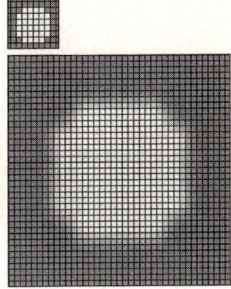

Bildausschnitt von 72 dpi, auf 288 dpi hochgerechnet

Nach Möglichkeit sollten Sie ein Hochrechnen der Bilder vermeiden und gegebenenfalls das Motiv neu scannen. Herunterrechnen ist nicht so problematisch, es bringt in einigen Fällen sogar eine Qualitätsverbesserung (s. S. 148).

Grundinterpolationsarten:
• Links: Fotografische Vorlage (oben) hochgerechnet mit Bikubisch (Mitte) und Pixelwiederholung (unten)
• Rechts: ungeglättete Vorlage (oben) hochgerechnet mit Bikubisch (Mitte) und Pixelwiederholung (unten)

✔ Der Schalter *Stile skalieren* passt Ebenenstile entsprechend der neuen Bildgröße an. Die Funktion ist nur verfügbar, wenn *Proportionen erhalten* aktiv ist. Der Schalter *Proportionen erhalten* bezieht sich auf das Breite-Höhe-Verhältnis. Im Normalfall sollte er angeschaltet bleiben, da das Bild sonst verzerrt wird.

werte berechnet, um die Erhöhung oder Verringerung der Pixelanzahl optisch auszugleichen. Photoshop stellt fünf Interpolationsmethoden zur Verfügung, die Sie als Voreinstellung unter *Bearbeiten > Voreinstellungen > Allgemeine* wählen können.

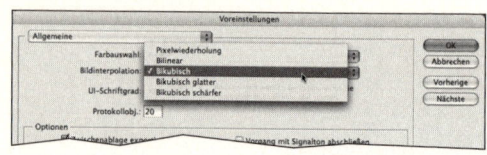

▪ *Pixelwiederholung* kann bei Größenveränderungen von ungeglätteten Vorlagen sinnvoll sein, wenn die scharfen Kanten erhalten bleiben sollen.
▪ *Bilinear* ist selten sinnvoll.
▪ *Bikubisch* ist die beste Interpolationsmethode für Bilder mit hoher Bildauflösung.
▪ *Bikubisch glatter* vergrößert Bilder besonders geglättet.
▪ *Bikubisch schärfer* ist besonders geeignet zum Verkleinern von Bildern.
Die voreingestellte Interpolationsart wird bei allen Neuberechnungen von Bildern sowie bei allen Transformationsbefehlen wirksam.

Zum Ändern von Bildgröße oder Bildauflösung wählen Sie *Bild > Bildgröße*.

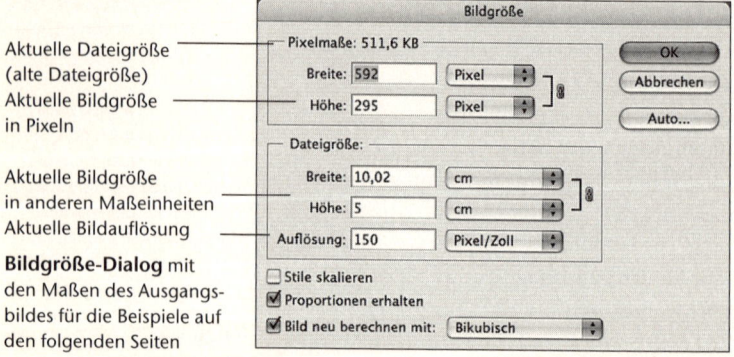

Aktuelle Dateigröße (alte Dateigröße)
Aktuelle Bildgröße in Pixeln

Aktuelle Bildgröße in anderen Maßeinheiten
Aktuelle Bildauflösung

Bildgröße-Dialog mit den Maßen des Ausgangsbildes für die Beispiele auf den folgenden Seiten

148 Pixelbasierte Arbeitstechniken

Dokumentgrößen ändern ohne Neuberechnung

Der Schalter *Bild neu berechnen mit* bezieht sich auf die Anzahl der Pixel im Bild. Wenn er ausgeschaltet ist, findet keine Neuberechnung statt, sondern die Anzahl der Pixel im Bild bleibt gleich. (Deshalb sind auch die Eingabefelder *Breite* und *Höhe* bei *Pixelmaße*, mit denen sich die Bildgröße in Pixeln verändern lässt, nicht verfügbar.) Es wird lediglich das Verhältnis von Bildgröße (Breite und Höhe) zur Bildauflösung verändert. Z. B. hat eine Erhöhung der Bildauflösung eine Verringerung der Bildgröße (Breite und Höhe) zur Folge und umgekehrt. Die Dateigröße, also die Menge an Informationen im Bild, bleibt unverändert.

☼ Es kann vorkommen, dass eine ursprünglich als ganze Zahl eingegebene Größe, z. B. in cm, später zwei Stellen nach dem Komma aufweist. Da Photoshop intern mit Pixeln rechnet und es keine halben Pixel geben kann, wird die eingegebene Größe in Pixel und dann wieder in cm umgerechnet.

✔ Um im *Bildgröße*-Dialog jeweils zu den alten Werten zurückzugelangen, ohne den Dialog zu verlassen, halten Sie die Wahltaste / ⎇ gedrückt und klicken einmal auf den *Zurück*-Schalter.

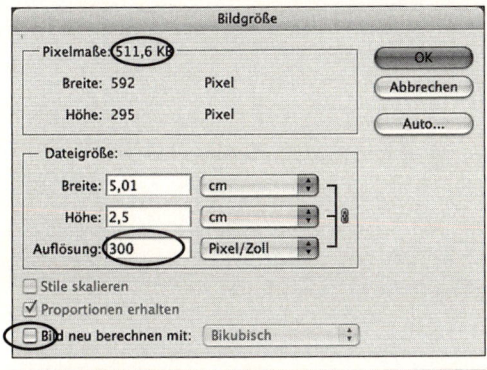

Beispiel (Ausgangsmaße auf Seite 148):
Auflösung verdoppelt – Breite und Höhe werden halbiert, Dateigröße bleibt gleich – oder

Breite (Höhe) halbiert – Auflösung verdoppelt sich, Dateigröße bleibt gleich.

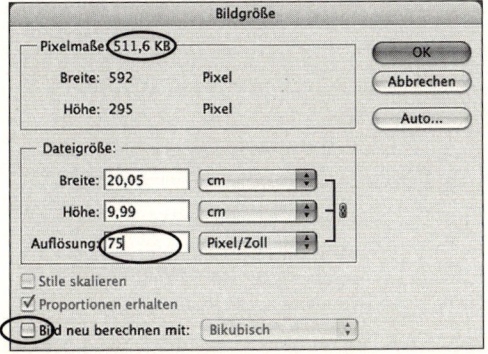

Beispiel (Ausgangsmaße auf Seite 148):
Auflösung halbiert – Breite und Höhe werden verdoppelt, Dateigröße bleibt gleich – oder

Breite (Höhe) verdoppelt – Auflösung halbiert sich, Dateigröße bleibt gleich.

Pixelbasierte Arbeitstechniken

⚠️ Zum Zusammenhang zwischen Bildgröße, Bildauflösung und Dateigröße s. S. 20/23 ff.

Hochrechnen
kann verwendet werden, falls die Auflösung für die Druckausgabe zu niedrig veranschlagt wurde.
Beispiel (Ausgangsmaße auf Seite 148):
Auflösung verdoppelt (es müssen neue Pixel erzeugt werden) – Breite und Höhe bleiben gleich, Dateigröße vervierfacht sich

Herunterrechnen
wird zum Reduzieren überflüssiger Daten verwendet, wenn die Bildgröße für Druckausgabe, Bildschirmpräsentation oder Online-Verteilung zu groß ausgefallen ist.
Beispiel (Ausgangsmaße auf Seite 148):
Breite (Höhe) halbiert (es werden Pixel aus dem Bild entfernt) – Auflösung bleibt gleich, Dateigröße beträgt nur noch ein Viertel.

✔ In den neueren Photoshop-Versionen hat der Hersteller in allen Programmdialogen die bisherige Benennung der Einheit Inch (in) durch Zoll (Z) ersetzt.

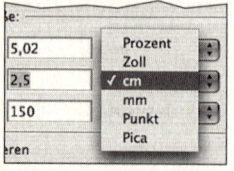

Dokumentgrößen ändern mit Neuberechnung

Ist der Schalter *Bild neu berechnen mit* angeschaltet, findet eine Neuberechnung statt.

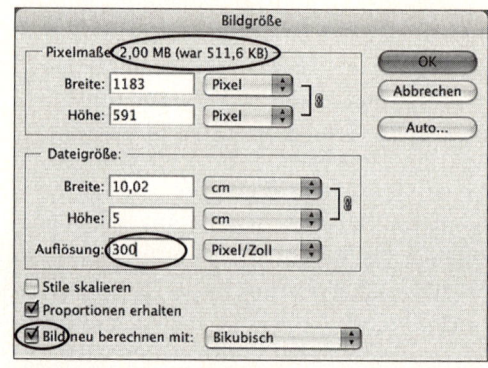

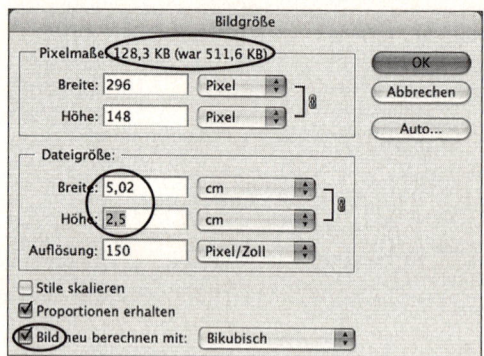

Im *Bildgröße*-Dialog kann eine andere als die voreingestellte Interpolationsart gewählt werden. Eine der *Bikubisch*-Methoden sollte bevorzugt werden.

Sie können eine andere Maßeinheit wählen oder die Bildgröße mit Prozenteingaben verändern. Die Bildauflösung sollte immer in Pixel/Zoll (dpi) eingestellt sein. Einzige Ausnahme: Wenn Sie Bilder für Online- oder Bildschirmpräsentationen erstellen, legen Sie die Breite und Höhe in der Maßeinheit Pixel fest –

dann spielt die Bildauflösung keine Rolle, da Sie mit absoluten Werten arbeiten. Die Bildauflösung ist eine relative Größe, da sie sich auf eine andere Längeneinheit bezieht.

Der *Auto*-Schalter im Bildgröße-Dialog führt in den Dialog zum automatischen Errechnen der optimalen Bildauflösung für autotypische Raster (nur für Printmedien).

> Zum Ermitteln der optimalen Bildauflösung s. S. 24 ff. sowie S. 325 ff.

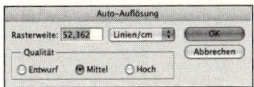

Im Grunde wäre diese Option sinnvoller im *Neu*-Dialog untergebracht, da die richtige Auflösung schon vor dem Scannen bzw. Neuanlegen ermittelt werden sollte. Der Dialog sollte nur zum Herunterrechnen verwendet werden:
• Stellen Sie die *Rasterweite*, mit der später gedruckt werden soll, im Eingabefeld ein. Achten Sie darauf, dass Sie die richtige Einheit wählen (siehe S. 24 ff.).
• Wählen Sie eine Qualitätsstufe:
Entwurf ergibt eine Bildauflösung von mindestens 72 dpi;
Mittel errechnet eine Bildauflösung aus Rasterweite in lpi × Faktor 1,5;
Hoch errechnet eine Bildauflösung aus Rasterweite in lpi × Faktor 2.
• Bestätigen Sie mit *OK*. Die errechnete Bildauflösung erscheint im *Bildgröße*-Dialog.

✔ Wird beispielsweise die Datei mit den auf S. 148 vorgegebenen Maßen mit einer Rasterweite von 60 l/cm und Faktor *Hoch* behandelt, ergibt sich eine Bildauflösung von 305 dpi (60 l/cm × 2,54 = **152,4 lpi** × **Faktor 2 = 305 dpi**). De facto ist dies ein Hochrechnen und nicht ratsam. In vergleichbaren Fällen sollte die Datei mit der ermittelten Bildauflösung neu angelegt bzw. neu gescannt werden.

Meist erscheint ein neu berechnetes Bild unscharf. Die Unschärfe resultiert aus der Erzeugung neuer Pixel, die aus den ursprünglichen Pixeln interpoliert wurden. Wenden Sie in diesem Fall den Filter *Unscharf maskieren* (*USM*) oder einen anderen Scharfzeichnungsfilter an. Näheres dazu im Kapitel „Filter".

> Leider gibt es keine Erklärung, warum die *Dateigröße* in verschiedenen Dialogen unterschiedlich bezeichnet wird: *Größe, Dateigröße, Bildgröße, Bildmaße, Pixelmaße*. Jedenfalls kann man sie immer an der Maßeinheit K (Kilobyte) bzw. M (Megabyte) erkennen.

✔ Drücken Sie die Feststelltaste, um das Fadenkreuz als Mauszeiger zu erhalten.

Freistellungs-Werkzeug

Mit dem Freistellungs-Werkzeug können Sie einen Bildteil auswählen und den Rest entfernen. Wenn Sie das Freistellungs-Werkzeug aktivieren, erscheinen die Felder der Werkzeug-Optionen-Leiste zunächst leer. Es kann nun nach Augenschein oder durch die Eingabe von Zielwerten freigestellt werden. Zum Freistellen mit Zielwerten siehe nächste Seite.

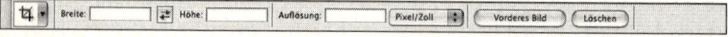

So wenden Sie das Freistellungs-Werkzeug an:
- Mit oder ohne Eingabe von Zielwerten ziehen Sie mit dem Freistellungs-Werkzeug eine Auswahl über dem Bereich auf, der freigestellt werden soll. Sie erhalten das bekannte Auswahlrechteck mit acht Anfassern (bzw. mit vier Anfassern, falls Sie Werte für Höhe und Breite eingegeben haben, da dann nur eine proportionale Veränderung möglich ist). In der Werkzeug-Optionen-Leiste bieten sich nun folgende Möglichkeiten:

✣ *Freigestellten Bereich abdecken/Farbe/Deckkraft:* Bei eingeschalteter Option erscheint eine temporäre Maske über dem zu entfernenden Bereich in der gewählten Farbe und Deckkraft.
✣ *Perspekt. bearbeiten:* s. S. 155
✣ *Freigestellten Bereich löschen:* Beschneidet das Bild auf die neuen Bildmaße – alles, was außerhalb der Auswahl liegt, wird abgeschnitten.
✣ *Freigestellten Bereich ausblenden:* Beschneidet das Bild auf die neuen Bildmaße, jedoch bleiben alle abgeschnittenen Bereiche als *überstehender Ebeneninhalt* (s. S. 144) mit Ausnahme des *Hintergrund*es erhalten und können

Auswahl mit dem Freistellungs-Werkzeug (ohne Eingabe von Zielwerten) – Ergebnis siehe nächste Seite

weiter bearbeitet, z.B. mit dem *Bewegen-Werkzeug* wieder auf die Arbeitsfläche bewegt oder mit dem Befehl *Bild > Nichts maskiert* wieder sichtbar gemacht werden.

Freistellung mit der Option *Löschen*

- Folgende Änderungen sind nun möglich:
  - *Skalieren* des freizustellenden Bereiches: Zeiger über einem Anfasser platzieren ( ) und ziehen – proportionales Skalieren mit gedrückter Umschalttaste (⇧).
  - *Bewegen* des freizustellenden Bereiches: Zeiger innerhalb des Rechtecks platzieren (▶) und ziehen.
  - *Drehen* des freizustellenden Bereiches: Zeiger außerhalb des Rechtecks in der Nähe eines Anfassers platzieren ( ) und drehen.

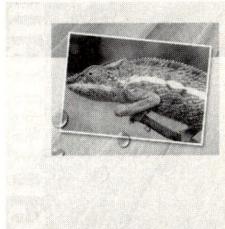

Freistellung mit der Option *Ausblenden* (überstehender Ebeneninhalt hier sichtbar dargestellt)

- Zum Bestätigen der Freistellung drücken Sie die Returntaste (⏎) oder klicken auf den Häkchen-Schalter (✓) in der Werkzeug-Optionen-Leiste. Zum Abbrechen des Vorgangs drücken Sie die Escapetaste (esc) oder klicken auf den Verbotsschalter (⃠) in der Werkzeug-Optionen-Leiste.

Wahlweise kann vor dem Freistellen auch eine bestimmte Größe und/oder Bildauflösung festgelegt werden, die das Bild nach dem Beschneiden haben soll. Beachten Sie bei der Anwendung dieser Werkzeug-Optionen unbedingt die Zusammenhänge zwischen *Bildgröße*, *Bildauflösung* und *Dateigröße* beim *Ändern von Dokumentgrößen mit und ohne Neuberechnung* (s. S. 149 ff.).

Wenn Sie die *Höhe/Breite*, jedoch keine *Auflösung* vorgeben, ändert Photoshop beim Freistellen die Auflösung, um die Größenänderung auszugleichen, führt also eine *Dokumentgrößenveränderung ohne Neuberechnung* durch.

✔ Normalerweise kann die Freistellungsauswahl nicht außerhalb der Bildkanten platziert werden. In einigen Fällen kann es notwendig sein, einen außerhalb der Bildkanten befindlichen Ebeneninhalts (S. 144) in die Freistellung einzubeziehen. Ziehen Sie hierfür eine Auswahl mit dem Freistellungs-Werkzeug auf, halten Sie dann die Befehlstaste (⌘) gedrückt und schieben Sie die Auswahl über die betreffenden Bildkanten hinaus. (Vor dem Freistellen nicht definierte Bereiche werden auf einer Hintergrundebene mit der Hintergrundfarbe gefüllt, auf einer normalen Ebene werden sie transparent.)

Pixelbasierte Arbeitstechniken

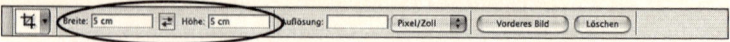

Je nach Größe der Freistellungsauswahl kann sich die Bildauflösung also verändern.

Der gleiche Effekt wird erzielt, wenn Sie die *Auflösung*, jedoch keine *Höhe/Breite* vorgeben; dann ändert das Programm beim Freistellen die Größe, um die veränderte Auflösung auszugleichen, führt also ebenfalls eine *Dokumentgrößenveränderung ohne Neuberechnung* durch.

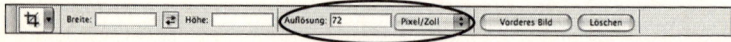

Wenn Sie hingegen Werte für *Höhe/Breite* und *Auflösung* eingeben, findet in jedem Fall eine *Dokumentgrößenveränderung mit Neuberechnung* (nach der voreingestellten Interpolationsmethode) statt.

Geben Sie beispielsweise die gleiche Bildauflösung, die Ihr Bild aufweist, sowie größere Bildmaße ein, dann wird der freigestellte Bildausschnitt hochgerechnet. Berücksichtigen Sie hier genau die Zusammenhänge zwischen *Bildgröße* und *Bildauflösung*, da es sonst zu unbeabsichtigten Qualitätsverschlechterungen kommen kann.

✔ Wenn Sie Programmeinsteiger sind und Ihnen die Handhabung des Freistellungs-Werkzeuges bei der Eingabe von Zielwerten zu kompliziert erscheint, können Sie den gewünschten Bildausschnitt zunächst ohne Eingabe von Zielwerten freistellen. Anschließend prüfen Sie das Ergebnis mit dem Befehl *Bild > Bildgröße* und verändern es gegebenenfalls im *Bildgröße*-Dialog, da Sie hier die Auswirkungen von Veränderungen der Bildmaße und/oder Bildauflösung direkt verfolgen können.

Weitere Optionen:

✢ *Vorderes Bild:* übernimmt die Maße des aktuellen Bildes in die Felder der Werkzeug-Optionen-Leiste.

✢ *Löschen:* löscht alle Werte aus den Feldern der Werkzeug-Optionen-Leiste.

Beachten Sie, dass die Werte immer durch die voreingestellte Maßeinheit ergänzt werden, sofern keine Maßeinheiten eingegeben wurden (Kürzel für Maßeinheiten s. S. 133).

Freistellungsoption *Perspektivisch bearbeiten*
Mit der Option *Perspektivisch bearbeiten* können stark geneigte Bildfluchten beim Freistellen gerade gerückt werden.

Gehen Sie so vor:
- Ziehen Sie mit dem Freistellungs-Werkzeug über die zu korrigierende Ebene im Bild. Beim Loslassen der Maustaste wird das Auswahlrechteck als Begrenzungsrahmen mit Mittelpunkt und Anfassern angezeigt. Der zu entfernende Bereich ist abgedeckt.
- Wählen Sie in der Werkzeug-Optionen-Leiste *Perspekt. bearbeiten*. Der Mittelpunkt wird dadurch automatisch aus der Mitte der Freistellungsauswahl in die Bildmitte verschoben.

Die Option *Perspektivisch bearbeiten* funktioniert offensichtlich nicht, wenn sich Textebenen im Dokument befinden.
Die Option *Perspektivisch bearbeiten* funktioniert sowohl bei Bildern, die 8 Bit pro Kanal verwenden, als auch bei 16-Bit-Bildern.

Der Mittelpunkt (als wichtiger Bezugspunkt für die perspektivische Bearbeitung) sollte nicht von dort verschoben werden. Falls dies unbeabsichtigt passiert, brechen Sie am besten den Vorgang ab, erstellen eine neue Freistellungsauswahl und wiederholen den Vorgang.
- Drücken Sie die Befehlstaste ([⌘]) und verschieben Sie die Anfasser so, dass die Freistellungsauswahl mit den schrägen Fluchten übereinstimmt. Auf diese Weise wird die neue Perspektive definiert.
- Wenn Sie die Perspektive eingerichtet haben, können Sie nun noch den Freistellungsbereich durch Ziehen der Anfasser bei gedrückter Wahltaste ([⌥]) vergrößern oder verkleinern – die Perspektive bleibt dabei erhalten.

Pinsel und Werkzeug-Optionen für Werkzeuge zum pixelbasierten Arbeiten

Werkzeug-Kurzbefehle

- Klicken Sie auf ein Werkzeug in der Werkzeugleiste, um es zu wählen. Halten Sie die Maustaste gedrückt, um ein verborgenes Werkzeug aus dem Einblendmenü zu wählen (Werkzeuge mit einem schwarzen Dreieck).
- Zur schnellen Werkzeug-Auswahl drücken Sie die in Klammern angegebene Taste (Werkzeugübersicht sowie kurze Funktionsbeschreibung s. S. 62 ff.).
- Halten Sie die Umschalttaste (⇧) gedrückt, um das Ziehen oder Zeichnen auf gerade Linien zu beschränken.
- Um zeitweise auf das *Bewegen-Werkzeug* zuzugreifen, während ein anderes Werkzeug ausgewählt ist, halten Sie die Befehlstaste gedrückt (⌘) (funktioniert nicht bei der Zeichenfeder sowie bei der Verschiebehand).

Die folgenden Abschnitte beschreiben die Funktionen und Voreinstellungsmöglichkeiten der einzelnen Werkzeuge für pixelbasiertes Arbeiten, d. h. der Werkzeuge zur Bearbeitung von Inhaltsebenen, Ebenenmasken sowie Alpha-Kanälen.

So benutzen Sie z. B. ein Mal-Werkzeug:
- Werkzeug in der *Werkzeug-Palette* wählen.
- Bei Mal-Werkzeugen eine Malfarbe (*Vordergrundfarbe*) wählen.
- *Pinselspitze* wählen.
- Voreinstellungen in der *Werkzeug-Optionen-Leiste* vornehmen.
- Werkzeug im Bild anwenden.

Pinsel-Palette, Pinselvorgaben

Sie können für die Mal- und Bearbeitungs-Werkzeuge, z.B. für *Pinsel (Werkzeugspitze)*, *Stempel*, *Weichzeichner*, *Nachbelichter* unterschiedliche Pinselformen und -größen definieren. Ist ein solches Werkzeug ausgewählt, können auf der rechten Seite der Werkzeug-Optionen-Leiste oder über das Menü *Fenster > Pinsel* die *Pinselvorgaben* aufgerufen werden. Diese Palette enthält mehrere Sätze vordefi-

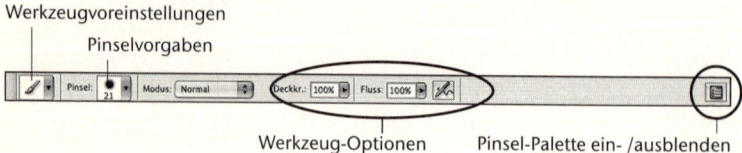

Werkzeugvoreinstellungen
Pinselvorgaben
Werkzeug-Optionen   Pinsel-Palette ein- /ausblenden

Werkzeug-Optionen-Leiste bei aktivem *Werkzeug* (Pinsel)

nierter Spitzen, die beliebig ergänzt oder verändert werden können. Eine Pinselspitze wird durch einfaches Anklicken ausgewählt. Sie erscheint dann als Miniatur neben dem Namen des Werkzeugs.

Die Pinsel-Palette enthält – bei ausgewählter Option *Pinselvorgaben* in der linken Spalte der Palette – außerdem ein Untermenü (schwarzes Dreieck oben rechts) mit Befehlen zum Erstellen *(Neue Pinselvorgabe...)*, Umbenennen, Löschen, Zurücksetzen, Laden, Speichern und Ersetzen von Werkzeugspitzen, außerdem verschiedene Optionen für die Darstellung der Pinsel innerhalb der Palette sowie einige von Photoshop vordefinierte Pinselsätze.

Mal- und Bearbeitungswerkzeuge für pixelbasiertes Arbeiten

✔ Pinsel können auch mit dem Vorgaben-Manager verwaltet werden s. S. 129.

Pinsel-Palette (links) und Untermenü der Palette (unten)

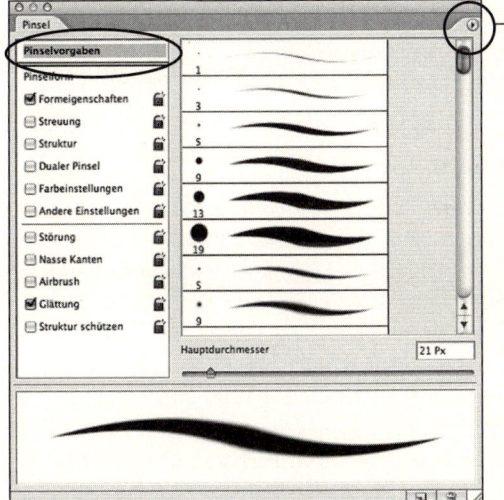

Wenn die gewünschte Pinselform in der Palette nicht vorhanden ist, können Sie eine vorhandene auswählen, ändern und mit dem Befehl *Neue Pinselvorgabe...* aus dem Untermenü oder per Klick auf den Schalter (🗔) speichern und benennen.

✔ Pinsel, die zu groß sind, um als Miniatur dargestellt werden zu können, erscheinen verkleinert unter Angabe ihres Durchmessers in Pixeln.

Pixelbasierte Arbeitstechniken 157

Pinselform

Klicken Sie auf *Pinselform* und legen Sie *Durchmesser*, *Rundung* und *Winkel*, *Kantenschärfe* und den *Malabstand* fest.

Interaktives Feld zum Einstellen von Winkel und Rundung des Pinsels

Dynamische Vorschau des aktuellen Pinsels

Durchmesser

Kantenschärfe

25 % 100 % 200 %
Malabstand

Rundung und Winkel

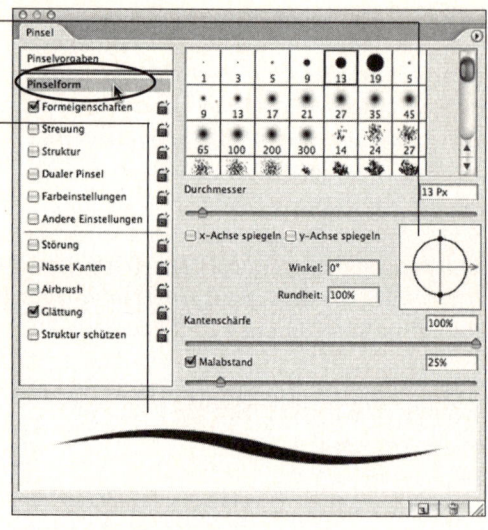

Da ein Malstrich in Photoshop aus einer Reihe sich teilweise überlagernder Punkte aufgebaut wird, ist es möglich, den Abstand zwischen den einzelnen Punkten zu variieren. Damit können Sie z. B. gepunktete oder gestrichelte Linien erzeugen. Die Normaleinstellung für einen nicht gebrochenen Strich liegt bei 25 %. 100 % setzt Punkt an Punkt ohne Abstand. Wenn der Schalter *Malabstand* ausgeschaltet ist, reagiert der Malstrich auf die Geschwindigkeit, mit der Sie die Maus ziehen.

Festlegen eines eigenen Pinsels aus einem Bild

Sie können Teile eines Bildes oder selbst gezeichnete Motive verwenden, um einen Pinsel zu erstellen.

• Ziehen Sie dazu mit einem beliebigen Auswahl-Werkzeug eine Auswahl über dem gewünschten Bereich auf, den Sie als Pinsel verwenden wollen. Diese kann bis zu 2500 × 2500 Pixel groß sein und sollte sich vor einem weißen Hintergrund befinden (ist nichts ausgewählt, wird das ganze Bild verwendet, sofern es kleiner als 2500 × 2500 Pixel ist).

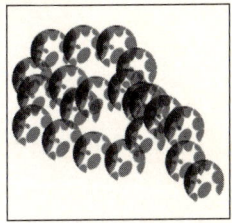

- Wählen Sie nun *Bearbeiten > Pinselvorgabe festlegen...* Im Dialog können Sie einen Namen vergeben. Nach Bestätigung erscheint die neue Spitze in der Pinsel-Palette.

Eigener Pinsel festgelegt (oben) und angewendet (unten)

- Heben Sie dann die Auswahl auf und wählen den Pinsel, um die Spitze auszuprobieren. So gut wie immer ist es sinnvoll, den *Malabstand* für eine neue Spitze zu vergrößern.

Eigener Pinsel mit 25 % und 80 % Malabstand

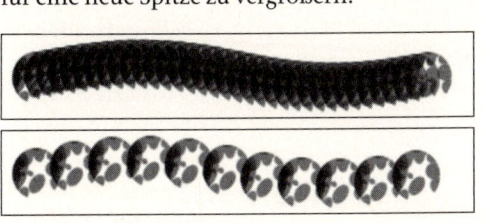

- Mit der Option *Aufnahmebereich verwenden (Pinselform)* kann der ursprüngliche Durchmesser einer aus einem Bild aufgenommenen Spitze wiederhergestellt werden, falls dieser verändert wurde.

✔ Beachten Sie, dass ein Pinsel nur aus Graustufen besteht. Falls Sie einen farbigen Bereich zum Festlegen eines eigenen Pinsels ausgewählt hatten, wird dieser in Graustufen umgesetzt. Sie können dann lediglich über die Auswahl einer Vordergrundfarbe beim Malen eine Art Kolorierung erzeugen.

Pinseleinstellungen

Der folgende Abschnitt bietet lediglich einen Überblick über die unzähligen Einstellungsmöglichkeiten für die Malwerkzeuge, darunter auch die dynamischen. Experimentieren Sie mit den Einstellungen, um die passenden zu finden. Dynamische Optionen bewirken eine Veränderung der Größe, Farbe und Deckkraft der Malspuren im Strichverlauf. Mit Hilfe von zwei Komponenten können dynamische Optionen gesteuert werden:

Jitter betrifft die Zufälligkeit: Bei 0 % bleibt der Malstrich im Strichverlauf unverändert, bei 100 % unterliegt er vollständig dem Zufall.

Größen-Jitter 100 %
(Mindestdurchmesser 1 %)

Winkel-Jitter 45 %

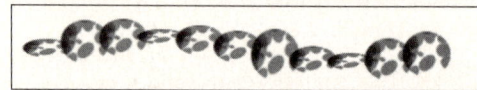

Rundheits-Jitter 80 %
(Mindestdurchmesser 1 %)

Steuerung bestimmt, wie die dynamischen Elemente gesteuert werden: Bei *Aus* findet keine Steuerung statt, bei *Verblassen* lässt der Jitter-Effekt in einer einzugebenden Anzahl von Stufen nach (abhängig auch von der Länge des Malstrichs).

Steuerung: *Verblassen*
20 Stufen
(Mindestdurchmesser 1 %)

✔ Unter dem Befehl *Verblassen...* (⌘ ⇧ F) im Menü *Bearbeiten* hingegen verbirgt sich die Möglichkeit, Malstriche insgesamt direkt nach dem Auftragen noch in ihrem *Modus* und/oder ihrer *Deckkraft* zu verändern.

Die Steuerungsoptionen für Stiftsteuerung (z. B. *Zeichenstift-Druck*) sind nur für ein angeschlossenes Grafiktablett verfügbar. Der Jitter-Effekt reagiert auf die ausgewählte Option.

Weitere Optionen:

✦ *Streuung* verteilt die Werkzeugspitzenspuren radial um den Malstrich (Option *Beide Achsen*) oder senkrecht zum Malstrich.

Streuung (Beide Achsen, 500 %, Anzahl 4, Anzahl-Jitter 100 %)

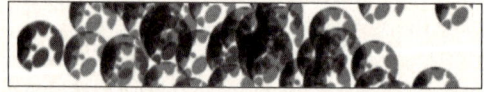

✦ *Struktur* erstellt anhand eines Musters Malstriche. Das Muster kann in seiner Größe variiert *(Skalierung)* und in verschiedenen Modi (z. B. *Multiplizieren*, s. S. 135) eingefügt werden.

 *Struktur*

+ *Dualer Pinsel* kombiniert die aktuelle Werkzeugspitze mit einer zweiten. Klicken Sie auf die Option *Dualer Pinsel* (nicht auf die zugehörige Checkbox) und wählen aus den Pinseln einen aus. Zusätzlich kann ein Modus ausgewählt, der Durchmesser und einige andere Optionen variiert werden.

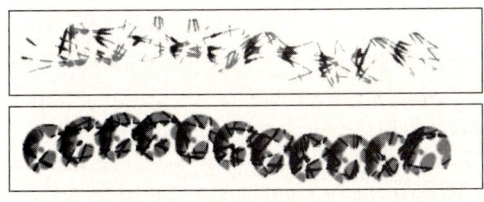

Dualer Pinsel (mit verschiedenen Modi)

+ *Farbeinstellungen* bewirken zufällige Veränderungen von *Farbton, Sättigung, Helligkeit* oder *Reinheit* während des Farbauftrags (s. S. 347) oder eine Zufallsmischung zwischen eingestellter Vorder- und Hintergrundfarbe.

Farbeinstellungen: Helligkeit 100 %

+ *Andere Einstellungen: Deckkraft-* und *Fluss-Jitter* variieren die Deckkraft und den Farbfluss nach Zufall.

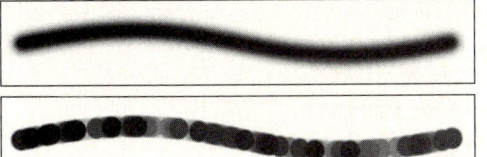

Malstrich ohne Jitter-Einstellungen

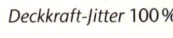

Deckkraft-Jitter 100 %

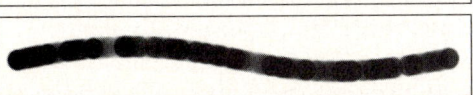

Fluss-Jitter 100 %

Pixelbasierte Arbeitstechniken

✛ *Störung* und *Nasse Kanten*: *Störung* ist bei weichen Pinseln besonders wirkungsvoll. *Nasse Kanten* erzeugt Malstriche in einer Art Aquarell-Technik, d. h. der Malstrich erhält einen am Rande stärkeren und im Inneren transparenteren Farbauftrag.

Störung 100 %

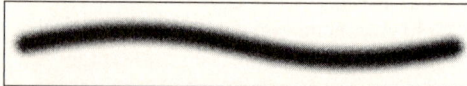

Nasse Kanten 100 %

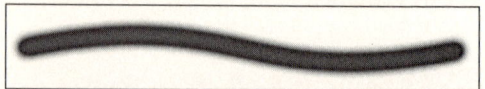

✔ Für die Airbrush-Technik stellen Sie am besten eine Werkzeugspitze mit geringer *Kantenschärfe* ein und sprühen Sie mehrfach und mit reduzierter *Deckkraft* über denselben Bereich, um den Farbauftrag allmählich aufzubauen. Wenn Sie die Maustaste beim Farbauftrag gedrückt halten und die Maus nicht bewegen, „strömt" die Farbe so lange weiter, bis Sie die Maustaste wieder loslassen.

✛ *Airbrush*: Mit der Airbrush-Option lassen sich Effekte traditioneller Airbrush-Technik (Sprühtechnik) und damit sehr weiche Farbabstufungen erzielen. Die Option Airbrush entspricht der in der Werkzeug-Optionen-Leiste ( ).

✛ *Glätten*: Mit dieser Option entstehen glattere Kurven, insbesondere wenn Sie schnell mit einem Stift malen.

✛ *Struktur schützen*: Mit dieser Option wird allen Pinselvorgaben, die eine Struktur haben, das gleiche Muster und die gleiche Größe zugewiesen. Die aktuelle Struktur kann mit dem Befehl *Struktur in andere Werkzeuge kopieren* (im Untermenü der Pinsel-Palette) auf alle Werkzeuge übertragen werden, die Strukturen unterstützen.

Struktur kopieren

Mit dem Befehl *Pinsel-Steuerung löschen* (im Untermenü der Pinsel-Palette) werden alle Pinselvorgaben gelöscht.

Pinseleinstellungen löschen

Eigene Pinselvorgaben

Um sich einen Satz mit ausschließlich eigenen Pinseln anzulegen, können Sie so vorgehen:

• Löschen Sie in der Pinsel-Palette *alle* Werkzeugspitzenvoreinstellungen, indem Sie die

✔ Pinselsätze (bisher „Werkzeugspitzensätze" genannt) aus älteren Photoshop-Versionen können in den *Photoshop-Programmordner* > *Vorgaben* > *Pinsel* kopiert werden.

Wahltaste (⌥) gedrückt halten, sodass das Scherensymbol erscheint, und löschen jeweils durch Klicken.

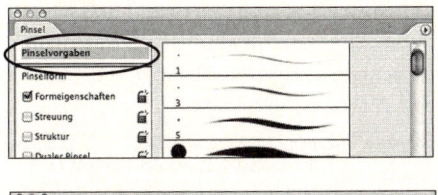

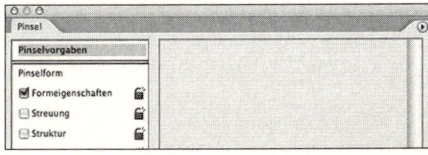

✔ Selbst definierte oder anderweitig bearbeitete Pinsel werden in einer Voreinstellungsdatei im Systemordner gespeichert, sodass sie zwischen Arbeitssitzungen (Programm beenden / Programm neu starten) erhalten bleiben. Wird diese Datei gelöscht oder beschädigt oder werden die Pinsel auf die Standardsätze zurückgesetzt, gehen diese neuen Voreinstellungen verloren. Um dies zu verhindern, speichern Sie Ihre Sätze wie nebenstehend beschrieben.

• Wählen Sie dann *Pinselform*, dort einen Pinsel, modifizieren ihn nach Ihren Wünschen und speichern ihn über *Neue Pinselvorgabe...* im Palettenmenü. Verfahren Sie so auch mit weiteren Pinseln.

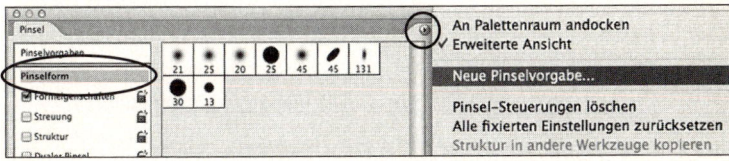

• Speichern Sie dann über *Pinselvorgaben: Pinsel speichern...*

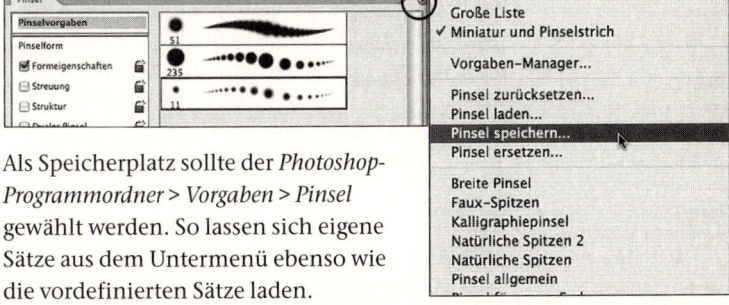

Als Speicherplatz sollte der *Photoshop-Programmordner > Vorgaben > Pinsel* gewählt werden. So lassen sich eigene Sätze aus dem Untermenü ebenso wie die vordefinierten Sätze laden.

Pixelbasierte Arbeitstechniken

Werkzeug-Optionen-Leiste

Auch in der *Werkzeug-Optionen-Leiste* kann die Pinsel-Palette ausgewählt und bearbeitet werden. Daneben finden Sie spezifische Einstellungsmöglichkeiten für alle Werkzeuge. Name und Inhalt der Leiste ändern sich kontextabhängig.

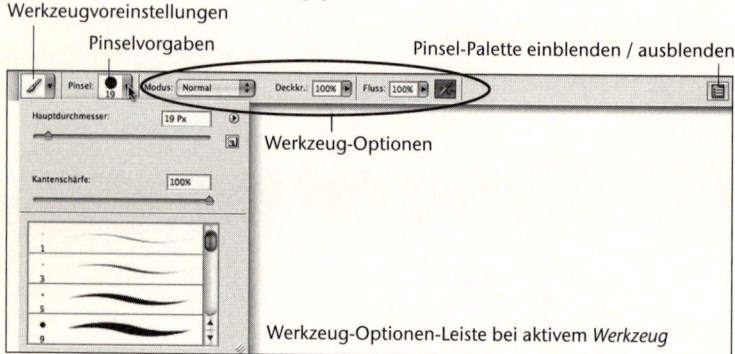

Werkzeugvoreinstellungen
Pinselvorgaben
Pinsel-Palette einblenden / ausblenden
Werkzeug-Optionen
Werkzeug-Optionen-Leiste bei aktivem *Werkzeug*

Ist die *Werkzeug-Optionen-Leiste* beim Aktivieren eines Werkzeuges nicht sichtbar, doppelklicken Sie auf das gewünschte Werkzeug. Zum Ausblenden der Werkzeug-Optionen-Leiste wählen Sie *Fenster > Optionen*.

Allgemeine Werkzeug-Optionen

Deckkraft, Fluss, Stärke und Belichtung

Für das *Verlaufs-Werkzeug, Buntstift, Pinsel* und *Stempel* können Sie die *Deckkraft* der aufgetragenen Farbe festlegen. Für *Wischfinger, Weich-* und *Scharfzeichner* oder *Schwamm* erfüllt die Option *Stärke* bzw. für den *Abwedler/Nachbelichter* die Option *Belichtung* an gleicher Stelle eine vergleichbare Funktion. Vollständig deckende Farbe entspricht einem Prozentwert von 100% – einen transparenten Farbauftrag erhalten Sie mit einem niedrigeren Prozentwert. Die Option *Fluss* bei einigen Werkzeugen bestimmt, wie schnell das jeweilige Mal-Werkzeug seine Arbeit ausführt.

✔ Ist ein Malwerkzeug aktiv, kann die *Deckkraft* resp. *Stärke* und *Belichtung* auch über Tastatureingabe verändert werden: 1 = 10%, 2 = 20%, 3 = 30%, usw. bis 0 = 100%. Ist *kein* Malwerkzeug aktiv, bezieht sich die Eingabe auf die *Deckkraft der aktiven Ebene*.

Werkzeugvoreinstellungen

Kombinationen aus voreingestellten Werkzeugspitzen und Werkzeugoptionen lassen sich als *Werkzeugvoreinstellungen* über das Werkzeug-Icon in der Werkzeug-Optionen-Leiste ganz links auswählen und verwalten, neue Kombinationen speichern.

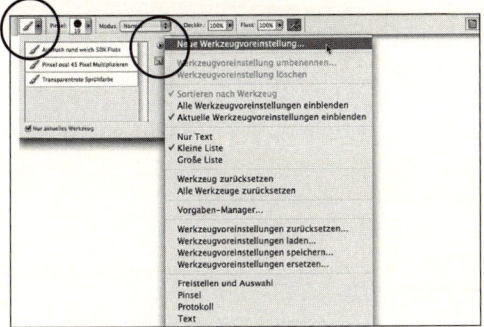

Zum Zurücksetzen auf die Standardeinstellung einer oder aller Werkzeugvoreinstellungen klicken Sie auf das Dreieck (⊙) in der Werkzeugvoreinstellungen-Palette und wählen den entsprechenden Befehl im Untermenü.

Vorgaben-Manager

Werkzeugspitzen- und Werkzeugvoreinstellungen sowie andere Bibliotheksarten können in dem jeweiligen Editor (s. S. 157), mit dem sie erstellt wurden, oder auch im Vorgaben-Manager dauerhaft als Vorgabe gespeichert werden.

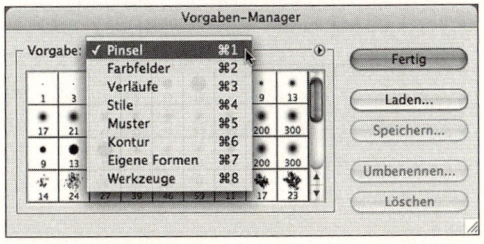

Vorgaben-Manager

Der Vorgaben-Manager im *Bearbeiten*-Menü ist eine Bibliothek, in der verschiedene Bibliotheksarten verwaltet werden. Die Bibliotheksarten sind *Pinsel* (Werkzeugspitzen), *Farbfelder, Verläufe, Stile, Muster, Konturen, eigene Formen* sowie *Werkzeuge* (Werkzeugvoreinstellungen). Jede Bibliotheksart kann mehrere von Photoshop oder selbst vordefinierte Sätze enthalten. Neu erstellte *Muster, Pinsel* usw. werden automatisch in dem jeweiligen „Editor" (z. B. für *Pinsel / Werkzeugspitzen* in der Pinsel-Palette usw.) sowie im *Vorgaben-Manager* angezeigt und in einer Voreinstellungsdatei – jedoch zunächst nicht dauerhaft – gespeichert. Wird diese Datei gelöscht oder beschädigt oder werden die Werkzeugspitzen auf die Standardsätze zurückgesetzt, gehen diese neuen Voreinstellungen verloren. Um dies zu verhindern, speichern Sie Ihre Sätze wie auf S. 157 beispielhaft beschrieben. Jede Bibliotheksart hat eine eigene Dateinamenerweiterung und einen Standardordner (im Programmordner *Vorgaben*).

Pixelbasierte Arbeitstechniken

Alle Ebenen einbeziehen

Beim Benutzen des *Zauberstabs*, des *Wischfingers*, des *Weich-/Scharfzeichners*, des *Fülleimers* und des *Stempels* arbeiten Sie normalerweise nur auf der zur Zeit aktiven Ebene. Das heißt, dass nur Farben aus dieser Ebene aufgenommen werden können, auch wenn andere Ebenen sichtbar sind. Wenn Sie nun die Box *Alle Ebenen verwenden* anklicken, können Sie auch mit Informationen arbeiten, die Sie aus allen sichtbaren Ebenen aufgenommen haben.

Mal- oder Bearbeitungsmodus

Sie können festlegen, wie Pixel durch ein Mal- oder Bearbeitungswerkzeug verändert werden, indem Sie eine Option aus dem *Modus-Einblendmenü* auswählen. *Normal* bedeutet, dass jedes Pixel innerhalb des Auswahlbereiches mit der eingestellten Zielfarbe in der eingestellten Deckkraft gefüllt wird. Eine Beschreibung der Wirkungsweise der Mal- und Bearbeitungsmodi bzw. eine Übersicht finden Sie auf S. 133 ff. sowie im Farbteil dieses Buches.

Glätten (Anti-Aliasing)

Ungeglättete Formen

Geglättete Formen
(Vergrößerte Darstellung)

Glätten (Anti-Aliasing) ist für viele Mal- und Bearbeitungswerkzeuge, für Auswahlwerkzeuge und Text verfügbar. Die Option *Glätten* glättet die Pixelstruktur, indem zusätzliche Randpixel erzeugt bzw. ausgewählt werden, die weichere Ränder erzeugen. *Glätten* bringt damit ein besseres Erscheinungsbild bei Schrägen und Rundungen (auch bei Text), was bei niedrigen Bildauflösungen vorteilhaft ist. Bei exakt waage- oder senkrechten sowie sehr kleinen Formen (auch kleinem Text) kann ohne Glätten gearbeitet werden, da hier die entstehende Unschärfe meist unerwünscht ist.

Hinweise zum Malen und Arbeiten in Ebenen

Beachten Sie beim Arbeiten mit Mal- und Bearbeitungswerkzeugen, dass die Veränderungen immer die *aktive Ebene* (bzw. den aktiven Kanal oder die aktive Ebenenmaske) betreffen. Beim Verwenden der Werkzeuge achten Sie darauf, dass nichts ausgewählt ist bzw. dass Sie innerhalb einer aktiven Auswahl arbeiten, da sonst kein Ergebnis zu sehen ist.

Beachten Sie außerdem die verschiedenen *Fixieren*-Optionen im Kopf der Ebenen-Palette. Wenn eine dieser Optionen eingeschaltet ist, hat ein Bearbeiten u. U. keine Wirkung.

In der Werkzeug-Optionen-Leiste können Sie *Deckkraft* und *Modus* für das aktive Mal- oder Bearbeitungswerkzeug festlegen. Auch für Ebenen lassen sich spezifisch *Deckkraft* und *Modus* festlegen (s. S. 133). Es können also vor dem Verwenden eines Mal- und Bearbeitungswerkzeuges eine neue Ebene angelegt und die Mal- und Bearbeitungswerkzeuge zunächst mit dem Modus *Normal* verwendet werden. Experimentieren Sie dann mit dem *Mal- und Bearbeitungsmodus der Ebene* in der Ebenen-Palette. Alternativ können Sie auch mit dem *Verblassen*-Befehl (s. S. 443) arbeiten, um die Wirkung auszuprobieren.

Die *Deckkraft- und Moduseinstellungen einer Ebene* haben Priorität gegenüber den *Deckkraft- und Moduseinstellungen der Mal- und Bearbeitungswerkzeuge*, die auf dieser Ebene angewendet wurden, weil dies der maximale Wert ist, der für die Ebenen gelten kann.

Dazu ein Beispiel: Angenommen, Sie haben für eine Ebene eine Deckkraft von 50 % und den Sprenkeln-Modus festgelegt. Malen Sie nun in dieser Ebene mit einem Pinsel, für den

Fixieren-Optionen in der Ebenen-Palette

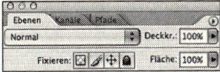

Nichts fixiert

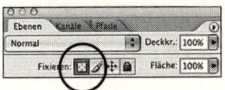

Fixieren > Transparente Bereiche: Transparente Bereiche können nicht bearbeitet werden (nur für Inhaltsebenen)

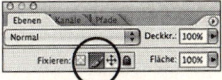

Fixieren > Bilddaten: Mal- und Bearbeitungswerkzeuge können nicht verwendet werden (⊘) (nur für Inhaltsebenen)

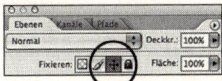

Fixieren > Bewegen: Ebeneninhalt kann nicht bewegt werden

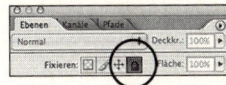

Fixieren > Alles: Ebene kann überhaupt nicht bearbeitet werden (⊘)

✔ Zum Arbeiten mit Ebenen s. S. 71 ff.

Pixelbasierte Arbeitstechniken

✔ Verwenden Sie die Tabulatortaste (⇥) zum Ein- und Ausblenden der Werkzeug-Palette zusammen mit anderen Paletten. Um nur die Werkzeug-Palette aus- und einzublenden, verwenden Sie den Befehl *Fenster > Werkzeuge*.

Sie 100% Deckkraft und den Normal-Modus festgelegt haben, so erscheint der Farbauftrag in dieser Ebene im Sprenkeln-Modus und mit einer Deckkraft von 50%, weil diese Einstellungen den Maximalwert für die Ebene darstellen. In einer Ebene, für die der Normal-Modus und 100% Deckkraft eingestellt sind, werden z. B. beim Arbeiten mit dem Radiergummi, der mit 50% Deckkraft eingestellt ist, nur 50% der Farbe gelöscht.

Aufgrund dieser Tatsachen ist es empfehlenswert, beim Malen oder Bearbeiten eines Bildes die Ebenen-Palette (bzw. Kanäle-Palette) zur Statusüberprüfung geöffnet zu halten. Beachten Sie, dass auch eine unsichtbare Ebene die momentan aktive Ebene sein kann. Sie erhalten bei dem Versuch, eine ausgeblendete Ebene zu bearbeiten, eine entsprechende Warnung in Form eines Verbotszeichens (⊘).

Radiergummi

Der Radiergummi entfernt die Pixel, über die Sie ziehen. Arbeiten Sie mit dem Radiergummi auf dem *Hintergrund* oder einer anderen Ebene mit eingeschalteter Option *Fixieren > Transparente Bereiche*, nehmen die Pixel die eingestellte Hintergrundfarbe an. Ansonsten wird die bearbeitete Fläche transparent.

Radiergummi mit der Option *Pinsel* angewendet

Radiergummi-Werkzeug-Optionen

✦ *Pinsel, Buntstift, Quadrat* sind verschiedene Radiergummi-Grundformen, die beim Löschen der Pixel die Eigenschaften dieser Werkzeuge annehmen.

Quadrat löscht in einer quadratischen Form von 16 × 16 Pixeln.

Pixelbasierte Arbeitstechniken

✢ *Basierend auf Protokoll löschen* versetzt den betreffenden Bereich in einen zurückliegenden Zustand zurück. Die Option bezieht sich jeweils auf den in der Protokoll-Palette zuvor ausgewählten Zustand bzw. Schnappschuss (s. S. 535).

Hintergrund-Radiergummi

Der Hintergrund-Radiergummi löscht durch Malen Bereiche mit ähnlicher Farbe, sodass sie transparent werden. Der Hintergrund wird dabei so gelöscht, dass ein Motiv im Vordergrund erhalten bleibt. Wird das Werkzeug aktiviert, erscheint der Mauszeiger in der Größe der Werkzeugspitze mit einem Fadenkreuz, das den Hot Spot des Werkzeugs kennzeichnet (). Ziehen Sie die Maus über den zu löschenden Bereich. Der Hintergrund-Radiergummi nimmt die Farbe in der Mitte der Werkzeugspitze, also unter dem Hot Spot auf und löscht diese Farbe (innerhalb der eingestellten Toleranz) überall dort, wo sie innerhalb der Werkzeugspitze erscheint. Außerdem wird die Farbe an den Rändern des Vordergrundmotivs „extrahiert", sodass keine Randpixel liegen bleiben, falls das Vordergrundmotiv später in ein anderes Bild eingefügt wird.

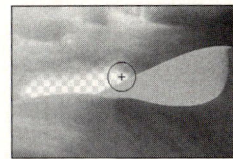

Hintergrund-Radiergummi: Die Farbe unter dem Hot Spot wird aufgenommen und gleichzeitig überall dort gelöscht, wo sie innerhalb der Werkzeugspitze erscheint.

⚠ Der Hintergrund-Radiergummi setzt die Option *Fixieren > Transparente Bereiche* der jeweiligen Ebene außer Kraft.

Hintergrund-Radiergummi-Werkzeug-Optionen

✢ *Grenzen > Nicht aufeinander folgend:* Die aufgenommene Farbe wird überall gelöscht, wo sie unter dem Werkzeug auftritt.

✢ *Grenzen > Aufeinander folgend:* Löscht nur die Bereiche, die die aufgenommene Farbe enthalten und benachbart sind.

- *Grenzen > Kanten suchen:* Löscht die Bereiche, die die aufgenommene Farbe enthalten und benachbart sind, wobei die Schärfe der Formkanten besser erhalten bleibt.
- *Toleranz:* Legt den Helligkeits- bzw. Farbwertumfang des zu löschenden Bereichs fest. Bei einem niedrigen Toleranzwert werden nur die Bereiche gelöscht, die der aufgenommenen Farbe sehr ähnlich sind – bei einem hohen Toleranzwert wird ein größerer Farbbereich gelöscht (50% ist ein guter Ausgangswert).
- *Vordergrundfarbe schützen:* Schützt Bereiche mit der Vordergrundfarbe.
- *Sampling > Kontinuierlich:* Farben werden beim Ziehen kontinuierlich aufgenommen – benachbarte Bereiche mit unterschiedlichen Farben können damit gelöscht werden.
- *Sampling > Einmal:* Löscht nur die Bereiche mit der Farbe, auf die Sie zuerst klicken – somit können Sie einfarbige Bereiche bzw. einzelne Farben aus mehreren, nicht benachbarten Bildbereichen löschen.
- *Sampling > Hintergrund-Farbfeld:* Löscht nur die Bereiche, die die aktuelle Hintergrundfarbe enthalten.

Magischer Radiergummi

Wenn Sie mit dem magischen Radiergummi in eine Ebene klicken, werden automatisch alle farbähnlichen Pixel entfernt. Arbeiten Sie mit dem Radiergummi auf dem *Hintergrund* oder einer anderen Ebene mit eingeschalteter Option *Fixieren > Transparente Bereiche*, nehmen die Pixel die eingestellte Hintergrundfarbe an. Ansonsten wird die bearbeitete Fläche transparent.

Magischer Radiergummi: Durch einfachen Mausklick werden Bereiche mit ähnlicher Farbe gelöscht.

Magischer-Radiergummi-Werkzeug-Optionen

+ *Toleranz:* Legt den Helligkeits- bzw. Farbwert-Umfang des zu löschenden Bereichs fest. Möglich sind Werte von 1 (nur angrenzende Pixel, die exakt den gleichen Farbwert haben wie der, auf den geklickt wurde, werden ausgewählt) bis 255 (alle Pixel im Bild werden ausgewählt). Beginnen Sie mit dem Wert 32 und erhöhen oder reduzieren Sie nach Bedarf.
+ *Glätten*: s. S. 166.
+ *Aufeinander folgend*: Die *ein*geschaltete Option bewirkt, dass nur *angrenzende* farbähnliche Pixel innerhalb der festgelegten Toleranz entfernt werden. Ist die Option *aus*geschaltet, werden alle farbähnlichen Pixel innerhalb der Toleranz im *gesamten* Bild entfernt.
+ *Alle Ebenen einbeziehen*: Normalerweise bezieht sich das Werkzeug nur auf die aktive Ebene. *Alle Ebenen einbeziehen* erweitert die zu löschenden Bereiche um Pixel aus allen *sichtbaren* Ebenen.
+ *Deckkraft*: Bei einem Wert von 100% werden die Pixel völlig transparent. Ist der Wert kleiner, werden die Pixel nur teilweise transparent.

Buntstift

Der Buntstift zeichnet ungeglättete Linien, weshalb er nur zur Bearbeitung von Bitmap-Bildern oder zur pixelgenauen Bearbeitung zu empfehlen ist.

+ *Automatisch löschen*: Wird beim Zeichnen auf einen Bereich geklickt, der nicht die aktuelle Vordergrundfarbe enthält, wird diese aufgetragen. Wird beim Zeichnen auf einen Bereich geklickt, der die aktuelle Vordergrundfarbe bereits enthält, wird diese gelöscht und die Hintergrundfarbe aufgetragen.

Airbrush-Option

Die Airbrush-Option ist für viele Mal- und Bearbeitungs-Werkzeuge, z. B. Pinsel und Radiergummi, verfügbar. Damit lässt sich ein besonders weicher Werkzeugauftrag (Sprühtechnik) erzielen. Für die Airbrush-Technik stellen Sie am besten eine Werkzeugspitze mit geringer Kantenschärfe ein und sprühen Sie mehrfach und mit reduzierter Deckkraft über denselben Bereich. Wenn Sie die Maustaste während des Auftrags gedrückt halten und die Maus nicht bewegen, „strömt" die Farbe so lange weiter, bis Sie die Maustaste wieder loslassen.

✔ Der Protokoll-Pinsel wird ab S. 539 besprochen.

Normaler Pinsel

Pinsel (Werkzeugspitzen-Werkzeug)

Der Pinsel erzeugt weiche Malstriche. Der Pinsel erzeugt selbst bei 100 % Kantenschärfe geglättete Malstriche und ist eines der am häufigsten eingesetzten Malwerkzeuge.

Farbe-ersetzen-Werkzeug

Mit dem *Farbe-ersetzen-Werkzeug* soll das partielle Ersetzen einer bestimmten Farbe im Bild vereinfacht werden.

Allerdings ist die Erschließung der zahlreichen Optionen, die das Verfahren bestimmen, nach dem das Programm den unter der Pinselspitze liegenden Bildbereich analysiert und auf welche Weise diese Farbwerte ersetzt werden, nicht gerade einfach.

Die Einstellungen sind zu vielfältig, um sie an dieser Stelle hinreichend darzustellen. In der Photoshop-Hilfe finden Sie ausführliche Erläuterungen, die jedoch das Ausprobieren nicht überflüssig machen.

✔ Je eindeutiger sich ein Farbbereich von einem benachbarten abhebt, zu desto überzeugenderen Ergebnissen kommen Sie mit dem Farbe-ersetzen-Werkzeug. Bei komplexeren Vorlagen muss unter Umständen sehr lange nach der passenden Einstellung gesucht werden.

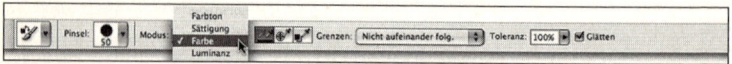

Reparatur-Pinsel

Mit dem Reparatur-Pinsel werden Pixel aus einem Bild (Option *Aufgenommen*) oder aus einem *Muster* aufgenommen und an anderer Stelle im gleichen oder einem anderen Bild aufgetragen, um kleine Makel zu beheben. Beim Reparatur-Pinsel werden auch Struktur, Beleuchtung und Schattierung der aufgenommen Pixel an die neue Umgebung angepasst, sodass er besonders für manuelle Retuschen geeignet ist.

Markieren Sie einen *Aufnahmeursprung* im Bild, von dem aus der Bildbereich beim Malen (Reparieren) aufgenommen wird – andernfalls erhalten Sie einen Warnhinweis.

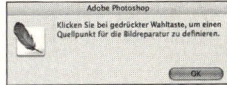

• Klicken Sie bei gewählter Option *Aufgenommen* mit gedrückter Wahltaste (⌥) an eine Bildstelle, die der zu reparierenden am ähnlichsten ist. Lassen Sie die Maustaste wieder los.

Zeigerform beim Aufnehmen

• Klicken Sie nun an einer beliebigen anderen Stelle, oder klicken und ziehen Sie die Maus, um mit dem aufgenommenen Bildteil zu malen. Der aktuelle Aufnahmebereich wird beim Malen mit dem Reparatur-Pinsel durch ein Fadenkreuz markiert. Die endgültige Anpassung erfolgt jeweils beim Loslassen der Maustaste. Sie können beliebig oft einen neuen Aufnahmeursprung definieren und neu damit malen.

1. Ggf. Auswahl aufziehen (sie verhindert, dass andersfarbige Randbereiche in die Reparatur einbezogen werden)

2. Aufnahmeursprung markieren (mit gedrückter Wahltaste in farbähnlichen Bereich klicken)

3. Reparieren: Über dem Kratzer klicken und mit gedrückter Maustaste ziehen. (Fadenkreuz = aktueller Aufnahmebereich); bei Bedarf mehrmals neu aufnehmen und abstempeln

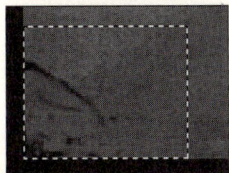

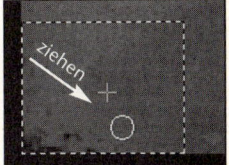

Reparatur-Pinsel-Optionen

➕ *Ausgerichtet:* Trägt den aufgenommenen Bereich durchgehend auf, gleichgültig wie oft Sie das Werkzeug absetzen (die Maustaste loslassen) und weitermalen (die Maustaste wieder drücken und ziehen). Mit dieser Option können Sie einen Bildbereich mit unterschiedlichen Werkzeugspitzen ununterbrochen wiedergeben. Ist die Option *Ausgerichtet* ausgeschaltet, wird das aufgenommene Bild immer wieder vom Aufnahmeursprung aus aufgetragen, sooft Sie das Werkzeug absetzen.

➕ *Alle Ebenen aufnehmen:* Bezieht auch auf oder unter der aktiven liegende Ebenen mit ein, wenn diese, etwa durch Teiltransparenzen, aktuell sichtbar sind.

Bereichsreparatur-Pinsel

Der Bereichsreparatur-Pinsel eignet sich zur Korrektur deutlich begrenzter Bildstörungen. Anders als der Reparatur-Pinsel lässt er sich aber direkt anwenden, das heißt, Sie müssen keinen Ausgangspunkt festlegen.

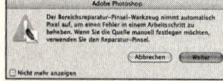

Das Werkzeug nimmt Pixel aus der unmittelbaren Umgebung einer Fehlstelle auf und führt die Reparatur unter Berücksichtigung von ursprünglich vorhandener Struktur, Beleuchtung und Transparenz durch.

Der Bereichsreparatur-Pinsel kommt am besten in homogenen Flächen zum Einsatz und fern von den Bildrändern, da er dazu neigt, in der Nähe befindliche kontrastreiche Kanten im Reparaturbereich wiederzugeben. Es empfiehlt sich, das Werkzeug eher punktuell als ziehend anzuwenden und mit einer Pinselspitze zu arbeiten, die nur wenig größer als der zu korrigierende Bereich ist.

✔ Wenn größere Bereiche zu reparieren sind, ist der Reparatur- dem Bereichsreparatur-Pinsel vorzuziehen, da sich der Pixelaufnahmebereich viel präziser steuern lässt.

Bereichsreparatur-Pinsel-Optionen

+ *Näherungswert:* Sucht im direkten Umfeld des Pinsels nach einem Bildbereich, der zur Reparatur geeignet ist.
+ *Struktur erstellen:* Bildet unter Verwendung der im Pinselbereich vorkommenden Pixelstruktur ein Muster. Diese Strukturen werden am besten mit ziehender Maus im Bild angewendet.
+ *Alle Ebenen aufnehmen:* Erlaubt alle sichtbaren Bildbestandteile mit in die Reparatur einzubeziehen.

Rote-Augen-Werkzeug

Ein weiteres Retuschierwerkzeug in der Palette von Photoshop ist das Rote-Augen-Werkzeug. Es dient der Beseitigung des von Fotografen gefürchteten gleichnamigen Effekts, der entsteht, wenn sich das weit geöffnete menschliche Auge nicht schnell genug dem grellen Blitzlicht anpassen kann (besonders also in Situationen mit wenig Umgebungslicht).

• Klicken Sie mit dem Werkzeug direkt in das rote Auge oder ziehen Sie damit ein Auswahlrechteck über dem betroffenen Bereich auf. Ist das Ergebnis nicht zufriedenstellend, wiederrufen Sie den Schritt mit ⌘ Z und ändern Sie die Optionen. Der Befehl *Bearbeiten > Verblassen...* lässt sich mit diesem Werkzeug leider nicht verwenden.

+ *Pupillengröße:* Legt den Radius fest, in dessen Bereich das Werkzeug angewendet wird.
+ *Verdunklungsbetrag:* Bestimmt den Grad der Entsättigung und Abdunklung der roten Farbpixel.

Ausbessern-Werkzeug

Das Ausbessern-Werkzeug klont praktisch einen ausgewählten Bildbereich. Gleichzeitig werden Struktur, Beleuchtung und Schattierung der aufgenomm Pixel an die neue Umgebung angepasst. Mit dem Werkzeug kann der zu reparierende Bildteil – möglichst knapp – ausgewählt werden (Option *Quelle*).

✔ Wie bei den Auswahl-Werkzeugen kann die Auswahl mit gedrückter Umschalttaste (⇧) erweitert, mit der Wahltaste (⌥) eingeschränkt werden.

Reparatur mit dem Ausbessern-Werkzeug und der Option *Ziel*

Anschließend ziehen Sie die Auswahlbegrenzung auf den Bereich, aus dem Sie Pixel aufnehmen möchten. Beim Loslassen der Maustaste wird die ursprüngliche Auswahl mit den aufgenommenen Pixeln repariert. Alternativ wählen Sie den Bildteil, aus dem Pixel zur Reparatur verwendet werden sollen, aus (Option *Ziel*). Dann ziehen Sie die Auswahlbegrenzung auf den zu reparierenden Bereich. Beim Loslassen der Maustaste wird der neue Auswahlbereich mit den aufgenommenen Pixeln repariert.

Stempel und Musterstempel

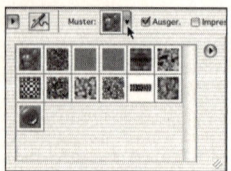

Musterstempel-Standardmuster

Stempel: Aufnahmeursprung markieren: mit gedrückter Wahltaste klicken

Abstempeln: mit gedrückter Maustaste an anderer Stelle klicken (und ziehen). Fadenkreuz = aktueller Aufnahmebereich

Mit dem Stempel können Sie eine exakte oder veränderte Kopie eines Bildbereiches oder einer Farbe im gleichen Bild, jedoch an anderer Stelle oder in einem anderen Bild auftragen. Der Stempel funktioniert wie der Reparatur-Pinsel. Die Stempel-Werkzeug-Optionen entsprechen denen des Reparatur-Pinsels.

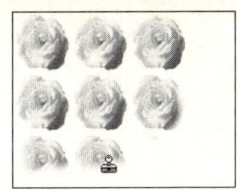

Musterstempel
(Option *Ausgerichtet*)

Für die Anwendung des Musterstempels wird kein Detail aus dem Bild aufgenommen, sondern es können stattdessen Standardmuster von Photoshop oder eigene Muster verwendet oder vor der Anwendung zunächst ein Bildbereich als Muster festgelegt werden (s. S. 128). Die Musterstempel-Werkzeug-Optionen entsprechen denen des Reparatur-Pinsels.

Musterstempel (Option *Ausgerichtet* ausgeschaltet)

Weich- und Scharfzeichner

Mit diesen Werkzeugen können Sie scharfe Kanten in einem Bild verwischen oder zu weich geratene Kanten scharf stellen, um die Klarheit zu erhöhen. Klicken Sie mit gedrückter Wahltaste ([⌥]), um zwischen den Werkzeugen umzuschalten. Die Werkzeuge sind zur Bearbeitung kleiner Bildteile vorgesehen. Für die Bearbeitung größerer Bildteile oder des gesamten Bildes empfiehlt es sich, Filter zu verwenden (s. S. 436).

 Wenden Sie den Scharfzeichner mit reduziertem Druck und sehr sparsam an, da es schnell zu einer Überzeichnung kommt.

Wischfinger

Der Wischfinger simuliert den Effekt eines Fingers, der durch nasse Farbe gezogen wird, und verwischt dabei die mit der Werkzeugspitze berührten Bereiche.

Wischfinger-Werkzeug-Optionen

✦ *Fingerfarbe:* Die Option setzt zu Beginn jedes Wischvorganges (neues Klicken) die Vordergrundfarbe ein.

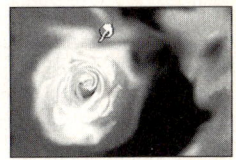

Wischfinger

Pixelbasierte Arbeitstechniken 177

Abwedler, Nachbelichter und Schwamm

Diese Werkzeuge beruhen auf Techniken in der Fotografie (Herstellung von Abzügen), bei denen für Teile eines Bildes Licht zurückgehalten wird, um diese *aufzuhellen* (*Abwedeln*), oder die Belichtungszeit verlängert wird, um Bildbereiche *abzudunkeln* (*Nachbelichten*).

✚ *Bereich > Mitteltöne/Tiefen/Lichter:* Verändert jeweils nur die mittleren Farbtöne, die dunklen bzw. hellen Bildbereiche.

Der Schwamm dient zur Veränderung der Sättigung in Bildteilen.

✚ *Modus > Sättigung erhöhen/Sättigung verringern:* Wählen Sie entsprechend Ihren Erfordernissen.

✔ Abwedler, Nachbelichter und Schwamm sind zur Bearbeitung kleiner Bildteile vorgesehen. Wenn Sie größere Bildteile oder das gesamte Bild aufhellen, abdunkeln oder die Sättigung verändern wollen, empfiehlt es sich, mit den Farb- und Tonwertkorrekturen zu arbeiten (siehe Kapitel 11).

Füll-Werkzeug

Das Füll-Werkzeug verwendet die eingestellte Vordergrundfarbe oder ein Muster, um *angrenzende* Pixel mit *ähnlichen Farbwerten* wie das Pixel, auf das Sie mit dem Fülleimer klicken, zu füllen.

Füll-Werkzeug-Optionen

✚ *Toleranz*: Legt den Helligkeits- bzw. Farbwert-Umfang des Füll-Werkzeuges fest. Möglich sind Werte von 1 (nur angrenzende Pixel, die exakt den gleichen Farbwert haben wie der, auf den geklickt wurde, werden gefüllt) bis 255 (alle Pixel im Bild werden gefüllt). Beginnen Sie mit dem Wert 32 und erhöhen oder reduzieren Sie nach Bedarf.

✚ *Benachbart*: Die *ein*geschaltete Option bewirkt, dass nur *angrenzende* farbähnliche Pixel innerhalb der festgelegten Toleranz gefüllt werden. Ist die Option *aus*geschaltet, werden alle farbähnlichen Pixel innerhalb der Toleranz im *gesamten* Bild gefüllt.

✔ Durch Klicken in die das Bild umgebende Fläche mit dem Fülleimer und bei gedrückter Umschalttaste / ⇧ wird das Fenster mit Vordergrundfarbe gefüllt.

✔ Da der zu füllende Bereich nur über Experimentieren mit der Toleranz festgelegt werden kann, ist es mitunter sinnvoller, zunächst den gewünschten Bereich auszuwählen, da so verschiedene Auswahlmöglichkeiten miteinander kombiniert werden können. Füllen Sie dann die Fläche mit dem Befehl *Bearbeiten > Fläche füllen* ⇧ ⌫.

Verlauf-Werkzeuge

Mit den Verlauf-Werkzeugen erzeugen Sie einen allmählichen Übergang zwischen zwei oder mehr Farben. Sie können die einzelnen Verlauf-Werkzeuge mit verschiedenen vordefinierten Verläufen kombinieren oder auch eigene Verläufe erzeugen. Beachten Sie, dass, wenn nichts ausgewählt ist, der Verlauf auf die gesamte aktive Inhaltsebene angewendet wird. Text- und Formebenen können nicht mit Verläufen versehen werden. In vielen Fällen empfiehlt es sich deshalb, eine spezielle *Verlaufsebene* anzulegen, die auf alle Ebenenarten wirken kann. Erläuterungen hierzu finden Sie ab S. 434.

Dialog *Bearbeiten des Verlaufs*
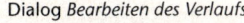
Menü *Auswahlliste für Verläufe*

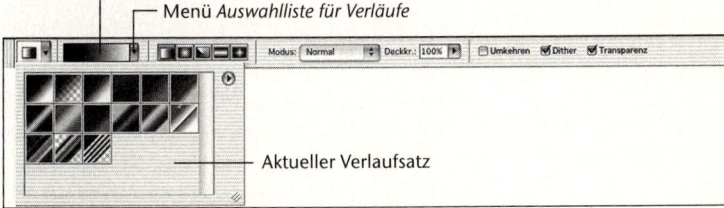

Aktueller Verlaufsatz

So erzeugen Sie einen Verlauf:
• Wählen Sie ein Verlauf-Werkzeug und dann einen Verlauf aus dem aktuellen Verlaufssatz.
• Klicken Sie an eine Stelle im Bild (Startpunkt), halten Sie die Maustaste gedrückt und ziehen Sie. Sie erhalten eine Art Gummiband.
• Ziehen Sie weiter. Mit der Richtung des Ziehens bestimmen Sie für einige Verlaufsarten den Winkel des Verlaufs. (Für die Einschränkung auf ein Vielfaches von 45° halten Sie die Umschalttaste (⇧) gedrückt.)
• Klicken Sie ein zweites Mal (Endpunkt).
Die Bereiche, die vor und hinter dem Start- und Endpunkt liegen, werden mit der reinen Anfangs- bzw. Endfarbe gefüllt.

Linearer Verlauf

Hier wurde ein linearer Verlauf von Vordergrundfarbe (Schwarz) zu Hintergrundfarbe (Weiß) erstellt. Für eine umgekehrte Verlaufsrichtung klicken Sie vor dem Aufziehen des Verlaufs entweder auf *Umkehren* oder ziehen von rechts nach links.

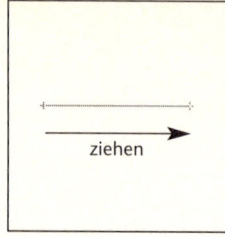
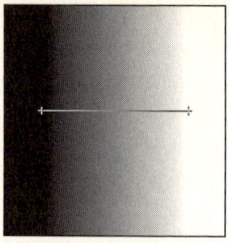

Ein linearer Verlauf beginnt am Startpunkt (wo Sie das erste Mal geklickt und zu ziehen begonnen haben) und wird in einer geraden Linie in Zugrichtung der Maus erzeugt. Er endet, wo Sie das zweite Mal geklickt haben.

Radialer Verlauf

Die Abbildung zeigt einen kreisförmigen Verlauf von Vordergrundfarbe (Schwarz) zu Hintergrundfarbe (Weiß). Für ein weißes Zentrum klicken Sie vor dem Aufziehen des Verlaufs auf *Umkehren* und ziehen den Verlauf neu auf.

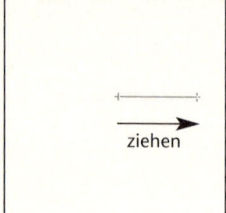
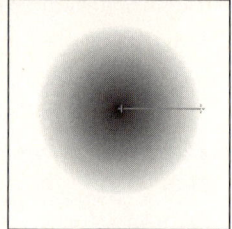

Bei kreisförmigen Verläufen definieren Sie den Radius: Der Startpunkt ist das Zentrum des Verlaufs, der zweite Mausklick das Ende des Verlaufs.

Winkelverlauf (Eckiger Verlauf)

Hier sehen Sie einen eckigen Verlauf von Vordergrundfarbe (Schwarz) zu Hintergrundfarbe (Weiß). Für eine Verlaufsrichtung entgegen dem Uhrzeigersinn klicken Sie vor dem Aufziehen auf *Umkehren*.

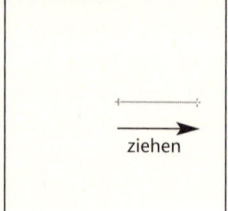

Bei einem eckigen Verlauf wird der Verlauf im Uhrzeigersinn um den Startpunkt herum erzeugt.

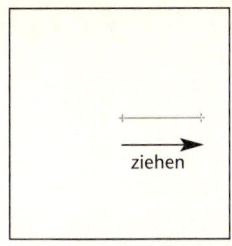
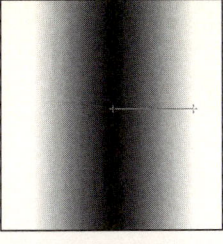

Reflektierter Verlauf

Ein reflektierter Verlauf von Vordergrundfarbe (Schwarz) zu Hintergrundfarbe (Weiß). Für eine umgekehrte Verlaufsrichtung klicken Sie vor dem Aufziehen auf *Umkehren*.

Ein reflektierter Verlauf wird vom Startpunkt aus linear und symmetrisch in zwei Richtungen erstellt. Der Startpunkt bildet die Mitte des Verlaufs.

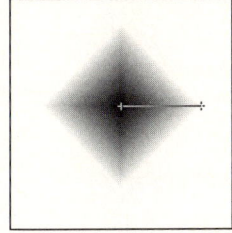

Rautenförmiger Verlauf

Ein rautenförmiger Verlauf von Vordergrundfarbe (Schwarz) zu Hintergrundfarbe (Weiß). Für ein weißes Zentrum klicken Sie vor dem Aufziehen auf *Umkehren*.

Ein rautenförmiger Verlauf wird vom Startpunkt nach außen erzeugt, wobei der Endpunkt eine Ecke der Raute festlegt.

Verlauf-Werkzeug-Optionen

✢ *Umkehren* kehrt die Richtung des Verlaufs um (Farbe des Startpunkts erscheint am Endpunkt und Farbe des Endpunkts erscheint am Startpunkt).

✢ *Dither* erzeugt Verläufe mit weicheren Farbabstufungen.

✢ *Transparenz*: Die Option aktiviert eine im Verlauf festgelegte Deckkraftreduzierung. Ist die Option ausgeschaltet, wird der Verlauf so erzeugt, als wäre er 100%ig deckend, auch wenn eine Deckkraftreduzierung definiert ist.

✔ *Fülleimer* und *Verlauf-Werkzeug* können nicht auf Bitmap-Bilder, Indizierte-Farben-Bilder oder Bilder mit einer Farbtiefe von 16 Bit pro Kanal angewendet werden.

Bearbeiten des Verlaufs

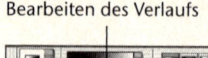

Bearbeiten und Neuerstellen von Verläufen

Durch Klicken auf den Schalter *Bearbeiten des Verlaufs* gelangen Sie in den Dialog *Verläufe bearbeiten*. In der Liste finden Sie alle verfügbaren Verlaufssätze. Sie können vorhandene Verläufe verändern, umbenennen, löschen sowie eigene neue Verläufe erstellen. Ein selbst definierter (neuer oder bearbeiteter)

Verlaufstyp *Durchgehend*

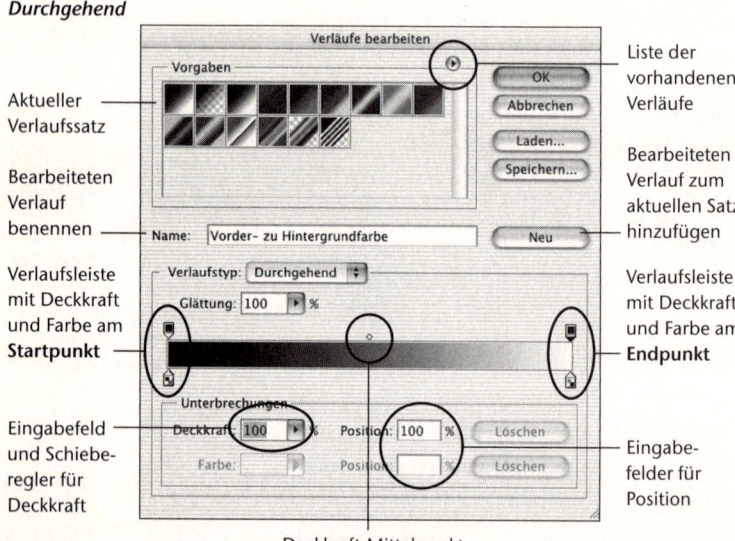

- Liste der vorhandenen Verläufe
- Aktueller Verlaufssatz
- Bearbeiteten Verlauf zum aktuellen Satz hinzufügen
- Bearbeiteten Verlauf benennen
- Verlaufsleiste mit Deckkraft und Farbe am **Startpunkt**
- Verlaufsleiste mit Deckkraft und Farbe am **Endpunkt**
- Eingabefeld und Schieberegler für Deckkraft
- Eingabefelder für Position
- Deckkraft-Mittelpunkt

Farb-Mittelpunkt

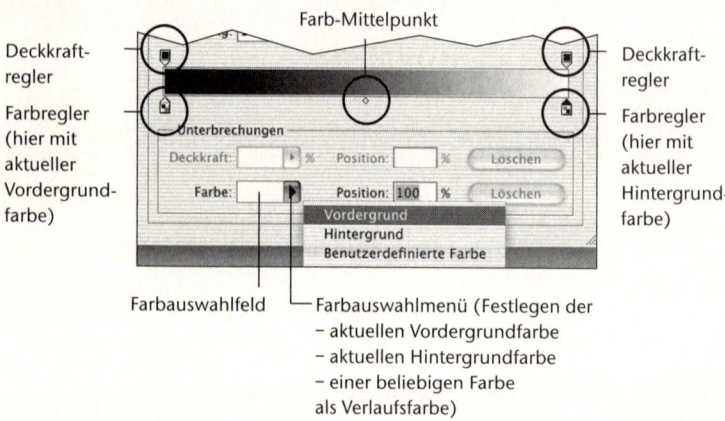

- Deckkraftregler
- Deckkraftregler
- Farbregler (hier mit aktueller Vordergrundfarbe)
- Farbregler (hier mit aktueller Hintergrundfarbe)
- Farbauswahlfeld
- Farbauswahlmenü (Festlegen der
  – aktuellen Vordergrundfarbe
  – aktuellen Hintergrundfarbe
  – einer beliebigen Farbe
  als Verlaufsfarbe)

Verlauf wird durch Klicken auf den Schalter *Neu* dem aktuellen Satz hinzugefügt. Er ist so lange verfügbar, wie er nicht gelöscht wird bzw. die Verlaufssätze nicht auf die Standardsätze zurückgesetzt werden. Beliebige Verlaufssätze können sowohl im Menü *Aktueller Verlaufssatz* als auch im Dialog *Verläufe bearbeiten* zurückgesetzt, gespeichert und geladen werden. Als Speicherort sollte der *Photoshop-Programmordner > Vorgaben > Verlaufsdateien* gewählt werden, da der Inhalt dieses Ordners in den Listen der Verlaufsmenüs angezeigt wird. Verlaufssätze werden mit der Extension **.grd* gespeichert.

Beliebige Verlaufssätze können im Menü *Aktueller Verlaufssatz* (links) und auch im Dialog *Verläufe bearbeiten* (unten links und rechts) zurückgesetzt, gespeichert und geladen werden.

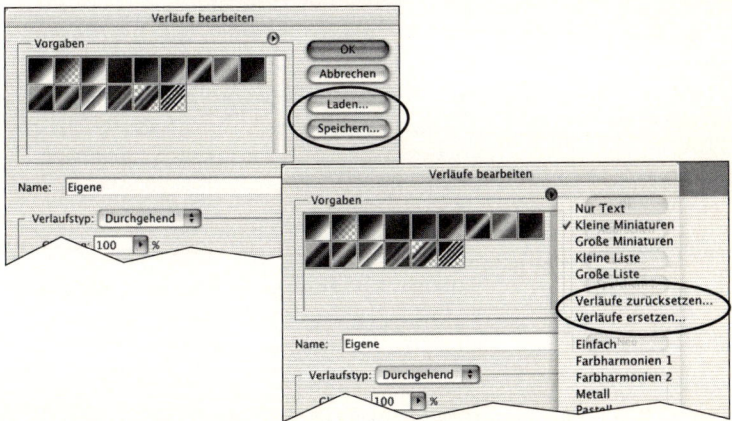

Pixelbasierte Arbeitstechniken 183

Um einen neuen Verlauf zu erstellen oder einen vorhandenen zu ändern:

• Wählen Sie einen Verlauf aus dem aktuellen Verlaufssatz, auf dem der neue Verlauf basieren soll. Oder wählen Sie einen Verlauf aus dem aktuellen Verlaufssatz, um ihn zu verändern (der Name des Verlaufs wird angezeigt).

Vorhandene Farbe ändern

• Vorhandene Farbe ändern: Klicken auf einen Farbregler wählt diesen zur Bearbeitung aus – das Dreieck wird schwarz dargestellt ( ).

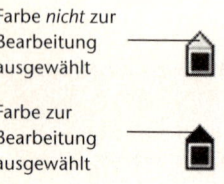

Farbe *nicht* zur Bearbeitung ausgewählt

Farbe zur Bearbeitung ausgewählt

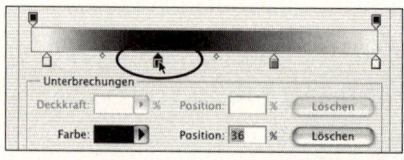

Die Verlaufsleiste visualisiert die Verlaufsfarben vom Startpunkt (ganz links) zum Endpunkt (ganz rechts).

Farbe auswählen

Verlaufsfarbe ist

– aktuelle Vordergrundfarbe

– aktuelle Hintergrundfarbe

– eine beliebige Farbe

• Klicken auf das *Farbauswahlfeld* führt in den Farbwähler. Wählen Sie eine Farbe aus. Oder klicken Sie auf das *Farbauswahlmenü* und wählen *Aktuelle Vordergrundfarbe* oder *Aktuelle Hintergrundfarbe*. In diesem Fall ist die Farbe nicht konkret festgelegt, sondern bezieht sich auf die bei der Anwendung des Verlaufs eingestellte Vorder- und Hintergrundfarbe. Ist ein Farbregler bereits als Vorder- oder Hintergrundfarbe definiert (,) und soll als beliebige Farbe festgelegt werden, wählen Sie *Benutzerdefinierte Farbe* aus dem *Farbauswahlmenü* oder klicken gleich auf das Farbfeld, um eine beliebige Farbe auszuwählen – der Farbregler ändert seine Erscheinung ( ).

Neue Farbe hinzufügen

• Neue Farbe hinzufügen: Klicken Sie unterhalb der Verlaufsleiste. Es erscheint ein neuer Farbregler (, ,) je nachdem, welche Art im *Farbauswahlmenü* voreingestellt ist. Wählen Sie eine Farbe aus wie im vorigen Punkt beschrieben.

- Farbe entfernen: Ziehen Sie den Farbregler (🔲), den Sie entfernen wollen, nach unten von der Verlaufsleiste weg oder klicken Sie auf den Schalter *Löschen* (nur möglich bei mehr als zwei Farbreglern).
- Position einer Farbe ändern: Ziehen Sie den Farbregler (🔲) an der Verlaufsleiste nach links oder rechts an die gewünschte Position. Oder: Klicken Sie auf den Farbregler (🔲) und geben Sie im Positionsfeld einen Wert ein. 0% entspricht der Position der Farbe am Startpunkt (ganz links), 100% entspricht der Position der Farbe am Endpunkt (ganz rechts) des Verlaufs.
- Mittelpunkt verändern: *Mittelpunkt* ist der Punkt, der eine gleichmäßige Mischung aus zwei nebeneinander liegenden Farben aufweist (einer der beiden Farbregler muss ausgewählt sein, damit der Mittelpunkt angezeigt wird). Normalerweise liegt der Wert für den Mittelpunkt also bei 50%. Zum Verändern des Mittelpunktes ziehen Sie die Raute (◼) über der Verlaufsleiste nach links oder rechts. Oder: klicken Sie auf die Raute (◼), sie wird schwarz gefüllt dargestellt und zeigt damit an, dass dieser Mittelpunkt bearbeitet wird), und geben Sie einen Wert in Prozent in das Positionsfeld ein. Minimum sind 5%, Maximum 95%.
- Bestätigen Sie die Veränderungen mit *OK*.

Farbe entfernen

Position einer Farbe innerhalb des Verlaufs ändern

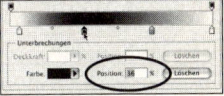

Mittelpunkt zwischen zwei Farben ändern

Verläufe speichern

Es empfiehlt sich, den neuen oder veränderten Verlauf als neuen in den aktuellen Satz aufzunehmen. Geben Sie dazu einen Namen ein und klicken dann auf den Schalter *Neu*. Der neue Verlauf erscheint im Verlaufssatz. Soll der neue Verlauf dauerhaft gespeichert werden, klicken Sie auf den Schalter *Speichern* und legen Namen und Speicherplatz für den Verlaufssatz (s. S. 183) fest. Bestätigen Sie mit *OK*.

Beispiele für Änderungen der Position einer Farbe

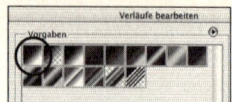

Ausgangsverlauf: radialer Standardverlauf *Vorder- zu Hintergrundfarbe* (hier von Schwarz zu Weiß)

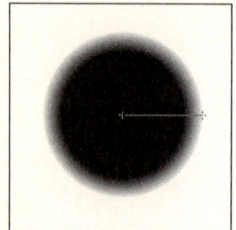
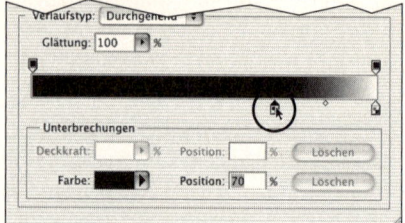

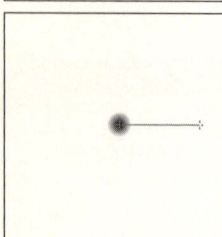
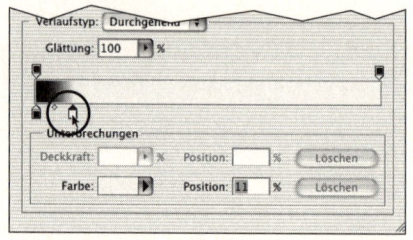

Beispiel für Änderung des Mittelpunktes

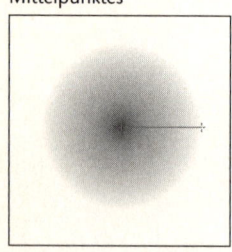
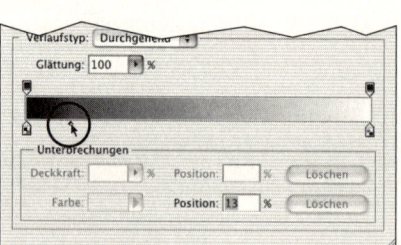

Beispiel für Änderung der Position mehrerer Farben

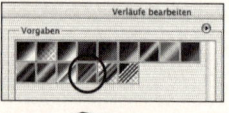

Ausgangsverlauf: radialer Standardverlauf *Spektrum*

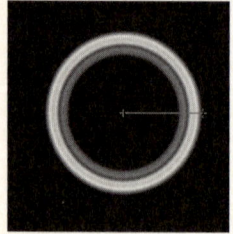
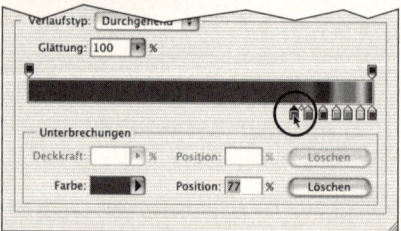

Bearbeiten der Deckkraft des Verlaufs
Jeder Verlauf kann an beliebigen Verlaufspositionen eine vollständig oder teilweise reduzierte Deckkraft enthalten. Normalerweise ist die Deckkraft auf 100% eingestellt (Ausnahmen sind vordefinierte Verläufe mit Transparent-Bereichen, z. B. *Vordergrundfarbe zu Transparent*). Sie können die Wirkung der reduzierten Deckkraft generell ausschalten, indem Sie die *Transparenz*-Option in der Werkzeug-Optionen-Leiste ausschalten (s. S. 181).

So bearbeiten Sie die Deckkraft:
• Durch Klicken auf den Schalter *Bearbeiten des Verlaufs* gelangen Sie in den Dialog *Verläufe bearbeiten*.
• Wählen Sie einen Verlauf aus dem aktuellen Verlaufssatz, um ihn zu verändern.
• Deckkraft ändern: Klicken auf einen Deckkraftregler wählt diesen zur Bearbeitung aus – das Dreieck wird schwarz dargestellt (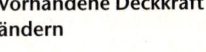).

Vorhandene Deckkraft ändern

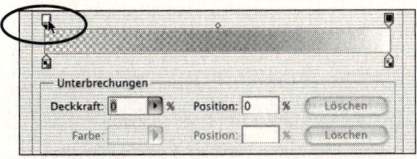

Die Verlaufsleiste visualisiert die Verlaufsdeckkraft vom Startpunkt (ganz links) zum Endpunkt (ganz rechts). Deckkraftreduzierte Bereiche werden im Schachbrettmuster dargestellt.

Deckkraft = 0%

Deckkraft = 50%

Deckkraft = 100%

• Geben Sie einen Wert in das Deckkraft-Eingabefeld ein oder bewegen den Schieberegler.
• Deckkraftregler hinzufügen: Klicken Sie unterhalb der Verlaufsleiste. Es erscheint ein neuer Deckkraftregler ( ). Geben Sie einen Wert in das Deckkraft-Eingabefeld ein.
• Farbe entfernen: Ziehen Sie den Deckkraftregler ( ), den Sie entfernen wollen, nach unten von der Verlaufsleiste weg oder

Deckkraftregler hinzufügen

Deckkraftregler entfernen

klicken Sie auf den Schalter *Löschen* (nur möglich bei mehr als zwei Deckkraftreglern).

Position der Deckkraft ändern

• Position der Deckkraftregler ändern: Klicken Sie auf einen Deckkraftregler (🔲) und ziehen Sie ihn an der Verlaufsleiste nach links oder rechts an die gewünschte Position. Oder: Klicken Sie auf einen Deckkraftregler (🔲) und geben Sie einen Wert in das Positionsfeld ein oder bewegen Sie den Schieberegler.

Mittelpunkt zwischen zwei Deckkräften ändern

• Mittelpunkt verändern: Mittelpunkt ist die gleichmäßige Mischung zwischen zwei nebeneinander liegenden Deckkräften (einer der beiden Deckkraftregler muss ausgewählt sein, damit der Mittelpunkt angezeigt wird). Normalerweise liegt der Wert für den Mittelpunkt also bei 50% Deckkraft. Zum Verändern des Mittelpunktes ziehen Sie die Raute (■) über der Verlaufsleiste nach links oder rechts. Oder: Sie klicken auf die Raute (■), sie wird schwarz gefüllt dargestellt und zeigt damit an, dass dieser Mittelpunkt bearbeitet wird) und geben einen Wert in Prozent in das Positionsfeld ein. Minimum sind 5%, Maximum sind 95%.

✔ Zum Zurückstellen aller Verläufe auf die Standardliste wählen Sie *Werkzeug zurückstellen* aus dem Untermenü der Werkzeug-Optionen-Palette. Alle ungesicherten Veränderungen gehen verloren.

Für das Beispiel rechts kam der Verlauf *Vordergrundfarbe zu Transparent* zum Einsatz, jedoch wurde die Deckkraft verändert: Deckkraftregler vom Endpunkt auf die Position 32% ziehen, neuen Deckkraftregler am Endpunkt mit 100% Deckkraft setzen.

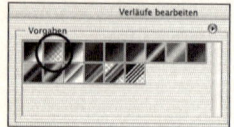

Dieser Rahmen wurde auf einer neuen Ebene mit vier *linearen Verläufen* (▭) erstellt.

Dafür wurden die vier Rahmenteile separat ausgewählt (Raster einrichten; Polygon-Lasso) und jeweils mit dem Verlauf in vier Richtungen versehen (der Pfeil zeigt die Zugrichtung des ersten Verlaufs).

Neben glatten Verläufen können Sie auch Störungsverläufe erstellen. Störungsverläufe sind Verläufe, bei denen innerhalb eines festgelegten Farbbereichs die Farben nach dem Zufallsprinzip verteilt werden. Die einzelnen Farben des Verlaufs können scharf getrennt sein oder weich ineinander übergehen (Option *Kantenunschärfe*).

Verlaufstyp *Störung*

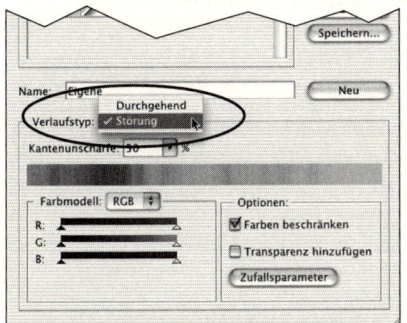

Durch die Auswahl eines *Farbmodells* und mit Hilfe der Schieberegler können die Verläufe einzeln nach Farbkomponenten gestaltet werden (s. S. 345 ff.). Wenn Sie das HSB-Modell wählen, können Sie z. B. die Farbtöne unabhängig von Sättigung oder Helligkeit bearbeiten.

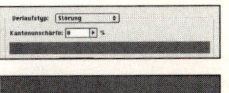

• Wählen Sie einen Verlauf aus der Liste. Dieser Verlauf bildet die Grundlage für den neuen Verlauf.

Kantenunschärfe 0 %

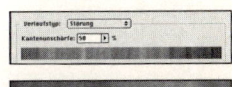

• Wählen Sie unter *Verlaufstyp* die Option *Störung*.

• Probieren Sie die Optionen *Farben beschränken*, *Transparenz hinzufügen* oder *Zufallsparameter* aus (jedes Klicken auf den Schalter *Zufallsparameter* erzeugt eine neue Zufallsverteilung im Rahmen der Einstellungen).

Kantenunschärfe 50 %

• Nehmen Sie die Einstellungen nach Ihren Wünschen vor und speichern ggf. den neuen Verlauf wie auf Seite 185 beschrieben ab.

Kantenunschärfe 100 %

✔ Wie eine einmal aufgenommene Farbe dauerhaft gespeichert werden kann, lesen Sie auf S. 377 (*Farbe einfügen*).

Pipette / Farbaufnehmer

Mit der Pipette können Sie durch einfaches Klicken eine Farbe aus dem aktuellen oder einem anderen geöffneten Bild aufnehmen, um sie als neue Vordergrundfarbe festzulegen. Um eine neue Hintergrundfarbe aus einem Bild festzulegen, halten Sie beim Klicken mit der Pipette die Wahltaste (⌥) gedrückt. Mit dem Farbaufnehmer können Sie bis zu vier nichtdruckende Punkte im Bild festlegen, um deren Farbwerte zu messen. Pipette und Farbaufnehmer zeigen die gemessenen Farbinformationen in der Info-Palette an.

Um vorübergehend auf die Pipette zuzugreifen, während Sie ein anderes Malwerkzeug benutzen, halten Sie die Wahltaste (⌥) gedrückt.

Pipette / Farbaufnehmer-Werkzeug-Optionen

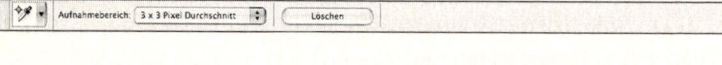

✦ *Aufnahmebereich*: Standardmäßig messen Pipette und Farbaufnehmer den Farbwert des Pixels, auf das Sie klicken (*Aufnahmebereich: 1 Pixel*) und zeigen dieses in der Info-Palette an. Sie können den *Aufnahmebereich* der Pipette bzw. des Farbaufnehmers vergrößern, um einen Durchschnittswert von 3×3 Pixeln oder von 5×5 Pixeln messen zu lassen. Ein Aufnahmebereich von 3×3 Pixel empfiehlt sich z. B. für Farb- und Tonwertkorrekturen für einen repräsentativen Durchschnittswert.

✦ *Löschen*: entfernt alle Farbaufnehmer aus dem Bild. Zum Löschen eines einzelnen Farbaufnahmepunktes ziehen Sie ihn mit gedrückter Maustaste aus dem Dokumentfenster.

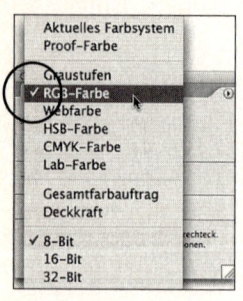

Auswahl einer anderen Farbsystemanzeige durch Klick auf eine Pipette in der Info-Palette

So arbeiten Sie mit dem Farbaufnehmer:

- Wählen Sie das Farbaufnehmer-Werkzeug aus der Werkzeug-Palette, und klicken Sie dort im Bild, wo es platziert werden soll. Klicken Sie nach Bedarf weitere Punkte zur Farbmessung (maximal 4 sind möglich). Die Farbaufnahmepunkte werden zusammen mit dem Bild gespeichert.
- Zum Verschieben eines Farbaufnahmepunktes ziehen Sie ihn an eine neue Position.
- Lesen Sie die Werte in der Info-Palette ab.

Die gemessenen Farbwerte werden auch bei allen Tonwert- und Farbkorrekturbefehlen in der Info-Palette angezeigt (vorausgesetzt, Sie haben dort die Option *Farbaufnehmer einblenden* eingeschaltet – s. S. 55). Haben Sie einen Farbkorrektur-Dialog geöffnet, wandelt sich der Mauszeiger außerhalb des Dialoges ebenfalls in die Pipette um, und die Messwerte unter der Pipette werden zusätzlich in der Info-Palette angezeigt. (Zur Auswahl einer anderen Farbsystemanzeige klicken Sie auf das kleine Dreieck neben einer der Pipetten in der Info-Palette.)

Anzeige der Farbwerte der Pipette im oberen Bereich und der Farbaufnahmepunkte im unteren Bereich der Info-Palette

Mess-Werkzeug

Das Mess-Werkzeug berechnet unter anderem den Abstand zwischen zwei beliebigen Punkten im Bild. Beim Messen mit dem Mess-Werkzeug wird eine nicht druckende Linie erzeugt. Außerdem kann eine zweite Messlinie erzeugt werden, um das Mess-Werkzeug als Winkelmesser zu benutzen.

So verwenden Sie das Mess-Werkzeug:
- Wählen Sie das Werkzeug in der Werkzeug-Palette aus, um sich eine bestehende Messlinie anzeigen zu lassen.
- Zum Erzeugen einer neuen Messlinie klicken Sie einen Startpunkt, halten die Maus-

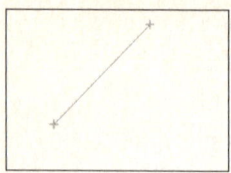

Einfache Messlinie

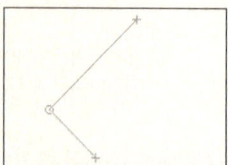

Zweite Messlinie (Winkelmesser)

taste gedrückt, ziehen und lassen am Endpunkt los. Halten Sie die Umschalttaste (⇧) gedrückt, um das Werkzeug auf ein Vielfaches von 45° einzuschränken.

• Zum Erstellen eines Winkelmessers von einer bestehenden Messlinie halten Sie die Wahltaste (⌥) gedrückt und ziehen von einem Ende der Messlinie mit gedrückter Maustaste einen Winkel heraus. Halten Sie zusätzlich die Umschalttaste (⇧) gedrückt, um das Werkzeug auf ein Vielfaches von 45° einzuschränken.

• Sie können die Länge der Linien durch Ziehen der Endpunkte verändern. Zum Verschieben der Messlinie platzieren Sie den Mauszeiger auf der Linie (nicht auf den Endpunkten) und ziehen die Linie.

• Das Ziehen einer neuen Messlinie entfernt jeweils die alte.

Mess-Werkzeug-Anzeige und -Optionen

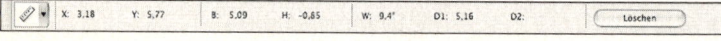

✔ Die Koordinaten- und Distanzwerte werden jeweils in der voreingestellten Maßeinheit angezeigt. Falls Sie die Werte für die Messlinie in einer anderen als der voreingestellten Maßeinheit ablesen wollen, verwenden Sie die Info-Palette oder das Kontextmenü der Lineale und schalten vorübergehend zum Ablesen der Werte auf die gewünschte Maßeinheit um (s. S. 54).

✛ *X* und *Y*: Koordinaten des Startpunkts beim Messen

✛ *B* und *H* (nur beim Ziehen der ersten Messlinie): horizontaler (B) und vertikaler Abstand (H), der auf der X- und Y-Achse zurückgelegt wurde

✛ *W*: der relativ zur X-Achse gemessene Winkel (beim Ziehen einer zweiten Messlinie wird der absolute Winkel zwischen den beiden Messlinien angezeigt)

✛ *D1*: die Länge der ersten Messlinie (Distanz)

✛ *D2*: die Länge der zweiten Messlinie (Distanz)

✛ *Löschen* entfernt die Messlinie. Zum

Löschen einer Messlinie kann diese auch einfach aus dem Bildfenster gezogen werden.
Die Längenmessungen werden in der voreingestellten Maßeinheit angezeigt (s. S. 50).

Notizen / Audio-Anmerkung

Sie können an einer beliebigen Stelle auf der Arbeitsfläche eines Bildes Notizen und Audio-Anmerkungen anbringen. Um eine Audio-Anmerkung aufzeichnen zu können, muss ein Mikrofon an den Audio-In-Anschluss Ihres Computers angeschlossen sein.

Geöffnetes Notizfenster

So erstellen Sie eine Notiz:
- Wählen Sie das Notiz-Werkzeug ( ) aus.
- Geben Sie einen Autorennamen ein (erscheint in der Titelleiste des Notizfensters). Wählen Sie Schriftart und -grad für den Notiztext und ändern ggf. die Farbe für das Notizsymbol und die Titelleiste der Notizfenster.
- Klicken Sie auf die Stelle, an der Sie eine Notiz erstellen möchten, oder ziehen Sie, um ein Fenster mit benutzerdefinierter Größe zu erstellen.
- Klicken Sie in das Fenster und geben Sie den Text ein. Folgende Standardbefehle zum Bearbeiten sind verfügbar: *Rückgängig* (⌘Z), *Ausschneiden* (⌘X), *Kopieren* (⌘C), *Einfügen* (⌘V) und *Alles auswählen* (⌘A). Alternativ zur Verwendung der Tastaturkürzel können die Befehle unter Windows auch aus dem Kontextmenü gewählt werden. Unter Mac können die Befehle auch aus den Menüs gewählt werden.
- Klicken Sie auf das Schließfeld, um die Notiz zu einem Notizsymbol zu schließen. Ein Notizsymbol kann beliebig verschoben oder durch Drücken der Löschtaste (⌫) entfernt werden.
- Eine Notiz wird durch Doppelklick geöffnet.

✔ Beide Anmerkungsarten können auch aus Photoshop-Dokumenten im Format PDF oder aus Acrobat-Dokumenten im Format PDF oder FDF (Form Data Format) importiert werden.

✔ Wie Sie eine Audio-Anmerkung erstellen, können Sie dem Hilfe-Menü von Photoshop entnehmen.

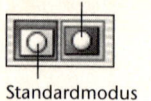

Maskierungsmodus

Standardmodus

Arbeiten im Maskierungsmodus
Was sind Masken?

Der Begriff *Maske* ist, wie vieles andere in Photoshop auch, an eine Technik aus der Fotografie angelehnt. (Schließlich haben wir es ja mit Fotos zu tun.) Die Maske im traditionellen Sinn ist ein roter Abdecklack, der auf Negative aufgetragen wird, um bestimmte Bildbereiche zu schützen, während andere verändert (hier belichtet) werden können.

Diese Technik, übertragen in Photoshop, ermöglicht, einen Bildteil zu isolieren, um ihn vor nachfolgenden Veränderungen, z. B. der Bearbeitung mit Filtern, Farb- und anderen Effekten, zu schützen. Eine *Maske* ist deshalb nichts anderes als ein *Auswahlbereich*, also eine *Auswahl*: Die maskierten (nicht ausgewählten) Bildteile sind vor Veränderungen geschützt – die nicht maskierten (ausgewählten) Bildteile sind von den Veränderungen betroffen.

Der Übergang zwischen geschützten und ungeschützten Bereichen kann auch fließend sein. Und durch eine reduzierte Deckkraft der Maskierung kann eine Maske nicht nur vollständig, sondern auch teilweise vor Veränderungen schützen.

Wofür werden Masken in Photoshop verwendet?

Die Masken in Photoshop sind äußerst wichtige und flexible Arbeitsmittel. Es kommen verschiedene Varianten von Masken für unterschiedliche Verwendungszwecke vor:

▪ Im Maskierungsmodus: Für temporäre Masken zur Erstellung oder Verfeinerung von Auswahlbereichen (siehe nächster Abschnitt).

▪ Als Ebenenmasken (für Inhalts-, Text-, Form- und Einstellungsebenen): um Teile der Ebenen für visuelle Effekte auszublenden (s. S. 288 ff.).

▪ Als Schnittmaske: um eine Ebene als Maske für darüber liegende Ebenen zu benutzen (s. S. 302 ff.).
▪ Als Alpha-Kanäle: zum Sichern, Laden und Bearbeiten von Auswahlbereichen, die als Masken verwendet werden sollen (s. S. 464 ff.).

Der Maskierungsmodus

Der Maskierungsmodus ist neben den Auswahlwerkzeugen und Auswahlbefehlen (s. S. 97 ff.) eine weitere *Auswahlmöglichkeit*. Er ist besonders geeignet, um unregelmäßige und farblich sehr unterschiedliche Auswahlbereiche zu erstellen oder zu verfeinern. Mit den Auswahlwerkzeugen und Auswahlbefehlen, die Sie bis jetzt kennen gelernt haben, würden Sie einige Probleme haben, eine solche Auswahl perfekt zu erstellen.

Durch das Arbeiten im *Maskierungsmodus* erstellen Sie eine temporäre Maske, die beim Wechseln in den *Standardmodus* in eine aktive Auswahl umgewandelt wird. Es handelt sich hierbei um ganz gewöhnliche Auswahlbereiche, die durch Abklicken oder ⌘ D aufgehoben werden. Zum Speichern einer beliebigen Auswahl verwenden Sie den Befehl *Auswahl > Auswahl speichern* (siehe S. 114 u. 464 ff.).

Um eine temporäre Maske (Auswahl) zu erstellen, empfiehlt sich folgendes Vorgehen:
• Erstellen Sie eine grobe Auswahl über dem Bereich, den Sie auswählen wollen.
• Wechseln Sie in den Maskierungsmodus, indem Sie auf den *Maskierungsmodus*-Schalter in der Werkzeug-Palette klicken.

Maskierungsmodus als Auswahlwerkzeug

✔ Der Maskierungsmodus kann auch auf Dokumente angewendet werden, die ausschließlich aus einem *Hintergrund* bestehen.

⚠ Achten Sie genau darauf, in welchem Modus Sie sich befinden! Grundsätzlich arbeiten Sie im Standardmodus. Nur wenn Sie eine temporäre Maske erstellen wollen, wechseln Sie in den Maskierungsmodus und anschließend wieder zurück.

Maskierungsmodus-Schalter

Pixelbasierte Arbeitstechniken 195

✔ Während der Maskierungsmodus aktiv ist, wird die aktive Ebene in der Ebenen-Palette *grau* dargestellt. In der Kanäle-Palette erscheint ein temporärer Kanal mit der kursiven Bezeichnung *Maskierungsmodus*.

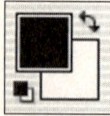

Schwarz erstellt eine 100%ige Maskierung

Weiß erstellt keine Maskierung bzw. entfernt Maskierung

Grau erstellt eine halbe (50%ige) Maskierung

Wenn Sie im Maskierungsmodus sind, erscheinen alle Bildteile, die zuvor nicht ausgewählt waren, wie mit einem transparent roten Film überzogen. Dieser rote Film ist die Maskenfarbe, die Sie auftragen oder entfernen können. (Sie verändern damit nicht die Farben in Ihrem Bild!) In den Farbpaletten stehen jetzt nur die Farben Schwarz, Weiß sowie Grautöne zur Verfügung. Mit schwarzem Farbauftrag wird voll maskiert, also 100%ig abgedeckt bzw. geschützt (dargestellt durch die rote Maskenfarbe). Mit 50% Grau wird teilweise maskiert (dargestellt durch hellrote Maskenfarbe), mit weißem Farbauftrag wird nichts maskiert bzw. Maskenfarbe entfernt (das Bild kommt wieder vollständig zum Vorschein).

• Bearbeiten Sie die Maske. Wählen Sie Schwarz als Vordergrundfarbe aus, um Maskierungsfarbe aufzutragen, oder wählen Sie Weiß, um Maskierungsfarbe zu entfernen. Sie können, während Sie im Maskierungsmodus arbeiten, außerdem benutzen:
▪ Mal- und Bearbeitungs-Werkzeuge mit beliebigen Werkzeugspitzengrößen und -formen sowie Auswahlwerkzeuge,
▪ Befehle aus dem Auswahl-Menü (z. B. ⌘ A oder *Weiche Auswahlkante…*),
▪ Befehle aus dem Bearbeiten-Menü (z. B. ⌘ C, ⌘ V, *Löschen, Fläche* und *Kontur füllen*),
▪ Transformationsbefehle sowie
▪ Filter.

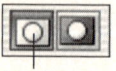

Standardmodus-Schalter

• Wenn Sie mit der Maskierung fertig sind, wechseln Sie wieder in den Standardmodus durch Klicken auf den *Standardmodus*-Schalter.

Die Bereiche, die Sie nicht maskiert hatten (die keine Maskierungsfarbe enthielten), wurden in eine Auswahl umgewandelt. Die Bereiche, die Sie zuvor maskiert hatten (die rot dargestellt waren), sind nun nicht ausgewählt. Alternativ zu dem beschriebenen Weg können Sie auch sofort auf den *Maskierungsmodus*-Schalter klicken, ohne vorher eine grobe Auswahl erstellt zu haben, und mit dem Bearbeiten der Maske beginnen. Sie sehen in diesem Fall die Maske erst, wenn Sie Maskierungsfarbe auftragen!

✔ Es kann beliebig oft zwischen dem Standard- und Maskierungsmodus gewechselt werden.

Übrigens lässt sich auch eine Maske innerhalb des Maskierungsmodus transformieren (*Bearbeiten > Transformieren*).

Im Ausgangsbild soll der Apfel ausgewählt werden: Grobe (rechteckige) Auswahl über dem Apfel erstellen

Wechseln in den Maskierungsmodus (rote Maskenfarbe erscheint)

Bearbeiten der Maske (hier wird mit dem Pinsel schwarze Farbe aufgetragen, vergrößerte Darstellung)

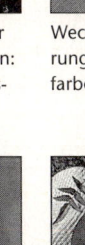

Fertige Maske

Ergebnis. Durch das Wechseln in den Standardmodus erscheint die Maskierung als Auswahl.

Die Auswahl wurde kopiert, eingesetzt, skaliert und auf den Teller bewegt sowie ein Schatten erzeugt.

Kontrolle über die Deckkraft der Maske

Da sich die Deckkraft der Maske in einigen Fällen optisch recht schwer beurteilen lässt, können Sie die Deckkraft in kritischen Bereichen überprüfen. Halten Sie beim Bearbeiten der Maske die Info-Palette geöffnet. Stellen Sie in der Info-Palette als Farbsystem einmal *Grau-*

✔ Weitere Informationen zum Bearbeiten des Maskierungsmodus in der Kanäle-Palette finden Sie ab S. 477 ff.

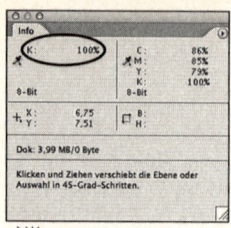

stufen = K (s. S. 54) ein. Dann können Sie beim Bewegen der Maus über die Maske die aktuelle Deckkraft unter *K* ablesen: bei 100 % ist die Maske vollständig deckend, bei 50 % ist die Maske halb deckend, bei 0 % ist keine Maskierung vorhanden usw.

Beachten Sie wieder, dass Maskierungen, die eine Deckkraft von weniger als 50 % besitzen, beim Wechseln in den Standardmodus nicht als Auswahlbegrenzung angezeigt werden. Sie können aber trotzdem wie jeder andere Auswahlbereich bearbeitet werden. (Werkzeuge arbeiten nur *innerhalb* einer eventuell nicht sichtbaren Auswahl und höchstens in der durch die Maskierung definierten Deckkraft!) (s. S. 82).

Ändern der Masken-Optionen

Der Dialog *Masken-Optionen* wird durch Doppelklick auf den Maskierungsmodus-Schalter (oder Standardmodus-Schalter) geöffnet.

Mit den Maskierungs-Optionen können Sie die Masken-*Farbe* ändern. Die voreingestellte (rote) Maskenfarbe sollte nur geändert werden, wenn Sie ein Bild mit vielen Rottönen maskieren müssen. Zum Ändern der Farbe klicken Sie einmal auf das (rote) Farbfeld. Sie gelangen in den Farbwähler und können sich eine andere Farbe auswählen (s. S. 372 ff.).

Die hier veränderte *Deckkraft der Maskendarstellung* hat nichts mit der Deckkraft der Maske zu tun. Mit der *Deckkraft der Maskendarstellung* stellen Sie ein, wie viel Sie von Ihrem Bild beim Maskieren sehen wollen. Die Voreinstellung von 50 % ist empfehlenswert. Vom Ändern der anderen Masken-Optionen ist, zumindest für Programmeinsteiger, abzuraten.

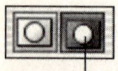

Maskierungsmodus in der Option *Maskierte Bereiche*

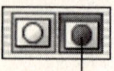

Maskierungsmodus in der Option *Ausgewählte Bereiche*

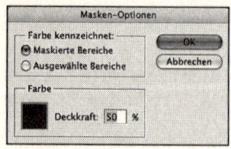

Empfehlenswerte Einstellung (Standardeinstellung)

Sie können bei Bedarf mit dem Ändern der Masken-Optionen die beschriebene Wirkungsweise der Maske umkehren:

■ *Maskierte Bereiche*: Normalerweise stellt die (rote) Maskenfarbe die geschützten (also die nicht ausgewählten) Bereiche dar.

■ *Ausgewählte Bereiche*: Durch Wählen dieser Option können Sie einstellen, dass die (rote) Maskenfarbe die ungeschützten (also die ausgewählten) Bereiche darstellen soll.

Der Extrahieren-Befehl – Motive freistellen
Unter „Freistellen" versteht man Techniken, um ein Motiv von seinem ursprünglichen Hintergrund zu isolieren und es vor einem neuen Hintergrund platzieren zu können. Photoshop besitzt ein leistungsfähiges Freistellungswerkzeug, welches sich hinter dem Befehl *Extrahieren* im Menü *Filter* verbirgt. Der Befehl trennt relativ einfach Vordergrundobjekte vom Hintergrund, auch bei diffusen und ausgefransten Kanten – wenn auch nicht ganz ohne manuelle Nacharbeit. Das Ergebnis des Befehls ist das freigestellte Motiv – der ehemalige Hintergrund wird gelöscht.

Ausgangsbild

Freigestelltes Motiv

Um ein Motiv freizustellen, gehen Sie so vor:
• Um zu verhindern, dass die Original-Bildinformationen verloren gehen, duplizieren Sie die Ebene oder nehmen einen Schnappschuss vom Original-Bildstatus auf (s. S. 536). Wählen Sie den Befehl *Filter > Extrahieren*.

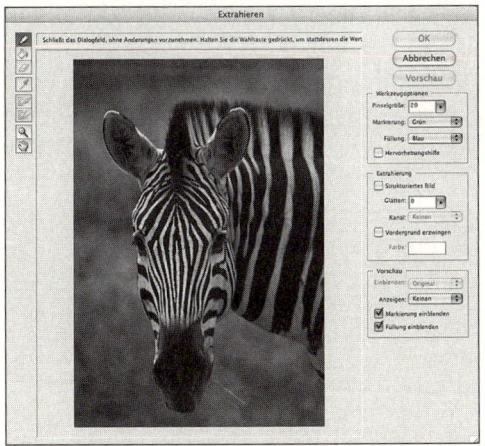

Markieren mit dem Kantenlicht-Werkzeug

• Mit dem Kantenlicht-Werkzeug (✎) malen Sie so über die freizustellenden Kanten, dass die Markierung sowohl das Objekt im Vorder-

✔ Je kleiner die Pinselgröße beim Zeichnen der Lichtkante, desto besser das Ergebnis. Photoshop wählt innerhalb dieser Kante den zu trennenden Bereich aus. Der Aufwand beim Malen ist dann zwar größer, die Nachbearbeitung reduziert sich jedoch erheblich. Um die gesamte Markierung zu löschen, drücken Sie die Wahl- und Löschtaste (⌥ ⌫).

Pixelbasierte Arbeitstechniken 199

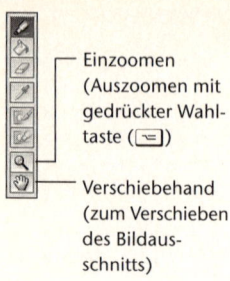

Einzoomen (Auszoomen mit gedrückter Wahltaste (⌥))

Verschiebehand (zum Verschieben des Bildausschnitts)

grund als auch den Hintergrund leicht überlappt. Für deutliche, schärfere Kanten verwenden Sie eine kleinere Werkzeugspitze, für diffuse Kanten wie Haare oder Ähnliches wählen Sie eine größere Werkzeugspitze. Die fertige Lichtkante muss eine geschlossene Form bilden (Bereiche, in denen das Objekt an Bildkanten stößt, müssen nicht übermalt werden). Zur Korrektur benutzen Sie den Radiergummi.

• Ist die Form geschlossen, wählen Sie den Fülleimer ( ) und klicken in den Innenbereich des freizustellenden Objekts. Klicken Sie dann auf *Vorschau*, um das Ergebnis zu sehen.

Füllen mit dem Fülleimer

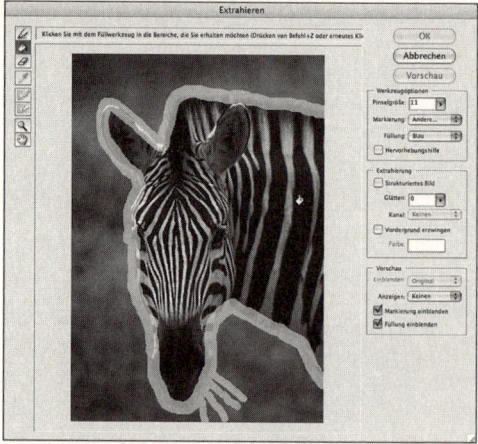

• Korrigieren Sie ggf. die Extrahierungsergebnisse. Um Hintergrundspuren im extrahierten Bereich zu löschen, verwenden Sie das *Bereinigen-Werkzeug* ( ). Das Werkzeug reduziert die Deckkraft und hat eine kumulative Wirkung. Außerdem können Sie das Bereinigen-Werkzeug verwenden, um Lücken in dem extrahierten Objekt zu füllen. Um wieder Deckkraft hinzuzufügen, ziehen Sie bei gedrückter Wahltaste (⌥). Um die Kanten des extrahierten Objekts zu bearbeiten, verwenden Sie den *Kantenverfeinerer* ( ). Dieses Werkzeug dient zum

✔ Wenn die Ebene eine Auswahl enthält, wird durch das Extrahieren im ausgewählten Bereich nur der Hintergrund gelöscht.

Scharfzeichnen von Kanten und hat eine kumulative Wirkung. Wenn keine klare Kante vorliegt, verleiht der Kantenverfeinerer dem Objekt Deckkraft oder entfernt Deckkraft vom Hintergrund.

- Sind Sie zufrieden, klicken Sie auf *OK* – das Motiv erscheint freigestellt auf einer transparenten Ebene, der Hintergrund ist gelöscht.

✔ Weitere Retusche nach der Extrahierung: Details, die zu viel entfernt wurden, können mit dem Protokoll-Pinsel, Details, die nicht entfernt wurden, mit dem Radiergummi in Pinselform oder dem Hintergrund-Radiergummi bearbeitet werden.

Extrahieren-Werkzeug-Optionen

Breite des *Kantenlichtes*, des *Radiergummis*, des *Kantenverfeinerers* und des *Bereinigen-Werkzeugs*
Farbe des Kantenlichts bzw. Farbe der Füllung

Mit der Option *Hervorhebungshilfe* wird eine variable Breite des Kantenlichts erzeugt – gerade so breit, um die Kante zu bedecken (verbessert Extrahierungen, wenn das Objekt und der Hintergrund ähnliche Farben oder Strukturen aufweisen).

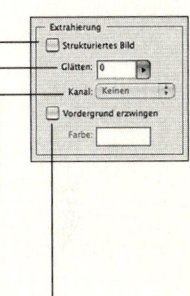

Strukturiertes Bild hilft bei stark texturierten Bildern. Glättet die extrahierten Kanten (beginnen Sie mit null oder einem kleinen Wert – bei zu scharfen Kanten im Extrahierungsergebnis können Sie den Glättungswert erhöhen und nochmals auf *Vorschau* klicken).

Die Markierung kann auf einer Auswahl basieren, die in einem Alpha-Kanal gespeichert ist (die Option ist nur verfügbar, wenn es mindestens einen Alpha-Kanal gibt).

Wenn ein Objekt besonders kompliziert ist oder keinen klaren Innenbereich hat, stellen Sie sicher, dass die Markierung das gesamte Objekt bedeckt, und wählen Sie dann *Vordergrund erzwingen*. Wählen Sie in dem Dialogfeld die Pipette (🖉) und klicken Sie auf das Objektinnere, um die Vordergrundfarbe aufzunehmen, oder klicken Sie auf das Textfeld *Farbe* und wählen Sie die Vordergrundfarbe mit einem Farbwähler aus.

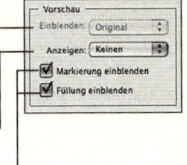

Wechselt zwischen der Vorschau des Originalbildes und des extrahierten Bildes

Vorschau des extrahierten Objekts auf einem transparenten (*Keinen*), farbigen Hintergrund oder als Graustufenmaske

Vorschau mit Kantenlicht und/oder mit Füllung

Pixelbasierte Arbeitstechniken 201

Werkzeuge des *Verflüssigen*-Filters

a) *Vorwärts krümmen* schiebt die Pixel vor der Maus her.

b) *Rekonstruktion* macht die Manipulation für einen bestimmten Bereich rückgängig.

c) *Strudel* verdreht die Pixel standardmäßig im Uhrzeigersinn.

d) *Zusammenziehen* verschiebt die Pixel auf das Mauszeigerzentrum zu.

e) *Aufblasen* drückt die Pixel vom Mauszeigerzentrum fort.

f) *Nach links schieben* kann Pixel bewegen und zudem vergrößern und verkleinern durch drehende Bewegungen mit der Maus.

g) *Spiegeln* kopiert umliegende Pixel in den Bereich der Pinselspitze.

h) *Turbulenz* mischt umliegende Pixel willkürlich.

i) *Fixierungsmaske* nimmt bestimmte Bereiche von der Bearbeitung aus.

j) *Maske lösen* öffnet einen geschützten Bildbereich.

k) Die *Hand* verschiebt den Bildausschnitt.

l) Die *Lupe* vergrößert / verkleinert den Bildausschnitt.

Der Verflüssigen-Filter – Formen auflösen oder anpassen

Ein äußerst vielfältiges pixelbasiertes Werkzeug ist der *Verflüssigen*-Filter. Text und Formebenen müssen vor der Bearbeitung gerastert werden (und verlieren dadurch ihre weitere vektortypische Bearbeitungsfähigkeit).

Verflüssigen arbeitet immer nur mit einer Ebene, reduzieren Sie gegebenenfalls mehrere sichtbare Ebenen auf eine.

Um ein Bild zu verzerren, gehen Sie so vor:
• Duplizieren Sie die Originalebene, wenn die Vorlage unverändert erhalten werden soll.
• Markieren Sie eine Auswahl, falls nicht das ganze Format betroffen sein soll.
• Rufen Sie den *Filter > Verflüssigen...* auf.

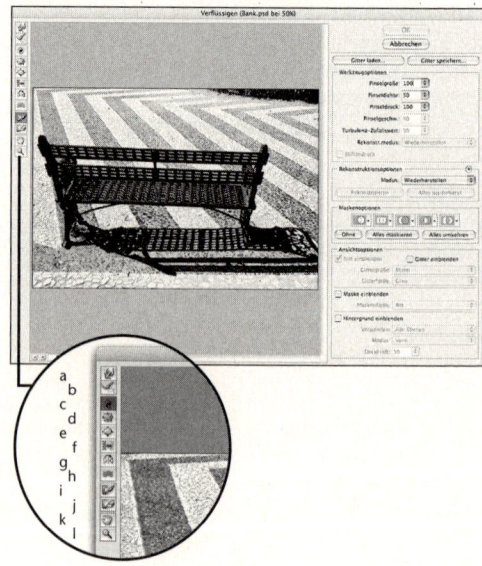

- Um Bildbereiche zu schützen, verwenden Sie das *Fixierungsmaske-Werkzeug*. Passen Sie den Auftrag der Markierungsfarbe über die *Pinselgröße* und *Pinseldichte* an.
- Wählen Sie eines der *Verflüssigen-Werkzeuge* und ziehen mit der Maus (auch mehrfach) über einen Bereich, um das Bild zu manipulieren.
- Das *Maske-lösen-Werkzeug* vereinfacht fließende Übergänge im Bild.
- Wollen Sie die Bearbeitung für einen Ausschnitt rückgängig machen, benutzen Sie das *Rekonstruktionswerkzeug*.
- Wollen Sie den Dialog beenden, klicken Sie *Abbrechen*.
- Wollen Sie das bisherige Ergebnis verwerfen, ohne den Dialog zu verlassen, klicken Sie bei gedrückter Wahltaste ([⌥]) den *Abbrechen*-Schalter. *Abbrechen* ändert sich in *Zurück*.
- Sind Sie mit dem Ergebnis zufrieden, klicken Sie *OK*.

Der *Verflüssigen*-Filter ist außerdem dazu geeignet, feinste Anpassungen und unauffällige Retuschen an Bildvorlagen vorzunehmen.

Entnehmen Sie weitere Details der Photoshop-Hilfe.

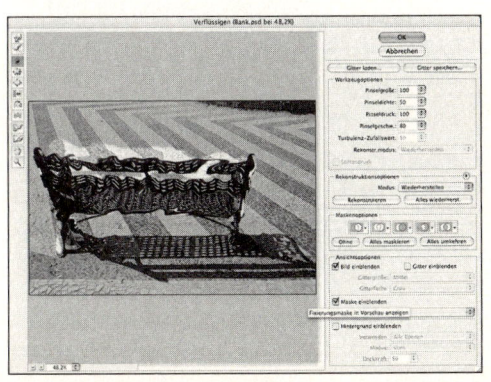

Mit *Gitter laden... / Gitter speichern...* lässt sich eine vorbereitete Matrix auf weitere Bilder anwenden.

In den *Werkzeugoptionen* nehmen Sie die nötigen Anpassungen für die aktuelle Pinselspitze vor.

Die *Rekonstruktionsoptionen* bieten verschiedene Phasen der Wiederherstellung an.

Die *Maskenoptionen* beziehen auch im Bild bereits vorhandene Alpha-Kanäle (Auswahlen) mit ein.

Die *Ansichtsoptionen* erlauben möglicherweise störende Bildteile ein- und auszublenden.

Pixelbasierte Arbeitstechniken

Dieser Filter lässt sich nur im RGB-Modus in 8 oder 16 Bit Farbtiefe aufrufen.

Der Fluchtpunkt-Filter – Perspektive erweitern
Der Filter *Fluchtpunkt* dient der Vereinfachung perspektivisch richtiger Bildkonstruktion und -retusche.

Das Ausgangsbild

Um einem Bild neue Elemente hinzuzufügen, gehen Sie so vor:
• Legen Sie eine neue Ebene über dem Hintergrund an und zeichnen darauf eine runde Auswahl, die Sie mit der Vordergrundfarbe füllen. Kopieren Sie den Kreis (⌘ C). Blenden Sie die Ebene aus und erzeugen darüber eine dritte (leere) Ebene.
• Rufen Sie den Dialog *Filter > Fluchtpunkt* auf. Mit dem (bereits aktiven) *Ebene-erstellen-Werkzeug* (C) legen Sie ein Raster für den Boden fest. Da nicht die ganze Fläche sichtbar ist, beschränken Sie sich auf eine Bodenkachel als typischen Ausschnitt. Setzen Sie an den Ecken drei Punkte und ziehen die vierte Ecke mit der Maus an die richtige Position. Benutzen Sie gegebenfalls das Zoom-Werkzeug (Z, zurück mit ⌥-Z) um die Ecken möglichst exakt auszurichten – entsprechend besser wird das spätere Ergebnis sein.

a) Ebene-bearbeiten-Werkzeug (V)

b) Ebene-erstellen-Werkzeug (C)

c) Auswahlrechteck-Werkzeug (M)

d) Stempel-Werkzeug (S)

e) Pinsel-Werkzeug (B)

f) Transformieren-Werkzeug (T)

g) Pipetten-Werkzeug (I)

h) Hand-Werkzeug (H)

i) Zoom-Werkzeug (Z)

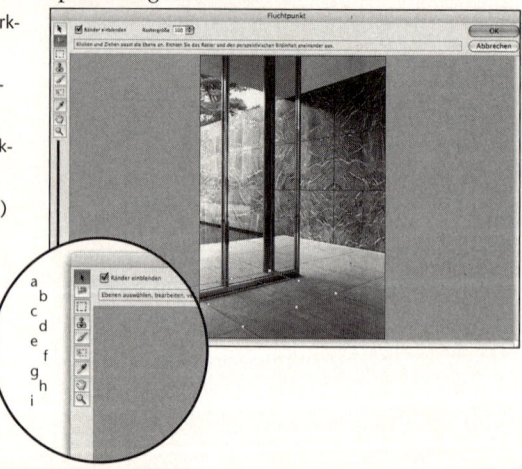

- Vergrößern Sie mit dem *Ebene-bearbeiten-Werkzeug* (V) das Raster über die gesamte Bodenfläche. Ziehen Sie an den mittleren Anfassern, nicht an den Ecken! Die Eckanfasser verzerren das Raster und verfälschen die Perspektive.
- Wenn Sie die Übung nicht unterbrochen haben, befindet sich der zuvor kopierte Kreis noch im Zwischenspeicher Ihres Computers: fügen Sie ihn mit ⌘ V ein. Andernfalls verlassen Sie das Dialogfeld noch einmal, kopieren den Kreis aus der entsprechenden Ebene und kehren zum Filter zurück. Das bereits angelegte Raster bleibt im Filter erhalten. Fügen Sie nun den Kreis ein. Er erscheint in der linken oberen Ecke.

✔ Sind Sie mit dem Ergebnis nicht zufrieden, beenden Sie den Dialog mit *Abbrechen*. Bei gleichzeitig gedrückter ⌥-Taste ändert sich *Abbrechen* in *Zurück*.

✔ Bevor Text- oder Formebenen im Filter bearbeitet werden können, müssen sie gerastert werden.

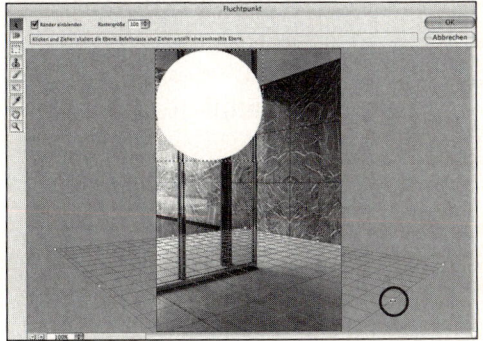

- Ziehen Sie ihn mit dem Auswahlrechteck-Werkzeug in den Bereich des Bodenrasters – er schnappt automatisch in die richtige Perspektive.
- Verschieben Sie den Kreis im Raster, sehen Sie, wie sich der Umfang perspektivisch korrekt anpasst. Wollen Sie die Größe ändern, benutzen Sie dazu das Transformieren-Werkzeug (T); halten Sie die ⇧-Taste gedrückt, um den Kreis proportional zu skalieren.
- Verlassen Sie den Dialog mit *OK*, um diesen Schritt auf Ihr Bild anzuwenden.

✔ Normalerweise werden die Gitterraster im Filter in Blau dargestellt. Erscheinen sie in Rot oder Gelb, hat das Programm eine nicht gültige Perspektive entdeckt. Verändern Sie dann einen der Stützpunkte, bis Photoshop wieder zur blauen Darstellung zurückkehrt.

Pixelbasierte Arbeitstechniken

Der Kreis befindet sich jetzt auf der zuletzt angelegten Ebene und kann beliebig weiter bearbeitet werden. (Im Beispiel wurde die Deckkraft etwas reduziert, um den Eindruck eines von der Decke strahlenden Lichtkegels entstehen zu lassen.

Um auch an der Wand einen perspektivisch glaubwürdigen Lichtkegel erscheinen zu lassen, legen Sie zunächst eine neue Ebene in der Ebenen-Palette an und kopieren den ursprünglich gezeichneten Kreis mit ⌘ C wieder in den Zwischenspeicher.

• Rufen Sie den Filter *Fluchtpunkt* auf.

• Aktivieren Sie das Bodengitter durch einen Mausklick darauf und ziehen mit gedrückter Befehlstaste (⌘) den mittleren der der Wand zugeneigten Anfasser nach oben. Sie ziehen

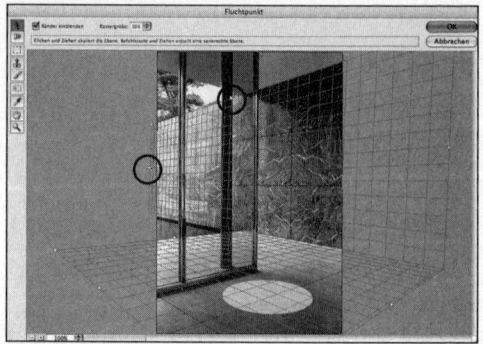

damit ein weiteres Gitternetz auf, das zum Boden in einem virtuellen rechten Winkel steht.

• Beenden Sie die Vertikalbewegung am oberen Abschluss der Wand, und dehnen Sie das Gitter nach rechts und links aus, bis es die gesamte Länge der Wand überspannt.

• Fügen Sie den Kreis aus der Zwischenablage ein.

• Ziehen Sie das neue Element in das Wandraster, bis es in die Perspektive schnappt, und ziehen es an eine beliebige Position. Da auch dieser Kreis wieder auf einer separaten Ebene in der Ebenen-Palette liegt, können Sie seine Lage auch im Nachhinein noch verändern.

• Verlassen Sie den Filter-Dialog mit *OK*.

Das Bild nach dem perspektivisch korrekten Zufügen neuer Elemente.

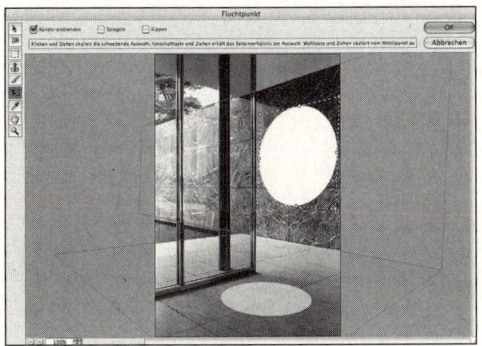

Sie können jetzt auf dieser Ebene alle gewünschten Änderungen mit allen Photoshop-Werkzeugen und -Filtern vornehmen.

Dieses Beispiel zeigt lediglich einen Teil des Spektrums des *Fluchtpunkt*-Dialogs. Greifen Sie für weitere Informationen auf die Photoshop-Hilfe zu und experimentieren Sie weiter mit dem Filter.

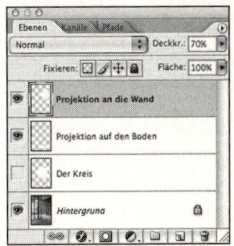

Das Bild in der Ebenen-Palette. Alle Ebenen sind autonom editierbar.

7 Vektorbasierte Arbeitstechniken

Arbeiten mit Text und Textebenen

Dieses Kapitel beschäftigt sich mit den verschiedenen vektorbasierten Werkzeugen von Photoshop. *Text-* und *Formebenen* ermöglichen es, auflösungsunabhängige, scharfe Konturen beim Druck bzw. beim Belichten auszugeben. Arbeiten mit *Pfaden* erleichtert das Erstellen und Auswählen von Elementen mit linearen oder kurvigen Begrenzungen.

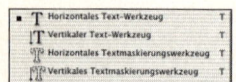

Text-Werkzeuge

✔ Wenn das Text-Werkzeug ausgewählt ist, wandelt sich der Mauszeiger in die Einfügemarke um. In horizontalem Text markiert die kleine Linie am Zeiger die Grundlinie des Textes (⌶), in vertikalem Text die Mittelachse der Textzeichen (⟷).

Text erstellen

Photoshop ermöglicht, mit den Text-Werkzeugen *horizontalen* oder *vertikalen Text* oder eine *vertikale* oder *horizontale Textauswahl* in ein Bild einzusetzen. Es kann Punkttext oder Absatztext eingegeben werden.

- Zum Erstellen von Text wählen Sie das *Text-Werkzeug* (T) (erzeugt eine neue Textebene) oder das *Textmaskierungswerkzeug* (T) (erzeugt den Text als Auswahlbegrenzung). Wählen Sie die Option *Horizontaler* oder *Vertikaler Text* (IT) – diese kann auch während der Bearbeitung geändert werden.

Für *Punkttext* (siehe nächste Seite) klicken Sie auf die Stelle im Bild, wo der Text erscheinen soll.

Horizontaler Text

Horizontale Textmaske

Vertikaler Text

Vertikale Textmaske

Punkttext: Jede Textzeile ist unabhängig. Die Länge einer Zeile wird beim Bearbeiten (z. B. einer Schriftgrößenänderung) angepasst, es erfolgt aber kein automatischer Zeilenumbruch.

Absatztext: Der Text wird durch automatischen Umbruch an die Maße eines Begrenzungsrahmens angepasst. Mehrere Absätze mit unterschiedlichen Absatzausrichtungsoptionen sind möglich. Der Begrenzungsrahmen lässt sich während der Texteingabe oder auch nach Erstellung der Textebene verändern. Der Textfluss wird dann den neuen Maßen des Rechtecks angepasst. Außerdem können Sie Text mit dem Begrenzungsrahmen drehen, skalieren und neigen. Eine einmal gewählte Textart kann über den Befehl *Ebene > Text > In Absatztext konvertieren / In Punkttext konvertieren* jederzeit geändert werden (s. S. 220).

Für *Absatztext* definieren Sie durch diagonales Ziehen einen Begrenzungsrahmen, der dann den Text aufnimmt. Wenn Sie bei gedrückter Wahltaste (⌥) klicken oder ziehen, wird der Dialog *Größe des Absatztextes* geöffnet, worin Sie eine feste Größe für den Begrenzungsrahmen eingeben können.

Größe des Absatztextes	
Breite: 64 Pt	OK
Höhe: 80 Pt	Abbrechen

Der Textcursor (die Texteinfügemarke) erscheint blinkend, die Werkzeug-Optionen-Leiste wird aktiv – das Text-Werkzeug befindet sich nun im Bearbeitungsmodus.

✔ Unterschiedliche Schriftformate werden hinter dem Schriftnamen so gekennzeichnet:
• PostScript-Schriften (= Typ-1-Schriften)
• TrueType-Schriften
• OpenType-Schriften
(s. S. 217)

• Beginnen Sie den gewünschten Text einzugeben. Bei *Punkttext* wird der Text fortlaufend auch über den Bildrand hinaus erstellt, es sei denn, Sie geben einen Zeilenumbruch mit der Returntaste (⏎) ein. Wenn Sie bei *Absatztext* mehr Text eingeben, als in den Begrenzungsrahmen passt, wird auf dem Begrenzungsrahmen das Überlauf-Symbol () angezeigt.

• Drehen, skalieren und neigen Sie den Begrenzungsrahmen beliebig (siehe Transformationsbefehle ab S. 137).

• Zum Bewegen des Textes klicken Sie mit gedrückter Befehlstaste (▶) innerhalb des Begrenzungsrahmens und ziehen den Text.

✔ Sie können Textebenen auch mit den Transformieren-Befehlen aus dem Menü *Bearbeiten* verändern (außer *Perspektivisch verzerren* und *Verzerren*).

Textbearbeitung bestätigen oder abbrechen

• Änderungen an der Textebene müssen bestätigt oder abgebrochen werden, um weitere Vorgänge ausführen zu können. Sie können nur textbezogene Befehle, z. B. *Kopieren* und *Einsetzen* wählen, während sich das Textwerkzeug im Bearbeitungsmodus befindet. Zum Bestätigen der Textbearbeitung drücken Sie die Eingabetaste (⏎) im Nummernfeld der Tastatur oder Befehls- und Returntaste (⌘↵)) oder klicken auf den Häkchen-Schalter (✓) in der Werkzeug-Optionen-Leiste. (Auch das Wählen eines anderen Werkzeuges aus der Werkzeug-Palette oder das Klicken auf die Ebenen-, Kanäle-, Pfade-, Aktionen-, Protokoll- oder Stile-Palette beendet die Texteingabe.) Zum Abbrechen des Vorgangs drücken Sie die Escapetaste (esc) oder klicken auf den Verbotsschalter (⊘) in der Werkzeug-Optionen-Leiste.

✔ Für Bilder im Modus *Mehrkanal, Bitmap* oder *Indizierte Farbe* wird keine Textebene erstellt, da diese Modi Ebenen nicht unterstützen. Der Text wird in einer Art Maske erstellt/bearbeitet und bei Bestätigung mit dem Hintergrund verschmolzen und kann dann nicht mehr bearbeitet werden.

• Mit dem *Text-Werkzeug* erstellter Text erscheint auf einer neuen Textebene, die durch das Textsymbol (T) gekennzeichnet ist. Verwenden Sie das Bewegen-Werkzeug (▶✢), um den Text zu verschieben. In der Ebenen-Palette kann der Text weiter modifiziert werden (*Deckkraft* oder *Modus*).

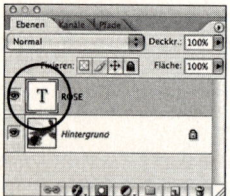

Falls Sie eines der *Textmaskenwerkzeuge* verwendet haben, erscheint der erstellte Text als Auswahlbegrenzung auf der zuvor aktiven Ebene. Die Auswahlbegrenzung kann wie jede gewöhnliche Auswahl weiterbearbeitet werden. Wählen Sie das *Auswahlrechteck* (▭) aus der Werkzeug-Palette und bewegen den Mauszeiger über einen Bereich innerhalb der Auswahl (▶⋮⋮) – so können Sie nun die Auswahl verschieben. Beachten Sie, dass die Pixel innerhalb der Auswahl auf dieser Ebene verändert werden, wenn die Auswahl nun weiterbearbeitet (beispielsweise gefüllt) wird.

Bei der Eingabe von Text mit dem *Textmaskenwerkzeug* erscheint eine rote Maskierung – der eingegebene Text erscheint unmaskiert.

Bearbeiten von Text in Textebenen

In Textebenen können Sie neuen Text einfügen, vorhandenen Text ändern und löschen. Um Text bearbeiten zu können, müssen die betreffenden Textzeichen *markiert*, also *ausgewählt* sein:

• Wählen Sie das Textwerkzeug (T).
• Aktivieren Sie die Textebene in der Ebenen-Palette oder klicken Sie in den Textfluss, um eine Textebene automatisch auszuwählen.
• Klicken Sie mit der Texteinfügemarke in den Text oder klicken und ziehen Sie über den Text, um ihn zu markieren.
• Geben Sie den gewünschten Text ein.
• Bestätigen Sie die Änderungen wie oben beschrieben.

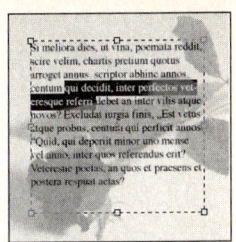

Zur Bearbeitung markierter Text

✔ Es macht wenig Sinn, eine *Textmaske* auf einer bereits vorhandenen *Textebene* zu erstellen, da diese dort nicht weiterbearbeitet werden kann.

Textwerkzeug-Optionen (Textformatierung)

Sie haben verschiedene Möglichkeiten in der Textwerkzeug-Optionen-Leiste, die Formatierungsattribute, also das Aussehen des Textes zu beinflussen. Weitere Formatierungsoptionen finden Sie in den zwei Text-Paletten *Zeichen* und *Absatz* im Menü *Fenster* bzw. *über* ( ).
Um die Attribute der Textzeichen verändern zu können, müssen die betreffenden *markiert* sein (siehe Abschnitt „Bearbeiten von Text...").

Markiertes Textzeichen mit veränderter Größe

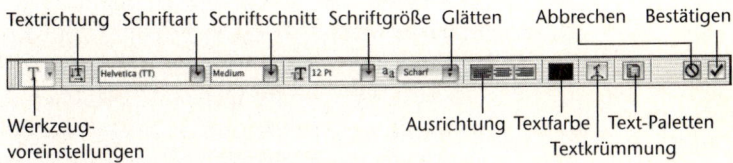

Textrichtung Schriftart Schriftschnitt Schriftgröße Glätten Abbrechen Bestätigen

Werkzeugvoreinstellungen   Ausrichtung Textfarbe Text-Paletten
                                         Textkrümmung

➕ *Schriftart*: Hier erscheinen alle momentan auf Ihrem Rechner installierten Schriften.

Schriftart

➕ *Schriftschnitt*: Alle echten Schriftschnitte der installierten Schriften (z. B. Normal, *Kursiv*, **Halbfett**, ***Halbfett kursiv***, **Fett**, ***Fett kursiv*** usw.) können hier ausgewählt werden.

Schriftschnitt

Vektorbasierte Arbeitstechniken

Schriftgröße

Glätten

✔ Durch Glätten von *Online-Text* kann sich die Anzahl der Farben erheblich erhöhen, was sich ungünstig bei der Optimierung der Datei auswirkt. Möglicherweise entstehen an den Textkanten Streufarben. Wenn die Dateigröße und eine begrenzte Anzahl von Farben besonders wichtig sind, kann Text ohne Glättung möglicherweise trotz der gepixelten Kanten vorteilhafter sein.

✔ Die Textfarbe kann auch später – außerhalb des Textbearbeitungsmodus, jedoch bei aktiver Textebene – jederzeit geändert werden mit den Kurzbefehlen zum Füllen von Flächen:
Füllen mit
Vordergrundfarbe: ⌥ ⌫
Hintergrundfarbe: ⌘ ⌫

✤ *Schriftgröße*: Geben Sie hier die Schriftgröße ein. Wenn Sie keine Maßeinheit vorgeben, wird in Punkt berechnet (andere Maßeinheiten und Kürzel s. S. 99).

✤ *Glätten-Optionen > Ohne*: keine Glättung / *Scharf*: scharfe Glättung / *Stark*: „schwere" Glättung / *Abrunden*: weiche Glättung.

Für Print-Erzeugnisse sollten Sie immer mit einer Glättung (s. S. 166) arbeiten, dadurch werden die Kanten weicher und nicht gepixelt dargestellt. Bei Text für Bildschirmpräsentation muss von Fall zu Fall nach Lesbarkeit und / oder nötiger Dateigrößenoptimierung entschieden werden (siehe auch Hinweis in der Marginalspalte).

✤ *Ausrichtung*: Die Ausrichtung bezieht sich auf den Punkt im Bild, auf den Sie mit dem Textwerkzeug geklickt bzw. von dem aus Sie zu ziehen begonnen haben (s. S. 216).

✤ *Textfarbe*: Klicken Sie auf das Farbfeld – der Farbwähler öffnet sich, und Sie können eine Farbe auswählen.

Text-Palette *Zeichen*

▌ *Zeilenabstand*: Der Zeilenabstand ist der Abstand zwischen den Grundlinien zweier Textzeilen. Wenn Sie keinen Wert für den Zeilenabstand eingeben, wird die Option *(Auto)* verwendet, welche 120% der gewählten Schriftgröße entspricht (Änderung des Wertes der *Auto*-Option in der *Absatz*-Palette > Untermenü *Ausrichtung*; s. S. 216).

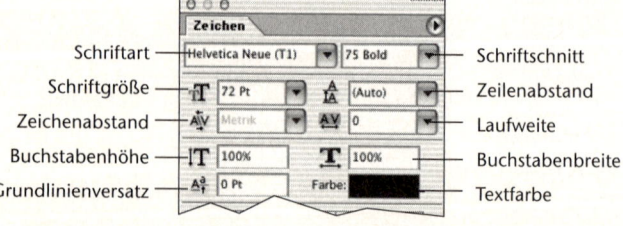

Schriftart — Helvetica Neue (T1) / 75 Bold — Schriftschnitt
Schriftgröße — 72 Pt / (Auto) — Zeilenabstand
Zeichenabstand — Metrik / 0 — Laufweite
Buchstabenhöhe — 100% / 100% — Buchstabenbreite
Grundlinienversatz — 0 Pt / Farbe: — Textfarbe

▪ *Zeichenabstand* (= Kerning) steuert den Abstand zwischen zwei Zeichen. Es können die in die Schriftart eingebauten Buchstabenabstände verwendet werden (Option *Metrisch*), oder Sie regeln einzelne Buchstabenabstände manuell. Im letzteren Fall müssen Sie den Cursor zwischen die zwei betreffenden Buchstaben setzen, die Option *(Metrisch)* wird aktiv und es können Werte in das Eingabefeld eingegeben oder aus dem Menü gewählt werden (siehe Marginalspalte). Positive Werte vergrößern den Abstand zwischen den Buchstaben (spationieren), negative Werte verringern den Abstand zwischen den Buchstaben (unterschneiden).

Zeichenabstand (Kerning)

✔ Kerning und Laufweite werden in Einheiten gemessen, die ein *Tausendstel eines Geviert-Leerzeichens* betragen. Ein Geviert ist eine typografische Einheit, die sich relativ zur Schriftgröße verhält: Ein Geviert einer 8-pt-Schrift ist 8 pt breit, ein Geviert einer 12-pt-Schrift 12 pt breit usw. Demzufolge entspricht ein Wert von 100 bei *Kerning* bzw. *Laufweite* in einer 10-pt-Schrift 1 pt (100 × 10 : 1000 = 1).

Buchstabenpaar vor dem Kerning

und nach dem Kerning (hier unterschnitten)

✔ Die Maßeinheiten bei *Schriftgröße*, *Zeilenabstand* und *Grundlinienversatz* werden in Punkt (pt) vorgegeben. Sie können aber auch andere Maßeinheiten bzw. deren Kürzel verwenden (s. S. 99).

▪ Laufweite (= Tracking) fügt einen gleichmäßigen Abstand zwischen mehr als zwei markierten Buchstaben ein. Damit ist es möglich, den Buchstabenabstand einer größeren Textmenge gleichmäßig zu ändern. Wenn Sie kei-

Laufweite (Tracking)

✔ Häufig angewendete Textformatierungen (Zeichen- und Absatzattribute) können nun wie „Stil- oder Formatvorlagen" als *Werkzeugvoreinstellungen* abgespeichert und aufgerufen werden. Nehmen Sie die gewünschten Einstellungen vor und wählen dann *Neue Werkzeugvoreinstellung* aus der Werkzeugvoreinstellungspalette (Verwaltung mit dem Vorgaben-Manager s. S. 165).

Text mit normaler Laufweite (0)

Text nach einer Erhöhung der Laufweite

Text-Palette *Zeichen*

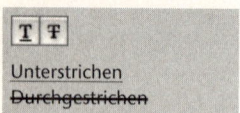

Normale Buchstabenpaare (links) und Ligaturen

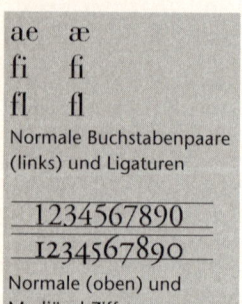

Normale (oben) und Mediäval-Ziffern

nen Wert für die Laufweite eingeben, wird der vorgegebene Abstand der verwendeten Schrift benutzt (0). Markieren Sie mindestens zwei betroffene Textzeichen und wählen positive Werte bei Laufweite, wird der Abstand zwischen den Buchstaben vergrößert, bei der Wahl negativer Werte wird der Abstand zwischen den Buchstaben verringert.

■ *Grundlinienversatz*: Ein positiver Wert verschiebt die Textgrundlinie nach oben (bei horizontalem Text) beziehungsweise nach rechts (bei vertikalem Text), ein negativer Wert nach unten bzw. nach links.

■ *Faux fett/kursiv*: Simuliert einen nicht vorhandenen Schriftschnitt Fett bzw. Kursiv.

■ *Großbuchstaben*: Verwandelt alle Kleinbuchstaben in Großbuchstaben.

■ *Kapitälchen*: Kleinbuchstaben werden in verkleinerte Großbuchstaben umgewandelt, um echte Kapitälchen zu simulieren. Falsche Kapitälchen haben eine geringere Strichstärke als die Großbuchstaben.

■ *Hoch-/Tiefgestellt*: Zeichen werden verkleinert und nach oben bzw. unten versetzt.

■ *Unterstrichen/Durchgestrichen*: Erzeugen Linien unter dem bzw. auf dem Text.

■ *Textausrichtung ändern* (nur im Paletten-Untermenü): Wechselt die horizontale Buchstabenorientierung einer Textebene auf vertikal und umgekehrt.

■ *Ligaturen/Altes Format* (besser bekannt als Mediävalziffern) sind nur im Paletten-Untermenü) anwählbar und können nur bei *Open-Type*-Fonts (s. S. 217) verwendet werden, wenn die Schrift solche enthält. Ligaturen sind typografische Varianten für bestimmte Zeichenpaare, z. B. „fi" und „fl". Mediävalziffern sind kürzer als normale Ziffern, einige Mediävalziffern reichen bis unter die Textgrundlinie.

▧ *Gebrochene Breiten* (nur im Paletten-Untermenü): Text wird bei kleinen Schriftgrößen und niedrigen Auflösungen (z. B. bei Web-Grafiken = 72 dpi) möglicherweise ungleichmäßig gerendert (Text kann ineinander laufen und unterschiedliche Buchstabenabstände aufweisen). Um in solchen Fällen diese Inkonsistenz zu verringern, deaktivieren Sie im Menü der Zeichen-Palette die Option *Gebrochene Breiten*. Dadurch wird auf der gesamten Textebene der Textabstand in ganzen Pixeln erzeugt.

▧ *Systemlayout* (nur im Paletten-Untermenü): Der Text wird so angezeigt, wie er standardmäßig vom Betriebssystem dargestellt wird (für das Entwerfen von Steuerelementen).

▧ *Kein Umbruch* (nur im Paletten-Untermenü): Verhindert bei Absatztext, dass Wörter am Zeilenende umbrochen werden.

▧ *Zeichen zurücksetzen* (nur im Paletten-Untermenü): Entfernt alle individuellen Formatierungsattribute und setzt die Zeichen auf die Systemstandardschrift und -größe zurück.

Text-Palette *Absatz*

Die Formatierungsoptionen in der Absatz-Palette entsprechen denen gängiger Layout- und Grafikprogramme.

Ausrichtung Blocksatzmethode

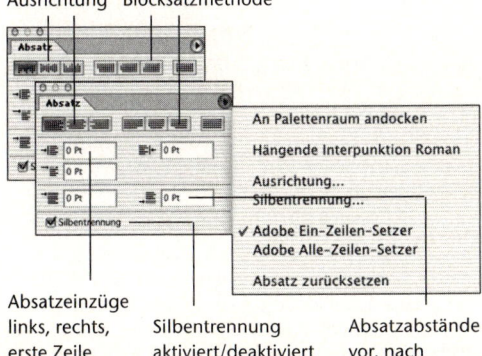

Absatzeinzüge links, rechts, erste Zeile | Silbentrennung aktiviert/deaktiviert | Absatzabstände vor, nach

Korrekte typografische Sonderzeichen

Anführung: „abc
  Mac: ⌥ ⇧ w
  Win: ⌥ 0132
Abführung: abc"
  Mac: ⌥ 2
  Win: ⌥ 0147
Apostroph: abc'
  Mac: ⌥ ⇧ #
  Win: ⌥ 0146
Gedankenstrich: abc –
  Mac: ⌥ -
  Win: ⌥ 0150
Streckenstrich: a—b
  Mac: ⌥ ⇧ -
  Win: ⌥ 0151
Drei Punkte: abc...
  Mac: ⌥ .
  Win: ⌥ 0133

✔ Ein Absatz ist ein Textbereich zwischen zwei Absatzzeichen, welche durch den Zeilenschalter (Returntaste (⏎)) eingegeben wurden. Bei *Punkttext* ist jede Zeile ein eigener Absatz. Bei *Absatztext* kann jeder Absatz aus mehreren Zeilen bestehen, je nach den Abmessungen des Begrenzungsrahmens. Die Formatierungen, die in der *Absatz*-Palette vorgenommen werden, betreffen jeweils mindestens alle Textzeichen eines Absatzes.

✔ Die Maßeinheiten werden in Punkt (pt) vorgegeben. Sie können aber auch andere Maßeinheiten bzw. deren Kürzel verwenden (s. S. 99).

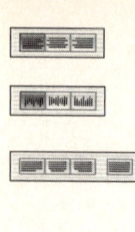

■ *Ausrichtung* (T): linksbündig/zentriert an vertikaler Achse/rechtsbündig
■ *Ausrichtung* (!T): obenbündig/zentriert an horizontaler Achse/untenbündig
■ *Blocksatzmethode* (T): Gilt für alle Zeilen außer der letzten, die links/zentriert/rechts ausgerichtet wird, bzw. einschließlich der letzten, für die der Blocksatz erzwungen wird.
■ *Blocksatzmethode* (!T): Gilt für alle Zeilen außer der letzten, die oben/zentriert/unten ausgerichtet wird, bzw. einschließlich der letzten, für die der Blocksatz erzwungen wird.
■ *Absatzeinzüge* siehe Marginalspalte.
■ *Absatzabstände*: Regelt Abstände über oder unter Absätzen, unabhängig vom Zeilenabstand.
■ *Silbentrennung*: Nur bei aktivierter Option werden Worte getrennt (nur für *Absatztext*).
■ *Hängende Interpunktion Roman*: Bei aktivierter Option werden Satzzeichen (Punkte, Kommas, einfache und doppelte Anführungszeichen, Apostrophe, Trennstriche, Geviert- und Halbgeviertstriche, Doppelpunkte und Semikola), welche am Rand des Begrenzungsrahmens liegen, nach außen verschoben, sodass sich bei Blocksatz ein harmonischeres Schriftbild ergibt.
■ *Ausrichtung* (für Blocksatz): In diesem Dialog im Untermenü der Absatz-Palette können Wort- und Zeichenabstände sowie die Zeichen-

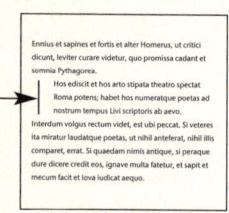

Absatzeinzug *links* (Ausrichtung *linksbündig*)

Absatzeinzug *rechts* (Ausrichtung *rechtsbündig*)

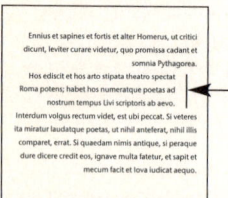

Absatzeinzug *erste Zeile* (Ausrichtung *linksbündig*)

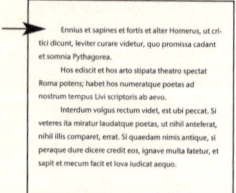

Blocksatz ohne *hängende Interpunktion*

Blocksatz mit *hängender Interpunktion*

breite ausgeglichen werden, um ein ausgeglichenes Schriftbild für Blocksatz herbeizuführen. Die konkreten Werte sind abhängig von der Breite des Begrenzungsrahmens, der Schriftart und -größe und können durch Versuche optimiert werden. Je mehr Wörter sich in einer Zeile befinden, desto einfacher lässt sich ein optimales Ergebnis erzielen.

✔ Versuchen Sie zuerst über den *Wortabstand* zu regulieren (Minimum nicht weniger als 70%; Maximum nicht mehr als 130%), dann über eine *Schriftzeichenskalierung* (nicht mehr als −2% bzw. +2%). Eine Veränderung des *Zeichenabstandes* sollte wenn irgend möglich vermieden werden, da dies den harmonischen Gesamteindruck am meisten stört.

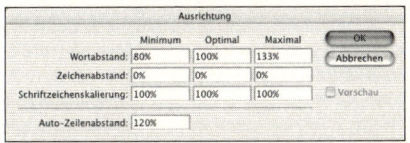

Ausrichtung für Blocksatz (empfohlene Ausgangswerte)

▪ *Silbentrennung*: Ist eine automatische Trennung unerwünscht (z. B. für Überschriften), kann die Option auch hier deaktiviert werden. Ansonsten erfolgen Trennungen nach folgenden Maßgaben: > *Wörter länger als (X) Buchstaben*: Anzahl der Buchstaben, die ein Wort mindestens haben muss, um für eine Trennung in Frage zu kommen; > *Nach ersten (X) Buchstaben*: wie viele Buchstaben nach der Trennung vor dem Trennstrich verbleiben sollen; > *Vor letzten (X) Buchstaben*: Wie viele Buchstaben nach der Trennung nach dem Trennstrich verbleiben.

OpenType-Fonts

Photoshop unterstützt diese von Adobe und Microsoft gemeinsam entwickelte Schriften-Technologie. OpenType-Fonts sind betriebssystemunabhängig. Damit ist eine Nutzung derselben Schrift sowohl mit dem Mac als auch mit Windows möglich. Ähnlich wie bei den TrueType-Schriften besteht der Font nur noch aus einer Datei, d. h. es gibt keine Trennung mehr zwischen Bildschirm- und Druckerschrift wie bei PostScript-Fonts. Intern hingegen enthält eine OpenType-Schrift entweder das TrueType- oder das PostScript-Format. Im OpenType-Format sind derzeit noch recht wenige Schriften auf dem Markt.

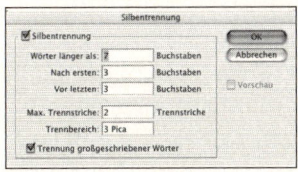

▪ *Max. Trennstriche*: Vorgabe für maximale Anzahl aufeinander folgender Trennstriche.

▪ *Trennbereich*: Definiert eine Zone (in Pica) am Ende einer Zeile, innerhalb derer ein Wort im Text umbrochen wird. Diese Option hat keine Auswirkung bei Blocksatz und gilt nur für den *Ein-Zeilen-Setzer*.

✔ *Alle-Zeilen-Setzer:*
• gleichmäßigere Zeichen- und Wortabstände und weniger Trennstriche
• günstig, wenn Sie mit mehreren Textzeilen arbeiten.
Ein-Zeilen-Setzer:
• komprimierte oder ausgedehnte Wortabstände werden der Silbentrennung vorgezogen, wobei eher komprimiert als ausgedehnt wird
• günstig, wenn Sie manuell steuern möchten, wie Zeilen umbrochen werden.
Tipp: Nach den Einstellungen für Ausrichtung und Silbentrennung einfach probieren, mit welcher Option der Text besser aussieht. Ausführlichere Informationen finden Sie in der Photoshop-Hilfe.

✔ Photoshop verfügt über eine *Rechtschreibprüfung* und einen *Suchen-und-Ersetzen*-Befehl im Menü *Bearbeiten* (bei aktivierter Textebene), wie sie von gängigen Layout- und Textverarbeitungsprogrammen bekannt sind.

■ *Adobe Alle-Zeilen-Setzer / Adobe Ein-Zeilen-Setzer*: Bei beiden Satzmethoden werden mögliche Umbrüche ausgewertet und diejenigen gewählt, die den für einen bestimmten Absatz festgelegten Silbentrennungs- und Blocksatzoptionen am besten entsprechen.

■ *Absatz zurücksetzen*: Entfernt alle individuellen Formatierungsattribute und setzt den Absatz auf die Standardeinstellungen zurück.

Textebenen bearbeiten

Wenn sich der Text auf einer separaten Ebene befindet, lässt er sich wie jeder andere Bereich auch mit dem Bewegen-Werkzeug bewegen. Die Transformationsbefehle *Skalieren, Drehen, Neigen, Spiegeln* und *Verkrümmen* sowie *Ebeneneffekte* und *Ebenenmasken* sind für eine Textebene anwendbar. Für viele andere Bearbeitungen muss eine Textebene gerastert (in eine normale Inhaltsebene umgewandelt) werden.

Text rastern (rendern)

Muss der Text nicht mehr als solcher bearbeitet oder sollen auf der Textebene Befehle angewendet werden, die auf einer editierbaren Textebene nicht möglich sind (z. B. Filter), kann die Textebene in eine normale Inhaltsebene umgewandelt werden. Der entsprechende Befehl heißt *Ebene > Rastern > Text*. Beachten Sie, dass bei seiner Anwendung der Text der Bildauflösung angepasst, d. h. in Pixel umgesetzt wird. Je niedriger die Bildauflösung des Bildes, desto gepixelter wird die Schrift dargestellt. Deshalb empfiehlt es sich, Schrift für qualitativ hochwertige *Drucksachen* nicht zu rastern. Lediglich für besondere Effekte, die nur für pixelbasierte Inhaltsebenen möglich sind, müssen Texte gerastert werden. Für Bilder in Online- bzw. Bildschirmpräsentationen werden vektorbasierte Textebenen beim Speichern bzw. Exportieren durch das Wählen eines entsprechenden Exportformats (JPEG, GIF bzw. PICT) automatisch in Pixel umgesetzt. Text kann, wenn er einmal gerastert ist, nicht mehr als Text bearbeitet werden. Für eine optimale Qualität sollte gerasterter Text später nicht mehr in seiner Größe verändert (z. B. skaliert) werden.

Weitere Textbefehle

Im Menü *Ebene > Text* befinden sich – neben teils identischen – eine Reihe weiterer textbezogener Befehle, die abhängig vom jeweiligen Status der aktiven Textebene anwendbar sind.

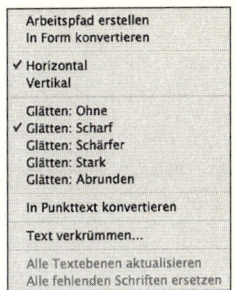

Das Menü *Ebene > Text*

Der Befehl *Arbeitspfad erstellen* erzeugt aus einer Textebene einen Arbeitspfad (zum Arbeiten mit Pfaden s. S. 233), wobei die Textebene unverändert bestehen bleibt. Damit ist es möglich, eine vorgegebene Textkontur anhand ihres Pfades individuell zu verändern. Wird die veränderte Kontur (also der Pfad) wieder gefüllt, geschieht dies pixelbasiert, sodass der veränderte Text nicht mehr als solcher editiert werden kann.

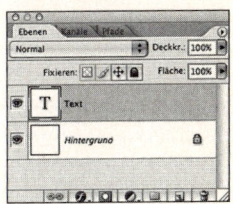

Ursprüngliche Textebene

Der Befehl *In Form konvertieren* wandelt die Textebene in eine *Formebene* um, wobei die Textebene verloren geht, der Text also nicht mehr als solcher editiert werden kann. Dies ist z. B. sinnvoll, wenn Text mit anderen Vektorformen kombiniert werden soll, da der ursprüngliche Text nun wie eine Vektorform bearbeitet werden kann.

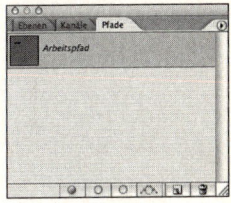

Aus der Textebene erzeugter Arbeitspfad (in der Pfade-Palette)

Der Befehl *Horizontal* verändert ursprünglich als vertikal angelegten Text in horizontalen – der Befehl *Vertikal* entsprechend umgekehrt.

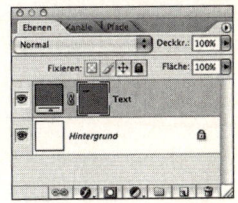

Textebene nach der Konvertierung in eine Formebene

Vektorbasierte Arbeitstechniken

Der Befehl *In Absatztext konvertieren/In Punkttext konvertieren* ermöglicht es, eine vorgegebene Textart zu ändern (es darf nur dieTextebene aktiv, aber kein Text markiert sein).

Kommen in Ihren Photoshop-Dateien Schriften vor, die nicht denen entsprechen, die zur Zeit auf Ihrem Rechner installiert sind bzw. zur Zeit *nicht* auf Ihrem Rechner installiert sind, erscheinen beim Öffnen entsprechende Warnmeldungen. Soll eine solche Textebene bearbeitet werden, muss in jedem Fall aktualisiert bzw. ersetzt werden. Der Befehl *Alle Textebenen aktualisieren* kann angewendet werden, wenn beim Öffnen nicht aktualisiert wurde. *Alle fehlenden Schriften ersetzen* ersetzt alle fehlenden Schriften durch eine Systemschrift.

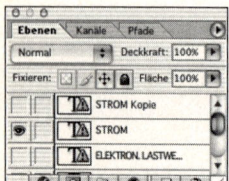

Durch ein Warndreieck in der Ebenen-Palette werden nicht identische Schriften (grau) bzw. fehlende Schriften (gelb) gekennzeichnet.

Verkrümmen von Textebenen

Durch Verkrümmen können Sie Text in vorgegebene, in bestimmten Grenzen weiter modifizierbare Formen verzerren. Sowohl der Text als auch der Verkrümmungsstil einer Textebene bleiben weiter editierbar. Der ausgewählte Verkrümmungsstil bezieht sich jeweils auf die gesamte Textebene, d.h. die Verkrümmung gilt für alle Zeichen auf einer Textebene. Ist eine Textebene verkrümmt, kann der Begrenzungsrahmen für Absatztext nicht skaliert oder transformiert werden. Gehen Sie so vor:

• Aktivieren Sie eine Textebene und das Textwerkzeug ([T]).

Neben dem hier geschilderten Aufruf über das Menü *Ebene* können Sie den Verkrümmen-Dialog auch im Menü *Bearbeiten > Transformieren > Verkrümmen* aufrufen. Sowohl die Optionen wie auch das Ergebnis sind identisch.

• Klicken Sie auf der Werkzeug-Optionen-Leiste auf den Schalter *Verkrümmen* ([icon]) oder verwenden Sie den Befehl *Ebene > Text > Text verkrümmen*.

• Der *Text-verkrümmen*-Dialog wird geöffnet.

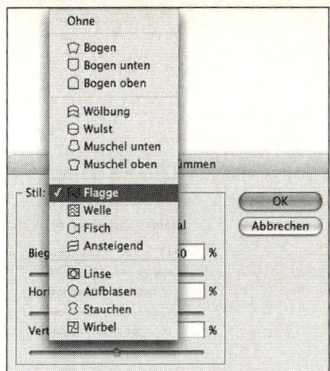

Der *Text-verkrümmen*-Dialog

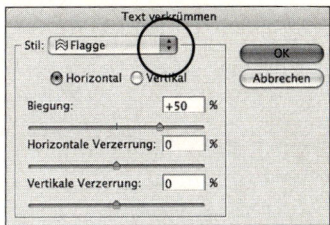

- Wählen Sie aus dem Menü *Stil* einen Verkrümmungsstil. Wählen Sie die Ausrichtung der Verkrümmung *Horizontal* oder *Vertikal*. Mit den weiteren Optionen können Sie die Verkrümmung Ihren Wünschen anpassen: *Biegung*, um die Stärke der Verkrümmung festzulegen; *Horizontale und Vertikale Verzerrung*, um die Verkrümmung perspektivisch zu gestalten.
- Bestätigen Sie mit *OK*. Eine Textebene mit Verkrümmung wird durch das Verkrümmungssymbol ( ) in der Ebenen-Palette gekennzeichnet.
- Um eine Textverkrümmung aufzuheben, wählen Sie im *Text-verkrümmen*-Dialog aus dem Menü *Stil*: *Ohne* und bestätigen mit *OK*.

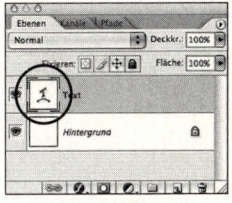

Ebenen-Palette mit verkrümmter Textebene

Textebenen, die *Faux-Fett*-Formatierung oder Schriften ohne Konturdaten (z. B. reine Bitmap-Schriften) enthalten, können nicht verkrümmt werden.

MADONNA

Vor der Verkrümmung

MADONNA (Bogen)

Stil: *Bogen*

MADONNA (Wulst)

Stil: *Wulst*

MADONNAMADONNAMADON
NAMADONNAMADONNAMAD
ONNAMADONNAMADONNAM
ADONNAMADONNAMADONNA
MADONNAMADONNAMADONN
NAMADONNAMADONNAMAD
ONNAMADONNAMADONNAM
ADONNAMADONNAMADONNA
MADONNAMADONNAMADON
NAMADONNAMADONNAMAD
ONNAMADONNAMADONNAM
ADONNAMADONNAMADONNA
MADONNAMADONNAMADON

Vor der Verkrümmung

Stil: *Linse*

Stil: *Wirbel*

✔ Mehr zum Zeichnen und Bearbeiten von Pfaden finden Sie im folgenden Kapitel „Arbeiten mit Pfaden".

Text auf einem Pfad

Wenn die Schrift entlang den Konturen eines Bildmotivs oder entlang einer Form laufen soll, kann der Text auf einem Pfad erstellt werden. Der Textfluss orientiert sich dabei an der Richtung, in der die Pfad-Ankerpunkte angelegt wurden.

✔ Den Pfad im Gesamten verschieben Sie mit dem Pfad-Auswahl-Werkzeug (▶), einzelne Ankerpunkte oder Anfasser bewegen Sie mit dem Direkt-Auswahl-Werkzeug (▶).

Um Pfadtext zu erstellen, gehen Sie so vor:
• Benutzen Sie das *Zeichenstift-* oder das *Freiform-Zeichenstift-Werkzeug* mit der Option *Pfade* (s. S. 225) und definieren einen Pfad auf der aktuellen Ebene. Es spielt dabei zunächst keine Rolle, ob der Pfad ein offener oder ein geschlossener ist, der Pfad selbst ist später unsichtbar.
• Wählen Sie das *Text-Werkzeug* und klicken damit auf den Pfad. Die Text-Einfügemarke verändert ihre Form (⌇).
• Der Textfluss beginnt an der Stelle des Pfads, an der Sie den Zeiger platziert haben.
• Beachten Sie, dass Photoshop beim Umbruch von Pfadtext keine Silbentrennung durchführt.
• Wenn Sie die Texteingabe bestätigen, legt das Programm eine neue Textebene über der Inhaltsebene an. Wie auf jeder Textebene bleibt der Text in vollem Umfang bearbeitbar. Die Schriftart, Schriftgrad und Auszeichnungen sind in der Absatz-Palette frei wählbar.
• Blenden Sie den Pfad aus, indem Sie in der Pfade-Palette unter den aktiven Pfad klicken.

Das obere Bild zeigt den Pfad, dem die Schrift folgen soll.
Im unteren Bild sind zwei Probleme sichtbar: Der Textfluss beginnt zu weit rechts auf dem Pfad, und das Wort im spitzen Winkel des Pfads ist nicht lesbar.

Um die Position des Textes auf einem Pfad zu verändern,
• nähern Sie sich mit dem *Direkt-Auswahl-Werkzeug* dem ×-Zeichen am Fuß des ersten Buchstabens. Es erscheint das *Einfügemarken-Verschieben-Werkzeug* (▶). Ziehen Sie den Text

nach links oder nach rechts.
- Setzen Sie die Einfügemarke des Textwerkzeugs (T) vor eine möglicherweise schwer lesbare Textstelle und verschieben Sie die Position einzelner Wörter oder Buchstaben durch Eingabe einiger Leerzeichen auf Ihrer Tastatur.
- Benutzen Sie den *Grundlinienversatz* in der Absatz-Palette, um den Text relativ zum Pfad zu verschieben.
- Um die Lage des Textes relativ zum Pfad zu verändern, bewegen Sie das *Direkt-Auswahl-Werkzeug* so lange auf den ersten Buchstaben zu, bis das *Einfügemarken-Verschieben-Werkzeug* erscheint ( ). Ziehen Sie mit gedrückter Maustaste in die gewünschte Richtung. Der Text klappt auf die andere Pfadseite.

Im dritten Bild ist die Lesbarkeit des Textes mit Hilfe der beschriebenen Möglichkeiten verbessert.

✔ Mehr zu Form-Werkzeugen und Formebenen können Sie im folgenden Kapitel nachlesen.

Text entlang einer Form
Erstellen Sie mit einem der Form-Werkzeuge und einer der Optionen *Formebenen* oder *Pfade* (s. S. 225) eine Form, gilt alles, was eben über Text auf einem Pfad gesagt wurde, ebenso auch für einen Text, der den Konturen dieser Form außen entlang oder in ihrem Inneren folgen soll.

Der Text folgt der Kontur der Form.

Der Textfluss wurde mit dem *Direkt-Auswahl-Werkzeug* ins Innere der Form gezogen.

Der Text wurde hier mit dem *Vertikaler-Text-Werkzeug* eingegeben.

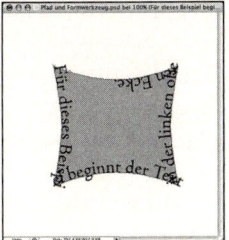
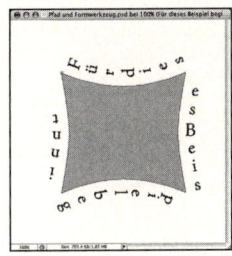

Form-Werkzeuge und Formebenen

✔ Zu den Unterscheidungsmerkmalen von pixelbasierter und vektorbasierter Arbeitsweise lesen Sie auch ab S. 17.

Die Form-Werkzeuge erzeugen geometrische Objekte (auch als Vektorobjekte bekannt), die in Photoshop *Formen* genannt werden. Eine solche Form lässt sich im Gegensatz zu Bereichen, welche mit Mal-Werkzeugen erstellt wurden, leichter auswählen, bewegen, skalieren, verzerren und in ihrer Kontur verändern. Außerdem können jederzeit mühelos Attribute wie z. B. die Linienstärke, Füllfarbe und der Füllstil modifiziert werden. Die Kontur einer Form wird *Pfad* genannt.

Sie können von Formen Auswahlbereiche erstellen und diese pixelbasiert weiterbearbeiten. Ebenso können die Form-Werkzeuge so voreingestellt werden, dass statt einem Vektorobjekt eine pixelbasierte Form erzeugt wird.

Mit dem *Vorgaben-Manager* können Bibliotheken mit eigenen Formen angelegt werden. Formen sind auflösungsunabhängig, d.h. scharfe Kanten bleiben beim Skalieren, Drucken auf einem PostScript-Drucker, Speichern in einer PDF-Datei oder Importieren in ein vektorbasiertes Grafikprogramm erhalten.

Sie haben verschiedene Möglichkeiten, mit Formen zu arbeiten.
• Wählen Sie ein Form-Werkzeug in der Werkzeug-Palette und eine Option aus der Werkzeug-Optionen-Leiste.

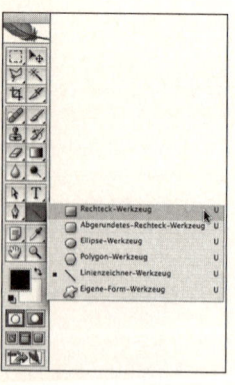

Werkzeug-Palette mit aktivierten Form-Werkzeugen

✤ *Formebenen*: Erzeugt eine Form auf einer neuen Formebene. Die Form wird automatisch mit der aktuellen Vordergrundfarbe gefüllt. Farbe, Verlauf oder Muster der Füllung können jederzeit geändert werden. Die Kontur der Form wird in einer so genannten *Vektormaske* gespeichert, die in der Ebenen- und Pfade-Palette zu sehen ist.

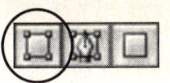

 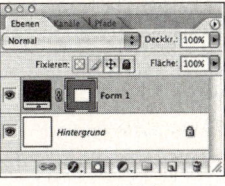 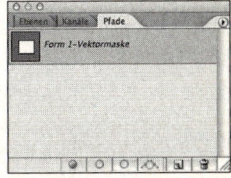

Formebene   Formebene mit Vektormaske   Vektormaske in der Pfade-Palette

✤ *Pfade*: Erstellt einen neuen *Arbeitspfad*. Ein Arbeitspfad ist ein temporärer, ungefüllter Pfad (Form-Kontur), eine Art Pauspapier, welcher zunächst keinen Einfluss auf das Bild hat. Er ist in der Pfade-Palette zu sehen und kann für die spätere Verwendung dort gespeichert werden (s. S. 246).

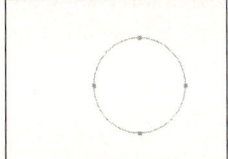 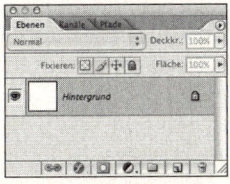 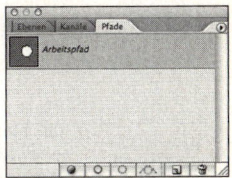

Arbeitspfad   Ebenen-Palette (Arbeitspfad ist hier unsichtbar)   Arbeitspfad in der Pfade-Palette

✤ *Pixel füllen*: Erstellt auf einer bestehenden Inhaltsebene eine gerasterte (pixelbasierte) Form. Die Form wird automatisch mit der aktuellen Vordergrundfarbe gefüllt, so als würde man eine Auswahl aufziehen und diese füllen. Eine gerasterte Form kann nicht als Vektorobjekt bearbeitet werden.

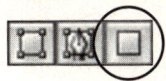

Vektorbasierte Arbeitstechniken 225

✔ *Vektormasken* können nicht nur für Formebenen, sondern auch für Inhalts-, Text- und alle Arten von Einstellungsebenen angelegt werden. Lesen Sie dazu bitte ab S. 298 nach.

Ist zur Zeit eine Formebene (Vektormaske) aktiv, können die Optionen *Neuen Arbeitspfad erstellen* und *Pixel füllen* nicht verwendet werden, sondern nur weitere Formen auf der aktiven Formebene mit den Form-Werkzeugen platziert oder mit einer Zeichenfeder (,) gezeichnet werden.

Formebene bestehend aus:

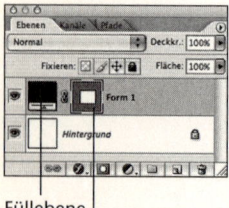

Füllebene und Vektormaske

Erstellen von Formebenen

Photoshop betrachtet eine Formebene wie eine *Füllebene* mit einer so genannten *Vektormaske*. Die Füllebene bestimmt die Farbe der Form. Die Vektormaske definiert dagegen die eigentliche Kontur der Form, sodass man ihre Wirkungsweise mit der einer *Ebenenmaske* (s. S. 288) vergleichen kann. Die Vektormaske (also eine Formebene) lässt ausschließlich scharfe Begrenzungen zu – eine Ebenenmaske ist pixelbasiert und kann auch weiche Begrenzungen haben.

Farbe und andere Attribute einer Form können geändert werden, indem die Füllebene bearbeitet (s. S. 434) und Ebeneneffekte/ bzw. -stile (s. S. 274ff.) darauf angewendet werden. Natürlich kann auch die Kontur einer Form durch Bearbeiten der entsprechenden Vektormaske modifiziert werden.

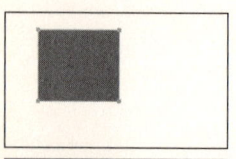

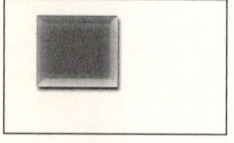
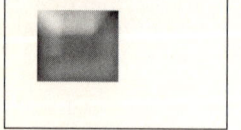

Formebene mit verschiedenen Ebenenstilen

So erstellen Sie eine neue Formebene:
• Aktivieren Sie ein beliebige Ebene (außer einer bereits bestehenden Formebene) – über dieser wird die neue Formebene angelegt. (Falls eine Formebene aktiv ist, werden bei den nachfolgenden Schritten neue Formen auf dieser platziert – siehe auch nächster Abschnitt.)
• Wählen Sie eine Vordergrundfarbe.
• Wählen Sie eines der *Form-Werkzeuge* oder eine *Zeichenfeder*.

- Klicken Sie in der Werkzeug-Optionen-Leiste auf das Symbol *Neue Formebene erstellen* (□).
- Wählen Sie aus der Werkzeug-Optionen-Leiste einen *Ebenenstil*, um der Form einen vordefinierten Ebenenstil zuzuweisen, und eine *Farbe*. Nur bei aktivierter Option 🔒 in der Werkzeug-Optionen-Leiste können die Eigenschaften der aktiven Ebene (*Farbe* und *Stil*) nachträglich geändert werden. Falls Sie das *Eigene-Form-Werkzeug* (🔲) verwenden, können Sie unter *Form* (in der Form-Palette) eine vordefinierte Form wählen (weitere Optionen s. S. 229 ff.).

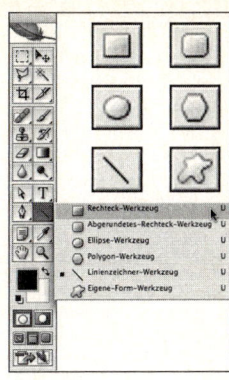

Form-Werkzeuge

- Mit einem *Form-Werkzeug* zeichnen Sie dann die Form durch diagonales Ziehen (Beschreibung der Form-Werkzeuge s. S. 229). Wenn Sie eine *Zeichenfeder* verwenden, zeichnen Sie die Form durch Klicken auf das Bild bzw. Ziehen im Bild (Beschreibung s. S. 238 ff.).

Weitere Formen auf einer bestehenden Formebene erzeugen

- Aktivieren Sie die Formebene mit Vektormaske, s. u.), auf der Sie weitere Formen erzeugen wollen. (Falls die Formebene, nicht aber die Vektormaske derselben aktiviert ist, wird die neue Form auf einer weiteren Formebene erzeugt.)

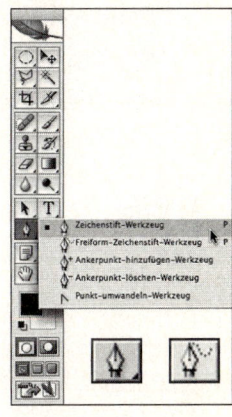

Zeichenfeder und *Freiform-Zeichenfeder* sind ebenfalls zum Zeichnen von (freien) Formen geeignet

Eine Formebene kann nur bearbeitet werden, wenn die *Vektormaske* in der Ebenen-Palette aktiviert ist (Bearbeitungsmodus), was dort durch einen Rahmen sowie sichtbare Formkonturen dargestellt wird. Einfaches Anklicken aktiviert (links) bzw. deaktiviert (rechts).

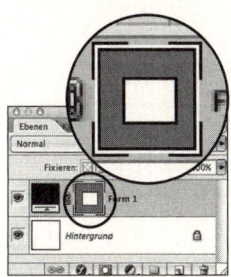
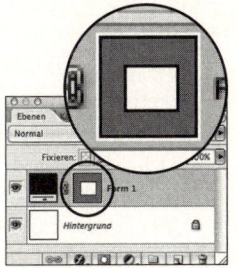

Vektorbasierte Arbeitstechniken 227

Überlappungsoptionen

Ausgangszustand

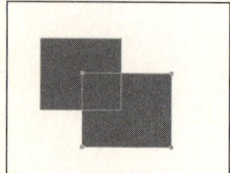
Form hinzufügen

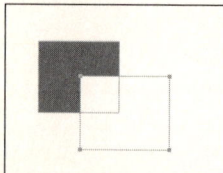
Form subtrahieren

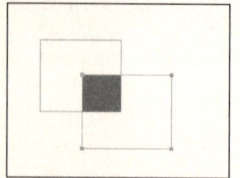
Schnittmenge von Formen

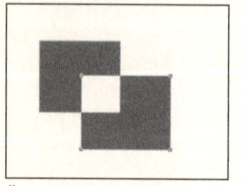
Überlappende Formen ausschließen

- Wählen Sie eine *Überlappungsoption*.
(Die Überlappungsoptionen können für *Formen auf Formebenen* oder auch für *Pfade in der Pfade-Palette* gewählt werden).

✤ *Formebenen* (▣): Bei ausgewählter Option wird in jedem Falle eine neue Formebene erstellt.

✤ *Form hinzufügen* (▣) fügt die neue Form den bestehenden Formen oder dem bestehenden Pfad hinzu.

✤ *Form subtrahieren* (▣) entfernt den überlappenden Bereich aus den bestehenden Formen oder dem bestehenden Pfad.

✤ *Schnittmenge von Formen* (▣) beschränkt die Formen auf die Schnittmenge der neuen und der bestehenden Formen oder den bestehenden Pfad.

✤ *Überlappende Formen ausschließen* (▣) schließt den Überlappungsbereich in den vereinten neuen und bestehenden Formen aus.

Überlappungsoptionen können auch nachträglich eingestellt werden. Hierfür müssen die Form(en) bzw. Pfade mit dem Pfad-Auswahl-Werkzeug (▣) zuvor ausgewählt werden.

- Wählen Sie ein beliebiges Form-Werkzeug aus der Werkzeugpalette (oder aus der Werkzeug-Optionen-Leiste) oder eine Zeichenfeder.
- Zeichnen Sie die neue Form.

Die Form-Werkzeuge

Sie verwenden die Form-Werkzeuge zum Zeichnen von geometrischen Formen. Auch für die Form-Werkzeuge können in der Werkzeug-Optionen-Leiste spezifische Voreinstellungen vorgenommen werden. Aktivieren Sie eines der Form-Werkzeuge und klicken dann auf das Untermenü neben den Werkzeugen.

Form-Werkzeug-Optionen

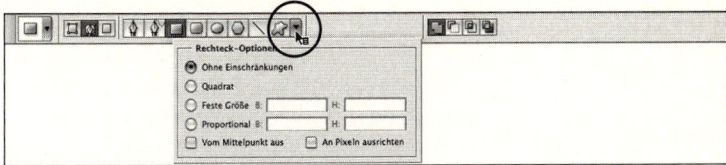

🞣 *Ohne Einschränkungen*: Breite und Höhe von Rechtecken, abgerundeten Rechtecken, Ellipsen oder eigenen Formen werden durch Ziehen festgelegt.

🞣 *Quadrat* erzeugt ein Rechteck oder abgerundetes Rechteck in quadratischer Form. Alternativ kann beim Ziehen auch die Umschalttaste (⇧) gedrückt werden.

🞣 *Feste Größe*: Für Rechtecke, abgerundete Rechtecke, Ellipsen und eigene Formen kann in den Feldern *Breite* und *Höhe* eine Größe vorgegeben werden.

🞣 *Proportional*: Rechtecke, abgerundete Rechtecke und Ellipsen werden proportional zu den in den Feldern *Breite* und *Höhe* eingegebenen Werten erzeugt.

🞣 *Vom Mittelpunkt aus*: Rechtecke, abgerundete Rechtecke, Ellipsen und eigene Formen werden vom Mittelpunkt aus erstellt (siehe auch S. 98). Alternativ kann beim Ziehen auch die Wahltaste (⌥) gedrückt werden.

🞣 *An Pixeln ausrichten*: Die Kanten eines Rechtecks oder abgerundeten Rechtecks werden an den Pixelbegrenzungen ausgerichtet.

🞣 *Radius*: Eckradius eines abgerundeten Rechtecks (bei Polygonen der Abstand von der Mitte zu den äußeren Punkten eines Polygons).

🞣 *Kreis* schränkt eine Ellipse auf eine Kreisform ein. Alternativ kann beim Ziehen auch die Umschalttaste (⇧) gedrückt werden.

🞣 *Seiten*: Anzahl der Seiten für ein Polygon.

Form-Werkzeuge

 Rechteck-Werkzeug

 Abger.-Rechteck-Werkzeug

 Ellipse-Werkzeug

 Polygon-Werkzeug

Linienzeichner-Werkzeug

 Eigene-Form-Werkzeug

Die angebotenen Optionen in der *Werkzeug-Optionen*-Leiste sind abhängig vom aktuell gewählten Werkzeug.

✔ Ähnlich wie bei den Auswahl-Werkzeugen können Sie die Leertaste (␣) gedrückt halten, um die Form beim Aufziehen ohne Änderung der Größe oder der Proportionen zu verschieben.

✔ Maßeinheiten und Kürzel s. S. 99.

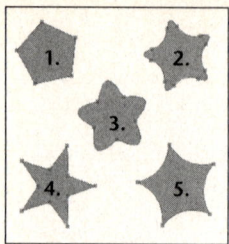

Verschiedene Polygonformen

1. Standard-Polygon
2. Polygon mit *Ecken abrunden*, *Seiten einziehen*, 50% und *Einzüge glätten*
3. Polygon mit *Ecken abrunden* und *Seiten einziehen*, 50%
4. Polygon mit *Seiten einziehen*, 50%
5. Polygon mit *Seiten einziehen*, 50% und *Einzüge glätten*

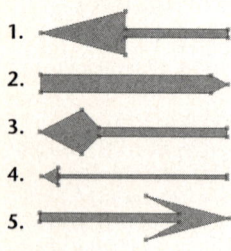

Verschiedene Pfeilspitzen

(Prozentwerte in der Reihenfolge *Breite, Länge, Rundung*):
1. 500, 1000, 0
2. 100, 100, 0
3. 500, 500, -50
4. 500, 500, 0
5. 500, 1000, 50

✔ Maßeinheiten und Kürzel s. S. 99.

✢ *Ecken abrunden* oder *Einzüge glätten* erzeugt ein Polygon mit abgerundeten Ecken oder geglätteten Einzügen.

✢ *Seiten einziehen* erzeugt ein Polygon in Sternform. Der Prozentsatz bezieht sich auf den Radius: bei einem Wert von 50% beträgt die Länge der Zacken die Hälfte des Gesamtradius des Sterns. Durch einen höheren Wert werden die Zacken spitzer und dünner, durch einen niedrigeren Wert voller.

✢ *Stärke*: Stärke einer Linie in Pixeln bzw. einer vorgegebenen Maßeinheit.

✢ *Pfeilspitzen > Anfang/Ende*: Linie mit Pfeilspitzen. Die Werte bei *Breite* und *Länge* beziehen sich prozentual auf die Linienstärke (10% bis 1000% für *Breite* und 10% bis 5000% für *Länge* sind möglich). *Rundung* definiert die Form der Pfeilspitze an der breitesten Stelle, d.h. dort, wo die Pfeilspitze auf die Linie trifft (-50% bis +50% sind möglich). Eine Pfeilspitze kann auch nachträglich mit dem Pfadkomponenten-Auswahl-Werkzeug (▶) und den Zeichenfeder-Werkzeugen bearbeitet werden.

Um die Linie beim Malen mit dem *Linienzeichner* auf ein *Vielfaches von 45°* einzuschränken, halten Sie die Umschalttaste (⇧) gedrückt. Um exakt vertikale und horizontale Linien zu zeichnen, ziehen Sie mit gedrückter Umschalttaste (⇧).

✢ *Festgelegte Proportionen* erzeugt eine eigene Form in den Proportionen, in denen sie ursprünglich erstellt wurde.

✢ *Definierte Größe* erzeugt eine eigene Form in der Größe, in der sie ursprünglich erstellt wurde.

Formen nachträglich bearbeiten

Formen können selbstverständlich beliebig transformiert werden (s. S. 137 ff).

Zum Verschieben, Skalieren oder Bearbeiten von Formen können Sie außerdem das Direkt-Auswahl-Werkzeug ( ) und das Pfad-Auswahl-Werkzeug ( ) verwenden (siehe Abschnitt Bearbeiten von Pfaden ab S. 246 ff.).

Erstellen von gerasterten Formen
Statt mit den Form-Werkzeugen vektorbasierte Formen zu erstellen, können diese auch benutzt werden, um gerasterte, also pixelbasierte Formen zu erzeugen. Diese Technik entspricht dem Aufziehen einer Auswahl mit einem *Auswahl-Werkzeug* und dem anschließenden *Füllen* dieser Auswahl mit einer Farbe. Eine auf diese Weise erstellte Form kann nicht als Vektorobjekt, sondern nur pixelbasiert weiterbearbeitet werden.

Zum Erstellen einer gerasterten Form:
- Wählen Sie eine Inhaltsebene aus. Eine gerasterte Form kann nicht auf einer vektorbasierten Ebene (d. h. einer Form- oder Textebene) erstellt werden.
- Legen Sie eine Vordergrundfarbe fest und wählen Sie eines der Form-Werkzeuge.
- Klicken Sie auf der Werkzeug-Optionen-Leiste auf die Option *Pixel füllen* ( ) (s. S. 225).
- Wählen Sie aus der Werkzeug-Optionen-Leiste einen *Modus* sowie eine *Deckkraft*-Einstellung. Falls Sie das *Eigene-Form-Werkzeug* ( ) verwenden, können Sie unter *Form* eine vordefinierte Form wählen (weitere Optionen s. S. 227 ff.). Die Option *Glätten* erzeugt weichere Randpixel (s. S. 166).
- Zeichnen Sie die Form(en) durch Ziehen im Bild. Es kann beliebig zwischen Form-Werkzeugen gewechselt werden.

Formen ausrichten und verteilen
Auch Formen können aneinander ausgerichtet werden (mindestens 2 Formen müssen ausgewählt sein) und die Abstände zwischen Formen gleichmäßig verteilt werden (mindestens 3 Formen müssen ausgewählt sein). Vergleichen Sie hierzu *Ebenen ausrichten und verteilen* (S. 83 ff.)

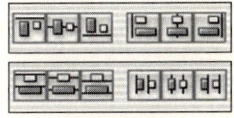

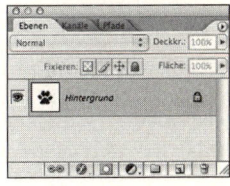

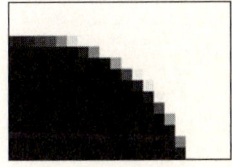

Gerasterte (pixelbasierte) Form, zugehörige Ebenen-Palette und vergrößerte Darstellung. Eine gerasterte Form kann nur auf einer Inhaltsebene erzeugt werden.

Formebene rastern (rendern)

Mit den Befehlen im Menü *Ebene > Rastern...* werden Formebenen in normale Inhaltsebenen umgewandelt, d.h. sie werden in Pixel umgesetzt und der Bildauflösung angepasst – die Vektormaske geht verloren. Dies ist z. B. nötig, wenn Filter angewendet werden sollen.

Varianten des Rasterns sind

- *Rastern > Form:* um eine Ebene zu rastern, die eine Form enthält
- *Rastern > Füllfläche:* um eine Einstellungs- oder Füllebene zu rastern
- *Rastern > Vektormaske:* um eine Ebene zu rastern, die eine Vektormaske enthält – diese wird in eine Ebenenmaske umgewandelt
- *Rastern > Smart Objekt:* um ein Smart-Objekt zu rastern, das eine Form oder mehrere Formen enthält (s. S. 304)
- *Rastern > Ebene:* um alle Bestandteile der Formebene zu rastern
- *Rastern > Alle Ebenen:* um alle Ebenen im Bild zu rastern

Speichern von eigenen Formen

Formen, die Sie einmal erstellt haben, können als eigene Form gespeichert werden. Eine gespeicherte Form erscheint in der Form-Palette in der Werkzeug-Optionen-Leiste bei aktivem Form-Werkzeug. So speichern Sie eine Form oder einen Pfad:

- Aktivieren Sie in einer *Formebene* eine *Vektormaske* oder wählen Sie diese aus der *Pfade-Palette* aus. Oder wählen Sie einen *Arbeitspfad* bzw. einen gespeicherten *Pfad* (s. S. 235 ff.) aus der *Pfade-Palette* aus.
- Wählen Sie *Bearbeiten > Eigene Form festlegen...* und geben Sie im Dialog einen Namen für die neue eigene Form ein.

Eine eigene Form ist so lange verfügbar, wie die Formen nicht im Untermenü der Form-Palette auf die Standardsätze zurückgesetzt werden oder die Form gelöscht wird. Beliebige Formsätze können im Untermenü der Form-Palette auch dauerhaft gespeichert und geladen werden. Auf diese Weise gespeicherte Formsätze werden im *Photoshop-Programmordner > Zugaben > Eigene Formen* mit der Extension **.csh* abgelegt. Zum Verwalten von (Sätzen mit) eigenen Formen können Sie auch den *Vorgaben-Manager* im Menü *Bearbeiten* verwenden (s. S. 129 und 165).

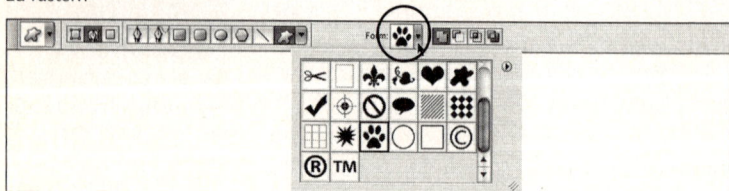

Form-Palette mit dem Standardsatz *Eigene Formen*

Arbeiten mit Pfaden

Was sind Pfade?
Pfade sind die vektorbasierten Konturen von
Formen. Pfade sind vergleichbar mit den
vektorbasierten Zeichenwegen in Grafik- bzw.
Zeichenprogrammen (z. B. FreeHand, Illustrator,
CorelDraw). Pfade entstehen, wenn Formen
mit den *Form-Werkzeugen* (s. S. 228 ff.) erstellt
oder mit den *Zeichenfedern* (s. S. 238 ff.)
gezeichnet werden. Pfade von *Formebenen*
(welche beim Zeichnen von Formen entstehen),
werden *Vektormasken* genannt und sind
sowohl in der *Ebenen-Palette* als auch – allerdings nur bei Aktivierung (s. S. 227) – in der
Pfade-Palette sichtbar.

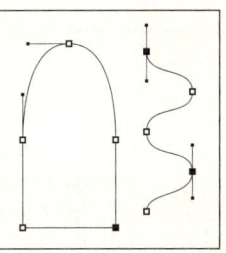

Ein *Arbeitspfad* (s. S. 238 ff.) ist ein temporärer Pfad, der zwar in der Pfade-Palette angezeigt wird, aber zunächst keine Auswirkung im
Bild hat. Arbeitspfade können in der Pfade-Palette gespeichert werden und sind dann
dauerhaft sicht- und anwendbar.

✔ Wenn Sie bereits mit
Zeichenprogrammen gearbeitet haben, werden Sie
viele Parallelen zur Arbeit
mit „Zeichenwegen" feststellen. Sie müssen sich
aber mit teilweise unterschiedlichen Bezeichnungen und abweichender
Handhabung anfreunden.

Pfade können zu folgenden Zwecken verwendet werden:
- als *Vektormasken*, um Ebenenbereiche auf
Formebenen, Inhalts-, Text- und allen Arten
von Einstellungsebenen auszublenden
(s. S. 298).
- Da Pfade jederzeit in *Auswahlbereiche* umgewandelt werden können (s. S. 259), sind sie
hervorragend geeignet, freie sowie geschwungene Formen nachzuzeichnen, um dann zur
Bearbeitung von Pixeln zu dienen. Deshalb

✔ Da Pfade wesentlich
weniger Speicherplatz benötigen als Auswahlbereiche, die mit dem Befehl
Auswahl > Auswahl speichern gespeichert wurden,
sind sie in vielen Fällen
eine gute Alternative dazu.
(Pfade werden als Vektoren,
gesicherte Auswahlbereiche als Pixel gespeichert –
zu den Unterschieden
s. S. 17 ff.

sind sie eine gute Alternative zu anderen Auswahl-Werkzeugen.

▪ Ein Pfad kann bearbeitet werden, um seine Form zu ändern (s. S. 246 ff.).

▪ Ein Pfad kann als *Beschneidungspfad für ein gesamtes Bild* definiert werden, um beim Exportieren in Grafik- oder Layoutprogramme Teile des Bildes auszublenden und damit transparent zu machen (s. S. 263).

Die folgenden Abschnitte beschäftigen sich mit dem *Erstellen von Arbeitspfaden mit den Form-Werkzeugen*, dem *Erstellen von Pfaden, Arbeitspfaden und Formen mit den Zeichenfedern* sowie mit dem *Bearbeiten von Pfaden,* um ihre Form zu ändern.

Erstellen von Arbeitspfaden mit den Form-Werkzeugen

• Wählen Sie eines der Form-Werkzeuge (s. S. 229 ff.).
• Klicken Sie auf der Werkzeug-Optionen-Leiste auf die Option *Pfade* (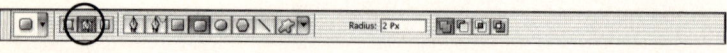) (s. S. 225).

• Zeichnen Sie den Pfad durch Ziehen im Bild.
• Möchten Sie weitere Formen, also einen Pfad mit mehreren Komponenten erstellen, können Sie zwischen den Form-Werkzeugen wechseln (auch die Zeichenfedern können verwendet werden). Legen Sie ggf. *Überlappungsoptionen* fest (s. S. 228) und zeichnen weiter. Einzelne Pfadkomponenten können mit dem Pfad-Auswahl-Werkzeug ( ) zur weiteren Bearbeitung, z. B. zum Bewegen, ausgewählt werden. Überlappungsoptionen können auch nachträglich eingestellt werden. Auch dafür müssen die gewünschten Pfadkomponenten mit dem

Pfad-Auswahl-Werkzeug zuvor ausgewählt werden. Der neue Arbeitspfad erscheint sofort in der Pfade-Palette. Standardmäßig befindet sich die Pfade-Palette zusammen mit *Ebenen* und *Kanälen* in einer Paletten-Gruppe. Wenn diese Gruppe geöffnet ist, klicken Sie auf den Reiter *Pfade*, um die Pfade-Palette anzuzeigen, ansonsten wählen Sie *Fenster > Pfade*. Ein Arbeitspfad sollte gespeichert werden (s. S. 246), da er nach seiner Deaktivierung in der Pfade-Palette und Zeichnen eines neuen Arbeitspfades verloren geht. Alternativ können Sie in der Pfade-Palette zuerst einen neuen Pfad anlegen, bevor Sie mit dem Zeichnen beginnen, um den Arbeitspfad automatisch als Pfad zu speichern (s. S. 238).

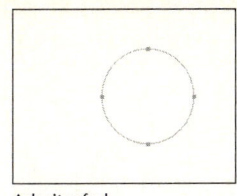

Arbeitspfad

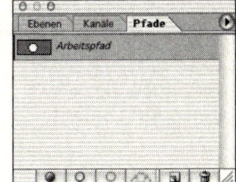

Arbeitspfad in der Pfade-Palette

Arbeiten mit der Pfade-Palette

Beim Arbeiten mit Pfaden sollten Sie die Pfade-Palette über *Fenster > Pfade* geöffnet halten. Die Pfade-Palette enthält eine Liste aller Pfade mit Miniaturdarstellungen sowie verschiedene Funktionen zur Bearbeitung.

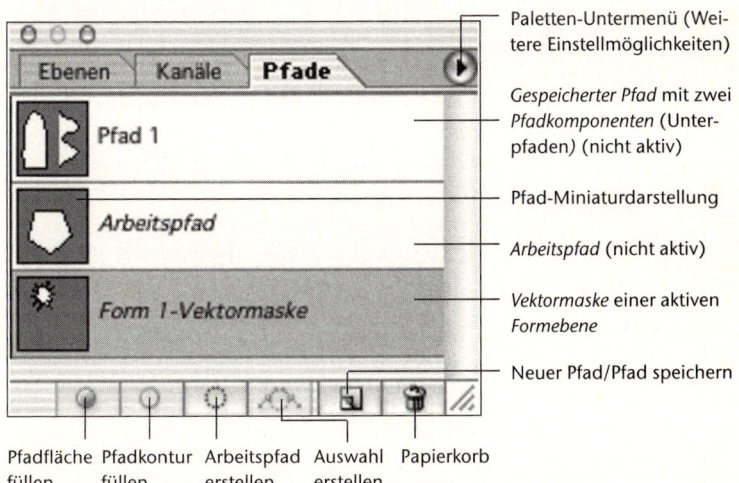

Paletten-Untermenü (Weitere Einstellmöglichkeiten)

Gespeicherter Pfad mit zwei *Pfadkomponenten* (Unterpfaden) (nicht aktiv)

Pfad-Miniaturdarstellung

Arbeitspfad (nicht aktiv)

Vektormaske einer aktiven *Formebene*

Neuer Pfad/Pfad speichern

Pfadfläche füllen | Pfadkontur füllen | Arbeitspfad erstellen | Auswahl erstellen | Papierkorb

Vektorbasierte Arbeitstechniken

⚡ *Pfadkomponenten* werden auch *Unterpfade* genannt. Die Bezeichnung *Unterpfad* finden Sie im Untermenü der Pfade-Palette: aus *Pfadfläche füllen* oder *Pfadkontur füllen* wird *Unterpfadfläche füllen/ Unterpfadkontur füllen*. Haben Sie die *Quick-Infos* in der Info-Palette aktiviert, ist auch dort von Unterpfad die Rede.

Das Erstellen von Arbeitspfaden bzw. Pfaden (ausgenommen das Zeichnen von Pfaden auf Formebenen) können Sie sich wie das Zeichnen auf Pauspapier vorstellen, welches über einem Bild liegt. Ein solches Pauspapier (der Pfad) wird in der Pfade-Palette gespeichert und kann jederzeit wieder auf das Bild gelegt (aktiviert und damit sichtbar gemacht) und weiterbearbeitet werden. Ein Pfad kann mehrere, nicht miteinander verbundene Konturen bzw. eine Formebene mehrere nicht miteinander verbundene Formen enthalten, die als *(Pfad)-Komponenten* bezeichnet werden.

Pfad aktivieren / deaktivieren

✔ Es ist nicht notwendig, Pfade über das Menü *Ansicht > Einblenden > Zielpfad* ein- bzw. auszublenden. Pfade werden automatisch eingeblendet, wenn sie aktiviert werden, und ausgeblendet, wenn der Pfad nicht mehr aktiv ist.

Die Handhabung der Pfade-Palette ist im Wesentlichen mit der Ebenen-Palette vergleichbar. Ein Pfad muss ausgewählt (aktiviert) sein, um ihn im Bild sehen und bearbeiten zu können. Um einen Pfad zu aktivieren, klicken Sie auf den Pfadnamen in der Pfade-Palette. Der aktive Pfad wird in der Pfade-Palette farbig markiert dargestellt und im Bild sichtbar. Sie können nur je einen Pfad gleichzeitig aktivieren und bearbeiten. Um einen Pfad zu deaktivieren, klicken Sie außerhalb des Pfadnamens in die Pfade-Palette.

Eine Vektormaske wird nur temporär in der Pfade-Palette (ganz unten) angezeigt, solange die zugehörige Formebene in der Ebenen-Palette aktiviert ist.

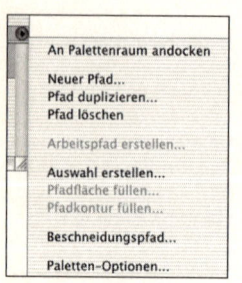

Untermenü der Pfade-Palette

Pfad aktivieren: Klicken auf den Pfad in der Pfade-Palette

Pfad deaktivieren: Klicken außerhalb des Pfades in der Pfade-Palette

Allgemeine Merkmale von Pfaden

Beim Zeichnen von Pfaden mit der Zeichenfeder, der Freiform-Zeichenfeder oder beim Erstellen von Formen mit den Form-Werkzeugen (s. S. 228) entstehen Pfade mit unterschiedlichen Erscheinungsformen, jedoch gleichen Merkmalen.

In jedem Fall bestehen sie aus Ankerpunkten. Den Abschnitt zwischen zwei Ankerpunkten nennt man *Segment*. Segmente können gerade oder gekrümmt (Kurvensegmente) sein. Bei Kurvensegmenten hat jeder ausgewählte Ankerpunkt eine oder zwei Grifflinien, die in Griffpunkten enden. Die Positionen der Grifflinien und -punkte bestimmen die Größe und Form eines Kurvensegments. Wenn Sie Griffpunkte verschieben, wird die Form der Kurven in einem Pfad geändert. Ankerpunkte können ihrer Eigenschaft nach *Kurvenpunkte* oder *Eckpunkte* sein (siehe nächste Seite).

Ankerpunkt

Segment

Kurvenpunkt und Eckpunkt

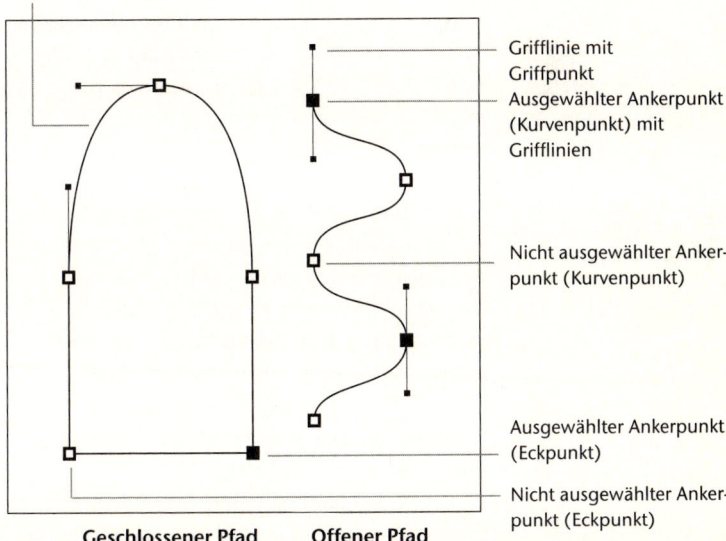

Ausgewähltes Segment

Grifflinie mit Griffpunkt
Ausgewählter Ankerpunkt (Kurvenpunkt) mit Grifflinien

Nicht ausgewählter Ankerpunkt (Kurvenpunkt)

Ausgewählter Ankerpunkt (Eckpunkt)
Nicht ausgewählter Ankerpunkt (Eckpunkt)

Geschlossener Pfad **Offener Pfad**

Vektorbasierte Arbeitstechniken

Kurvenpunkt: Wenn Sie eine Grifflinie eines Kurvenpunktes verschieben, ändern sich die Kurvensegmente auf beiden Seiten des Punktes gleichzeitig.

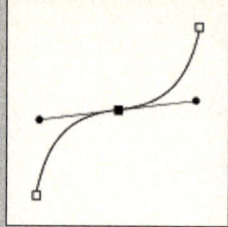 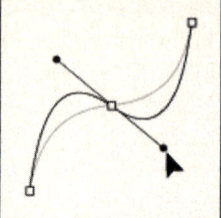

Eckpunkt: Wenn Sie eine Grifflinie eines Eckpunktes verschieben, wird nur die Kurve geändert, die auf derselben Seite des Punktes liegt, auf der sich die Grifflinie befindet. Ein Eckpunkt kann auch keine Grifflinien enthalten.

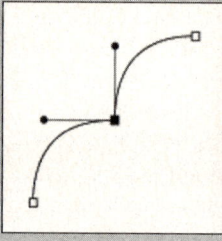 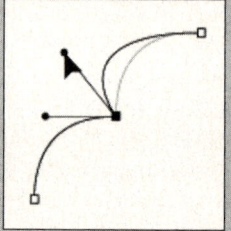

Pfade auswählen

Es können jeder einzelne Ankerpunkt, mehrere Ankerpunkte gemeinsam, ein einzelnes Segment oder mehrere Segmente gemeinsam zur Bearbeitung ausgewählt werden. Ausgewählte Ankerpunkte werden durch ein gefülltes Kästchen (■) dargestellt, nicht ausgewählte Ankerpunkte durch ein ungefülltes Kästchen (□) (s. S. 237). Außerdem unterscheidet man

Geschlossene und offene Pfade

geschlossene Pfade (ohne Endpunkte) und *offene* Pfade (mit einem Anfangs- und Endpunkt – nicht bei Formebenen möglich).

Erstellen von Pfaden, Arbeitspfaden und Formen mit den Zeichenfedern

Sie können in Adobe Photoshop mit der *Zeichenfeder* oder der *Freiform-Zeichenfeder* aus der Werkzeug-Palette beliebige Linien und Kurven mit glatten Konturen erstellen.

Neuen Pfad mit Zeichenfeder erstellen

Um einen neuen (gespeicherten) Pfad mit einer *Zeichenfeder* zu erstellen:
• Klicken Sie mit gedrückter Wahltaste ([⌥]) auf das Symbol Neuer Pfad ( ) in der Pfade-

Palette (oder wählen Sie *Neuer Pfad ...* im Untermenü der Pfade-Palette). Es erscheint ein Dialog, in dem Sie einen Namen für den Pfad vergeben können.

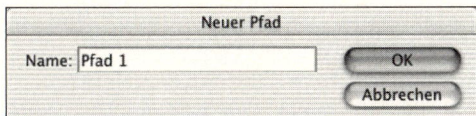

Wenn Sie keinen Namen vergeben möchten, genügt auch ein einfacher Mausklick auf das Symbol Neuer Pfad ( ). Auf diese Weise erstellte Pfade werden mit Pfad bezeichnet und durchnummeriert. Ein neuer Pfad ist praktisch ein leeres Stück Pauspapier. Beginnen Sie dann mit der Zeichenfeder oder der Freiform-Zeichenfeder zu zeichnen. Der Inhalt des Pfades wird beim Speichern des Dokuments automatisch mitgespeichert. Neue Pfade erscheinen jeweils am unteren Ende der Liste in der Pfade-Palette.

Neuen Arbeitspfad mit Zeichenfeder erstellen

Um einen neuen *Arbeitspfad* mit einer *Zeichenfeder* zu erstellen:
• Aktivieren Sie eine Zeichenfeder und die Option *Pfade* ( ) in der Werkzeug-Optionen-Leiste (s. S. 255). Falls eine Formebene/Vektormaske aktiviert ist, wird diese automatisch deaktiviert. Ist bereits ein Arbeitspfad vorhanden und aktiviert, werden neue Pfadkomponenten auf diesem erstellt. Ein bereits vorhandener, aber deaktivierter Arbeitspfad wird überschrieben.

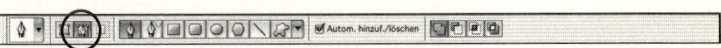

• Sie können nun einfach mit der Zeichenfeder oder der Freiform-Zeichenfeder zu zeichnen beginnen. In diesem Fall entsteht ein *Arbeitspfad*. Ein Arbeitspfad sollte gespeichert werden, da er nach seiner Deaktivierung in der Pfade-

Palette und Zeichnen eines neuen Arbeitspfades verloren geht. Dazu zieht man den Arbeitspfad mit gedrückter Maustaste auf das Symbol *Neuer Pfad* ( ) in der Pfade-Palette oder doppelklickt auf den Arbeitspfad, um gleich einen Namen zu vergeben. Neue Arbeitspfade erscheinen jeweils am unteren Ende der Liste in der Pfade-Palette.

Neue Formebene mit Zeichenfeder erstellen

Um eine neue Formebene mit einer Zeichenfeder zu erstellen:

• Aktivieren Sie eine Zeichenfeder und die Option *Formebenen* ( ) in der Werkzeug-Optionen-Leiste (s. S. 225). Wählen

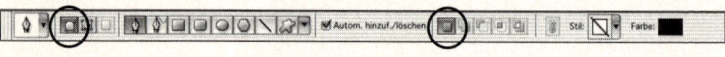

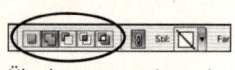

Überlappungsoptionen in der Werkzeug-Optionen-Leiste

Sie die Überlappungsoption *Formebenen* ( ). Ist keine andere Formebene/Vektormaske aktiviert, wird automatisch eine neue Formebene erstellt. Falls eine andere Überlappungsoption gewählt ist (s. S. 228), werden die neuen Pfadkomponenten auf der aktivierten Formebene/Vektormaske erstellt.

• Wählen Sie aus der Werkzeug-Optionen-Leiste einen *Ebenenstil* und/oder einen *Modus*.
• Beginnen Sie mit der Zeichenfeder oder der Freiform-Zeichenfeder zu zeichnen.

Weitere Pfadkomponenten mit der Zeichenfeder auf einer bestehenden Formebene oder Pfad erstellen
(s. S. 227)

• Um mit einer *Zeichenfeder* weitere Pfadkomponenten auf einer bestehenden Formebene oder einem Pfad zu zeichnen, aktivieren Sie die Formebene/Vektormaske bzw. den Pfad. Wählen Sie eine *Überlappungsoption,* aber nicht *Formebenen* ( ). Wählen Sie dann die Zeichenfeder oder Freiform-Zeichenfeder und beginnen Sie zu zeichnen. Überlappungsoptionen können auch nachträglich eingestellt werden. Hierfür müssen die Formen bzw. Pfade mit dem Pfad-Auswahl-Werkzeug ( ) zuvor ausgewählt werden.

Zeichnen mit der Freiform-Zeichenfeder

Für Ungeübte ist die *Freiform-Zeichenfeder* am einfachsten zu gebrauchen, da sie Ankerpunkte automatisch erzeugt:

• Setzen Sie den Mauszeiger ins Bild und ziehen Sie mit gedrückter Maustaste.

• Möchten Sie gezielt einen *geschlossenen Pfad* erzeugen, ziehen Sie über den Anfangspunkt. Sobald neben dem Zeiger ein kleiner Kreis (🖋) erscheint, klicken Sie, um den Pfad zu schließen.

• Wenn Sie die Maustaste während des Zeichnens einfach loslassen, wird der Pfad beendet: bei der Option *Pfade* (🔲) entsteht so ein offener Pfad; bei der Option *Formebenen* (🔲) wird der Pfad vom Anfangs- zum Endpunkt mit einer Geraden geschlossen und mit den eingestellten Optionen gefüllt. Ein beendeter Pfad kann jederzeit verändert werden.

Pfad beenden

• Zum Fortführen eines bestehenden offenen Pfades setzen Sie die Freiform-Zeichenfeder an einen Endpunkt des Pfades (🖋) und ziehen einfach weiter. Wurde der Pfad zwischenzeitlich deaktiviert, muss er zuvor ausgewählt werden – beim Weiterzeichnen erscheint neben dem Zeiger ein Verbindungssymbol (🖋).

Offenen Pfad weiterzeichnen

Freiform-Zeichenfeder-Werkzeug-Optionen

✚ *Kurvenanpassung* legt fest, wie schnell der endgültige Pfad auf die Bewegung der Maus reagiert. Ein höherer Wert erzeugt einen ein-

✔ In einem Pfad können sich mehrere Unterpfade (nicht miteinander verbundene Pfade) befinden. Um jeweils einen neuen Unterpfad zeichnen zu können, muss der vorherige beendet worden sein.

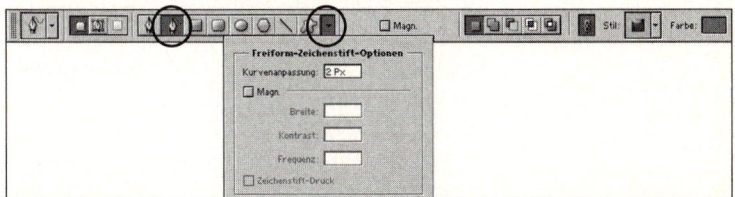

✔ Die Option *Auto. hinzuf./löschen* kann vorübergehend deaktiviert werden, indem Sie die Umschalttaste (⇧) gedrückt halten.

Magnetische Zeichenfeder

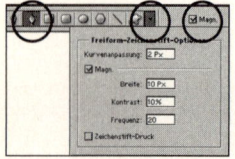

✔ Um den Cursor als Kreis in der Größe der in der Werkzeug-Optionen-Leiste angegebenen *Breite* anzuzeigen, drücken Sie die Feststelltaste (⇪).

✔ Die magnetische Zeichenfeder ist in vielerlei Hinsicht mit dem magnetischen Lasso vergleichbar (siehe S. 101).

facheren Pfad mit weniger Ankerpunkten (Werte zwischen 0,5 und 10 sind möglich).

✢ *Auto. hinzuf./löschen*: Sie können während des Zeichnens (ohne irgendwelche Tastaturkürzel zu drücken) auf einen bestehenden Punkt klicken, um ihn zu löschen, bzw. auf ein Segment klicken, um einen Punkt einzufügen.

✢ *Magn. = Magnetische Zeichenfeder*: Eine Variante der Freiform-Zeichenfeder ist die *magnetische Zeichenfeder*. Sie definiert einen Pfad entlang der Kanten mit einem Helligkeitsunterschied innerhalb eines bestimmten Bereiches. Je stärker sich der nachzuzeichnende Bereich in seiner Helligkeit vom Hintergrund abhebt, desto präziser wird der Pfad erstellt. Das Ergebnis ist jedoch nicht immer befriedigend und erfordert Nachbearbeitung.

✢ *Breite* legt den Erfassungsbereich ausgehend vom Zeiger fest. Der Pfad zieht nur Kontrastunterschiede innerhalb dieses Bereiches heran (Werte zwischen 1 und 40 Pixel).

✢ *Frequenz* bestimmt, wie dicht Ankerpunkte gesetzt werden (Werte zwischen 0 und 40).

✢ *Kontrast* legt fest, wie sensibel das Werkzeug auf den Kontrastunterschied innerhalb des Erfassungsbereiches reagieren soll (Werte zwischen 0% und 100%).

Eine geringere Breite und ein niedriger Kontrast sind für Bereiche mit wenig Kontrastunterschieden besser geeignet.

• Klicken Sie ins Bild, um den ersten Ankerpunkt zu setzen. Sie können mit gedrückter oder losgelassener Maustaste ziehen. Bewegen Sie den Zeiger entlang der nachzuzeichnenden Kante. Es werden nun regelmäßig Ankerpunkte gesetzt und diese durch Segmente miteinander verbunden. Sie können auch durch Klicken selbst Ankerpunkte setzen.

- Zum Deaktivieren der magnetischen Eigenschaften halten Sie die Wahltaste (⌥) und Maustaste gedrückt und ziehen einen Pfad wie mit der Freiform-Zeichenfeder.

Magnetische Eigenschaften deaktivieren

- Halten Sie die Wahltaste (⌥) gedrückt und klicken Sie, um gerade Segmente zu erzeugen.
- Drücken der Escape-Taste (esc) bricht ab.

Abbrechen

- Drücken Sie die Lösch-Taste (⌫) zum Löschen des letzten Ankerpunktes.

Letzten Ankerpunkt löschen

- Drücken Sie die Return-Taste (⏎), um einen *offenen Pfad* zu beenden.

Pfad beenden

- Um einen *geschlossenen Pfad* zu beenden, ziehen Sie über den Anfangspunkt ( ) und klicken. Oder:

⚠️ Durch das mehrmalige Drücken der Löschtaste (Entfernentaste) werden auch Pfade insgesamt gelöscht.

- Doppelklicken Sie, um den Pfad mit einem magnetischen Segment zu schließen. Oder:
- Doppelklicken Sie bei gedrückter Wahltaste (⌥), um den Pfad mit einem geraden Segment zu schließen.
- Zum Fortführen eines bestehenden offenen Pfades setzen Sie die magnetische Zeichenfeder an einen Endpunkt des Pfades ( ) und ziehen einfach weiter.

Offenen Pfad weiterzeichnen

Zeichnen mit der Zeichenfeder
Das Zeichnen mit der Zeichenfeder erfordert ein wenig Übung.

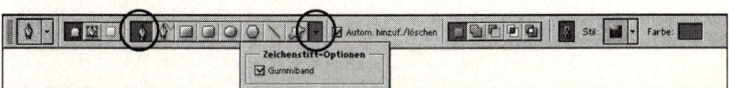

✤ *Auto. hinzuf./löschen*: Siehe Freiform-Zeichenfeder-Werkzeug-Optionen, Seite 241.
✤ *Gummiband* zeigt die Pfade beim Zeichnen an, was für Ungeübte sehr zu empfehlen ist.

- Zeichnen Sie nun einen neuen Pfad ( ): Durch einfaches Klicken mit der Zeichenfeder setzen Sie jeweils einen Ankerpunkt. So ent-

Pfade mit geraden Liniensegmenten und Kurvensegmenten

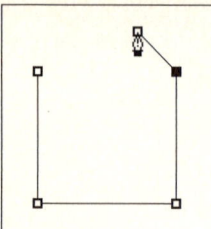

Pfad mit geraden Liniensegmenten

stehen *Eckpunkte*, die durch gerade Linien verbunden werden. Um eine gerade Linie auf ein Vielfaches von 45° einzuschränken, halten Sie beim Klicken die Umschalttaste(⇧) gedrückt.

• Einen *Kurvenpunkt* erhalten Sie, indem Sie mit der Zeichenfeder klicken, die Maustaste jedoch gedrückt halten und vom Ankerpunkt wegziehen. Beim Wegziehen erscheinen die Grifflinien des Kurvenpunktes. Durch den Winkel und die Distanz der Griffpunkte vom Ankerpunkt bestimmen Sie die Form der Kurve. Um die Ausrichtung der Grifflinien auf ein Vielfaches von 45° einzuschränken, halten Sie beim Ziehen die Umschalttaste (⇧) gedrückt.

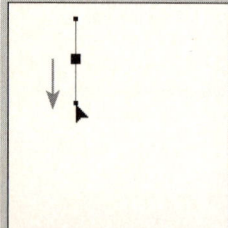

Zeichnen eines Pfades mit gekrümmten Segmenten. Der graue Pfeil gibt jeweils die Zugrichtung der Maus an.

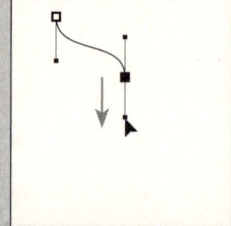

Der Pfad wird mit Kurvenpunkten fortgesetzt. Zwischen zwei Kurvenpunkten entsteht ein Kurvensegment.

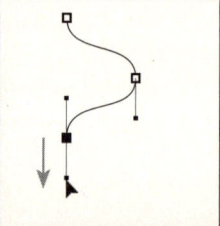

Der Pfad kann beliebig fortgesetzt werden. Mit dem Ziehen der Grifflinien wird die Form der Kurve festgelegt.

Pfad beenden

So beenden Sie einen Pfad:

• Wenn ein *offener Pfad* beendet werden soll, klicken Sie auf die Zeichenfeder in der Werkzeug-Palette.

• Wenn ein *geschlossener Pfad* beendet werden soll, platzieren Sie die Zeichenfeder auf dem ersten Ankerpunkt des Pfades, den Sie gesetzt haben. Wenn neben dem Zeiger ein kleiner Kreis (✎ₒ) erscheint, klicken Sie, um den Pfad zu schließen.

✔ Das Beenden eines Pfades bewirkt, dass das nächste Segment, welches Sie zeichnen, nicht mit dem vorherigen verbunden wird.

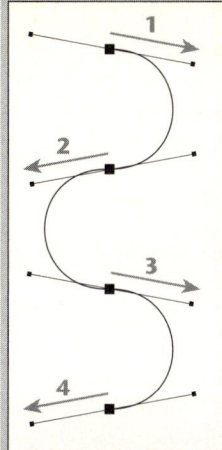
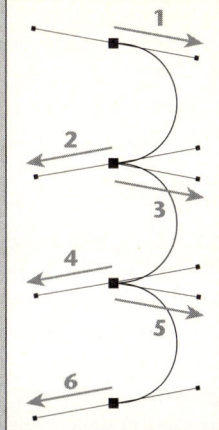

✔ Beim freien Zeichnen von gleichmäßigen Kurven empfiehlt sich die Verwendung des Rasters und / oder der Hilfslinien.

✔ Die Position der einzelnen Ankerpunkte und Grifflinien kann nachträglich verändert werden.

Fortlaufende Kurve: Klicken Sie den ersten Ankerpunkt, halten Sie die Maustaste gedrückt, und ziehen Sie die Grifflinie in die angegebene Richtung (1). Wiederholen Sie den Vorgang für die weiteren Ankerpunkte.

Nicht fortlaufende Kurve: Klicken Sie den ersten Ankerpunkt, halten Sie die Maustaste gedrückt, und ziehen Sie die Grifflinie in die angegebene Richtung (1). Wiederholen Sie den Vorgang für den zweiten Ankerpunkt (2). Klicken Sie nun mit gedrückter Wahltaste ([⌥]) auf den letzten (zweiten) Ankerpunkt, halten Sie die Maustaste gedrückt, und ziehen Sie die Grifflinie in die angegebene Richtung (3). Wiederholen Sie den Vorgang für weitere Ankerpunkte.

Verwenden Sie grundsätzlich so wenig wie möglich Ankerpunkte und versuchen Sie die Kurvenform mit Hilfe der Grifflinien festzulegen.

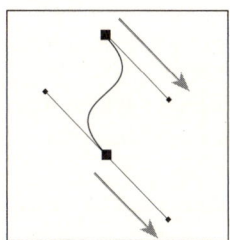
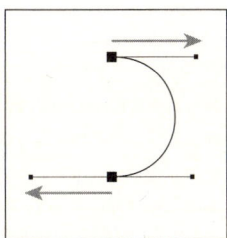
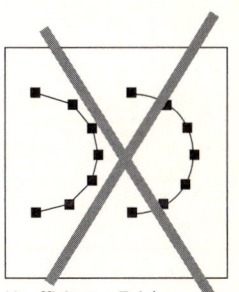

Effizientes Zeichnen: S-Kurve aus zwei Kurvenpunkten. Die grauen Pfeile geben die Zugrichtung der Maus an.

Effizientes Zeichnen: einfache Kurve aus zwei Kurvenpunkten. Die grauen Pfeile geben die Zugrichtung der Maus an.

Uneffizientes Zeichnen von Kurven

Vektorbasierte Arbeitstechniken

Offenen Pfad später weiterzeichnen

Sie können einen beendeten *offenen Pfad* später fortsetzen (weiterzeichnen). Wählen Sie die Zeichenfeder und klicken den Anfangs- oder Endpunkt des vorhandenen Pfades an ( ), und zeichnen Sie dann beliebig viele Punkte weiter. Der alte und der neue Pfad werden automatisch verbunden.

Pfade umbenennen und speichern

Pfade umbenennen

Sie können einen Pfad jederzeit umbenennen, indem Sie auf den Pfadnamen in der Pfade-Palette doppelklicken. Der gleichnamige Dialog erscheint, und Sie können einen neuen Namen eingeben. Der gleiche Vorgang auf einer Vektormaske erstellt aus dieser einen eigenständigen Pfad, wobei die Vektormaske unverändert erhalten bleibt.

Ein *Arbeitspfad* sollte (nach Beendigung des Bearbeitungsmodus) gespeichert werden, da sein Inhalt beim Zeichnen eines neuen Arbeitspfades verloren geht. Zur Speicherung eines Arbeitspfades klickt man ihn in der Pfade-Palette an und zieht ihn mit gedrückter Maustaste auf das Symbol *Neuer Pfad* ( ) in der Pfade-Palette oder doppelklickt auf den Arbeitspfad, um gleich einen Namen zu vergeben. Alle Pfade, die in der Pfade-Palette aufgelistet sind (auch ein Arbeitspfad), werden beim Speichern des Dokuments automatisch mit diesem gesichert. Sie können nun jederzeit auf diese Pfade zurückgreifen, sie weiterbearbeiten, als Auswahl sowie in anderen Dokumenten verwenden.

Pfade speichern

✔ Mit einem Bild gespeicherte Pfade werden bei erneutem Öffnen angezeigt. Pfade werden von den Formaten Photoshop, JPEG, DCS, EPS, PDF und TIFF (Win) unterstützt. Am Mac werden Pfade von allen verfügbaren Dateiformaten unterstützt (Speicherformate s. S. 483).

Bearbeiten von Pfaden

Das Aussehen von Pfaden kann jederzeit verändert werden, unabhängig davon, mit welchem Vektorwerkzeug der Pfad ursprünglich erstellt wurde. Sie verwenden für die Bearbeitung die *Pfad-Auswahl-Werkzeuge* sowie die unter der Zeichenfeder in der Werkzeug-Palette verborgenen *Pfadbearbeitungswerkzeuge*. In vielen Fällen müssen diese Werkzeuge nicht ausgewählt werden, da sich die Funktion (und dementsprechend das Aussehen) des Mauszeigers auch automatisch beim Platzieren über den einzelnen Pfadteilen ändert bzw. die Pfad-Auswahl- und -bearbeitungswerkzeuge auch durch Tastenkombinationen aktiviert werden können.

Pfadbearbeitungswerkzeuge

Pfad-Auswahl-Werkzeuge

✔ Pfad-Kurzbefehle finden Sie auf Seite 255.

Auswählen von Pfaden
Zum Bewegen, Kopieren, Ausschneiden, Löschen von Pfaden und Pfadkomponenten, von Segmenten, Ankerpunkten oder Griffpunkten muss der Pfad ausgewählt sein.

Um einen Pfad oder Pfadkomponenten insgesamt (einschließlich einer Form in einer Formebene) auszuwählen, benutzen Sie das *Pfad-Auswahl-Werkzeug*. Mit dem *Pfad-Auswahl-Werkzeug* lassen sich Pfade wahlweise durch Anklicken oder Ziehen eines Auswahlrechtecks auswählen. Wenn ein Pfad aus verschiedenen Pfadkomponenten besteht, wird beim Anklicken nur die Pfadkomponente unterhalb des Zeigers ausgewählt. Mit der ausgewählten Pfadkomponente zusammen kann ein *Begrenzungsrahmen* eingeblendet werden, wenn die entsprechende Option in der Werkzeug-Optionen-Leiste aktiviert ist. Mehrere Pfadkomponenten werden bei gedrückter Umschalttaste (⇧) ausgewählt. Um zeitweilig auf das *Pfad-Auswahl-Werkzeug* zuzugreifen, während ein anderes Pfad-Werkzeug aktiv ist, halten Sie die Befehlstaste (⌘) gedrückt.

Pfade oder Pfadkomponenten auswählen

Pfad-Auswahl-Werkzeug: dient zum Auswählen ganzer Pfade und Pfadkomponenten

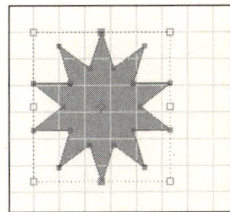

Der *Begrenzungsrahmen* ist nur sichtbar, wenn die *Extras* eingeblendet sind (*Ansicht > Extras einblenden > Zielpfad* ⌘ ⇧ H)

Vektorbasierte Arbeitstechniken 247

Segmente, Ankerpunkte oder Griffpunkte auswählen

Direkt-Auswahl-Werkzeug: dient zum Auswählen von Pfadsegmenten, Ankerpunkten, Grifflinien bzw. Griffpunkten

Um Segmente, Ankerpunkte oder Griffpunkte auszuwählen, klicken Sie diese mit dem *Pfad-Auswahl-Werkzeug* an oder ziehen ein Auswahlrechteck über einen Teil des Segments. Der ausgewählte Ankerpunkt wird gefüllt dargestellt (■). Bei gekrümmten Segmenten werden außerdem die Grifflinien sichtbar. Nicht ausgewählte Ankerpunkte werden durch ein ungefülltes Kästchen (☐) dargestellt. Wenn mehrere Segmente oder Ankerpunkte ausgewählt werden sollen, halten Sie beim Anklicken die Umschalttaste (⇧) gedrückt.

Pfadkomponenten werden auch Unterpfade genannt. Die Bezeichnung *Unterpfad* finden Sie im Untermenü der Pfade-Palette: aus *Fläche füllen* oder *Kontur füllen* wird *Unterpfadfläche / Unterpfadkontur füllen*). Haben Sie die *Quick-Infos* in der Info-Palette aktiviert, ist auch dort von *Unterpfad* die Rede.

Der gesamte Pfad bzw. eine gesamte Pfadkomponente kann auch mit gedrückter Wahltaste (⌥) durch *Anklicken* ausgewählt werden. Achten Sie darauf, dass Sie nur anklicken (nicht ziehen) und die Maus- und Wahltaste wieder loslassen, da sonst der Pfad / die Pfadkomponente dupliziert wird. Zum Bewegen klicken Sie den Pfad dann erneut an. Wenn der Pfad mehrere Pfadkomponenten enthält, wird nur der Pfad ausgewählt, der sich beim Anklicken direkt unter dem Zeiger befand.

Zur Auswahl mehrerer Pfadkomponenten halten Sie die Wahl- und Umschalttaste (⌥⇧) gedrückt und klicken nacheinander auf die gewünschten Pfadkomponenten oder ziehen ein Auswahlrechteck auf.

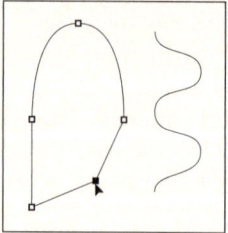

Ausgewählter Eckpunkt (und bewegt)

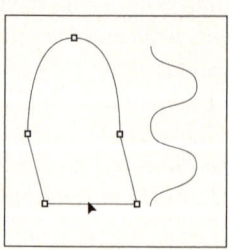

Ausgewähltes Segment (und bewegt)

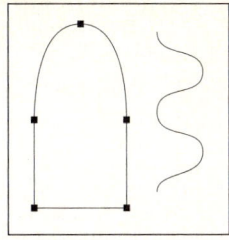
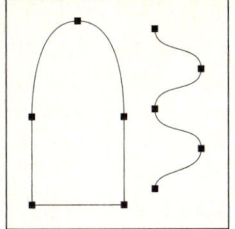

Eine Pfadkomponente ist ausgewählt

Alle Pfadkomponenten des Pfades sind ausgewählt

Um die Auswahl von Pfaden, Segmenten oder Ankerpunkten aufzuheben, klicken Sie mit dem *Pfad-Auswahl-Werkzeug* oder dem *Direkt-Auswahl-Werkzeug* irgendwo außerhalb eines Pfades ins Bild.

Auswahl aufheben

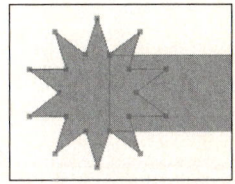

Pfade oder Formen kombinieren

Zwei oder mehrere einzelne Pfadkomponenten können mit der Option *Kombinieren* in der Werkzeug-Optionen-Palette zu einer einzigen Pfadkomponente zusammengefasst werden. Dabei müssen sich die einzelnen Komponenten nicht überlagern.

Pfadkomponenten vor und nach dem Kombinieren

✔ Die Auswirkung der Überlappungsoptionen bei Pfaden und Arbeitspfaden sind zunächst nur in den Icons der Pfade-Palette zu sehen.

Überlappungsoptionen

Um die Überlappungsoptionen von Pfadkomponenten ändern zu können, müssen diese ausgewählt sein. Benutzen Sie dazu das *Pfadkomponenten-Auswahl-Werkzeug* und stellen dann die Überlappungsoptionen ein (s. S. 228).

Ankerpunkte hinzufügen

• Wenn Sie in einem Pfad einen Ankerpunkt hinzufügen wollen, platzieren Sie eine der Zeichenfedern über einem Segment. Die Zeichenfeder wird zum *Ankerpunkt-hinzufügen-Werkzeug* ( ), sofern die Option *Auto. hinzuf./ löschen* in der Werkzeug-Optionen-Leiste

Ankerpunkt-hinzufügen-Werkzeug

✔ Die Option *Auto. hinzuf./löschen* kann vorübergehend deaktiviert werden, indem Sie die Umschalttaste (⇧) gedrückt halten.

✔ Um vorübergehend auf das Pfad-Auswahl-Werkzeug zuzugreifen, während ein anderes Pfad-Werkzeug aktiv ist, halten Sie die Befehlstaste (⌘) gedrückt.

Ankerpunkt-entfernen-Werkzeug

⚡ Ein aktiver Pfad oder Arbeitspfad, in dem nichts ausgewählt ist, wird durch das Drücken der Löschtaste (⌫) aus der Liste in der Pfade-Palette entfernt. Werden ausgewählte Ankerpunkte mit der Löschtaste (⌫) entfernt und diese dann nochmals gedrückt, wird die gesamte Pfadkomponente gelöscht, da sie sich dann im ausgewählten Zustand befindet. Um dies zu vermeiden, heben Sie die Auswahl auf (s. S. 249), wählen weitere zu löschende Ankerpunkte und drücken erneut die Löschtaste (⌫).

(s. S. 241) aktiviert ist. Beim einfachen Klicken entsteht ein neuer Ankerpunkt. Wenn Sie klicken und ziehen, erscheinen gleichzeitig die Grifflinien, und Sie können eine neue Kurvenform festlegen.

• Alternativ wählen Sie das *Ankerpunkt-hinzufügen-Werkzeug* (🖋) aus der Werkzeug-Palette und platzieren den Zeiger über dem Segment des Pfades, in dem Sie den Punkt einfügen wollen. (Wenn sich der Werkzeug-Zeiger außerhalb von Segmenten befindet, nimmt er die Form und Funktion des *Direkt-Auswahl-Werkzeugs* an.)

Ankerpunkte entfernen

• Wenn Sie einen Ankerpunkt aus einem Pfad entfernen wollen, platzieren Sie eine der Zeichenfedern über einem bestehenden Ankerpunkt. Die Zeichenfeder wird zum Ankerpunkt-entfernen-Werkzeug (🖋), sofern die Option *Auto. hinzuf./löschen* in der Werkzeug-Optionen-Leiste (s. S. 242) aktiviert ist. Klicken Sie einmal, um den Ankerpunkt zu löschen.

• Alternativ wählen Sie das *Ankerpunkt-entfernen-Werkzeug* (🖋) und platzieren es über einem Ankerpunkt, den Sie entfernen wollen, und klicken einmal. (Wenn sich der Werkzeug-Zeiger außerhalb von Segmenten befindet, nimmt er die Form und Funktion des *Direkt-Auswahl-Werkzeuges* an.)

Der Pfad wird durch das Entfernen von Ankerpunkten mit dem *Ankerpunkt-entfernen-Werkzeug* nicht durchbrochen, sondern es entsteht eine neue Form, die den verbleibenden Ankerpunkten angepasst ist.

Ankerpunkte können auch mit der Löschtaste (⌫) entfernt werden. Dazu müssen sie mit dem *Direkt-Auswahl-Werkzeug* ausgewählt sein. Beachten Sie, dass in diesem Fall der Pfad durchbrochen wird, d.h., ein geschlossener Pfad wird geöffnet, ein offener Pfad wird in zwei Unterpfade zerlegt. Wenn Sie die letzte Pfadkomponente einer Formebene löschen, wird ein Dialog angezeigt, in dem Sie festlegen können, wie verfahren werden soll.

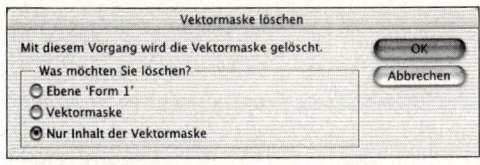

Ankerpunkte umwandeln

- Wählen Sie das *Ankerpunkt-umwandeln-Werkzeug* ( ) aus und bewegen Sie den Mauszeiger auf den Ankerpunkt, der geändert werden soll.

Ankerpunkt-umwandeln-Werkzeug

- Um einen Kurvenpunkt in einen Eckpunkt ohne Grifflinien umzuwandeln, klicken Sie auf den Kurvenpunkt.
- Um einen Kurvenpunkt in einen Eckpunkt mit Grifflinien umzuwandeln, müssen die Grifflinien sichtbar sein. Ziehen Sie dann einen Griffpunkt, um die Grifflinien zu trennen, d.h. unabhängig voneinander bewegen zu können.
- Um einen Eckpunkt in einen Kurvenpunkt umzuwandeln, ziehen Sie den Zeiger vom Eckpunkt weg, um Grifflinien anzuzeigen.

(Wenn sich der Werkzeug-Zeiger nicht über einem Ankerpunkt oder einem Griffpunkt befindet, nimmt er die Form und Funktion des *Direkt-Auswahl-Werkzeuges* an.)

Es empfiehlt sich nach dem Ankerpunktumwandeln das *Direkt-Auswahl-Werkzeug* zur weiteren Bearbeitung.

✔ Um das *Ankerpunktumwandeln-Werkzeug* zu aktivieren, während das *Direkt-Auswahl-Werkzeug* ausgewählt ist, setzen Sie den Zeiger auf einen Ankerpunkt und drücken die Befehls- und Wahltaste (⌘ ⌥). Weitere Kurzbefehle auf S. 255.

Vektorbasierte Arbeitstechniken

Ein Kurvenpunkt hat (eine bzw. zwei) Grifflinien, die die Form der Kurve (in eine bzw. beide Richtungen) bestimmen. Klicken Sie mit dem *Ankerpunkt-umwandeln-Werkzeug* einmal auf einen Kurvenpunkt, dann wird dieser in einen Eckpunkt (ohne Grifflinien) umgewandelt. Damit geht die Kurvenform verloren.

Kurvenpunkt in Eckpunkt umwandeln

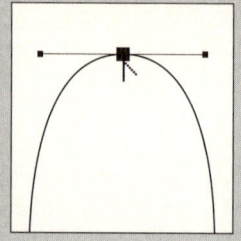 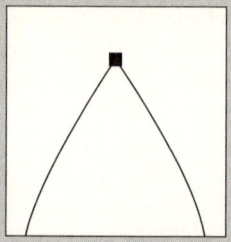

Klicken Sie einmal mit dem *Ankerpunkt-umwandeln-Werkzeug* auf den gewünschten Griffpunkt, halten Sie die Maustaste gedrückt und bewegen Sie den Griffpunkt. Er wird sich nun unabhängig von anderen Grifflinien bewegen.

Kurvenpunkt in einen Eckpunkt mit Grifflinien umwandeln (Grifflinien unabhängig voneinander bewegen)

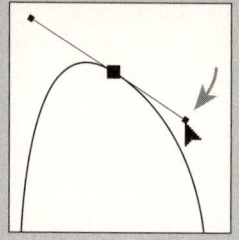 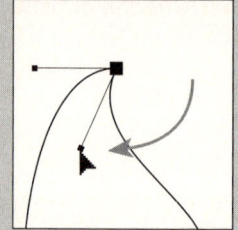

Ein Eckpunkt kann Grifflinien haben oder auch nicht. Um einen Eckpunkt in einen Kurvenpunkt mit Grifflinien umzuwandeln, klicken Sie mit dem *Ankerpunkt-umwandeln-Werkzeug* auf den Eckpunkt, halten die Maustaste gedrückt und ziehen die Grifflinien heraus.

Eckpunkt in Kurvenpunkt umwandeln (Grifflinien gemeinsam bewegen)

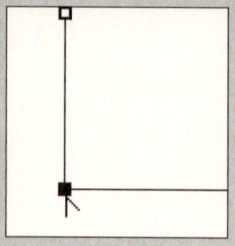 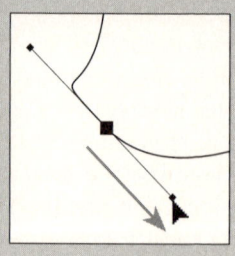

Bewegen von Pfaden

Um Pfade bewegen zu können, müssen diese ausgewählt sein. Wählen Sie einen Pfad oder eine Pfadkomponente mit dem *Pfad-Auswahl-Werkzeug* oder dem *Direkt-Auswahl-Werkzeug* aus (s. S. 247). Haben Sie nur einzelne Ankerpunkte oder Segmente ausgewählt, so werden diese entsprechend bewegt. Halten Sie die Umschalttaste (⇧) gedrückt, um die Bewegung auf ein Vielfaches von 45° einzuschränken.

✔ Es können auch die Pfeiltasten der Tastatur verwendet werden, um ausgewählte Pfade oder Ankerpunkte in 1-Pixel-Schritten, mit gedrückter Umschalttaste (⇧) in 10-Pixel-Schritten zu bewegen.

Kopieren von Pfaden
Ein Duplikat des Pfades kann beim Bewegen desselben erstellt werden. Wählen Sie den Pfad oder die Pfadkomponente mit dem *Pfad-Auswahl-Werkzeug* oder mit dem *Direkt-Auswahl-Werkzeug* und gedrückter Wahltaste (⌥) aus – der Mauszeiger ändert seine Form (▶︎+ bzw. ▶︎+) –, halten Sie die Maustaste gedrückt und ziehen Sie die Kopie an die neue Position.

Pfad bzw. Unterpfad duplizieren (im gleichen Dokument)

Untermenü der Pfade-Palette

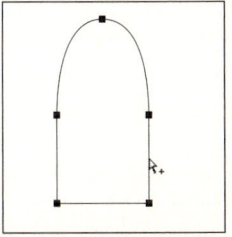

Pfad beim Bewegen duplizieren: Pfad mit gedrückter Wahltaste (⌥) anklicken

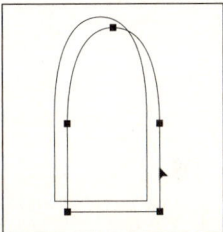

Wahltaste (⌥) und Maustaste gedrückt halten und ziehen

Um einen Pfad aus der Liste der Pfade-Palette im gleichen Dokument zu duplizieren, aktivieren Sie den Pfad in der Pfade-Palette und ziehen ihn mit gedrückter Maustaste auf das Symbol *Neuer Pfad* (▪), oder wählen Sie *Pfad duplizieren* im Untermenü der Pfade-Palette, wenn Sie gleich einen neuen Namen eingeben möchten.

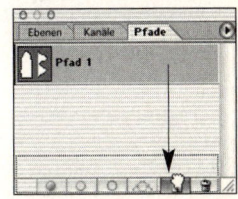

Pfad in der Pfade-Palette duplizieren

Vektorbasierte Arbeitstechniken

Pfad in anderes Photoshop-Dokument kopieren (Drag and Drop)

✔ Es gibt nur eine Pfade-Palette. Sie zeigt jeweils die Pfade des aktiven Dokuments an. Ein geöffnetes Dokument wird durch Anklicken oder Auswählen seines Namens im *Fenster*-Menü aktiv.

Pfade können problemlos per Drag and Drop in andere Photoshop-Dokumente kopiert werden. Einzige Voraussetzung ist, dass Quell- und Zieldokument geöffnet sind. Aktivieren Sie das Quelldokument. Ziehen Sie einfach den zu kopierenden Pfad aus der Pfade-Palette in das Zieldokument. Wenn das Zieldokument umrandet erscheint, lassen Sie die Maustaste los. Der Pfad wird an die Stelle gesetzt, wo Sie die Maustaste loslassen, und erscheint gleichzeitig in der Pfade-Palette des Zieldokuments. Die absolute Größe des Pfades bleibt erhalten.

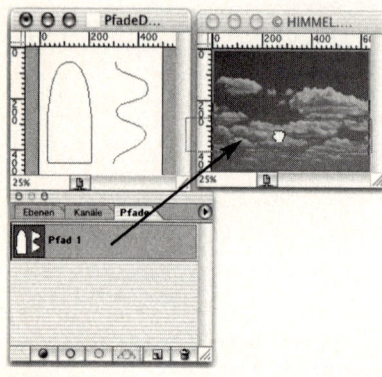

Pfad (mit zwei Pfadkomponenten) per Drag and Drop in ein anderes Dokument kopieren

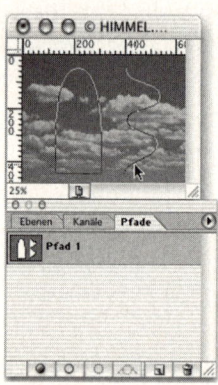

Ergebnis

Genauso ist es möglich, nur eine Pfadkomponente zu kopieren. Dazu muss die Pfadkomponente mit dem *Pfad-Auswahl-Werkzeug* oder dem *Direkt-Auswahl-Werkzeug* ausgewählt sein, sodass die entsprechenden Ankerpunkte gefüllt dargestellt sind (siehe auch *Auswählen von Pfaden,* S. 247). Dann klicken Sie den Pfad *im Bildfenster des Quelldokuments* erneut an und ziehen ihn mit gedrückter Maustaste in das Zieldokument.

Pfad kopieren, ausschneiden und einfügen (Zwischenablage)

Pfade, Pfadkomponenten oder Teile von Pfadkomponenten können selbstverständlich auch über die Zwischenablage kopiert, ausgeschnitten und im gleichen oder einem anderen Dokument wieder eingefügt werden. Die entsprechenden Befehle finden Sie im *Bearbeiten*-Menü. Entscheidend hierfür ist immer die aktuelle Auswahl. Die Teile, die kopiert werden sollen, müssen im Quelldokument ausgewählt sein. Ist ein Pfad in der Pfade-Palette aktiv, jedoch keine Pfadkomponente ausgewählt, so beziehen sich die *Bearbeiten*-Befehle auf den gesamten Pfad. Um den Pfad in einem anderen Dokument einsetzen zu können, muss dieses zuvor aktiviert und ggf. ein neuer Pfad angelegt werden. Beachten Sie, dass der Pfad der Größe des Zieldokuments proportional angepasst wird.

Ausschnitt aus dem *Bearbeiten*-Menü

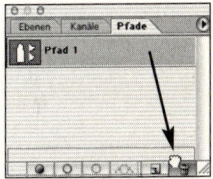

Pfad löschen

Pfad löschen

Der gesamte Pfad wird aus der Liste der Pfade-Palette entfernt, indem man ihn in der Liste aktiviert und mit gedrückter Maustaste auf das Papierkorb-Symbol (🗑) in der Pfade-Palette zieht. Pfade oder Pfadkomponenten können auch mit der Löschtaste (⌫) gelöscht werden. Auch hierfür ist immer die aktuelle Auswahl entscheidend. Ist ein Pfad in der Pfade-Palette aktiv, jedoch keine Pfadkomponente ausgewählt, so bezieht sich der Löschen-Befehl auf den gesamten Pfad, und er wird aus der Liste der Pfade-Palette entfernt. Zum Entfernen einzelner Ankerpunkte verwenden Sie das *Ankerpunkt-entfernen-Werkzeug* (s. S. 250).

Generell können Sie, auch während Sie Pfade bearbeiten, jeweils den letzten Arbeitsschritt durch den Befehl *Bearbeiten > Rückgängig* (⌘ Z) rückgängig machen. Ebenso ist es möglich, in der Protokoll-Palette zu zurückliegenden Arbeitschritten zurückzugehen.

Einige Pfad-Kurzbefehle

• Pfad-Auswahl-Werkzeuge: **A**

• Zeichenfeder: **P**

• Mehrere Ankerpunkte auswählen:
▶ ⇧ klicken

• Gesamten Pfad auswählen:
▶ ⌥ klicken

• Pfad duplizieren:
▶ ⌥

klicken und ziehen

• Von einem beliebigen Pfadwerkzeug auf das Pfad-Auswahl-Werkzeug umschalten: ⌘

• Zwischen ▶ und ▷ umschalten (über Punkt):
⌘ ⌥

• Zwischen ▶ und ▷ umschalten:
⌥

Vektorbasierte Arbeitstechniken

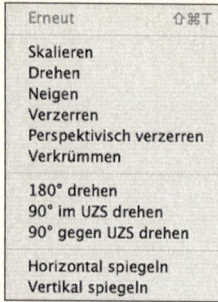

Pfad-Transformationsbefehle

Pfade transformieren

Es wird eventuell vorkommen, dass Sie Pfade drehen oder spiegeln wollen, um z. B. eine gleichmäßige symmetrische Form zu erstellen, oder dass Sie einmal gezeichnete Pfade in ihrer Größe verändern möchten. Dazu können Sie die Befehle *Pfad transformieren* oder *Frei transformieren Pfad* (⌘T) im *Bearbeiten*-Menü verwenden. Ein Pfad muss aktiviert sein, um ihn transformieren zu können. Sind einzelne Ankerpunkte ausgewählt, beziehen sich die Befehle auf diese (*Punkt transformieren* oder *Frei transformieren Punkt*), wobei hier *Verzerren*, *Perspektivisch verzerren* und *Verkrümmen* nicht möglich ist.

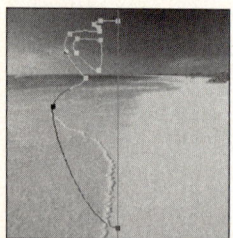

Symmetrische Pfadform: Anlegen einer Hilfslinie als Symmetrieachse. Zeichnen der halben Form an der Achse.

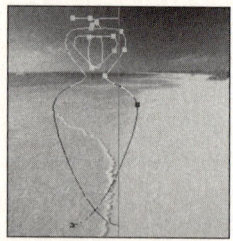

Pfade auswählen, kopieren (⌘C) und einfügen (⌘V). *Bearbeiten > Pfad transformieren > Horizontal spiegeln*.

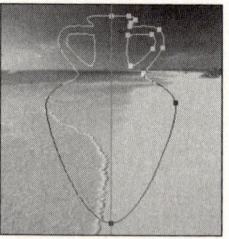

Pfad an der Achse (Hilfslinie) ausrichten.

Pfade kopieren und skalieren: Pfade auswählen, kopieren (⌘C) und einfügen (⌘V).

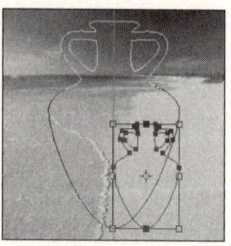

Bearbeiten > Pfad transformieren > Skalieren.

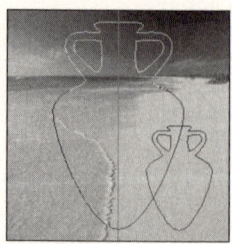

Pfade an die gewünschte Position bewegen.

256 Vektorbasierte Arbeitstechniken

Die Transformationsbefehle für Pfade sind mit denen für Ebenen und Auswahlbereiche vergleichbar. Eine ausführliche Beschreibung der einzelnen Befehle finden Sie auf S. 137 ff.
Beim Anwählen eines Transformationsbefehls erhalten Sie eine Box mit acht Anfassern, die Sie nach der Beschreibung auf den genannten Seiten transformieren können. Beachten Sie, dass bei aktiver *Hintergrundebene* nicht gedreht und nicht gespiegelt werden kann – aktivieren Sie ggf. einfach eine andere Inhaltsebene.

✔ Beim Verändern der Bildgröße (*Bild > Bildgröße*) werden die Pfade proportional mitverändert. Beim Drehen des gesamten Bildes (*Arbeitsfläche > Drehen...*) werden auch die Pfade mitgedreht.

Füllen von Pfaden

Das Zeichnen und Bearbeiten von Pfaden, so wie es in den vorangegangenen Abschnitten besprochen wurde, hat keinerlei Auswirkungen auf das betroffene Bild, man bearbeitet lediglich das „Pauspapier". Im Gegensatz dazu werden durch das *Füllen (Fläche und Kontur) von Pfaden* die *Pixel im Bild verändert*.

Das Füllen von Pfadflächen ist dem Befehl *Fläche füllen* aus dem *Bearbeiten*-Menü (s. S. 127 ff.) vergleichbar. Anstelle einer Auswahl bildet die Form des Pfades die Begrenzung.

Um eine Pfadfläche oder -kontur zu füllen, muss zunächst in der Ebenen-Palette eine Inhaltsebene aktiviert oder ggf. neu angelegt werden. Dann aktivieren Sie den entsprechenden Pfad in der Pfade-Palette:

• Wählen Sie den Befehl *Pfadfläche füllen...* im Untermenü der Pfade-Palette. Ist eine Pfadkomponente ausgewählt, so heißt der Befehl *Unterpfadfläche füllen* und bezieht sich auf diese. Der *Pfadfläche-füllen*-Dialog öffnet sich.

• Nehmen Sie die gewünschten Einstellungen vor (s. S. 127 ff.). Bei *Berechnung* können Sie einstellen, ob die Flächenbegrenzung eine weiche und/oder geglättete Kante haben soll.

⚠ Die Befehle *Pfadfläche füllen* und *Pfadkontur füllen* beziehen sich immer auf die aktive Ebene. Überprüfen Sie also, ob die gewünschte Ebene aktiv ist, indem Sie in der Pfade-Palette auf den Reiter der Ebenen-Palette klicken. Pfade von Formebenen müssen auf andere Weise gefüllt werden, s. S. 128.

Pfadfläche füllen

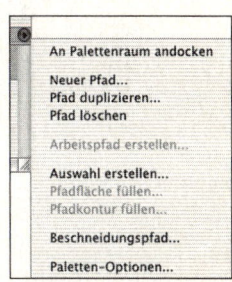

Untermenü der Pfade-Palette

✔ Zum *Glätten* von Kanten s. S. 166. Die Option *Weiche Kante* ist einer Auswahlbegrenzung mit weicher Kante vergleichbar (s. S. 111).

Vektorbasierte Arbeitstechniken 257

Pfadfläche gefüllt und   mit *weicher Kante* gefüllt

Pfadfläche-füllen-Schalter

Oder:
- Klicken Sie auf das Symbol *Pfadfläche füllen* (🔘) in der Pfade-Palette, wenn Sie mit den aktuellen Einstellungen des Pfadfläche-Dialoges füllen wollen. Oder:
- Klicken Sie mit gedrückter Wahltaste (⌥) auf das Symbol *Pfadfläche füllen* (🔘) in der Pfade-Palette, um in den Pfadfläche-Dialog zu gelangen und Einstellungen vorzunehmen.

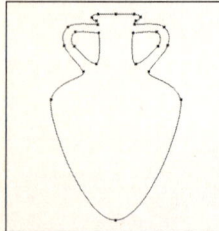
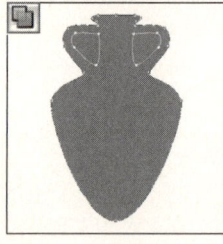
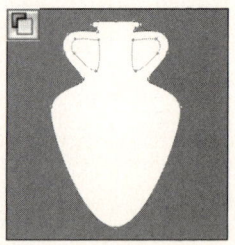
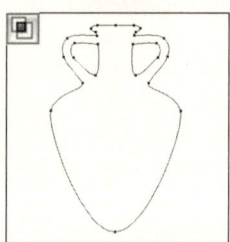

Pfade bzw. Pfadkomponenten werden je nach eingestellter *Überlappungsoption* (s. S. 228) gefüllt. So können z. B. offene Pfade gar nicht oder nur als Fläche gefüllt werden, indem Anfangs- und Endpunkt durch eine Gerade verbunden werden.

Pfadkontur füllen

- Wählen Sie den Befehl *Pfadkontur füllen...* im Untermenü der Pfade-Palette. Ist eine Pfadkomponente ausgewählt, so heißt der Befehl *Unterpfadkontur füllen...* und bezieht sich auf

258   Vektorbasierte Arbeitstechniken

diese. Der *Pfadkontur-füllen*-Dialog öffnet sich:
• Wählen Sie ein *Werkzeug* aus dem Untermenü des Dialoges. *Pfadkontur füllen* erstellt eine Kontur in den aktuellen Einstellungen des ausgewählten Werkzeuges

▪ Pinsel-Einstellungen (Größe, Kantenschärfe, Malabstand, verschiedene Spitzen usw.)

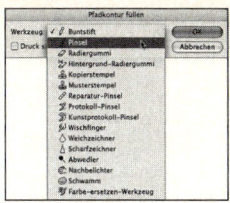

Pfadkontur-füllen-Dialog

▪ Werkzeug-Optionen-Einstellungen (Deckkraft, Mal- und Bearbeitungsmodus und spezifische Optionen)

und in der eingestellten Vordergrundfarbe. Diese Einstellungen müssen Sie *vor* dem Füllen der Pfadkontur vornehmen. Gegebenenfalls brechen Sie den Dialog ab und stellen das gewünschte Werkzeug ein (s. S. 156 ff.).
• Bestätigen Sie mit *OK*.

Oder:

Pfadkontur gefüllt (mit Pinsel, 70 % Deckkraft)

• Klicken Sie auf das Symbol *Pfadkontur füllen* (◯) in der Pfade-Palette, wenn Sie mit den aktuellen Einstellungen des Pfadkontur-Dialoges füllen wollen.

Oder:

• Klicken Sie mit gedrückter Wahltaste (⌥) auf das Symbol *Pfadkontur füllen* (◯) in der Pfade-Palette, um in den Pfadkontur-Dialog zu gelangen und eine Auswahl vorzunehmen. Mehrmaliges *Pfadkontur füllen* verstärkt im Allgemeinen die Pfadkontur.

Pfadkontur gefüllt (mit Pinsel, 70 % Deckkraft, Malabstand 120 %)

Umwandeln von Pfaden in Auswahlbereiche
Sie können einen erstellten Pfad jederzeit und beliebig oft in eine Auswahl umwandeln.

Um aus einem Pfad eine Auswahl zu erstellen, muss der entsprechende Pfad in der Pfade-Palette aktiviert sein. (Ist eine Pfadkomponente ausgewählt, so bezieht sich der Befehl auf diese.)

Pfadkontur-füllen-Schalter

Vektorbasierte Arbeitstechniken

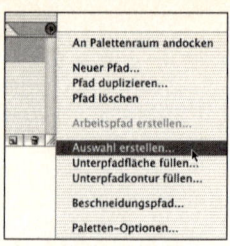

Untermenü der Pfade-Palette

• Wählen Sie dann den Befehl *Auswahl erstellen...* im Untermenü der Pfade-Palette. Der *Auswahl-erstellen*-Dialog öffnet sich:

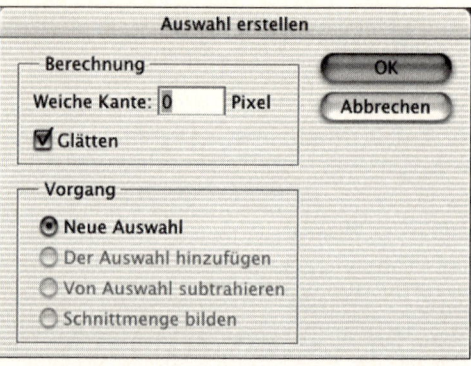

✔ Zum *Glätten* von Kanten s. S. 166. Die Option *Weiche Kante* erstellt eine Auswahlbegrenzung mit weichem Übergang zu nicht ausgewählten Bereichen. Das Ergebnis ist erst sichtbar, wenn die Auswahl beispielsweise bewegt, ausgeschnitten oder gefüllt wird (s. S. 127).

✔ Die Optionen bei *Vorgang* sind vergleichbar mit den Möglichkeiten zum *Verändern von Auswahlbereichen* (s. S. 106 ff.).

• Nehmen Sie die gewünschten Einstellungen vor. Bei *Berechnung* können Sie einstellen, ob die Auswahl eine weiche und/oder geglättete Kante haben soll.

• Die übrigen Optionen bei *Vorgang* werden nur aktiv, wenn bereits eine Auswahl im Bild vorhanden ist.

✦ *Neue Auswahl*: Eine vorhandene Auswahl wird aufgehoben, es erscheint nur die durch den Pfad definierte Auswahl.

✦ *Zur Auswahl hinzufügen*: Eine vorhandene Auswahl bleibt bestehen, die durch den Pfad definierte Auswahl wird hinzugefügt.

✦ *Von Auswahl subtrahieren*: Der durch den Pfad definierte Auswahlbereich wird von der vorhandenen Auswahl entfernt.

✦ *Schnittmenge bilden:* Der Bereich, in dem sich eine vorhandene Auswahl und die durch den Pfad definierte Auswahl überlappen, wird zur Auswahl. Falls es keine Überlappungen gibt, wird nichts ausgewählt.

• Verlassen Sie den Dialog mit *OK*.
Oder:

Auswahl-erstellen-Schalter

• Klicken Sie auf das Symbol *Auswahl erstellen*

( ) in der Pfade-Palette, wenn Sie eine Auswahl mit den aktuellen Einstellungen des *Auswahl-erstellen*-Dialoges möchten.
Oder:
- Klicken Sie mit gedrückter Wahltaste ( ) auf das Symbol *Auswahl erstellen* ( ) in der Pfade-Palette, um in den *Auswahl-erstellen*-Dialog zu gelangen und Einstellungen vorzunehmen.

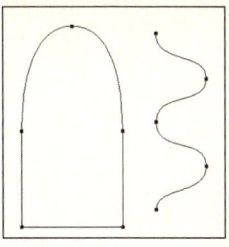

Die Auswahl der Pfade bzw. Pfadkomponenten wird je nach eingestellter *Überlappungsoption* (s. S. 228 bzw. 256) erzeugt. Offene Pfade können so gar nicht ausgewählt oder zu flächigen Auswahlbereichen werden, indem der Anfangs- und Endpunkt durch eine Gerade verbunden wird.

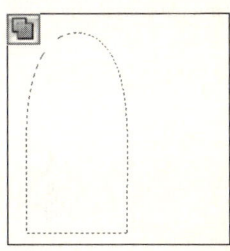

Das Ergebnis beim Umwandeln eines Pfades ist eine *aktive Auswahl*, die durch die blinkende Linie dargestellt wird. Beachten Sie, dass aber gleichzeitig der Pfad aktiv bleibt. Es empfiehlt sich, den Pfad zu deaktivieren (siehe S. 228), in die Ebenen-Palette zu wechseln und zu überprüfen, welche Ebene gerade aktiv ist. Anschließend kann man die Auswahl wie jede gewöhnliche Auswahl bearbeiten. Durch einfaches Abklicken mit einem Auswahl-Werkzeug oder durch die Anwendung des Befehls ⌘ D wird die Auswahl aufgehoben.

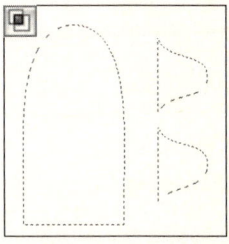

Beachten Sie, dass offene Pfade bei entsprechender Überlappungsoption gar nicht (2. Abb. von oben) oder auch als Auswahlfläche erstellt (unten) werden können. Besteht der Pfad nur aus einer geraden Linie, erhalten Sie eine Warnung, dass keine Pixel ausgewählt sind.

Umwandeln von Auswahlbereichen in Pfade
Wie die Überschrift verrät, kann auch eine beliebige aktive Auswahl in einen Pfad umgewandelt werden. Dies ist sinnvoll, um eine Auswahl zur späteren Verwendung zu speichern oder die Auswahl mit den Pfad-Werkzeugen weiter zu verfeinern und dann wieder in eine Auswahl umzuwandeln.

✔ Wenn Sie die Auswahl weiter bearbeiten wollen, müssen Sie auch von den *Pfad-Werkzeugen* zu einem normalen Bearbeitungs-Werkzeug (z. B. *Auswahl-Werkzeug*) wechseln.

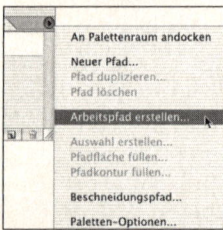

Pfade-Palette und Untermenü

⚡ Der Befehl *Arbeitspfad erstellen* entfernt alle eventuell vorhandenen weichen Auswahlkanten, da ein Pfad immer nur glatte Konturen haben kann.

Pfade als *Vektormasken* verwenden

Pfade können auch als *Vektormasken* für Inhalts- und Text- und alle Arten von Einstellungsebenen verwendet werden. Lesen Sie dazu bitte auf S. 298 ff. nach.

• Um eine Auswahl in einen Pfad umzuwandeln, verwenden Sie den Befehl *Arbeitspfad erstellen...* aus dem Untermenü der Pfade-Palette. Er ist nur verfügbar, wenn sich eine aktive Auswahl im Bild befindet. Sie gelangen in den Dialog:

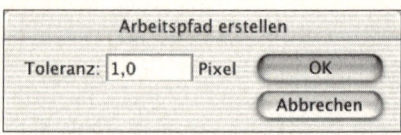

Die *Toleranz* bestimmt, wie genau eine Auswahl in einen Pfad umgesetzt wird. Je geringer die Toleranz (Minimum sind 0,5 Pixel), desto exakter der Pfad, aber desto mehr Ankerpunkte werden erzeugt. Je höher die Toleranz (Maximum sind 10 Pixel), desto ungenauer der Pfad und desto weniger Ankerpunkte werden erzeugt. Oder:

• Klicken Sie auf das Symbol *Arbeitspfad erstellen* (🗹) am unteren Rand der Pfade-Palette, um den Pfad mit der aktuellen Toleranz-Einstellung zu erstellen.

Oder:

• Klicken Sie mit gedrückter Wahltaste (⌥) auf das Symbol *Arbeitspfad erstellen* (🗹) in der Pfade-Palette, um in den Toleranz-Einstellungs-Dialog zu gelangen.

Denken Sie daran, den Arbeitspfad zu sichern.

Aktive Auswahl

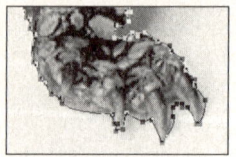

Von dieser Auswahl wurde ein Arbeitspfad mit einer Pfadtoleranz von 1 Pixel angelegt.

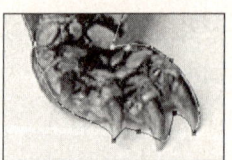

Von dieser Auswahl wurde ein Arbeitspfad mit einer Pfadtoleranz von 5 Pixel angelegt.

Beschneidungspfade (Freistellungspfade)

Bei grafischen Arbeiten, die für die *Ausgabe in Printmedien* vorgesehen sind, kommt es vor, dass nur ein bestimmter Teil eines Bildes im Grafik- oder Layoutprogramm gezeigt werden soll, ohne dass der Hintergrund der anderen Datei dabei abgedeckt wird. Normalerweise ist ein Pixelbild immer rechteckig und wird auch so in andere Programme exportiert. Auch eine in Photoshop erzeugte Transparenz kann nicht ohne weiteres in andere Programme übernommen werden. Beim Speichern in einem Exportformat (TIFF oder EPS) werden ursprünglich transparente Bereiche weiß.

Bild mit Beschneidungspfad in einem Layoutprogramm

Deshalb gibt es die Möglichkeit, Bilder mit Hilfe eines *Beschneidungspfades* freizustellen. Freigestellte Bilder sind Bilder, die keine rechteckige, sondern eine unregelmäßige Form haben oder transparente bzw. durchbrochene Bereiche aufweisen.

✔ Häufig werden Bilder mit Beschneidungspfaden auch als *Freisteller* bezeichnet. Dies hat nichts mit dem *Freistellen*-Befehl (s. S. 143) zu tun.

✔ Photoshop bietet auch die Möglichkeit, *Bilder mit Transparenz* automatisch erstellen und exportieren zu lassen über *Hilfe > Transparentes Bild exportieren*. Im Dialog können Sie zwischen *Drucken* und *Online* als Ausgabe-Form wählen. Bei der Option *Drucken* wird automatisch ein Beschneidungspfad angelegt und das Bild im EPS-Format exportiert – Sie müssen nur noch einen Speichernamen eingeben. Leider wird ein auf diese Weise erstellter Pfad sehr ungenau und ist deshalb nicht empfehlenswert.

Bild mit transparenten Bereichen im *Photoshop-Format* abgespeichert.

Bild mit transparenten Bereichen in einem Format zum Exportieren (*TIFF oder EPS*) abgespeichert. Die Transparenz geht verloren.

Vektorbasierte Arbeitstechniken

✔ Das *Format*-Einblendmenü zum Auswählen des Speicherformates finden Sie im Dialog *Speichern unter...* sowie *Kopie speichern unter...*. Weitere Informationen zu den einzelnen Speicherformaten finden sie ab S. 483 ff. Zur Umsetzung von Pixeln in Raster- und Gerätepunkte finden Sie weitere Informationen ab S. 499.

Beschneidungspfade sind eine besondere Art von Pfaden, die zusammen mit dem Bild in Grafik- oder Layoutprogramme exportiert werden können. Beschneidungspfade werden mit der Seitenbeschreibungssprache *PostScript* beschrieben und müssen deshalb auch in einem Format abgespeichert werden, welches PostScript-Informationen zusammen mit dem eigentlichen Bild abspeichern kann. Das dafür vorgesehene Speicherformat heißt *EPS* (Encapsulated PostScript File Format). Um das Bild in der gewünschten Form ausgeben zu können, muss demzufolge auch das Ausgabegerät (der Drucker oder Belichter) PostScript „interpretieren" können, d. h. den Pfad in der richtigen Form in *Gerätepunkte* umsetzen können. Man spricht bei solchen Ausgabegeräten auch von PostScript-fähigen Druckern oder Belichtern.

Hier wurde das Bild *ohne* Beschneidungspfad in ein Layoutprogramm importiert. (Der Text und die graue Fläche wurden im Layoutprogramm erstellt.) Der weiße Hintergrund des Bildes deckt den Text ab.

Hier wurde das Bild *mit* Beschneidungspfad in ein Layoutprogramm importiert. (Der Text und die graue Fläche wurden im Layoutprogramm erstellt.) Der Hintergrund des Bildes ist nun transparent.

So legen Sie einen Beschneidungspfad an:
• Erstellen und sichern Sie einen Pfad. Oder erstellen Sie eine Auswahl und wandeln Sie diese in einen Pfad um.

Wenn Sie eine Auswahl in einen Pfad umwandeln, sollte die *Pfadtoleranz* nicht zu niedrig gewählt werden, damit der Pfad nicht zu komplex, also mit zu vielen Ankerpunkten erstellt wird. Dies kann zu Problemen bei der Ausgabe am Belichter führen. Eine Pfadtoleranz von 2 bis 4 Pixel (je nach freizustellendem Objekt) gilt als unproblematisch.

✔ Die außerhalb des Beschneidungspfades liegenden Bereiche brauchen nicht gelöscht oder weiß gefüllt zu werden – sie werden in jedem Falle ausgeblendet, egal welche Farbe die Pixel in diesem Bereich haben.

- Wenn der Pfad fertig ist, wählen Sie *Beschneidungspfad...* aus dem Untermenü der Pfade-Palette. Der folgende Dialog erscheint:

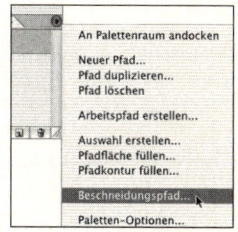

- Wählen Sie im *Pfad*-Untermenü den Pfad aus, der Beschneidungspfad werden soll. Es kann in einem Dokument nur einen Beschneidungspfad geben, dieser kann jedoch mehrere Unterpfade enthalten.

Untermenü der Pfade-Palette

- Bei *Kurvennäherung* lassen Sie am besten die Einfügemarke stehen, geben also keinen Wert (auch nicht den Wert 0) ein.

Der Wert für die Kurvennäherung legt fest, wie genau die Kurven des Pfades bei der Ausgabe in Gerätepunkte umgesetzt werden sollen. Wenn kein Wert eingegeben wird, wird das Bild mit den Standardeinstellungen des Druckers oder Belichters ausgegeben.

- Bestätigen Sie mit *OK*. Die Darstellung des Pfadnamens in der Pfade-Palette erscheint jetzt konturiert (Mac) bzw. fett (Win). Ansonsten ist keine Veränderung am Bild zu sehen.

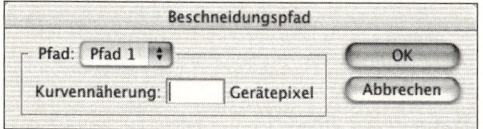

✔ Bei der Ausgabe eines Dokuments am Laserdrucker oder Belichter werden alle Informationen durch den PostScript-Interpreter interpretiert, d. h. in druckfähige Gerätepunkte (= Gerätepixel) umgesetzt. Die Größe der Gerätepunkte wird durch das Ausgabegerät bestimmt, ihre Anordnung ist immer waage- oder senkrecht. Das bedeutet, dass auch Kurven im Laserdruck bzw. beim Belichten durch winzig kleine waage- und senkrecht angeordnete Punkte dargestellt werden.

Vektorbasierte Arbeitstechniken 265

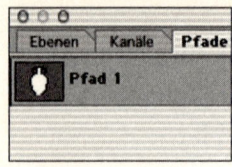

Darstellung eines normalen Pfades

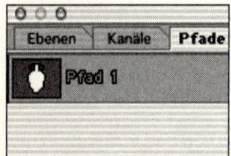

Darstellung eines Beschneidungspfades (Mac)

• Möchten Sie das Bild in ein Grafik- oder Layoutprogramm exportieren und an einem PostScript-fähigen Gerät ausgeben, muss die Datei im *EPS-*, *DCS 1.0-*, *DCS 2.0-* oder im *PDF-Format* gespeichert werden. Wählen Sie dazu *Datei > Speichern unter...* , dann einen Speicherplatz und im *Format*-Einblendmenü eines der o. g. Formate.

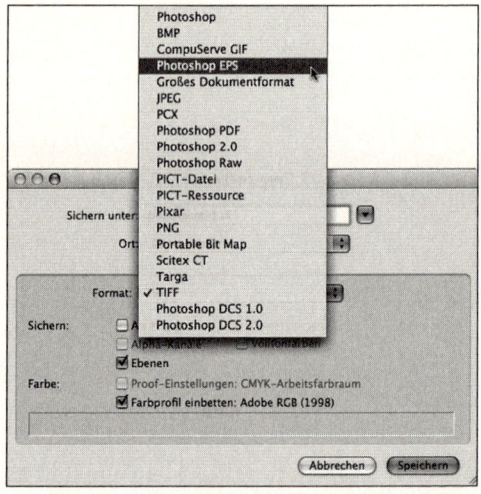

• Bestätigen Sie mit *OK*, um in den *EPS-Optionen*-Dialog zu gelangen:
• Lassen Sie dort alle Voreinstellungen unverändert, und bestätigen Sie mit *OK*.

✔ **Beschneidungspfad entfernen**
Zum Entfernen eines Beschneidungspfades wählen Sie *Beschneidungspfad...* aus dem Untermenü der Pfade-Palette. Der *Beschneidungspfad*-Dialog erscheint. Wählen Sie dort aus dem *Pfad*-Menü *Ohne* und bestätigen Sie mit *OK*.

Wirkung des Beschneidungspfades testen
• Starten Sie ein Grafik- oder Layoutprogramm (z. B. FreeHand, Illustrator, Pagemaker oder QuarkXPress).
• Legen Sie dort ein neues Dokument an. Erstellen Sie einen Text oder eine getönte Fläche.
• Importieren Sie das Bild mit dem Beschneidungspfad über den jeweiligen Import-Befehl (*Positionieren*, *Importieren*, *Platzieren*, *Bild laden*).

- Bewegen Sie das Bild über den erstellten Text bzw. die Fläche. Gegebenenfalls müssen Sie noch den Bildhintergrund auf *transparent* bzw. *Farbe: Keine* einstellen.
- Alle Bereiche, die außerhalb des Beschneidungspfades lagen, müssen jetzt transparent sein, sodass der Text bzw. die Fläche in diesen Bereichen zu sehen ist.

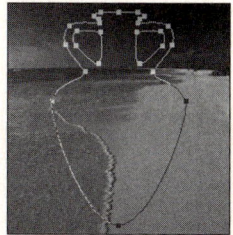

Probleme bei Bildern mit Beschneidungspfaden im Grafik- oder Layoutprogramm
Sollten die transparenten bzw. durchbrochenen Bereiche nicht Ihren Vorstellungen entsprechen, überprüfen Sie die für die Pfadkomponenten eingestellten *Überlappungsoptionen* (s. S. 228 und 256).

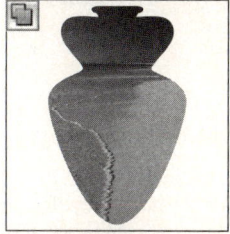

Achten Sie außerdem darauf, dass der Pfad bei der Bearbeitung nicht unbeabsichtigt dupliziert wird. (Anklicken eines Pfades mit gedrückter Wahltaste wählt den gesamten Pfad aus, aber Anklicken mit gedrückter Wahltaste und *Ziehen*, auch wenn das Ziehen noch so minimal ist, erstellt ein Duplikat des Pfades, s. S. 249 und 253.) In diesem Fall läge dann ein kaum sichtbares Duplikat des Pfades knapp neben dem Original, womit der Bereich zwischen den beiden Pfaden als Freistellungsbereich definiert und im Layoutprogramm als dünne Linie dargestellt werden würde.

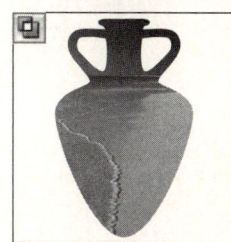

Wenn nach dem Importieren in ein Layout- oder Grafikprogramm trotzdem nicht der gewünschte Effekt erscheint, sollten Sie den alten Pfad löschen und noch einmal neu beginnen.

Beachten Sie die eingestellten *Überlappungsoptionen*.

Probleme beim Drucken oder Belichten
Wenn Probleme beim Drucken oder Belichten auftreten (*Limitcheck*- oder *Allgemeiner Post-*

✔ Manchmal lassen sich komplexe Pfade problemlos auf einem niedrigauflösenden Drucker ausgeben, und erst bei der Ausgabe auf einem hochauflösenden Belichter kommt es zu Problemen. Die Ursache dafür ist, dass niedrigauflösende Drucker den Pfad automatisch vereinfachen, da zur Beschreibung einer Kurve weniger Liniensegmente verwendet werden als bei einem hochauflösenden Belichter.

Script-Fehler) und der Pfad aus einer Auswahl hervorgegangen ist, hilft eventuell eine Neuerstellung des Pfades mit einer größeren *Pfadtoleranz*. In einigen Fällen muss der Pfad auch manuell nachbearbeitet werden, indem Ankerpunkte entfernt werden und die Pfadform durch eine Bearbeitung der verbleibenden Ankerpunkte korrigiert wird.

Am sichersten und genauesten ist es, sich die Zeit zu nehmen und das freizustellende Objekt selbst mit einem Pfad mit möglichst wenigen Ankerpunkten nachzuzeichnen.

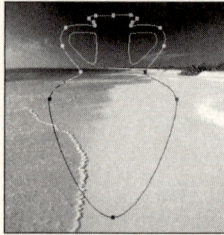

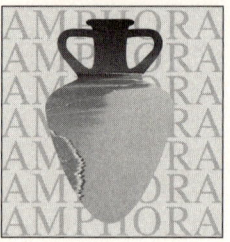

Beschneidungspfad in Photoshop anlegen:

Einen Pfad erstellen, als Beschneidungspfad definieren, Bild im EPS-Format abspeichern.

Im Grafik- oder Layoutprogramm:

Bild mit Beschneidungspfad importieren und über den gewünschten Bereich (hier getönte Fläche und Text) legen.

Fertiges Dokument (hier wurde noch eine Textzeile über alles gelegt).

Kleines Work-Around für Windows-Nutzer

Unter Windows werden Beschneidungspfade häufig nicht am Bildschirm nicht oder nicht korrekt dargestellt.

• Stellen Sie den betreffenden Teil mit einem Pfad frei. Speichern Sie das Bild im TIFF-Format ab.

• Speichern Sie dann den Pfad unter *Datei > Exportieren > Pfade > Illustrator* ab.

• Importieren Sie beide Dateien in FreeHand. (Handelt es sich um mehrere geschlossene Zeichenwege, müssen sie zunächst zu einem Objekt verbunden werden.) Markieren Sie Zeichenwege und TIFF-Bild und richten Sie sie horizontal und vertikal zentriert aus.

• Löschen Sie die aus Illustrator stammenden Schnittmarken.

• Dann schneiden Sie das TIFF-Bild aus (⌘ X), markieren den Zeichenweg und setzen das TIFF-Bild mit Hilfe des Befehls *Innen einfügen* in den Zeichenweg ein. Fertig.

(Siehe auch *Datenaustausch mit anderen Programmen*, S. 495).

8 Ebenentechniken

Ebenendeckkraft und Ebenenmodus

Dieses Kapitel befasst sich mit den vielfältigen Möglichkeiten, das Aussehen von Ebeneninhalten zu beeinflussen. Dies sind beispielsweise die Deckkrafteinstellungen, Ebenen-Füllmethoden, das Verwenden von Ebeneneffekten und -stilen, das Anlegen von Ebenenmasken oder Ebenengruppierungen und nicht zuletzt das Verwenden von Füll-, Muster- und Verlaufsebenen.

Allgemeines Bearbeiten von Ebenen

Beim Bearbeiten von Ebenen sollten Sie zur Kontrolle immer die Ebenen-Palette geöffnet halten. Ohnehin sind einige Funktionen ausschließlich über die Ebenen-Palette verfügbar.

Siehe auch Abschnitt *Hinweise zum Malen und Arbeiten in Ebenen* ab S. 167 ff.

Wenn Sie eine neue Ebene in ein Dokument einfügen oder ein Dokument mit der Option *Transparent* für den *Inhalt* und damit ein Dokument ohne *Hintergrund* erstellt haben, enthält diese Ebene zunächst keine Informationen, also keine sichtbaren Pixel.

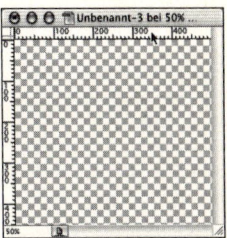

Die Transparenz wird durch ein grau-weißes Schachbrettmuster dargestellt. Diese Voreinstellung kann über *Photoshop > Voreinstellungen > Transparenz & Farbumfang-Warnung* geändert werden. Die Hintergrundmuster-Option *Ohne* ist nicht empfehlenswert, da sich dann transparente Bereiche optisch nicht mehr von weißen Bereichen unterscheiden lassen!

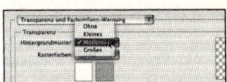

Transparenzvoreinstellungen

✔ Es gibt die Möglichkeit, eine *neue* Ebene mit einer „neutralen Farbe" zu füllen, um bestimmte Effekte (z. B. den Filter *Beleuchtungseffekte*) auf dieser Ebene anwenden zu können, obwohl sie keine Pixel enthält. Wählen Sie dazu die gleichnamige Option in der Ebenen-Palette im Dialog *Neue Ebene...* aus (ist nicht verfügbar im Modus *Normal, Sprenkeln, Farbton, Sättigung, Farbton & Sättigung, Luminanz*). Wenn kein Effekt angewendet wird, hat das Füllen mit einer neutralen Farbe keine Auswirkungen.

✔ Für Ebenen ist der Modus *Löschen* nicht verfügbar. Für Bilder im *Lab*-Modus sind die Modi *Farbig abwedeln, Farbig nachbelichten, Abdunkeln, Aufhellen, Differenz* und *Ausschluss* nicht verfügbar.

Kurzbefehle zum Ändern der Ebenendeckkraft
Ebene aktivieren und im Nummernblock der erweiterten Tastatur eingeben:

1 = 10 %, 2 = 20 %, 3 = 30 % usw. bis 0 = 100 % (es darf kein Mal-Werkzeug aktiv sein, sonst bezieht sich die Deckkraftänderung auf dieses).

Beim Benutzen der Mal- oder Bearbeitungswerkzeuge werden die eigentlichen Pixel mit bestimmten Farbwerten erzeugt. Auf diese Pixel können dann andere Operationen wie Filtereffekte, Mal- und Bearbeitungsmodi usw. angewendet werden. Beachten Sie, dass auf einer transparenten Ebene ohne Pixel oder in transparenten Bereichen eine Vielzahl von Operationen keine Auswirkung haben, da sie sich auf die Farbwerte von Pixeln beziehen.

Ebenendeckkraft sowie Mal- und Bearbeitungsmodus für Ebenen und Gruppen

Sie können mit der Ebenendeckkraft sowie dem Mal- und Bearbeitungsmodus für Ebenen bzw. Gruppen festlegen, wie die Pixel der aktiven Ebene bzw. der aktiven Gruppe abhängig von darunter liegenden Ebenen verändert werden. *Normal* und *100 %* Deckkraft bedeutet, dass alle Pixel dieser aktiven Ebene darunter Liegendes vollständig verdecken. Bei der standardmäßigen Füllmethode *Hindurchwirken* für Gruppen werden die Füllmethoden und Einstellungen der Ebenen in dem Set genau so dargestellt, wie wenn diese sich außerhalb des Sets befinden würden, d. h. eine Gruppe besitzt keine eigenen Fülleigenschaften.

Bei reduzierter Deckkraft einer Ebene scheinen die Pixel darunter liegender Ebenen mehr oder weniger stark durch die Pixel der aktiven Ebene hindurch. Eine Deckkraft von 0 % ist transparent. Die Wirkung der Ebenen-Modi ist ab S. 133 ff. beschrieben. Außerdem finden Sie im Farbteil dieses Buches eine entsprechende Übersicht.

Wird für eine Gruppe ein anderer Modus als *Hindurchwirken* gewählt, hat dies Auswirkung auf das Gesamtbild, und zwar in folgender Reihenfolge: Zuerst werden alle Ebenen im

Ebenenset zusammengesetzt, das zusammengesetzte Ebenenset wird dann wie eine einzelne Ebene behandelt und gemäß der ausgewählten Füllmethode auf den Rest des Bildes übertragen. Das heißt, wenn Sie für die Gruppe eine andere Füllmethode als *Hindurchwirken* wählen, haben Einstellungsebenen oder Ebenen-Füllmethoden innerhalb dieser Gruppe keine Auswirkung auf Ebenen außerhalb der Gruppe.

Der große Vorteil der ebenenbezogenen Einstellungen ist, dass sie jederzeit geändert oder auch rückgängig gemacht werden können, indem der Schieberegler für *Deckkraft* bewegt oder neue Werte in das Eingabefeld eingegeben werden bzw. im Modus-Menü eine andere Option gewählt wird.

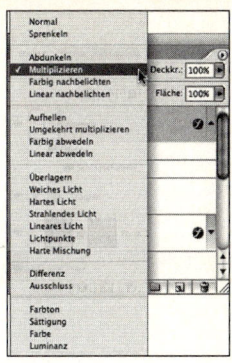

⚠️ Beachten Sie, dass Deckkraft und Modus nicht für eine *Hintergrundebene* eingestellt werden können. Die Hintergrundebene kann jedoch in eine normale Ebene umgewandelt werden (s. S. 78).

Ausgangsbild: Textebene in *100 %* Deckkraft, Modus *Normal*

Reduzierte Deckkraft (*50 %*)

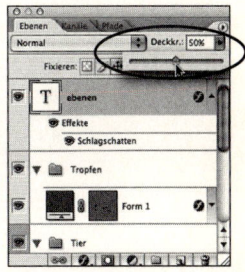

Geänderter Modus (*Multiplizieren*)

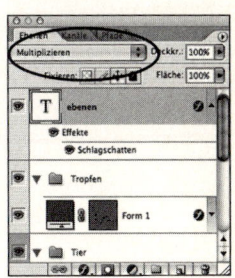

Ebenentechniken 271

Fixieren-Optionen in der Ebenen-Palette

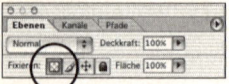

Fixieren > Transparente Bereiche: Transparente Bereiche können nicht bearbeitet werden.

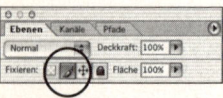

Fixieren > Bilddaten: Mal- und Bearbeitungswerkzeuge können nicht verwendet werden (⊘).

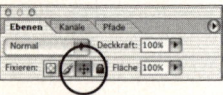

Fixieren > Bewegen: Ebeneninhalt kann nicht bewegt werden.

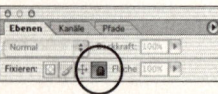

Fixieren > Alles: Ebene kann überhaupt nicht bearbeitet werden (⊘).

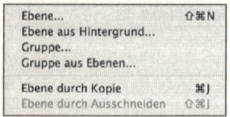

Der Befehl *Ebene > Neu > Ebene durch Ausschneiden* (⇧⌘J) ist nur anwählbar bei einer aktiven Auswahl.

Transparente Bereiche schützen

Die *Fixieren*-Option *Transparente Bereiche* im Kopf der Ebenen-Palette können Sie immer dann verwenden, wenn Sie nur die Bereiche bearbeiten möchten, die schon Pixel enthalten, und die übrigen, transparenten Bereiche unverändert bleiben sollen. Die Option bezieht sich immer auf die aktive Ebene.

Malen auf einer Inhaltsebene

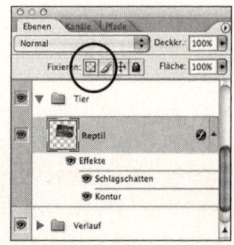
Transparente Bereiche sind ungeschützt

Malen auf einer Inhaltsebene

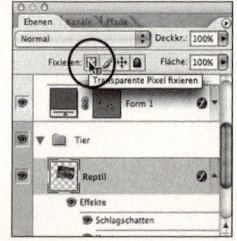
Transparente Bereiche sind geschützt

Schwebende Auswahl

Beim Bewegen einer Auswahl mit dem Bewegen-Werkzeug entsteht eine *schwebende Auswahl* (s. S. 119). Die schwebende Auswahl erscheint nicht in der Ebenen-Palette. Wenn eine schwebende Auswahl aufgehoben wird (⌘D), verschmilzt sie mit der darunter liegenden Ebene. Wollen Sie dies verhindern, können Sie die schwebende Auswahl über den Befehl *Ebene > Neu > Ebene durch Ausschneiden* in eine Ebene umwandeln. Die neue Ebene erscheint dann über der zuvor aktiven Ebene.

Nachbearbeiten von einkopierten Bildteilen

Wenn *geglättete* Auswahlbereiche *bewegt* oder *eingesetzt* werden, passiert es zwangsläufig, dass Umgebungspixel mit in die Auswahl einbezogen und dann vor einem andersfarbigen Hintergrund störend sichtbar werden. Dies ist der Nachteil einer geglätteten Auswahl. Trotzdem sollten Sie beim Bewegen und Kopieren von Bildteilen immer glätten, da diese Bildteile sonst ausgeschnitten und unnatürlich in ihrer neuen Umgebung wirken.

Ausgangsbild

Um die störenden Randpixel zu entfernen, gibt es in Photoshop Korrekturmöglichkeiten im Menü *Ebene > Basis > Rand entfernen* sowie *Schwarz entfernen* und *Weiß entfernen*.
Die Hintergrund-Befehle sind verfügbar für

■ normale (transparente) Inhaltsebenen, wie sie beim *Einsetzen* von Auswahlbereichen entstehen,

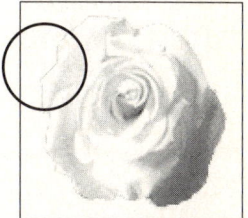
Kopierter und eingesetzter Bildteil

■ eine schwebende Auswahl, wie sie beim *Bewegen* von Auswahlbereichen entsteht.

Sie beziehen sich auf alle Übergänge von deckenden Pixeln zu transparenten Bereichen auf der aktiven Ebene bzw. auf den Rand der schwebenden Auswahl, weshalb es sich empfiehlt, diese Korrektur sofort nach dem Einsetzen bzw. Bewegen anzuwenden.

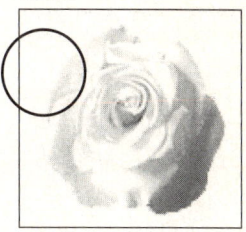
Rand entfernt (1 Pixel)

Rand entfernen ersetzt die störenden Randpixel durch Pixelfarben, die an die Randpixel angrenzen. Experimentieren Sie mit einer Breite zwischen ein und zwei Pixel für die Breite im Eingabefeld des Dialoges.

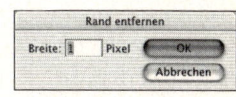

Die Befehle *Schwarz entfernen* und *Weiß entfernen* sind geeignet, wenn die Auswahl vor einem schwarzen bzw. weißen Hintergrund ausgewählt wurde, um schwarze bzw. weiße Randpixel zu entfernen.

✔ In vielen Fällen kommt man um eine manuelle Nachbearbeitung z. B. mit *Ebenenmasken* nicht herum. Mehr dazu später in diesem Kapitel.

Ebenentechniken

Ebeneneffekte

✔ Ebeneneffekte können nicht auf einem *Hintergrund* angewendet werden.

Photoshop bietet eine Reihe von so genannten Effekten und Effektkombinationen, mit denen aus einfachen Bildelementen oder Formen schnell und unkompliziert optische Highlights werden. Die Möglichkeiten reichen von einer simplen Umrahmung bis hin zu 3D- und Chrom-Effekten. Die Ebeneneffekte vereinfachen das Arbeiten mit Photoshop und machen es auch jedem Anfänger möglich, sie anzuwenden. Diese und darüber hinausgehende Effekte sind natürlich auch weiterhin über die Alpha-Kanäle (siehe Kapitel 13) manuell zu erstellen. Mehrere Ebeneneffekte können in einem *Ebenenstil* zusammengefasst und und so problemlos auch auf andere Dateien angewendet und mit anderen Anwendern ausgetauscht werden.

Ebeneneffekte beziehen sich auf den gesamten Inhalt der zugehörigen Ebene. Beim Bewegen oder Bearbeiten der Ebene werden die Effekte automatisch aktualisiert. Nach ihrer Anwendung erscheint ein Symbol (⬤) in Kombination mit einem kleinen Pfeil zum Anzeigen der einzelnen Effekte in der Ebenenpalette, welche unterhalb der betreffenden Ebene aufgelistet werden. Durch Doppelklick auf eines dieser Symbole oder nochmaligen Aufruf des Befehls können die Fülloptionen bzw. Ebeneneffekte jederzeit geändert werden. Einzelne oder alle Ebeneneffekte können beliebig ein- und ausgeblendet (👁) oder vollständig entfernt werden.

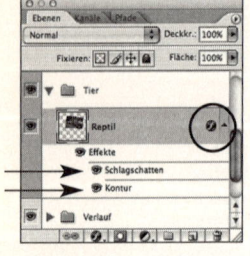

Ebeneneffekte

Um einen oder mehrere Ebeneneffekte anzuwenden, gehen Sie so vor:

- Aktivieren Sie die gewünschte Ebene.
- Wählen Sie *Ebene > Ebenenstil* und dort einen der aufgelisteten Ebeneneffekte. Alternativ klicken Sie auf den Schalter *Ebeneneffekt zufügen* ( ) in der Ebenen-Palette.

✔ Auch einer leeren Ebene können Ebeneneffekte zugewiesen werden, jedoch wird das Ergebnis erst sichtbar, wenn sich deckende Pixel auf der Ebene befinden.

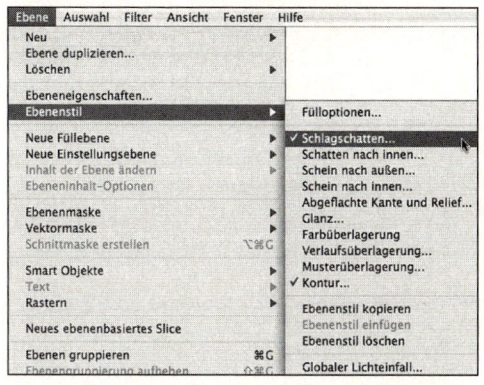

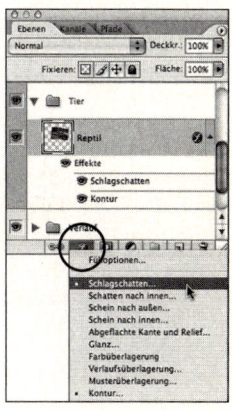

- Nehmen Sie dann Einstellungen im *Ebenenstil*-Dialog vor. Es lassen sich in einem Arbeitsgang beliebig viele Ebeneneffekte einrichten. Die gewünschten Effekte müssen in den Checkboxen angeklickt werden, wobei zunächst die jeweiligen Standardeinstellungen von Photoshop sichtbar werden, sofern der *Vorschau*-Schalter aktiviert ist. Um diese Einstellungen zu ändern, muss der Name des Effekts durch Anklicken aktiviert werden.

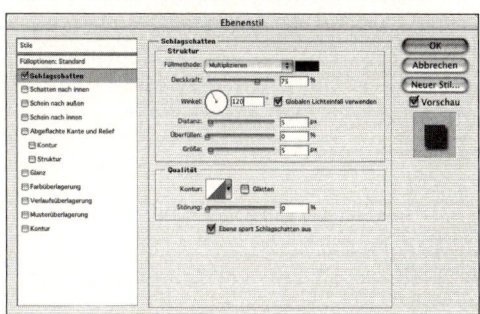

✔ Klicken Sie die *Vorschau*-Box an, um sofort die aktuelle Einstellung als Vorschau zu sehen.
Um den Dialog auf die Ausgangswerte zurückzusetzen, halten Sie die Wahltaste (⌥) gedrückt. Der Schalter *Abbrechen* verwandelt sich in *Zurück* – klicken Sie nun darauf.

Ebenentechniken 275

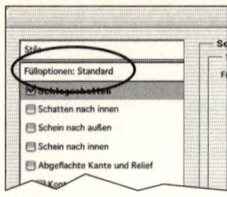

Fülloptionen

✔ Zum Farbaufbau von Dokumenten lesen Sie in Kapitel 10.

Fülloptionen

Deckkraft und *Modus* (*Allgemeine Füllmethode*) gelten für die gesamte Ebene mitsamt Ebeneneffekten und lassen sich genauso direkt in der Ebenen-Palette (s. S. 270) einstellen.

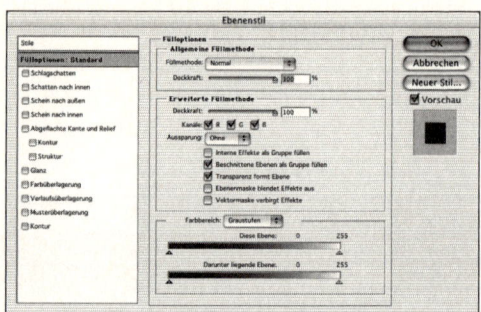

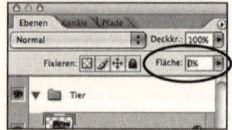

Ebeneneffekt sichtbar und eigentlicher Ebeneninhalt ausgeblendet (*Deckkraft* bei der *Erweiterten Füllmethode* auf 0 % gesetzt)

Bei der *Erweiterten Füllmethode* kann die *Deckkraft für den Ebeneninhalt* reduziert werden, sodass nur noch vorhandene Ebeneneffekte zu sehen sind. Dies ist ebenso in der Ebenen-Palette über den Deckkraftregler *Fläche* möglich (siehe Abb. links). Außerdem können die Farbkanäle einzeln oder kombiniert mit den darunter liegenden Ebenen verrechnet werden. Die Ergebnisse sind nur bedingt vorhersehbar.

Farbbereich ist eine weitere Möglichkeit, zu bestimmen, wie die aktive Ebene mit darunter liegenden Ebenen zusammenwirken soll. Die Einstellungen, die Sie vornehmen können, basieren auf den Helligkeitswerten (Farbwerten) der Pixel. Es gibt 256 Helligkeitsabstufungen, wobei der Farbe Schwarz der Farbwert 0 und der Farbe Weiß der Farbwert 255 zugeordnet ist. Graustufungen liegen zwischen diesen Werten. Wenn Sie mit Farbbildern arbeiten, können einzelne Farbkanäle vergleichbar bearbeitet werden.

Fülloptionen können beliebig mit Ebeneneffekten kombiniert werden.

276 Ebenentechniken

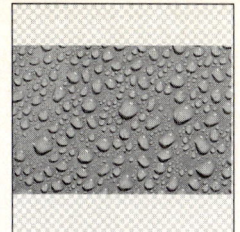

Erweiterte Füllmethode/ Farbbereich:
Ausgangsbild bestehend aus zwei Ebenen

Ausgangsbild: aktive Ebene *(Diese Ebene)*

Ausgangsbild: *Darunter liegende Ebene*

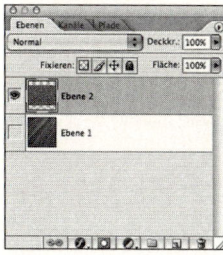

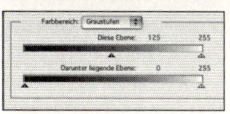

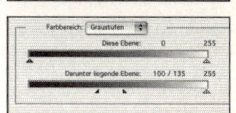

✔ Mit gedrückter Wahltaste lässt sich jeweils eine Hälfte der Schieberegler bewegen. Damit werden die Pixel in dem Zwischenbereich zwischen zwei halben Reglern teilweise eingeblendet bzw. schlagen teilweise durch – Effekt: weicheres Ineinanderkopieren der Ebenen.

Mit den Schiebereglern für *Diese Ebene* bestimmt man, ob Farben aus der aktiven Ebene ausgeblendet werden sollen. Mit dem rechten Schieberegler lassen sich die hellen und mit dem linken die dunklen Pixel im Bild ausblenden.

Mit den Schiebereglern für *Darunter liegende Ebene* bestimmt man, ob aus darunter liegenden sichtbaren Ebenen Farben durchschlagen sollen. Mit dem rechten Schieberegler lässt sich einstellen, ob die hellen, und mit dem linken, ob die dunklen Pixel durchschlagen sollen.

Die einzelnen Ebeneneffekte bieten so viele unterschiedliche Einstellungsoptionen und damit unzählige Kombinationsvarianten, dass hier im Folgenden nur auf die wichtigsten eingegangen werden kann. Ohnehin ist es sinnvoll und macht Spaß, mit den Einstellungen bis zum gewünschten Ergebnis zu experimentieren.

✔ Auch innerhalb des *Ebenenstil*-Dialoges können einzelne Ebeneneffekte über das Häkchen ein- und ausgeblendet werden.

Ebenentechniken 277

Schlagschatten und Schatten nach innen

Ausgangsbild

Schlagschatten erzeugt einen Schatten, der hinter den Inhalt der Ebene fällt.

Schatten nach innen fügt einen Schatten ein, der von den Kanten des Ebeneninhalts aus nach innen fällt und dadurch bewirkt, dass die Ebene zurückgesetzt erscheint.

Schein nach außen und Schein nach innen

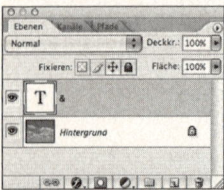

Ausgangsbild

Schein nach außen erzeugt einen Schein, der sich von den Außenkanten des Ebeneninhalts nach außen ausdehnt.

Schein nach innen fügt einen Schein hinzu, der sich von den Außenkanten des Ebeneninhalts nach innen ausdehnt.

Abgeflachte Kante und Relief

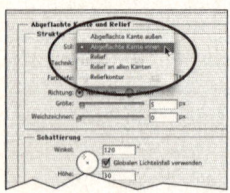

Stilmenü beim Ebeneneffekt *Abgeflachte Kante und Relief*.

Abgeflachte Kante und Relief mit dem Stil *Abgeflachte Kanten außen* erzeugt flache Kanten entlang der Außenkanten des Ebeneninhalts.

Abgeflachte Kante und Relief mit dem Stil *Abgeflachte Kanten innen* erzeugt flache Kanten entlang der Innenkanten des Ebeneninhalts.

Abgeflachte Kante und Relief mit dem Stil *Relief* erzeugt einen Reliefeffekt mit einem kleinen Schatten.

Abgeflachte Kante und Relief mit dem Stil *Relief an allen Kanten* erzeugt den Eindruck, als wären die Kanten des Ebeneninhalts in die darunter liegenden Ebenen eingeprägt.

Sie können nebenstehende Beispiele an einer (mit Pixeln gefüllten) Inhaltsebene ausprobieren:

- Wählen Sie die Inhaltsebene aus. Klicken Sie mit dem *Textmasken-Werkzeug* ins Bild. Geben Sie Text ein und bestätigen mit *OK*.
- Drücken Sie ⌘ J (*Neue Ebene durch Kopieren*).
- Wenden Sie für die neue Ebene die Ebeneneffekte an.

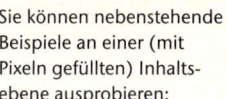

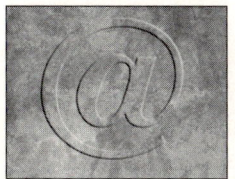

Abgeflachte Kante und Relief mit dem Stil *Abgeflachte Kanten innen*; Richtung: Nach oben

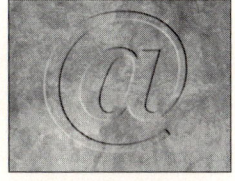

Abgeflachte Kante und Relief mit dem Stil *Abgeflachte Kanten innen*; Richtung: Nach unten

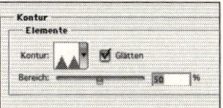
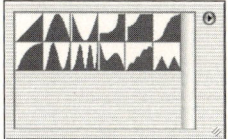

Abgeflachte Kante und Relief mit dem Stil *Abgeflachte Kanten innen*; Kontur

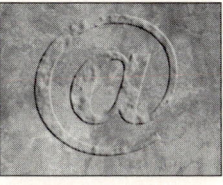
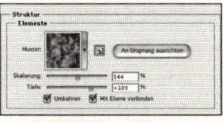
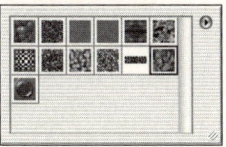

Abgeflachte Kante und Relief mit dem Stil *Abgeflachte Kanten innen*; Struktur

Abgeflachte Kante und Relief bietet zusätzlich die Möglichkeit, die *Kontur* zu bearbeiten sowie eine vordefinierte oder eigene plastische *Struktur* auf den Ebeneninhalt zu übertragen. *Konturen* und *Strukturen* können auch über den *Vorgaben-Manager* verwaltet werden (s. S. 129).

Ebenentechniken

Die wichtigsten Einstellungsoptionen für Ebeneneffekte

Vorschau

✥ *Vorschau:* zeigt den Ebeneneffekt mit den aktuellen Einstellungen im Bild an.

Füllmethode / Schattierung > Lichtermodus / Tiefenmodus

✥ *Füllmethode* (s. S. 270) bestimmt, wie der Ebeneneffekt mit den darunter liegenden Ebenen zusammenwirkt (z. B. beim *Schlagschatten*). Bei *Schattierung > Lichtermodus/ Tiefenmodus* (für *Abgeflachte Kante und Relief*) wird der Einkopiermodus für die Licht- und Schattenkanten festgelegt, welcher die plastische Wirkung unterstützt.

Farbfeld

✥ *Farbfeld*: Durch Klicken auf das *Farbfeld* gelangen Sie in den Farbwähler und können eine Farbe für Schatten, Schein bzw. Höhen und Tiefen auswählen. Nicht immer sind Schwarz und Weiß die geeignetsten Farben.

Winkel – Globaler / Lokaler Lichteinfall

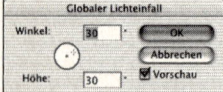

✥ *Winkel*: Der Wert unter *Winkel* bestimmt den Beleuchtungswinkel eines Ebeneneffekts. Sie können einen globalen Lichteinfall definieren, der dann für alle Ebeneneffekte im Bild wirksam wird. Damit erreichen Sie, dass das Bild aussieht, als wäre es von nur einer Lichtquelle beleuchtet. Gehen Sie so vor:

• Schalten Sie im Dialogfenster eines Ebeneneffekts die Option *Globalen Winkel verwenden* ein, geben Sie einen Wert in das Feld ein oder bewegen Sie den Winkelregler. Oder:

• Wählen Sie *Ebene > Ebenenstile > Globaler Lichteinfall...*, geben Sie einen Wert in das Feld ein oder bewegen Sie den Winkelregler.

Der neue globale Winkel erscheint nun als Standard in jedem Ebeneneffekt, der den globalen Winkel verwendet.

Wollen Sie für einzelne Ebeneneffekte einen anderen als den globalen Winkel verwenden, also einen lokalen Winkel, schalten Sie die Option *Globalen Winkel verwenden* aus und legen einen anderen Wert fest.

✔ Bei *Schlagschatten* und *Schatten nach innen* können Sie den Effekt auch im Bild (bei geöffnetem *Ebenenstil*-Dialog) an die gewünschte Position ziehen – die Werte bei Distanz und Winkel werden automatisch aktualisiert.

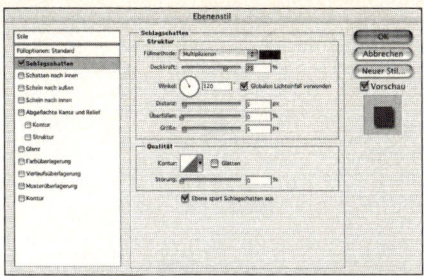

✔ Um innerhalb des Ebenenstil-Dialoges den letzten Schritt rückgängig zu machen, drücken Sie ⌘ Z. Um zu den Ausgangswerten zurückzukehren, halten Sie die Wahltaste (⌥) gedrückt: der *Abbrechen*-Schalter ändert sich in *Zurück*.

✢ *Distanz* legt die Breite des Schattens fest. Die Breite in Pixeln ist auch abhängig von der Auflösung des Bildes.

Distanz
(nur bei *Schlagschatten* und *Schatten nach innen*)

✢ *Weichzeichnen / Überfüllen / Größe* erzeugt einen weichen Übergang des Schattens, Scheins oder Lichts bzw. verstärkt oder verringert die Wirkung des Effekts.

Weichzeichnen / Überfüllen / Größe

✢ *Qualität > Kontur / Störung / Glätten*: Hier kann die Kontur mit Hilfe von vordefinierten oder eigenen Kurven nachbearbeitet werden. Über einen Mausklick auf das Kontur-Icon gelangt man in den *Kontur-Editor*, wo eigene Kurven erstellt werden können (Ergebnis ist jeweils sofort auf der Ebene sichtbar). Das *Glätten* der Kontur ist immer zu empfehlen, die *Störung* hingegen seltener zu gebrauchen.

Qualität
(nur bei *Schlagschatten* und *Schatten nach innen*, *Schein nach außen, Schein nach innen*)

✔ *Konturen* können auch über den *Vorgaben-Manager* verwaltet werden (s. S. 129).

✢ *Mitte / Kante*: Mitte erzeugt einen Schein vom Mittelpunkt des Ebeneninhalts nach außen; *Kante* erzeugt einen Schein von den Kanten des Ebeneninhalts nach innen.

Mitte / Kante
(nur bei *Schein nach innen*)

✢ *Farbtiefe* erzeugt eine flachere oder spitzere Reliefwirkung.

Farbtiefe (nur bei *Abgeflachte Kante und Relief*)

✢ *Technik > Abrunden / Hart* bzw. *Weich meißeln* erzeugt vor allem in Verbindung mit erhöhter Farbtiefe weichere oder härtere bis metallische Effekte (siehe Abb. nächste Seite).

Abrunden / Hart bzw. **Weich meißeln** (nur bei *Abgeflachte Kante und Relief*)

✢ *Richtung > Oben / Unten*: Mit den Optionen *Oben* bzw. *Unten* können Sie den Eindruck von erhabenem oder vertieftem Relief erzeugen (abhängig von der Position des Lichteinfalls).

Richtung > Nach oben / unten (nur bei *Abgeflachte Kante und Relief*)

Ebenentechniken 281

Auch derartige Effekte sind nun ohne Zusatzprogramme oder -filter möglich (Einstellungen sind rechts zu sehen; dazu ein Schlagschatten; Bildgröße hier ca. 730 × 490 Pixel).

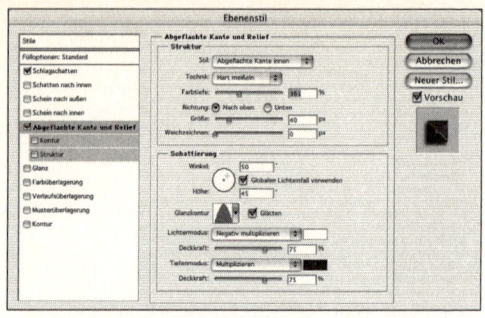

Glanz auf einer Formebene

Identische *Verlaufsüberlagerung* auf zwei Ebenen (außerdem *Abgeflachte Kante und Relief*)

Weitere Ebeneneffekte

Glanz verschafft z. B. einfachen Flächen von Formebenen eine plastisch glänzende Optik entlang der Objektkanten.

Farbüberlagerung bedeckt den Ebeneninhalt mit einer Farbschicht, welche in Kombination mit den verschiedenen Bearbeitungsmodi ganz gut zum Experimentieren mit Kolorierungen geeignet ist.

Verlaufsüberlagerung bedeckt den Ebeneninhalt mit einem Verlauf, wobei *Stil* (z. B. *Radial*), *Winkel* und *Skalierung* eingestellt werden können.

Musterüberlagerung bedeckt den Ebeneninhalt mit einem Muster.
✢ *Skalierung* regelt die Größe des Musters. Die Musterskalierung bleibt von einer eventuellen Skalierung des Ebeneninhalts unberührt.
✢ *An Ursprung ausrichten*: Das Muster beginnt in der linken oberen Ecke des Dokumentfensters.
✢ *Mit Ebenen verbinden*: Beim Bewegen des Ebeneninhalts wird das Muster mit bewegt.

Kontur erzeugt einen Rahmen um die Ebeneninhalte.

Ebeneneffekte kopieren und einfügen
Sie können alle Ebeneneffekte einer Ebene insgesamt (Ebenenstile) oder einzelne Ebeneneffekte auf eine andere Ebene (auch in einem anderen Dokument) übertragen.

Alle Ebeneneffekte einer Ebene insgesamt (Ebenenstile) kopieren:
• Aktivieren Sie dazu die Ebene, deren Ebeneneffekte Sie kopieren wollen.
• Wählen Sie dann *Ebene > Ebenenstil > Ebenenstil kopieren,* oder benutzen Sie den gleichnamigen Befehl aus dem Kontextmenü.

Menü *Ebene > Ebenenstil...*

Einzelne Effekte per Drag and Drop kopieren

• Aktivieren Sie die Zielebene im gleichen oder einem anderen Dokument.
• Wählen Sie *Ebene > Ebenenstil > Ebenenstil einfügen,* oder benutzen Sie den gleichnamigen Befehl aus dem Kontextmenü.
Zum Kopieren eines Ebenenstils auf mehrere Ebenen gleichzeitig müssen die Zielebenen verbunden sein (s. S. 82).

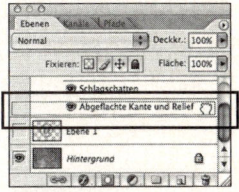

1. Ebeneneffekt in der Ebenen-Palette anklicken...

• Dann wählen Sie *Ebene > Ebenenstil > Ebenenstil in verbundene Ebenen einfügen* oder benutzen den gleichnamigen Befehl aus dem Kontextmenü. In jedem Fall ersetzt der eingefügte Ebenenstil den ggf. bestehenden Ebenenstil auf der Zielebene bzw. den Zielebenen.

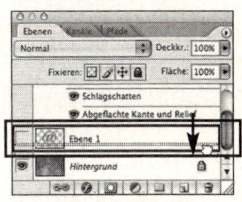

2. ... mit gedrückter Maustaste unter eine andere Ebene ziehen...

Einzelne Ebeneneffekte kopieren (nur per Drag and Drop möglich):
• Klicken Sie einen einzelnen Ebeneneffekt in der Ebenen-Palette an und ziehen ihn mit gedrückter Maustaste unter eine andere Ebene im gleichen Dokument. Möchten Sie den Ebeneneffekt in ein anderes geöffnetes Dokument kopieren, müssen Sie vor diesem Vorgang die Zielebene im Zieldokument aktivieren; dann lassen Sie die Maustaste einfach über dem Fenster des Zieldokuments los.

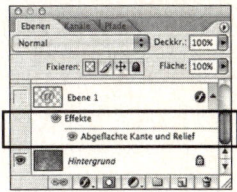

3. ... bis Markierung erscheint, und dort loslassen.

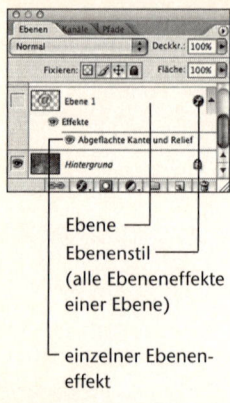

Ebene
Ebenenstil
(alle Ebeneneffekte einer Ebene)

einzelner Ebeneneffekt

Ebeneneffekte entfernen

Ebenenstile, die nicht mehr gebraucht werden, sollten gelöscht werden, da sie den Arbeitsspeicher unnötig belasten. Möchten Sie Ebenenstile zwar aus dem aktuellen Dokument entfernen, jedoch in anderen Dateien weiterverwenden, können sie zuvor dauerhaft gespeichert werden (siehe nächste Seite).

• Zum Entfernen von einzelnen Ebeneneffekten oder von Ebenenstilen klicken Sie auf die betreffende Effektebene in der Ebenen-Palette und ziehen sie mit gedrückter Maustaste auf den Paletten-Papierkorb.

• Alternativ aktivieren Sie die Ebene, deren Ebenenstile Sie löschen wollen, und wählen *Ebene > Ebenenstile > Ebenenstile löschen* oder benutzen Sie den gleichnamigen Befehl aus dem Kontextmenü.

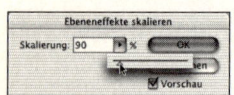

Skalieren von Effekten

Beim gewöhnlichen Transformieren der Ebene (Menü *Bearbeiten*; ⌘T) bleiben die in den Ebeneneffekten eingegebenen Werte relativ zum Ebeneninhalt unverändert. Die Effekte einer Ebene (also ohne den Ebeneninhalt) können im Nachhinein über den Befehl *Ebene > Ebenenstile > Ebeneneffekte skalieren* gemeinsam vergrößert oder verkleinert werden. Die Effekte werden neu berechnet, sodass keine Qualitätseinbußen eintreten. Eine Ausnahme stellen verwendete Muster dar: Hier kann es bei starken Vergrößerungen trotz Interpolation zur Sichtbarkeit der Pixelstruktur kommen.

Arbeiten mit der Stile-Palette

Schon ein einzelner einer Ebene zugewiesener Ebeneneffekt wird in Photoshop als eigenständiger (*Ebenen-*)*Stil* behandelt. Werden der

Ebene weitere Ebeneneffekte und/oder Fülloptionen hinzugefügt, so werden diese Bestandteil dieses Ebenenstils – mit anderen Worten: pro Ebene gibt es maximal einen Ebenenstil, der sich aus einem oder mehreren Ebeneneffekten und/oder Fülloptionen zusammensetzen kann.

Photoshop bietet eine Reihe verschiedener vordefinierter Stile, die im Untermenü der Stile-Palette oder im *Vorgaben-Manager* (s. S. 129), wo sie verwaltet werden, geladen werden können.

✔ Ein Ebenenstil oder ein einzelner Ebeneneffekt kann auch durch Drag and Drop aus der Ebenen-Palette auf die Stile-Palette gespeichert werden.

• Jeder modifizierte oder neue Ebenenstil kann direkt im *Ebenenstil*-Dialog oder durch Wählen des Menüpunktes *Neuer Stil* aus dem Untermenü der *Stile-Palette* oder Klicken auf das Symbol *Neuer Stil* ( ) in der *Stile-Palette* sofort oder zu einem späteren Zeitpunkt mit oder ohne Fülloptionen gespeichert werden.

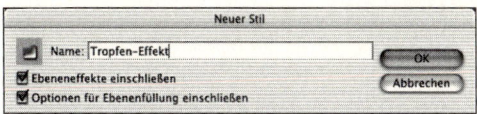

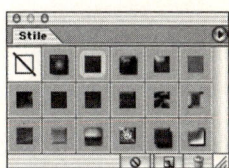

(Ebenen-) Stile-Palette

Ein derartig gespeicherter Ebenenstil steht sofort danach in der Stile-Palette zur Verfügung, und zwar so lange, wie der aktuelle Stilesatz nicht im Untermenü der Stile-Palette auf den Standard-Stilesatz zurückgesetzt oder durch einen anderen Satz ersetzt wird. Deshalb empfiehlt es sich, eigene Stilesätze im Untermenü der Stile-Palette oder im Vorgaben-Manager zu speichern und bei Bedarf zu laden. Auf diese Weise gespeicherte Stilesätze werden mit der Extension *.asl versehen und können im *Photoshop-Programmordner > Vorgaben > Stile* oder an beliebigem anderem Speicherort (z. B. Projektordner) abgelegt werden.

✔ Ebeneneffekte aus der Stile-Palette sind nicht für Dokumente im *Bitmap*-Modus und im Modus *Indizierte Farben* verfügbar. Ebenso ist ihre Anwendung auf einer *Hintergrundebene* oder einer *fixierten Ebene* nicht möglich.

Ebenentechniken 285

✔ Ein Ebenenstil kann auch durch Drag and Drop aus der Stile-Palette auf eine Ebene in der Ebenen-Palette zugewiesen werden.

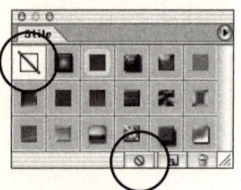

Stile-Palette: Schalter zum Entfernen von Ebenenstilen

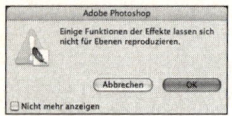

Dieser Warnhinweis beim Erstellen von Ebenen kann zunächst ignoriert werden (ggf. Befehl danach widerrufen).

✔ Haben Sie z. B. bei einer Ebene mit einem Schlagschatten die Deckkraft reduziert und wandeln diesen in eine Ebene um, dann wird natürlich der Schlagschatten durch die Ebene hindurchscheinen. Um dies zu vermeiden, aktivieren Sie nach dem Vorgang die Schattenebene, laden *Transparenzmaske* der betreffenden Inhaltsebene (s. S. 107 ff.) und löschen (⌫).

Nicht mehr benötigte Stile löschen Sie in der Stile-Palette durch Anklicken bei gedrückter Wahltaste (⌥) oder Ziehen auf den Papierkorb.

• Um einen Ebenenstil zuzuweisen, aktivieren Sie die Zielebene und klicken den gewünschten Stil in der Stile-Palette einfach an. War für die Ebene bereits ein Ebenenstil vergeben, wird dieser dadurch aufgehoben und durch den neuen ersetzt. Klicken Sie dagegen mit gedrückter Umschalttaste (⇧) auf den gewünschten Stil in der Stile-Palette, bleiben bereits vorhandene Ebeneneffekte zusätzlich erhalten.
• Durch Klicken auf das Symbol (⊘) in der Stile-Palette wird ein bereits zugewiesener Ebenenstil von der aktiven Ebene entfernt.

Umwandeln von Ebeneneffekten in Ebenen
Zum weiteren Bearbeiten von Ebeneneffekten können diese in normale Inhaltsebenen umgewandelt werden. Damit ist eine Bearbeitung der Effekte wie für normale Inhaltsebenen möglich (z. B. mit Mal-Werkzeugen und Filtern), jedoch ist eine weitere Bearbeitung der Effekte mit dem *Ebenenstil*-Dialog ausgeschlossen. Ebenso wird der Effekt beim Ändern der ursprünglichen Effektebene nicht mehr automatisch aktualisiert. Das Aussehen des Bildes ändert sich beim Umwandeln in aller Regel – trotz eines entsprechenden Warnhinweises – nicht.

• Aktivieren Sie in der Ebenen-Palette die Ebene mit den Effekten, die Sie umwandeln wollen.
• Wählen Sie im *Ebene*-Menü > *Ebenenstil* > *Ebenen erstellen*.

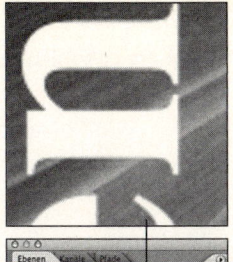

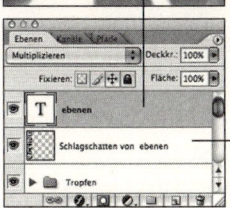

Zustand vor dem Umwandeln der Effekte in normale Inhaltsebenen

Zustand nach dem Umwandeln der Effekte in normale Inhaltsebenen

Der Schlagschatten ist nun eine separate Inhaltsebene.

Bei manchen Ebeneneffekten (z. B. *Schein nach innen*) sowie bei bestimmten Konstellationen werden Ebenen innerhalb einer *Schnittmaske* erzeugt (s. S. 302).

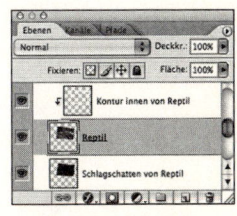

Durch den Befehl *Ebene erstellen* wurde eine Schnittmaske erzeugt (s. S. 302).

Ebenen- und Gruppeneigenschaften

In den *Ebeneneigenschaften...* bzw. *Gruppeneigenschaften...*, die Sie über das Untermenü der Ebenen-Palette, das Menü *Ebene* oder über das Kontextmenü einer Ebene bzw. einer Gruppe aufrufen, lässt sich jederzeit der *Name* sowie die *Darstellungsfarbe* innerhalb der Ebenen-Palette ändern.

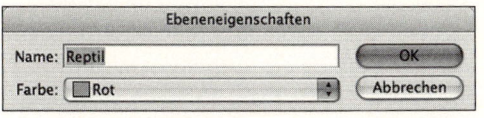
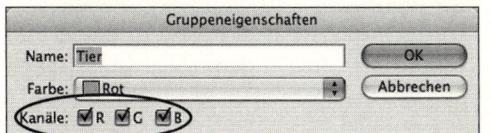

Name oder Farbe einer Ebene oder eines Ebenensets ändern

Die Schalter für *Kanäle* entsprechen der *Erweiterten Füllmethode* für Ebenen (s. S. 276), wobei hier eine gesamte Gruppe entsprechend eingerechnet wird.

Ausblenden von Ebenenbereichen – Arbeiten mit Ebenenmasken (pixelbasiert)

✔ Eine Ebenenmaske kann für alle Ebenenarten eingerichtet werden: für Inhalts-, Text-, Form- und alle Arten von Einstellungsebenen. *Ebenenmasken* funktionieren pixelbasiert, d. h. sie können mit den Mal- und Bearbeitungs-Werkzeugen bearbeitet werden und weiche Kanten haben. Alternativ können zum Ausblenden von Ebenenbereichen auch Vektormasken verwendet werden, welche vektorbasiert sind und deshalb ausschließlich scharfkantige Konturen zulassen (s. S. 298).

Zu den schönsten und praktischsten Arbeitsmitteln in Photoshop gehören neben den Ebenen selbst die *Ebenenmasken*. Mit Hilfe einer Ebenenmaske können Bildteile auf einer Ebene aus- bzw. eingeblendet werden, ohne dass ein einziges Pixel auf der Ebene selbst gelöscht werden muss. Damit ist es möglich, Bildteile darunter liegender Ebenen, die vorher verdeckt waren, sichtbar zu machen. Die Übergänge zwischen aus- und eingeblendeten Bildteilen können fließend sein. Damit sind Ebenenmasken hervorragend geeignet, zwei oder mehrere Ebenen ineinander zu blenden. Die aus- oder eingeblendeten Bereiche können beliebig verändert und die Ebenenmasken auch wieder vollständig entfernt werden.

Es kann für eine Ebene jeweils *eine* Ebenenmaske geben. Die Ebenenmaske liegt praktisch deckungsgleich über der zugehörigen Ebene. Sie wird als Miniatur neben der Miniatur der Ebene in der Ebenen-Palette dargestellt.

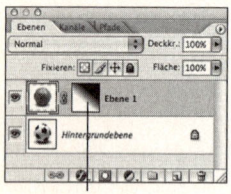

Miniatur der Ebenenmaske in der Ebenen-Palette

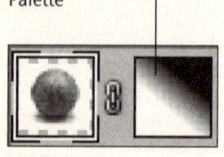

Wie im Maskierungsmodus (s. S. 194) maskieren die schwarzen Bereiche Teile der Ebene, das heißt, diese Bildteile werden ausgeblendet. Weiße Bereiche in der Ebenenmaske sind nicht maskiert, das heißt, diese Bildteile der Ebene sind voll sichtbar. Und dementsprechend maskieren graue Bereiche teilweise: Im Beispiel (rechte Seite) schaffen sie einen weichen Übergang zwischen maskierten und nicht maskierten Bereichen.

Farbsysteme – Farbkreis – Farbmodelle (S. 342–350)

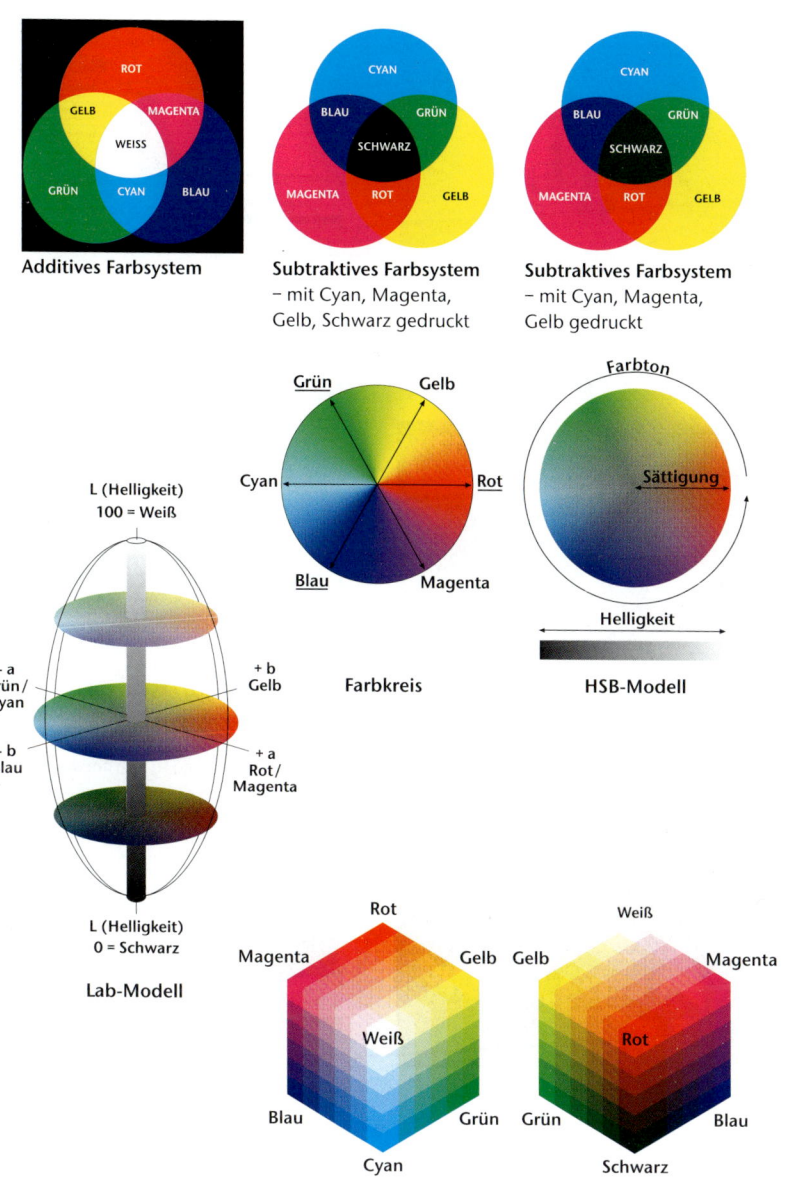

Tonwertkorrektur: Beurteilung von Vorlagen anhand des Histogramms (S. 397)

 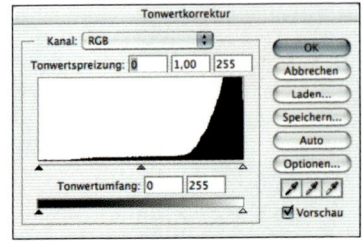

Ein **Schneebild (High-Key-Bild)** ist ein generell helles Bild, welches eine Häufung von Tonwerten auf der rechten Seite des Histogramms aufweist – es muss nicht zwangsläufig Schnee enthalten.

 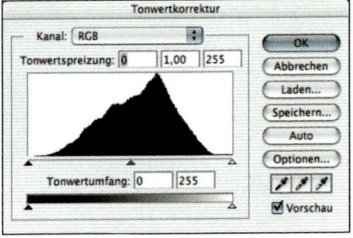

Ein **Durchschnittsbild (Average-Key-Bild)** ist ein Bild mit einer gleichmäßigen Verteilung von hellen und dunklen Bereichen. Es hat eine Häufung von Tonwerten im mittleren Bereich des Histogramms.

 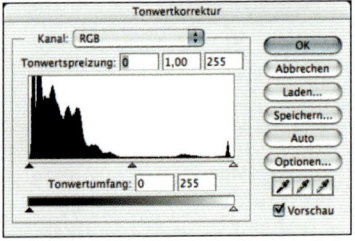

Ein **Nachtbild (Low-Key-Bild)** zeichnet sich dadurch aus, dass es überwiegend aus dunklen Tönen besteht. Dementsprechend gibt es eine Häufung von Tonwerten auf der linken Seite des Histogramms.

Typische Tonwertkorrekturen (S. 399–414)

Lichter und Tiefen in einem Durchschnittsbild festgelegt
(vorhandene Tonwerte optimal gespreizt)

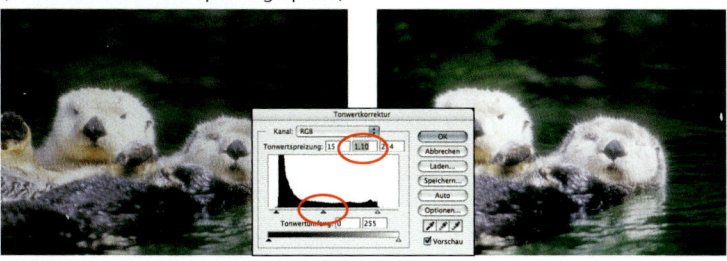

Mitteltöne in einem Nachtbild aufgehellt
(zusätzlich vorhandene Tonwerte optimal gespreizt)

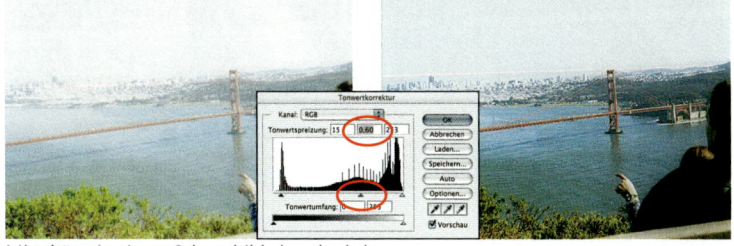

Mitteltöne in einem Schneebild abgedunkelt
(zusätzlich vorhandene Tonwerte optimal gespreizt)

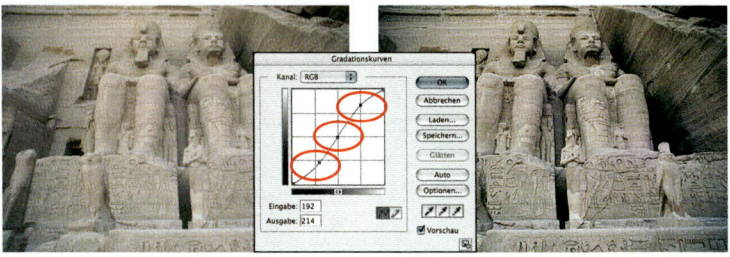

Kontrast in den Mitteltönen eines Durchschnittsbildes verstärkt

Typische Farbkorrekturen – Farbstich entfernen (S. 395, 415–417)

Bild mit vielen Grauwerten: Setzen Sie einen Farbaufnehmer an einen neutralen Grauwert mit einer Helligkeit von etwa 50 % (Info-Palette auf Graustufen- und RGB-Anzeige einstellen). Überprüfen Sie die Tonwerte bei RGB. Neutrale Grauwerte haben etwa gleiche Helligkeitswerte bei Rot, Grün und Blau. Nehmen Sie die entsprechenden Korrekturen am besten im Gradationskurven-Dialog vor (s. a. S. 399 ff.).

Bild mit vielen Hauttönen: Setzen Sie einen Farbaufnehmer an einen typischen Hautton mit einer Helligkeit von etwa 50 %. Überprüfen Sie die Tonwerte bei RGB. Hauttöne dieser Helligkeit haben *etwa* die Werte Rot: 192, Grün: 143 und Blau: 115 (bzw. je nach Separationseinstellung 20 % C, 50 % M und 50–60 % Y, etwas K). Nehmen Sie die entsprechenden Korrekturen am besten im Gradationskurven-Dialog vor (s. a. S. 399 ff.).

Zu viel Cyan (= zu wenig Rot)
Werte vor und nach der Korrektur

Zu wenig Gelb (= zu viel Blau)
Werte vor und nach der Korrektur

Zu viel Magenta (= zu wenig Grün)
Werte vor und nach der Korrektur

Zu viel Gelb (= zu wenig Blau)
Werte vor und nach der Korrektur

Neutrale Grauwerte eingestellt

Mittlerer Hautton eingestellt

Ausgleich des Tonwertzuwachses zwischen Film und Druck (S. 386 ff.)

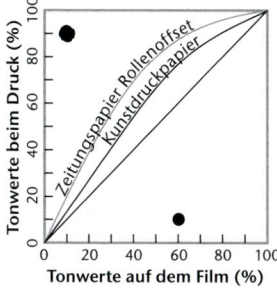

Schematische Darstellung des Verhältnisses von Tonwerten im Film zu den Tonwerten im Druck. Die Tonwertzunahme im Druck wird durch vergrößerte Rasterpunkte (Auslaufen oder Verschmieren der Druckfarbe beim Druck) bewirkt – das Bild wird dunkler als die Vorlage. Der Tonwertzuwachs muss ausgeglichen werden.

Vorlage   Bild mit 0% Tonwertzuwachs separiert

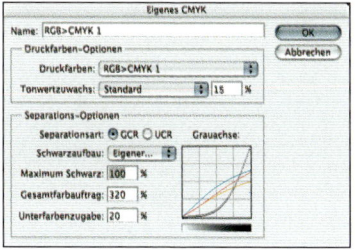

Ausgleich des Tonwertzuwachses (15%) im Dialog *Eigenes CMYK...* (*Bearbeiten (bzw. Photoshop) > Farbeinstellungen > Arbeitsfarbräume > CMYK*) beeinflusst die Separation des Bildes in Photoshop

Bild mit 15% Tonwertzuwachs separiert

Arbeiten mit Einstellungsebenen (S. 429–433)

Ausgangsbild

- Zuerst wurde eine neue Einstellungsebene für die *Tonwertkorrektur* angelegt.
- Vor dem Einrichten der Einstellungsebene für die *Farbbalance* wurde der Himmel mit dem Zauberstab ausgewählt. Dadurch entstand eine Maske.
- Dann wurde die Transparenzmaske der *Farbbalance*-Einstellungsebene ausgewählt und bei aktiver Auswahl die Einstellungsebene *Helligkeit/Kontrast* angelegt. Die Transparenzmaske wurde nochmals ausgewählt und dann ein Verlauf erstellt.

Bild mit Tonwertkorrektur

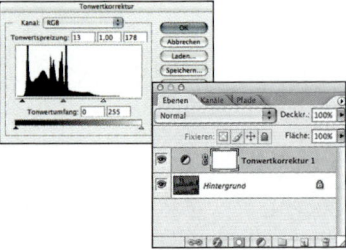

Lichter und Tiefen neu festgelegt

Bild mit veränderter Farbbalance

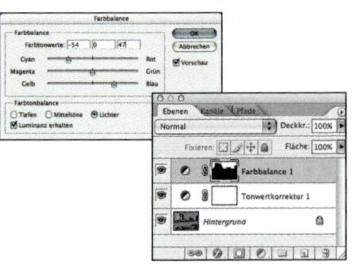

Farbbalance des Himmels verändert

Bild mit veränderter Helligkeit
(Verlaufsmaske im Himmel)

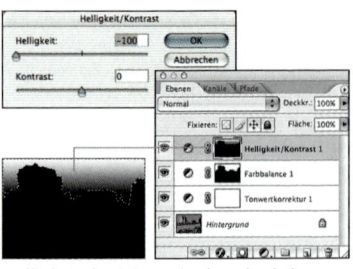

Helligkeit des Himmels abgedunkelt

Mal- und Bearbeitungsmodus (S. 133 – 136, 167, 270)

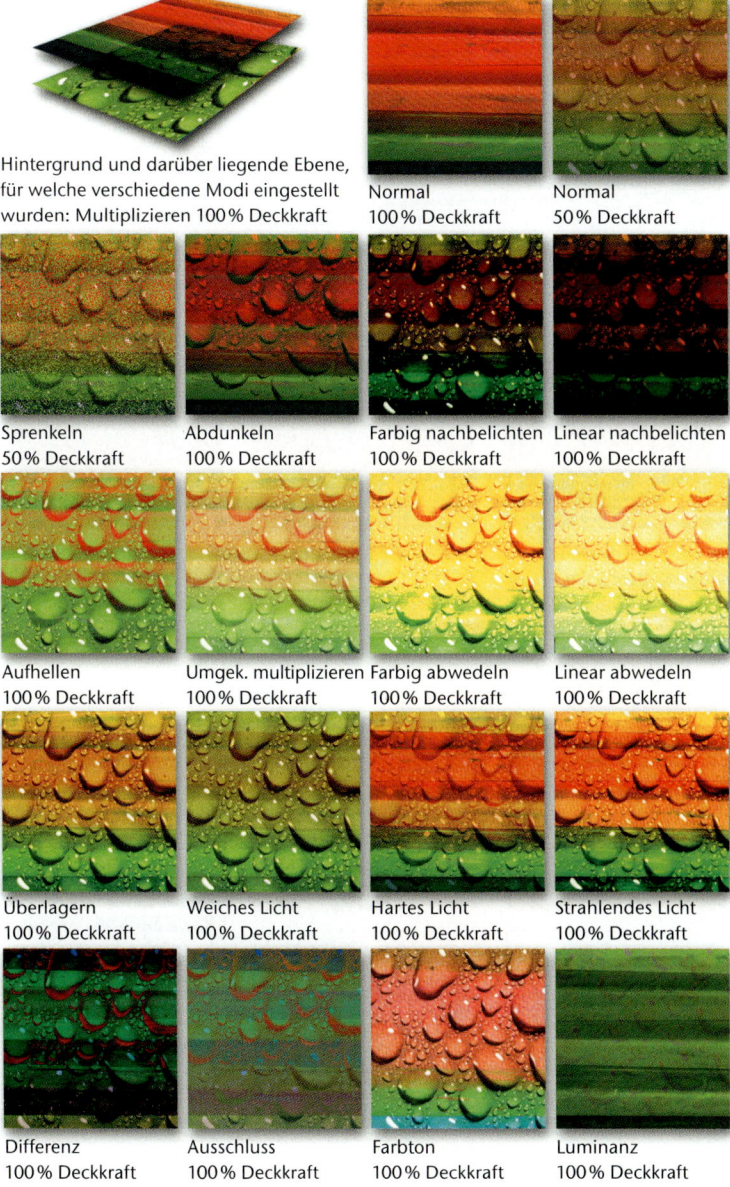

Hintergrund und darüber liegende Ebene, für welche verschiedene Modi eingestellt wurden: Multiplizieren 100% Deckkraft

Normal
100% Deckkraft

Normal
50% Deckkraft

Sprenkeln
50% Deckkraft

Abdunkeln
100% Deckkraft

Farbig nachbelichten
100% Deckkraft

Linear nachbelichten
100% Deckkraft

Aufhellen
100% Deckkraft

Umgek. multiplizieren
100% Deckkraft

Farbig abwedeln
100% Deckkraft

Linear abwedeln
100% Deckkraft

Überlagern
100% Deckkraft

Weiches Licht
100% Deckkraft

Hartes Licht
100% Deckkraft

Strahlendes Licht
100% Deckkraft

Differenz
100% Deckkraft

Ausschluss
100% Deckkraft

Farbton
100% Deckkraft

Luminanz
100% Deckkraft

Ebeneneffekte – Abgeflachte Kante und Relief (S. 274–287)

Abgeflachte Kante und Relief mit dem Stil *Abgeflachte Kanten außen* erzeugt flache Kanten entlang der Außenkanten des Ebeneninhalts.

Abgeflachte Kante und Relief mit dem Stil *Abgeflachte Kanten innen* erzeugt flache Kanten entlang der Innenkanten des Ebeneninhalts.

Abgeflachte Kante und Relief mit dem Stil *Relief* erzeugt einen Reliefeffekt mit einem kleinen Schatten.

Abgeflachte Kante und Relief mit dem Stil *Relief an allen Kanten* erzeugt den Eindruck, als wären die Kanten des Ebeneninhalts in die darunter liegenden Ebenen eingeprägt.

Abgeflachte Kante und Relief mit dem Stil *Abgeflachte Kanten innen; Richtung: nach oben*.

Abgeflachte Kante und Relief mit dem Stil *Abgeflachte Kanten innen; Richtung: nach unten*.

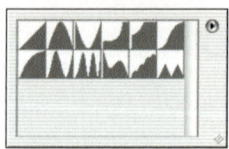

Abgeflachte Kante und Relief mit dem Stil *Abgeflachte Kanten innen; Kontur*.

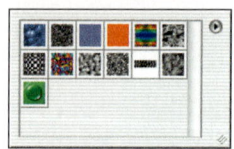

Abgeflachte Kante und Relief mit dem Stil *Abgeflachte Kanten innen; Struktur*.

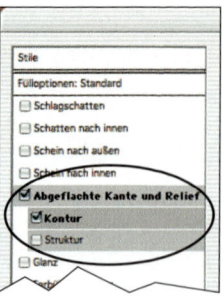

Abgeflachte Kante und Relief bietet die Möglichkeit, die *Kontur* zu bearbeiten sowie eine *Struktur* auf den Ebeneninhalt zu übertragen.

Leuchteffekte (S. 278, 281)

Leuchteffekte können durch mehrfache Anwendung des Ebenenstils *Schein nach außen* in unterschiedlicher Farbigkeit und Stärke relativ einfach hergestellt werden.

• Legen Sie ein neues RGB-Dokument an und füllen Sie den Hintergrund schwarz. Erstellen Sie Text in blauer Farbe oder platzieren Sie eine geeignete einfarbige Grafik aus einem Grafikprogramm und füllen sie blau.

• Wenden Sie auf der Textebene den Ebenenstil *Schein nach außen* mit der Füllmethode *Normal*, *Größe* 50 Pixel (bei 600 Pixel Bildbreite) und der gleichen blauen Farbe an. Wählen Sie auch eine andere Kontur als abgebildet aus.

• Duplizieren Sie die Textebene. Modifizieren Sie die Einstellungen: Wählen Sie als Farbe Cyan, verringern Sie die Größe des Scheins etwa um die Hälfte und verwenden Sie die Standardkontur.

• Duplizieren Sie die Textebene ein weiteres Mal. Modifizieren Sie die Einstellungen erneut: Wählen Sie als Farbe ein deutlich helleres Cyan, verringern Sie die Größe des Scheins nochmals um die Hälfte und verwenden Sie die Standardkontur.

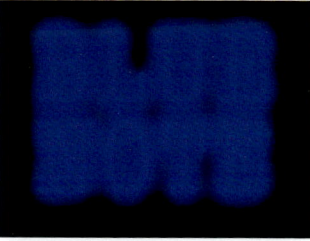

Dieses Beispiel ist dem Rowohlt-Band *Photoshop: gewusst wie* von Pina Lewandowsky entnommen.

Radialer Verlauf
(S. 179 – 189)

Ein Verlauf wird immer durch einen Startpunkt (erster Mausklick mit dem Verlaufswerkzeug – Maustaste gedrückt halten und ziehen) und einen Endpunkt (Loslassen der Maustaste) definiert.
Die Zugrichtung bestimmt für einige Verlaufswerkzeuge den Winkel des Verlaufs. Für die Einschränkung auf ein Vielfaches von 45° halten Sie beim Ziehen die Umschalttaste (⇧) gedrückt. Bereiche, die vor und hinter dem Start- und Endpunkt liegen, werden mit der reinen Anfangs- bzw. Endfarbe gefüllt. Sind am Start- oder Endpunkt Transparentpositionen definiert, werden die Bereiche, die vor bzw. hinter dem Start- und Endpunkt liegen, transparent.

Dieses Beispiel ist dem Rowohlt-Band *Photoshop: gewusst wie* von Pina Lewandowsky entnommen.

Der erste Mausklick definiert den Mittelpunkt des Verlaufs; die Position, an der die Maustaste losgelassen wird, definiert den äußeren Rand des Verlaufs.

Die Zugrichtung spielt bei einem kreisförmigen Verlauf keine Rolle.

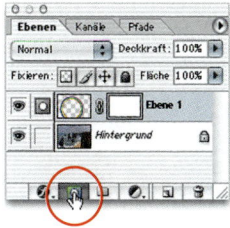

Eine Ebenenmaske blendet den Verlauf teilweise aus.

Beschneidungspfad mit mehreren Pfadkomponenten (S. 263–268)

Beachten Sie beim Anlegen eines Beschneidungspfades mit mehreren Pfadkomponenten die *Überlappungsoptionen*. In diesem Beispiel wird ein Beschneidungspfad mit einem durchbrochenen Bereich erzeugt.
• Wählen Sie alle Pfadkomponenten mit dem Pfad-Auswahl-Werkzeug aus.
• Klicken Sie dann die gewünschte Überlappungsoption in der Werkzeug-Optionen-Leiste an.

Mittlere Spalte: Ansicht in der Pfade-Palette: Nur die weiß dargestellten Bereiche werden beim Belichten sichtbar sein.

Form hinzufügen

Form subtrahieren

Schnittmenge von Formen

Achtung! Das Ergebnis ist nur in der Pfade-Palette als Miniatur und nicht unbedingt korrekt im Layout-Programm zu sehen. Erst mit einem Kontrollausdruck an einem PostScript-fähigen Drucker lässt sich der Beschneidungspfad richtig beurteilen.

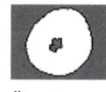

Überlappende Formen ausschließen

Dieses Beispiel ist dem Rowohlt-Band *Photoshop: gewusst wie* von Pina Lewandowsky entnommen.

Rahmen, die mit Maskierungen hergestellt wurden, können zusätzlich Ebeneneffekte wie *Abgeflachte Kante* und *Relief* und/oder *Schlagschatten* erhalten. Der Effekt erscheint entlang der Maskierungskanten. Die Abbildungen zeigen jeweils die Ebenenmaske, deren Auswirkung auf das Bild und den Ebeneneffekt.

Plastische Rahmeneffekte
(S. 278–281, 290–297)

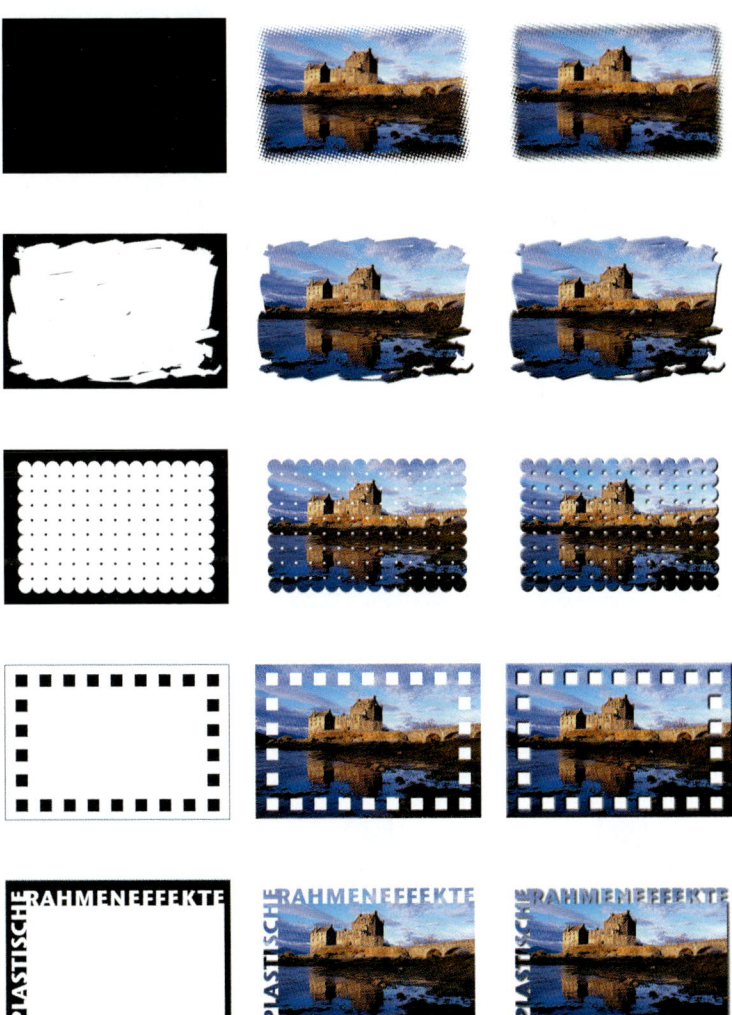

Dieses Beispiel ist dem Rowohlt-Band *Photoshop: gewusst wie* von Pina Lewandowsky entnommen.

Webtransparenz im GIF-Format (S. 484, 529)

Auch im Web möchte man sich nicht auf die grundsätzlich rechteckige Form von Pixelbildern beschränken, sondern unregelmäßig geformte Bilder oder Bilder mit transparenten oder durchbrochenen Bereichen verwenden. Häufig sollen auch Bilder mit geglätteten oder weichgezeichneten Kanten, Schlagschatten oder Lichthöfen verwendet werden.

Webtransparenz im GIF-Format kann sehr einfach durch den komfortablen Befehl *Datei > Für Web speichern* (ab Photoshop 5.5) erreicht werden. Dazu muss das entsprechende Motiv lediglich freigestellt und der gewünschte Schatten/Lichthof erzeugt werden. Als Speicherformat wird dann im Dialog GIF gewählt. Hier kommt eine Maskierungstechnik zum Einsatz, die den Eindruck unregelmäßig begrenzter Grafiken erzeugt, indem transparenten Bildbereichen (oder auch einer Farbe) die Eigenschaft „unsichtbar" zugewiesen wird (1-Bit-Transparenz). Seit Photoshop 6 kann für halb transparente Bereiche, wie z. B. Schatten, zusätzlich noch ein Dither-Effekt (z. B. Diffusion-Transparenz) eingestellt werden. Dieser simuliert einen weichen Farbübergang durch unterschiedlich dicht gestreute Schatten-bzw. Hintergrund-Pixel. Die verschiedenen Optionen für das GIF-Format sehen Sie in der Übersicht rechts. Diese Technik ist sowohl für einfarbige als auch gemusterte Hintergründe empfehlenswert. Ein Nachteil ist die Beschränkung des GIF-Formates auf 256 Farben. Auch hier kann zwar mit einer Dither-Option (Einstellung in Prozent) der optische Eindruck verbessert werden. Für fotorealistische Bildmotive jedoch ist das JPEG-Format besser geeignet, allerdings ist dafür keine echte Transparenz möglich.

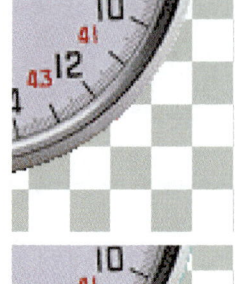

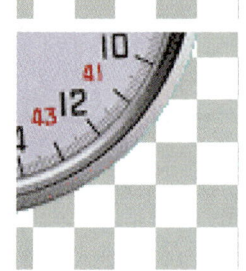

Ausgangsbild linke Seite: In Photoshop freigestelltes Motiv ohne Schatten

Ausgangsbild rechte Seite: In Photoshop freigestelltes Motiv mit Schatten

Dieses Beispiel ist dem Rowohlt-Band *Photoshop: gewusst wie* von Pina Lewandowsky entnommen.

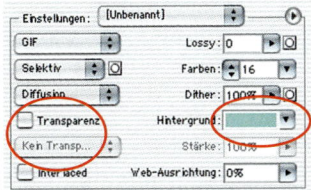

Ohne Transparenz, mit Hintergrund

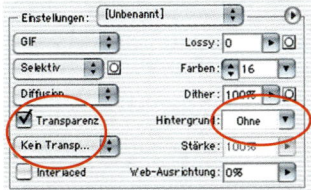

Mit Transparenz, ohne Hintergrund

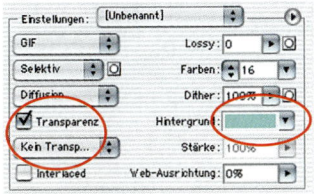

Mit Transparenz, mit Hintergrund

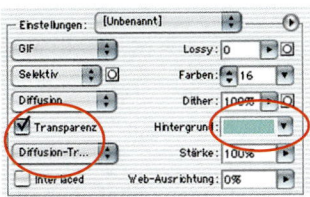

Mit Transparenz, mit Diffusionstransparenz, mit Hintergrund

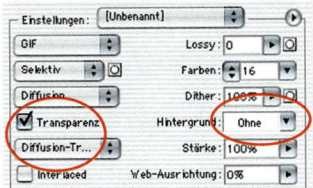

Mit Transparenz, mit Diffusionstransparenz, ohne Hintergrund

Webtransparenz im JPEG-Format (S. 487, 531)

Für das JPEG-Format ist die Transparenz-Option (im Dialog *Datei > Für Web speichern*) nicht verfügbar. Hier muss für einen Transparenzeffekt ein Trick angewendet werden: Das freizustellende Bild wird mit der gleichen Hintergrundfarbe abgespeichert, die dann im Browser verwendet wird. Deshalb ist diese Technik nicht für gemusterte Hintergründe geeignet, da die Bildbegrenzung sichtbar wäre. Obwohl im JPEG-Format keine echte Transparenz möglich ist, muss das gewünschte Motiv trotzdem in Photoshop freigestellt werden. Der Grund hierfür ist, dass man ab Photoshop 5.5 auch für ein Bild mit transparenten Bereichen, welches im JPEG-Format abgespeichert wird, eine numerisch exakte, z. B. websichere Hintergrundfarbe definieren kann (nur mit dem Befehl *Datei > Für Web speichern* möglich). Diese Farbe wird dann anstelle der Transparenz eingesetzt und bleibt auch während der Komprimierung des Vordergrundmotivs unverändert erhalten. Würde die Hintergrundfarbe schon im Bild gefüllt werden, so könnte diese sich durch die JPEG-Kompression, wenn auch minimal, so doch sichtbar verändern.

Ausgangsbild ist ein in Photoshop freigestelltes Motiv mit Schatten

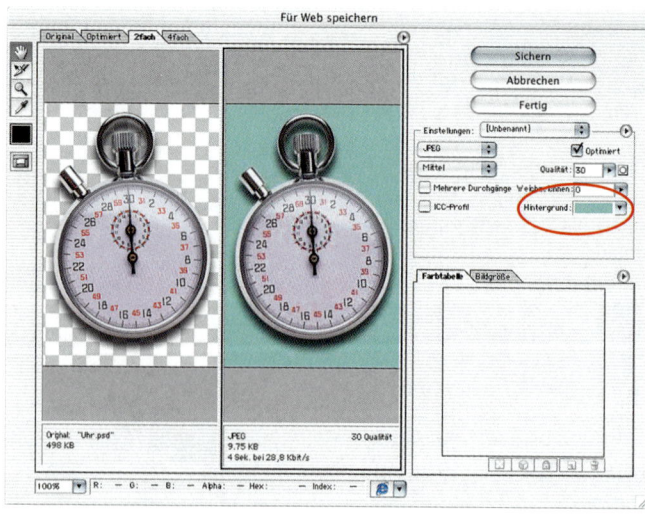

Dieses Beispiel ist dem Rowohlt-Band *Photoshop: gewusst wie* von Pina Lewandowsky entnommen.

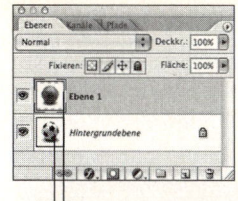

Dokument bestehend aus zwei Ebenen ohne Ebenenmaske. Die Ebene 1 deckt den *Hintergrund* vollständig ab.

Ergebnis

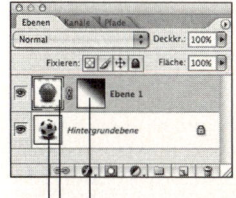

Dasselbe Dokument, jedoch wurde für Ebene 1 eine *Ebenenmaske* eingerichtet. Dadurch werden Teile der Ebene 1 ausgeblendet, sodass der *Hintergrund* an diesen Stellen sichtbar wird.

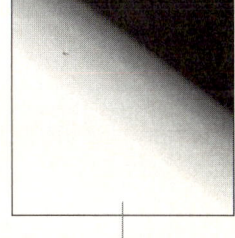

Ebenenmaske von Ebene 1

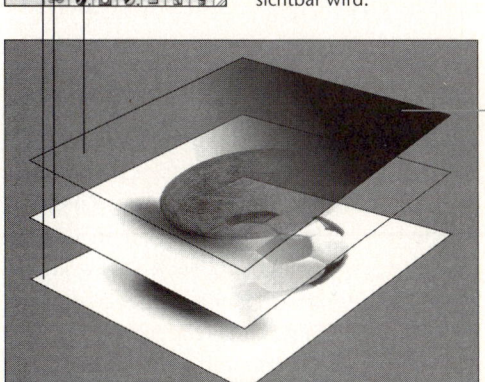

Ergebnis

Ebenentechniken 289

Beachten Sie, dass auf einem *Hintergrund* keine Ebenenmaske eingerichtet werden kann.

Hinzufügen einer Ebenenmaske

Gehen Sie so vor:

• Wählen Sie in der Ebenen-Palette die Ebene aus, für die Sie eine Ebenenmaske erstellen möchten.

• Wählen Sie dann *Ebene > Ebenenmaske > Alles einblenden*.

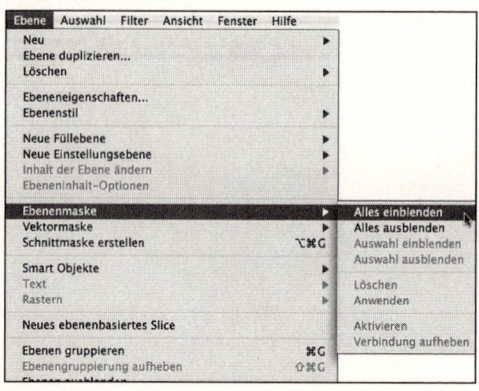

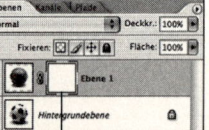

Ebenenmaske bei *Alles einblenden*

Oder noch einfacher:

• Klicken Sie auf den Ebenenmaske-hinzufügen-Schalter (◻) in der Ebenen-Palette.

Sie erhalten mit diesem Befehl eine „leere" Ebenenmaske, die zunächst nur in der Ebenen-Palette als weiße Miniatur sichtbar wird. Dies ist der gebräuchlichste Befehl zur Erstellung einer Ebenenmaske, davon können Sie in jedem Fall ausgehen.

Alternativ können Sie auch *Ebene > Ebenenmaske > Alles ausblenden* wählen oder mit gedrückter Wahltaste (⌥) auf den *Ebenenmaske-hinzufügen-Schalter* (◻) in der Ebenen-Palette klicken. In diesem Fall erhalten Sie eine Ebenenmaske, die in der Ebenen-Palette als schwarze Miniatur erscheint. Gleichzeitig wird die komplette Ebene entsprechend der Vollmaskierung durch die schwarze Farbe ausgeblendet.

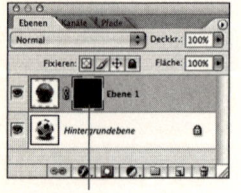

Ebenenmaske bei *Alles ausblenden*

Aktive Auswahl in Ebenenmaske umwandeln

Im *Ebenen*-Menü sind zum Hinzufügen von Ebenenmasken noch zwei weitere Befehle vorgesehen, die sich auf eine aktive Auswahl beziehen. *Auswahl einblenden* erstellt eine Ebenenmaske, in der die Bereiche, die vorher *nicht* ausgewählt waren, maskiert (also schwarz) sind und damit auf der Ebene ausgeblendet werden. *Auswahl ausblenden* erstellt eine Ebenenmaske, in der die Bereiche, die vorher ausgewählt waren, maskiert (also schwarz) sind und damit auf der Ebene ausgeblendet werden.

✔ Wenn Sie eine aktive Auswahl im Bild haben und auf den Ebenenmaske-hinzufügen-Schalter (◯) in der Ebenen-Palette klicken, entsteht eine Ebenenmaske, die *außerhalb der Auswahl maskiert*. Klicken Sie dagegen mit gedrückter Wahltaste (⌥) auf den Ebenenmaske-hinzufügen-Schalter (◯), erscheint eine Ebenenmaske, die *innerhalb der Auswahl maskiert*.

Ebenenmaske bearbeiten

Eine Ebenenmaske muss ausgewählt sein, um bearbeitet werden zu können: Klicken Sie dazu auf die Miniaturdarstellung der *Ebenenmaske* in der Ebenen-Palette. Achten Sie ab jetzt immer darauf, ob Sie die Ebene selbst oder die zugehörige Ebenenmaske aktiviert haben!

Sie erkennen eine aktive Ebenenmaske an der Umrahmung der Miniaturdarstellung. Daneben zeigt die Titelleiste des Bildes den Zusatz *Ebene X Ebenenmaske* an. Eine aktive Ebene erkennen Sie dagegen an der Umrandung der Miniaturdarstellung der Ebene in der Ebenen-Palette.

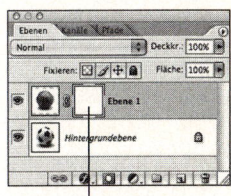
Ebenenmaske aktiv

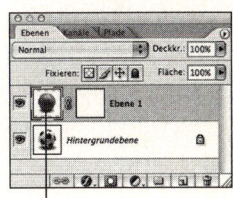
Ebene aktiv

Dass die Ebenenmaske aktiv ist, lässt sich auch daran erkennen, dass sich (falls Sie ein Farbbild bearbeiten) die Farben in den Farb-Paletten in Graustufen umwandeln. Der Grund dafür ist, dass zum Speichern und Bearbeiten einer Ebenenmaske ein so genannter *8-Bit-Graustufen-Alpha-Kanal* angelegt wird. Darin sind nur Graustufen verfügbar (das ist auch ausreichend zum Maskieren).

Beginnen Sie nun, in der Ebenenmaske zu arbeiten:

✔ Mehr Informationen zu Kanälen finden Sie im Kapitel 13.

Ebenentechniken 291

Photoshop-Voreinstellungen zurücksetzen:

• Beenden Sie das Programm.
Für Mac OS X:
Löschen Sie die Datei *Adobe Photoshop CS2 Prefs* auf der Festplatte aus dem System > *Users* > Aktueller Username > *Library* > *Preferences* > *Adobe Photoshop CS2 Settings*
Für Windows:
• Löschen Sie die Datei *Adobe Photoshop CS2 Prefs.psp* aus dem Verzeichnis *Adobe Photoshop Settings im Adobe-Photoshop-CS2-Programmordner.*
• Anschließend starten Sie Photoshop neu.
Beim Neustart wird automatisch eine neue Voreinstellungsdatei angelegt.

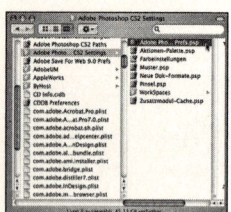

• Wenn Sie eine „leere" (weiße) Ebenenmaske erstellt haben, wählen Sie Schwarz als Vordergrundfarbe aus, um Maskierungsfarbe aufzutragen. (Beginnen Sie beispielsweise mit einem Pinsel schwarze Farbe aufzutragen.) Sie sehen das Ergebnis sofort im Bild: Die Bereiche, über die Sie gemalt haben, werden im Bild ausgeblendet. Die Darstellung der Miniatur der Ebenenmaske wird sofort aktualisiert (kann bei langsamen Rechnern etwas dauern).

Um Maskierungsfarbe wieder zu entfernen, wählen Sie Weiß als Vordergrundfarbe und malen über die ausgeblendeten Bereiche: sie kommen wieder zum Vorschein. Malen Sie mit Grautönen, wird das Bild teilweise ausgeblendet.

Ansonsten gilt das Gleiche wie beim Arbeiten im Maskierungsmodus (s. S. 195). Sie können, während Sie in der Ebenenmaske arbeiten, benutzen:

▓ Mal- und Bearbeitungs-Werkzeuge mit beliebigen Werkzeugspitzengrößen und -formen sowie Auswahlwerkzeuge,

▓ Befehle aus dem Auswahl-Menü (z. B. ⌘ A oder *Weiche Auswahlkante*...),

▓ Befehle aus dem *Bearbeiten*-Menü (z. B. ⌘ C, ⌘ V, *Löschen, Fläche und Kontur füllen* usw.),

▓ Transformationsbefehle sowie

▓ Filter.

• Wenn Sie wieder die Ebene selbst anstelle der Ebenenmaske bearbeiten möchten, klicken Sie auf die Miniatur der Ebene, sodass die Umrahmung sichtbar wird.

Falls etwas nicht so funktioniert wie hier beschrieben, ist es möglicherweise hilfreich, mit den Photoshop-Standardeinstellungen zu beginnen, d.h. zuvor die Voreinstellungen zurückzusetzen (siehe Marginalspalte).

Ebene	**Zugehörige Ebenenmaske**
 Teile der Ebene ausblenden	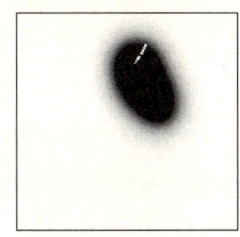 Auftragen von schwarzer Farbe
 Teile der Ebene wieder einblenden	 Auftragen von weißer Farbe
 Ebene teilweise ausblenden	 Auftragen von grauer Farbe
 Teile der Ebene ausblenden	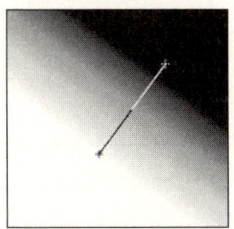 Erzeugen eines Verlaufs in der Ebenenmaske

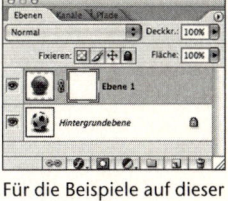

Für die Beispiele auf dieser Seite wurde eine Ebenenmaske mit *Nichts maskiert* angelegt.

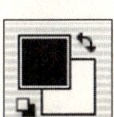

Schwarz erstellt eine 100%ige Maskierung

Weiß erstellt keine Maskierung bzw. entfernt Maskierung

Grau erstellt eine halbe (50%ige) Maskierung

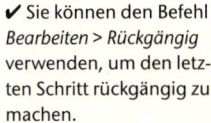

✔ Sie können den Befehl *Bearbeiten > Rückgängig* verwenden, um den letzten Schritt rückgängig zu machen.

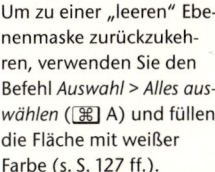

Um zu einer „leeren" Ebenenmaske zurückzukehren, verwenden Sie den Befehl *Auswahl > Alles auswählen* (⌘ A) und füllen die Fläche mit weißer Farbe (s. S. 127 ff.).

Ebenentechniken 293

Ansicht der Ebenenmaske in Bildgröße (Ansicht des Kanals der Ebenenmaske)

Sie haben natürlich die Möglichkeit, beim Arbeiten in der Ebenenmaske sich diese auch in Bildgröße anzeigen zu lassen.

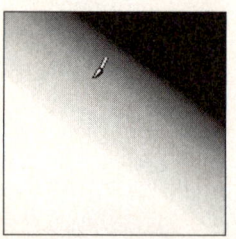

Normalansicht

Normalerweise sehen Sie beim Arbeiten in der Ebenenmaske nur die *Auswirkung* dieser Arbeit in der Ebene (und in der Miniatur in der Ebenen-Palette).

Ansicht der Ebenenmaske ohne die Ebene

• Klicken Sie mit gedrückter Wahltaste (⌥) in die Miniatur der Ebenenmaske, um sich die Maske als Graustufenkanal anzeigen zu lassen.
Wenn Sie in der Maske noch keine Veränderungen vorgenommen haben, erscheint sie zunächst weiß (bei *Alles einblenden*) bzw. schwarz (bei *Alles ausblenden*).
• Um den Graustufenkanal wieder zu verlassen und zur Normalansicht zurückzukehren, klicken Sie in die Miniatur der Ebene oder wieder mit gedrückter Wahltaste (⌥) in die Miniatur der Ebenenmaske.

Ansicht der Ebenenmaske mit der Ebene

(als Rotmaske, vgl. Maskierungsmodus)
• Klicken Sie mit gedrückter Wahl- und Umschalttaste (⇧ ⌥) in die Miniatur der Ebenenmaske.
Wenn Sie die Maske mit *Alles einblenden* angelegt haben, sehen Sie die Rotmaske erst, nachdem Sie in der Maske mit Schwarz oder Grautönen gemalt haben.
• Um die Rotmaske zu verlassen und zur Normalansicht zurückzukehren, klicken Sie in die Miniatur der Ebene oder wieder mit gedrückter Wahl- und Umschalttaste (⇧ ⌥) in die Miniatur der Ebenenmaske.

Ausschalten der Ebenenmaske

Alle Arbeiten, die Sie in der Ebenenmaske ausführen, werden sofort in der Ebene wirksam. Sie können sich die Ebene jedoch jederzeit ohne die Wirkung der Ebenenmaske anschauen:

- Halten Sie die Umschalttaste (⇧) gedrückt, und klicken Sie auf die Miniatur der Ebenenmaske in der Ebenen-Palette, oder wählen Sie *Ebene > Ebenenmaske deaktivieren*. Die ausgeschaltete Ebenenmaske wird durch ein rotes Kreuz über der Miniatur der Ebenenmaske in der Ebenen-Palette angezeigt, und Sie sehen die Ebene, als wäre die Ebenenmaske nicht vorhanden.

Ebenenmaske ausschalten: ⇧ und Klicken auf die Miniatur der Ebenenmaske

- Um die Ebenenmaske wieder einzuschalten, klicken Sie auf die Miniatur der Ebenenmaske in der Ebenen-Palette. Oder Sie wählen *Ebene > Ebenenmaske > Aktivieren*.

Verbindung zwischen Ebene und Ebenenmaske aufheben

Normalerweise sind eine Ebene und ihre zugehörige Ebenenmaske miteinander verbunden, sodass beim *Bewegen* mit dem Bewegen-Werkzeug beide gemeinsam verschoben und beim *Transformieren* beide gemeinsam transformiert werden. Diese Verbindung wird durch das Verbindungssymbol zwischen den Miniaturen der Ebene und der Ebenenmaske dargestellt (🔗).

Falls Ebene oder Ebenenmaske unabhängig voneinander bewegt werden sollen, klicken Sie einfach auf das Verbindungssymbol (🔗) in der Ebenen-Palette, um die Verbindung aufzuheben. Das Symbol verschwindet. Um die Verbindung wiederherzustellen, klicken Sie zwischen die Miniaturen der Ebene und der Ebenenmaske in der Ebenen-Palette, sodass das Verbindungssymbol wieder erscheint.

Ebenenmaske auf andere Ebene kopieren

Die Ebenenmaske einer Ebene kann auf folgende Weise auf eine andere Ebene kopiert werden:

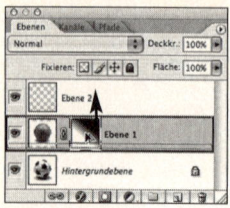

Ebenenmaske auf andere Ebene kopieren

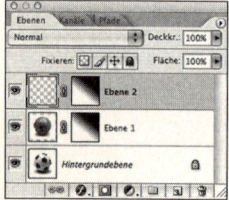

Ergebnis

- Ziehen Sie die Maske mit gedrückter Maustaste und zusätzlich gedrückter Wahltaste (⌥) auf die gewünschte Ebene in der Ebenen-Palette. Anstelle des gewöhnlichen Mauszeigers erscheint dabei ein Doppelpfeil. Die kopierte Ebenenmaske erscheint in der Zielebene.

Ohne die zusätzlich gedrückte Wahltaste wird die Ebenenmaske lediglich verschoben.

Ebenenmaske anwenden oder löschen

Wenn Sie die Ebenenmaske fertig bearbeitet haben, können Sie das Dokument im Photoshop-Format abspeichern. Damit bleiben alle Ebenen und Ebenenmasken erhalten und können jederzeit weiterbearbeitet werden. Es besteht auch die Möglichkeit, eine Ebenenmaske dauerhaft auf eine Ebene anzuwenden. Damit werden die Pixel auf der Ebene tatsächlich verändert. Eine Ebenenmaske kann aber auch jederzeit wieder entfernt werden.

Um eine Ebenenmaske anzuwenden oder zu entfernen:
- Klicken Sie auf die Miniatur der Ebenenmaske in der Ebenen-Palette, um die Ebenenmaske auszuwählen.
- Dann klicken Sie auf den *Papierkorb* (🗑) in der Ebenen-Palette oder wählen Sie *Ebene > Ebenenmaske entfernen*. Ein Dialog erscheint:

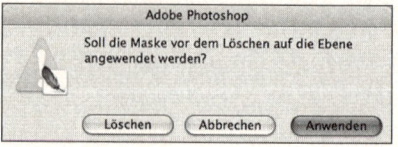

Anwenden bedeutet, dass die Ebenenmaske entfernt wird und die Pixel der Ebene so verändert werden, als wäre die Ebenenmaske noch vorhanden. *Löschen* bedeutet, dass die Ebenenmaske entfernt und der alte Zustand der Ebene ohne Ebenenmaske wiederhergestellt wird. Alternativ kann die Ebenenmaske auch per Drag and Drop auf den Papierkorb gezogen werden.

Kontrolle über die Deckkraft der Ebenenmaske

Die Deckkraft der Ebenenmaske lässt sich auf verschiedene Weise kontrollieren:

- Durch das Wechseln der Ansicht der Ebenenmaske (s. S. 294) wird die Deckkraft sichtbar.
- Halten Sie beim Arbeiten in der Ebenenmaske die Info-Palette geöffnet und lesen Sie beim Bewegen der Maus über den fraglichen Bereichen die Deckkraft unter *K* ab (s. S. 197).

Ändern der Masken-Optionen

Ähnlich wie im Maskierungsmodus können Sie die *Darstellung* der Rotmaske ändern (betrifft nur die *Ansicht der Ebenenmaske mit der Ebene*; s. S. 294). Doppelklicken Sie auf die Miniatur der Ebenenmaske in der Ebenen-Palette, während Sie sich in der *Ansicht der Ebenenmaske mit der Ebene* befinden (s. S. 294), um den Ebenenmasken-Optionen-Dialog zu öffnen.

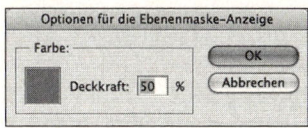

Diese Einstellungen sind empfehlenswert. Vergleichen Sie hierzu den Abschnitt *Ändern der Masken-Optionen* (*Arbeiten im Maskierungsmodus*) auf S. 198.

✔ Die *Deckkraft* im Ebenenmasken-Optionen-Dialog beeinflusst lediglich die *Maskendarstellung*. Sie hat keinen Einfluss darauf, wie stark die Ebene ausgeblendet wird, also wie stark die *Deckkraft der Maske* ist.

Ausblenden von Ebenenbereichen – Arbeiten mit Vektormasken (vektorbasiert)

Inhaltsebene mit Vektormaske

Neben den pixelbasierten Ebenenmasken gibt es die Möglichkeit, *Vektormasken*, also ein vektorbasiertes Verfahren zum Ausblenden von Ebenenbereichen zu verwenden (vgl. *Formebenen*, S. 226 ff.). Eine *Vektormaske* definiert den sichtbaren Bereich einer Ebene, hat also die Wirkungsweise einer *Ebenenmaske* (s. S. 288 ff.), mit dem Unterschied, dass eine Vektormaske ausschließlich scharfe Begrenzungen, keine weichen Übergänge oder halb transparenten Bereiche zulässt. Auch hinsichtlich der Handhabung der Vektormaske gibt es viele Parallelen zu den Ebenenmasken. Und noch eine Steigerung macht Photoshop möglich: Es kann sogar eine pixelbasierte Ebenenmaske mit einer Vektormaske auf einer Ebene kombiniert werden (s. S. 301).

✔ Eine Vektormaske kann für alle Ebenenarten eingerichtet werden: für Inhalts-, Text-, Form- und alle Arten von Einstellungsebenen. Die Entscheidung, ob man zum Ausblenden von Ebenenbereichen eine Ebenenmaske oder eine Vektormaske verwendet, hängt maßgeblich von der konkreten Aufgabenstellung ab. Handelt es sich um geometrische oder geschwungene Formen mit glatten Konturen, empfiehlt sich eine Vektormaske.

Hinzufügen einer Vektormaske
Gehen Sie so vor:
• Wählen Sie in der Ebenen-Palette die Ebene aus, für die Sie eine Vektormaske erstellen möchten.
• Wählen Sie dann *Ebene > Vektormaske > Alles einblenden*.
Oder noch einfacher:
• Klicken Sie mit gedrückter Befehlstaste (⌘) auf den Ebenenmaske-hinzufügen-Schalter (◻) in der Ebenen-Palette.
Sie erhalten mit diesem Befehl eine „leere" Vektormaske, die zunächst nur in der Ebenen-Palette als weiße Miniatur sichtbar wird.

⚡ Beachten Sie, dass auf einem *Hintergrund* keine Vektormaske eingerichtet werden kann.

Dokument bestehend aus zwei Ebenen ohne Vektormaske. Die Ebene 1 deckt den *Hintergrund* vollständig ab.

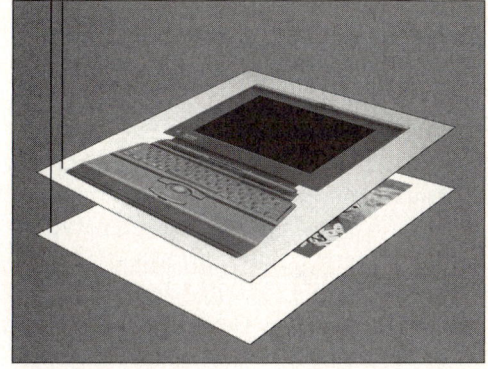

Ergebnis

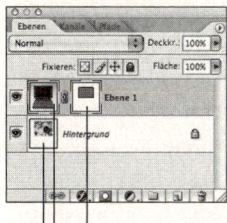

Dasselbe Dokument, jedoch wurde für Ebene 1 eine *Vektormaske* eingerichtet. Dadurch werden Teile der Ebene 1 ausgeblendet, sodass der *Hintergrund* an diesen Stellen sichtbar wird.

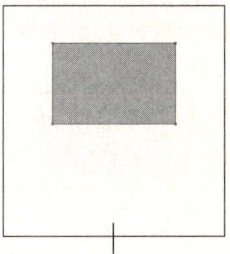

Vektormaske von Ebene 1

Ergebnis

Ebenentechniken 299

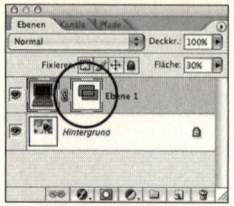

Alternativ können Sie auch *Ebene > Vektormaske > Alles ausblenden* wählen oder mit gedrückter Befehls- und Wahltaste (⌘ ⌥) auf den *Ebenenmaske-hinzufügen-Schalter* (◻) in der Ebenen-Palette klicken.

In diesem Fall erhalten Sie eine Vektormaske, die in der Ebenen-Palette als graue Miniatur erscheint. Gleichzeitig wird die komplette Ebene entsprechend der Vollmaskierung – ähnlich wie bei den Ebenenmasken – ausgeblendet.

• Beginnen Sie dann entweder mit einer *Zeichenfeder* (◻, ◻) zu zeichnen (s. S. 238ff.) oder mit einem *Formwerkzeug* eine Form aufzuziehen (s. S. 227ff.). Der Ebeneninhalt wird sofort entsprechend der eingestellten Überlappungsoption (s. S. 228ff.) maskiert. Überlappungsoptionen können auch nachträglich eingestellt werden. Hierfür müssen die Form(en) bzw. Pfade mit dem Pfad-Auswahl-Werkzeug (◻) zuvor ausgewählt werden.

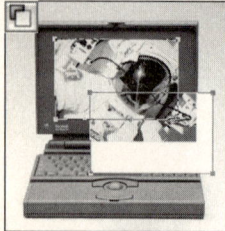

Arbeitspfad oder Pfad in eine Vektormaske umwandeln

Im *Ebenen*-Menü ist zum Hinzufügen von Vektormasken noch ein weiterer Befehl vorgesehen, der sich auf einen bereits erstellten und zurzeit aktivierten Pfad oder Arbeitspfad bezieht. Das heißt, Sie können auch zuerst einen *Arbeitspfad* zeichnen und dann – auch zu einem beliebigen späteren Zeitpunkt – daraus eine Vektormaske erzeugen.

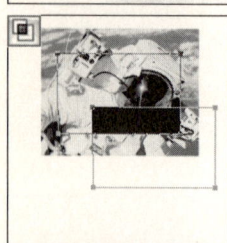

• Wählen Sie in der Ebenen-Palette die Ebene – dies können alle Arten von Ebenen sein – aus, für die Sie eine Vektormaske aus einem Pfad erstellen möchten.

Mögliche Überlappungsoptionen bei zwei sich überlagernden Pfaden

• Aktivieren Sie den Arbeitspfad bzw. Pfad in der Pfade-Palette und wählen dann *Ebene > Vektormaske > Aktueller Pfad.* Die Vektormaske wird entsprechend der eingestellten Überlappungsoption des Arbeitspfades bzw. Pfades erstellt. Dies kann aber später geändert werden, indem eine andere Überlappungsoption gewählt wird (s. S. 228 ff.).

Übrige Handhabung von Vektormasken

Das *Deaktivieren, Verbindung-aufheben, Kopieren* sowie *Anwenden* oder *Löschen einer Vektormaske* funktioniert ähnlich wie bei den Ebenenmasken und kann den gleichnamigen Abschnitten zum Thema Ebenenmasken ab S. 294 entnommen werden.

Beschneidungspfade können jederzeit wie normale Pfade weiter bearbeitet werden (siehe *Arbeiten mit Pfaden*, S. 233 ff.).

Ebenenmaske und Vektormaske kombinieren

Es können je eine Ebenenmaske und eine Vektormaske pro Ebene angelegt werden. Die Anordnung in der Ebenen-Palette erfolgt immer in der gleichen Weise (Ebene / Ebenenmaske / Vektormaske), unabhängig davon, in welcher Reihenfolge die Masken erstellt werden.

Aus einem Arbeitspfad bzw. Pfad eine Formebene erzeugen:

Auf die links beschriebene Weise können Sie auch aus einem Arbeitspfad bzw. Pfad eine *Formebene* erzeugen:
• Erstellen Sie eine Volltonfarbe-Füllebene (s. S. 434). Aktivieren Sie dann den Arbeitspfad bzw. Pfad in der Pfade-Palette und wählen *Ebene > Vektormaske > Aktueller Pfad*.

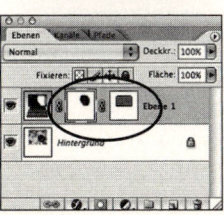

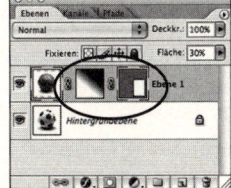

Schnittmasken
(früher Beschnittgruppen)

✔ Es kann auch mehrere Schnittmasken in einem Dokument geben. Schnittmasken können sich auch innerhalb von Gruppen befinden.

⚠ Da die Basisebene transparente Bereiche enthalten muss, macht es keinen Sinn, einen standardmäßigen *Hintergrund* als Basisebene festzulegen. Ein *Hintergrund*, welcher als Basisebene verwendet werden soll, müsste zuvor in eine normale Ebene umgewandelt werden (Doppelklick auf seinen Namen in der Ebenen-Palette, Dialog mit *OK* bestätigen). Anschließend müssen die gewünschten Bereiche gelöscht (also transparent gemacht) werden.

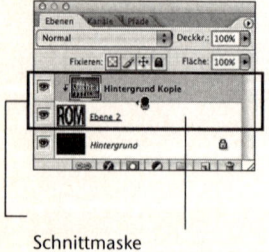

Schnittmaske

Basisebene

Eine weitere Möglichkeit, mit Masken zu arbeiten, ist die Bildung von Schnittmasken.

Mit einer Schnittmaske kann man eine Ebene als Maske für darüber liegende Ebenen innerhalb der Gruppierung definieren. Die Gruppierung und der damit verbundene Effekt kann ganz einfach wieder aufgehoben werden, indem die Maskierung aufgelöst wird.

Es können beliebig viele, jedoch nur *aufeinander folgende* Ebenen zu einer Schnittmaske zusammengefasst werden. Die unterste Ebene innerhalb der Gruppierung bildet die Maske – sie wird auch als *Basisebene* bezeichnet. Die Basisebene muss *deckende Pixel und transparente Bereiche enthalten*, damit die Wirkung überhaupt sichtbar wird. Die deckenden Pixel der Basisebene bilden die *Form* der Maske – alle Bildteile darüber liegender Ebenen innerhalb dieser Form werden gezeigt. Alle Bildteile darüber liegender Ebenen, die auf der Basisebene transparent sind, werden ausgeblendet. Die ursprüngliche Farbe der Pixel der Basisebene spielt keine Rolle. Der Name der Basisebene wird unterstrichen, die Miniaturen der gruppierten Ebenen über der Basisebene werden eingerückt und mit dem Schnittmaskensymbol (⌐) dargestellt. Durch die Option *Beschnittene Ebenen als Gruppe füllen* im *Ebenenstil*-Dialog (s. S. 276) wird bestimmt, ob sich die Füllmethode der Basis auf die ganze Gruppe oder nur auf die Basis auswirkt.

So legen Sie eine Schnittmaske an:
- Halten Sie die Wahltaste (⌥) gedrückt und bewegen Sie die Maus über die Trennlinie der Ebenen in der Ebenen-Palette, die Sie gruppieren möchten. Wenn das Maskierungssymbol ( ) zu sehen ist, klicken Sie einmal. Wiederholen Sie diesen Vorgang für alle Ebenen, die mitmaskiert werden sollen.

Oder:
- Wählen Sie für eine aktive Ebene *Ebene > Schnittmaske erstellen* (⌥ ⌘ G).

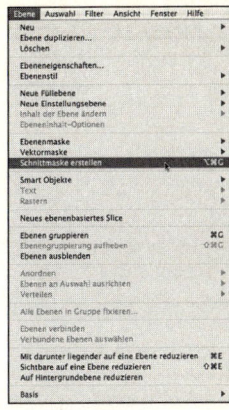

Ebenen-Menü

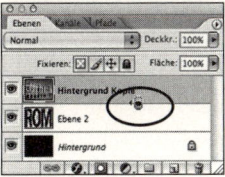

Ausgangssituation
Mit gedrückter Wahltaste (⌥) klickt man auf die Trennlinie zwischen die Ebenen, die in die Schnittmaske aufgenommen werden sollen.

Ergebnis
Die „Rom"-Ebene ist Basisebene der Schnittmaske und maskiert die „Bild"-Ebene. Dazu wurde noch der *Hintergrund* eingeblendet.

So können Sie nebenstehendes Beispiel ausprobieren:
- Öffnen Sie eine Bild-Datei.
- Wandeln Sie ggf. einen *Hintergrund* in eine normale Ebene um (Doppelklick auf *Hintergrund* in der Ebenen-Palette).
- Klicken Sie mit dem Text-Werkzeug ins Bild und geben Sie Text ein.
- Vertauschen Sie beide Ebenen.
- Bilden Sie dann die Schnittmaske zwischen der Text-Ebene und der Bild-Ebene wie beschrieben.
- Fügen Sie eine neue Ebene als Hintergrund ein, füllen sie mit einer Farbe und verschieben sie ganz nach unten in der Ebenenpalette.

Ebenentechniken 303

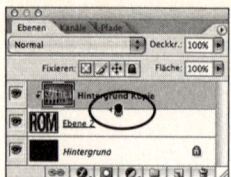

Schnittmaske in der Ebenen-Palette

Entfernen von Ebenen aus der Schnittmaske

So entfernen Sie eine Ebene aus der Schnittmaske:

• Halten Sie die Wahltaste ([⌥]) gedrückt und bewegen Sie die Maus über die Trennlinie der Ebenen in der Ebenen-Palette, die Sie entfernen möchten. Wenn das Entmaskierungssymbol (⁀⬤) zu sehen ist, klicken Sie einmal. Wiederholen Sie diesen Vorgang für alle Ebenen, die aus der Gruppierung entfernt werden sollen.

Oder:

• Aktivieren Sie die Ebene, die Sie aus der Gruppe entfernen wollen, und wählen Sie *Ebene > Schnittmaske entfernen* ([⌥] [⌘] G).

✔ Sollen alle Ebenen innerhalb einer Schnittmaske gemeinsam bewegt werden, müssen die Ebenen gruppiert oder verbunden sein (s. S. 82).

Beachten Sie: Wenn sich über der Ebene, die Sie aus der Schnittmaske entfernen, noch andere maskierte Ebenen befinden, werden diese auch aus der Gruppierung entfernt, da nur *aufeinander folgende* Ebenen Bestandteil einer Schnittmaske sein können.

Schnittmasken insgesamt aufheben

• Klicken Sie mit gedrückter Wahltaste ([⌥]) auf die Trennlinie zwischen *Basisebene* und darüberliegender Ebene.

Oder:

• Aktivieren Sie die Basisebene und wählen Sie *Ebene > Schnittmaske entfernen* ([⌥] [⌘] G).

✔ Photoshop bietet noch so genannte *Aussparungsoptionen* und *Angleichungseffekte* für Schnittmasken an. Ausführliche Informationen dazu finden Sie im Hilfe-Menü.

Smart-Objekte

Ein in der neuesten Ausgabe von Photoshop hinzugekommenes Arbeitsmittel sind die *Smart-Objekte*, als spezielle Ebenen organisierte Behältnisse zur verlustfreien Aufbewahrung von Pixel- und Vektordaten.

Besonders bei umfangreichen Gestaltungsaufgaben kann es interessant sein, ohne Rücksicht auf die ansonsten unvermeidliche Bildbeschädigung bei Größenänderungen und Transformationen frei mit dem Material experimentieren zu können.

Um eine Einschätzung von der neuen Technologie zu gewinnen, öffnen Sie eine hochaufgelöste Datei (einen Scan, ein Digitalfoto o. Ä.).
• Duplizieren Sie die Ebene für einen späteren Qualitätsvergleich in der Ebenen-Palette.
• Wenden Sie für die duplizierte Ebene den Befehl *In neuem Smart Objekt gruppieren* aus der Ebenen-Palette an. (Es darf keine Ebenenmaske aktiviert sein.)

✔ Pixel- und Vektordaten, die in Photoshop als einzelne Ebene oder als eine gemeinsame Auswahl von Ebenen vorliegen, werden mit dem Befehl *In neuem Smart Objekt gruppieren* zu einem Smart-Objekt konvertiert.

✔ Externe Vektordaten werden zu Smart-Objekten, wenn sie per *Datei > Platzieren* in eine Photoshop-Datei eingebunden werden oder über die Zwischenablage mit der Auswahl der Option *Smart Objekt* (s. S. 308) in das Dokument einkopiert werden.

✔ Pixel- und Vektorebenen können in einem Smart-Objekt vereint sein.

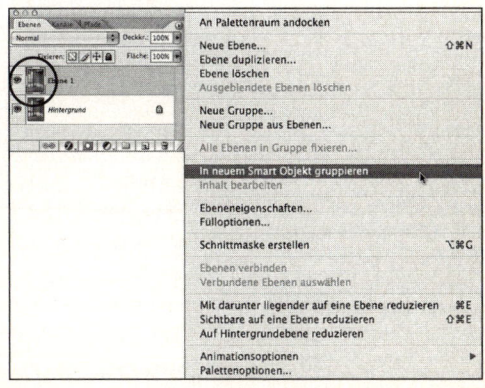

Ebenentechniken 305

Das Smart-Objekt-Symbol erscheint in der Ebenen-Miniatur.

• Verringern Sie jetzt Auflösung und Bildgröße (*Bild > Bildgröße*), wie um ein Bild für die Darstellung im Internet vorzubereiten.

• Sichern Sie die Datei unter neuem Namen, lassen das Bild aber geöffnet.

• Stellen Sie nun im Bildgröße-Dialog die ursprüngliche Größe und Auflösung wieder her.

• Vergleichen Sie die beiden Ebenen. Die zunächst sichtbare Ebene 1, die das Smart-Objekt enthält, ist ebenso detailreich wie die Ursprungsdatei. Blenden Sie die Ebene 1 aus, um den darunter liegenden Hintergrund zu betrachten: Egal welche Interpolationsmethode Sie beim Vergrößern angewandt haben, wird diese Ebene starke Störungen zeigen und kaum noch zu gebrauchen sein.

Das Smart-Objekt hat die Bildgrößenänderung gut überstanden.

Die reguläre Ebene wurde bei der Bildgrößenänderung unbrauchbar.

In der rechten unteren Ecke der Ebenenminiatur ist das Symbol des Smart-Objekts zu erkennen.

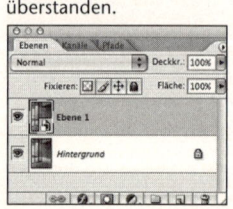

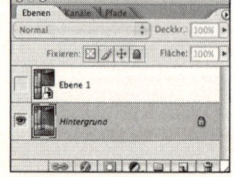

Ebenso wie mit der Bildgrößenänderung verhält es sich bei einem Smart-Objekt auch bei Transformationen und beim Verkrümmen: Wo eine normale Ebene an Bildqualität verlieren würde, werden für das Smart-Objekt alle nötigen Bildinformationen aus der enthaltenen hochaufgelösten Datei rekonstruiert.

Wann immer Sie also damit rechnen müssen, dass sich die Bildgröße im Gestaltungsprozess noch einmal ändert, kann es ratsam sein, mit Smart-Objekten zu arbeiten.

Von Nachteil ist, dass sich auf Smart-Objekte nur ein Teil der üblichen Photoshop-Verfahren zur Bildbearbeitung anwenden lässt, etwa können keine Filter angewendet werden.

Um Filter benutzen zu können, muss das Smart Objekt in eine normale Ebene umgewandelt werden – und verliert dabei seine spezifischen Vorteile. Wählen Sie dazu bei aktiver Smart-Objekt-Ebene im Ebenen-Menü *Smart Objekte > In Ebene konvertieren* oder wählen Sie, noch einfacher, einen Filter aus. Folgender Warnhinweis erscheint:

Zurückverwandeln eines Smart-Objektes in eine reguläre Ebene

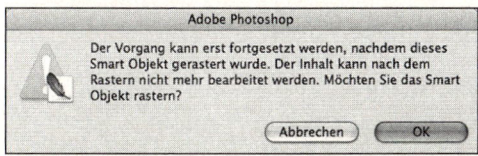

Ein weiterer Nachteil der Smart-Objekt-Technik ist die mitunter immense Dateigröße, die daraus resultiert, dass Photoshop die hochaufgelöste Pixeldatei vollständig in das Smart-Objekt mit einbindet. Besonders in Dateien, die eine Reihe von hochaufgelösten Smart-Objekt-Ebenen beinhalten, kann die Dateigröße rasch unhandlich werden.

✔ Bei Verwendung von Smart-Objekten bindet Photoshop die vollständige Ursprungsdatei in die aktuelle Datei ein und nicht lediglich einen Verweis auf die Quelldatei. Dementsprechend nimmt die Dateigröße zu.

Um Bilddaten als Smart-Objekte in Photoshop zu laden, gehen Sie folgendermaßen vor:
• Öffnen Sie eine vorhandene Photoshop-Datei oder legen Sie eine neue Datei an. Die Eigenschaften dieses Dokuments legen die Bildgröße, die -auflösung und den Farbmodus fest, an die sich die geladenen Daten anpassen müssen.

Platzieren von Daten in Pixel- und Vektorformaten

✔ Neben dem Photoshopformat können Dateien als EPS, PDF, TIFF, JPEG und in zahlreichen weiteren Formaten platziert werden.

• Wählen Sie *Datei > Platzieren*
• Im Platzieren-Dialog wählen Sie eine Pixel- oder Vektordatei in einem der von Photoshop unterstützten Formate aus und drücken *OK*.
• In Photoshop erscheint eine Vorschau der Datei. Bestätigen Sie mit dem Häkchen in der Werkzeug-Optionen-Leiste oder mit der Enter-Taste (⏎) der Tastatur, wird die Vorschau zu einer neuen Ebene über der zuletzt aktiven und verhält sich automatisch als Smart-Objekt.

✔ Eine Photoshop-Datei kann beim Platzieren bereits Smart-Objekte mitbringen.

Einfügen über die Zwischenablage

Alternativ können Vektorgrafiken auch über die Zwischenablage geladen werden. Auch hier ist die Voraussetzung eine bereits geöffnete Photoshop-Datei.
• Aus einem PostScript-Zeichenprogramm kopieren Sie gezielt die benötigten Elemente oder komplette Ebenen mit ⌘ C.

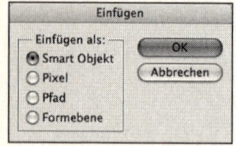

• Setzen Sie den Inhalt der Zwischenablage in das Zieldokument ein. Es erscheint nebenstehender Dialog: Wählen Sie *Smart Objekt*.
• In Photoshop erscheint eine Vorschau der Datei in einem skalierbaren und verschiebbaren Rahmen. Passen Sie die Bildgröße und -position gegebenfalls Ihren Vorstellungen an. Bestätigen Sie mit dem Häkchen in der Werkzeug-Optionen-Leiste oder mit der Enter-Taste (⏎), um die Vorschau in eine neue Ebene mit dem Smart-Objekt umzusetzen.

Eine der wesentlichen Arbeitserleichterungen besteht darin, dass ein solches Smart-Objekt eine Verbindung zwischen Erzeugerprogramm und Photoshop aufrechterhält und gewünschte Änderungen in der Ursprungsdatei umgesetzt werden können.

Mit dem Aufruf (im Ebenen-Menü oder in der Ebenen-Palette) von *Smart Objekte > Inhalt bearbeiten* wird die Ursprungsdatei des mit der aktuellen Ebene verknüpften Smart-Objektes zur Bearbeitung frei gegeben: Pixeldateien werden in Photoshop, Vektordateien im Grafikprogramm Illustrator geöffnet. Wenn die vorgenommenen Veränderungen gespeichert werden, wird das Smart-Objekt bei erneutem Öffnen in Photoshop aktualisiert – die Änderungen werden im aktuellen Dokument angezeigt.

Wurden zuvor mehrere Smart-Objekte zu einem gemeinsamen Smart-Objekt zusammengesetzt, kann in der Ursprungsdatei gezielt gewählt werden, welche der zugrunde liegenden Ebenen zur Bearbeitung kommen soll.

✔ Eine Vielzahl von Ebenen kann zu einem Smart-Objekt zusammengeführt werden, dabei sind Vektor- und Pixeldaten beliebig kombinierbar.

✔ Es können auch Smart-Objekte in einer weiteren Hierarchie von Smart-Objekten eingebunden sein. Eventuell müssen mehrere Generationen von Smart-Objekten zur Bearbeitung freigegeben werden, um die Ursprungsdatei zu modifizieren.

Aus einem Smart-Objekt können ein oder mehrere identische Smart-Objekte hervorgehen; das kann etwa sinnvoll sein, wenn Sie Varianten eines Entwurfs in einem Dokument verwalten wollen. Dazu gibt es zwei Möglichkeiten, die in der Folge zu unterschiedlichem Verhalten führen:

• Wenn Sie die Ebene, die das Smart-Objekt enthält, auf das Neue-Ebene-Symbol am unteren Rand der Ebene-Palette ziehen oder im *Ebenen-Menü > Neu > Ebene durch Kopie* wählen, wird eine Ebene erzeugt, die eine fixe Bindung zum jeweiligen Smart-Objekt behält. Wird das zugrunde liegende Smart-Objekt in seinem Ursprungsprogramm verändert, ändert sich auch die auf diese Art duplizierte Ebene.

Eine Änderung am Original ändert das duplizierte Smart-Objekt

Ebenentechniken

Eine Änderung am Original wirkt sich nicht auf das duplizierte Smart-Objekt aus

• Wählen Sie hingegen im *Ebenen-Menü > Smart Objekte > Neues Smart Objekt durch Kopie*, wird eine Änderung an der Originaldatei keine Auswirkungen auf das Smart-Objekt haben.

Inhalt ersetzen

Ebenso anschaulich wird das eben Dargelegte, wenn Sie den Befehl im *Ebenen-Menü > Smart Objekte > Inhalt ersetzen* auswählen. Sie werden aufgefordert, eine Datei ersatzweise zu platzieren. Nach Auswahl einer Alternative wird nicht nur die das Smart-Objekt enthaltende Ebene aktualisiert, sondern auch alle bereits zuvor mit dem Befehl *Ebene durch Kopie* davon erzeugten Duplikate.

Die Ausgangsdatei *Mies.psd* mit einer Reihe von Smart-Objekten. Zwei Ebenen wurden mit *Ebene durch Kopie* vervielfältigt, eine mit *Neues Smart Objekt durch Kopie*.

Durch Aufruf von *Smart Objekt > Inhalt ersetzen* im Ebenen-Menü wird der Bearbeitungsmodus aktiviert. Im Beispiel wurden in der Ursprungsdatei des Enten-Smart-Objektes lediglich die Tonwerte umgekehrt („invertiert") und die Datei gespeichert.

Bei Rückkehr zu *Mies.psd* wird das Dokument automatisch aktualisiert. Mit Ausnahme des durch den Befehl *Neues Smart Objekt durch Kopie* duplizierten Smart-Objektes sind alle Ebenen in ihrer Erscheinung der Ursprungsdatei gefolgt.

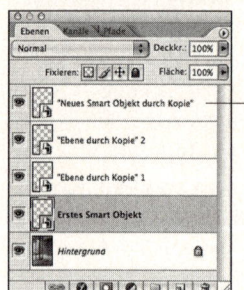

Orientieren Sie sich bei offenen Fragen zu den Smart-Objekten auch an der Photoshop-Hilfe.

Ebenenkompositionen

Mit Ebenenkompositionen lassen sich Variationen eines Bildes oder Layouts übersichtlich in einer Datei handhaben. Sollen etwa bei einer Präsentation mehrere Entwürfe vorgestellt werden, die nur in einigen Kriterien voneinander abweichen, kann unter Zuhilfenahme der *Ebenenkomp.-Palette* mit nur einem Mausklick die nächste vorzustellende Variante sichtbar gemacht werden.

Es gibt drei Kriterien, in denen die Entwürfe voneinander abweichen dürfen:

- *Sichtbarkeit* bestimmt, ob die auf einer Ebene befindlichen Bildelemente ein- oder ausgeblendet sind.
- *Position* erlaubt das Verschieben von einem oder mehreren Bildelementen einer Ebene.
- *Aussehen* ermöglicht das Aktivieren und Deaktivieren von Ebenenstilen, das Ändern der für eine Ebene verwendeten Füllmethode und einiger weiterer Einstellungen (so ist etwa das Ändern des Farbmodus bedingt möglich).

Änderungen in der Ebenenkomp.-Palette wirken sich nicht auf die Ebenen-Palette oder die Bildelemente aus. In Ebenenkompositionen wird lediglich die momentane *Erscheinung* der Datei, wie sie am Bildschirm sichtbar ist, gesichert.

Wenn die Ebenenkomp.-Palette aktuell nicht verfügbar ist, wählen Sie *Fenster > Ebenenkomp.-Palette*.

Natürlich können auch schon ohne die Ebenenkompositions-Technik Präsentationen mit Hilfe von Photoshop durchgeführt werden; dazu müssen jedoch die entsprechenden Ebenen sämtlich dupliziert, in ihrer Erscheinung verändert und gegebenenfalls neu ausgerichtet werden. Dann werden die gewünschten Ebenen oder Gruppen (Ebenensets) mit dem Auge-Symbol in der Ebenen-Palette sichtbar oder unsichtbar geschaltet. Neben einer durch die hohe Ebenenanzahl häufig unübersichtlich werdenden Ebenen-Palette hat diese Technik den Nachteil einer rasch zunehmenden Dateigröße.

Die Ebenenkomp.-Palette

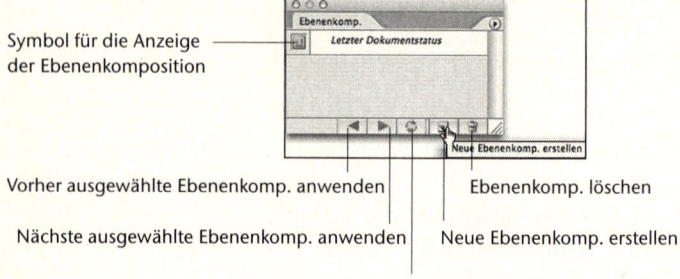

Symbol für die Anzeige der Ebenenkomposition

Vorher ausgewählte Ebenenkomp. anwenden

Nächste ausgewählte Ebenenkomp. anwenden

Ebenenkomp. aktualisieren

Ebenenkomp. löschen

Neue Ebenenkomp. erstellen

Neue Ebenenkomposition

Um eine neue Ebenenkomposition festzulegen, gehen Sie jeweils so vor:
- Klicken Sie auf den Schalter *Neue Ebenenkomp. erstellen* am unteren Palettenrand.
- Es erscheint das Dialogfeld *Neue Ebenenkomp*. Legen Sie hier die Kriterien fest, die in der Ebenenkomposition berücksichtigt werden sollen.
- Bestätigen Sie mit *OK*.

Der aktuelle Dokumentstatus wird festgehalten und durchgehend nummeriert in der Ebenenkomp.-Palette abgelegt. Sie können die Textzeile durch eine aussagekräftigere ersetzen. Es kann auch ein Kommentar für diese Momentaufnahme vergeben werden, um ein späteres Wiederauffinden zu erleichtern.

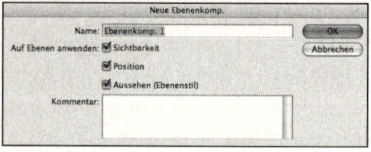

Ebenenkomposition duplizieren

Um eine Ebenenkomposition für eine weitere Variante zu duplizieren, ziehen Sie sie auf die Schaltfläche *Neue Ebenenkomp. erstellen* oder wählen aus dem Untermenü der Ebenenkomp.-Palette den entsprechenden Eintrag.

Ebenenkomposition löschen

Um eine Ebenenkomposition zu löschen, ziehen Sie die Ebene auf das Papierkorbsymbol der Ebenenkomp.-Palette oder wählen Sie aus dem Untermenü den Eintrag *Ebenenkomp. löschen*.

Ebenenkomposition aktualisieren

Werden im Photoshop-Dokument Änderungen vorgenommen, muss auch die Ebenenkomposition aktualisiert werden, um sie mit der Datei zu sichern. Klicken Sie dazu auf den Schalter *Ebenenkomp. aktualisieren* am unteren Palettenrand.

Unter bestimmten Umständen, etwa nach dem Löschen einer Ebene oder nach dem Zusammenfügen mehrerer Ebenen zu einer einzigen, wird in der Ebenenkomp.-Palette eine Warnung angezeigt, dass die Ebenenkomposition nicht mehr vollständig rekonstruiert werden kann:

Diese Warnung erscheint auch, wenn Sie eine Ebene aus der Ebenen-Palette entfernt haben, die in der Ebenenkomposition gar nicht sichtbar war. Löschen Sie in diesem Fall die Meldung mit einem Klick auf das Warndreieck in der Palette. Ein weiterer Hinweis erscheint.

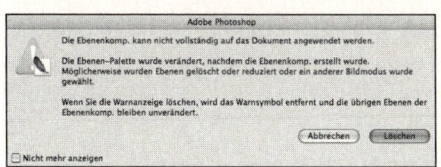

• Haben Sie eine Ebene versehentlich gelöscht, machen Sie die letzte Aktion, die zu der Warnmeldung führte, rückgängig mit ⌘ Z.

✔ Liegt die Aktion, die zur Löschung oder Veränderung der Ebene führte, schon mehrere Arbeitsschritte zurück, versuchen Sie die Wiederherstellung mit der Protokoll-Palette (s. S. 532ff.)

Jede neue Ebenenkomposition wird in einer eigenen Ebene aufgezeichnet und kann mit einem einzigen Klick aufgerufen werden.

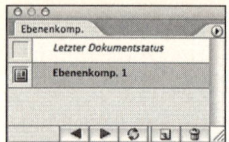
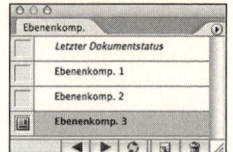

✔ Ebenenkompositionen werden auch beim Bearbeiten der Photoshop-Datei in Illustrator und InDesign berücksichtigt. Beim Öffnen oder Platzieren in einem der anderen Programme können Sie den gewünschten Dokumentstatus auswählen.

Exportieren von Ebenenkompositionen

Ebenenkompositionen sind immer Bestandteil der Photoshop-Datei, aus deren Ebenen sie sich zusammensetzen. Sie lassen sich aber als separate Dateien weiter bearbeiten, wenn sie mit *Datei > Skripte* exportiert werden.

Es kann dabei gewählt werden, ob die Ebenenkompositionen als Datei (das Dateiformat kann dabei bestimmt werden), als PDF oder als Web-Fotogalerie ausgegeben werden.

Exportiert werden jeweils alle in der Ebenenkomp.-Palette vorhandenen Ebenenkompositionen. In den erzeugten Dateien sind alle ursprünglichen Ebenen vorhanden.

Nach erfolgreich abgeschlossenem Export wird vom Programm eine entsprechende Statusmeldung ausgegeben.

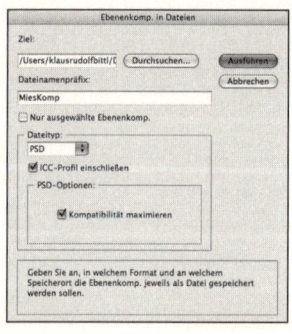

314 Ebenentechniken

9 Bildimport

Scannen von Bildern

Bevor sich weitere Kapitel mit Farben und Korrekturmöglichkeiten von Bildern in Photoshop beschäftigen, soll zunächst besprochen werden, wie Bilder überhaupt in Photoshop zur Bearbeitung gelangen können und was dabei für eine optimale Ausgabequalität beachtet werden sollte.

Die gebräuchlichsten Möglichkeiten für den Bildimport sind:

- das Scannen von Vorlagen,
- das Einlesen von Bildern von einer Digitalkamera und
- die Übernahme von digitalen Fotografien und anderem Bildmaterial aus Bildbibliotheken auf CD-ROM oder über das Internet.

Der entscheidende Faktor dafür, wie gut ein reproduziertes Bild später aussieht, ist die Qualität der Aufzeichnung. Wird eine Vorlage schlecht digitalisiert, hilft weder ein professionelles Korrekturprogramm wie Photoshop noch ein brillantes Ausgabegerät, die beim Scannen oder Fotografieren entstandenen Verluste wieder auszugleichen.

Scanner

Scanner sind Geräte zum *Einlesen und Digitalisieren* von Bildern. Sie werden schon seit über 30 Jahren für die *Farbseparation* eingesetzt. Die ursprünglichen Modelle, deren Nachfolger heute noch produziert werden, sind so genannte Ein-/Ausgabe-*Trommelscanner*, die eine

✔ *Farbseparation* (Erstellung von Farbauszügen) ist die Zerlegung von farbigen Vorlagen in druckbare Farben (meist die vier Farben Cyan, Magenta, Gelb und Schwarz). Im Zusammendruck ergeben die 4 Farben dann eine Simulation der farbigen Vorlage.

Trommelscanner

✔ Zum Thema Digitalisieren lesen Sie auch im Kapitel 2 ab S. 13 nach.

Vorlage (Fotoabzug, Diapositiv oder Dianegativ) an einem einzigen Gerät mittels *Lasertechnik* einlesen, digitalisieren und als gerasterten Film, wie er für den Druck von Printmedien gebraucht wird, ausgeben. Der Name *Trommel* leitet sich von dem rotierenden Glaszylinder her, auf dem die Vorlagen zum Digitalisieren befestigt werden.

Schon die ältesten Modelle waren mit Computern zur Farb- und Größenkorrektur ausgestattet. Moderne Ein-/Ausgabe-Trommelscanner sind an Workstations angeschlossen, auf denen die Bilddaten bearbeitet werden, um auf demselben Gerät oder einem anderen Ausgabegerät ausgegeben zu werden.

✔ *Kalibrierung* nennt man die Abgleichung von Farben an unterschiedlichen Geräten innerhalb einer Produktionskette mit dem Ziel der möglichst farbgetreuen Darstellung und Wiedergabe von farbigen Bildern.

Trommelscanner können sehr teuer sein. Ihre komplizierte Mechanik und Optik machen aber höchste Präzision und das Rotationsprinzip der Trommel auch höchste Geschwindigkeiten möglich. Gleichzeitig hängt ein hochwertiges Ergebnis aber auch von qualifizierter Bedienung und regelmäßiger *Kalibrierung* des Gerätes ab. Trommelscanner finden Sie in Dienstleistungsunternehmen der Druckvorstufe. Zum Scannen von Vorlagen für hochwertige *Druckerzeugnisse* sollten Sie diese Dienstleistung, den *High-End-Scan* am Trommelscanner, in Anspruch nehmen.

Flachbett-Scanner

Die neuere, kleinere, leichter zu bedienende und dazu noch preiswertere Scanner-Generation in Form von so genannten *Flachbett-Scannern* hat sich mittlerweile im unteren und mittleren Qualitätsbereich durchgesetzt. Sie sind für die meisten Aufgaben vollkommen ausreichend, und einige Spitzenmodelle reichen fast an die Qualität von Trommelscannern heran. Aus diesen Gründen sind sie sehr weit verbreitet, und deshalb soll auch hier etwas näher auf die Arbeitsweise und richtige Handhabung eingegangen werden. Der Name *Flachbett* ist auf die Form, auf der die Vorlage befestigt wird, eine flache Glasplatte, zurückzuführen.

Anders als die Trommelscanner arbeiten Flachbett-Scanner nicht mittels Laser, sondern mit der *Sensor-Technologie*, die von der Entwicklung von Satellitenbildern und Fernsehgeräten übernommen wurde. So genannte CCD-*Sensoren* (charged coupled devices = ladungsgekoppelte Bauteile) sind in der Lage, Licht in elektrische Ladungen umzuwandeln.

Bei Flachbett-Scannern wird die zu scannende Vorlage – ähnlich wie bei einem Kopierer – auf eine Glasplatte gelegt. Während des Scanvorgangs wird die auf der Glasplatte befindliche Aufsichtsvorlage (z. B. ein Foto) von einer auf einem motorgetriebenen Schlitten montierten Lichtquelle (Fluoreszenz- oder Halogenlicht) gleichmäßig angestrahlt und langsam in der Längsrichtung des Scanners zeilenweise abgetastet. Das von der Aufsichtsvorlage reflektierte Licht wird über zwei Spiegel zeilenweise mit Hilfe einer synchron zur Bewegung fokussierten Linseneinheit auf die feststehende CCD-Zeile gelenkt.

Je nach Bauart des Scanners sind den CCD-Sensoren noch Farbfilter vorgeschaltet (welche die roten, grünen und blauen Wellenlängen des Lichts herausfiltern), oder die CCD-Sensoren sind RGB-beschichtet und selbst in der Lage, aus dem auftreffenden Licht die Farben Rot, Grün und Blau herauszufiltern.

Arbeitsweise von Flachbett-Scannern

✔ Viele Flachbett-Scanner bieten optional Aufsätze für Durchsichtvorlagen (Dias) an. Die damit erreichbare Scanqualität ist beim heutigen Stand nur bei wenigen Spitzengeräten ausreichend, bzw. die Qualität nimmt bei höheren Vergrößerungsfaktoren dramatisch ab. Empfehlenswert sind für diese Zwecke reine Diascanner. Bei Durchsichtvorlagen wird das Licht während des Scanvorgangs nicht reflektiert, sondern durch die Vorlage hindurchgeschickt und dann über Linsen und Filter den CCD-Sensoren zugeleitet.

✔ Einige (hochwertige) Flachbett-Scanner sind in der Lage, schon während des Scannens die für Printmedien unumgängliche Farbseparation der Bilddaten durchzuführen. Bei Scannern, die dies nicht können, erfüllt Photoshop den gleichen Zweck.

✔ A/D-Wandler (Analog-Digital-Wandler): Bauteil, das analoge Spannung in digitale Daten umwandelt.

In jedem Fall erfasst jeder CCD-Sensor die Farbe (Wellenlänge) und Intensität (Helligkeit) des Lichts des ihm zugeordneten Bildpunktes und erzeugt eine proportionale elektrische Ladung. Die aus der Ladung resultierende analoge Spannung wird an einen A/D-Wandler weitergegeben, wo das Sampling in digitale Daten erfolgt. So wird dem Rechner, an den der Scanner angeschlossen ist, für jeden abgetasteten Punkt ein digitaler Messwert geliefert, der im Programm Photoshop als Pixel mit einer bestimmten Farbe und Helligkeit angezeigt wird oder auch im Dezimalcode angezeigt und bearbeitet werden kann.

Qualitätsmerkmale bei Flachbett-Scannern

Die CCD-Zeile ist in der Breite des Scanners angeordnet. Sie besteht aus einem Siliziumchip, welcher mit mehreren tausend solcher CCD-Elemente bestückt ist. Die Anzahl der CCD-Sensoren auf einer Länge von einem Inch bezeichnet die horizontale *physikalische ("optische") Auflösung* des Scanners und wird auch in der Einheit *dpi* (dots per inch = Punkte pro Inch) angegeben.

Optische Auflösung

✔ Verwechseln Sie nicht die *physikalische (optische) Auflösung* mit der *Bildauflösung*. Die optische Auflösung beschreibt die Leistungsfähigkeit eines Gerätes, die Bildauflösung beschreibt die Anzahl der Pixel im Bild.

Üblich sind Flachbett-Scanner mit optischen Auflösungen zwischen 300 und 4800 dpi. (Zum Vergleich: Trommelscanner können eine Auflösung von mehr als 9000 dpi haben.) Ein Scanner mit einer horizontalen optischen Auflösung von 1200 dpi verfügt dementsprechend über 1200 CCD-Sensoren pro Inch und ist damit ein gutes Mittelklasse-Gerät. Die optische Auflösung ist eines der wichtigsten Kriterien bei der Beurteilung der Qualität eines Scanners, da sie Auskunft über die Leistungsfähigkeit des Gerätes gibt.

✔ Meistens wird für die optische Auflösung noch eine zweite Größe angegeben: die vertikale optische Auflösung (beispielsweise 1200×2400 dpi). Sie gibt Auskunft darüber, wie viele Zeilen der Scanner in der Längsrichtung abtasten kann, wie fein die Bewegungsschritte des Motors sind. Entscheidend ist aber immer die erste Größe, die *horizontale optische Auflösung*.

Lassen Sie sich nicht von der Angabe einer „interpolierten" Auflösung täuschen. Mittels Interpolation errechnet die jeweilige Scan-Software aus den beim Scannen tatsächlich eingelesenen Werten zusätzliche Werte (hochgerechnete Auflösung). Ein interpoliertes Bild erreicht jedoch niemals die Qualität eines mit tatsächlicher optischer Auflösung gescannten Bildes. Qualitätskriterium ist immer nur die physikalische (optische) Auflösung des Scanners.

Unwichtig: „Interpolierte" Auflösung

Neben einer hohen Anzahl von CCD-Elementen hat auch eine hohe optische Präzision des Scanners ihren Preis. Die optische Präzision des Scanners entscheidet darüber, wie gut Schärfe und Farbwiedergabe sind. Hohe optische Präzision bedeutet, dass eine pixelgroße Stelle der Vorlage auf exakt einem CCD-Sensor registriert wird. Das Ergebnis sind hervorragende Schärfe und reine Farben. Geringere Präzision bedeutet, dass nebeneinander liegende CCD-Sensoren teilweise dieselben Daten registrieren – mit dem Ergebnis mangelnder Schärfe und unreiner Farben.

Optische Präzision
✔ Aussagefähig sind Testscans, Testberichte in Internet-Foren und den Fachzeitschriften und in einem gewissen Maße der Preis des Scanners.

Ein weiteres Kriterium ist die mögliche Farbtiefe, in der ein Scanner Vorlagen einlesen und abspeichern kann. Die Farbtiefe (auch Digitalisierungsbreite genannt) gibt Auskunft darüber, wie viel Speicher für die Ablesewerte zur Verfügung steht, und wird aus diesem Grund auch in der Speichereinheit *Bit* angegeben. Scanner, die mit 8 Bit Farbtiefe arbeiten, können maximal 256 Farben oder Graustufen einlesen und abspeichern ($2^8 = 256$). Standard in der Bildbearbeitung sind 24 Bit Farbtiefe, d. h. für jeden der drei herausgefilterten Farbkanäle Rot, Grün und Blau stehen 8 Bit Spei-

Farbtiefe
✔ Einige Scanner arbeiten mit bis zu 48 Bit Farbtiefe. Das Ergebnis ist sehr viel besser als ein reiner 24-Bit-Scan. Photoshop bietet die Möglichkeit, Bilder mit einer Farbtiefe von bis zu 16 Bit Farbtiefe (in einigen Spezialfällen sogar bis zu 32 Bit) pro Kanal zu bearbeiten (48 Bit RGB, 64 Bit CMYK, 16 Bit Graustufen). Allerdings sind hierbei nicht alle Photoshop-Funktionen verfügbar und die Dateien wesentlich größer.

chermöglichkeit zur Verfügung (3 × 8 = 24 Bit). Das ergibt über 16 Millionen mögliche Farbwerte pro Pixel.

Scanner-Software

✔ Achten Sie darauf, dass je nach Bedarf Treiber für Mac (Photoshop-Plug-In) bzw. für den PC (Twain-Modul) zum Lieferumfang gehören. Damit kann der Scanner aus Photoshop heraus über *Datei > Importieren > Scan Plug-In* bzw. *Datei > Importieren > Twain...* angesteuert werden. Bei Problemen mit dem Scannen sollten Sie prüfen, ob Sie die neueste Version des Scannertreibers verwenden. Diese sind meist über das Internet von den Seiten der Gerätehersteller herunterzuladen.

Der Scanner wird über die mitgelieferte Software bedient. Je besser die Korrekturmöglichkeiten der Software, desto besser der Scan und desto geringer die Nachbearbeitung in Photoshop. Generell sind am Scanner nur Farbkorrekturen über das gesamte Bild möglich. Partielle Korrekturen müssen in jedem Fall in einem Bildbearbeitungsprogramm wie Photoshop ausgeführt werden.

Das zeichnet eine gute Scanner-Software aus:
- Automatische Berechnung der Scanauflösung durch Angabe der gewünschten Ausgabegröße,
- automatische und/oder manuelle Tonwertkorrektur mit Anzeige des Histogramms zur Bildanalyse,
- automatische und manuelle Farbkorrektur durch Gammakurve und/oder numerische Eingabe,
- Entrasterungsfilter,
- ausreichend großes Vorschaufenster.

Sinnvoll ist immer, wenn man von Automatik auch wieder auf manuelle Bedienung umschalten kann.

Geschwindigkeit

Nicht zuletzt spielt auch die Geschwindigkeit des Scanners eine wichtige Rolle. One-Pass-Scanner erfassen die Vorlage in einem Durchgang und sind deshalb schneller als Scanner, die für jede Farbe einen separaten Durchgang fahren (Three-Pass-Scanner). Auch Vorlagenschablonen und ein wechselbares Vorlagentablett erhöhen die Arbeitsgeschwindigkeit.

Typischer Scan-Software-Dialog

Auf dieser Seite sehen Sie einen typischen Scan-Software-Dialog eines einfachen Mittelklasse-Scanners unter Mac OS und unter Windows.

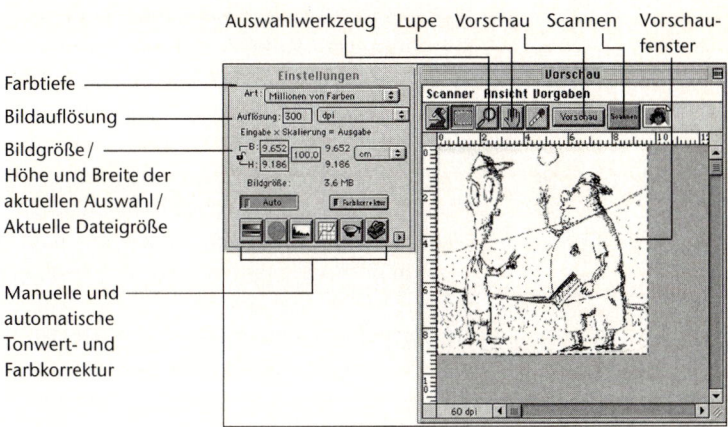

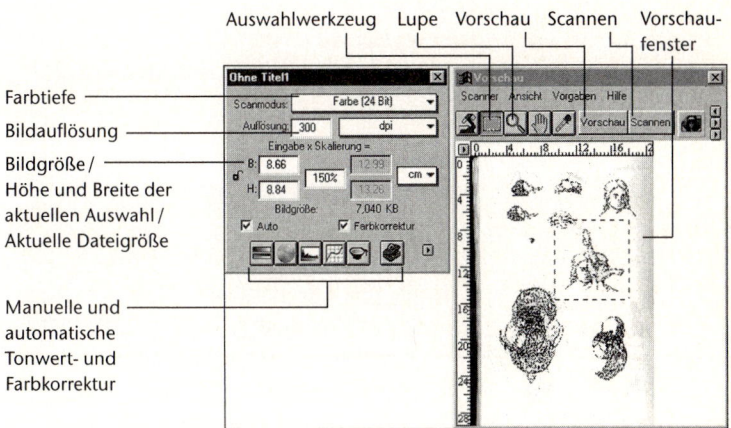

Optimales Scannen

Ziel beim Scannen ist es, ausreichend Farb- und Helligkeitsinformationen einzulesen, um das Bild möglichst farbgetreu und detailscharf wiedergeben zu können. Bei farbigen Bildern und großen Wiedergabemaßen können jedoch schnell riesige Datenmengen anfallen. Je größer die Datei, desto mehr Zeit wird zur Bearbeitung des Bildes beansprucht, desto länger dauern Ausgabe am Drucker und Belichter sowie der Bildschirmaufbau. Problematisch können auch der Transport und die Archivierung großer Dateien sein. Deshalb geht es gleichzeitig darum, ein optimales Verhältnis zwischen den nötigen Farbinformationen und einer möglichst geringen Dateigröße zu finden.

Ein einfacher Test für die zu erwartende Dateigröße lässt sich im *Neu*-Dialog von Photoshop machen. Geben Sie die Maße für DIN A4 und eine Bildauflösung von 300 dpi ein. Beobachten Sie die Dateigröße bei unterschiedlichen Farbmodi. Und beobachten Sie die Dateigröße bei unterschiedlichen Auflösungen und Farbmodi. Brechen Sie den Dialog nach dem Test wieder ab.

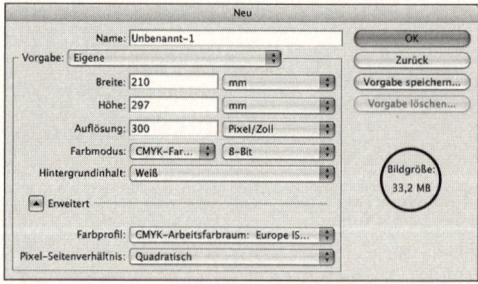

Folgende Faktoren müssen im Scan-Dialog eingestellt werden – sie beeinflussen die Qualität des Scans und seine Dateigröße:

- Farbtiefe
- Bildgröße
- Bildauflösung

Diese Faktoren spielen bei der Ermittlung der optimalen Einstellungen eine wichtige Rolle:
- Verwendungszweck
- Vergrößerung oder Verkleinerung der Vorlage
- Vorlagenart

Einstellen der Farbtiefe

Mit der Farbtiefe wird festgelegt, wie viel Speicher für die Farbinformation eines Bildpixels zur Verfügung stehen soll. Die Auswahl der Farbtiefe beeinflusst die Dateigröße. Es werden grundsätzlich drei Möglichkeiten angeboten:
- RGB-Farbe

Ein normaler Farbscanner erfasst für jede der Grundfarben Rot, Grün und Blau Helligkeitswerte und ist damit in der Lage, Millionen von Farbwerten abzuspeichern. Der RGB-Modus eignet sich deshalb zum Scannen farbiger, aber auch schwarzweißer Vorlagen. (Die Schwarzweißbilder können anschließend in Photoshop in Graustufen umgewandelt werden – dies bringt insgesamt ein besseres Scanergebnis.) Der RGB-Modus benötigt den dreifachen Speicherbedarf eines Bildes im Graustufen-Modus.
- Graustufen (256)

Der Graustufen-Modus liest nur Helligkeitswerte (auch Tonwertabstufungen genannt) ein. Deshalb ist er nur zum Scannen von Schwarzweißbildern und Strichzeichnungen geeignet.
- Strichzeichnung (Line-Art, Bitmap)

Dieser Modus ist nur zum Scannen von Vorlagen gedacht, die keine Tonwertabstufungen

✔ Einige (hochwertige) Flachbett-Scanner sind in der Lage, schon während des Scannens die für Printmedien unumgängliche Farbseparation der Bilddaten durchzuführen. In diesem Fall wird zusätzlich der CMYK-Modus angeboten. Hierfür werden weitere 8 Bit Speicher benötigt, was die Datei im Vergleich zum RGB-Modus um ein Drittel vergrößert. Wenn Sie vorhaben, das Bild in Photoshop zu bearbeiten, empfiehlt es sich, zunächst im RGB-Modus einzuscannen und das Bild später in CMYK umzuwandeln.

✔ Eine Übersicht über die verschiedenen Farbmodi und deren Speicherbedarf finden Sie im Kapitel 10.

Bildimport

✔ Im PC-Sprachgebrauch kann jedes Pixelbild, gleich welcher Farbtiefe, als Bitmap (*.BMP) bezeichnet werden. Innerhalb von Photoshop ist damit immer ein Bild im Bitmap-Modus mit einer Farbtiefe von 1 Bit, also ausschließlich schwarzen und weißen Pixeln, gemeint.

aufweisen. Er kann nur schwarze und weiße Informationen speichern. Er sollte immer mit einer sehr hohen Bildauflösung (mindestens 600 dpi) kombiniert werden, damit das Ergebnis keine pixeligen Kanten aufweist. Der Modus Strichzeichnung benötigt bei vergleichbarer Größe und Auflösung nur ein Achtel des Speicherbedarfs eines Graustufen-Scans.

Bildgröße (Breite und Höhe)
Da in den seltensten Fällen die Größe der Vorlage mit der *endgültigen Größe (Zielgröße)* des später im Layout bzw. Screen erscheinenden Bildes übereinstimmt, ist es entscheidend, dass die Zielgröße schon beim Scannen eingegeben wird. Dies dient dazu, dass das Bild später nicht vergrößert werden muss und dadurch einen Qualitätsverlust erleidet. Aus dem gleichen Grund sollten die Proportionen der Auswahl beim Scannen mit denen des Bildes im Layout in etwa übereinstimmen. Wenn Sie nur einen Ausschnitt eines Bildes verwenden wollen, dann beziehen sich Zielgröße und Proportion selbstverständlich auf diesen Ausschnitt.

Für die Eingabe der Bildgröße kann es Unterschiede in den Scanner-Softwares geben. Am einfachsten ist es, wenn es die Software möglich macht, die *Zielgröße* in der gewünschten Längen-Maßeinheit einzugeben, und der Skalierungsfaktor automatisch errechnet wird. In sehr einfacher Software kann es vorkommen, dass der Skalierungsfaktor selbst errechnet und in Prozent eingegeben werden muss. Die meisten Scan-Softwares zeigen zur Kontrolle an irgendeiner Stelle die Größe der aktuellen Auswahl (in der gewählten Skalierung) an. Falls die Zielgröße nur in Prozent eingegeben werden kann, gilt folgende Formel zur Errechnung des Skalierungsfaktors (entweder mit der Breite *oder* der Höhe rechnen):

$$\frac{\text{Zielgröße}}{\text{Größe der Vorlage}} \times 100\,\% = \frac{\text{Bildgröße}}{\text{in Prozent}}$$

Bildauflösung

Bei der Eingabe der Bildauflösung ist zunächst entscheidend, für welchen Verwendungszweck das Bild gedacht ist.

Wenn das Bild für Online- oder Bildschirmpräsentationen vorgesehen ist, kann das Bild mit einer Bildauflösung von 300 dpi eingescannt werden, muss aber nach der Bearbeitung auf 72 dpi (die übliche Bildschirmauflösung) heruntergerechnet werden. Wenn man bei Breite und Höhe die Einheit Pixel gewählt hat, spielt die Bildauflösung keine Rolle, sondern man legt die absolute Größe dann in Pixeln fest, z. B. 800 x 600 Pixel.

Wenn das Bild später in Printmedien ausgegeben werden soll, hängt die einzustellende Bildauflösung vom Druckraster ab, mit dem gedruckt wird. Für unterschiedliche Druckerzeugnisse und Druckverfahren werden unterschiedliche Rasterweiten benutzt. Übliche Rasterweiten liegen zwischen 53 lpi (= 21 l/cm) und 200 lpi (= 80 l/cm). Das bedeutet, dass vor dem Scannen bekannt sein muss (sollte), mit welcher Rasterweite das Bild später gedruckt wird. Im Zweifelsfall muss dies beim Hersteller (Productioner) in der Agentur, der Druckerei oder im Verlag erfragt werden. Das optimale Verhältnis zwischen Bildauflösung und Rasterweite (in lpi) liegt bei 2 : 1, ein Verhältnis von 1,5 : 1 gilt als ausreichend. Die Bildauflösung sollte also doppelt so hoch sein

✔ Weitere Informationen zur Ermittlung der richtigen Bildauflösung finden Sie im Kapitel 2, S. 20 ff., Kapitel 15 und 16.

Samplingfaktor

Der Faktor für das optimale Verhältnis zwischen Bildauflösung und Rasterweite wird auch als Sampling- oder Qualitätsfaktor bezeichnet.

> ⚠️ Wenn Sie die Rasterweite in der älteren (in Druckereien üblichen) Bezeichnung *Linien pro Zentimeter* (z. B. *60er Raster*) erhalten, müssen Sie zuvor in *Linien pro Inch* (lpi) umrechnen, um mit der nebenstehenden Formel zum richtigen Ergebnis zu kommen. Für die Umrechnung gilt folgender Umrechnungsfaktor: *1 inch = 2,54 cm* (siehe auch S. 24 ff.). Achten Sie also immer genau auf die angegebene Einheit.

wie die Rasterweite in lpi – *Samplingfaktor = 2*. Unter 1,5 nimmt die Qualität sichtbar ab; über 2 wird kaum eine sichtbare Qualitätsverbesserung erzielt, aber die zusätzliche Datenmenge vergrößert sinnlos den Speicherbedarf der Datei.

Grundsätzlich gilt also für die Bildauflösung bei *Bildern für Druckerzeugnisse* folgende Formel:

für eine optimale Qualität:

Rasterweite in lpi × 2 = Bildauflösung in dpi

für eine ausreichende Qualität:

Rasterweite in lpi × 1,5 = Bildauflösung in dpi

Rasterweite oder Zielgröße nicht bekannt

Wenn die Rasterweite nicht in Erfahrung zu bringen sein sollte, kann man einen Optimalscan machen, indem die Bildauflösung auf 300 dpi eingestellt wird. Wenn weder Rasterweite noch Zielgröße bekannt sind, kann ebenfalls mit 300 dpi eingescannt werden, große Vorlagen (bis DIN A4) sollten dann mit 100 % eingescannt, kleine Vorlagen sollten angemessen (200 – 400 %) vergrößert werden. Bei Bedarf kann der Scan dann später in Photoshop *heruntergerechnet* werden (*Bild > Bildgröße*, s. S. 150 ff.), um überflüssigen Datenballast abzuwerfen.

Ausnahme: Strichzeichnungen

Einzige Ausnahme bilden einzuscannende Strichzeichnungen. Wie bereits erwähnt, sollte für Strichzeichnungen eine wesentlich höhere Auflösung (mindestens 600 dpi bzw. die optische Auflösung des Scanners) gewählt werden. Bilder mit abrupten Farbübergängen, die Strichzeichnungen nun einmal sind, können bei zu niedriger Bildauflösung ihre Pixelstruktur sehr deutlich zeigen.

Strichzeichnung mit 300 dpi (links) und 900 dpi (rechts) eingescannt (Darstellungen vergrößert auf 200 %)

Scannen gerasterter Vorlagen

Das Scannen von gerasterten Vorlagen sollte man unter allen Umständen vermeiden. Versuchen Sie besser, das Originalfoto zu bekommen. (Ohnehin würden Sie Urheberrechte verletzen, wenn Sie Bilder einfach scannen und kommerziell verwenden.) Eine gerasterte Vorlage ist eine Vorlage, die einem Druckerzeugnis entnommen wurde. Ein solches Bild besteht aus einem sichtbaren Raster. (Das Bild musste in ein Raster umgesetzt werden, damit es gedruckt werden konnte.) Postkarten, Prospekte, Zeitungen und Zeitschriften sind auf diese Weise hergestellt. Bei hochwertigen Drucken ist das Raster allerdings so fein, dass man es nur noch mit einer Lupe oder einem dafür vorgesehenen Gerät (Fadenzähler) erkennen kann. Hinzu kommt, dass die verwendeten Druckraster nicht rechtwinklig angeordnet sind. Das Druckraster ist also mehr oder weniger stark sichtbar und wird dementsprechend auch vom Scanner erkannt und mit eingelesen.

Wird nun ein bereits gerastertes Bild als Scanvorlage gewählt, ist das Ergebnis von einem mehr oder weniger starken *Moiré* über-

Moiré

Gerasterte Vorlage *ohne* Entrasterungsfilter eingescannt

Gleiche Vorlage *mit* Entrasterungsfilter und 600 dpi eingescannt, in Photoshop *Helligkeit interpoliert* und auf 300 dpi heruntergerechnet.

zogen. Moiré-Effekte sind störende regelmäßige Interferenzmuster, die sich aus der Kreuzung der nicht rechtwinkligen Druckraster mit der rechtwinkligen Erfassung des Scanners ergeben. Somit lassen sich Moiré-Effekte nicht vermeiden.

Hochwertige Scanner bieten Schadensbegrenzung durch die Möglichkeit, schon beim Scanvorgang einen entsprechenden Filter (Entrasterungsfilter, „Descreen") anzuwählen. Ist ein solcher Filter in der Scan-Software nicht vorhanden oder das Ergebnis nicht zufrieden stellend, können Sie beim Scannen gerasterter Vorlagen als Notlösung mit einer höheren als der ermittelten Auflösung und einer Bildgröße von 100 % einscannen. Der Scan kann dann in Photoshop weiterbearbeitet werden. Das Programm bietet hierfür die Filter *Helligkeit interpolieren* oder *Störungen entfernen*. Die Wirkung der Filter muss ausprobiert werden, und ihr Einsatz sollte sparsam erfolgen, weil das Bild schnell unscharf wird. Ist das Bild korrigiert, kann es auf die ermittelte Auflösung *heruntergerechnet* werden. Moiré kann nicht vollständig aus dem Bild entfernt werden, ohne dass die Bildqualität darunter leidet.

Generell können schlechte Vorlagen (z. B. sehr kleine oder unscharfe Vorlagen) größer oder in einer höheren Auflösung als ermittelt eingescannt und später in Photoshop auf die ermittelte Größe bzw. Auflösung *heruntergerechnet* werden (*Bild > Bildgröße*, s. S. 150 ff.). Meistens muss das Bild abschließend mit einem Filter scharfgezeichnet werden.

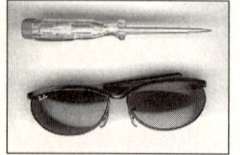

Übrigens sind auch Scans von dreidimensionalen Objekten am Flachbettscanner möglich.

Scannen mehrerer Vorlagen in einem Durchgang

Manchmal ist es hilfreich, mehrere Vorlagen in einem Scandurchgang zu erfassen. Wenn es auf die optimale Abbildung des einzelnen Motivs nicht ankommt, lässt sich so bei großem Scanaufkommen eine Menge Zeit sparen.

Fotos freistellen und gerade ausrichten

Photoshop hält unter *Datei > Automatisieren > Fotos freistellen und gerade ausrichten* einen Befehl bereit, der genau diesem Zweck dient. Für bestmögliches Funktionieren sollten Sie eine Reihe von Einschränkungen beachten:

• Halten Sie einen deutlichen Abstand zwischen den Vorlagen ein, die Sie gemeinsam auf die Aufnahmefläche des Scanners legen. Überlappungen können vom Programm nicht unterschieden werden.

• Je eindeutiger und scharfkantiger die Umrisse der Vorlagen sind, desto sicherer kann das Programm sie voneinander trennen.

• Gerade Linien und Winkel sind einfacher zu bearbeiten als Rundungen. Schräg stehende Rechtecke werden mit größter Zuverlässigkeit separiert und gerade gerückt, mit Ovalen und Kreisen tut sich das Programm schwer.

Jedes erkannte Motiv wird in einem separaten Fenster geöffnet und kann mit eigenem Namen gespeichert werden. Der Rohscan bleibt dabei vollständig erhalten. Sind Sie mit dem Ergebnis der automatischen Freistellung nicht zufrieden, verwenden Sie das konventionelle Freistellungswerkzeug.

Bildimport

Bilder von einer Digitalkamera

Ein augenfälliges Merkmal der Gegenwart ist die sprunghafte Verbreitung der Digitalfotografie. Stark fallende Preise und immer leistungsfähigere Sensoren zur Bildaufzeichnung führten in nur wenigen Jahren zur Abwendung von der konventionellen Film-Kameratechnik in Privathaushalten und bei einem Großteil der erwerbsmäßigen Fotografen.

In allen Qualitäten, von in Telefonen eingebauten Minikameras bis hin zu Digitalrückwänden als Zubehör für Großformatkameras, stehen Bilddaten zur Weiterbearbeitung im Computer zur Verfügung.

Aufzeichnung mit einem CCD-Chip

Der Sensor in einer Digitalkamera funktioniert im Prinzip recht ähnlich wie der im letzten Abschnitt besprochene CCD-Chip eines Scanners. Die Anzahl der lichtempfindlichen Zellen wurde jedoch weiter gesteigert und auf einer Fläche, in den Abmessungen ähnlich den früheren Filmformaten, angeordnet. Dadurch muss das Aufzeichnungsgerät den gewünschten Bereich nicht mehr überfahren, sondern kann den gesamten in Frage kommenden Bereich in Sekundenbruchteilen auf einmal erfassen. Auch die Interpretation der Farben funktioniert, wie bereits für die Scantechnik erläutert, mit Hilfe von den einzelnen Zellen vorgeschalteten Farbfiltern, deren Meßwerte durch die Kameraelektronik wieder zu einem farbigen Bild zusammengefügt werden.

Einfache Kamerasensoren in Mobiltelefonen verfügen dabei schon über eine halbe Million solcher lichtempfindlicher Elemente, professionelle Kameras haben viele Millionen dieser Messpunkte auf ihrem Chip. Eine Zelle entspricht bei dieser Technik einem Bildpixel, weist eine Kamera also 22 Millionen solcher Zellen auf, spricht man von einer 22-Megapixel-Kamera.

Eine anderes Verfahren wird in der CMOS-Technologie angewandt, die auch in sehr hochwertigen Kameramodellen verbreitet ist. CMOS-Chips haben unter anderem den Vorteil, weniger Energie zu verbrauchen. Bei einem CMOS-Sensor wird aus je drei lichtempfindlichen Zellen (für die Grundfarben Rot, Grün und Blau) ein Bildpixel ermittelt, dabei kann eine Zelle aber für mehrere Pixel ausgelesen werden. Im Gegensatz zum CCD-Chip ist das Verhältnis lichtempfindliches Element zu Pixel also nicht 1 zu 1, sondern man spricht von einer so genannten Auflösungseinbuße von 30%. Um diesen Verlust gegenüber den CCD-Sensoren auszugleichen, werden ergänzende Bildpunkte durch Interpolation erzeugt.

Aufzeichnung mit einem CMOS-Chip

Ein wesentlicher bild- und qualitätsbestimmender Faktor in der Digitalfotografie ist das an der Kamera verwendete Objektiv, durch das das Licht auf den Sensor fällt. Durch die hohe Sensibilität (und zum Teil geringe Fläche) moderner Aufnahmechips werden immense Anforderungen an die Optik gestellt, die nicht jedes Objektiv erfüllen kann.

Als weiteres Qualitätskriterium ist die Kameraelektronik zu erwähnen, die die Impulse der Sensoren auswertet und interpretiert. Dieser Vorgang findet in mehreren Etappen statt. Je nach Hersteller werden auf die aufgezeichneten Rohdaten noch verschiedene Berechnungen angewendet, um den Bildeindruck zu steigern, insbesondere wird versucht, die Buntheit, den Kontrast und die Schärfe zu erhöhen.

Die Bilddaten werden meist, mehr oder weniger stark komprimiert, als JPEG auf einer Speicherkarte abgelegt, deren Inhalt von einem Dienstleister als Papierabzug ausbelichtet werden kann oder vom Fotografen später auf einen Computer zur Bildbearbeitung und Archivierung übertragen wird.

Dieser Transfer findet entweder über eine Kabelverbindung statt – üblich sind dabei USB- oder Firewirekabel – oder mit Hilfe eines Kartenlesegeräts (Cardreader), das mit dem Computer verbunden ist und in das die Speicherkarte der Kamera zur Datenübertragung eingelegt wird.

Hersteller-Raw-Formate und Camera Raw
Für die meisten Benutzer dürften die mit den Automatikfunktionen moderner Digitalkameras erreichbaren Resultate durchaus zufrieden stellend sein. Für anspruchsvollere Anwender stellen die Hersteller im hochwertigeren (und hochpreisigeren) Bereich ihrer Kameramodelle jedoch eine Option bereit, einen Teil der Auswertung der Kameraautomatik zu umgehen und direkt auf die Rohdaten zuzugreifen, wie sie vom Kamerasensor ursprünglich aufgezeichnet wurden. Dafür wird ein Speicherformat gewählt, das, anders als JPEG, keine Qualitätsverluste („Artefakte") beim Speichern des Bildes verursacht.

Dieses so genannte Raw-Format variiert von Hersteller zu Hersteller und manchmal sogar innerhalb der Modellserien. Es ist üblich, dass die Kamerahersteller bereits eine Software zum

✔ Wenn Sie nicht sicher sind, ob Ihre Kamera ein Raw-Format aufzeichnen kann, schlagen Sie im Handbuch nach oder erkundigen sich danach beim Hersteller.

In den meisten Fällen werden Sie das Speichern im Raw-Format erst in einem der Kamera-Menüs aktivieren müssen.

✔ Manche Kameras gestatten das parallele Speichern von Raw- und JPEG-Format. Das kann sinnvoll sein, um eine Bildvorschau auch in den Programmen zur Verfügung zu haben, die keine eigene Raw-Vorschau erzeugen können.

Betrachten der Bilder und zum Konvertieren dieser Rohdaten in die üblichen Dateiformate (TIFF, JPEG, etc.) mitliefern. Diese Programme funktionieren aber häufig nur für einzelne Kameramodelle eines Herstellers und sind in ihrem Funktionsumfang gegenüber Photoshop deutlich eingeschränkt.

✔ Das im Speichern-Dialog Photoshops zur Verfügung stehende *Photoshop-Raw* kann keine Kamera-Rohdaten sichern, sondern dient dem plattformunabhängigen Datenaustausch.

Für Photoshop und Adobe Bridge steht mit *Camera Raw* ein Modul zur Verfügung, das eine große Zahl dieser Formate darstellen und herstellerunabhängig bearbeiten kann.

✔ Eine ständig aktualisierte Liste der von Camera Raw unterstützten Kameras finden Sie auf der Adobe-Website.

Bitte beachten Sie, dass die auf den folgenden Seiten beschriebenen Bearbeitungsmöglichkeiten nur für Dateien in einem Raw-Format zur Verfügung stehen – JPEG-Dateien lassen sich nicht in Camera Raw öffnen. Benutzen Sie für andere als Raw-Formate die in Photoshop verfügbaren Werkzeuge im *Bild*-Menü unter *Anpassen* und die *Filter* im gleichnamigen Menü.

✔ Im Kapitel über *Tonwert- und Farbkorrekturen* sowie im *Filter*-Kapitel dieses Buches finden Sie dazu weitere Hinweise.

Um eine Raw-Datei in Photoshop zu bearbeiten, gehen Sie so vor:
• Doppelklicken Sie auf eine Raw-Datei im Macintosh-Finder oder im Windows-Explorer. Photoshop wird gestartet (wenn es nicht bereits aktiv war) und der Camera-Raw-Dialog mit dem gewählten Bild in der Vorschau geladen.
• Oder: Wenn Photoshop schon gestartet ist, wählen sie *Datei > Öffnen...* und suchen im Dateiverzeichnis ein Raw-Dokument aus.

Öffnen einer Raw-Datei in Camera Raw

✔ Photoshop kann Raw-Dateien nicht direkt öffnen. Camera Raw dient deshalb als Konverter und bereitet die Rohdaten des Kamerasensors für die Bildbearbeitung vor.

Um mehrere Raw-Dateien zu bearbeiten, treffen Sie eine Mehrfachauswahl (Anwählen mit gedrückter Befehlstaste (⌘)). An der linken Seite des Camera-Raw-Dialogs erscheint ein Filmstreifen mit den geladenen Bildern.

Öffnen mehrerer Raw-Dateien in Camera Raw

EXIF

(Exchangeable Image File Format) ist ein Zusatz zu verbreiteten Bildformaten wie JPEG oder TIFF und transportiert mit den Bilddaten eine Reihe weiterer Informationen, etwa Daten zur Belichtungseinstellung und zum verwendeten Farbraum (so genannte Metadaten).

Solche EXIF-Daten können von Camera Raw und von Photoshop ausgelesen werden; in Photoshop finden Sie die Angaben unter *Datei > Datei-Informationen... > Kameradaten (1+2)*.

Das Dialogfeld Camera Raw

Am oberen Rand zeigt die Titelleiste den Namen des Kameramodells, den Dateinamen und einige EXIF-Informationen.

Es folgen die Werkzeuge zum Vergrößern/ Verkleinern, Bewegen, Beschneiden, Geradestellen, Drehen und Löschen. Die erste Pipette dient dem Weißabgleich (der Punkt, auf den Sie klicken, wird zum Referenzpunkt, an dem der Farbanteil für Rot, Grün und Blau neutral gesetzt wird). Mit der zweiten Pipette können Sie in der Vorschau bis zu neun Meßpunkte setzen, um Farbkorrekturen gezielt auszuführen. Die Werte werden direkt über der Vorschau angezeigt. Wenn Meßpunkte gesetzt sind, erscheint hier auch eine Option zum Löschen der Farbaufnehmer.

Die daneben befindlichen Schaltflächen bewirken, dass Veränderungen an den Reglern sofort in der Vorschau dargestellt werden, die Tiefen- und Lichteroptionen markieren einen unterbelichteten oder überstahlten Bildbereich mit einer farbigen Warnfläche.

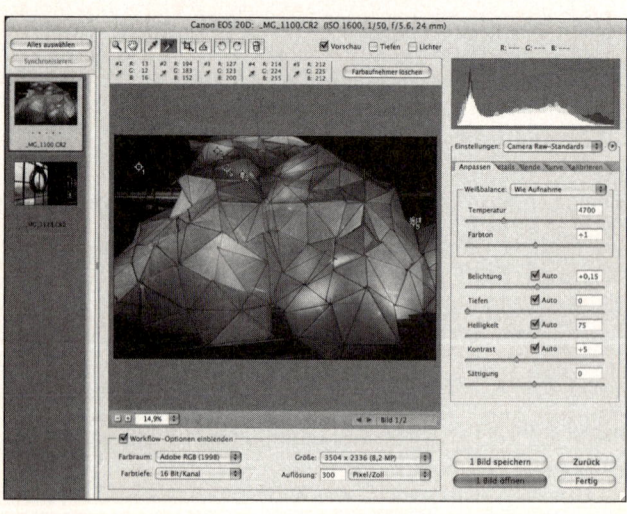

Direkt unter der Vorschau kann der Vergrößerungsmaßstab eingegeben werden. Für einige Korrekturen ist es sehr sinnvoll, das Bild in Originalgröße oder deutlich vergrößert zu bearbeiten. Sind mehrere Dateien in Camera Raw geladen, ist ein Schalter verfügbar, um zwischen den einzelnen Motiven zu wechseln.

Am unteren Rand sind die *Workflow-Optionen* sichtbar:
- Als *Farbraum* wählen Sie den auch in den Photoshop-*Farbeinstellungen* eingetragenen, in der Regel *Adobe RGB*. Wenn Sie Bilder bearbeiten wollen, die nur am Bildschirm betrachtet werden, empfiehlt sich sRGB.
- Die *Farbtiefe* empfiehlt sich von 8 Bit auf 16 Bit zu ändern. Für die Bildkorrekturen steht dann eine höhere Farbgenauigkeit zur Verfügung. Ist die Bildbearbeitung abgeschlossen, sollte die Farbtiefe wieder auf 8 Bit reduziert werden, um Speicherplatz zu sparen.
- Die eingestellte *Größe* übernimmt Camera Raw aus den EXIF-Daten der Kamera. Nur wenn Sie mit einer kleineren Auflösung arbeiten wollen, ist ein Umstellen verlustfrei. Bei einer Bildvergrößerung müssen Pixel per Interpolation eingefügt werden.
- Die *Auflösung* bestimmen Sie nach dem gewünschten Verwendungszweck: als Druckvorlage in der Regel 300 dpi, für Bildschirm-Medien 72 dpi. Die hier vorgenommene Einstellung hat nur Einfluss auf die Bildschirmdarstellung und kann später in Photoshop im Dialog *Bildgröße* wieder verlustfrei geändert werden.

Die *Workflow-Optionen*-Einstellungen bleiben auch nach einem Beenden des Programms so lange erhalten, bis sie geändert werden.

✔ Vertiefende Informationen zum Umgang mit dem Histogramm finden Sie im Kapitel „Tonwert- und Farbkorrekturen".

✔ Die von der Kamera aufgezeichneten Daten werden von Camera Raw nicht verändert. Informationen über die auf ein Bild angewandten Modifikationen werden im selben Verzeichnis zusammen mit der Ursprungsdatei in einer separaten Datei im XMP-Format gespeichert.

Sind mehrere Dateien im Konverter geöffnet, heißt der Schalter *x Bilder öffnen*. (*x* steht für die Anzahl der Dateien.)

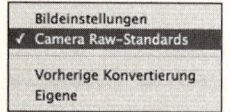

Im Untermenü der *Einstellungen* können Vorgaben gespeichert und auch wieder geladen werden. Das ist insbesondere hilfreich, wenn die Parameter innerhalb eines Workflows oder einer Arbeitsgruppe konstant bleiben sollen.

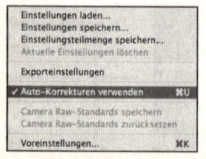

Auf der rechten Seite des Camera-Raw-Dialogs befindet sich zunächst das Histogramm, das die Tonwertverteilung für alle drei Farbkanäle darstellt. Auch das Histogramm wird, wie die Vorschau, ständig aktualisiert.
Befindet sich der Mauszeiger mit einem der Werkzeuge über dem Vorschaubild, werden die exakten Farbwerte unter der Zeigerspitze ermittelt und über dem Histogramm angezeigt.

Auch wenn Sie keine weiteren Veränderungen vornehmen, wird eine automatische Bildanalyse, basierend auf den im Feld *Einstellungen* gespeicherten Vorgaben, durchgeführt, in der Vorschau angezeigt und bei Betätigen des Schalters *Öffnen* in das Bild eingerechnet. Die Raw-Datei selbst ist von den Änderungen nicht betroffen und bleibt unverändert erhalten, ein modifiziertes Duplikat wird in Photoshop geöffnet.

Mit den unterschiedlichen *Einstellungen* beeinflussen Sie die Art der Bildanalyse:
▪ *Bildeinstellung* lässt die Werte des Bildes unverändert.
▪ *Camera Raw-Standards* verwendet die für eine bestimmte Kamera in der Datenbank des Programms hinterlegten Werte.
▪ *Vorherige Konvertierung* wiederholt die für das letzte Bild festgestellten Werte.
▪ *Eigene* ermöglicht das bewusste Abweichen von den vorgegebenen Einstellungen und erscheint, wenn Änderungen an den Vorgaben vorgenommen wurden.

Die Unterschiede lassen sich häufig besser im Histogramm als in der Vorschau ablesen.

Wollen Sie die automatische Bildanalyse nicht in Anspruch nehmen, wählen Sie im Untermenü der *Einstellungen* die Option *Auto-Korrekturen verwenden* ab.

Um die Parameter für Ihr Bild individuell einzustellen, bestimmen Sie zunächst im Reiter *Anpassen* eine Einstellung für die *Weißbalance*. Für einige unterstützte Kameras kann das Programm die zum Aufnahmezeitpunkt ermittelte Farbtemperatur aus den EXIF-Daten auslesen, *Wie Aufnahme* zeigt das Resultat an. Andernfalls wird *Auto* aktiv, um die Weißbalance auszugleichen.

Anpassen
für Belichtungs- und Tonwertkorrekturen

Die anderen Menü-Optionen bieten typische Lichtverhältnisse an, die mit den Reglern *Temperatur* und *Farbton* weiter spezifiziert werden können, um mögliche Farbstiche zu entfernen.

Der Bestimmung des Weißabgleichs kommt in der digitalen Fotografie eine besondere Bedeutung zu: Die Einstellung ist sowohl unter dokumentarischen Gesichtspunkten bedeutsam (zu welchem Zeitpunkt wurde die Aufnahme gemacht?) und bestimmt auch maßgeblich die Stimmung eines Bildes (warm: die Farbskala tendiert ins Gelbliche – kalt: die Farben werden ins Bläuliche verschoben.)

Auch die übrigen auf diesem Reiter versammelten Regler dienen der Regulierung der Farbwerte und der Farbstimmung. Sobald die *Auto*-Schalter deaktiviert sind, haben Sie Zugriff auf die

▪ Belichtung (gleicht, bis zu einem gewissen Grad, Unter- oder Überbelichtung bei der Aufnahme aus),

▪ Tiefen (verstärkt die Schattenbereiche oder schwächt sie ab),

▪ Helligkeit (hellt das gesamte Bild auf oder dunkelt es ab),

▪ Kontrast (erhöht oder vermindert den allgemeinen Motivkontrast) und die

▪ Sättigung (steigert oder verringert die Buntheit im Bild).

Details zum Anpassen der Bildschärfe und Verringern von Bildrauschen

✔ In den *Camera Raw-Standards* des *Einstellungen*-Menüs können Sie zwischen dem Schärfen der Voransicht und dem Schärfen der Bildpixel umschalten. Wenn Sie das Bild in Photoshop weiter bearbeiten wollen, entscheiden Sie sich lediglich für das Schärfen der Vorschau.

✔ Es sind am Markt Programme verfügbar, die auf das Entrauschen von Digitalfotografien spezialisiert sind und deren Möglichkeiten diejenigen von Camera Raw übertreffen. Bekannte Produkte sind „Noise Ninja" und „Neat Image".

In der Abteilung *Details* können Sie zunächst einen Wert für die Schärfe vorgeben. Vergrößern Sie die Ansicht dazu unbedingt auf 100 %, um einen realistischen Eindruck vom Resultat zu bekommen. Die meisten Digitalfotos müssen nachgeschärft werden, viele Bilder kranken aber unter einer zu geringen oder heftig übertriebenen Schärfe. Haben Sie vor, das Foto in Photoshop weiter zu bearbeiten, nehmen Sie die Schärfung besser dort und zum Abschluss aller Bearbeitungsschritte vor. In diesem Fall empfiehlt sich das Einschalten der Schärfung nur für die Vorschau.

Bildrauschen ist eine Störung, die nicht nur bei einfachen Digitalkameras auftritt. Besonders auffallend bei schlechten Lichtverhältnissen und hohen ISO-Werten wirken ansonsten gleichmäßige Bildteile unruhig (Luminanzrauschen) oder scheinen in bunte Farbigkeit zu zerfallen (Farbrauschen).

Zur Störungsentfernung stehen die Regler *Luminanzglättung* und *Farbstörungsreduktion* zur Verfügung. Verwenden Sie auch diese Einstellungen bei mindestens 100 % in der Bildschirmansicht und dosieren Sie die Wirkung behutsam, zu viel Glättung lässt die Bilder leblos erscheinen.

Blende zum Entfernen von optischen Fehlern

✔ Chromatische Aberrationen, auch CAs genannt, lassen sich am besten in mehrhundertfacher Vergrößerung beurteilen und reduzieren.

Manche Objektiv-Kamera-Kombinationen passen nicht optimal zueinander. Mögliche Folgen sind die als *chromatische Aberrationen* bekannten Farbsäume, die besonders an Hell-Dunkel-Kontrastkanten zu beobachten sind.

Vignettierung wird die Randabschattung von Objektiven genannt, die häufig bei Weitwinkeloptiken auftritt. Im Reiter *Blende* finden Sie Einstellmöglichkeiten zur Kompensation beider Fehler.

Im Reiter *Kurve* steht in einem Einblendmenü eine Reihe von Gradationskurven zur Auswahl, die den Bildkontrast erhöhen oder reduzieren. Mit der Einstellung *Linear* bleibt das Bild unverändert, mit *Eigene* können Sie eine spezielle Tonkurve definieren.

Kurve zum Festlegen der Gradation

✔ Mehr zu Gradationskurven finden Sie im Kapitel „Tonwert- und Farbkorrekturen".

In *Kalibrieren* besteht die Möglichkeit, einen nach den Korrekturen in *Anpassen* noch immer vorhandenen Farbstich zu entfernen. Bewegen Sie den Regler *Tiefenfarbton*, um auch in den dunklen Bildbereichen zu neutralen Farbwerten zu gelangen.

Kalibrieren zum Entfernen eines noch verbliebenen Farbstichs und zum Angleichen der tatsächlichen Kameraeigenschaften an das in Camera Raw hinterlegte Profil

Die darunter befindlichen Einstellmöglichkeiten dienen der Angleichung des von Adobe zur Verfügung gestellten Kameraprofils und Ihrem ganz speziellen Modell. Ebenso wie jeder Monitor individuell kalibriert werden sollte, um eine möglichst exakte Bildschirmansicht zu liefern, ist dies auch für Digitalkameras möglich und sinnvoll.

Benutzen Sie die Regler, um auffallende Abweichungen zwischen einer Vorlage und der Darstellung in Camera Raw auszugleichen. Wenn Sie dieses Profil im Untermenü der *Einstellungen* mit *Camera Raw-Standards speichern* festlegen, wird es auf alle in der Folge geöffneten Bilder angewendet.

Wenn mehrere Raw-Dateien in den Konverter geladen sind, wird auf der linken Seite des Dialogfelds eine Liste mit Miniatur-Voransichten angezeigt. Sie können Bild für Bild bearbeiten oder Ihre Einstellungen auf eine Gruppe von Bildern anwenden, wenn diese gemeinsam ausgewählt sind. Am Kopf der Liste befindet sich unter dem Schalter *Alles Auswählen* der Schalter *Synchronisieren*. Aus einer umfassen-

Einstellungen synchronisieren

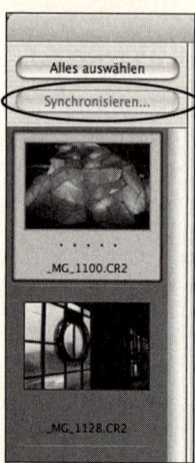

den Liste lassen sich die Einstellungen zusammenstellen, die auf die Bilder der Auswahl angewendet werden sollen.

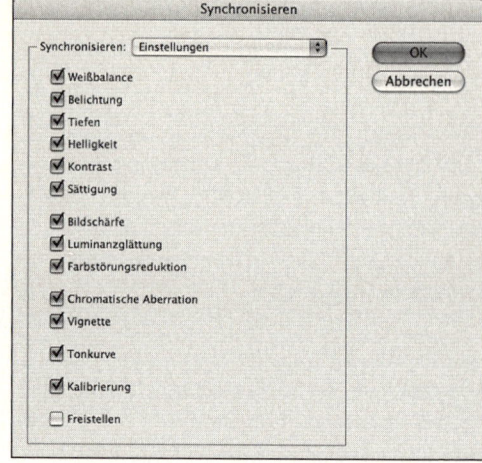

Speichern von Bildern in Camera Raw

Sie können das Arbeitsergebnis auch sichern, ohne das Bild unmittelbar in Photoshop zu öffnen. Der Schalter *Speichern* (*x Bilder speichern* bei mehreren ausgewählten Dateien) öffnet das Dialogfeld *Speicheroptionen*, wo zunächst der Speicherort (*Ziel*) festgelegt wird.

Besonders interessant ist die Abteilung *Dateibenennung*, mit deren Hilfe die Stapelverarbeitung von Raw-Daten dank automatischer Dateikennzeichnung sehr einfach und schnell zu bewerkstelligen ist.

Die Anzahl der Dateiformate, in denen gespeichert werden kann, ist begrenzt. Neben *Photoshop*, *JPEG* und *TIFF* steht noch das neue Format *DNG* (Digital Negative) zur Verfügung. Eine zur Weiterverarbeitung in anderen Programmen nötige Umsetzung in andere Dateiformate können Sie aber natürlich in Photoshop vornehmen.

✔ *DNG* ist ein neu hinzugekommenes und speziell für die digitale Fotografie geschaffenes Dateiformat. Einige weitere Informationen dazu finden Sie auf S. 494.

Andere Bildquellen

Neben eigenen Scans und Digitalfotografien findet immer öfter externes Bildmaterial von käuflichen CD-ROMs oder von Internet-Seiten Verwendung. Die ständig zunehmende Anzahl an digitalen Bildbibliotheken garantiert eine sehr große Vielfalt an Bildmaterial. Trotzdem sind fotografische Unikate für anspruchsvolle Gestaltungsaufgaben vorzuziehen, da Mehrfachnutzungen von verschiedenen Agenturen bei der Verwendung von Bildbibliotheken nicht ausgeschlossen sind. Von etlichen Agenturen werden Bilder über das Internet zur Verfügung gestellt und können im JPEG-Format als Vorschaubilder schnell und unkompliziert heruntergeladen werden.

Beachten Sie jedoch unbedingt die teilweise sehr unterschiedlichen Verwertungsrechte und Verwertungsvergütungen und eventuelle Vertragsklauseln. Verwertungsrechte können von uneingeschränkter kostenloser Nutzung bis zu Beschränkungen hinsichtlich des Verwendungszwecks, der Auflage, der Weitergabe an Dritte, Abgaben an die Urheber (Fotografen) und der Verpflichtung zur Angabe des Copyrights reichen.

Es ist auch möglich, Sequenzen aus analogen Videofilmen mit speziellen Videodigitalisierern (Frame-Grabber-Karten / Video-Grabbing-Karten) als Einzelbilder zu erfassen und in Photoshop weiterzubearbeiten. Wenn sich der Kauf einer solchen Karte nicht lohnt, kann dieser Service von einem entsprechenden Dienstleistungsunternehmen in Anspruch genommen werden. Die Qualität solchen Bildmaterials ist bei Verwendung von VHS-Bändern allerdings mangelhaft.

10 Farben

Farben darstellen – Farben reproduzieren

Farben zu beschreiben ist ein sehr vielschichtiges Thema und unter physikalischen und physiologischen Gesichtspunkten noch immer ein wissenschaftliches Forschungsobjekt. Auch die *Farbreproduktion*, d. h., ein Bild farbig und getreu der Vorlage nachzubilden und zu vervielfältigen, erfordert umfangreiches Spezialwissen. Deshalb können hier nur ansatzweise Grundlagen für den Umgang mit Farben in Photoshop vermittelt werden. Gegebenenfalls müssen Sie sich in weiterführender Fachliteratur informieren.

Zur Gestaltung mit Farben und farbigen Bildern am Computer reicht es leider nicht, beliebige Farben oder Farbmodi nach Gutdünken aus den Paletten bzw. Menüs auszuwählen. Dies genügt zwar für die Darstellung am Bildschirm, aber erstens nicht zwangsläufig an jedem Bildschirm und zweitens nicht für die Wiedergabe in Printmedien. Hier sind jeweils spezielle Kenntnisse notwendig, die abhängig von unterschiedlichen Ausgabeformen sind.

Möglicherweise ist Ihnen aus der Farbenlehre bekannt, dass die Farb*empfindung* durch unterschiedliche (sichtbare) Wellenlängen des Lichts ausgelöst wird. Es kommt zur Farbempfindung, wenn die sichtbare Strahlung des Lichts als Farbreiz im Auge auf die lichtempfindliche Netzhaut trifft. Wo es kein Licht gibt, kann das menschliche Auge auch keine Farben wahrnehmen, und je heller das Licht ist, desto intensiver erscheinen die Farben. Man unterscheidet grundsätzlich zwei Erscheinungsformen der Farben:

■ Das *farbige Licht* ist die von Lichtquellen direkt in die Augen fallende Strahlung. Eine gleichmäßige Mischung der sichtbaren Strahlen des Lichts wird als weißes Tageslicht empfunden. Die Aufnahme des Lichts durch das Auge ist ein physiologisch-optischer Vorgang.

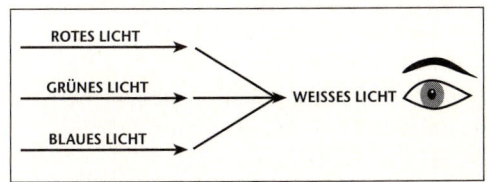

Lichtfarben

entstehen durch Übereinanderprojektion von farbigem Licht. Die Bestandteile des Tageslichts werden bei der Brechung durch ein Prisma sichtbar (Spektrum).

■ Die *Körperfarben* werden sichtbar, wenn Licht auf Gegenstände fällt. Bei der Beleuchtung werden die Strahlen teilweise absorbiert (verschluckt) und teilweise reflektiert (zurückgeworfen). Aus dem reflektierten Licht entsteht der Farbeindruck der Körperfarben. Körperfarben bilden sich durch einen physikalisch-optischen Vorgang. Das Aussehen der Körperfarben ist von der Art des beleuchtenden Lichts abhängig – vergleichen Sie ein Stück farbigen Stoff bei Tages- und bei Kunstlicht.

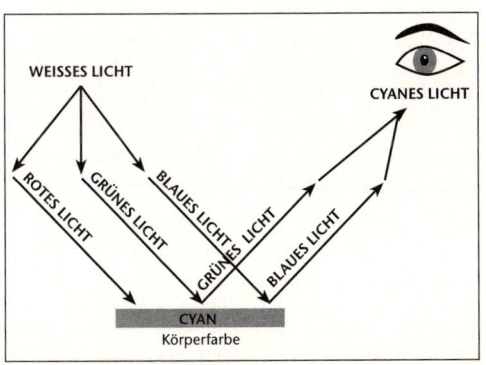

Körperfarben

Theoretisch absorbiert ein reines Cyan den Rotanteil des Lichts und wirft den Blau- und Grünanteil zurück. Blaues und grünes Licht mischt sich zu cyanfarbenem Licht, welches das Auge wahrnimmt.

Farben

✔ Farbige Anschauungstafeln zu diesem Kapitel befinden sich auch im Farbteil dieses Buches.

Farbsysteme (Farbmischung)

Entsprechend den zwei Erscheinungsformen der Farben beschreibt man die unterschiedliche Wiedergabe von Farben mittels zweier Systeme. Sie sind durch jeweils drei Primärfarben (Grundfarben) gekennzeichnet, aus denen sich alle anderen Farben des Systems mischen lassen:

■ Das *additive Farbsystem* basiert auf Lichtfarben. Additiv deshalb, weil durch das Hinzufügen (Übereinanderprojizieren) vieler Lichtanteile das Licht immer heller wird. Durch die gleichmäßige Übereinanderprojektion der drei Grundfarben dieses Systems (Rot, Grün, Blau) entsteht weißes Licht.

■ Das *subtraktive Farbsystem* basiert auf Körperfarben. Subtraktiv deshalb, weil bei der Beleuchtung von Körperfarben Lichtanteile verschluckt (reduziert) werden. Eine Mischung der drei Grundfarben dieses Systems (Cyan, Magenta und Gelb) ergibt durch die vollkommene Absorption des Lichts theoretisch Schwarz.

✔ Die drei Grundfarben Cyan, Magenta und Gelb erzeugen in der subtraktiven Farbmischung praktisch kein tiefes Schwarz, weil die Körperfarben aufgrund ihrer Spektraleigenschaften nicht 100%ig rein sind. Im Druck wird deshalb und zur Tiefenzeichnung als vierte Farbe Schwarz hinzugenommen.

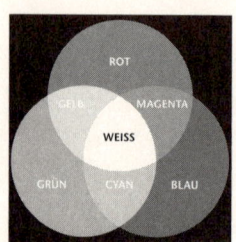

Farbmischung im additiven Farbsystem

Die Mischfarbe ist heller als die Grundfarben. Alle Grundfarben zusammen ergeben Weiß.

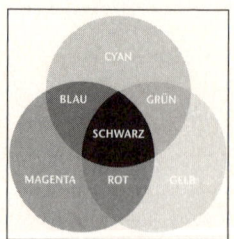

Farbmischung im subtraktiven Farbsystem

Die Mischfarbe ist dunkler als die Grundfarben. Alle Grundfarben zusammen ergeben Schwarz.

Farbumfang

Die in der Natur vorkommenden Farben bilden eine unendliche Vielfalt und damit den größten wahrnehmbaren Farbumfang. Alle Versuche, diesen Reichtum wiederzugeben, sind mit Einschränkungen verbunden, da niemals die gleiche Intensität von Sonnenlicht (unserer stärksten Lichtquelle) künstlich erzeugt werden kann.

Am nächsten kommt den natürlichen Farben noch die Darstellung von Farben mittels künstlichem Licht z. B. am Monitor. Monitore können Farben – je nach Leistungsfähigkeit der Grafikkarte – maximal in 16,7 Millionen Farbnuancen (bei einer 24-Bit-Grafikkarte) wiedergeben. Auch ein Farbdia beinhaltet noch relativ viele, aber niemals die gesamte Vielfalt der ursprünglichen Farben. Die größte Einbuße an Farbumfang erfährt ein Bild aus technischen Gründen bei der Wiedergabe im Druck. Beim Druck wird mit Körperfarben gearbeitet, die eine Menge Licht und damit Farben schlucken. Hinzu kommt, dass die Millionen Farben der Vorlage aus technischen und Kostengründen mit nur vier Grund-Körperfarben (Cyan, Magenta, Gelb und Schwarz) *simuliert* werden müssen, wobei die hellste Farbe das Papierweiß ist.

Es ist also weder möglich, den gesamten natürlichen Farbumfang am Monitor darzustellen, noch den Farbumfang, in welchem ein Bild am Monitor angezeigt werden kann, in dem gedruckten Bild wiederzugeben. Durch die Reproduktion werden der Farbumfang und die Farbintensität kontinuierlich reduziert.

✔ Übrigens ist der Mensch nicht in der Lage, alle vorhandenen bzw. dargestellten Farben überhaupt wahrzunehmen: bei Farben, die durch Licht erzeugt werden, kann er etwa 10 Millionen Nuancen unterscheiden, bei Körperfarben noch 1,2 Millionen, und bei gedruckten Farben sind nur noch etwa 570 000 Nuancen unterscheidbar.

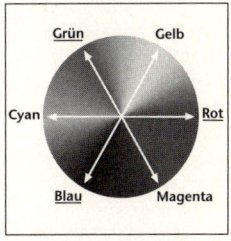

Anordnung der Farben im Farbkreis. Alle Farbtöne sind am äußeren Rand angeordnet. Die Primärfarben des additiven Systems liegen denen des subtraktiven Systems genau gegenüber.

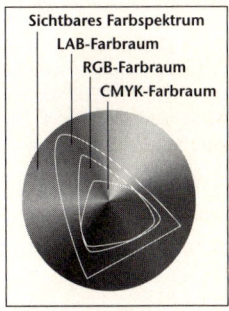

Schematische Darstellung des darstellbaren Farbumfangs (Farbräume)

⚡ Setzen Sie Farben für Dokumente, die später gedruckt werden sollen, niemals nach dem Aussehen am Bildschirm ein! Alle Farben (auch Druckfarben) müssen am Monitor mit Lichtfarben dargestellt werden. Druckfarben werden demzufolge am Monitor simuliert und erscheinen deshalb nie so wie später im Druck. Es kommt auch häufig vor, dass ein und dieselbe Farbe in unterschiedlichen Programmen unterschiedlich dargestellt wird – es bleibt Ihnen nichts anderes übrig, als dies zu ignorieren. Benutzen Sie zum Auswählen immer Farbfächer oder Farbmusterbücher für die entsprechenden Farbmodelle, wählen Sie die Bezeichnung oder Zusammensetzung aus, und geben Sie diese in die Eingabefelder ein.

Farbmodelle

Würde man zehn Leute auffordern, die Farbe Grün zu beschreiben, würde jeder von ihnen eine andere Definition dafür finden. Auch beim Mischen aus Tuschfarben würden mit ziemlicher Sicherheit zehn unterschiedliche Grünnuancen entstehen. Aus diesem Grund sind Farbmodelle als Standard für bestimmte Verwendungszwecke entwickelt worden. Sie bilden Richtlinien zur Definition und zum Aussehen von Farben. Die Verwendung der Farbmodelle schafft eine relative Sicherheit bei der Kommunikation zwischen Auftraggeber, Gestalter und Produktion.

RGB (Lichtfarbenmodell) steht für das Lichtfarben-Modell <u>R</u>ot, <u>G</u>rün und <u>B</u>lau. Aus den Grundfarben kann durch unterschiedliche Mischung eine von über 16 Millionen möglichen Farben erzeugt werden. Eine 100%ige Mischung der drei Grundfarben ergibt weißes Licht. Im RGB-Modell kann die Helligkeit einer Farbe nicht getrennt vom Farbton bearbeitet werden. Monitorfarben entsprechen dem RGB-Modell, wobei der Abgleich der drei Komponenten (die Erzeugung neutraler Grauwerte ohne Farbstich) mit spezieller Software zur Monitor-Kalibrierung reguliert werden kann.

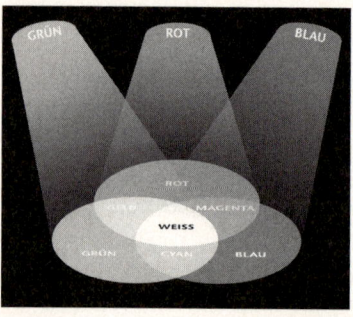

RGB-Modell

HSB / HSV (Lichtfarbenmodell) basiert ebenfalls auf Lichtfarben, wobei die Farben nicht durch (drei) Grundfarben beschrieben werden, sondern anhand ihres Farbtons (engl. hue), ihrer Sättigung (engl. saturation) und ihres Helligkeitswertes (engl. brightness/ value).

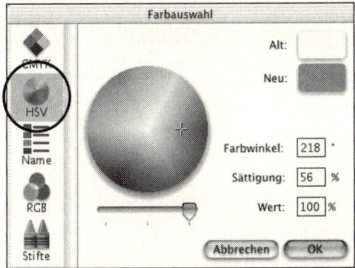

HSB / HSV-Modell

Der *Farbton* wird durch die Wellenlänge von durchgelassenem Licht (z. B. beim Dia) oder reflektiertem Licht (z. B. bei Druckfarbe) bestimmt. Jeder Farbton wird in diesem Modell durch seine Position auf einem Farbkreis mit der Angabe des Winkels bestimmt (reines Grün hat z. B. den Farbwinkel 135°). Die *Sättigung* (auch Chroma oder Intensität genannt) ist die Reinheit der Farbe, d. h., ob sie schmutzig-gräulich oder brillant erscheint, und wird in Prozent angegeben. Der Farbton in seiner reinsten Form befindet sich am äußeren Rand des Farbkreises (100%). Die Reinheit nimmt zum Zentrum des Farbkreises hin ab (0%). Die *Helligkeit* beschreibt, wie weit sich eine Farbe an Schwarz oder Weiß annähert, also ob eine Farbe hellgrün, leuchtend grün oder schwarzgrün erscheint. Mit einer Helligkeit von 50% leuchtet die Farbe, wird die Helligkeit in Richtung 0% verändert, wird der Schwarzanteil der Farbe größer. Dementsprechend nimmt der Weißanteil der Farbe zu, wenn man die Helligkeit in Richtung 100% verändert.

✔ **Apple / Windows-Farbwähler:** Normalerweise erscheint beim Klicken auf die Vorder- oder Hintergrundfarbe der *Photoshop*-Farbwähler. Sie können sich das HSB / HSV-Modell im Apple- bzw. Windows-Farbwähler anschauen: Wählen Sie dazu *Photoshop > Voreinstellungen > Allgemeine*. Wählen Sie im Untermenü *Farbwähler > Apple bzw. Windows,* und beenden Sie den Dialog mit *OK*. Klicken Sie dann auf die Vorder- oder Hintergrundfarbe in der Werkzeug-Palette und wählen das HSB / HSV-Modell aus. Der Apple- bzw. Windows-Farbwähler bleibt so lange aktiv, bis er wieder auf *Photoshop*-Farbwähler umgestellt wird.

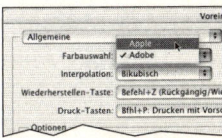

Farben 347

CIE-Lab-Modell

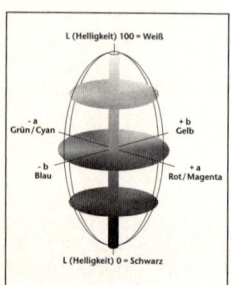

✔ CIE-Lab wird auch intern von Photoshop benutzt, wenn Bilder von einem Farbmodus in einen anderen umgewandelt werden.

CIE-Lab (Lichtfarbenmodell) ist ein internationaler Standard in der Farbreproduktion zur allgemeinen Beschreibung einer Farbe. CIE geht auf den 1931 durch die Commission Internationale de l'Eclairage festgelegten Standard zurück. 1976 wurde das Modell verbessert und durch Lab ergänzt. CIE-Lab ist ein räumliches Modell, das man mit einem Football vergleichen könnte. In der Längsachse wird die Helligkeit (Luminosity), die getrennt vom Farbton bearbeitet werden kann, dargestellt. Die Farben sind auf zwei die Helligkeitsachse an der dicksten Stelle kreuzenden Achsen zwischen +a (Magenta/Rot) und -a (Grün/Cyan) sowie +b (Gelb) und -b (Blau) vorstellbar. Die reinen Farbtöne befinden sich am äußersten Rand. Die Sättigung nimmt ab, wenn man sich Richtung Zentrum bewegt. CIE-Lab erzeugt konstante Farben, unabhängig von den Geräten, an denen sie gezeigt oder ausgegeben werden.

CMYK (Körperfarbenmodell/Druckfarbe) ist *der* Standard der Druckindustrie. Alle farbigen Bilder werden mit den vier Grundfarben Cyan, Magenta, Gelb (Yellow) und Schwarz (K = Key = Schlüssel) gedruckt. Das CMYK-Modell wird auch *Euroskala, Vierfarbskala, Prozessfarben* oder einfach *4 C* genannt. Für Spezialdrucksachen (z. B. Verpackungsdruck, Kunstkataloge, Landkarten) werden auch mehr als vier Farben verwendet. Zur Auswahl und zum Farbabgleich werden Farbmusterbücher (Euroskala oder

CMYK-Modell

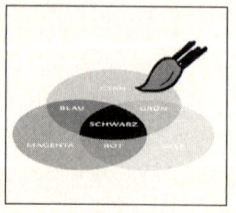

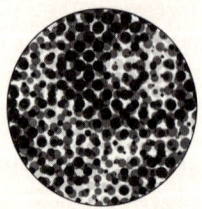

Eurostandard) verwendet, in denen die verschiedenen Mischungen der Grundfarben in feinen Abstufungen gedruckt sind.

TRUEMATCH (Körperfarbenmodell / Druckfarbe) ist eine Variante des CMYK-Modells und bietet vordefinierte CMYK-Farben in feinen Abstufungen, die tatsächlich im Druck erreicht werden können. Die Auswahl erfolgt hier durch einen Farbfächer.

Alle Druckfarben, die nicht dem CMYK-Modell entsprechen, also für den Druck *nicht in C, M, Y und K separiert* werden, werden als *Vollton-, Echt-, Schmuck-* oder *Sonderfarben* bezeichnet. In Photoshop haben Volltonfarben nur bei *Duplex*-Bildern eine Bedeutung.

✔ Farbfächer bzw. Musterbücher für alle Druckfarben sind bei den jeweiligen Herstellern, in Druckereien oder bei Fachhändlern für grafische Bedarfsartikel erhältlich. Farbfächer sollten an lichtgeschützten Orten aufbewahrt werden, da sich die Farben sonst durch die UV-Strahlung sehr schnell verändern.

HKS (Körperfarbenmodell / Druckfarbe) sind Echtfarben von BASF und werden häufig und in vielen Bereichen der Industrie eingesetzt (als Druckfarben, Bautenfarben, Textilfarben, Autolacke usw.) Es gibt neun Grundfarben sowie Schwarz und Weiß, aus denen weitere Töne gemischt vorliegen. Zur Auswahl von Druckfarben stehen Farbfächer zur Verfügung. HKS-Farben liegen in Photoshop als digitaler Farbbestand vor.

✔ HKS-Farbfächer:
HKS K für Bogenoffset auf gestrichenen Papieren,
HKS N für Bogenoffset auf Naturpapieren,
HKS Z für Zeitungsdruck,
HKS E für Endlosdruck (Rollenoffset)

PANTONE (Körperfarbenmodell / Druckfarbe) ist ein internationaler Farbstandard aus den USA. Pantone-Farben sind Echtfarben, bestehend aus 25 Grundfarben, aus denen über 700 Nuancen vorgemischt vorliegen. Jede Pantone-Farbe hat ein entsprechendes CMYK-Äquivalent. Die Auswahl erfolgt über Farbfächer. Mit Pantone-Farben ist ein relativ großer Farbraum druckbar. Allerdings sind Pantone-Farben in Europa teurer als HKS-Farben, ebenso

✔ Die wichtigsten Pantone-Farbfächer:
CVC-Reihe (coated) für gestrichenes Papier,
CVU-Reihe (uncoated) für ungestrichenes Papier

die Farbfächer. Pantone-Farben liegen in den meisten DTP-Programmen als digitaler Farbbestand vor.

FOCOLTONE (Körperfarbenmodell/Druckfarbe) sind Echtfarben, die durch die Mischung von CMYK-Farben entstehen.

Web(-sichere) Farben (Lichtfarbenmodell) (auch browserunabhängige Farben) sind 216 Farben, die die gängigsten Browser und Betriebssysteme am Monitor identisch darstellen können. Diese 216 Farben kommen sowohl in der Mac- als auch der Windows-System-Palette vor. Manche Endanwender verwenden noch 8-Bit-Grafikkarten, die lediglich 256 Farben am Monitor darstellen können – wenn Sie nun in Ihren Bildern andere als diese 216 Farben verwenden, werden diese der jeweiligen Palette angepasst, wodurch andere bzw. gedithertere Farben angezeigt werden können. Websichere Farben sind nicht nach ästhetischen Gesichtspunkten zusammengestellt (leider), sondern nach mathematischen. Das entsprechende Farbmodell ist der so genannte RGB-Farbwürfel (siehe links). Daraus ergeben sich je 6 Rot-, Grün- und Blau-Werte (nämlich 00, 51, 102, 153, 204 und 255), die miteinander kombiniert 216 verschiedene Farben ergeben ($6 \times 6 \times 6 = 216$). Diese Farbwerte finden ihr Äquivalent im hexadezimalen Zahlensystem (nämlich 00, 33, 66, 99, CC und FF), welches zur Festlegung von Farben in der Web-Sprache HTML verwendet wird. Bei der Verwendung von websicheren Farben (der WWW-Farbtabelle) können Sie viele durch die Verschiedenheit der Systeme verursachte Probleme bei der Darstellung farbiger Grafiken im Web vermeiden.

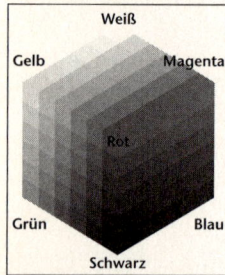

RGB-Farbwürfel

Der Würfel, ein räumliches Modell, ist so aufgebaut, dass sich die additiven Primärfarben (R,G,B) und die subtraktiven Sekundärfarben (C,M,Y) an den gegenüberliegenden Ecken befinden, Schwarz und Weiß belegen die übrigen Ecken. Die Farben sind in 20%-Schritten der Komponenten Rot, Grün und Blau unterteilt, sodass sich an einer Kantenlänge je 6 Farben und insgesamt 216 Farben ergeben.

Farbmodi

Photoshop verwendet verschiedene Farbmodi für die Darstellung, Ausgabe und Speicherung von Bildern. Mit der Auswahl eines Farbmodus legt man die Farbtiefe des Bildes fest. Je größer die Farbtiefe, desto größer ist sein Speicherbedarf. Deshalb sollten die Modi entsprechend der gewünschten Ausgabe ausgewählt werden, um sich nicht mit unnötigen Daten zu belasten.

Einige Farbmodi basieren auf den gängigen Farbmodellen – andere sind dafür vorgesehen, Bilder für spezielle Ausgabeformen abspeichern zu können. Sie finden die verschiedenen Modi im Menü *Bild > Modus*.

Das Modus-Menü

Farbkanäle

Die Farbinformationen der einzelnen Pixel, die ein Photoshop-Dokument enthält, werden in so genannten Farbkanälen abgespeichert. Ein einzelner Kanal hat eine Farbtiefe von 8 Bit (Ausnahmen sind Bilder im *Bitmap*-Modus mit nur 1 Bit Farbtiefe und Bilder im 16-Bit- und 32-Bit-Modus, die aber nur eingeschränkt zu bearbeiten sind). Das bedeutet, dass ein Farbkanal 256 unterschiedliche Helligkeitsabstufungen (Tonwerte) für jedes Pixel speichern kann. Wenn ein Dokument mehrere Farbkanäle enthält, potenzieren sich die möglichen Helligkeitsabstufungen, sodass z. B. in einem Bild mit 3 Farbkanälen jedes einzelne Pixel eine von über 16 Millionen Farben haben kann. Je nach ausgewähltem Modus werden unterschiedlich viele solcher Farbkanäle ange-

✔ Lesen Sie zum Zusammenhang zwischen Farbtiefe und Dateigröße auch in den Kapiteln 2 sowie 9 (Abschnitt *Optimales Scannen*), und beachten Sie die Übersicht auf der nächsten Seite.

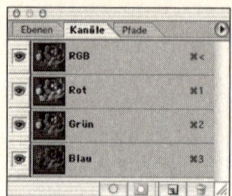

Kanäle-Palette

legt. Die Kanäle sind in der Kanäle-Palette sichtbar und können einzeln bearbeitet werden. Sie aktivieren die Kanäle-Palette, indem Sie auf den Namen *Kanäle* in der Palettengruppe *Ebenen, Kanäle, Pfade* klicken oder über das Menü *Fenster > Kanäle einblenden*.

Zusätzlich zu den Farbkanälen können weitere Kanäle (*Alpha-Kanäle*) hinzugefügt werden, um Masken zu speichern und zu bearbeiten (siehe Kapitel 13). Des Weiteren können so genannte *Schmuckfarbenkanäle* angelegt werden, um CMYK- oder Graustufenbilder mit zusätzlichen Volltonfarben oder Lacken zu drucken (siehe Kapitel 16).

✔ Im PC-Sprachgebrauch kann jedes Pixelbild, gleich welcher Farbtiefe, als Bitmap bezeichnet werden. Innerhalb von Photoshop ist damit immer ein Bild im Bitmap-Modus mit einer Farbtiefe von 1 Bit, also ausschließlich schwarzen und weißen Pixeln, gemeint.

Bitmap-Modus

Der Bitmap-Modus verwendet nur 1 Bit zur Speicherung und Darstellung der Pixel im Bild. Deshalb können in einem Bild im Bitmap-Modus nur schwarze und weiße Pixel vorkommen. Bilder, die als Strichzeichnungen eingescannt wurden, liegen im Bitmap-Modus vor. Die Bearbeitungsmöglichkeiten von Bitmap-Bildern sind stark eingeschränkt. Geglättete Kanten sind nicht möglich, weshalb die Bildauflösung relativ hoch gewählt werden sollte (mind. 600 dpi). Um die Bearbeitungsmöglichkeiten zu erweitern, kann man Bitmap-Bilder in den Graustufen-Modus umwandeln, bearbeiten und dann wieder in den Bitmap-Modus zurückumwandeln. Beim Umwandeln von Graustufenbildern in den Bitmap-Modus sind einige interessante Varianten möglich. Geeignet ist der Bitmap-Modus auch zum Druck von Graustufenbildern in niedriger Auflösung.

Bitmap-Kanal

Schwarz   Weiß

Farbmodus	Farbtiefe pro Kanal	Anzahl möglicher Farben (Farbtiefe)	Anzahl der Farbkanäle	Speicherbedarf Datei 10 × 10 cm, 72 dpi	Anwendung
Bitmap	1 Bit	2^1 = schwarz oder weiß	1	10 KB	Strichzeichnungen (Line-Art) in Printmedien und Online- und Bildschirmpräsentationen
Graustufen	8 Bit	2^8 = 256 Graustufen	1	79 KB	Graustufenbilder in Printmedien und Online- und Bildschirmpräsentationen
Indizierte Farben	8 Bit	2^8 = 256 festgelegte Farben	1 (beschrieben in einer Farbtabelle)	79 KB	Farbbilder für Online- und Bildschirmpräsentationen, 2 D, 3 D
RGB-Modus	8 Bit oder 16 Bit	$2^8 \times 2^8 \times 2^8 = 2^{24}$ = 16,7 Mio. Farben	3	235 KB 469 KB	allg. Bearbeitung in Photoshop, Modus der meisten Scanner, Farbbilder in Online- und Bildschirmpräsentationen, Ausgabe als Dia
Lab-Modus	8 Bit oder 16 Bit	$2^8 \times 2^8 \times 2^8 = 2^{24}$ = 16,7 Mio. Farben	3	235 KB 469 KB	Ausgabe als Dia, Übertragen von Bilddaten zwischen unterschiedlichen Geräten und Systemen
CMYK-Modus	8 Bit oder 16 Bit	2^{32} Farben – druckbar sind wesentlich weniger	4	313 KB 626 KB	nur für Printmedien (4-Farb-Offset)
Duplex	8 Bit	2^8 = 256 Graustufen	1	79 KB	nur für Printmedien (getöntes Graustufenbild – mit 2., 3. oder 4. zusätzlicher Farbe gedruckt)

Graustufen-Modus

Mit dem Graustufen-Modus stehen 8 Bit (ein Kanal) zur Speicherung und Darstellung der Pixel im Bild zur Verfügung. Daraus ergeben sich 256 mögliche Graustufen (Helligkeitsabstufungen) pro Pixel. Die Helligkeitswerte werden in Dezimalzahlen zwischen 0 und 255 angegeben: Der Wert 0 steht für Schwarz (keine Helligkeit), der Wert 255 für die Farbe Weiß (maximale Helligkeit), die Werte zwischen 0 und 255 für die grauen Zwischenstufen. Bilder, die als Graustufenbilder eingescannt wurden (z. B. Schwarzweißfotos), erscheinen im Graustufen-Modus. Photoshop zeigt die Abstufungen eines Graustufenbildes auch als Prozentwert der Deckkraft von schwarzer Druckfarbe (*K*) an: der Wert K = 100% entspricht der Farbe Schwarz, der Wert K = 0% entspricht der Farbe Weiß, die Werte zwischen 0 und 100% entsprechen den grauen Zwischenstufen.

✔ Sie finden Bilder im Graustufen- und RGB-Modus im *Photoshop-Programm-Ordner > Beispiele*. Blenden Sie dazu die Info-Palette ein, bewegen Sie die Maus über verschiedene Bildbereiche und verfolgen Sie die angezeigten Werte in der Info-Palette.

Graustufen-Kanal

Schwarz = 0   256 Helligkeitsstufen   Weiß = 255
(K = 100 %)   (K = 0 %)

RGB-Modus

RGB ist der am häufigsten verwendete Modus zum Bearbeiten von farbigen Bildern. Der RGB-Modus entspricht dem RGB-Modell. Zur Speicherung und Darstellung der Pixel im Bild stehen drei Farbkanäle mit je 8 Bit für die drei Grundfarben Rot, Grün und Blau zur Verfügung. Jeder der drei Kanäle sieht aus wie ein Graustufenbild, da er nur die Helligkeitsabstufungen der jeweiligen Grundfarbe speichert: der Rot-Kanal z. B. speichert alle Rotabstufungen zwischen kein Rot (kein Licht vorhanden = Schwarz im Rot-Kanal), dunklen Rottönen (= reduzierte Helligkeit durch Graustufen im

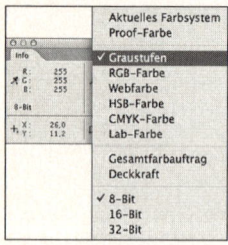

Sie ändern die *Anzeige* des Farbmodells in der Info-Palette, indem Sie auf den kleinen schwarzen Pfeil neben der Pipette klicken und das gewünschte Modell auswählen.

Rot-Kanal dargestellt) bis zum leuchtenden Rot (= Weiß im Rot-Kanal) ab. Das Gleiche gilt für die beiden anderen Farbkanäle. Durch die Mischung der unterschiedlichen Helligkeitswerte der drei Kanäle gibt es über 16 Millionen (256×256×256) verschiedene Kombinationsmöglichkeiten für die Farbnuance, die jedes einzelne Pixel annehmen kann.

Die Helligkeitswerte werden in Dezimalzahlen zwischen 0 und 255 angegeben: der Wert 0 (= Schwarz) steht für die Abwesenheit der Farbe (Abwesenheit von Licht) des betreffenden Kanals, der Wert 255 (= Weiß) steht für die reine Farbe (volles Licht, maximale Helligkeit) des betreffenden Kanals, die Werte zwischen 0 und 255 für die Farbabstufungen des betreffenden Kanals (graue Zwischenstufen). Ein leuchtendes Rot hat z. B. die Werte 217 für R, 53 für Grün, 35 für Blau. Reines Weiß hat den Wert 255 für alle drei Komponenten (maximales Licht in allen drei Kanälen). Reines Schwarz hat den Wert 0 für alle drei Komponenten (kein Licht in allen drei Kanälen).

Farbumfangwarnung(!)

In einigen Fällen kommt es vor, dass in der Info-Palette neben der Anzeige für CMYK-Werte ein Ausrufezeichen erscheint. Dies bedeutet nichts anderes, als dass diese Farbe, so wie sie am Bildschirm dargestellt ist, nicht im Druck wiedergegeben werden kann. Die Ursache liegt im eingeschränkten Farbumfang des CMYK-Farbraumes. Farbumfangwarnungen kommen noch in einigen anderen Dialogen vor (s. S. 374).

Rot-Kanal

Schwarz = 0   256 Helligkeitsstufen   Rot = 255

Grün-Kanal

Schwarz = 0   256 Helligkeitsstufen   Grün = 255

Blau-Kanal

Schwarz = 0   256 Helligkeitsstufen   Blau = 255

CMYK-Modus

Der CMYK-Modus entspricht dem CMYK-Modell. Er ist ausschließlich dafür vorgesehen, farbige Bilder für den *Vierfarbdruck* in die vier erforderlichen Grundfarben Cyan, Magenta und Gelb (für die Farbwiedergabe) sowie Schwarz (für die Tiefenzeichnung) aufzuteilen

✔ Durch Anschalten der Box *Farbauszüge in Farbe* unter *Photoshop > Voreinstellungen > Bildschirm- & Zeigerdarstellung* wird ein einzelner Kanal nicht in Graustufen, sondern in der jeweiligen Kanalfarbe am Bildschirm angezeigt.

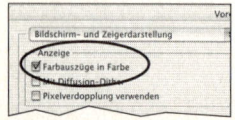

✔ Die Umwandlung eines RGB-Bildes in den CMYK-Modus (Farbseparation) ist ein relativ komplizierter Prozess, da farbige Bildteile durch Schwarz ersetzt werden müssen. Es gibt dafür unterschiedliche Methoden. Weiterführende Informationen finden Sie im Kapitel 16.

(*Farbseparation*). Im CMYK-Modus stehen zur Speicherung und Darstellung der Pixel im Bild vier Farbkanäle mit je 8 Bit zur Verfügung. Obwohl theoretisch (4×8 Bit) Milliarden Farben gespeichert werden können, sind im Druck aus technischen Gründen nur sehr viel weniger (maximal einige hunderttausend) reproduzierbar. Da Farben am Monitor nur durch Licht erzeugt werden können, muss Photoshop die Druckfarben (die Körperfarben sind) simulieren.

Im CMYK-Modus wird jedem Pixel ein Prozentwert des Farbauftrags der vier Druckfarben zugeordnet. Helle Farben (relativ kleine Rasterpunkte, geringe Flächendeckung) haben niedrige Prozentwerte. Reines Weiß wird durch den Wert 0% bei allen vier Komponenten erreicht, das bedeutet, dass in diesen Bereichen keine Druckfarbe aufgetragen wird und die Papierfarbe zu sehen ist. Dunkle Farben (relativ große Rasterpunkte, starke Flächendeckung) haben höhere Prozentwerte.

Ein leuchtendes Rot wird im CMYK-Modus beispielsweise durch C=0%, M=97%, G=98%, K=0% erreicht. Schwarz entsteht, wenn alle vier Komponenten zu 100% vertreten sind. (In der Praxis wird reines Schwarz jedoch aus technischen Gründen mit reduzierten C-, M- und Y-Anteilen gedruckt.)

Cyan-Kanal

Weiß = 0 %   256 Helligkeitsstufen   Cyan = 100 %

Magenta-Kanal

Weiß = 0 %   256 Helligkeitsstufen   Magenta = 100 %

Gelb-Kanal

Weiß = 0 %   256 Helligkeitsstufen   Gelb = 100 %

Schwarz-Kanal

Weiß = 0 %   256 Helligkeitsstufen   Schwarz = 100 %

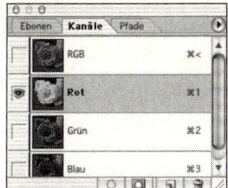
Kanäle-Palette

Bitmap (1 Kanal)

Graustufen (1 Kanal)

Die Farbkanäle werden in der Kanäle-Palette dargestellt. Der *Bitmap-* und *Graustufen-Modus* sowie der Modus *Indizierte Farben* haben jeweils nur einen Kanal. Im *RGB-*, *CMYK-* und *Lab-*Modus wird zusätzlich zu den drei bzw. vier Farbkanälen eine Mischung der Kanäle, der so genannte Gesamtkanal – das eigentliche Bild –, angezeigt.

Die Kanäle-Palette funktioniert ähnlich wie die Ebenen-Palette: Ein- und Ausblenden einzelner Kanäle erfolgt über das Augensymbol in der linken Spalte. Zur Bearbeitung einzelner Kanäle müssen diese aktiviert sein (dargestellt durch eine farbige Markierung in der Kanäle-Palette): durch Klicken auf den Namen oder die Miniatur des Kanals. Ein aktiver Kanal wird als Graustufenbild angezeigt – sind mehrere Kanäle eingeblendet, mischt sich ihre Darstellung. Werden alle Kanäle eingeblendet, wird gleichzeitig der Gesamtkanal sichtbar. Um den Gesamtkanal zu aktivieren und gleichzeitig zu sehen, klickt man auf den Namen oder die Miniatur, z. B. *RGB*, in der Palette. Zusätzlich zu den Farbkanälen können in der Kanäle-Palette *Alpha-Kanäle* (gespeicherte Auswahlbereiche) aufgelistet sein.

RGB-Modus (3 Kanäle)

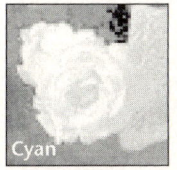

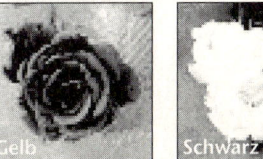

CMYK-Modus (4 Kanäle)

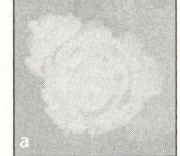
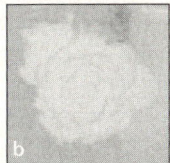

Lab-Modus (3 Kanäle) (Alle Abbildungen auf dieser Seite vergrößerte Darstellungen.)

✔ Da der Lab-Modus den größten Farbumfang von allen verfügbaren Modellen hat, wird er intern von Photoshop verwendet, wenn Bilder vom RGB-Modus in den CMYK-Modus und vom YCC-Farbraum in den RGB-Modus umgewandelt werden.

Lab-Modus

Beim Lab-Modus, der dem CIELab-Modell entspricht, stehen drei Kanäle zur Speicherung der Farbinformationen zur Verfügung. Allerdings werden Farben hier nicht in drei Grundfarben wie im RGB-Modell zerlegt, sondern in eine Helligkeitskomponente (Luminanz) und zwei Buntheitskomponenten. Die Helligkeit kann zwischen 0 (Schwarz) und 100 (Weiß) liegen. Die Farben liegen auf der a-Achse (Magenta–Rot / Grün–Cyan) und der b-Achse (Gelb / Blau) zwischen den Werten + 120 und − 120. Ein leuchtendes Rot würde im Lab-Modus durch die Werte L = 100, a = +120 und b = +120 erreicht. Die Werte L = 0, a = 0 und b = 0 erzeugen die Farbe Schwarz, die Werte L = 100, a = 0 und b = 0 erzeugen die Farbe Weiß. Die Sättigung nimmt jeweils ab, wenn die Werte der a- und b-Komponente gegen 0 gehen.

Der Lab-Modus ist empfehlenswert, wenn die Helligkeit getrennt von der Farbigkeit bearbeitet werden soll oder Bilder zwischen verschiedenen Computersystemen ausgetauscht werden müssen. Übrigens basiert auch der YCC-Farbraum der KODAK Photo CD auf dem Lab-Modell.

Luminanz-Kanal

Schwarz = 0   256 Helligkeitsstufen   Weiß = 100

a-Kanal

Grün / Cyan = a − 120   Magenta / Rot = a +120
Volle Sättigung   Ungesättigt   Volle Sättigung

b-Kanal

Blau = b − 120   Gelb = b + 120
Volle Sättigung   Ungesättigt   Volle Sättigung

Modus Indizierte Farben

In einigen Fällen ist es erforderlich, ein RGB-Bild in ein indiziertes Farbbild umzuwandeln

– z. B. um Bilder in Anwendungen korrekt darstellen zu können, die maximal 256 Farben unterstützen (wie ältere Internet-Browser). Es kann auch vorkommen, dass Sie die speziellen Effekte, die bei der Umwandlung möglich sind, benutzen möchten oder dass Sie den Modus Indizierte Farben verwenden wollen, um Speicherplatz zu sparen. Bei der Umwandlung eines RGB- oder Graustufenbildes in ein indiziertes Farbbild werden alle vorhandenen Farben auf maximal 256 festgelegte Farben einer Farbtabelle reduziert. Es stehen unterschiedliche Farbtabellen zur Verfügung, die auch nachträglich verändert werden können, und es kann nach eigenen Farbtabellen indiziert werden.

✔ Die meisten Multimediaprogramme bieten die Möglichkeit, ein Bild beim Import in indizierte Farben umzuwandeln (z. B. Macromedia Director). Vergleichen Sie gegebenenfalls das Ergebnis mit einer in Photoshop umgewandelten Variante.

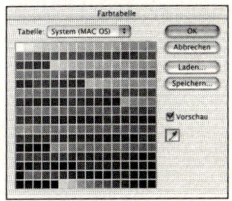

Farbtabelle eines indizierten Farbbildes

Duplex-Modus
Duplex ist ein Modus zum Drucken eines Graustufenbildes mit einer zweiten, dritten oder vierten Druckfarbe. Er besteht aus einem Kanal. Näheres dazu finden Sie im Kapitel 16.

Mehrkanal-Modus
Ein Mehrkanalbild besteht aus mehreren Kanälen mit je 256 Graustufen. Mehrkanalbilder werden für spezielle Druckanforderungen benutzt, z. B. die Umwandlung eines Duplexbildes zum Exportieren in bestimmte Layout-Programme oder Systeme (Scitex). Jedes Bild, welches aus mehr als einem Kanal besteht, kann in den Mehrkanal-Modus umgewandelt werden. Beim Umwandeln von farbigen Bildern in den Mehrkanal-Modus gehen die Farbinformationen der Kanäle verloren und werden in Graustufenkanäle bzw. Schmuckfarbenkanäle konvertiert, die die Helligkeitswerte der ehemaligen Farbkanäle widerspiegeln.

✔ Auch Monitore, die nicht in der Lage sind, 24 Bit Farbtiefe darzustellen, sondern nur mit 8 Bit Farbtiefe (256 Farben) arbeiten, greifen bei der Darstellung von Bildern mit einer größeren Farbtiefe auf 256 festgelegte Farben in der (System-) Farbtabelle zu.

✔ Bilder im Mehrkanal-Modus können nur im *DCS-2.0-Format* in andere Programme exportiert werden. Bilder im Mehrkanal-Modus können nicht als Farb-Composite (Probezusammenstellung am Farbdrucker) ausgegeben werden.

Farben

Umwandeln von einem Farbmodus in einen anderen

✔ Beachten Sie, dass beim Umwandlungsprozess immer der Gesamtkanal aktiviert ist.
In manchen Modi lassen sich Bilder nicht direkt in einen anderen Modus umwandeln (z. B. RGB in Bitmap). Die momentan nicht verfügbaren Modi werden grau dargestellt. Im Falle des RGB-Bildes wählen Sie als Zwischenschritt den Graustufen-Modus und dann Bitmap.

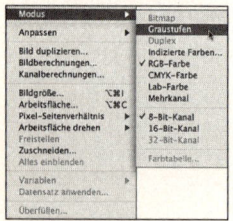

Menü *Bild* mit dem Untermenü *Modus*

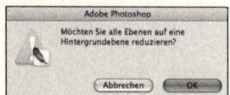

Die Befehle zur Bildmoduskonvertierung finden Sie im Menü *Bild* > *Modus*. Der Vorgang des Umwandelns eines Bildes von einem Farbmodus in einen anderen ist *nicht umkehrbar*, da durch eine Abwärtskonvertierung (= Konvertierung in einen Modus mit geringerem Farbumfang) Farbinformationen aus dem Bild entfernt werden. Zwar kann dieser Arbeitsschritt rückgängig gemacht werden – wird das Bild jedoch im veränderten Zustand abgespeichert, ist es dauerhaft verändert. Unter Umständen – wenn das gleiche Bild beispielsweise für verschiedene Ausgabeformen (Druck und Online) verwendet werden soll – sollten Sie eine Kopie des Bildes abspeichern, bevor Sie das Original verändern. Bei einer Aufwärtskonvertierung (= Konvertierung in einen Modus mit größerem Farbumfang) verändert sich das Bild optisch zunächst nicht, sondern es wird die Möglichkeit geschaffen, in einem größeren bzw. speziellen Farbraum weiterzuarbeiten.

Beachten Sie außerdem, dass in vielen Fällen durch den Umwandlungsprozess Bilder mit mehreren Ebenen auf eine Ebene reduziert werden. Auch hier empfiehlt es sich (gegebenenfalls den Vorgang abbrechen), eine Kopie des Bildes mit allen Ebenen abzuspeichern.

In anderen Fällen können Sie vor dem Umwandlungsprozess entscheiden, ob auf eine Ebene reduziert werden soll oder nicht. Meist

ist es sinnvoll, die Ebenen zu erhalten und bei Bedarf die Ebenen durch einen separaten Arbeitsschritt zu reduzieren.

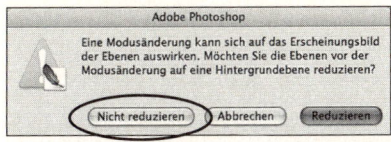

Umwandeln in den Bitmap-Modus

Ein Farbbild muss zunächst in den Graustufen-Modus umgewandelt werden, um in den Bitmap-Modus konvertiert werden zu können. Beachten Sie, dass die Bearbeitungsmöglichkeiten im Bitmap-Modus stark eingeschränkt sind und deshalb der Bitmap-Modus häufig nur für spezielle, durch die Konvertierung erreichbare Effekte sinnvoll ist. Wenn Sie für ein Graustufenbild den Bitmap-Modus anwählen, gelangen Sie in folgenden Dialog:

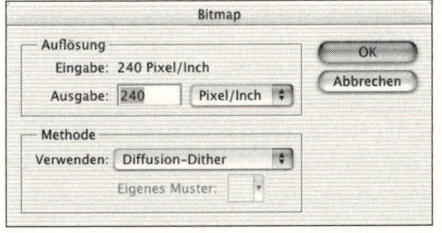

Unter *Eingabe-Auflösung* erscheint immer die aktuelle Auflösung Ihres Graustufenbildes. Unter *Ausgabe-Auflösung* können Sie wahlweise eine andere Ziel-Bildauflösung eingeben. Bei einigen Umwandlungsoptionen ist es angebracht, die Bildauflösung zu erhöhen, damit die Pixelstruktur nicht sichtbar wird. Die optimale Zielauflösung hängt auch vom Motiv ab. Wenn Sie mit dem jeweiligen Ergebnis nicht zufrieden sind, widerrufen Sie die Konvertierung und experimentieren mit unterschiedlichen Auflösungen.

Wenn Bildteile (Auswahlbereiche) zwischen Bildern mit unterschiedlichen Farbmodi ausgetauscht werden, passen sich diese immer dem Modus des Zielbildes an. (Zum Beispiel wird eine Auswahl aus einem RGB-Bild beim Ziehen in ein Graustufenbild in Graustufen umgewandelt.) Wollen Sie dies vermeiden, muss das Zielbild vorher in den gewünschten Modus umgewandelt werden.

✔ Die Bildschirmdarstellung eines Bitmaps im Layout- oder Grafikprogramm sieht meist erschreckend aus. Machen Sie einen Probeausdruck zur Kontrolle.

Beachten Sie, dass ein Bitmap-Bild, welches in ein Layoutprogramm importiert wurde, dort keinesfalls in seiner Größe verändert werden sollte. Beim Vergrößern kann die Pixelstruktur sehr deutlich zum Vorschein kommen – beim Verkleinern kann das Bild zusammenlaufen, d. h. viel zu dunkel erscheinen. Legen Sie also das Bitmap unbedingt in der endgültigen Größe in Photoshop an.

✔ Zum *Schwellenwert* lesen Sie auch auf S. 365.

✔ Beachten Sie, dass bei einer Erhöhung der Ausgabe-Auflösung das Bild vergrößert am Bildschirm *dargestellt* wird. Verwenden Sie die Befehle aus dem Ansicht-Menü zum Auszoomen (s. S. 46 ff.)

Folgende Umwandlungsmethoden werden angeboten:

▪ 50% Schwellenwert

wandelt alle Pixel des Graustufenbildes, die einen höheren Helligkeitswert als 128 haben, in weiße, und alle Pixel, die einen niedrigeren Helligkeitswert als 128 haben, in schwarze Pixel um. Die Schwellenwertmethode bringt als Ergebnis ein sehr kontrastreiches, hartes Bitmap-Bild. Hier ist es empfehlenswert, mit einer höheren Ausgabeauflösung zu arbeiten (600 bis 900 dpi).

Ausgangsbild
Bildauflösung 240 dpi

Bitmap mit *Schwellenwert*
Ausgabeauflösung 720 dpi

Vergrößerte Darstellung des Bitmaps

▪ Muster-Dither

wandelt ein Graustufenbild in Ansammlungen geometrischer Muster aus weißen und schwarzen Punkten um. Das Ergebnis ist meist nicht sehr eindrucksvoll.

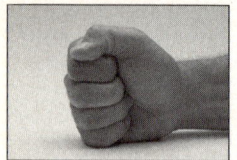

Ausgangsbild
Bildauflösung 240 dpi

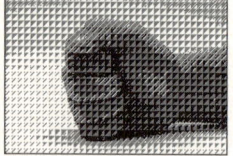

Bitmap mit *Pattern Dither*
Ausgabeauflösung 240 dpi

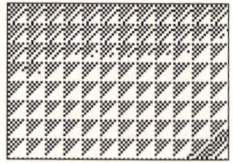

Vergrößerte Darstellung des Bitmaps

▪ Diffusion Dither

simuliert durch eine Zufallsverteilung der schwarzen und weißen Pixel die verschiedenen Graustufen bei der Umwandlung. Das Ergebnis hat eine weiche, körnige Struktur, die sehr reizvoll sein kann. Diffusion Dither ist zum

Drucken von Graustufenbildern mit niedriger Auflösung sowie für Bildschirmpräsentationen sehr gut geeignet. Die Ausgabe-Bildauflösung für Bitmap-Bilder, die gedruckt werden sollen, darf nicht zu hoch gewählt werden, da eine zu hohe Pixeldichte bewirkt, dass die Punkte „zusammenlaufen" und das Bild dadurch im Druck viel zu dunkel erscheint. Für Bildschirmpräsentationen muss das Graustufenbild gegebenenfalls vor der Umwandlung auf 72 dpi heruntergerechnet werden (*Bild > Bildgröße*). Bei der Umwandlung muss dann die Ausgabeauflösung von 72 dpi beibehalten werden.

✔ *Dither*, oder auch *Dithering* genannt, ist eine Methode zur Simulation von im Bild nicht vorkommenden Farben, Graustufen bzw. schwarzen oder weißen Pixeln. Das Dithering erfolgt nach festgelegten Mustern (Muster-Dither) oder nach Zufallsverteilung (Diffusion Dither). Dithering-Methoden werden z. B. auch bei der Erstellung von Verläufen und beim Indizieren von Bildern angewendet.

Ausgangsbild
Bildauflösung 240 dpi

Bitmap mit *Diffusion Dither*
Ausgabeauflösung 240 dpi

Vergrößerte Darstellung des Bitmaps

▩ Rastereinstellung
simuliert die verschiedenen Graustufen eines Bildes durch unterschiedlich große Rasterpunkte, wie sie beim Offset- oder Siebdruck verwendet werden. Damit kann man den Eindruck eines Druckrasters z. B. auch mit einem nicht PostScript-fähigen Drucker erzeugen. Wenn Sie diese Option wählen, gelangen Sie in folgenden Dialog:

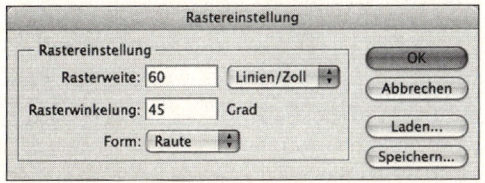

Die *Rasterweite* bestimmt den Abstand zwischen den Mittelpunkten der einzelnen Rasterpunkte. *Rasterwinkelung* ist die Ausrichtung der Rasterpunkte. Bei *Rasterform* können Sie zwischen Raute, Punkt, Ellipse, Linie, Quadrat und Kreuz wählen.

Ausgangsbild
Bildauflösung 240 dpi

Bitmap mit *Rasterung*
(60 lpi, 45°, Punkt)
Ausgabeauflösung 240 dpi

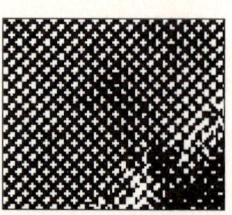

Vergrößerte Darstellung
des Bitmaps

✔ Zum Muster-Festlegen gehen Sie wie auf S. 129 beschrieben vor. Das festgelegte Muster muss die im Bitmap gewünschte Größe haben. Gegebenenfalls muss die entsprechende Auswahl vor dem Festlegen des Musters verkleinert werden.

▪ Eigenes Muster

erzeugt ein Bitmap durch ein vordefiniertes Muster, welches der Muster-Palette entnommen wird. Es ist auch möglich, eine verkleinerte Version des Bildes selbst als Muster festzulegen. Dazu erstellen Sie eine Kopie des Bildes, skalieren diese und legen davon das Muster fest. Wechseln Sie dann in das Original, und wählen Sie den Bitmap-Modus.

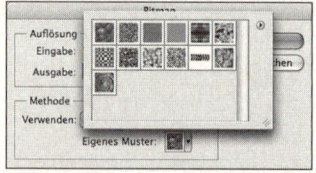

Ausgangsbild
Bildauflösung 240 dpi

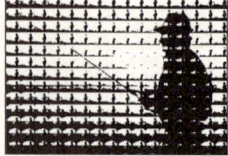

Bitmap mit *Eigenem Muster*
Ausgabeauflösung 240 dpi

Vergrößerte Darstellung
des Bitmaps

Was bedeutet Schwellenwert?

Schwellenwert ist der Helligkeitswert 128 (= 50 % Schwarz), der exakte Mittelwert zwischen schwarzen und weißen Pixeln in einem Graustufenkanal. Da ein Bild im Bitmap-Modus nur schwarze oder weiße Pixel haben kann, müssen alle Helligkeitsabstufungen in Schwarz oder Weiß umgewandelt werden: Pixel, die einen höheren Helligkeitswert als 128 haben, werden in weiße, und Pixel, die einen niedrigeren Helligkeitswert als 128 haben, in schwarze Pixel umgewandelt.

✔ Wenn beim Malen mit Malwerkzeugen im Bitmap-Modus als Vordergrundfarbe ein Grau ausgewählt wurde, welches dunkler als der Helligkeitswert 128 ist, wird mit Schwarz gemalt. Wenn als Vordergrundfarbe ein Grau ausgewählt wurde, welches heller als der Helligkeitswert 128 ist, wird mit Weiß gemalt.

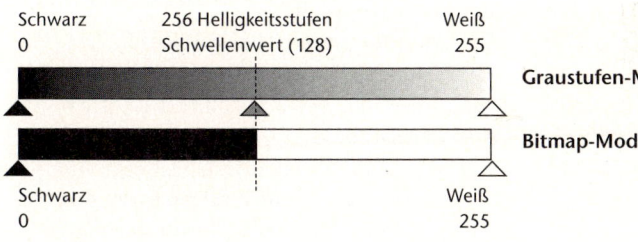

Im Bitmap-Modus heißt der Normal-Mal- und Bearbeitungsmodus in der Werkzeug-Optionen-Palette *Schwellenwert*.

Bitmap-Bilder in den Graustufen-Modus umwandeln

Ein Bitmap-Bild kann in den Graustufen-Modus konvertiert werden. Dadurch erhält es zunächst keine grauen Pixel. Es ist damit aber die Voraussetzung geschaffen, alle die Werkzeuge und Befehle benutzen zu können, die im Bitmap-Modus nicht verfügbar waren (z. B. Filter). Das Bild kann nach der Bearbeitung wieder in ein Bitmap umgewandelt werden. Beachten Sie, dass sich das Aussehen des Bildes bei der Rückkonvertierung je nach ausgewählter Umwandlungsmethode verändern kann.

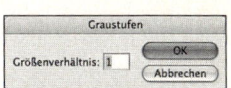

Größenverhältnis 1 konvertiert das Graustufenbild in gleicher Größe; ein anderer Wert bei *Größenverhältnis* verkleinert das konvertierte Bild um diesen Faktor.

Graustufenbild in ein Farbbild umwandeln

Wollen Sie ein Graustufenbild kolorieren, darin mit Farben arbeiten oder farbige Bildteile aus anderen Bildern einsetzen, muss das Bild in den gewünschten Farbmodus umgewandelt werden. Im Normalfall wird dies der RGB-Modus sein. Damit verändert sich das Graustufenbild optisch zunächst nicht, aber die oben beschriebenen Aktionen sind nun möglich.

Umwandeln eines RGB-Bildes in den CMYK-Modus (Farbseparation)

Die Umwandlung eines RGB-Bildes in den CMYK-Modus (Farbseparation) ist ausschließlich notwendig, wenn das Bild im Vierfarbdruck gedruckt werden soll. Die Farbseparation ist ein komplexer Prozess, der nach unterschiedlichen Methoden erfolgen kann. Eine ausführliche Beschreibung dieser Umwandlung finden Sie im Kapitel 16.

✔ Für eine Präsentation von RGB-Bildern im WWW ist eine Modusänderung in *Indizierte Farben* nicht unbedingt erforderlich. Hierzu können Sie den viel praktischeren Befehl *Datei > Für Web speichern...* verwenden (s. S. 529).

Umwandeln in Indizierte Farben

Wenn Sie ein farbiges Bild (RGB-Bild mit 24 Bit Farbtiefe) in Programme exportieren wollen, die nur 256 Farben (8 Bit) unterstützen (z. B. ältere Multimedia-Programme), oder aus anderen Gründen auf 8 Bit Farbtiefe beschränken wollen, müssen Sie dieses in den Modus *Indizierte Farben* umwandeln. Der Modus *Indizierte Farben* verringert die ursprünglich vorhandenen Millionen Farbabstufungen auf maximal 256 Farben, die in einer so genannten Farbtabelle abgespeichert werden. Wie dieser Indizierungsvorgang vonstatten gehen soll, können Sie – entsprechend der gewünschten Ausgabeplattform – aus den Optionen im Indizieren-Dialog auswählen.

Ein Bild, welches in den Modus *Indizierte Farben* umgewandelt werden soll, kann im Graustufen-Modus oder RGB-Modus vorliegen. Wird ein Graustufenbild indiziert, gibt es keine weiteren Optionen – das Bild kann dann aber, wie im Abschnitt *Farbtabelle nachträglich bearbeiten* beschrieben, verändert werden. Wenn Sie für ein RGB-Bild den Modus *Indizierte Farben* wählen, erscheint folgender Dialog:

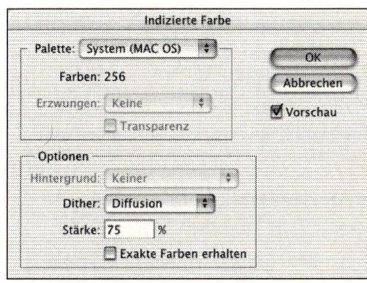

Die verfügbaren Farbtabellen im *Palette*-Untermenü sind:

Palettenarten (vordefinierte Farbtabellen)

Palette-Untermenü

- *Exakt*: Übernimmt aus einem RGB-Bild, welches nur über 256 Farben verfügt, exakt diese Farben, weshalb kein Dithering entsteht. Die Option ist demzufolge nur verfügbar, wenn ein RGB-Bild mit 8 Bit Farbtiefe vorliegt.
- *System (Macintosh)* setzt die 256 Farben des Macintosh-Systems ein, die auf einer gleichmäßigen Verteilung von RGB-Farben basieren.
- *System (Windows)* setzt als Farbtabelle die 256 Farben des Windows-Systems ein (die nicht ganz identisch mit dem Macintosh-System sind).
- *Web* verwendet genau 216 Farben nach einer von Web-Browsern am häufigsten verwendeten Farbtabelle, welche die Schnittmenge aus der 8-Bit-Palette des Mac OS und der System-Farbpalette von Windows sind. Damit ver-

Farben 367

✔ *Lokal (Perzeptiv/Selektiv/Adaptiv)* bringt zwar die genaueste Umsetzung des Bildes. Es kann aber unter bestimmten Umständen beim Ablauf von mehreren auf diese Weise indizierten Bildern in einem Multimedia-Programm zu Farbverschiebungen beim Wechsel von einem zum nächsten Bild kommen. Das Problem tritt immer dann auf, wenn Bilder mit unterschiedlichen Paletten indiziert wurden und in Folge abgespielt werden. Für derartige Fälle sollte lieber auf die Systemfarbpalette zurückgegriffen werden. Lesen Sie dazu auch in der Dokumentation Ihres Multimedia-Programms. Ebenso sollte man – wenn Wert auf eine korrekte Darstellung in den gängigsten Browsern gelegt wird – nicht mit *Flexibel*, sondern mit der *World-Wide-Web*-Farbtabelle arbeiten.

meiden Sie Browser-Dithering auf Bildschirmen mit nur 256 Farben.

▧ *Gleichmäßig* wandelt in eine Farbtabelle um, deren Farben dem RGB-Farbquader in gleichmäßigen Abständen zueinander entnommen sind. Es werden maximal 216 Farben erzeugt.

▧ *Lokal (Perzeptiv)* erstellt eine eigene Palette, in der hauptsächlich Farben vorkommen, die das menschliche Auge am besten wahrnimmt.

▧ *Lokal (Selektiv)*: Ähnlich wie *Perzeptiv*, es werden jedoch große Farbbereiche und die Erhaltung von Web-Farben bevorzugt. Die Farbähnlichkeit zur Vorlage ist hier am größten.

▧ *Lokal (Adaptiv)* erstellt eine Palette durch Aufnehmen der Farben aus dem Spektrum, die in dem Bild hauptsächlich vorkommen. Enthält ein RGB-Bild z. B. nur die Farben Grün und Blau, wird eine Palette mit hauptsächlich Grün- und Blautönen erstellt. (Falls eine aktive Auswahl im Bild vorhanden ist, wird die Farbtabelle nach den in der Auswahl am häufigsten vorkommenden Farben erstellt.)

▧ *Eigene...* erstellt eine Farbtabelle, die Sie selbst bearbeiten können. Wenn Sie *Eigene* auswählen, erscheint die Farbtabelle zur Bearbeitung. Sie können nun aus dem Untermenü *Tabelle* eine vordefinierte Farbtabelle auswählen oder die Farben wie folgt verändern:

✔ Mit der Pipette in der *Farbtabelle* kann eine Farbe ausgewählt werden, welche in einem Browser transparent dargestellt wird, sofern das Bild im GIF-Format abgespeichert wird (mit dem Befehl *Datei > Für Web speichern...* s. S. 529).

Menü mit vordefinierten Farbtabellen

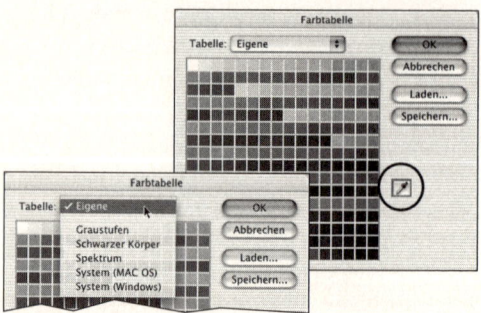

- Klicken Sie auf eine Farbe, um sie auszuwählen, oder klicken und ziehen Sie über mehrere Farben, um einen Farbbereich auszuwählen. Der Farbwähler erscheint:

✔ Sie können auch eigene Farbpaletten laden, die Sie in der Farbfelder-Palette bearbeitet und gespeichert haben (s. S. 378).

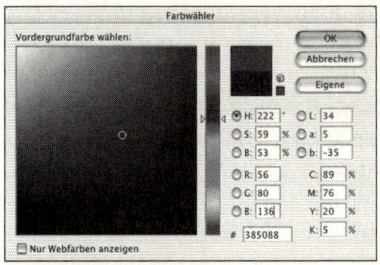

- Wählen Sie eine Farbe wie auf S. 373 ff. beschrieben aus und bestätigen Sie mit *OK*. Wenn Sie einen Farbbereich ausgewählt hatten, haben Sie damit zunächst die Anfangsfarbe (*Erste Farbe*) eines Verlaufs definiert. Der Farbwähler erscheint ein zweites Mal, damit Sie die Endfarbe (*Letzte Farbe*) des Verlauf auswählen können. Bestätigen Sie wieder mit *OK*.
- Wiederholen Sie den Vorgang für alle Farben, die Sie verändern wollen, und verlassen Sie die Farbtabelle dann mit *OK*, um das Ergebnis zu sehen. Vermutlich müssen Sie ein wenig experimentieren, um zu einem ansehnlichen Ergebnis zu kommen.

▨ *Vorige* verwendet zur Konvertierung die Farbtabelle der vorangegangenen Umwandlung. Dadurch ist es einfach, mehrere Bilder mit derselben Farbtabelle umzuwandeln.

▨ *Farben*: Hier kann bei einigen Farbtabellen zusätzlich die Anzahl der Farben (max. 256) variiert werden. Auch wenn mit weniger Farben indiziert wird, wird das Bild dennoch als 8-Bit-Bild mit 256 Farben behandelt, es sei denn, es wird im GIF-Format abgespeichert.

▨ *Erzwungen*: Es wird die Aufnahme bestimmter Farben erzwungen (siehe rechts).

Farbtiefe und Farben festlegen

Schwarzweiß = reines Schwarz und Weiß; *Primärfarben* = Rot, Grün, Blau, Cyan, Magenta, Gelb, Schwarz und Weiß; *Web* = die 216 websicheren Farben; *Eigene* = eigene Farben auswählen

Transparenz

▪ *Transparenz* macht nur Sinn, wenn transparente Bereiche existieren, und legt fest, ob diese bei der Konvertierung erhalten bleiben. Bei deaktivierter Option werden transparente Bereiche mit der Hintergrundfarbe gefüllt bzw. mit Weiß, wenn keine Hintergrundfarbe definiert ist.

Hintergrund

▪ *Hintergrund* ist nur aktiv, wenn transparente Bereiche existieren, und legt die Hintergrundfarbe für geglättete Kanten neben transparenten Bildbereichen fest. Ist *Transparenz* aktiviert, wird die Hintergrundfarbe zur Anpassung an gleichfarbige Web-Hintergründe auf Kantenbereiche angewendet. Ist die Option deaktiviert, werden die transparenten Bereiche mit der Hintergrundfarbe gefüllt. Wenn Sie als Hintergrund *Keiner* wählen und *Transparenz* aktiviert ist, wird Transparenz mit harten Kanten erzeugt – ist dagegen *Transparenz* deaktiviert, werden transparente Bereiche mit Weiß gefüllt.

Auswahlmenü für Hintergründe

Dithering-Optionen

Sofern Sie nicht die Tabellen *Exakt* verwenden, enthält die Tabelle in den meisten Fällen nicht alle Farben aus dem Bild. *Dither*, auch *Dithering* genannt, ist eine Methode zur Simulation von solchen in der Tabelle nicht vorkommenden Farben. Das Dithering schafft optisch weichere Übergänge in Bildbereichen mit großen Farbunterschieden.

▪ *Dither-Stärke*: Bei einem höheren Wert werden mehr Farben gedithert, aber auch die Datei vergrößert.

▪ *Ohne*: Es werden keine Farben gedithert, sondern fehlende Farben durch ähnliche ersetzt. Dadurch entstehen meist harte Übergänge zwischen Farbabstufungen, die aber auch ihren Reiz haben können.

- *Diffusion*: Verwendet eine Zufallsverteilung – meist die beste Wahl.
- *Exakte Farben erhalten*: Damit werden Farben mit Einträgen in der Farbtabelle nicht gedithert (damit ggf. feine Linien und Text in Web-Bildern erhalten bleiben).
- *Muster* dithert nach einem rasterähnlichen Muster (nicht sehr empfehlenswert).
- *Störung* verringert Nahtmuster entlang den Kanten von Bild-Slices (ggf. günstig, wenn das Bild für die Platzierung in einer HTML-Tabelle geslict werden soll – ansonsten sollte lieber auf *Diffusion* zurückgegriffen werden).

✔ Die gleichen Optionen zum Indizieren von Bildern (Farbtabellen, Transparenz-, Hintergrund- und Dithereinstellungen) finden Sie im Dialog des Befehls *Datei > Für Web speichern...*, welcher übersichtlicher und besser zu handhaben ist (s. S. 529).

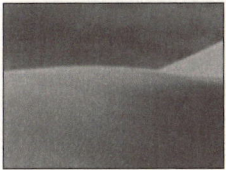
Ausgangsbild

Indiziertes Bild *ohne* Dithering

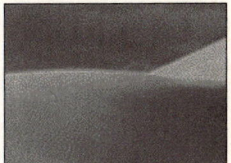
Indiziertes Bild mit *Diffusion*-Dithering

Farbtabelle nachträglich bearbeiten

Es ist möglich, die erzeugten Farbtabellen nachträglich zu bearbeiten. Beispielsweise können damit indizierte Graustufenbilder koloriert, Farben partiell ausgetauscht oder Farbeffekte für Bilder erzeugt werden. Wählen Sie im Menü *Bild > Modus > Farbtabelle*. Die aktuelle Farbtabelle des Bildes erscheint. Zur Bearbeitung gehen Sie wie unter *Farbtabellen / Eigene* beschrieben vor.

Zur Mehrfachverwendung individuell festgelegter Farbtabellen lassen sich diese an einem beliebigen Ort als Datei speichern und jederzeit wieder laden. Verwenden Sie dazu die Schalter *Speichern* bzw. *Laden*.

Farben auswählen – Farben mischen

✔ Über *Photoshop > Allgemeine > Farbwähler* kann man sich zwischen dem Photoshop-Farbwähler und dem Apple- bzw. Windows-Farbwähler (siehe Seite 347) entscheiden.

Arbeiten mit dem Photoshop-Farbwähler

Sie gelangen in den Farbwähler, wenn Sie auf die Vorder- oder Hintergrundfarbe in der Werkzeug-Palette klicken. Mit dem Photoshop-Farbwähler kann man Farben direkt aus dem Farbspektrum auswählen oder die Komponenten einer Farbe in den Farbmodellen HSB, RGB, Lab, CMYK sowie als websichere Farben numerisch festlegen. Außerdem kann aus verschiedenen Echtfarben-Modellen gewählt werden.

Apple-Farbwähler

Die Farbauswahl ist in verschiedenen Modellen möglich: *Buntstifte, CMYK, HSB/HSV, HTML, RGB* und im Farbspektrum. *HTML* zeigt webtaugliche Farben im Hexadezimalcode an – ansonsten ist der Farbwähler nicht zu empfehlen.

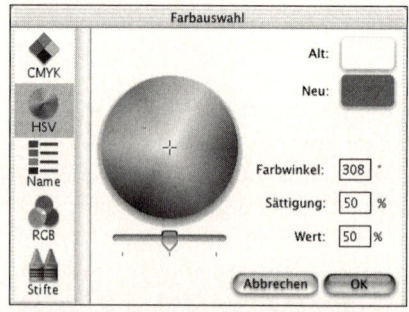

Windows-Farbwähler

Die Farbauswahl ist im HSB- und RGB-Modell sowie im Farbspektrum möglich.

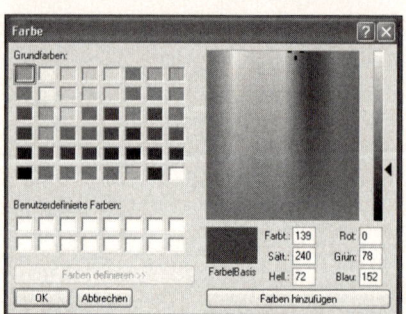

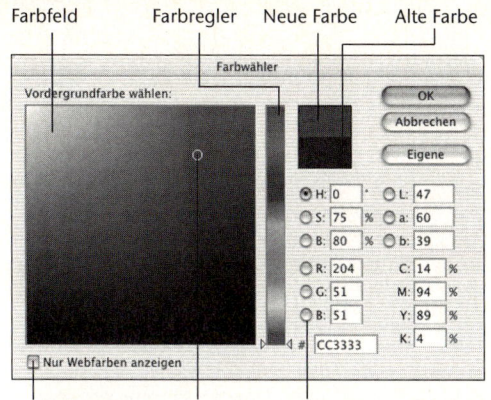

Farbfeld — Farbregler — Neue Farbe — Alte Farbe

Anzeige von web- — Zielfarbe — Schalter zur Vorauswahl
sicheren Farben — — nach Farbkomponenten

Photoshop-Farbwähler

Die Farbauswahl ist im HSB-, RGB-,Lab- und CMYK-Modell, im websicheren Bereich (hexadezimal), in verschiedenen Echtfarben-Modellen (Schalter *Eigene*) sowie im Farbspektrum (Farbfeld) möglich.

Um eine neue Farbe aus dem Photoshop-Farbwähler im HSB-, RGB- oder Lab-Modell auszuwählen, gehen Sie so vor:

• Treffen Sie zunächst eine Vorauswahl, indem Sie einen der weißen Schieberegler entlang des Farbreglers schieben, oder klicken Sie in den Farbregler, oder treffen Sie eine Vorauswahl durch Klicken auf den Schalter für eine der Komponenten H, S, B, R, G oder B.

• Klicken Sie dann in das Farbfeld (ein kleiner Kreis markiert die Zielfarbe), um eine Farbe auszuwählen. Die neue Farbe erscheint rechts oben im Vorschaufeld über der alten.

Oder:

• Geben Sie die Werte numerisch ein. Vergleichen Sie hierzu auch die Abschnitte *Farbmodelle* und *Farbmodi* sowie die Übersicht auf der nächsten Seite.

Während Sie die Farbe im Farbfeld, Farbregler oder durch Werte verändern, ändern sich auch die Werte der anderen Modelle, da ein Wert für die Komponente eines Modells sein Äquivalent in jedem anderen Modell findet.

Farbe	H	S	B	R	G	B
Schwarz	egal	0	0	0	0	0
Weiß	egal	0	100	255	255	255
Mittleres Grau	egal	0	50	128	128	128
Rot	0	100	100	255	0	0
Grün	120	100	100	0	255	0
Blau	240	100	100	0	0	255
Cyan	180	100	100	0	255	255
Magenta	300	100	100	255	0	255
Gelb	60	100	100	255	255	0

Übersicht über die Zusammensetzung der wichtigsten Farben in den Farbmodellen HSB und RGB. Es spielt keine Rolle, in welchem der zwei Modelle die Werte eingegeben werden.

Auswählen von CMYK-Farben

Wenn Sie CMYK-Werte in RGB-Bildern verwenden und später in den CMYK-Modus konvertieren, ändert sich die Zusammensetzung der CMYK-Werte je nach Separationseinstellungen.

Für das CMYK-Modell sowie die Echtfarben-Modelle sollten Farben ausschließlich durch die Eingabe numerischer Werte ausgewählt werden, die Farbfächern oder Musterbüchern entnommen wurden. Die Äquivalente der RGB-Werte im CMYK-Modell können je nach Separationseinstellung variieren (nähere Informationen dazu finden Sie im Kapitel 16).

Farbumfangwarnung

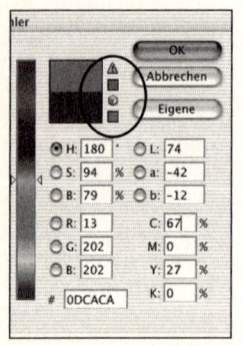

In vielen Fällen wird ein kleines Warndreieck und/oder ein Würfel neben einer neu ausgewählten Farbe erscheinen. Photoshop zeigt mit dem Warndreieck an, dass diese Farbe *nicht druckbar* ist, d. h. kein Äquivalent im CMYK-Farbraum hat. Mit dem Würfel wird angezeigt, dass diese Farbe nicht websicher ist. Wenn Sie die Bilder, für die Sie diese Farbe verwenden, nicht drucken bzw. nicht im Web verwenden wollen, können Sie die Information ignorieren. Ansonsten können Sie auf das kleine Farbfeld unter dem Warndreieck bzw. unter dem Würfel klicken, womit Ihnen eine Alternative, basierend auf den aktuellen Separationseinstellungen, bzw. die nächstliegende websichere Farbe angeboten wird. Auch wenn

Sie diese Alternative nicht wählen und die Farbe trotzdem verwenden, greift Photoshop spätestens bei der Separation darauf zurück. Wenn Sie mit einer „undruckbaren" Farbe in einem CMYK-Bild malen oder arbeiten, wird automatisch die Alternative verwendet.

✔ Weitere Informationen zu Web-sicheren Farben finden Sie in der Photoshop-Hilfe.

Echtfarben sind nur relevant, wenn Bilder mit fotografischen Elementen später im Vierfarbdruck gedruckt werden sollen und im Bild enthaltene Farben auf andere grafische Elemente, die mit Echtfarben in anderen Grafik- oder Layoutprogrammen angelegt wurden, abgestimmt werden müssen. Beachten Sie, dass Photoshop zwar die Auswahl von Echtfarben anbietet, diese jedoch in jedem Fall in das entsprechende CMYK-Äquivalent umwandelt, damit sie gedruckt werden können. Ausnahmen sind Bilder, die in den *Duplex-Modus* umgewandelt oder als *partielles Duplex* (mit Schmuckfarbenkanälen) ausgegeben werden – hier können tatsächlich Echtfarben, auch Lacke und andere Sonderfarben gedruckt werden. Die gewünschte Echtfarbe sollte auf jeden Fall einem Farbfächer entnommen werden.

Auswählen von Echtfarben

✔ Eine Beschreibung der in Europa wichtigsten Echtfarben-Modelle finden Sie auf Seite 349.

✔ Weitere Informationen zum Arbeiten im Duplex-Modus und mit Schmuckfarbenkanälen finden Sie im Kapitel 16.

Zum Auswählen einer Echtfarbe:
- Klicken Sie auf den Schalter *Farbbibliotheken* im Farbwähler. Es erscheint folgender Dialog:

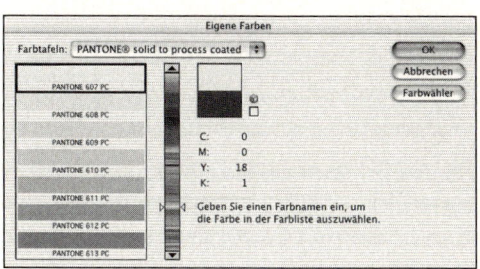

- Wählen Sie ein Farbmodell aus dem Untermenü *Farbtafeln*.

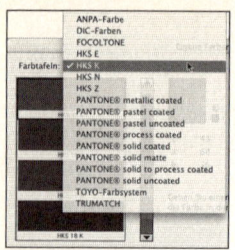

Verfügbare Echtfarben-Farbmodelle

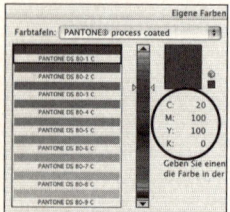

CMYK-Äquivalent der ausgewählten Echtfarbe

- Geben Sie die dem Farbfächer entnommene Nummer der Druckfarbe ein.

Oder:

- Treffen Sie eine Vorauswahl, indem Sie einen der weißen Schieberegler entlang des Farbreglers schieben, oder klicken Sie in den Farbregler.
- Klicken Sie dann im Vorschaufeld auf die gewünschte Farbe.

Das CMYK-Äquivalent für die ausgewählte Echtfarbe erscheint rechts im Dialog.

- Verlassen Sie den Echtfarben-Dialog mit *OK*, oder kehren Sie in den Farbwähler zurück, indem Sie auf den gleichnamigen Schalter klicken, um die Farbe gegebenenfalls zu modifizieren, und klicken dann *OK*.

Die neue Farbe erscheint als Vordergrundfarbe bzw. Hintergrundfarbe in der Werkzeug-Palette. Da die neue Farbe durch die Auswahl einer weiteren neuen Farbe ersetzt wird, ist es möglich, die neu erstellten Farben dauerhaft abzuspeichern (siehe Abschnitt *Arbeiten mit der Farbfelder-Palette*).

✔ Die Web-Farbtabellen lassen sich über das Untermenü der Farbfelder-Palette laden.

Auswählen von Web(-sicheren) Farben

- Klicken Sie den Schalter *Nur Webfarben anzeigen* an.
- Wählen Sie die Farbe im Farbfeld aus. Alternativ geben Sie hexadezimale Werte (Kombinationen aus 00, 33, 66, 99, CC und FF sind möglich) oder das RGB-Äquivalent ein (Kombinationen aus 0, 51, 102, 153, 204, 255).

Arbeiten mit der Farbfelder-Palette

Die Farbfelder-Palette lässt sich über das Menü *Fenster > Farbfelder* aufrufen. Sie erscheint standardmäßig zusammen mit der *Farbregler*-Palette und der *Stile*-Palette. Die Farbfelder-Palette enthält die aktuelle (zuletzt verwendete)

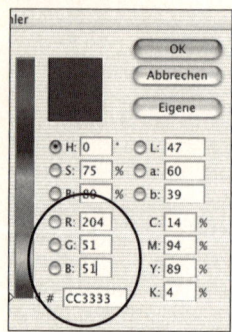

Hexadezimal-Werte (#) und RGB-Äquivalent

Farbpalette (= Farbfeldersatz). Die von Photoshop installierte Standardpalette enthält eine Auswahl von 122 vordefinierten Farben bzw. Graustufen. Die ersten sechs Felder der ersten Reihe enthalten die Primär- und Sekundärfarben des RGB-Modells, die ersten sechs Felder der zweiten Reihe die Primär- und Sekundärfarben des CMYK-Modells. Außerdem befinden sich in der ersten und zweiten Reihe Grauabstufungen in 5%-Schritten.

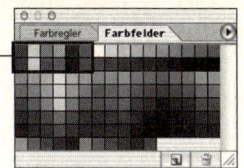

Farbfelder-Palette

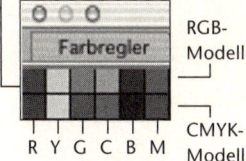

RGB-Modell
CMYK-Modell

Farbe auswählen

Während man die Maus über die Felder der Farbfelder-Palette bewegt, nimmt der Mauszeiger die Form der Pipette an. (Die einzelnen Farbwerte der Farben können dabei in der Info-Palette abgelesen werden.) Durch einfaches Klicken auf ein Farbfeld wird diese Farbe ausgewählt und als aktuelle Vordergrundfarbe eingesetzt. Um die ausgewählte Farbe als aktuelle Hintergrundfarbe einzusetzen, halten Sie beim Klicken die Wahltaste ([⌥]) gedrückt.

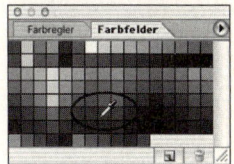

Farbe einfügen

Wenn Sie eine neue Farbe – beispielsweise im Farbwähler, in der Farbregler-Palette oder mit der Pipette der Werkzeug-Palette aus dem aktuellen oder einem anderen geöffneten Bild – ausgewählt haben (s. S. 190), erscheint sie als Vordergrundfarbe und würde beim Auswählen einer weiteren Farbe ersetzt werden.

Um diese Farbe zu speichern, klicken Sie auf das Symbol *Neues Farbfeld* (🔳) in der Farbfelder-Palette. Im Dialog kann ein Name vergeben werden, welcher bei der Darstellungsoption *Kleine Farbfelder und Namen* (im Untermenü der Palette) sichtbar wird. Alternativ klicken Sie in einen freien Bereich der Farbfelder-Palette (der Fülleimer erscheint), um die neue Farbe dort einzufügen. (Falls Sie mehr Platz

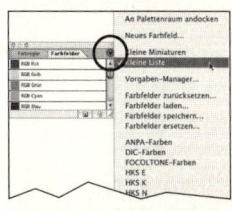

Untermenü der Farbfelder-Palette

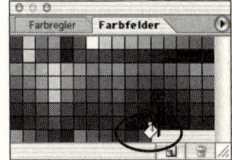

Farben 377

Farbe ersetzen

für weitere neue Farben benötigen, kann die Palette wie jedes andere Fenster beliebig vergrößert werden.) Standardmäßig wird immer die aktuelle Vordergrundfarbe „ausgegossen". Soll ein bestehendes Farbfeld durch eine neue Farbe ersetzt werden, halten Sie beim Klicken auf das Farbfeld die Umschalttaste (⇧) gedrückt.

Farbe löschen

Wenn Sie Farben aus der Farbfelder-Palette entfernen wollen, halten Sie die Befehlstaste (⌘) gedrückt, bewegen die Maus über das Farbfeld der Farbe, welches Sie entfernen wollen, bis eine Schere erscheint, und klicken einmal. Stattdessen kann das Farbfeld auch mit gedrückter Maustaste auf den Paletten-*Papierkorb* (🗑) gezogen werden.

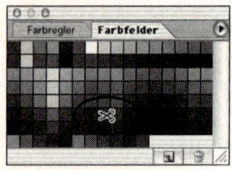

Farbfelder sichern, laden, ersetzen und zurückstellen

Sie können sich beliebig viele Farben auswählen. Alle eingefügten Farben bleiben so lange in der Palette erhalten – auch wenn das Programm beendet wird –, bis sie entweder *gelöscht*, die Farbfelder-Paletten *zurückgesetzt* oder durch andere Farben *ersetzt* werden. Deshalb empfiehlt es sich, eigene Farbfelder-Sätze im Untermenü der Farbfelder-Palette oder im Vorgaben-Manager zu speichern und bei Bedarf zu laden. Auf diese Weise gespeicherte Farbfelder-Sätze werden mit der Extension *.aco versehen und können im *Photoshop-Programmordner > Zugaben > Farbfelder* oder einem beliebigen anderen Speicherort (z. B. Projektordner) abgelegt werden. Gespeicherte Farbfelder-Paletten können auch zum Indizieren von RGB-Bildern verwendet werden (s. S. 366). Wenn Sie Photoshop beenden, wird die aktuelle Farbfelder-Palette in den Photoshop-Voreinstellungen gesichert und erscheint genau so beim nächsten Programmstart.

✔ Die farbige Palette eines Farbbildes wechselt zu Graustufen, wenn Sie im *Maskierungsmodus*, in einer *Ebenenmaske*, *Alpha-Kanälen* oder *Schmuckfarbenkanälen* arbeiten, da dort nur Graustufen verfügbar sind.

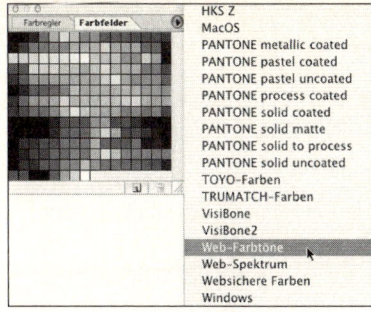

Untermenü der Farbfelder-Palette

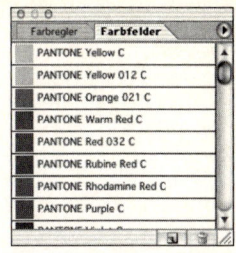

Pantone CVC-Palette
(Anzeige *Kleine Miniaturen und Namen*)

Arbeiten mit der Farbregler-Palette

Neben dem Farbwähler und der Farbfelder-Palette stellt die Farbregler-Palette eine dritte Möglichkeit zum Auswählen von Farben dar. Die Farbregler-Palette rufen Sie über das Menü *Fenster > Farbregler* auf. Sie erscheint standardmäßig zusammen mit der Farbfelder-Palette und der Stile-Palette.

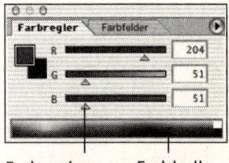

Farbregler   Farbbalken

Die Farbregler-Palette zeigt im linken Teil die aktuelle Vorder- und Hintergrundfarbe, wobei die Farbe, die verändert werden soll, durch einmaliges Anklicken ausgewählt werden muss und an einer zweiten Umrandung zu erkennen ist. Im Untermenü der Palette kann ein Farbmodell gewählt werden. Die neue Farbe wird durch Eingabe numerischer Werte oder Bewegen der Schieberegler festgelegt.

Farbe auswählen

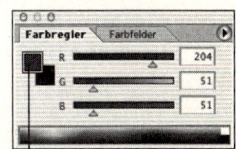

Ausgewählte Vordergrundfarbe

Es ist auch möglich, durch Klicken auf die aktuelle Vordergrund- bzw. Hintergrundfarbe in der Palette in den Farbwähler zu gelangen und dort die Farbe aus dem Farbspektrum (Farbfeld) auszuwählen.

Eine weitere Möglichkeit ist, die Farbe aus dem Farbbalken durch Anklicken auszuwählen. Für den Farbbalken kann im unteren Teil des

Farben 379

Verfügbare Farbmodelle für die Farbregler und für den Farbbalken

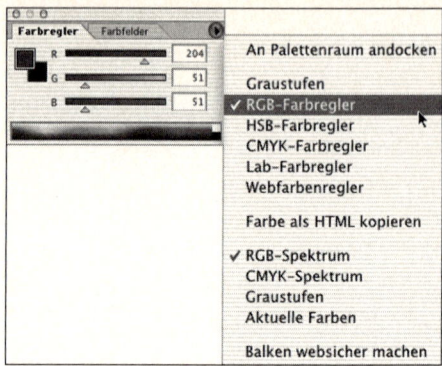

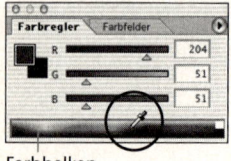

Farbbalken

Untermenüs der Farbregler-Palette ein anderes Farbmodell eingestellt werden als für die Farbregler. *Aktuelle Farben* zeigt einen Verlauf von der aktuellen Vorder- zur Hintergrundfarbe im Farbbalken an.

Parallel zur Veränderung der Vordergrund- bzw. Hintergrundfarbe in der Palette wird das Ergebnis in der Werkzeug-Palette angezeigt.

Standardmäßig ändern sich die Farben innerhalb der Regler beim Ziehen. Diese Vorschaufunktion kann aber auch unter *Photoshop > Voreinstellungen > Allgemeine*: *Dynamische Farbregler* ausgeschaltet werden.

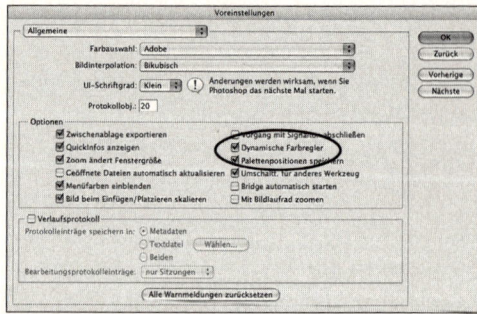

11 Tonwert- und Farbkorrekturen

Farbdarstellung und Farbmanagement

Bei jedem Schritt zur Reproduktion eine Bildes kommt es zu mehr oder weniger starken Farbveränderungen. Die gravierendsten Veränderungen entstehen schon beim Scannen, aber auch die farbgetreue und konstante Darstellung und Ausgabe von Farben an verschiedenen Geräten (Monitoren und Druckern) ist problematisch. Wer kennt nicht die Enttäuschung, die man erlebt, wenn man einen ersten farbigen Probeausdruck von einer Photoshop-Arbeit macht: Die Farben sehen völlig anders aus! Deshalb sind Farbabgleiche (im Produktionssystem) und Korrekturen (an den Bilddaten) notwendig, um die Verluste einzugrenzen. Seit Photoshop 6 ist das Farbmanagement gründlich überarbeitet und in vielen Punkten vereinfacht. Die Vielfalt an Möglichkeiten birgt jedoch immer noch die Gefahr, dass der Durchschnittsanwender verunsichert ist und nicht die optimalen Einstellungen wählt. In den folgenden Abschnitten sollen deshalb einige Einstellungen des recht komplexen Farbmanagements erläutert werden, die für die gebräuchlichsten Aufgaben hilfreich sind. Ausführliche Informationen finden Sie in der Photoshop-Hilfe.

Seit Version 5 arbeitet das Programm bei der Verwaltung von Farben auf der Basis von ICC-Profilen (siehe rechts). Photoshop verwendet ein Farbmanagementmodul (CMM) zur Interpretation der ICC-Profile. Der Anwender kann

Ein ICC-Profil ist eine Farbraumdefinition, die dem ICC-Standard, einem vom International Color Consortium entwickelten systemübergreifenden Standard, entspricht. Damit die Vorteile des Farbraumstandards wirksam werden können, sollten alle Gerätehersteller, Programme, Betriebssysteme und Anwender mit diesem Standard arbeiten. Die Vorteile sind: 1. *Genormte Farben – Farben lassen sich in Maßzahlen angeben*; die Grundlage bildet CIELab. 2. *Diese Maßzahlen lassen sich durch entsprechende Geräte ermitteln* (z. B. Hardware-Kalibrator für Monitore), dort, wo dies nicht möglich ist (z. B. im Druck), werden standardisierte Tabellen weitergegeben. Beide lassen sich in Form von *Profilen* (seit 1995 ICC-Standard) speichern. 3. *Es gibt eindeutige Umrechnungen in andere Maßzahlen* (Profile/ Farbmodelle) durch *Farbmanagementmodule (CMM)*. Diese Umrechnungen können dem Betriebssystem (bei Apple: *ColorSync;* bei Windows: *ICM*) oder Programmen (z. B. Photoshop) übertragen werden.

✔ Auch ein mit älteren Photoshop-Versionen oder anderen Programmen abgespeichertes Bild kann ein bestimmtes Farbprofil besitzen.

aus bestehenden ICC-Profilen auswählen oder auch eigene definieren. Wichtig ist zu wissen, dass ein Profil zu einem festen Bestandteil der Bilddatei wird. Das CMM ist dafür zuständig, dass beim Öffnen von Bilddateien das bestehende Profil erkannt wird und eventuelle Probleme zwischen verschiedenen Farbmodellen, Monitordarstellungen und dem gedruckten Bild erkannt und behoben werden.

Farbeinstellungen

Die Farbeinstellungen finden Sie im Menü *Bearbeiten*. Die hier getroffenen Einstellungen gelten für alle im Programm neu angelegten Dokumente bzw. für Dokumente ohne Profil. Jede neue Datei erhält damit beim Speichern (sofern im *Speichern*-Dialog die Option *Farbe: Farbprofil einbetten...* aktiviert ist) das aktuelle Profil zugewiesen, das die Farbwerte eines Bildes im Verhältnis zum darstellenden Monitorfarbraum exakt beschreibt. Die Farbwerte in der Datei werden dabei nicht verändert.

💡 Um für alle Programme der Creative Suite gemeinsame Richtlinien für das Farbmanagement festzulegen, öffnen Sie Adobe Bridge und legen im *Bearbeiten*-Menü im Dialogfeld *Creative Suite-Farbeinstellungen* eine Vorgabe fest.

In den *Farbeinstellungen* Photoshops ist dann ein entsprechender Hinweis zu finden.

✔ Mit *Mehr Optionen* im Dialog *Farbeinstellungen* hat man auch in den Untermenüs eine größere Auswahl an Möglichkeiten. (Sind *Mehr Optionen* bereits aktiv, ändert sich die Beschriftung des Schalters in *Weniger Optionen*.)

✔ Um wieder zu den Ausgangswerten zurückzukehren, ohne den Dialog zu schließen, halten Sie die Wahltaste (⌥) gedrückt: der Abbrechen-Schalter ändert sich in *Zurück*. Klicken Sie einmal darauf.

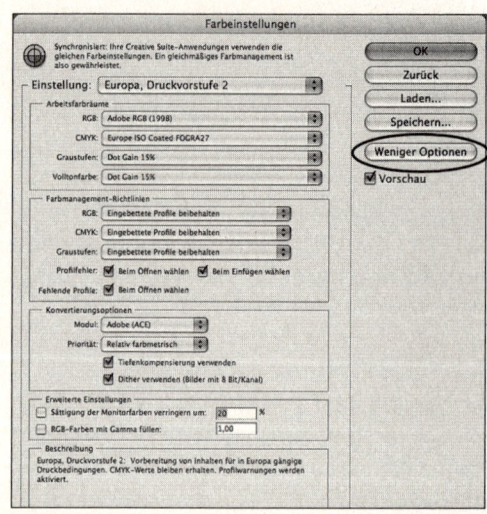

382 Tonwert- und Farbkorrekturen

Die Farbeinstellungen unterteilen sich in drei Bereiche (*Mehr Optionen* anklicken): *Arbeitsfarbräume, Farbmanagement-Richtlinien und Konvertierungsoptionen*. Das Menü *Einstellung* enthält gespeicherte Einstellungen, die jeweils alle im Dialog vorgenommenen Einstellungen zu einer Datei zusammenfassen.

Menü Einstellung

Im Menü *Einstellung* können Sie die Standardeinstellungen von Photoshop oder Einstellungen, die Sie selbst gespeichert haben, laden. Wenn Sie sich auf die Standardeinstellungen verlassen wollen, wählen Sie *Europa Web / Internet* oder *Europa, Druckvorstufe 2*, andernfalls eine selbst gespeicherte Einstellung (siehe unten), je nach Aufgabenbereich. Vergewissern Sie sich auf jeden Fall vor Beginn einer Arbeitssitzung, ob die zutreffende Einstellung ausgewählt ist (die Einstellung der letzten Arbeitssitzung bleibt erhalten, bis Sie eine andere auswählen). Wenn Sie eigene Einstellungen für Ihre wichtigsten Aufgabenbereiche vornehmen, ist es empfehlenswert, diese im Dialog abzuspeichern und bei Bedarf zu laden. Die Einstellungen werden beim Speichern in *Library > Application Support > Adobe > Color > Settings* abgelegt und erscheinen dann sofort im Menü. Dadurch können Sie schnell zwischen häufig benutzten Einstellungen umschalten, ohne Photoshop neu zu starten.

Arbeitsfarbräume

Arbeitsfarbräume legt das ICC-Profil für die einzelnen Farbräume fest. Diese Profile verwendet Photoshop als Grundlage für alle Berechnungen und Bildänderungen sowie für die Bildanzeige. Angenommen, Sie möchten Screens für das Web oder eine CD-ROM, die

✔ Für den farbkonsistenten Datenaustausch mit anderer Software kann das Farbmanagement ein großer Vorteil sein. Ist in eine Bilddatei ein Monitor-Profil eingebettet, entsteht beispielsweise in Image-Ready ein übereinstimmender Farbeindruck. Ebenso ist die Weitergabe und Interpretation von Farbprofilen in Adobe Illustrator und InDesign gewährleistet, da diese Programme auf diesselben Ressourcen zugreifen.

Arbeitsfarbräume für Web und Multimedia

Gamma-Wert

Der Gamma-Wert 1 steht für eine lineare Wiedergabe der Farben. Bei der Monitorausgabe würde das Bild viel zu hell angezeigt werden. Eine Erhöhung des Gamma-Wertes gleicht diese Abweichung aus. Der Standard-Gamma-Wert beträgt 2,2 (entspricht dem Standard unter Windows als verbreitetster Ziel-Plattform).

ausschließlich unter Windows laufen soll, gestalten, dann können Sie ohne weiteres mit der Standardeinstellung *Europa Web / Internet* unter *Einstellung* arbeiten. Diese setzt als *RGB*-Arbeitsfarbraum *sRGB IEC61966-2.1* ein. *sRGB* wird von den meisten Computer- und Programmherstellern verwendet und gilt deshalb quasi als Norm für Web und Multimedia. Für den Graustufen-Farbraum wird Gamma 2.2 eingesetzt – ebenfalls Standard unter Windows. Die weiteren Einstellungen für die Farbräume CMYK und Vollton spielen keine Rolle, da dies Farbräume für die Printausgabe sind.

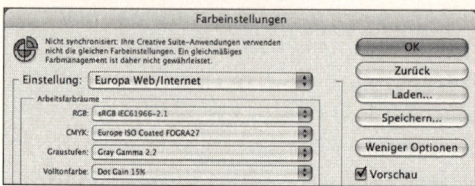

Arbeitsfarbräume für farbige Bilder im Offsetdruck

✔ Um die Veränderungen im Dialog *Eigenes CMYK* zu beobachten, öffnen Sie ein CMYK-Bild, z. B. „Palme-CMYK.tif" aus dem Photoshop-Programm-Ordner *Beispiele*.

Angenommen, Sie möchten farbige Bilder für den Offsetdruck vorbereiten und möchten nicht auf die Standardeinstellung zurückgreifen. Hier sind Sie auf eine korrekte Bildschirmdarstellung angewiesen (Monitor-Kalibrierung und RGB-Farbraum), außerdem müssen Sie den CMYK-Farbraum einrichten. Kalibrieren Sie vor weiteren Schritten zunächst Ihren Bildschirm (s. S. 393). Als RGB-Profil wählen Sie dann *Adobe RGB 1998*.

Druckfarbenarten

Eurostandard (Coated) für gestrichene Papiere, Eurostandard (Uncoated) für ungestrichene und Naturpapiere, Eurostandard (Zeitungsdruck) für Zeitungsdruck

Richten Sie nun das Profil für den CMYK-Farbraum ein. Die folgenden Einstellungen verändern die Parameter für die Umwandlung eines RGB-Bildes in den CMYK-Modus (so genannte

Druckfarben- und Separationseinstellungen).
Eine Änderung der Einstellungen muss also vor der Umwandlung in CMYK erfolgen. Eine nachträgliche Änderung der Einstellungen hat auf ein bereits umgewandeltes Bild keinen Einfluss – es ändert nur seine Darstellung.

• Möglichkeit 1: Sie laden ein ECI-Profil entsprechend der verwendeten Papierart (siehe Marginalspalte).

• Möglichkeit 2: Sie verwenden ein eigenes Profil. Wählen Sie *Eigenes CMYK...*

Wählen Sie eine Druckfarbenart aus, mit der das Bild später gedruckt werden soll (eine der drei Eurostandard-Arten). Je nachdem, welche Druckfarbenart ausgewählt wird, erscheint bei *Tonwertzuwachs Standard* ein anderer Wert. Dieser Wert stellt einen Standardwert für den zu erwartenden Tonwertzuwachs der ausgewählten Druckfarbenart (in Verbindung mit dem Papier) zwischen dem Film und der endgültigen Ausgabe (Druck) dar und bezieht sich auf ein 50%iges Raster (Mitteltöne). Photoshop errechnet anhand dieses Wertes eine Kurve, die den Tonwertzuwachs im gesamten Bild ausgleicht. Verändern Sie diesen Wert nur, wenn Ihnen die Druckerei einen anderen Wert für den zu erwartenden Druckpunktzuwachs zwischen Film und Druck mitgeteilt

Druckfarben und ECI-Profile

Eine zuverlässige Übersicht über die in Europa verwendeten Druckstandards finden Sie auf der Internet-Präsenz der *European Color Initiative*.

• Laden Sie sich von der Website www.eci.org (Bereich „Downloads") die benötigten Offsetprofile („ECI-Offset_...") herunter – maßgeblich ist jeweils die Papiersorte, die dann beim industriellen Druck verwendet werden soll. Zu jedem Profil gibt es eine PDF-Datei mit genauer Beschreibung des Profils. Alle Profile basieren auf dem ISO-Standard „ISO/DIS12647-2:2003+". Auf dieser Website können Sie sich auch regelmäßig über die neuesten Entwicklungen im Farbmanagement informieren bzw. sich jeweils die neuesten Profile herunterladen. Laden Sie sich auch das RGB-Profil „ECI_RGBv10" herunter.

• Öffnen Sie in Photoshop den Dialog *Photoshop > Farbeinstellungen*. Klicken Sie *Erweiterter Modus* an. Wählen Sie *Arbeitsfarbräume > RGB* und laden das ECI-RGB-Profil. Wählen Sie dann bei *Arbeitsfarbräume > CMYK* das gewünschte ECI-Offsetprofil.

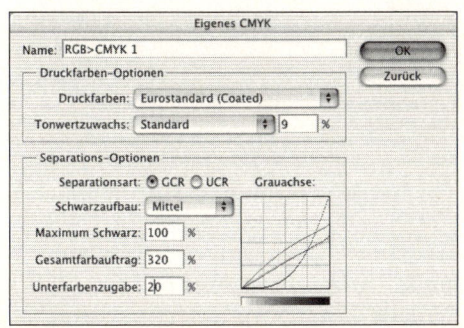

Tonwertzuwachs und Druckkennlinie

Photoshop unterscheidet den Tonwertzuwachs zwischen *Bild und Film* einerseits sowie zwischen *Film und Druck* andererseits. Den Tonwertzuwachs zwischen *Film und Druck* können Sie nur im Dialog *Eigenes CMYK* ausgleichen. Den Tonwertzuwachs zwischen *Bild und Film* (der durch ungenau kalibrierte Belichter entsteht) gleicht man mit *Druckkennlinien* aus. Eine Druckkennlinie wird im Dialog *Datei > Drucker einrichten* eingestellt. Die Wirkung der Druckkennlinie ist am Bildschirm nicht sichtbar! Weitere Informationen zu diesen Themen finden Sie in den Kapiteln 15 und 16.

Graubalance

Die *Graubalance* ist die Wiedergabe von *neutralen* Grautönen (ohne Farbstiche) mittels der drei Druckfarben Cyan, Magenta, Gelb (Schwarz verursacht keine Farbstiche). Neutrale Grautöne enthalten prozentual etwas mehr Cyan als Magenta und Gelb. Über *Tonwertzuwachs > Gradationskurve* im *Eigenes-CMYK*-Dialog können mittels Kurve oder durch numerische Eingabe von Zielwerten Farbauszüge individuell korrigiert werden.

hat. Die Einstellungen in diesem Dialog berücksichtigen den Druckpunktzuwachs bei der RGB-CMYK-Konvertierung *und* simulieren die Wirkung des Druckes eines CMYK-Bildes mit diesem Druckpunktzuwachs am Bildschirm (ein höherer Prozentwert lässt das Bild dunkler erscheinen; ein niedrigerer Prozentwert lässt das Bild heller erscheinen).

• Eine Änderung der Zusammensetzung der Druckfarben im Menü *Eigene Werte* ist in einigen Fällen ratsam, erfordert aber spezielle Repro-Kenntnisse. Diese Werte garantieren die optimale Separation für die ausgewählten Druckfarben.

• Im Untermenü *Tonwertzuwachs > Gradationskurven* können Sie den Tonwertzuwachs (zwischen Film und Druck!) anhand einer Kurve an bis zu 13 Punkten weiter verfeinern.

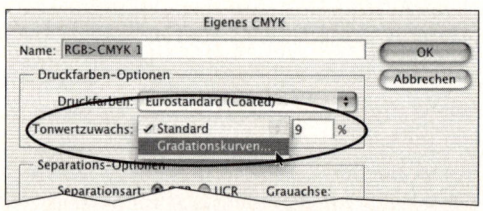

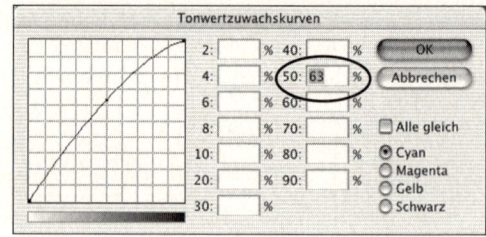

Zusätzlich können Sie die *Graubalance* korrigieren. Die Gradationskurven bzw. Eingabefelder im Dialog bieten die Möglichkeit, die Anteile der Druckfarben so zu verändern, dass Farbstiche ausgeglichen werden können. Normalerweise ist eine Korrektur hier nicht notwendig. Neutrale Grautöne enthalten prozentual etwas mehr Cyan als Magenta und Gelb. Dem ist als Voreinstellung Rechnung getragen, indem für Cyan jeweils ein um 4 Prozentpunkte höherer Wert voreingestellt ist.

- Erläuterungen zu den *Separations-Optionen* finden Sie im Kapitel 16.
- Speichern Sie die Einstellung ggf. im Dialog *Eigenes CMYK* (für jede Papierart separat) unter einem sinnvollen Namen ab, um sie für Bilder mit gleichem Produktionsablauf laden zu können. Wenn Sie nicht speichern, bleiben die letzten Einstellungen so lange aktiv und haben Einfluss auf jeden Umwandlungsprozess von RGB in CMYK, bis Sie erneut Änderungen vornehmen. Statt hier zu speichern, können Sie auch im Dialog *Farbeinstellungen* alle Einstellungen insgesamt speichern.
- Schließen Sie den Dialog *Eigenes CMYK* mit *OK*.

Empfehlenswerterweise sollten Sie die Einstellungen im Dialog *Eigenes CMYK* mit einem gedruckten Proof vergleichen:
- Lassen Sie ein Referenzbild (Testbild) proofen oder drucken. Auf der Website von Rowohlt www.rowohlt.de finden Sie ein geeig-

Geeignetes Testbild: TESTPIC.jpg

Tonwertzuwachs

(= *Druckpunktzuwachs*) ist eine Größenveränderung der festgelegten Rasterpunkte bei der Belichtung (durch ungenau kalibrierte Belichter) bzw. beim Druck durch Auslaufen oder Verschmieren der Druckfarbe. Je saugfähiger das Papier, desto gravierender die Veränderung. Wird der Tonwertzuwachs nicht berücksichtigt, erscheint das Bild im Druck wesentlich dunkler als die Vorlage. Beispielsweise kann ein 50%iges Raster im Druck eine tatsächliche *Dichte* von 60 % aufweisen – also eine wesentlich höhere Dichte als auf dem Film, der zur Herstellung der Druckplatten verwendet wurde. Zum Vergleich der im Druck erreichten Dichte von Rastern mit der Dichte des Films wird ein *Densitometer* (Dichtemessgerät) verwendet, welches das Licht misst, das von bedrucktem Papier reflektiert bzw. belichtetem Film durchgelassen wird. Auf der Grundlage von Messungen vergleichbarer Drucksachen und den dazu verwendeten Filmen ist man in der Lage, den Tonwertzuwachs in etwa vorherzusagen. Erfragen Sie den erwarteten *Druckpunktzuwachs zwischen Film und Druck* in Ihrer Druckerei oder führen Sie selbst densitometrische Messungen anhand des Proofs durch.

Proof: Farbiger Probedruck eines Bildes zum Prüfen der Farbwiedergabe, des Druckpunktzuwachses, der Überfüllung und Rasterwinkelung. Es gibt 3 Systeme:

- *Andruck* auf der Auflagendruckmaschine oder einer speziellen Andruckmaschine mit der belichteten Druckplatte auf Auflagenpapier. Vorteil: genaueste Wiedergabe des im Druck zu erwartenden Ergebnisses; Nachteil: teuer, eventuelle Korrekturen sind ebenfalls teuer (neue Filme, neue Druckplatten).
- *Analog-Proof*: Proofverfahren auf der Basis der belichteten Filme (Overlay- oder Laminatproofs z. B. *Chromalin* oder *Matchprint*). Vorteil: preiswerter als Andruck, relativ genaue Farb- und Druckpunktzuwachs-Wiedergabe für 60er Raster. Nachteil: durch die Verwendung von Spezialpapieren lässt sich das Ergebnis nur mit glänzend gestrichenen Kunstdruckpapieren vergleichen.
- *Digital-Proof*: Farbdruck auf hochwertigen Spezialdruckern im Thermosublimations-, Thermotransfer- oder Tintenstrahl-Verfahren (z. B. *Rainbow* oder *Iris*) direkt von der Datei. Vorteil: relativ preiswert, den Auflagenpapieren sehr ähnliche Papiere sind einsetzbar. Nachteil: Farbverbindlichkeit geräteabhängig sehr unterschiedlich und umstritten.

netes Testbild: *TESTPIC.jpg*. Das Testbild muss im CMYK-Modus erstellt oder importiert worden sein. Das Referenzbild muss mit dem gleichen System (Belichter, Proofsystem) ausgegeben werden, das auch für den späteren Produktionsablauf verwendet wird. (Wenn verschiedene Systeme zum Einsatz kommen, muss für jedes ein Proof gemacht, die Einstellung separat gespeichert und bei Bedarf geladen werden.) Als verbindlicher Proof kann ein Analog-Proof von den belichteten Filmen des Testbildes (bei Kalibrierung für Kunstdruckpapiere) oder ein hochwertiger Digital-Proof auf Auflagenpapier gelten. Noch besser ist eine direkte Ausgabe des Testbildes auf einer Andruckmaschine. (Es gibt Service-Unternehmen, die sich auf Andrucke spezialisiert haben.)

- Öffnen Sie das Testbild. Vergleichen Sie nun den Druck oder Proof bei optimalen Lichtverhältnissen mit dem Testbild am Bildschirm (Voraussetzung hierfür ist ein gut kalibrierter Bildschirm (s. S. 393).
- Wenn die Bildschirmdarstellung des Bildes wesentlich heller oder dunkler erscheint, ändern Sie den Tonwertzuwachs-Wert im Dialog *Eigenes CMYK > Tonwertzuwachs > Standard* um 1 bis 2 Prozentpunkte, bis Bildschirmdarstellung und Proof übereinstimmen. Genauer ist es jedoch, selbst eine densitometrische Messung am Proof durchzuführen. Haben Sie z. B. im Zusammendruck aller Farben an der 50%-Markierung 56% gemessen, geben Sie in dem Textfeld bei *Tonwertzuwachs > Standard* eine 6 ein.
- Wenn die Bildschirmdarstellung im Vergleich zum Proof Farbstiche aufweist, wählen Sie das Untermenü *Tonwertzuwachs > Gradationskurven*. Klicken Sie die zu korrigierende Farbe (*Cyan*, *Magenta* oder *Gelb*) an und korri-

gieren Sie auch hier nach Sicht durch Ziehen der Kurve. Ein genaueres Ergebnis erhalten Sie durch die Eingabe der gemessenen Werte: Wenn Sie an der 30%-Magenta-Markierung 36% gemessen haben, geben Sie 36% in das Feld bei *30* ein.

Der Tonwertzuwachs muss natürlich auch in Graustufen- bzw. Duplexbildern sowie in Volltonbildern berücksichtigt werden. Für den Arbeitsfarbraum Graustufen sowie Vollton können Sie deshalb standardmäßig *Dot Gain 10%* (= Tonwertzuwachs 10%) für den Druck auf gestrichenem Papier auswählen. Für saugfähigere Papiere muss ein höherer Tonwertzuwachs gewählt werden. Am besten erkundigen Sie sich in Ihrer Druckerei danach. Um manuelle Einstellungen vorzunehmen, wählen Sie *Eigener Tonwertzuwachs* im Untermenü *Graustufen* bzw. *Schmuckfarben*.

Arbeitsfarbräume für Graustufen- und Volltonbilder im Offsetdruck

Farbmanagement-Richtlinien

Die Farbmanagement-Richtlinien bestimmen das Verfahren beim *Öffnen* schon bestehender Dokumente (oder beim *Kopieren* und *Einfügen* von Bildteilen), denen kein Profil oder ein von den geltenden Voreinstellungen abweichendes Profil zugeordnet ist.

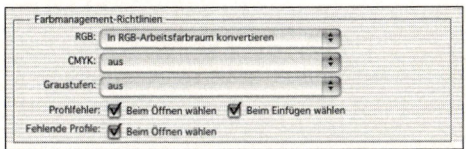

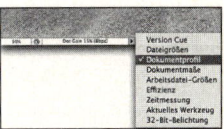

Es ist empfehlenswert, die Warndialoge *Beim Öffnen wählen* und *Beim Einfügen wählen* stets zu aktivieren, um verfolgen und wahlweise entscheiden zu können, wie bei Abweichungen verfahren werden soll.

Ob ein und welches Profil in ein Dokument eingebettet ist, lässt sich unten links im Dokumentfenster anzeigen, sofern der Modus *Dokumentprofil* aktiviert ist.

Richtlinien-Option*	Standard-Vorgehensweise für das Farbmanagement
Aus	• Neue Dokumente und Dokumente ohne Tags erhalten keine Tags. • In vorhandenen Dokumenten werden Tags für ein Profil, das nicht dem aktuellen Arbeitsfarbraum entspricht, gelöscht. • In vorhandenen Dokumenten bleiben Tags für das Profil des aktuellen Arbeitsfarbraumes erhalten. • Beim Import von Farbdaten in ein Dokument mit demselben Farbmodus bleiben die Farbwerte erhalten. • In allen anderen Fällen werden die Farben in den Farbraum des Zieldokuments konvertiert.
Eingebettete Profile beibehalten	• Neue Dokumente erhalten Tags für das Profil des aktuellen Arbeitsfarbraumes. • In vorhandenen Dokumenten bleiben Tags für ein eingebettetes Profil, das nicht dem aktuellen Arbeitsfarbraum entspricht, erhalten. • Vorhandene Dokumente ohne Tags verwenden bei der Bearbeitung den aktuellen Arbeitsfarbraum, erhalten jedoch keine Tags. • Beim Import von Farbdaten mit demselben Farbmodus bleiben die Farbwerte erhalten, wenn die Quelle oder das Ziel kein Farbmanagement verwendet oder der Import zwischen CMYK-Dokumenten erfolgt. • In allen anderen Fällen werden die Farben in den Farbraum des Zieldokuments konvertiert.
In Arbeitsfarbraum konvertieren	• Neue Dokumente erhalten Tags für das Profil des aktuellen Arbeitsfarbraumes. • Vorhandene Dokumente mit Tags für ein Profil, das nicht dem aktuellen Arbeitsfarbraum entspricht, werden konvertiert und erhalten Tags für das Profil des Arbeitsfarbraumes. • Vorhandene Dokumente ohne Tags verwenden bei der Bearbeitung den aktuellen Arbeitsfarbraum, erhalten jedoch keine Tags. • Beim Import von Farbdaten mit demselben Farbmodus bleiben die Farbwerte erhalten, wenn die Quelle oder das Ziel kein Farbmanagement verwendet. • In allen anderen Fällen werden die Farben in den Farbraum des Zieldokuments konvertiert.

✔ Tag = In ein Bilddokument eingebettete Profil-Information

*Bei allen drei Richtlinien-Optionen kann man sich über die Warndialoge immer von Fall zu Fall für eine andere Option entscheiden.

Konvertierungsoptionen

In den nur bei *Mehr Optionen* sichtbaren Konvertierungsoptionen kann das Farbmanagement-Modul ausgewählt werden, das die Berechnung durchführen soll. Empfehlenswert ist das Photoshop-eigene Modul (*Adobe-ACE*), weitere Optionen sind das *Apple Color-Sync* des Apple-Systems und das *ICM* des Windows-Systems. Bei (Render-)*Priorität* wählen Sie eine der in der Marginalspalte beschriebenen Optionen (für Fotos ist *Perzeptiv* oder *Relativ farbmetrisch* mit aktivierter Option *Tiefenkompensierung verwenden* empfehlenswert).

Bilder mit verschiedenen Farbräumen gleichzeitig anzeigen

Photoshop verwaltet die Farbräume für jedes Dokument einzeln. Somit können Dokumente mit verschiedenen eingebetteten Profilen gleichzeitig korrekt angezeigt werden, sofern die Option *Eingebettetes Profil verwenden (anstelle des Arbeitsfarbraumes)* beim Öffnen ausgewählt wird.

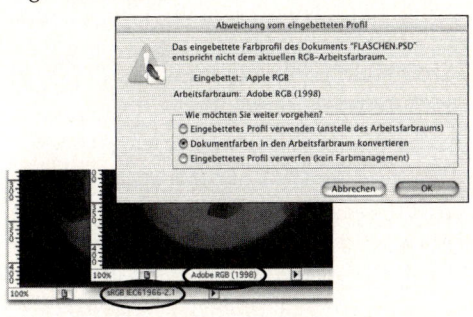

Profil zuweisen und In Profil konvertieren

In Photoshop wird zwischen eingebetteten und zugewiesenen Profilen unterschieden. Der Befehl *Bearbeiten > Profil zuweisen...* ändert die Farbwerte im Bild nicht und ist deshalb

Prioritäts-Optionen

- *Perzeptiv* versucht, das optische Verhältnis zwischen Farben auf für das menschliche Auge natürliche Weise zu erhalten, auch wenn sich die Farbwerte ändern (vor allem für Fotos geeignet).
- *Sättigung* versucht, anstelle des Farbtons die relative Sättigung zu erhalten, sodass sich Farbtöne bei der Konvertierung in einen kleineren Farbumfang verschieben können (vor allem für Grafiken geeignet, bei denen das Verhältnis zwischen den Farben weniger wichtig ist als leuchtende Farben).
- *Absolut farbmetrisch* Alle Farben innerhalb des Zielfarbumfangs bleiben unverändert. Die Farbtreue wird zulasten des Verhältnisses zwischen zwischen Farben bewahrt. Diese Option kann präziser sein, wenn das Farbprofil des Bildes korrekte Weißpunkt-Werte (extreme Lichter) enthält.
- *Relativ farbmetrisch* wie Absolut farbmetrisch, jedoch wird der Weißpunkt des Quellfarbraums dem des Zielfarbraums angeglichen und alle Farben werden entsprechend verschoben.
- *Tiefenkompensierung* stimmt beim Konvertieren von Farben die dunkelste neutrale Farbe des Quellfarbraums statt mit Schwarz mit der dunkelsten neutralen Farbe des Zielfarbraums ab.

Tonwert- und Farbkorrekturen

geeignet, ein vorhandenes Profil zu entfernen und durch ein anderes zu ersetzen.

Der Befehl *Bearbeiten > In Profil konvertieren...* ändert tatsächlich die Farbwerte passend zum ausgewählten neuen Profil. Das neue Profil wird dann auch statt des Arbeitsfarbraumes beim Speichern zur Einbettung vorgeschlagen.

Generell ist von nachträglichen Profilzuweisungen und -konvertierungen abzuraten. Sie sollten Ihr Farbmanagement *vor* den Arbeitssitzungen je nach Aufgabenbereich einrichten bzw. auswählen.

Soft-Proof (Farb-Proof)

✔ Die Anzeige des Farb-Proofs bezieht sich nur auf das gerade aktive Dokument und muss für jedes weitere Dokument separat aufgerufen werden.

Unabhängig vom Arbeitsfarbraum können die Farbräume von RGB- und CMYK-Ausgabegeräten (verschiedene Drucker und Monitore) mit Hilfe der ICC-Profile am Bildschirm über den Befehl *Ansicht > Farb-Proof* simuliert werden. Auf die gleiche Weise kann ein RGB-Bild mit verschiedenen eigenen oder vorgegebenen Separationseinstellungen geprooft, also diese Einstellungen am Bildschirm simuliert werden, ohne das Bild tatsächlich zu konvertieren (*Ansicht > Proof einrichten... > Eigene*). Wahlweise kann auch eine Vorschau einzelner Kanäle (Farbauszüge) oder der Zusammendruck der drei Buntfarben (*CMY*) gesehen werden.

Farbumfangwarnung

Bild ohne (oben) und mit Farbumfangwarnung

Eine andere Möglichkeit bietet der Befehl *Ansicht > Farbumfang-Warnung*: Hier werden Farben, die außerhalb des Farbumfangs von Druckfarben liegen und sich deshalb bei der Konvertierung ändern werden, angezeigt. Diese Farben werden als graue Flächen dargestellt. Zum Ändern der grauen Farbumfangwarnungsfarbe wählen Sie *Photoshop > Voreinstellungen > Transparenz & Farbumfangwarnung*.

Monitor-Kalibrierung (Gamma-Korrektur)

Um eine möglichst farbgetreue Wiedergabe von Bildern mit Photoshop zu erreichen, ist es neben dem Einrichten des Farbmanagements erforderlich, eine Kalibrierung (Farbabgleich) des Monitors durchzuführen. Die Monitor-Kalibrierung ist notwendig, damit Bilder nicht durch falsche Darstellung falsch korrigiert und an verschiedenen Monitoren möglichst gleich angezeigt werden. Hat der Monitor beispielsweise einen Rotstich (die Rot-Komponente ist zu stark eingestellt), und es werden daraufhin Korrekturen am Bild durchgeführt, die den Rotanteil reduzieren, erscheint das Bild beim Druck bzw. an einem richtig eingestellten Bildschirm mit einem Cyanstich. Die Monitor-Kalibrierung beeinflusst die Darstellung der Bilder am Monitor und hat folgende Ziele: Abstimmung der Monitordarstellung auf die Ausgabe (Gamma-Wert), Ausgleich von Farbstichen des Monitors (Farbbalance), die Festlegung der Farbtemperatur und des Schwarz- und Weißwertes und schließlich die Erstellung eines ICC-kompatiblen Monitorprofils, das den RGB-Farbraum des Monitors beschreibt.

Photoshop greift dazu unter Mac OS X auf ein Monitorprofil aus dem Ordner *Colorsync* in der *Library* des Betriebssystems zu. Anwender, die über kein entsprechendes Messgerät (Hardware-Colorimeter) verfügen, sollten den Bildschirm mit Hilfe des Dienstprogramms *Kalibrierungs-Assistent* in *Systemeinstellungen... > Monitore > Farben* einrichten.

Für Windows wird der *Adobe Gamma Wizard* automatisch mit Photoshop in der Systemsteuerung installiert und lässt sich auch im *Startmenü* unter *Einstellungen > Systemsteuerung > Adobe Gamma* aufrufen.

✔ Der Scanner, den Sie benutzen, muss ebenfalls kalibriert sein, damit Farben möglichst präzise und mit dem größtmöglichen Farbumfang erfasst werden können. Zum Lieferumfang eines guten Scanners gehört eine Kalibrierungssoftware mit einer Farbreferenzkarte. Die Kalibrierung wird nach Anleitung im Handbuch des Herstellers durchgeführt.

✔ Bevor Sie Ihren Monitor kalibrieren:
1. Monitor mindestens eine halbe Stunde vorher einschalten,
2. Raumbeleuchtung so einrichten, wie sie beibehalten werden soll (keine externen Beleuchtungseinflüsse, kein grelles Sonnenlicht), da eine Veränderung der Beleuchtung starke Auswirkungen auf die Monitordarstellung haben kann,
3. neutrales Grau als Hintergrundfarbe für die Schreibtischoberfläche einstellen,
4. nach dem Einstellen von Helligkeit und Kontrast am Monitor die Regler fixieren.
(Die Monitor-Kalibrierung muss, auch wenn die Ausgabeparameter konstant bleiben, regelmäßig durchgeführt werden, da die Monitorphosphore altern und damit den Farbeindruck verfälschen. Bei TFT-Bildschirmen verliert die Hintergrundbeleuchtung an Intensität.)

Tonwert- und Farbkorrekturen

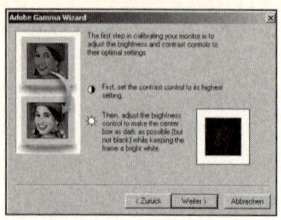
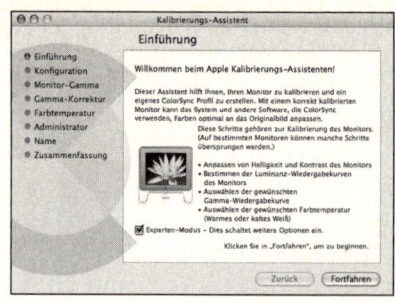

✔ Für Einsteiger ist es empfehlenswert, die Monitor-Kalibrierung mit dem Assistenten im OS-X-Dienstprogramm oder in Adobe Gamma Schritt für Schritt durchzuführen. Geübte Nutzer können auch den Experten-Modus verwenden.

☝ Falls Sie bei sich stark veränderndem Umgebungslicht arbeiten, können für verschiedene Lichtparameter spezifische Kalibrierungseinstellungen gespeichert und entsprechend geladen werden. Berücksichtigen Sie für verschiedene Ausgabemedien unterschiedliche Farbtemperaturen.

☝ Die Einstellungen, die Sie im *Kalibrierungs-Assistenten* oder in Adobe Gamma vornehmen, haben *Einfluss auf das gesamte System*, d. h. es wird die Monitordarstellung in allen Programmen und in allen Farbmodi beeinflusst.

Mit der ColorSync-Technologie lassen sich alle Profile für Ein- und Ausgabegeräte übersichtlich zuordnen und verwalten.

Alle Monitore verfügen über einen so genannten Gamma-Wert, der das Verhältnis der Farbintensität zwischen Eingabewerten (den gespeicherten Farbdaten einer gescannten Datei) und Ausgabewerten (die dem Monitor mitteilen, wie er das Bild anzeigen soll) beschreibt. Der Gamma-Wert 1 steht für eine lineare Wiedergabe der Farben. Damit würde das Bild im Verhältnis zur späteren Ausgabe (z. B. im Druck) viel zu hell angezeigt werden. Eine Erhöhung des Gamma-Wertes gleicht diese Abweichung aus. Adobe empfiehlt einen Ziel-Gamma-Wert für die CMYK-Ausgabe von 1,8 am Mac bzw. 2,2 unter Windows. Für die reine RGB-Ausgabe (Bildschirmpräsentationen, Ausgabe am Diabelichter, RGB-Drucker, als Video) sollte generell 2,2 verwendet werden.

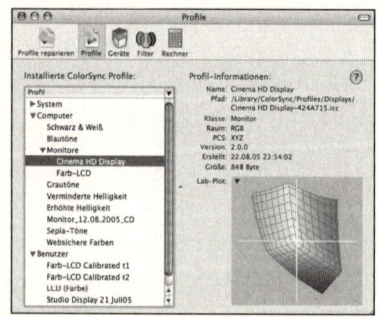

Warum sind Tonwert- und Farbkorrekturen notwendig?

Beim Reproduzieren von Bildern kommt es zu Veränderungen der Helligkeit, des Kontrasts und der Farben, die Korrekturen notwendig machen. Die hauptsächlichen Ursachen dafür liegen in der Dichteveränderung beim Druck und in der Farbveränderung, die durch die unzureichende Zerlegung der Farben durch die Farbfilter des Scanners entstehen.

Es gibt heute praktisch kaum noch Scanner, die nicht schon beim Scannen die gravierendsten Fehler korrigieren können. Die Hauptkorrekturen sollten also beim Scannen erfolgen, denn es ist relativ einfach, ein gut gescanntes Bild zu verbessern, hingegen nahezu unmöglich, ein schlecht gescanntes Bild zu korrigieren. Die Tonwert- und Farbkorrektur-Werkzeuge und -Dialoge von Photoshop gleichen denen der Scannersoftwares, sodass die Arbeitsweise übertragbar ist. Das Erlernen des Umgangs mit diesen Werkzeugen in Photoshop wird Ihnen auch beim Scannen hilfreich sein.

Zwangsläufige Veränderungen von Helligkeit und Kontrast beim Scannen

Die zu scannenden Vorlagen (Papierabzüge, Dias) haben in der Regel einen größeren Tonwertumfang, als später wiedergegeben werden kann. Tonwerte sind alle im Bild vorkommenden Helligkeitswerte, wobei der Tonwertumfang die Spanne zwischen dem hellsten und dem dunkelsten Ton im Bild wiederspiegelt.

Schrittfolge beim Korrigieren

Für eine hochwertige Ausgabe von Schwarzweiß- und Farbbildern sollten die Korrekturen in folgenden Schritten ausgeführt werden, wobei nicht alle Schritte für jedes Bild nötig sind:
- Monitor kalibrieren (S. 393 ff.),
- Farbmanagement einrichten (Farbeinstellungen auswählen (S. 381 f.),
- ggf. selbst scannen, dabei Hauptkorrekturen durchführen (S. 396 ff.),
- Prüfen der Qualität des Scans bzw. der importierten Datei (S. 399 ff.),
- ggf. Lichter und Tiefen festlegen (vorhandene Tonwerte optimal spreizen) (S. 407 ff.),
- ggf. Mitteltöne korrigieren (S. 410 ff.),
- ggf. Farbbalance korrigieren (Farbstiche entfernen) (S. 415 ff.),
- ggf. Unscharf maskieren (S. 456 ff.).

Tonwertumfang

> 💥 Die *Bild-Einstellungen*-Befehle zum Korrigieren von Bildern können nur auf pixelbasierten Inhaltsebenen angewendet werden.

Der Tonwertumfang kann mittels Densitometer gemessen und auf einer Dichte-Skala angegeben werden. Die größte Tonwert-Dichte (den größten Tonwertumfang) auf dieser Skala hat ein Farbdia mit 2,7, ein Papierabzug hat eine Tonwert-Dichte von 2, und die im Druck wiedergegebene Dichte liegt – je nach Papierart – zwischen 1,9 (gestrichenes Papier hoher Qualität) und 0,9 (Zeitungspapier). Beim Reproduktionsvorgang werden Bilder also zwangsläufig komprimiert (verdichtet), sodass sehr eng nebeneinander liegende Töne zu einem verschmelzen. Das Ergebnis kann Verlust an Detailreichtum in den betroffenen Bereichen sein.

Es ist aber möglich, schon beim Scannen Einfluss auf Art und Weise der Komprimierung zu nehmen, indem man bestimmte Bildbereiche, die weniger wichtig für das Bild sind, zugunsten wichtiger Bildteile stärker komprimieren lässt als andere. Dies geschieht mittels einer *automatischen Tonwertkorrektur* oder durch eine *manuelle Veränderung der Gradationskurve* (Krümmung). Beide ähneln sich in ihrer Wirkungsweise.

> ✔ Vergleichen Sie hierzu auch die Abbildungen im Farbteil.

Für die manuelle Tonwertkorrektur beim Scannen – d. h., um die Komprimierung optimal zu steuern – ist es sinnvoll, die Vorlagen (Farb- und Schwarzweißbilder) hinsichtlich ihrer Tonwertverteilung zu beurteilen und in eine von drei Hauptkategorien einzuteilen: *Durchschnittsbilder*, *Schneebilder* und *Nachtbilder*. Dann wird die Gradation durch eine Änderung des Gamma-Wertes beeinflusst. Der Gamma-Wert gibt auch hier wieder das Verhältnis von Eingabe (Tonwertumfang der Vorlage) zu Ausgabe (Tonwertumfang des gescannten Bildes) an, wobei der Gamma-Wert 1 immer für eine lineare (unveränderte) Wiedergabe steht. Beispiele für die Klassifizierung von Vorlagen mit den prinzipiellen Scannereinstellungen sehen Sie unten. Für jede der drei Kategorien können Sie sich im Scanprogramm Grundeinstellungen abspeichern. Bei gleichartigen Vorlagen kann man darauf zugreifen und diese bei Bedarf modifizieren.

✔ Die Veränderung des Gamma-Wertes kann in einem Diagramm auf CMYK-Basis *oder* RGB-Basis dargestellt werden. Die Veränderung des Gamma-Wertes hat die gleiche Auswirkung im Bild – die Kurve verläuft jedoch je nach Darstellung nach oben oder nach unten (s. S. 402).

Ein **Durchschnittsbild** (Average-Key-Bild) enthält etwa gleiche Anteile an hellen und dunklen Tonwerten. Details finden sich im mittleren Tonwertbereich zwischen 30 % und 70 %.

Ein **Schneebild** (High-Key-Bild) muss nicht zwangsläufig Schnee enthalten, besteht aber überwiegend aus hellen Tonwerten. In diesem Bereich liegen auch die Details des Bildes. Die hellen Töne werden auch *Lichter* genannt.

Ein **Nachtbild** (Low-Key-Bild) besteht überwiegend aus dunklen Tonwerten. In diesem Bereich liegen auch die Details des Bildes. Dunkle Töne nennt man *Tiefen*.

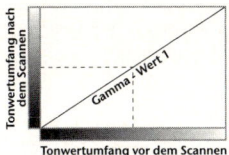

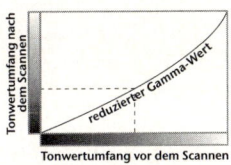

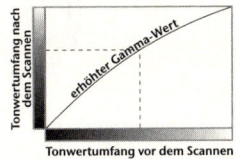

Die Tonwerte der Vorlage werden auf der horizontalen Achse, die Tonwerte des gescannten Bildes auf der vertikalen Achse gezeigt. Ein Durchschnittsbild lässt sich einfach mit einem Gamma-Wert von 1 (lineare Wiedergabe) scannen, da die wichtigen Informationen im Mitteltonbereich liegen.

Eine helle Vorlage sollte mit einem reduzierten Gamma-Wert eingescannt werden, da dieser eine weniger starke Komprimierung der hellen Töne im Bild zur Folge hat und damit die wichtigen Details in diesen Bereichen besser erfasst werden.

Dementsprechend sollten Nachtbilder mit einem erhöhten Gamma-Wert eingescannt werden, da dieser eine weniger starke Komprimierung der dunklen Töne im Bild bewirkt. Dadurch wird die Gefahr des Zulaufens der dunklen Bereiche besonders bei einfachen Scannern reduziert.

Tonwert- und Farbkorrekturen

Bei der automatischen Tonwertkorrektur wird das zu scannende Bild automatisch klassifiziert und die Tonwert-Komprimierung entsprechend gesteuert.

Zwangsläufige Veränderungen von Farben beim Scannen

Weitere Fehler, die beim Scannen auftreten, entstehen durch die Eigenschaften der Farbfilter. Die Filter schaffen es nicht, das erfasste Licht völlig rein in die drei Grundkomponenten Rot, Grün und Blau aufzuspalten. Je nach Filterart werden bestimmte Spektralbereiche (Bestandteile des Lichts) fast gar nicht erfasst oder die Filter haben Überlappungsbereiche, sodass ein kleiner Teil angrenzender Spektralbereiche mit erfasst wird. In beiden Fällen führt es zu einer Farbverfälschung, die sich im Verlust der Sättigung bzw. einer Verschwärzlichung der Farben bemerkbar macht; es gibt kein reines Weiß, und die Farben erscheinen stumpf und matt. Hinzukommen kann außerdem ein Fehler in der *Graubalance*, der sich durch ein Farbstich bemerkbar macht. In den meisten Fällen können derartige Fehler beim Scannen durch eine *automatische Farbkorrektur* zum größten Teil beseitigt werden.

Vernachlässigt man diese ersten Korrekturen beim Scannen, werden die Vorlagen nicht optimal erfasst – der Verlust ist erstens nie wieder auszugleichen, und zweitens sind im schlimmsten Fall nicht einmal genügend Bildinformationen für eine Korrektur im Bildbearbeitungsprogramm vorhanden. Hinweis: Die im folgenden Abschnitt aufgeführten Beispiele sind teilweise absichtlich unkorrigiert eingescannt, um die Korrektur-Werkzeuge und -Dialoge wirkungsvoll demonstrieren zu können.

Arbeiten mit dem Tonwertkorrektur-Dialog und dem Gradationskurven-Dialog

Tonwert- und Farbkorrekturen in Photoshop können notwendig sein, wenn das Bild nicht optimal gescannt wurde oder eine Feinkorrektur erforderlich ist. Dafür stehen mehrere Werkzeuge, die Sie im Menü *Bild > Anpassen* finden, zur Verfügung.

Das eingescannte oder importierte Bild sollte zunächst erst einmal beurteilt werden. Dazu wird ein so genanntes Histogramm, das Sie im Menü *Bild > Anpassen > Tonwertkorrektur...* (⌘ L) finden, verwendet.

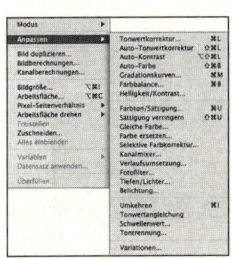

Bild-Anpassen-Menü

Verstärkt Tiefen   Verändert Mitteltöne   Verstärkt Lichter

Tonwertkorrektur-Dialog

Histogramm im Tonwertkorrektur-Dialog

Verringert Tiefen bzw. Lichter

Ein Histogramm zeigt die Tonwertverteilung (oder auch Tonwerthäufung) für das aktuelle Bild an. Auf der horizontalen (x-)Achse werden alle vorhandenen Tonwerte angezeigt: insgesamt maximal 256 für jeden Farbkanal eines 8-Bit-Bildes – links Schwarz, rechts Weiß, dazwischen alle Helligkeitsabstufungen. Die vertikale (y-)Achse zeigt die Häufung (Anzahl) der Pixel einer Tonwertstufe in Form von

✔ Ein Histogramm lässt sich auch über das Menü *Fenster > Histogramm* aufrufen. Es zeigt nur statistische Informationen über die Farbwerte der Pixel an – Korrekturen können in diesem Dialog nicht durchgeführt werden.

Tonwert- und Farbkorrekturen

✔ Ob ein Bild optimale Tonwertverteilung für eine hochwertige Ausgabe enthält, lässt sich auch über die Info-Palette feststellen. Stellen Sie eine Farbwertanzeige in der Info-Palette auf RGB ein. Beim Bewegen der Maus über die hellsten Stellen im Bild sollten RGB-Werte um 240 angezeigt werden – beim Bewegen der Maus über die dunkelsten Stellen im Bild sollten RGB-Werte um 10 angezeigt werden.

unterschiedlich langen schwarzen Strichen an: Je höher ein Strich, desto mehr Pixel mit diesem Tonwert gibt es im Bild. Eventuell vorhandene weiße Striche zeigen Fehlstellen an, d. h., es gibt kein Pixel mit dem entsprechenden Tonwert. Anhand eines Histogramms kann man z. B. erkennen, ob es sich eher um ein Schneebild, ein Durchschnittsbild oder ein Nachtbild handelt (siehe auch Farbteil). Oder man kann erkennen, ob das Bild ausreichend Informationen für eine Korrektur enthält. Ein qualitativ hochwertiges Bild (Foto) hat keine Fehlstellen; es gibt also in jedem Tonwert Pixel – natürlich mit einer schwerpunktmäßig unterschiedlichen Häufung je nach Bildart.

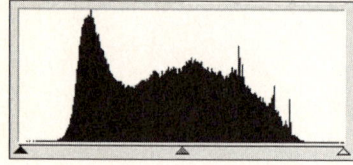
Bild mit ausreichend Bildinformationen

Bild mit ungenügend Bildinformationen

Kurzbefehle für alle Korrektur-Dialoge:

Um den letzten Schritt in einem beliebigen Korrektur-Dialog zu widerrufen, ohne den Dialog zu schließen, drücken Sie ⌘ Z. Um wieder zu den Ausgangswerten zurückzukehren, ohne den Dialog zu schließen, halten Sie die Wahltaste (⌥) gedrückt: Der Abbrechen-Schalter ändert sich in *Zurück*. Klicken Sie einmal darauf.

Im Tonwertkorrektur-Dialog können die Helligkeit und der Kontrast, also die Tonwertverteilung im Bild beeinflusst werden. Die Veränderung kann mit dem Bewegen der Schieberegler nach Sicht im Histogramm oder durch die Eingabe numerischer Werte bei *Tonwertspreizung* erfolgen. Der linke Schieberegler beeinflusst die dunkelsten, der rechte die hellsten Töne im Bild; der mittlere (Gamma-)Regler verändert die Töne im mittleren Tonwertbereich. Die numerische Eingabe legt Zielwerte für den dunkelsten und den hellsten Tonwert in RGB-Werten sowie den mittleren Tonwert als Gamma-Wert fest.

Achten Sie darauf, dass der Vorschau-Schalter angeklickt ist, damit Sie die Veränderungen sofort sehen.

Ein andere Möglichkeit, Tonwertveränderungen im Bild vorzunehmen, bietet der Gradationskurven-Dialog. Sie öffnen ihn über *Bild > Anpassen > Gradationskurven...* (⌘ M).

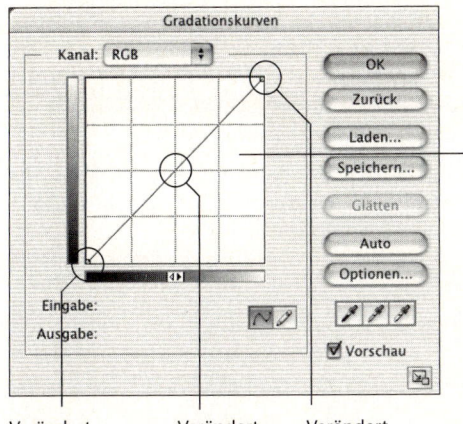

Gradationskurven-Dialog

Tonwertdiagramm mit Gradationskurve

✔ Durch Klicken mit gedrückter Wahltaste (⌥) auf die Diagrammfläche können Sie zwischen einer 25%igen und 10%igen Unterteilung hin- und herschalten.

Verändert Tiefen — Verändert Mitteltöne — Verändert Lichter

Im Gradationskurven-Dialog finden Sie ein Tonwertdiagramm, das die Originalwerte vor der Korrektur auf der horizontalen (x-)Achse (*Eingabe*) und die Tonwerte nach der Korrektur auf der vertikalen (y-)Achse (*Ausgabe*) darstellt. Eine gerade (lineare) Gradationskurve spiegelt die unveränderten, d. h. unkorrigierten Tonwerte wieder (= Gamma-Wert 1). Im Gradationskurven-Dialog können – ebenso wie im Tonwertkorrektur-Dialog – die Helligkeit und der Kontrast beeinflusst werden. Die Tonwerte können durch Bewegen der Gradationskurve verändert werden, wobei ein Bewegen der Endpunkte die hellsten bzw. die dunkelsten Tonwerte im Bild betrifft. Bewegt man die Kurve in der Mitte, werden die mittleren Tonwerte verändert. Bei jedem Klicken auf die Kurve wird ein Koordinatenpunkt festgelegt (max. 13 Punkte). Damit werden bestimmte Tonwerte fixiert. Der übrige Verlauf der Kurve passt sich

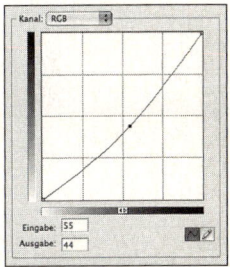

In diesem Beispiel sind alle Pixel mit einem Tonwert von 55% auf 44% geändert worden. Die Werte können unter *Eingabe* bzw. *Ausgabe* abgelesen werden, wenn man die Maus auf diesen Punkt bewegt. Alle anderen Tonwerte verändern sich entsprechend dieser Kurve.

✔ Die Veränderung des Gamma-Wertes kann in einem Diagramm auf CMYK-Basis oder RGB-Basis dargestellt werden. Klicken auf den Tonwertbalken im Gradationskurven-Dialog wechselt zwischen den beiden Darstellungsformen. Eine Veränderung des Gamma-Wertes hat die gleiche Auswirkung im Bild – die Kurve verläuft jedoch je nach Darstellung nach oben oder nach unten. Es ist egal, in welcher Darstellung Sie die Korrektur vornehmen, da die Tonwerte ihr Äquivalent in der jeweils anderen Darstellung finden.

Tonwertbalken

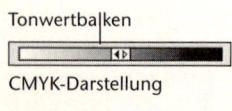

CMYK-Darstellung

RGB-Darstellung

Die Position einzelner Tonwerte im Bild lässt sich auf der Gradationskurve bestimmen, indem man mit gedrückter Maustaste über die gewünschten Bildstellen fährt. Auf der Gradationskurve erscheint ein kleiner Kreis, der die Position markiert.

den festgelegten Punkten an. Punkte können verändert werden, indem man sie anklickt und mit gedrückter Maustaste verschiebt – durch Herausziehen aus dem Diagramm in einer beliebigen Richtung werden sie wieder entfernt. Hat man die Gradationskurve einmal bewegt, erscheinen Eingabefelder bei *Eingabe* und *Ausgabe*. Hier lassen sich nun ebenfalls numerisch Zielwerte eingeben.

Beachten Sie die zwei unterschiedlichen *Darstellungsmöglichkeiten* des Diagramms, die Sie wählen können:

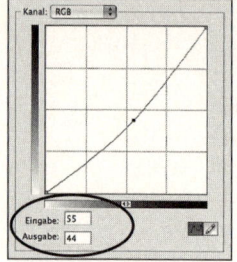 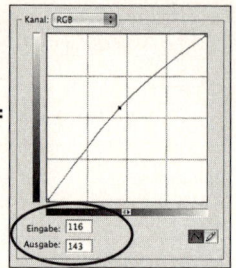

Darstellung der Gradationskurve auf CMYK-Basis (Ein- und Ausgabe werden in Prozentwerten angegeben). Ist hier z. B. die Kurve nach unten durchgebogen (erhöhter Gamma-Wert), wird das Bild aufgehellt. Ist die Kurve nach oben durchgebogen (reduzierter Gamma-Wert), wird das Bild abgedunkelt.

Darstellung der Gradationskurve auf RGB-Basis (Ein- und Ausgabe werden in RGB-Werten angegeben). Ist hier z. B. die Kurve nach oben durchgebogen (erhöhter Gamma-Wert), wird das Bild aufgehellt. Ist die Kurve nach unten durchgebogen (reduzierter Gamma-Wert), wird das Bild abgedunkelt.

 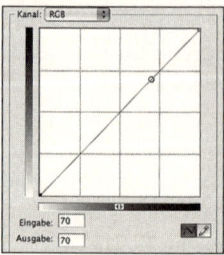

Die Korrektur – Schritt für Schritt

Auf den nächsten Seiten finden Sie Beispiele für eine Reihe häufig vorkommender Korrekturen.

Zuvor noch ein paar Tipps:
Korrekturen sind nur für die aktive Ebene (und falls es darin eine aktive Auswahl gibt, nur dort) wirksam, es sei denn, Sie arbeiten mit Einstellungsebenen. Die Auswahl kann ein beliebiges Aussehen, z. B. *weiche Kanten,* haben. Damit ist es möglich, korrigierte und unkorrigierte Bereiche weich ineinander übergehen zu lassen.

Für alle Korrekturen können Sie die *Einstellungsebenen* benutzen, um anhand dieser die Wirkung auszuprobieren und mit verschiedenen Kombinationen zu experimentieren. Die Pixel im Bild bleiben so lange unverändert, bis Sie die Einstellungsebene anwenden. Wie Sie mit Einstellungsebenen arbeiten, können Sie ab S. 429 ff. nachlesen.

Generell ist es empfehlenswert, die Info-Palette beim Korrigieren zur Kontrolle geöffnet zu halten. Sie zeigt die Werte der aktuellen Mausposition vor der Korrektur (links) und danach (rechts) in zwei verschiedenen Farbmodellen an, solange einer der Korrektur-Dialoge geöffnet ist. Zusätzlich können bis zu 4 weitere Punkte zur Farbmessung im Bild festgelegt und angezeigt werden (s. S. 191). Die Anzeige in der Info-Palette basiert auf der aktuellen Pipetteneinstellung. Bevor Sie korrigie-

✔ Jede Tonwert- und Farbkorrektur ist verlustbehaftet: in einem gegebenen Bild können die Farbwerte umverteilt, aber keine neuen Pixel hinzugewonnen werden. Es gehen weniger Informationen verloren, wenn Sie Ihr Dokument für die Dauer der Korrektur als 16-Bit-Bild bearbeiten.

✔ Als Schreibtischhintergrund sollte unbedingt ein neutrales Grau eingestellt werden, damit das Auge neutrale Bezugswerte hat. Denken Sie an ein ausgewogenes Umgebungslicht.

Arbeiten mit Einstellungsebenen

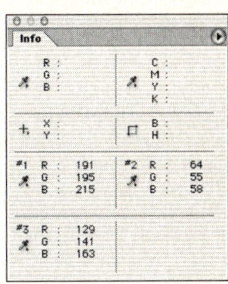

Hilfsmittel: Info-Palette

Pipette einstellen

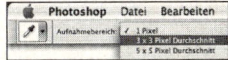

Tonwertkorrektur- oder Gradationskurven-Dialog?

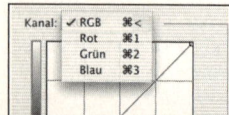

Kanal-Einblendmenü

✔ Wenn Sie zwei Kanäle gemeinsam korrigieren wollen, wählen Sie diese vor der Korrektur in der Kanäle-Palette mit gedrückter Umschalttaste (⇧) aus. Die ausgewählten Kanäle erscheinen dann im Kanal-Einblendmenü der Korrektur-Dialoge.

Korrigieren im RGB- oder CMYK-Modus?

ren, sollten Sie den Aufnahmebereich der Pipette in der Werkzeug-Optionen-Palette auf 3×3 Pixel einstellen, um anhand eines repräsentativen Durchschnittswertes urteilen zu können.

Im Prinzip ist es Ihnen überlassen, in welchem der beiden Korrektur-Dialoge Sie die Tonwert- bzw. Farbkorrekturen vornehmen. Beide bieten die Möglichkeit, das gesamte Bild (RGB- bzw. CMYK-Kanal) oder einzelne Farbkanäle getrennt voneinander zu bearbeiten. Der Vorteil des Tonwertkorrektur-Dialoges ist die Möglichkeit, anhand des Histogramms schnell die Helligkeit und den Kontrast beurteilen und korrigieren zu können.

Die Gradationskurven bieten mehr Möglichkeiten zur Korrektur der Mitteltöne (Tonwertverteilung anhand der Kurve mit bis zu 13 Punkten möglich). Empfehlenswert ist auch eine Kombination beider Korrektur-Dialoge: 1. grobe Korrektur mit dem Tonwertkorrektur-Dialog, 2. Feinjustierung der Farbbalance (Entfernung von Farbstichen) mit dem Gradationskurven-Dialog.

Korrekturen an Farbbildern können sowohl im Lab-, RGB- als auch CMYK-Modus durchgeführt werden. Am besten arbeitet man im RGB-Modus (oder Lab-Modus), auch wenn das Bild später für den Druck separiert werden muss. Dies hat den Vorteil, dass man innerhalb eines größeren Farbraumes korrigieren und die Entscheidung für einen bestimmten *Schwarzaufbau* aufschieben kann. Ein weiterer Vorteil ist die kleinere Dateigröße, die ein schnelleres Arbeiten ermöglicht. Kein wirklicher Nachteil ist, dass die RGB-Farben dem Druckergebnis noch weniger entsprechen als die CMYK-Farben. Denn hierfür bietet Photoshop genügend andere Möglichkeiten:

▪ Die Korrekturen können auch in der *Ansicht > Farb-Proof* vorgenommen werden (s. S. 392).
▪ Das Arbeiten mit der Info-Palette ermöglicht eine Anzeige in CMYK-Werten auch schon vor der Separation.
▪ Eventuelle „nicht druckbare Farben" können über *Ansicht > Farbumfangwarnung* erkannt werden.

Alle Einstellungen in den Tonwert- und Farbkorrekturen lassen sich über die Schalter *Speichern* abspeichern und für vergleichbare Bilder über den Schalter *Laden* wieder aufrufen.

Gehen Sie bei der Tonwert- und Farbkorrektur in dieser Reihenfolge vor:
▪ Lichter und Tiefen festlegen (vorhandene Tonwerte optimal spreizen) entweder mit *Zielwerten* oder mit den *Tonwertkorrektur-Reglern des Tonwertkorrektur-Dialoges* oder mit *Auto-Farbe* (für RGB-Bilder) bzw. *Auto-Tonwertkorrektur* (für Graustufenbilder) oder mit *Tiefen/Lichter...* (ebenfalls im *Bild*-Menü > *Anpassen*).
▪ Mitteltöne korrigieren entweder mit dem *Gamma-Regler des Tonwertkorrektur-Dialoges* oder mit der *Gradationskurve des Gradationskurven-Dialoges*,
▪ Farbbalance korrigieren (Farbstiche entfernen) entweder mit der *Gradationskurve des Gradationskurven-Dialoges* oder dem *Farbbalance-Dialog*,
▪ eventuell *selektive Farbkorrektur*.

Beachten Sie, dass nicht alle auf den folgenden Seiten aufgeführten Korrekturen bei jedem Bild notwendig sind, sondern dass sie je nach Vorlagenart (Durchschnittsbild, Schneebild oder Nachtbild) sowie Vorlagen- und Scanqualität durchgeführt werden müssen.

✔ Lassen Sie sich ein *Neues Fenster* (Menü *Fenster > Anordnen*) zeigen. Schalten Sie für dieses Fenster *Ansicht > Farb-Proof* ein, nachdem Sie unter *Ansicht > Proof einrichten* Ihren CMYK-Zielfarbraum eingestellt haben, um die Korrektur im RGB-Modus und als CMYK-Vorschau vergleichen zu können.

Speichern von Korrektur-Einstellungen

KorrMittel.acv   KorrHell.alv

Die richtige Reihenfolge beim Korrigieren

✔ *Cache-Stufen 6 (Standard)* in den *Voreinstellungen > Arbeitsspeicher & Bildcache* beschleunigt die Bildschirmaktualisierung und die Histogrammgeschwindigkeit, da Informationen aus einem Zwischenspeicher rekonstruiert werden. Cache-Stufe 1 erstellt ein Histogramm anhand aller Bildpixel; eine höhere Cache-Stufe basiert auf einer repräsentativen Auswahl von Pixeln im Bild (auf der Grundlage der Vergrößerungsstufe) (vergl. *Histogramm* auf S. 399).

Auto-Kontrast, Auto-Tonwertkorrektur, Auto-Farbe
Für eine allgemeine Kontrast-, Tonwert- oder Farbkorrektur, insbesondere für Ungeübte

Ausgangsbild

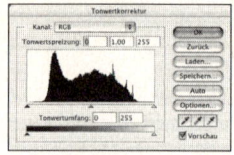

Ausgangsbild Histogramm

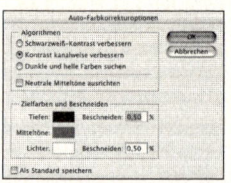

Optionen-Dialog

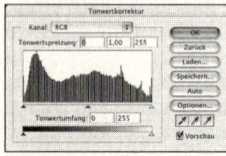

Auto-Kontrast

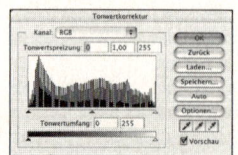

Auto-Tonwertkorrektur

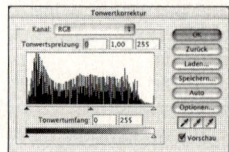

Auto-Farbe

Die automatischen Korrekturen *Auto-Kontrast, Auto-Tonwertkorrektur, Auto-Farbe* bieten nicht die präzisen Einstellungsmöglichkeiten von *Tonwertkorrektur* und *Gradationskurven*, sind aber für eine allgemeine Kontrast-, Tonwert- oder Farbkorrektur insbesondere für Ungeübte geeignet. Die zur Berechnung herangezogenen Algorithmen (nur für Farbbilder) haben unterschiedliche Schwerpunkte:

• *Auto-Kontrast* beschneidet alle Kanäle gleichmäßig. Die Beziehung zwischen den Farben bleibt insgesamt erhalten, wobei Lichter heller und Tiefen dunkler wirken. Dieser Algorithmus entspricht der Option *Schwarzweiß-Kontrast verbessern* im *Optionen*-Dialog von *Tonwertkorrektur* und *Gradationskurven*.

• *Auto-Tonwertkorrektur* maximiert den Tonwertbereich in jedem Kanal, um eine drastischere Korrektur zu erzielen. Da mit dieser Option jeder Farbkanal einzeln eingestellt wird, werden möglicherweise Farbstiche entfernt oder hinzugefügt. Dieser Algorithmus entspricht der Option *Kontrast kanalweise verbessern* im *Optionen*-Dialog von *Tonwertkorrektur* und *Gradationskurven*.

• *Auto-Farbe* (nur für RGB- und Lab-Bilder), die umfassendste und präziseste automatische Korrektur, sucht die hellsten und dunkelsten Pixel in einem Bild und maximiert anhand dieser Pixel den Kontrast, während gleichzeitig die Licht- und Tiefen-Beschneidung minimiert wird. Dieser Algorithmus entspricht der Option *Dunkle und helle Farben suchen* im *Optionen*-Dialog von *Tonwertkorrektur* und *Gradationskurven*. Außerdem wird beim Befehl *Auto-Farbe* eine durchschnittliche, fast neutrale Farbe gesucht und die Gammawerte so ausgerichtet, dass diese Farbe neutral wird (z. B. bei Grau). Dieser Algorithmus entspricht der Option *Neutrale Mitteltöne ausrichten* im *Optionen*-Dialog von *Tonwertkorrektur* und *Gradationskurven*.

• Im *Optionen*-Dialog können auch die Werte für die *Beschneidung* (siehe rechte Seite) geändert werden, um repräsentative Pixel für die Ermittlung der neuen Schwarz- und Weißwerte zu finden und die Korrektur nicht auf extrem helle und dunkle Pixel im Bild zu stützen. Photoshop empfiehlt, Werte zwischen 0,5 % und 1 % zu wählen.

Lichter und Tiefen festlegen mit Zielwerten (Beschneidung)

Dem Festlegen von Lichtern und Tiefen kommt bei der Korrektur eine zentrale Bedeutung zu. Durch das Festlegen (Zuweisen) neuer Tonwerte für die hellsten und dunkelsten Pixel im Bild werden alle vorhandenen Tonwerte über das gesamte Bild neu verteilt. Man spricht hierbei auch von einer optimalen Spreizung der vorhandenen Tonwerte. Für Bilder, die ausschließlich am Bildschirm präsentiert werden sollen, bedeutet dies praktisch, dass weißen Bildstellen die Farbe Weiß (Helligkeit B = 100 %) und schwarzen Bildstellen die Farbe Schwarz (Helligkeit B = 0 %) zugewiesen wird. Für die Ausgabe des Bildes in Printmedien begrenzt man den Tonwertumfang aus technischen Gründen auf ein Weiß mit einer Helligkeit um 95 % und ein Schwarz mit einer Helligkeit 5 % (Beschneidung). Dies geschieht, damit beim Druck auch in weißen Bildbereichen ein Farbauftrag stattfindet und dunkle Bildbereiche nicht zulaufen. Eine tabellarische Übersicht über die einzugebenden Zielwerte finden Sie weiter unten auf dieser Seite (für einige Zielwerte ist eine Spanne angegeben: je nach Bildart kann in diesem Rahmen variiert werden – hellen Bildern dürfen eher etwas dunklere Werte zugewiesen werden und umgekehrt). Die letzte Entscheidung fällt allerdings derjenige, der die Korrektur durchführt, anhand des optischen Eindrucks. Die Farbwerte vor und nach der Korrektur können in der Info-Palette abgelesen werden.

Das Ergebnis dieser Korrektur ist ein kontrastreicheres, in der Detailwiedergabe verbessertes Bild. Außerdem werden (im Gegensatz zur Korrektur mit den Tonwertkorrektur-Reglern, s. S. 409) gleichzeitig Farbstiche entfernt, da reines Weiß und reines Schwarz (ohne Farbstiche) eine neutrale Graubalance im gesamten Bild einstellen. Beachten Sie, dass die Korrektur nur in einer Umverteilung der vorhandenen Bildinformationen besteht. Die Tonwerte werden so gespreizt, dass die weißen Bildstellen tatsächlich weiß und die schwarzen Bildstellen tatsächlich schwarz sind. Im Gegenzug fehlen ein paar mittlere Tonwertstufen, die aber dem Gesamteindruck weniger schaden als der mangelnde Kontrast.

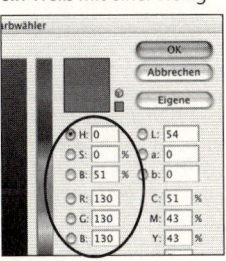

HSB- und RGB-Eingabefelder im Farbwähler, der durch Klicken auf eine Pipette im Tonwertkorrektur-Dialog aufgerufen wird (siehe nächste Seite).

Bilder für		Bildschirmpräsentation		Printmedien	
Lichter festlegen	bei RGB	R	255	R	(204–)245
		G	255	G	(204–)245
		B	255	B	(204–)245
	oder bei HSB	H	0 %	H	0 %
		S	0 %	S	0 %
		B	100 %	B	(80–)96 %
Tiefen festlegen	bei RGB	R	0	R	10(–51)
		G	0	G	10(–51)
		B	0	B	10(–51)
	oder bei HSB	H	0 %	H	0 %
		S	0 %	S	0 %
		B	0 %	B	4(–20) %

Tonwert- und Farbkorrekturen

Lichter und Tiefen festlegen (mit Zielwerten)

Diese Korrektur kann bei fast allen Bildern, insbesondere bei Durchschnittsbildern oder kontrastarmen Bildern, durchgeführt werden.

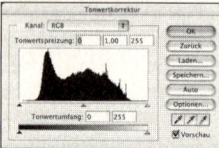

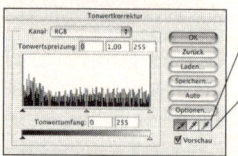

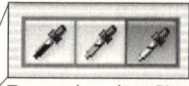

Tonwertkorrektur-Pipetten im Tonwertkorrektur-Dialog

Ausgangsbild

Ergebnis

So gehen Sie vor:
• Öffnen Sie den *Tonwertkorrektur*-Dialog für das aktuelle Bild. Das Histogramm in diesem Beispiel zeigt ein Durchschnittsbild mit genügend Tönen im mittleren Bereich, aber es fehlen Tonwerte auf der linken Seite (die ganz dunklen Töne sowie tiefes Schwarz) und auf der rechten Seite (die ganz hellen Töne sowie reines Weiß im Bild). Dadurch erscheint es flau und kontrastarm.

• Doppelklicken Sie im Tonwertkorrektur-Dialog auf die weiße Pipette. Der Farbwähler erscheint.

• Geben Sie Zielwerte für die Lichter entweder im RGB-Eingabefeld oder im HSB-Eingabefeld ein (siehe Tabelle S. 374). (Wenn Sie Ihr Bild für die Ausgabe in Printmedien vorbereiten, könnten Sie die Zielwerte theoretisch auch im CMYK-Äquivalent eingeben – davon ist aber abzuraten, da diese Werte je nach Separationseinstellungen schwanken. Weitere Informationen dazu finden Sie im Kapitel 16.) Schließen Sie den Farbwähler mit *OK*.

• Suchen Sie nun durch Bewegen der Maus über einem repräsentativen hellen Bildbereich (ein Bildbereich, der eigentlich weiß sein sollte – keine Glanzlichter) die hellsten Farbwerte im Bild mit Hilfe der Info-Palette. Die unkorrigierten hellsten Farbwerte liegen für RGB meist zwischen 180 und 255. (Im Beispiel liegen die hellsten Tonwerte im Scheinwerfer des Autos.)

• Klicken Sie einmal darauf. Die Auswirkung ist sofort am Histogramm und im Bild (*Vorschau*-Schalter muss angeklickt sein) zu sehen.

• Doppelklicken Sie dann im Tonwertkorrektur-Dialog auf die schwarze Pipette. Der Farbwähler erscheint wieder. Geben Sie Zielwerte für die Tiefen ein (siehe Tabelle S. 407).

• Suchen Sie durch Bewegen der Maus über dem dunkelsten Bildbereich (ein Bildbereich, der eigentlich schwarz sein sollte) die dunkelsten Farbwerte im Bild mit Hilfe der Info-Palette. Die unkorrigierten dunkelsten Farbwerte liegen für RGB meist zwischen 60 und 0. (Im Beispiel liegen die dunkelsten Tonwerte im Schattenbereich hinter dem Vorderrad des Autos.)

• Klicken Sie einmal darauf. Wenn Sie auch optisch mit dem Ergebnis zufrieden sind, schließen Sie den Tonwertkorrektur-Dialog. Ansonsten widerrufen Sie den letzten Schritt oder klicken mit gedrückter Wahltaste auf den *Zurück*-Schalter.

Lichter und Tiefen festlegen (mit den Tonwertkorrektur-Reglern)

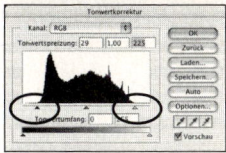

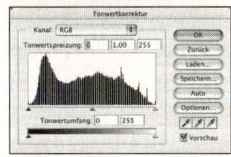

Ausgangsbild

Ergebnis

So gehen Sie vor:
- Öffnen Sie den *Tonwertkorrektur*-Dialog für das aktuelle Bild. Das Histogramm in diesem Beispiel zeigt ein Durchschnittsbild mit genügend Tönen im mittleren Bereich, aber es fehlen Tonwerte auf der linken Seite (die ganz dunklen Töne sowie tiefes Schwarz) und auf der rechten Seite (die ganz hellen Töne sowie reines Weiß im Bild). Dadurch erscheint es flau und kontrastarm.
- Schieben Sie nun den schwarzen Schieberegler nach rechts bis in den Bereich, wo Tonwerte vorhanden sind (wo senkrechte Striche beginnen).
- Schieben Sie den weißen Schieberegler nach links bis in den Bereich, wo Tonwerte vorhanden sind. (In anderen Bildern kann eine Korrektur auch nur auf einer Seite notwendig sein.)

Die Auswirkung ist wieder sofort am Histogramm und im Bild (*Vorschau*-Schalter muss angeklickt sein) zu sehen.
- Wenn Sie mit dem Ergebnis zufrieden sind, beenden Sie den Dialog mit *OK*.

Das Ergebnis ist ein kontrastreicheres Bild mit mehr Detailzeichnung. Nach dem Verlassen des Korrektur-Dialoges mit *OK* und nochmaligem Öffnen kann man die Auswirkung der Korrektur am Histogramm sehen. Beachten Sie wieder, dass die Korrektur nur in einer Umverteilung der vorhandenen Bildinformationen besteht. Die Fehlstellen an den Rändern des Histogramms sind über den gesamten Tonwertumfang des Bildes verteilt worden.

Mitteltöne aufhellen (Tonwertkorrektur- o. Gradationskurven-Dialog)

Diese Korrektur muss häufig bei Nachtbildern oder unterbelichteten Bildern durchgeführt werden.

Ausgangsbild

Ergebnis

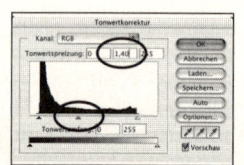

Korrektur im Tonwertkorrektur-Dialog

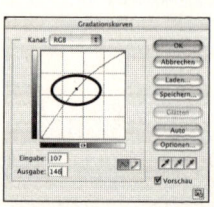

Vergleichbare Korrektur im Gradationskurven-Dialog

So gehen Sie vor:
• Öffnen Sie den *Tonwertkorrektur*-Dialog für das aktuelle Bild. Das Histogramm in diesem Beispiel zeigt ein Nachtbild mit einer Häufung von Tönen im dunklen Bereich. Solche Bilder müssen häufig aufgehellt werden. Außerdem fehlen die ganz hellen Töne sowie tiefes Schwarz im Bild. Das Bild erscheint zu dunkel und kontrastarm.
• Zunächst korrigieren Sie die Tonwertspreizung nach einer der beschriebenen Methoden. (Wenn Töne links oder rechts fehlen, ist eine solche Korrektur immer angebracht.)
Im Beispiel wurde die Tonwertspreizung mit den Tonwertkorrektur-Reglern vorgenommen. Die Mitteltöne im Bild sind damit kaum verändert worden.

Korrektur der Mitteltöne im *Tonwertkorrektur*-Dialog:
• Hellen Sie nun die Mitteltöne auf, indem Sie den mittleren Tonwertkorrektur-Regler (Gamma-Regler) nach links ziehen oder einen höheren Gamma-Wert als 1 in das mittlere Feld eingeben.
• Wenn Sie mit dem Ergebnis zufrieden sind, beenden Sie den Dialog mit *OK*.
Das Ergebnis ist ein kontrastreicheres Bild mit deutlich helleren Mitteltönen. Außerdem wird die Detailzeichnung in den dunklen Bereichen besser wiedergegeben. Nach dem Beenden des Korrektur-Dialoges mit *OK* und nochmaligem Öffnen kann man die Auswirkung der Korrektur am Histogramm sehen.

Oder:
Korrektur der Mitteltöne im *Gradationskurven*-Dialog:
• Beenden Sie den *Tonwertkorrektur*-Dialog nach der Tonwertspreizung (Punkt 2) mit *OK*.
• Öffnen Sie den *Gradationskurven*-Dialog für das aktuelle Bild.
• Klicken Sie etwa in die Mitte der Kurve und bewegen Sie sie leicht nach oben, etwa wie in der Abbildung gezeigt.
Das Ergebnis im Bild ist vergleichbar mit einer Korrektur durch den Gamma-Wert. In beiden Fällen werden die hellen Töne zugunsten der dunklen Töne stärker komprimiert.

Mitteltöne abdunkeln (Tonwertkorrektur- o. Gradationskurven-Dialog)

Diese Korrektur kann bei Schneebildern oder überbelichteten Bildern durchgeführt werden.

Ausgangsbild

Ergebnis

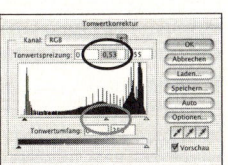

Korrektur im Tonwertkorrektur-Dialog

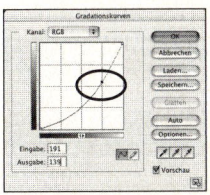

Vergleichbare Korrektur im Gradationskurven-Dialog

So gehen Sie vor:
- Öffnen Sie den *Tonwertkorrektur*-Dialog für das aktuelle Bild. Das Histogramm zeigt ein Bild mit einer Häufung von Tönen im hellen Bereich. Die Ursache dafür ist die Überbelichtung von weiten Teilen des Bildes. Es erscheint zu hell und kontrastarm. Ein solches Bild ist schwierig zu korrigieren. Hier musste mit einer Maske gearbeitet werden, um einzelne Bildbereiche getrennt von anderen korrigieren zu können. Es wurde zuerst ein Bereich, der nicht mit abgedunkelt werden sollte (die Personen), ausgewählt (magnetisches Lasso) und die Auswahl dann umgekehrt (⇧ ⌘ I).
- Korrigieren Sie zunächst die Tonwertspreizung nach einer der beschriebenen Methoden.

Korrektur der Mitteltöne im *Tonwertkorrektur*-Dialog:
- Dunkeln Sie nun die Mitteltöne ab, indem Sie den mittleren Tonwertkorrektur-Regler (Gamma-Regler) nach rechts ziehen oder einen niedrigeren Gamma-Wert als 1 in das mittlere Feld eingeben.
- Wenn Sie mit dem Ergebnis zufrieden sind, beenden Sie den Dialog mit *OK*.

Das Ergebnis ist ein kontrastreicheres Bild mit deutlich dunkleren Mitteltönen. Außerdem wird die Detailzeichnung in den hellen Bereichen besser wiedergegeben.

Oder:
Korrektur der Mitteltöne im *Gradationskurven*-Dialog:
- Beenden Sie den *Tonwertkorrektur*-Dialog nach der Tonwertspreizung (Punkt 2) mit OK.
- Öffnen Sie den *Gradationskurven*-Dialog für das aktuelle Bild.
- Dann klicken Sie etwa in die Mitte der Kurve und bewegen sie leicht nach unten, so wie in der Abbildung gezeigt.

Das Ergebnis im Bild ist vergleichbar mit einer Korrektur durch den Gamma-Wert. Die mittleren Tonwerte wurden so verändert, dass sie in den dunklen Bereichen stärker komprimiert wurden zugunsten einer größeren Spreizung der hellen Tonwerte. Das Ergebnis ist ein abgedunkeltes Bild.

Kontrast in den Mitteltönen korrigieren (Gradationskurven-Dialog)

Diese Korrektur kann bei Bildern durchgeführt werden, die trotz *Festlegen der Lichter und Tiefen* noch zu kontrastarm in den Mitteltönen sind.

Ausgangsbild

Ergebnis

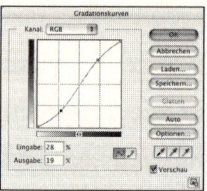

Gradationskurven-Dialog (RGB-Darstellung)

Gradationskurven-Dialog (CMYK-Darstellung)

So gehen Sie vor:
- Öffnen Sie den *Tonwertkorrektur*-Dialog für das aktuelle Bild.
- Überprüfen Sie zuerst die Tonwertspreizung (Lichter und Tiefen) und korrigieren Sie bei Bedarf nach einer der beschriebenen Methoden. (Wenn Töne links oder rechts fehlen, ist eine solche Korrektur immer angebracht.)
- Wenn der Kontrast in den Mitteltönen auch durch diese Korrektur nicht ausreichend verbessert wurde (dies kommt hauptsächlich in Durchschnittsbildern vor), fahren Sie mit den folgenden Schritten fort.

- Öffnen Sie den *Gradationskurven*-Dialog für das aktuelle Bild.
- Achten Sie darauf, dass der Gesamtkanal (RGB, CMYK oder Lab) ausgewählt ist. Dies stellt sicher, dass Sie nur die Tonwerte und nicht die Farbbalance verändern.
- Fixieren Sie den Mittelpunkt der Kurve durch Klicken eines Koordinatenpunktes etwa in der Mitte der Kurve.
- Klicken Sie einen zweiten Punkt auf der Kurve in den Vierteltönen (Töne zwischen Weiß und Mitteltönen) und ziehen Sie ihn nach oben (RGB-Darstellung des Diagramms) bzw. nach unten (CMYK-Darstellung). Alternativ können Sie auch mit Zielwerten arbeiten: Möchten Sie z. B. die Vierteltöne um 10 % aufhellen, setzen Sie

einen Punkt auf der Kurve und verschieben ihn, bis bei *Eingabe* 25 % erscheint. Geben Sie dann bei *Ausgabe* 15 % ein.
- Klicken Sie einen dritten Punkt auf der Kurve in den Dreivierteltönen (Töne zwischen Schwarz und Mitteltönen) und ziehen Sie ihn nach unten (RGB-Darstellung) bzw. nach oben (CMYK-Darstellung), (S-Kurve).
- Variieren Sie die Kurve weiter, bis Sie auch optisch mit dem Ergebnis zufrieden sind.

Durch die S-Kurve wurden die Vierteltöne aufgehellt und die Dreivierteltöne abgedunkelt. Das Ergebnis ist ein in den Mitteltönen kontrastreicheres Bild. Außerdem wird die Detailzeichnung insgesamt besser wiedergegeben.

Lichter und Tiefen festlegen (mit dem Tiefen/Lichter-Dialog)

Diese Korrektur kann bei Bildern mit großem Tonwertumfang verwendet werden und gleicht – in gewissem Umfang – Fehlbelichtungen aus.

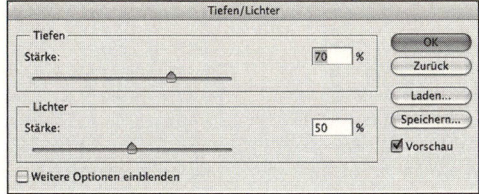

Auch bei ansonsten gut und gleichmäßig belichteten Bildern kann es vorkommen, dass ein bildwichtiges Detail in einem Schattenbereich liegt. *Tiefen/Lichter* ist zur Korrektur solcher Fälle besonders geeignet, da es dunkle und helle Bildbereiche korrigiert, ohne die Mitteltöne zu beeinflussen. (Dabei verändert sich die Farbbalance nicht.)

Wenn Sie den Dialog im *Bild*-Menü mit *Anpassen > Tiefen/Lichter...* öffnen, wird die Korrektur standardmäßig mit 50 % Stärke für die Tiefen und 0 % Stärke für die Lichter berechnet und in der Vorschau dargestellt.

Mit dem *Stärke*-Regler hellen Sie die Bildtiefen zunehmend auf, mit dem *Lichter*-Regler steuern Sie entsprechend die hellen Bereiche.

Wenn Sie auch die Mitteltöne des Bildes korrigieren wollen, aktivieren Sie den Schalter *Weitere Optionen einblenden*. Im Bereich *Korrekturen* beeinflusst die *Farbkorrektur* die Sättigung,

mit dem *Mittelton-Kontrast*-Regler werden die Mitteltöne härter oder weicher wiedergegeben (vergleichbar den Kurven im *Gradationskurven*-Dialog, siehe vorhergehende Seite.)

Wie in allen Tonwert-Korrektur-Dialogen gibt es auch hier die Möglichkeit, Einstellungen zu sichern und zu laden. Schließlich finden Sie mit dem Schalter *Als Standard speichern* eine Möglichkeit, den Dialog mit Ihren bevorzugten Werten zu starten.

Für Tiefen und Lichter gewinnen Sie in diesem erweiterten Dialog Regler für *Tonbreite* und *Radius* hinzu, Parameter, die den Wirkungsbereich des *Stärke*-Reglers erweitern oder einschränken.

Tiefen/Lichter ist eine Funktion, die besonders für schnelle Korrekturen brauchbar ist. Exaktere Ergebnisse erzielen Sie meist mit der Verwendung von Gradationskurven oder der bereits besprochenen Tonwertkorrektur innerhalb eines speziellen Auswahlbereichs.

Ausgangsbild

Ergebnis

Lichter und Tiefen festlegen (Belichtung)

Speziell für Bilder mit großem Tonwertumfang (HDR) entwickelt, aber auch verwendbar mit 8- und 16-Bit-RGB- und Graustufenbildern

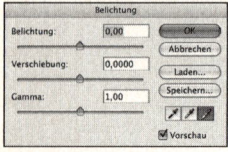

HDR

Die 32-Bit-Technologie (<u>H</u>igh <u>D</u>efinition <u>R</u>ange – Adobe übersetzt mit „hohem dynamischen Bereich") ist eine der Neuerungen in Photoshop CS2.

Während sich das menschliche Auge in ziemlich kurzer Zeit an extreme Lichtverhältnisse anpassen kann, ist es in der fotografischen und filmischen Praxis bislang nicht möglich, dieses große Spektrum des Sichtbaren in einer Aufnahme abzubilden – bei extremen Beleuchtungs-/Belichtungsunterschieden sind entweder die Lichter ohne Detail („überbelichtet") oder die Bildtiefen ohne Zeichnung („unterbelichtet").

In der Fotografie behilft man sich häufig damit, eine „Blendenreihe" zu fotografieren, also mehrere Aufnahmen desselben Motivs anzufertigen, deren Belichtung jeweils gezielt auf die Lichter, die Schatten und die Mitteltöne erfolgt. Die Bilder werden anschließend zusammenmontiert.

In Photoshop ist für diesen Zweck der Befehl *Zu HDR zusammenfügen* dazugekommen (Im *Datei*-Menü unter *Automatisieren*.) Mindestens zwei, besser drei oder mehr Bilder, aufgenommen vom selben Standpunkt mit unterschiedlichen Belichtungen, werden durch die Funktion zu einem einzigen Bild zusammengefügt, das den gesamten Dynamikumfang beinhaltet.

Der volle Dynamikumfang von HDR kann weder am Monitor angezeigt werden, noch ist er druckbar. Er dient damit ausschließlich der möglichst verlustfreien Bildkorrektur in Photoshop.

Mit der bemerkenswerten Farbtiefe von 32 Bit pro Kanal steigt aber auch die Dateigröße, sie verdoppelt sich beim Konvertieren von 8 Bit in 16 Bit, und erneut von 16 Bit in 32 Bit.

Es gibt wenige Formate, in denen HDR-Dokumente gespeichert werden können (unter anderem das PSD-Format), allein aufgrund des Datenumfangs ist es meist ratsam, das Bild nach der Tonwertkorrektur in den 8-Bit-Modus zurückzuversetzen.

Bisher lassen sich nicht allzu viele Operationen auf 32-Bit-Dateien anwenden (Genaueres entnehmen Sie bei Bedarf bitte der Photoshop-Hilfe), ein Werkzeug, das sowohl für 8-, für 16- und für 32-Bit-Dateien zur Verfügung steht, ist das Korrekturwerkzeug *Belichtung*.

Belichtung

Das Dialogfeld *Belichtung* ist im *Bild*-Menü unter *Anpassen* zu finden.

• *Belichtung* ändert nur die hellen Partien des Bildes und lässt die Tiefen weitgehend unangetastet.
• Mit *Verschiebung* verdunkeln Sie Mittel- und Schattenbereiche.
• *Gamma* verändert, ausgehend von einem linearen Verlauf (Position 1), den allgemeinen Bildkontrast.

Die drei Pipetten für die Lichter, die Mitteltöne und die Lichter wirken direkt auf die Helligkeitswerte im Bild. *Schwarzpunkt setzen* verschiebt den gewählten Punkt zu absoluter Dunkelheit, *Weißpunkt setzen* entsprechend zu maximaler Helligkeit. Die *Mitteltöne*-Pipette legt den Klickpunkt auf ein mittleres Grau fest.

Auch in diesem Dialog gibt es die Möglichkeit zum Sichern und Laden der Einstellungen.

Farbstich entfernen – Farbbalance ausgleichen

Diese Korrektur wird angewendet, wenn die Tonwertkorrekturen abgeschlossen und noch Farbstiche im Bild vorhanden sind (Abbildungen hierzu finden Sie im Farbteil).

Um einen Farbstich im Bild zu identifizieren, braucht es in erster Linie ein geübtes Auge. Wenn das Bild neutrale Grautöne enthält, hilft auch eine Messung dieser Grautöne, indem man die Maus über diese Bereiche bewegt und die Werte in der Info-Palette abliest. Die *neutralen Grauwerte* sollten in der RGB-Farbanzeige der Info-Palette annähernd die gleichen Anteile Rot, Grün und Blau enthalten. (In der CMYK-Farbanzeige sollten die neutralen Grautöne aus gleichen Anteilen M und Y sowie etwas mehr Cyan aufgebaut sein, wobei der CMYK-Aufbau auch von den aktuellen *Separationseinstellungen* abhängt.)

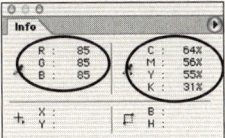

Für Anfänger ist es möglicherweise auch hilfreich, sich ein Referenzbild (z. B. *Ole No Moire* bzw. *Testpic.jpg*) zum optischen Vergleich am Bildschirm geöffnet zu halten.

Um einen Farbstich zu korrigieren, d. h. die Farbbalance richtig einzustellen, bietet Photoshop eine ganze Reihe verschiedener Möglichkeiten. Eine genaue und differenzierte Korrekturmöglichkeit bieten jedoch nur der Gradationskurven-Dialog und – eingeschränkt – der Tonwertkorrektur-Dialog durch die Korrektur einzelner Kanäle.

Bei allen Korrekturen farblicher Unausgewogenheiten ist es wichtig zu wissen, dass jede Farbänderung mehr oder weniger das gesamte Bild betrifft. Auch bei den Farbkorrekturen findet „nur" eine *Verschiebung des Gleichgewichts* der vorhandenen Informationen statt. Es ist hilfreich, sich dabei den Farbkreis vor Augen zu halten. Damit ist vorhersehbar, welchen Einfluss die Änderung einer Farbkomponente auf die übrigen Farben im Bild hat. Wenn Sie beispielsweise den Anteil einer Farbe verringern, wird der Anteil der ihr im Farbkreis gegenüberliegenden Farbe (Komplementärfarbe) erhöht. Umgekehrt lässt sich der Anteil einer Farbe erhöhen, indem der Anteil der Komplementärfarbe reduziert wird.

Ziel der Farbkorrektur ist immer, eine möglichst ausgewogene Balance der Farben im Bild herzustellen, was sich am besten an neutralen Grautönen kontrollieren lässt.

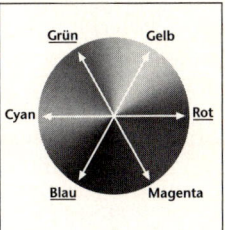

Farbkreis

Tonwert- und Farbkorrekturen

Farbstich entfernen (Gradationskurven-Dialog)

Es soll z. B. Cyan aus einem Bild entfernt werden (weitere Abbildungen hierzu finden Sie im Farbteil).

Zum Auswählen des richtigen Kanals orientieren Sie sich am Farbkreis. Am einfachsten ist es, wenn Sie den Kanal der Farbe, deren Anteil Sie verstärken oder verringern wollen (in diesem Beispiel Cyan), wählen bzw. den Kanal ihrer Komplementärfarbe, falls der Kanal im aktuellen Modus nicht auswählbar ist (in diesem Beispiel Rot).

Sie können aber auch die Kanäle der beiden (in diesem Beispiel an Cyan) angrenzenden, auf dem Farbkreis gegenüberliegenden Farben (in diesem Beispiel Magenta und Gelb) auswählen und deren Anteil erhöhen oder – falls diese im aktuellen Modus nicht auswählbar sind – die Kanäle der im Farbkreis angrenzenden Farben auswählen und deren Anteil reduzieren (in diesem Beispiel Grün und Blau).

✔ Wenn Sie zwei Kanäle gemeinsam korrigieren wollen, wählen Sie diese vor der Korrektur in der Kanäle-Palette mit gedrückter Umschalttaste (⇧) aus. Die ausgewählten Kanäle erscheinen dann zusammen im Kanal-Einblendmenü der Korrektur-Dialoge.

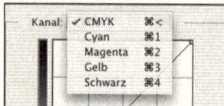

Kanal-Einblendmenü eines Bildes im CMYK-Modus

Wenn das Bild im CMYK-Modus vorliegt, gehen Sie so vor:
• Öffnen Sie den *Gradationskurven*-Dialog für das aktuelle Bild.
• Wählen Sie den Kanal aus, den Sie bearbeiten wollen. Um Cyan aus einem CMYK-Bild zu entfernen, können Sie den Cyan-Kanal auswählen.
• Wenn beispielsweise aus den Mitteltönen im Bild Cyan entfernt werden soll, bewegen Sie die Kurve etwa in der Mitte nach unten (in der CMYK-Darstellung des Diagramms). Damit wird der Cyan-Anteil reduziert.
• Durch das Setzen und Verändern von Punkten stimmen Sie die Korrektur individuell auf das Bild ab.

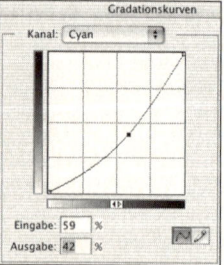

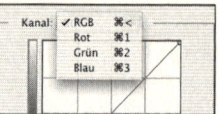

Kanal-Einblendmenü eines Bildes im RGB-Modus

Wenn das Bild im RGB-Modus vorliegt, gehen Sie so vor:
• Öffnen Sie den *Gradationskurven*-Dialog für das aktuelle Bild.
• Wählen Sie den Kanal der Komplementärfarbe der Farbe, die Sie bearbeiten wollen (Rot), aus.
• Wenn aus den Mitteltönen im Bild Cyan entfernt werden soll, bewegen Sie die Kurve etwa in der Mitte nach oben (in der CMYK-Darstellung des Diagramms). Damit wird der Cyan-Anteil reduziert.
• Durch das Setzen und Verändern von Punkten stimmen Sie die Korrektur individuell auf das Bild ab.

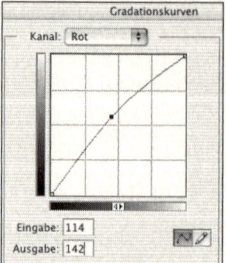

Farbstich entfernen (Farbbalance-Dialog)

Es soll z. B. Cyan aus einem Bild entfernt werden (weitere Abbildungen hierzu finden Sie im Farbteil).

Eine sehr gute Alternative zur Entfernung eines Farbstiches mit dem Gradationskurven-Dialog bietet der Dialog *Farbbalance*, insbesondere wenn sich die Farbstiche über weite Teile des Bildes erstrecken. Sie öffnen den Farbbalance-Dialog über das Menü *Bild > Anpassen > Farbbalance ...* (⌘ B).

Gehen Sie so vor:
• Öffnen Sie den *Farbbalance*-Dialog.
• Treffen Sie eine Vorauswahl für den Tonwertbereich, der korrigiert werden soll, indem Sie auf einen der Schalter *Tiefen, Mitteltöne* oder *Lichter* klicken.
• Der Schalter *Luminanz erhalten* sollte angeschaltet sein, damit sich die Helligkeit nicht verändert.

• Ziehen Sie einen Regler in die Richtung der Farbe, die Sie verstärken wollen (in diesem Beispiel zu Rot), bzw. von der Farbe weg, die Sie reduzieren wollen (in diesem Beispiel von Cyan weg). Die Eingabefelder zeigen die Farbänderung für den Rot-, Grün- und Blau-Kanal an.
• Wählen Sie bei Bedarf einen weiteren Tonwertbereich, um auch dort die Farbbalance zu korrigieren.
• Kontrollieren Sie gegebenenfalls neutrale Grauwerte mit Hilfe der Info-Palette.
• Wenn Sie mit dem Ergebnis zufrieden sind, beenden Sie den Dialog mit *OK*.

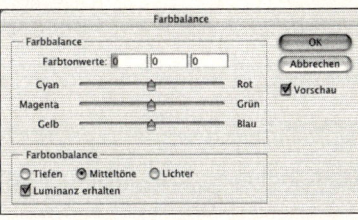

Farbbalance-Dialog vor der Korrektur.

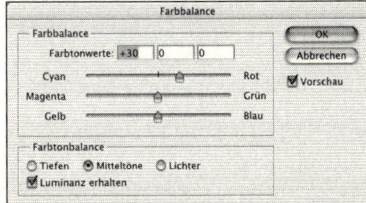

So wird beispielsweise der Cyan-Anteil reduziert (gleichermaßen der Rot-Anteil erhöht).

Farbton / Sättigung-Dialog

Zur Veränderung von Farbton, Sättigung und Helligkeit aller Farben oder einzelner Primär- und Sekundärfarben.

• Mit dem Dialog *Bild > Anpassen > Farbton/Sättigung* können Sie das Gleichgewicht aller Farben im Bild oder einzelner Farbkomponenten auf der Basis des HSB-Farbmodells (s. S. 347), also getrennt nach Farbton, Sättigung und Helligkeit, bearbeiten. Bei einer Korrektur einer einzelnen Farbkomponente können Sie z. B. den Cyan-Anteil in der Grünkomponente reduzieren, ohne dass der Cyan-Anteil in der Blaukomponente verringert wird (z. B. um Gras grüner erscheinen zu lassen, ohne dass sich der Himmel im gleichen Bild verändert) – dafür muss im Bild nichts ausgewählt sein.

Im Auswahlmenü *Bearbeiten* des Dialoges können Sie *Standard* auswählen, um alle Farbkomponenten im Bild gleichmäßig zu ändern. Zur Änderung einer einzelnen Farbkomponente wählen Sie eine der sechs Primärfarben und Sekundärfarben. Die Bewegung des Schiebereglers bei *Farbton* entspricht einer Bewegung entlang des Farbkreisrandes (in Richtung der im Farbkreis links und rechts neben der ausgewählten Farbkomponente liegenden Farben). Die Werte, die im Eingabefeld angezeigt werden, geben die Gradzahl der Drehung auf dem Farbkreis an, ausgehend von der ursprünglichen Pixelfarbe.

Der obere Farbbalken zeigt die Farbe vor der Änderung, der untere, wie sich die Änderung auf alle Farbtöne bei voller Sättigung auswirkt. Mit den Schiebereglern zwischen den beiden Farbleisten können Sie die vordefinierten Farbkomponenten-Bereiche erweitern oder einschränken (eine ausführliche Beschreibung finden Sie im Hilfe-Menü).

Durch das Ziehen der Schieberegler bei *Sättigung* und *Helligkeit* können zusätzlich Sättigung und Helligkeit der ausgewählten Farbkomponente oder des Bildes insgesamt verändert werden.

Durch *Färben* können RGB-Bilder oder Graustufenbilder, die Sie in den RGB-Modus umgewandelt haben, gefärbt werden (s. S. 421).

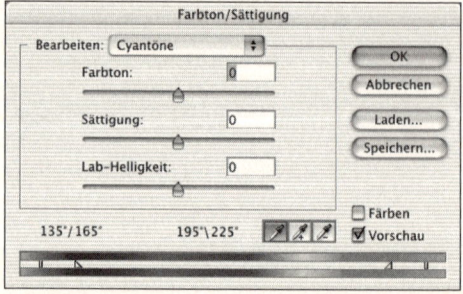

Selektive Farbkorrektur (Selektive-Farbkorrektur-Dialog)
Zur Veränderung der Zusammensetzung einzelner Primär- und Sekundärfarben.

Selektive Farbkorrektur heißt ein Verfahren, welches die Zusammensetzung der einzelnen Farbkomponenten (Primär- und Sekundärfarben) ändert. Selektiv meint dabei, dass die Erhöhung oder Verringerung des Farbenanteils in *einer* Primär- oder Sekundärfarbe keinen Einfluss auf die Zusammensetzung der *anderen* Primär- und Sekundärfarben hat. Es ist damit z. B. möglich, den Cyan-Anteil in der Grünkomponente zu reduzieren, ohne dass der Cyan-Anteil in der Blaukomponente verringert wird (z. B. um Gras grüner erscheinen zu lassen, ohne dass sich der Himmel im gleichen Bild verändert).

Im Dialog *Selektive Farbkorrektur* können Primär- oder Sekundärfarben durch Erhöhung oder Verringerung der Druckfarbenanteile verändert werden. Diese Technik entspricht der, die von High-End-Scannern und Separationsprogrammen verwendet wird. Auch hier kann sich die Korrektur auf das gesamte Bild beziehen oder auf einzelne Bildteile, die man vorher z. B. mit einer Maske auswählt.

• Wählen Sie im Dialog *Bild > Anpassen > Selektive Farbkorrektur* aus dem Untermenü *Farben* die Farbe aus, deren Zusammensetzung Sie verändern wollen. Es werden sechs Primär- und Sekundärfarben (Rot, Gelb, Grün, Cyan, Blau und Magenta) bzw. Schwarz, Weiß und Grau angeboten, deren Anteile verändert werden können. Ist beispielsweise die Komponente Grüntöne (G) als Farbkomponente ausgewählt und Sie wollen den Cyan-Anteil in den Grünbereichen verringern, bewegen Sie den Schieberegler bei Cyan nach links. Damit verändern Sie die prozentuale Zusammensetzung der grünen Bildbereiche – in den Blaubereichen bleibt der Cyan-Anteil jedoch unverändert.

Relativ bezieht sich auf die vorhandenen Farbwerte – *Absolut* ändert die Anteile mit absoluten Werten. Ein 50%iger Anteil einer Druckfarbe kann maximal auf 25 % (–100 %) reduziert werden und auf 75 % (+100 %) erhöht werden.

Beachten Sie bei selektiven Farbkorrekturen, dass der Monitor eine höhere Sättigung wiedergeben kann, als im Druck möglich ist.

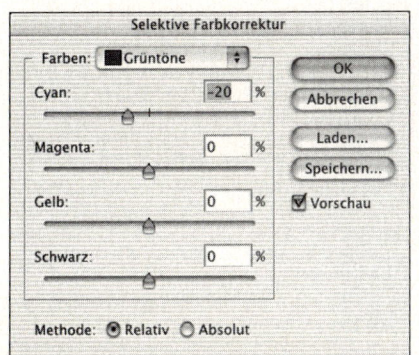

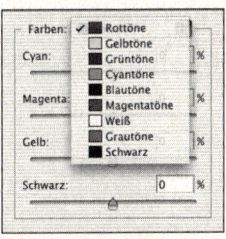

Helligkeit/Kontrast, Variationen

Weitere Korrektur-Werkzeuge sind die Befehle *Helligkeit/Kontrast...* sowie *Variationen....* Da sie keine genaue Steuerung der Veränderungen bieten, sondern auf der Basis des optischen Eindrucks funktionieren, sind sie eher zur Erzielung von Effekten oder zum Ausprobieren bestimmter Veränderungen und nicht für eine hochwertige Ausgabe in Printmedien geeignet.

Der Befehl *Helligkeit/Kontrast* aus dem Menü *Bild > Anpassen* verändert alle Pixelwerte (Lichter, Mitteltöne und Tiefen) eines Bildes gleichzeitig. Sie können Helligkeit und Kontrast mittels Schieberegler nach Sicht einstellen, sofern der Schalter *Vorschau* angeklickt ist.

Mit dem Befehl *Variationen* aus dem Menü *Bild > Anpassen* können Farbbalance, Kontrast und Sättigung nach Augenmaß eingestellt werden. Man wählt den Tonwertbereich, den man verändern möchte, bzw. Sättigung aus. Mit dem Regler *Fein/Grob* stellt man die Stärke der Veränderung ein. Die Vorschaubilder sind nach dem Farbkreis bzw. nach Helligkeit angeordnet. Die Veränderung wird durch Klicken auf das gewünschte Vorschaubild ausgeführt. Das ausgewählte wird zum aktuellen Bild, und alle anderen Vorschaubilder ändern sich. *Beschneidung zeigen* ist eine Art Farbumfangwarnung.

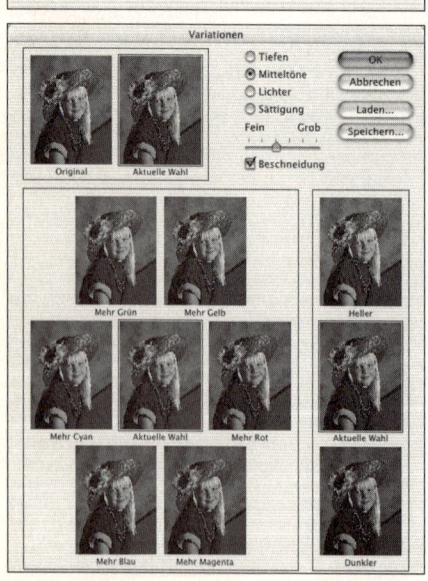

Farbeffekte / Auswählen auf der Basis von Farben

Die folgenden *Bild-Anpassen*-Befehle verändern zwar auch Farb- und Helligkeitswerte im Bild, sind aber in ihrer Wirkung verfremdend und deshalb eher für spezielle Effekte geeignet. Ist eine Auswahl im Bild vorhanden, wirken auch diese Befehle nur innerhalb dieser.

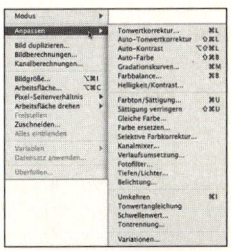

Bild-Anpassen-Menü

Farbeffekte mit Gradationskurven

Der Gradationskurven-Dialog kann auch verwendet werden, um durch Verzerren der Gradationskurve interessante Farbverschiebungen im Bild zu erzeugen. Setzen Sie Koordinatenpunkte und verschieben Sie diese nach Belieben. Sie können auch den Zeichenstift-Schalter im Gradationskurven-Dialog auswählen und eine eigene Kurve frei zeichnen. Der Schalter *Glätten* glättet eine mit dem Zeichenstift gezeichnete Kurve bei jedem Klicken etwas mehr und nähert sie allmählich einer Geraden an.

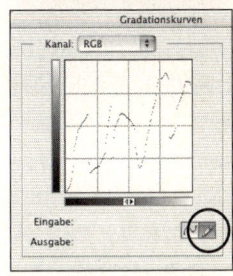

Farbeffekte mit Gradationskurven

Färben (Kolorieren)

Mit der *Färben*-Option im *Farbton/Sättigung-Dialog* lassen sich Farbbilder oder Graustufenbilder, die zuvor in den RGB-Modus umgewan-

💡 Die *Bild-Anpassen*-Befehle können nur auf pixelbasierte Inhaltsebenen angewendet werden (arbeiten Sie ggf. mit Einstellungsebenen; s. S. 429).

delt wurden, auf der Basis des HSB-Modells kolorieren. Wenn Sie auf den Schalter *Färben* klicken, erscheint das Bild zunächst in der eingestellten Vordergrundfarbe koloriert und mit einer Sättigung von 25%. Die Helligkeitswerte der Pixel bleiben zunächst unverändert. Benutzen Sie dann die Schieberegler, um einen Farbton (entlang des Farbkreises) auszuwählen und die Sättigung und Helligkeit einzustellen.

Sättigung verringern (Entfärben)
Der Befehl *Sättigung verringern* reduziert die Sättigung in Farbbildern bis zu Graustufen. Da in einem so behandelten Bild weiter mit Farben gearbeitet werden kann, sind interessante visuelle Effekte möglich.

Verlaufsumsetzung

Verlaufsumsetzung

Mit dem Befehl *Verlaufsumsetzung* werden die Helligkeitswerte eines Bildes durch einen Verlauf ersetzt. Wenn Sie z. B. eine zweifarbige Verlaufsfüllung festlegen, werden die Tiefen mit der Startpunktfarbe des Verlaufs ersetzt, die Lichter mit der Endpunktfarbe und die Mitteltöne mit den Abstufungen dazwischen. Zum Bearbeiten und Speichern von Verläufen sowie weiteren Optionen s. S. 179.

Farbe ersetzen
Mit dem Befehl *Bild > Anpassen > Farbe ersetzen* können Bereiche im Bild, basierend auf ähnlichen Farbwerten, mittels einer Maske ausgewählt werden. Die mit dem Befehl *Farbe ersetzen* erstellte Maske ist allerdings nur temporär und erstellt keine Auswahl im Bild. Die Auswahl existiert nur innerhalb dieses Dialoges mit dem Ziel, Farbton und Sättigung (ähnlich dem Befehl *Farbton/Sättigung*) des ausgewählten Bereiches zu verändern.

Um den Befehl *Farbe ersetzen* anzuwenden, gehen Sie am besten folgendermaßen vor:
• Öffnen Sie eine geeignete Datei.
• Treffen Sie bei Bedarf eine Auswahl mit beliebigen Auswahl-Werkzeugen, um den Befehl *Farbe ersetzen* auf einen bestimmten Bereich einzuschränken (im Beispiel wurde der Truck ganz grob mit dem Lasso ausgewählt, um die farbähnlichen Blüten der Hecke vor Veränderung zu schützen).
• Öffnen Sie den Dialog *Farbe ersetzen* im Menü *Bild > Anpassen*. Schieben Sie die Fenster so, dass Sie auch das Bild sehen können. Schalten Sie den *Vorschau*-Schalter ein, um die Auswirkungen gleich im Bild zu sehen.
• Klicken Sie auf den Schalter *Auswahl*, um im kleinen Vorschaufenster des Dialoges die Maske als Graustufenbild zu sehen (ausgewählte Bereiche erscheinen dort weiß, nicht ausgewählte, also maskierte Bereiche schwarz und teilweise ausgewählte Bereiche in unterschiedlichen Graustufen).
• Beginnen Sie mit einer niedrigen *Toleranz* (etwa 40 – die Toleranz ist vergleichbar mit der Toleranz des Zauberstabes).
• Klicken Sie nun auf die linke Pipette und damit einmal in die Farbe des *Bildes*, die Sie verändern wollen (im Beispiel auf ein Rot des Trucks). Damit legen Sie die Farbe fest, auf deren Basis weitere (innerhalb der Toleranz liegende) Farben ausgewählt werden sollen.
• Klicken Sie mit gedrückter Umschalttaste (⇧) oder der *Plus-Pipette* auf weitere Rottöne, die der Auswahl hinzugefügt werden sollen. Um den letzten Schritt zu widerrufen, drücken Sie ⌘ Z. Wenn Sie ausgewählte Bereiche wieder aus der Auswahl entfernen wollen, halten Sie beim Klicken auf diese die Wahltaste (⌥) gedrückt oder verwenden die *Minus-Pipette*. Die jeweils aktuelle Auswahl wird im Vorschaufenster als Maske angezeigt.
• Wenn Sie die Auswahl fertig gestellt haben, nehmen Sie die gewünschten Änderungen mit den Schiebereglern für Farbton, Sättigung und Helligkeit vor (im Beispiel wurde der Farbton auf –104° festgelegt, was einer Entfernung von der ursprünglichen Farbe um 104° gegen den Uhrzeigersinn auf dem Farbkreis entspricht).
• Sind Sie mit dem Ergebnis nicht zufrieden, kann auch jetzt noch die Auswahl durch Klicken mit der Pipette auf die gewünschten Farben im Bild erweitert oder wieder eingeschränkt werden.

Gleiche Farbe

Zum Anpassen der Farbigkeit in Auswahlen und Ebenen oder zwischen unterschiedlichen RGB-Dokumenten

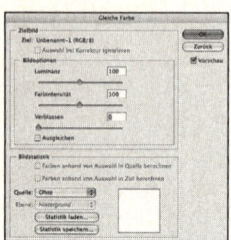

Der *Gleiche-Farbe*-Dialog, wie er beim ersten Starten erscheint.

✔ Sobald das Dialogfeld geöffnet ist, erscheint der Mauszeiger als Pipette.

Ist die Info-Palette sichtbar, lassen sich dort die Farbwerte vor und nach der Korrektur ablesen.

✔ *Gleiche Farbe* passt nur RGB-Dateien an und funktioniert nicht mit CMYK- oder Lab-Bildern.

Im Dialogfeld *Gleiche Farbe* korrigieren und manipulieren Sie die Farbe innerhalb eines Dokuments oder zwischen zwei in Photoshop gleichzeitig geöffneten Dateien.

Besonders interessant ist diese Funktion zum Angleichen der Farbigkeit innerhalb von Fotoserien.

• Öffnen Sie den Dialog im *Bild*-Menü mit *Anpassen > Gleiche Farbe...*
• Das aktive Bild heißt im Dialog *Zielbild*.
• Um eine im Zielbild vorhandene Auswahl zu ignorieren, aktivieren Sie den gleichnamigen Schalter.
• Um Änderungen auf nur eine Ebene eines Bildes zu beschränken, stellen Sie im Bereich *Bildstatistik* für *Quelle Ohne* ein.
• Um innerhalb eines Bildes eine weitere Ebene in die Korrektur mit einzubeziehen, wählen Sie unter *Quelle* den Namen des aktiven Dokuments: Im Untermenü *Ebene* stehen alle vorhandenen Ebenen zur Auswahl.
• Wollen Sie zur Korrektur ein zweites Dokument heranziehen, treffen Sie Ihre Auswahl wieder unter *Quelle*. Auch hier kann gezielt eine Ebene bestimmt werden, von der die Farbinformationen bezogen werden.

• Sobald Sie im Bereich Bildstatistik eine Quelle ausgewählt haben, stehen die Optionen *Farben anhand von Auswahl in Quelle berechnen* und *Farben anhand von Auswahl in Ziel berechnen* zur Verfügung. Es können dabei auch weiche Auswahlkanten verwendet werden, um eine Überblendung von einem Farbbereich in einen angrenzenden zu ermöglichen.

• Um einen Farbstich im Zielbild zu beseitigen, verwenden sie den Schalter *Ausgleichen*. Benutzen Sie den Regler *Verblassen*, wenn das Ergebnis übertrieben erscheint.
• Mit dem Regler *Luminanz* erhöhen oder verringern Sie die Bildhelligkeit oder die Helligkeit innerhalb einer aktiven Auswahl.
• *Farbintensität* reguliert die Farbsättigung für das aktive Bild. Bei einer Einstellung nahe null überlagert die Farbe des Quellbildes die des Zielbildes.
• *Verblassen* reduziert die Auswirkungen der auf das Dokument angewandten Einstellungen.

Die Optionen zum Sichern und Laden der Einstellungen heißen in diesem Dialog *Statistik laden...* und *Statistik speichern...*

Fotofilter
Zum Angleichen der Farbtemperatur und Ausgleichen von Farbstichen

Das Dialogfeld *Fotofilter* ist in den Farbmodi RGB, CMYK und Lab verwendbar und simuliert einige der in der analogen Fotografie nützlichen Farbkorrekturfilter.

Soll etwa ein für Kunstlicht sensibilisierter Film bei Tageslicht belichtet werden, ist zum Ausgleich der Farbtemperatur ein Warmfilter (85) verwendbar. Ohne diesen Filter erschiene das Bild in blaues Licht getaucht, die Komplementärfarbe (Orange) des Filters lässt das Licht dagegen neutral erscheinen.

Die Fotofilter dienen jedoch nicht ausschließlich der Bildkorrektur (etwa von eingescannten Dias), sondern auch zur Erzielung von gestaltenden Bildeffekten. Für farbige Lasureffekte ist *Fotofilter* etwa sehr brauchbar.

Im *Bild*-Menü finden Sie *Fotofilter...* im Untermenü *Anpassen*. Alternativ (und in den meisten Fällen vorzuziehen) können Sie *Fotofilter* als Ebeneneffekt auf Ihre Datei anwenden.
• Wählen Sie unter *Verwenden* einen der vorbereiteten *Filter*, bei aktiviertem Schalter *Vorschau* lässt sich die Wirkung im Bild sofort ablesen.
• Ist die benötigte Wirkung damit nicht zu erreichen, kann eine eigene *Farbe* mit dem Photoshop-Farbwähler bestimmt werden.
• *Dichte* steuert dabei die Intensität der Filterwirkung.
• Ist der Schalter *Luminanz erhalten* aktiviert, wird die Bildhelligkeit nicht vom Filter beeinflusst; andernfalls dunkelt ein dichterer Filter das Bild stärker ab als ein weniger dichter.

Für Mischlichtmotive, Bilder, die teilweise von Tageslicht und teilweise von Kunstlicht bestimmt sind, kann es interessant sein, einen Fotofilter in Kombination mit einer als Verlauf angelegten Ebenenmaske einzusetzen, um einen Farbstich möglichst nahtlos aus dem Bild zu entfernen.

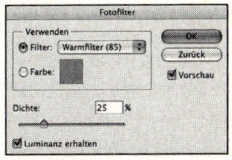

Die Einstellungen im *Fotofilter*-Dialog lassen sich übrigens nicht speichern.

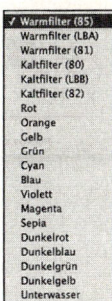

Kanalmixer

Mit dem Befehl *Kanalmixer* können Sie durch Mischung der aktuellen Farbkanäle einen Farbkanal verändern. Sie erzielen damit spezielle Kolorierungseffekte, die mit anderen Werkzeugen nicht so einfach auszuführen wären. Außerdem können aus RGB-Bildern interessante Graustufenbilder erstellt werden, die sich von denen, die durch eine Modusänderung erstellt wurden, qualitativ unterscheiden. Um Kanäle in einem Bild zu mischen:

• Wählen Sie in der Kanäle-Palette den Gesamtkanal.
• Wählen Sie *Bild > Anpassen > Kanalmixer*.

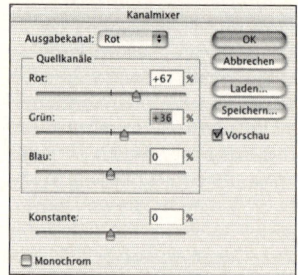

• Wählen Sie bei *Ausgabekanal* den Kanal, in dem einer oder mehrere vorhandene Kanäle gemischt werden sollen.
• Ziehen Sie den Regler eines Quellkanals nach links, um seinen Anteil am Ausgabekanal zu verringern, nach rechts, um ihn zu erhöhen. Oder geben Sie Werte zwischen –200 % und +200 % in das Textfeld ein. Ein negativer Wert kehrt den Quellkanal um, bevor er zum Ausgabekanal hinzugefügt wird.
• Die Option *Konstante* fügt einen Kanal mit unterschiedlicher Deckkraft zum Ausgabekanal hinzu: negative Werte wirken als schwarzer Kanal, positive Werte als weißer Kanal.
• Die Option *Monochrom* wendet dieselben

Einstellungen auf alle Ausgabekanäle an und erstellt ein Bild, das nur Grauwerte enthält. Durch Anschalten der Option *Monochrom* sehen Sie bei Bildern, die Sie anschließend in Graustufen umwandeln wollen, praktisch eine Vorschau. Außerdem können Sie durch Ein- und dann wieder Ausschalten dieser Option die Mischung jedes Kanals getrennt ändern und so ein Bild erzeugen, das wie handkoloriert aussieht.

Ausgangsbild

Umkehren

Umkehren

Der Befehl *Umkehren* erzeugt ein Negativ des Bildes, einer Ebene, einer Ebenenmaske oder eines Kanals.

Tonwertangleichung

Der Befehl spreizt die Tonwerte maximal (der im Bild hellste Punkt wird zu Weiß, der dunkelste Punkt wird zu Schwarz) und wirkt wahlweise auf das ganze Bild oder eine Auswahl.

Schwellenwert (110)

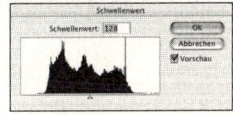

Schwellenwert

Der Befehl *Schwellenwert* wandelt alle Pixel in Graustufen- oder Farbbildern je nach Helligkeitswert in weiße und schwarze Pixel um. Normalerweise liegt der Schwellenwert bei 128. Durch Bewegen des Reglers im Dialog legt man den Schwellenwert neu fest.

✔ Zum *Schwellenwert* siehe auch Seite 365.

Tontrennung

Der Befehl posterisiert jeden Farbkanal in der angegebenen Anzahl von Stufen, sodass in einem RGB-Bild bei 2 Tonwertstufen 6 Farben (Rot, Grün, Blau, Cyan, Magenta, Gelb) sowie Schwarz und Weiß je nach Ausgangsbild entstehen können. Die Wirkung der großflächigen farbigen Bereiche vermittelt einen plakativen Eindruck.

Tontrennung (5 Stufen)

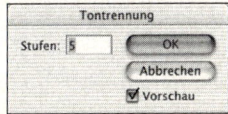

✔ Da der Befehl *Auswahl > Farbbereich auswählen* sich (im Gegensatz zu anderen Auswahl-Werkzeugen) auch auf eine schon vorhandene Auswahl beziehen kann, ist es möglich, Teilmengen von Farben dieser Auswahl auszuwählen. Dazu muss der Dialog nach Bedarf mehrmals geöffnet und die entsprechenden Farbtöne aus dem Untermenü *Auswahl* ausgewählt werden.

Farbbereich auswählen

Der Befehl *Auswahl > Farbbereich auswählen* ist dem Befehl *Bild > Anpassen > Farbe ersetzen* (s. S. 422) in der Handhabung sehr ähnlich. Das Ergebnis des Befehls *Farbbereich auswählen* ist jedoch eine aktive Auswahl und somit eine weitere Ergänzung der übrigen Auswahl-Werkzeuge. Er ist besonders geeignet, um farbähnliche Bereiche freizustellen. Trotz Verwendung dieses Auswahl-Befehls ist immer eine weitere manuelle Nachbearbeitung der getroffenen Auswahl notwendig. Hierfür ist der Maskierungsmodus oder auch das Arbeiten mit Ebenenmasken geeignet.

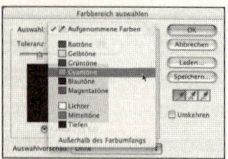

Um den Befehl *Farbbereich auswählen* anzuwenden, gehen Sie am besten so vor:
• Öffnen Sie eine geeignete Datei.
• Öffnen Sie den Dialog *Farbbereich auswählen* im Menü *Auswahl*. Schieben Sie die Fenster so, dass Sie auch das Bild sehen können.
• Stellen Sie im *Auswahl*-Untermenü *Aufgenommene Farben* ein.
• Klicken Sie auf den Schalter *Auswahl*, um im kleinen Vorschaufenster des Dialoges die Maske als Graustufenbild zu sehen.
• Schalten Sie zunächst im *Auswahlvorschau*-Untermenü *Ohne* ein, um das ursprüngliche Bild beim Auswählen zu sehen.
• Beginnen Sie mit einer niedrigen *Toleranz* (etwa 40 – die Toleranz ist vergleichbar mit der Toleranz des Zauberstabes).
• Klicken Sie auf die linke Pipette und damit einmal in die Farbe des *Bildes*, die Sie auswählen wollen.
• Klicken Sie mit gedrückter Umschalttaste (⇧) oder der *Plus-Pipette* auf weitere Farbtöne, die der Auswahl hinzugefügt werden sollen. Um den letzten Schritt zu widerrufen, drücken Sie ⌘ Z. Wenn Sie ausgewählte Bereiche wieder aus der Auswahl entfernen wollen, halten Sie beim Klicken auf diese die Wahltaste (⌥) gedrückt oder verwenden die *Minus-Pipette*. Die jeweils aktuelle Auswahl wird im Vorschaufenster als Maske angezeigt.
• Bei Bedarf schalten Sie nun eine andere *Auswahlvorschau* ein, um z. B. die aktuelle Auswahl vor einem weißen oder schwarzen Hintergrund zu sehen.
• Klicken Sie auf *OK*, um die Auswahl erstellen zu lassen.

Einstellungsebenen und Füllebenen

Arbeiten mit Einstellungsebenen

Die Befehle des Menüs *Bild > Anpassen* verändern die Pixel der gerade aktiven Ebene – wenn Sie nicht widerrufen bzw. mit der Protokoll-Palette arbeiten – unwiderruflich. Das Arbeiten mit *Einstellungsebenen*, die über alle wichtigen Befehle des Bild-Anpassen-Menüs verfügen, macht es jedoch möglich, mit verschiedenen Farb- und Tonwerteinstellungen zu experimentieren, ohne die Pixel endgültig zu verändern. Alle Veränderungen werden in den Einstellungsebenen gespeichert. Damit lassen sich die Veränderungen nicht nur wieder rückgängig machen, sondern auch jederzeit weiterbearbeiten. Zusätzlich wirken die Einstellungsebenen wie Masken, das heißt, dass einzelne Bildteile separat von anderen und in unterschiedlicher Stärke behandelt werden können.

Einstellungsebenen beeinflussen in ihrer Wirkung – wie normale Ebenen auch – *alle darunter liegenden* Ebenen. Sie sind deshalb besonders geeignet, wenn Sie mehrere Ebenen gleichzeitig korrigieren bzw. mit Farbeffekten bearbeiten wollen. Auch ihre allgemeine Handhabung und Verwaltung in der Ebenen-Palette ist den normalen Ebenen vergleichbar. Die Erläuterungen dazu können Sie dem Kapitel 5, Abschnitt *Arbeiten mit Ebenen,* entnehmen. Die in den Einstellungsebenen vorgenommenen Veränderungen werden erst

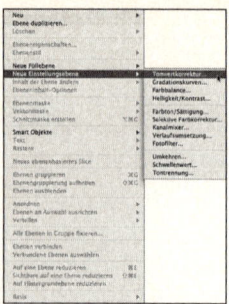

Menü *Ebene > Neue Einstellungsebene*

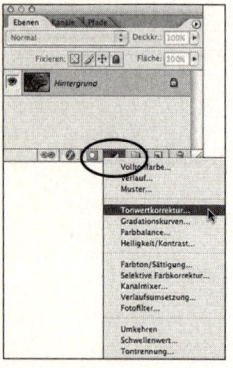

Einstellungsebene
zugehörige Ebenenmaske

tatsächlich im Bild angewandt, wenn die Einstellungsebene mit anderen Ebenen reduziert oder alle Ebenen auf die Hintergrundebene reduziert werden.

Anlegen einer neuen Einstellungsebene
Es gibt zwei Möglichkeiten:
• Wählen Sie einen der aufgelisteten Bildbearbeitungsbefehle im Menü *Ebene > Neue Einstellungsebene* aus. Oder:
• Klicken Sie auf den Schalter *Einstellungsebene zufügen* ( ) in der Ebenen-Palette und wählen einen der aufgelisteten Bildbearbeitungsbefehle. Bestätigen Sie mit *OK*.

Die neue Einstellungsebene erscheint zusammen mit einer Ebenenmaske über der zuvor aktiv gewesenen Ebene in der Ebenen-Palette.
• War zuvor im Bild keine Auswahl aktiv, erscheint die Ebenenmaske ungefüllt (Weiß) und die neue Einstellungsebene wirkt auf das ganze Bild.
• Sind vor der Erstellung der Ebenenmaske im Bild eine oder mehrere Auswahlbereiche aktiv, erscheinen diese als Maske, d.h. die Bereiche, die nicht ausgewählt waren, werden schwarz (geschützt) dargestellt in der Maske.

Gleichzeitig erscheint der gewählte Einstellungsdialog. Nehmen Sie dort die gewünschten Einstellungen wie in den Abschnitten *Die Korrektur – Schritt für Schritt* bzw. *Farbeffekte* beschrieben vor, und bestätigen Sie wieder mit *OK*.

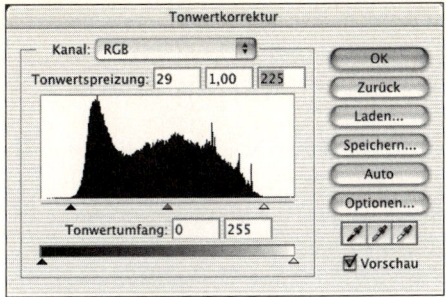

- Richten Sie bei Bedarf weitere Einstellungsebenen für andere Korrekturbefehle ein. Außerdem können Sie jederzeit Deckkraft- und Moduseinstellungen in der Ebenen-Palette wie für jede normale Ebene vornehmen, d.h. damit bestimmen, wie die Einstellungsebene auf die darunter liegenden Ebenen wirken soll. Eine reduzierte Deckkraft schwächt beispielsweise die Wirkung der Veränderung ab.

✔ In manchen Fällen (etwa beim Bearbeiten von mit früheren Photoshop-Versionen erstellten Dateien) erscheint statt der einen Ebeneneffekt verdeutlichenden Miniatur ein generisches Icon auf der Einstellungsebene in der Ebenen-Palette (🌀). Diese Erscheinung hat keinen Einfluss auf die Wirkung des Ebeneneffekts.

Einstellungsebenen bearbeiten

Wenn Sie die Einstellungen der Ebene nachträglich bearbeiten wollen:
- Doppelklicken Sie auf die Einstellungsebene. Oder:
- Wählen Sie aus dem Menü *Ebene > Ebeneninhalt-Optionen*.
- Der Einstellungsdialog mit dem alten Zustand erscheint, und Sie können weitere Änderungen vornehmen.

✔ Wenn keine weiteren Einstellungen möglich sind (z. B. bei *Umkehren*), hat ein Doppelklick auf die Einstellungsebene keine Auswirkung.

Bearbeiten der Maske der Einstellungsebene

Einstellungsebenen werden standardmäßig mit einer Ebenenmaske angelegt. Diese lassen sich wie Ebenenmasken normaler Ebenen bearbeiten. Vergleichen Sie hierzu die Abschnitte *Was sind Masken?* (S. 194) und *Arbeiten mit Ebenenmasken* (S. 288). Dadurch

✔ Zum Arbeiten mit Einstellungsebenen finden Sie auch Abbildungen im Farbteil.

Einstellungsebene mit leerer Maske: Einstellungsebene wirkt auf der gesamten Ebene.

Einstellungsebene mit bearbeiteter Maske: Einstellungsebene wirkt nur auf den ungeschützten Bereichen.

Einstellungsebene mit Maske und Bildebene verbunden

können Bildkorrekturen oder Farbeffekte auf bestimmte Bildbereiche beschränkt werden. Um Teilbereiche zu maskieren, gehen Sie so vor:

• Aktivieren Sie die Ebenenmaske der Einstellungsebene in der Ebenen-Palette durch einfaches Anklicken. Falls es sich um ein Farbbild handelt, erkennen Sie am Wechsel der Farbfelder-Palette sowie der Vorder- und Hintergrundfarbe in Graustufen, dass Sie nun in der Maske arbeiten.

• Tragen Sie mit einem beliebigen Malwerkzeug schwarze Farbe (Maskierungsfarbe) auf, um Bildbereiche vor der Veränderung durch die Einstellungsebene zu schützen. Wenn Sie Grautöne oder Werkzeuge mit reduzierter Deckkraft verwenden, wird die Einstellungsebene in diesen Bereichen nur teilweise wirksam. Benutzen Sie die Farbe Weiß, um die Maskierungsfarbe wieder zu entfernen.

Natürlich können Sie auch – wie in normalen Ebenenmasken – beispielsweise Auswahl-Werkzeuge benutzen, Flächen füllen, Verläufe erstellen usw.

Um größere Flächen zu maskieren:

• *Bevor* Sie die Einstellungsebene erstellen, treffen Sie eine Auswahl von den Teilen des Bildes, die durch die Einstellungsebene verändert werden sollen. Erst dann erstellen Sie eine neue Einstellungsebene. Die Auswahl erscheint als Maske in der Einstellungsebene.

• Sie können sich die Maske auch als Graustufenkanal oder als Rotmaske anschauen – lesen Sie hierzu bitte auf S. 294 nach.

• Eine Ebenenmaske wird durch Ziehen auf den Paletten-Papierkorb (🗑) gelöscht. Eine neue Ebenenmaske kann durch Klicken auf den *Ebenenmaske-hinzufügen-Schalter* (◻) in der Ebenen-Palette jederzeit erzeugt werden.

432 Tonwert- und Farbkorrekturen

Standardmäßig sind Einstellungsebenen mit ihrer Ebenenmaske verbunden, was am Verbindungssymbol (🔗) erkennbar ist. Dies ist sinnvoll, wenn Sie eine Maskierung vorgenommen haben und eine oder mehrere Bildebenen mit der Einstellungsebene zusammen bewegen oder transformieren wollen. Allerdings müssen Sie dazu zusätzlich noch die betreffenden Ebenen mit der Einstellungsebene verbinden. Sind Einstellungsebene, Maske und Bildebene(n) nicht auf diese Weise verbunden, können Maske und Bildebene separat bewegt und transfomiert werden (s. S. 81).

Verbindung von Einstellungsebenen

Soll eine Einstellungsebene nur auf die darunter liegende Ebene wirken, empfiehlt sich das Anlegen einer Schnittmaske (s. S. 302 ff.). Die Ebene muss sich direkt unter der betreffenden Einstellungsebene befinden.

Wirkung der Einstellungsebene auf die darunter liegende Ebene einschränken

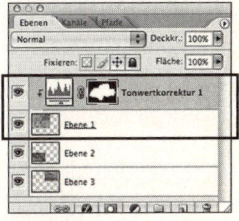

Schnittmaske aus einer Einstellungsebene und einer Inhaltsebene – damit wirkt die Einstellungsebene nur auf Ebenen innerhalb der Gruppierung.

Einstellungsebenen endgültig anwenden

Die Einstellungsebenen verändern die Pixel im Bild erst endgültig, wenn sie mit einer oder mehreren Ebenen reduziert, also verschmolzen werden. Das Reduzieren von Einstellungsebenen mit anderen Ebenen erfolgt auf die gleiche Art und Weise wie das Reduzieren normaler Ebenen (s. S. 88 ff.) – mit einer Ausnahme: Es können nicht zwei Einstellungsebenen miteinander verschmolzen werden. Es kann eine Einstellungsebene mit darunter liegenden Inhalts-, Text- oder Formebenen, mit einer Maskierungsgruppe, mit verbundenen Ebenen oder mit jeder anderen sichtbaren Bildebene verschmolzen (reduziert) werden.

Die für den aktuellen Zustand jeweils verfügbaren Befehle finden Sie im Menü *Ebene* oder im Untermenü der Ebenen-Palette.

✔ Das Exportieren eines Bildes mit Schnittmasken in ein anderes Programm ist nicht möglich – zu diesem Zweck muss das Bild auf die Hintergrundebene reduziert werden.

Tonwert- und Farbkorrekturen

Arbeiten mit Füllebenen

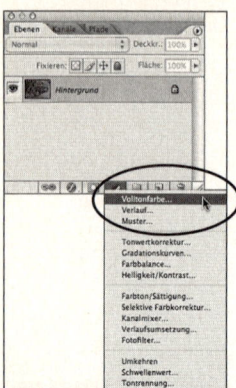

Füllebenen

Füllebenen gliedern sich in *Volltonfarbe-, Verlauf-* und *Muster*-Füllebenen. Sie sind in ihrer Wirkung und Handhabung mit Einstellungsebenen vergleichbar und deshalb auch an gleicher Stelle aufzurufen. Bei den Füllebenen können Sie mit verschiedenen Farb-, Verlaufs- und Mustereinstellungen experimentieren, ohne die Pixel endgültig zu verändern. Auch hier können die Veränderungen rückgängig gemacht und die Füllebenen jederzeit weiterbearbeitet werden. Zusätzlich können Masken verwendet werden, sodass die Veränderungen auf bestimmte Bildbereiche begrenzt bleiben.

Volltonfarbe-Füllebene

Volltonfarbe-Füllebene

Neue Füllebene > Volltonfarbe... erstellt eine Ebene, die mit einer Farbe gefüllt ist und in Verbindung mit verschiedenen Moduseinstellungen z. B. zum Kolorieren verwendet werden kann. Ebenso kann aus einer Volltonfarbe-Füllebene eine „echte" Formebene erzeugt werden, indem anschließend ein Ebenen-Beschneidungspfad erzeugt wird (s. S. 298). Wird *Füllebene > Volltonfarbe...* ausgewählt, erscheint der Farbwähler, und es kann eine Füllfarbe ausgewählt werden.

Verlauf-Füllebene

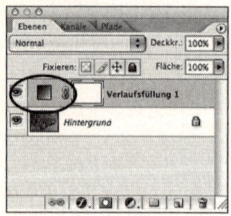

Verlauf-Füllebene

Neue Füllebene > Verlauf... erstellt eine Ebene, die mit einem Verlauf gefüllt ist. Wird *Füllebene > Verlauf...* ausgewählt, erscheint ein Dialog, in dem Sie aus dem aktuellen Verlaufssatz auswählen können. Durch Klick auf den Balken

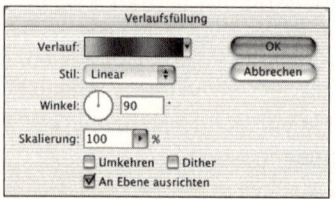

bei *Verlauf* gelangen Sie in den Dialog *Verläufe bearbeiten* (s. S. 182). Des Weiteren lassen sich *Stil* (s. S. 180), *Winkel* und *Skalierung* (Stauchung oder Streckung des Verlaufs) einstellen (weitere Optionen s. S. 181). Während der Dialog geöffnet ist, können Sie die Position des Verlaufs im Bildfenster ändern.

Neue Füllebene > Muster... erstellt eine Ebene, die mit einem Muster gefüllt ist. Wird *Füllebene > Muster...* ausgewählt, erscheint ein Dialog, in dem Sie ein Muster aus dem aktuellen Mustersatz auswählen können. Zum Erstellen und Speichern von Mustern s. S. 129.

Muster-Füllebene

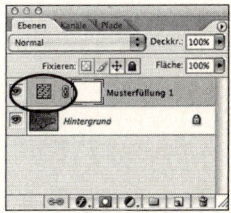

Muster-Füllebene

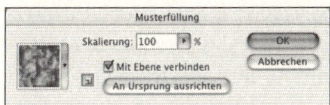

Des Weiteren lässt sich die Größe der Musterelemente über *Skalierung* einstellen. Während der Dialog geöffnet ist, können Sie die Position des Musters im Bildfenster ändern. *An Ursprung ausrichten* setzt die Positionierung zurück und richtet den Ursprung des Musters mit dem Ursprung des Dokuments (linke obere Ecke) aus. *Mit Ebene verbinden* bewirkt, dass das Muster mit einer verbundenen Ebene zusammen verschoben wird. Klicken auf das Symbol *Neue Vorgabe* (▣) speichert ein neues Muster als Vorgabe.

Ebeneninhalt ändern
Ein einmal gewählter Ebeneninhalt kann mühelos durch einen anderen ersetzt werden.
• Wählen Sie die zu ändernde Einstellungs- oder Füllebene aus.
• Wählen Sie *Ebene > Inhalt der Ebene ändern*, und wählen Sie aus der Liste eine andere Füll- oder Einstellungsebene.

12 Filter

Das *Filter*-Menü

In Photoshop gibt es eine fast schon unüberschaubare Anzahl von Filtern, wovon einige wenige der Verbesserung der Bildqualität dienen, die meisten jedoch in erster Linie (mehr oder weniger sinnvolle) visuelle Effekte erzeugen. Die Entscheidung, welcher Filter wofür eingesetzt werden kann, fällt deshalb nicht unbedingt leicht, und so reizvoll der eine oder andere Filter auch sein mag, so sollte der Einsatz doch die zentrale Aussage des Bildes bzw. der Komposition unterstützen und nicht zum Selbstzweck werden. Da die Filter beliebig kombinierbar, auf einzelne Auswahlbereiche anzuwenden und in ihrer Stärke und Auswirkung variabel einsetzbar sind, ergeben sich jedoch interessante und gleichzeitig unverwechselbare Möglichkeiten.

Aufgrund der Vielzahl der angebotenen Filter und nahezu unendlicher Variationsmöglichkeiten kann dieses Kapitel nur ein Streifzug durch die Welt der Filter sein und im besten Falle Appetit machen.

Sie können sich in einer ruhigen Stunde mit den Effektfiltern an einem Bild selbst vertraut machen und die für Sie in Frage kommenden Filter notieren oder ein kleines Beispielarchiv mit einem entsprechenden Bilddatenbank-Programm anlegen und bei Bedarf konsultieren. Weitergehende Informationen zu allen Filtern finden Sie auch in der Photoshop-Hilfe.

✔ Auch das Verwenden von Filtern anderer Hersteller ist in Photoshop in Form von so genannten Zusatzmodulen (engl. Plug-Ins) möglich.

Zusatzmodule müssen installiert werden, damit sie in Photoshop verwendet werden können. Dazu später in diesem Kapitel.

Filterübersicht

Die Photoshop-Filter sind in 14 Gruppen im Menü *Filter* zusammengefasst. Zusätzlich installierte Filter erscheinen ganz unten im Filter-Menü.

```
Aquarell...
Buntstiftschraffur...
Diagonal verwischen...
Farbpapier-Collage...
Fresko...
Grobe Malerei...
Grobes Pastell...
Kunststofffolie...
Körnung & Aufhellung...
Malgrund...
Malmesser...
Neonschein...
Schwamm...
Tontrennung & Kantenbetonung...
Ölfarbe getupft...
```

Kunstfilter und Malfilter

Kunstfilter und Malfilter verändern Bilder so, dass sie wie mit modernen oder traditionellen künstlerischen Mal- und Zeichentechniken erstellt erscheinen. Einige Filter verwenden Strukturen, um Bilder mit plastischen Effekten zu versehen (s. S. 447).

```
Dunkle Malstriche...
Gekreuzte Malstriche...
Kanten betonen...
Konturen mit Tinte nachzeichnen...
Kreuzschraffur...
Spritzer...
Sumi-e...
Verwackelte Striche...
```

Die Gruppen der Kunstfilter und Malfilter

Rendering-Filter

Beleuchtungseffekte simulieren die Beleuchtung eines Bildes mit einer Reihe verschiedener vordefinierter und selbst zu erzeugender Lichtquellen (s. S. 452). *Blendenflecke* erzeugen Lichtbrechungen auf Bildern, wie sie auch in der herkömmlichen Fotografie entstehen können. *Wolken* und *Differenzwolken* erzeugt wolkenartige Muster aus der aktuellen Vorder- und Hintergrundfarbe bzw. deren Komplementärfarben. *Fasern* überziehen das Bild oder einen Auswahlbereich mit einer haarigen oder eben faserigen Struktur, deren Beschaffenheit in gewissem Umfang gesteuert werden kann.

```
Beleuchtungseffekte...
Blendenflecke...
Differenz-Wolken
Fasern...
Wolken
```

Die Gruppe der Rendering-Filter

Scharfzeichnungsfilter

Scharfzeichnungsfilter zeichnen verschwommene Bilder scharf. *Scharfzeichnen* und *Stark scharfzeichnen* (ohne Einstellungsdialog)

```
Konturen scharfzeichnen
Scharfzeichnen
Selektiver Scharfzeichner...
Stark scharfzeichnen
Unscharf maskieren...
```

Die Gruppe der Scharfzeichnungsfilter

eignen sich eher bei Bildern für die reine Bildschirmpräsentation. *Unscharf maskieren* und *Selektiver Scharfzeichner* sind High-End-Korrekturfilter für die Ausgabe in Printmedien (zur Anwendung s. S. 456).

```
Extrudieren...
Kacheleffekt...
Konturen finden
Konturwerte finden...
Korneffekt...
Leuchtende Konturen...
Relief...
Solarisation
Windeffekt...
```

Die Gruppe der Stilisierungsfilter

Stilisierungsfilter

Sie verfremden ein Bild sehr stark durch Pixelverschiebung und Veränderung des Kontrastes im Bild.

```
Buntglas-Mosaik...
Kacheln...
Körnung...
Mit Struktur versehen...
Patchwork...
Risse...
```

Die Gruppe der Strukturierungsfilter

Strukturierungsfilter

Einige Filter dieser Gruppe sind geeignet, Hintergründe zu gestalten sowie durch das Laden von Strukturen dreidimensionale Effekte in Bildern zu erzeugen (s. S. 407 ff.).

```
Helligkeit interpolieren...
Staub und Kratzer...
Störungen entfernen
Störungen hinzufügen...
Störungen reduzieren...
```

Die Gruppe der Störungsfilter

Störungsfilter

Helligkeit interpolieren ist zur Entfernung von Moiré-Mustern vorgesehen. *Staub & Kratzer* und *Störungen entfernen* kann zur Reduzierung von Fusseln und Kratzern eingesetzt werden. Diese Filter sind mit Vorsicht zu genießen, da sie das Bild unscharf machen (möglichst nur auf die betroffenen Bereiche anwenden). *Störungen hinzufügen* kann zur Gestaltung von Hintergründen eingesetzt werden. *Störungen reduzieren* ruft einen Dialog auf, der sich besonders zur Korrektur typischer Bildfehler von Digitalkameras eignet.

```
Facetteneffekt
Farbraster...
Kristallisieren...
Mezzotint...
Mosaikeffekt...
Punktieren...
Verwackelungseffekt
```

Die Gruppe der Vergröberungsfilter

Vergröberungsfilter

Vergröberungsfilter fassen die Pixel mit ähnlichen Farbwerten im Bild zu größeren Gruppen zusammen, um das Bild stark zu verfremden. Der *Farbraster*-Filter erzeugt z. B. aus den Pixeln jedes Farbkanals unterschiedlich große Rasterpunkte, die den Eindruck eines stark vergrößerten Offset-Druckrasters vermitteln.

Verzerrungsfilter

Die Verzerrungsfilter deformieren ein Bild geometrisch. Experimentieren Sie mit unterschiedlich großen Auswahlbereichen, damit sich die Filter richtig ausbreiten können (s. S. 445ff.). Sollte das Bild nach der Anwendung sehr unscharf erscheinen, empfiehlt sich im Anschluss ein Scharfzeichnen mit dem Filter *Unscharf maskieren,* da beim Verzerren auch interpoliert werden muss (zur Interpolation lesen Sie auf S. 147 nach). Der Filter *Glas* arbeitet mit Strukturen, die plastische Effekte bewirken. Der *Versetzen*-Filter verwendet eine Verschiebungsmatrix und wird auf S. 450 ff. besprochen.

```
Blendenkorrektur...
Distorsion...
Glas...
Kräuseln...
Ozeanwellen...
Polarkoordinaten...
Schwingungen...
Strudel...
Verbiegen...
Versetzen...
Weiches Licht...
Wellen...
Wölben...
```
Die Gruppe der Verzerrungsfilter

Videofilter

Der *De-Interlace*-Filter verbessert das Aussehen von Bildern, die von Videos aufgenommen wurden (Video-Grabbing). Er entfernt die geraden oder ungeraden Interlaced-Video-Zeilen wahlweise durch Interpolation oder Verdoppelung. *NTSC-Farben* (National Television Standard Committee Colors) schränkt den Farbumfang auf Farben ein, die zur Fernsehwiedergabe geeignet sind, und verhindert damit den Überstrahlungseffekt bestimmter Farben (z. B. einiger Rottöne).

```
De-Interlace...
NTSC-Farben
```
Die Gruppe der Videofilter

Weichzeichnungsfilter

Wie der Name schon sagt, gestalten die Filter dieser Gruppe Bilder oder Bildbereiche weicher. Besonders geeignet ist der *Gaußsche Weichzeichner*, da man in seinem Einstellungsdialog mit Vorschau-Option den Effekt individuell auf die Aufgabe abstimmen kann. *Bewegungsunschärfe* und *Radialer Weichzeichner* erzeugen entsprechende Effekte. *Durchschnitt* reduziert radikal alle Bildfarben auf eine einzige Farbe.

```
Bewegungsunschärfe...
Durchschnitt
Feld weichzeichnen...
Form weichzeichnen...
Gaußscher Weichzeichner...
Matter machen...
Radialer Weichzeichner...
Selektiver Weichzeichner...
Stark weichzeichnen
Tiefenschärfe abmildern...
Weichzeichnen
```
Die Gruppe der Weichzeichnungsfilter

Basrelief...
Chrom...
Conté-Stifte...
Feuchtes Papier...
Fotokopie...
Gerissene Kanten...
Kohleumsetzung...
Kreide & Kohle...
Prägepapier...
Punktierstich...
Rasterungseffekt...
Stempel...
Strichumsetzung...
Stuck...

Die Gruppe der Zeichenfilter

Zeichenfilter

Die Zeichenfilter-Gruppe bietet eine Kombination verschiedener Zeichentechniken, die das Bild wie handgezeichnet aussehen lassen. Außerdem verfügt die Gruppe über Filter, die interessante Papiereffekte simulieren: *Feuchtes Papier, Gerissene Kanten, Prägepapier*. Erwähnenswert (sie haben mit klassischen Zeichnungen noch weniger zu tun) sind auch die Filter *Chrom* und *Basrelief*. *Basrelief* erzeugt ein weicheres Relief als das *Relief* aus dem Stilisierungsfilter-Menü.

Dunkle Bereiche vergrößern...
Eigener Filter...
Helle Bereiche vergrößern...
Hochpass...
Verschiebungseffekt...

Die Gruppe der sonstigen Filter

✔ Weitere Informationen zum Arbeiten mit Alpha-Kanälen finden Sie im Kapitel 13.

Sonstige Filter

Die Filter *Dunkle Bereiche vergrößern, Helle Bereiche vergrößern* sowie *Verschiebungseffekt* sind insbesondere zum Bearbeiten von Alpha-Kanälen geeignet. (Zur Handhabung undefinierter Bereiche s. S. 449.) *Hochpass* sucht, je nach eingestelltem Radius, nach Kanten im Bild und ignoriert Bildstellen mit wenig Kontrast. Falls Ihnen die angebotenen Filter noch nicht genügen, können Sie sich auch *Eigene Filter* auf der Basis der Veränderung der Helligkeitswerte der Pixel durch Rechenoperationen definieren.

Mit Wasserzeichen versehen
Wasserzeichen anzeigen

Digimarc-Filter

Wasserzeichen werden automatisch erkannt (Statusanzeige beim Öffnen). Das Öffnen kann dadurch minimal länger dauern. Wollen Sie dies verhindern, müssen Sie das Plug-In *Wasserzeichen suchen* aus dem Zusatzmodul-Ordner entfernen.

Digimarc

Der Digimarc-Filter ist ein digitales Wasserzeichen in Form eines im Bild nicht sichtbaren Codes, der Urheber- und Nutzungsrechte schützen soll. Um die Technologie nutzen zu können, müssen Sie sich bei der Digimarc Corporation (einer Datenbank für Künstler, Fotografen und Designer) registrieren lassen, wo Sie Ihre persönliche Urheber-ID erhalten. Ausführliche Hinweise finden Sie in der Photoshop-Hilfe.

Die Filtergalerie

Zum Experimentieren lädt die *Filtergalerie* ein. Übersichtlich in einem Dialog untergebracht, ist eine große Menge der ansonsten in unterschiedlichen Gruppen verwalteten Filter hier beliebig (und zeiteffizient) kombinierbar.

✔ Zahlreiche Filter werden seit der aktuellen Photoshop-Version in der Filtergalerie und nicht mehr in eigenen Dialogen geöffnet. Die Optionen sind dadurch nicht eingeschränkt.

- Die Auswahl der Effekte erfolgt im mittleren Fensterbereich.
- Rechts davon finden Sie die Parameter, wie sie auch beim Einzelaufruf der Filter erscheinen. Darunter werden die auf das Bild angewendeten Filter aufgelistet. Dabei wird der Eintrag für jede neue Anwendung überschrieben. Sollen mehrere Filter zusammen wirksam werden, müssen Sie zunächst eine *Neue Effektebene* einrichten.
- In der Vorschau können Sie sich wie gewohnt mit dem Hand-Werkzeug bewegen, mit dem Zoom-Werkzeug vergrößern und verkleinern Sie die Ansicht.

Am unteren Dialogrand befinden sich die Schalter *Neue Effektebene* und *Effektebene löschen*. Für jeden Filter, den Sie dem bereits wirksamen hinzufügen möchten, muss eine neue Ebene angelegt werden. Das Auge-Symbol vor dem Filternamen reguliert die Sichtbarkeit des Effekts.

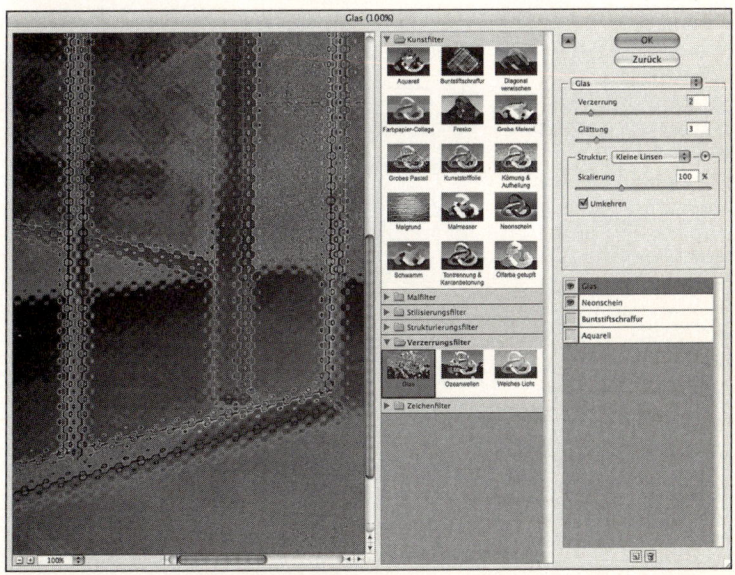

Arbeiten mit Filtern

Filter-Menü

Tastaturkürzel für die Filteranwendung:
- Anwendung des Filters abbrechen:
⎋ (oder ⌘. für Mac)
- Anwendung eines Filters rückgängig: ⌘ Z
(macht auch den *Verblassen*-Befehl rückgängig).
- Letzten Filter mit gleichen Einstellungen nochmals verwenden: ⌘ F
- Letzten Filter verwenden, jedoch vorher Einstellungen ändern: ⌘ ⌥ F

⚡ Beachten Sie, dass Filter mit gleichen Einstellungswerten bei Bildern mit unterschiedlichen Bildauflösungen unterschiedliche Auswirkungen haben.

Filter anwenden und anzeigen

Alle Filter sind in sinnvollen Gruppen zusammengefasst und über das Menü *Filter > (jeweilige Filtergruppe)* wählbar. Der zuletzt benutzte Filter erscheint im Menü immer ganz oben und ist damit für eine Mehrfachanwendung (⌘ F) schnell erreichbar. Drei Punkte hinter dem Filternamen (...) deuten auf einen Einstellungsdialog für diesen Filter hin.

Die meisten Filter-Einstellungsdialoge enthalten ein kleines Vorschau-Fenster und viele zusätzlich einen Vorschau-Schalter. Sie können sich einen typischen Einstellungsdialog unter *Filter > Scharfzeichnungsfilter > Unscharf maskieren* anschauen.

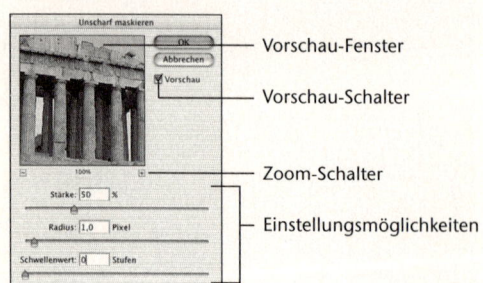

- Vorschau-Fenster
- Vorschau-Schalter
- Zoom-Schalter
- Einstellungsmöglichkeiten

Vorschau-Optionen:
- Der Inhalt des Vorschau-Fensters lässt sich durch Anklicken und bei gedrückter Maustaste verschieben.
- Klicken Sie auf den Plus-Zoom-Schalter, um den Vorschauausschnitt zu vergrößern, oder

auf den Minus-Zoom-Schalter, um den Vorschauausschnitt zu verkleinern.

■ Wenn ein Vorschau-Schalter vorhanden ist, können Sie ihn anwenden, um eine Vorschau des Filters auf der gesamten Ebene zu sehen.

■ Eine blinkende Linie unter dem Vorschau-Fenster bzw. unter dem Vorschau-Schalter zeigt an, dass die Vorschauberechnung noch nicht abgeschlossen ist.

Abschwächen von Filtereffekten

Der Befehl *Bearbeiten* > *Verblassen ...* (⌘⎇F) dient dem Abschwächen und Modifizieren eines Filtereffekts. Zuerst muss ein Filter auf eine Ebene angewandt werden (eventuell vorhandene Auswahlbereiche lassen Sie aktiv). Anschließend verwenden Sie den Befehl *Verblassen*, um die Stärke (Deckkraft) und/oder die Wirkungsweise (den Mal- und Bearbeitungsmodus) des Filters zu ändern. Der Befehl *Verblassen* bezieht sich immer auf den zuletzt verwendeten Filter. Übrigens kann sich der Befehl *Verblassen ...* auch auf eine vorher benutzte Farbkorrektur (aus dem Menü *Bild* > *Anpassen*) beziehen und diese verändern.

⚡ Beachten Sie, dass das Berechnen von Filtern bei sehr großen Bilddateien unter Umständen (je nach Rechnerleistung und RAM-Ausstattung) recht lange dauern kann. Photoshop benötigt zur Filterberechnung ein Vielfaches der Dateigröße. Reicht der RAM nicht aus, wird auf die Festplatte zugegriffen (mit Ausnahme einiger Filter, die vollständig im RAM verarbeitet werden).

⚡ Beachten Sie, dass Filter nicht auf Bitmap-Bilder und indizierte Farbbilder angewendet werden können. Einschränkungen ergeben sich für Graustufenbilder mit mehr als 8 Bit und RGB-Bilder mit mehr als 24 Bit Farbtiefe.

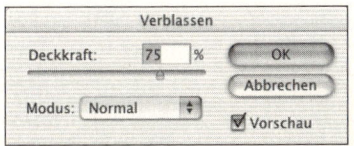

Ausgangsbild

Filter *Fresco* (Kunstfilter)

Filter *Fresco Verblassen* (75%, Multiplizieren)

**Filter auf Auswahl-
bereiche und Ebenen
anwenden**

Tipps zum Umgang mit Filtern

Filter wirken immer nur auf der aktiven Inhaltsebene und – falls es eine aktive Auswahl gibt – nur dort. Damit ein Filter wirksam wird, muss die gewünschte Ebene eingeblendet sein, und sie muss Pixel enthalten (Ausnahme: eine *mit einer neutralen Farbe gefüllte Ebene*, S. 270). Auf einer leeren Ebene hat ein Filter keine Auswirkung und Sie erhalten einen Warnhinweis. Form- und Textebenen müssen vor der Filteranwendung gerastert werden, es erscheint ein entsprechender Hinweis (s. S. 218 und S. 232).

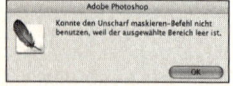

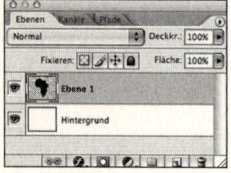

Ausgangssituation für die Beispiele unten (eine Text- oder Formebene muss vor Anwendung des Filters gerastert werden).

Etliche Filter (z. B. alle Weichzeichnungsfilter, viele Verzerrungsfilter) sind so angelegt, dass sie sich ausgehend von einer Auswahlbegrenzung sowohl nach innen als auch nach außen „ausbreiten" können. Wenn Sie dies wünschen, achten Sie darauf, dass Sie eine genügend große Auswahl erstellen, damit der Filter Platz zum Ausbreiten hat. Wenn sich der Filter offensichtlich nur nach innen ausbreitet, gar

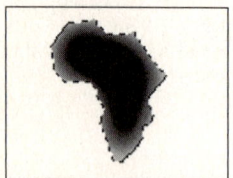

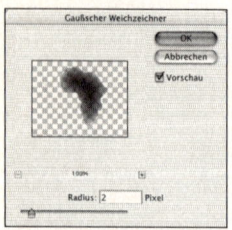

Weichzeichnungsfilter auf ausgewählten Bereich angewendet (wirkt nur innerhalb der Auswahl)

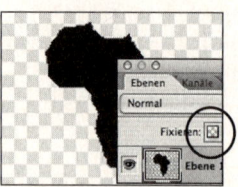

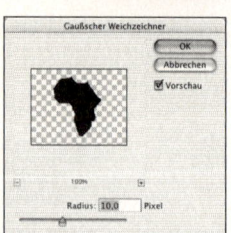

Gleicher Filter auf Ebene angewendet, deren transparente Bereiche fixiert sind (keine Auswirkung)

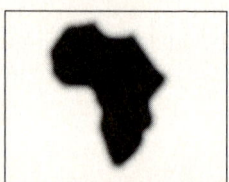

Weichzeichnungsfilter angewendet (transparente Bereiche nicht fixiert, nichts ausgewählt)

keine oder nicht die gewünschte Wirkung zeigt, experimentieren Sie ohne Auswahl oder mit einer anderen Auswahl (ggf. muss sogar die Arbeitsfläche vergrößert werden). Achten Sie auch darauf, dass die Option *Fixieren > Transparente Bereiche* in der Ebenen-Palette ausgeschaltet ist, oder ob eine vorhandene Auswahlbegrenzung eventuell ausgeblendet ist.

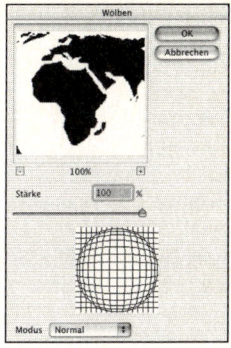
Einstellungsdialog des Verzerrungsfilters *Wölben*.

Ausgangsbild
Es wurde nichts ausgewählt. Der Verzerrungsfilter *Wölben* wurde angewandt.

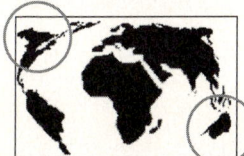
Ergebnis
Einige Bildstellen wurden nicht mit erfasst, da der Filter sich nicht genügend ausbreiten konnte.

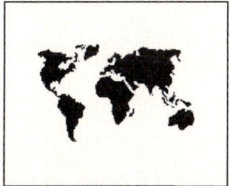
Die Arbeitsfläche wurde vergrößert

Ergebnis: Alle Bereiche wurden vom Filter erfasst.

Anwendungsbeispiel
(Es wurde zweimal gefiltert; die Kugel wurde mit mehreren radialen Verläufen erstellt.)

Genauso wie Ebenen lassen sich auch einzelne Kanäle filtern. Z. B. können die Farbkanäle von Farbbildern mit unterschiedlichen Filtern oder Filtereinstellungen behandelt werden. Dazu muss der gewünschte Kanal in der Kanäle-Palette ausgewählt sein.

Einzelne Kanäle filtern

Zusätzlich kann mit Auswahlbereichen und Masken gearbeitet werden, um die Effekte oder Korrekturen einzugrenzen oder weiche Übergänge zu erzielen (siehe nächster Abschnitt).

Weiche Übergänge

Wenn Sie Auswahlbereiche mit weichen Kanten erstellen und darauf Filter anwenden, wird der Übergang zwischen gefilterten und ungefilterten Bereichen fließend gestaltet.

Ausgangsbild
Runde Auswahl mit weicher Auswahlkante erstellt, Auswahl umgekehrt

Ergebnis
Weichzeichnungsfilter angewendet (Gaußscher Weichzeichner)

Filtern mit Masken

Auf ähnliche Weise lassen sich Masken zum Erzeugen spezieller Effekte verwenden.

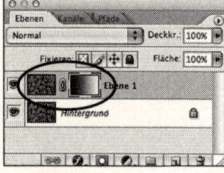

Ausgangsbild
Die Ebene wurde dupliziert und darauf eine Ebenenmaske mit einem Verlauf von Schwarz nach Weiß erstellt.

Ergebnis
Nach dem Wechseln von der Maske in die Ebene wurde ein Zeichenfilter (*Basrelief*) angewendet.

Filter auf mehreren Ebenen anwenden

Wenn eine bestimmte Filterkombination auf mehrere Ebenen oder mehrere Bilder angewendet werden soll, empfiehlt es sich, mit der Aktionen-Palette zu arbeiten (siehe Kapitel 19).

Hintergründe durch Filter erzeugen

Auf flächigen Graustufen- oder Farbbereichen erzeugen einige spezielle Filter Hintergrundstrukturen, die, nach individuellen Wünschen weiter bearbeitet (z. B. in der Helligkeit verändert oder weichgezeichnet), als Fond für Drucksachen oder Screens dienen können. Vergleichen Sie hierzu die Beispiele auf der nächsten Seite.

Ausgangsbild (Verlauf von Schwarz nach Weiß)

Mit Struktur versehen: *Sandstein* (Strukturierungsfilter)

Störungen hinzufügen (Störungsfilter)

Patchwork (Strukturierungsfilter)

Risse (Strukturierungsfilter)

Schwamm (Kunstfilter)

Verwendung von Filtern mit Strukturen

Einige Filter bieten die Möglichkeit, Bilder so mit Strukturen zu versehen, dass sie aussehen, als wären sie auf das entsprechende Material aufgebracht worden. Es können sowohl von Photoshop vordefinierte Strukturen verwendet als auch eigene Strukturen erstellt und geladen werden. Die geladenen Strukturen sind andere Photoshop-Bilder (Bilder im Graustufen-Modus sind ausreichend), deren Helligkeitsinformationen mehr oder weniger stark auf das gefilterte Bild übertragen werden. Man spricht bei einer derartigen Strukturform auch von einer *Matrix*.

Die Einstellungsmöglichkeiten der Filter-Dialoge beziehen sich im Allgemeinen auf die Größe (*Skalierung*), Höhe oder Stärke des Reliefs (*Relief*) und die Beleuchtung der Struktur (*Lichtposition*).

Folgende Filter verwenden Strukturen:
- *Grobes Pastell* (Kunstfilter),
- *Malgrund* (Kunstfilter),
- *Conté-Stifte* (Zeichenfilter),
- *Strukturierungsfilter*,
- *Glas* (Verzerrungsfilter),
- *Versetzen* (Verzerrungsfilter),
- *Beleuchtungseffekte* (Renderingfilter),
- *Eigener Filter* (Sonstige Filter).

Im Dialog *Filtergalerie* laden Sie zusätzliche Strukturen aus dem Untermenü in der Abteilung *Struktur*.

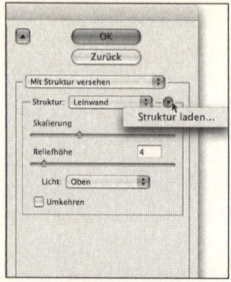

Die von Photoshop vordefinierten Strukturen wählen Sie aus dem Untermenü des Einstellungsdialoges *Struktur* in der *Filtergalerie* aus. Sie befinden sich im *Photoshop-Programm-Ordner > Vorgaben > Strukturen*. Eine selbst erstellte Struktur muss im Photoshop-Format (*.psd) abgespeichert werden, um im Filter-Dialog geladen werden zu können.

Zeichenfilter > Conté-Stifte (Leinwand)

Kunstfilter > Grobes Pastell (Sandstein)

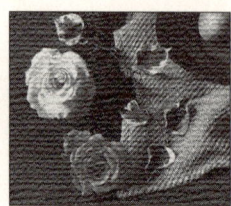

Strukturierungsfilter > Mit Struktur versehen (Sackleinen)

Struktur Puzzle aus den Photoshop-Vorgaben

Verbiegen-Filter (Verzerrungsfilter)

Der Verbiegen-Filter verbiegt Bilder bzw. Auswahlbereiche entlang einer senkrechten Achse. Soll entlang einer waagerechten Achse verbogen werden, drehen Sie vorher die Arbeitsfläche und nach dem Verbiegen wieder zurück. Wenn Sie ein Bild mit diesem Filter bearbeiten wollen, empfiehlt sich außerdem eine Vergrößerung der Arbeitsfläche.

• Öffnen Sie ein Bild und vergrößern Sie ggf. die Arbeitsfläche.

• Für ein Verbiegen entlang einer senkrechten Achse drehen Sie die Arbeitsfläche (Menü *Bild > Arbeitsfläche drehen > 90 ° im UZS*).

• Wählen Sie *Verzerrungsfilter > Verbiegen*.

• Bewegen Sie die Kurve in die gewünschte Position. Bei jedem Klicken auf die Kurve werden Koordinatenpunkte festgelegt, mit denen Sie den Verlauf beeinflussen. Kurvenpunkte werden entfernt, indem sie aus dem Diagramm herausgezogen werden.

Ausgangsbild

Arbeitsfläche vergrößert

Arbeitsfläche gedreht

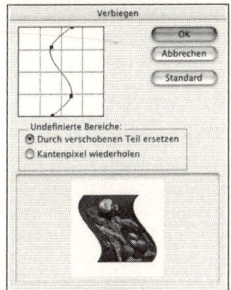
Einstellungsdialog

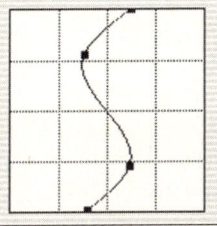
Verbiegungsachse

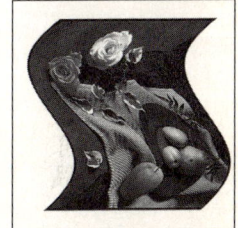
Auswirkung am Bild

- Wählen Sie eine der Optionen für *Undefinierte Bereiche*. Bei einigen Filtern der Verzerrungsfilter-Gruppe (sowie beim *Verschiebungseffektfilter* in der Gruppe *Sonstige Filter*) können durch die Filtereinwirkung Bildbereiche freigelegt (undefiniert) werden. Sie haben drei Möglichkeiten, zu bestimmen, wie diese Bereiche gefüllt werden sollen:

▪ *Durch verschobenen Teil ersetzen* kopiert das Bild und setzt es in den freigelegten Bereichen ein.

▪ *Kantenpixel wiederholen* füllt mit den Pixeln, die sich an den Kanten befinden, die Fehlstellen auf (bei verschiedenfarbigen Pixeln entstehen Streifen).

▪ *Mit Hintergrundfarbe auffüllen* (nur beim Verschiebungseffektfilter) füllt den freigelegten Bereich mit der eingestellten Hintergrundfarbe auf.

- Bestätigen Sie mit *OK*. Drehen Sie ggf. die Arbeitsfläche zurück.

Undefinierte Bereiche

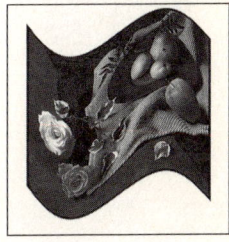
Ergebnis
(Arbeitsfläche gedreht)

✔ Eine Alternative zur Wahl des *Verbiegen*-Filters ist die im *Bearbeiten*-Menü unter *Transformieren* zu findende Funktion *Verkrümmen*.

Besonders wenn ein Bild einer bestehenden Form angepasst werden soll, ist das *Verkrümmen* aufgrund der höheren Flexibilität dem Filter vorzuziehen.

Versetzen-Filter (Verzerrungsfilter)

Ausgangsbild

Selbst erstellte Matrix (Verlauf mit *Verzerrungsfilter > Schwingungen* bearbeitet)

Ergebnis (20 % Skalierung)

Ausgangsbild (Arbeitsfläche vergrößert)

Selbst erstellte Matrix (weichgezeichnetes Schachbrettmuster)

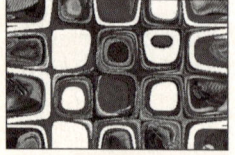

Ergebnis (100 % Skalierung)

Der Versetzen-Filter aus der Gruppe der Verzerrungsfilter gehört zu den Filtern, die eine Struktur (Verschiebungsmatrix) verwenden, welche festlegt, wie das Bild verzerrt wird. Die Verschiebungsmatrix ist eine andere Photoshop-Datei. Eine selbst erstellte Matrix muss im Photoshop-Format (*.psd) abgespeichert sein (nicht möglich sind Bilder im Bitmap-Modus). Die Helligkeitswerte der Matrix-Datei beeinflussen die Verschiebung: Helligkeitswerte von 255 (Weiß) und 0 (Schwarz) in der Matrixdatei bewirken jeweils eine maximale Verschiebung, Helligkeitswerte von 128 (mittleres Grau) bewirken keine Verschiebung. Photoshop liefert einige Matrixdateien, die sich im *Photoshop-Programmordner > Vorgaben > Strukturen* befinden. Sie können sich aber auch eigene Verschiebungsmatrizen erstellen und damit experimentieren (Beispiel auf der nächsten Seite). Wenn Sie den Filter auf ein Bild anwenden, erscheint zunächst der Einstellungsdialog.

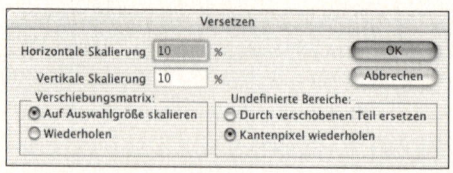

Skalierung legt die Stärke der Verschiebung fest (bei 100 % beträgt die maximale Verschiebung 128 Pixel). Wenn die Matrix nicht die gleiche Größe hat wie das Bild bzw. die Auswahl, auf die sie angewendet werden soll, wählen Sie *Auf Auswahlgröße skalieren*, um die Matrix der Größe anzupassen, oder *Wiederholen*, um die Matrix wie ein Muster zu wiederholen. Zu undefinierten Bereichen siehe vorhergehende Seite.

Tiefenschärfe abmildern (Weichzeichnungsfilter)

Um den Blick eines Betrachters gezielt auf ein bestimmtes Bilddetail zu lenken, kann es hilfreich sein, selektive Schärfe an diese Stelle zu legen. Da dies mit den meisten Digitalkameras aber schlecht geht, steht jetzt in Photoshop mit *Tiefenschärfe abmildern* ein Filter zur Verfügung, der den gewünschten Effekt zumindest im Nachhinein auf ein Bild anzuwenden erlaubt. Die Einstellmöglichkeiten im Dialog sind vielfältig und hier an einem Beispiel beschrieben.

Das Ausgangsbild mit der Auswahlkante. In diesem Fall ist es einfacher, den Bildteil auszuwählen, der scharf bleiben soll. Sie können später die *Auswahl umkehren* (⇧⌘-I) oder die Maske invertieren.

Um den Schärfeeindruck für einen Bildbereich zu erhöhen, wird die Umgebung mit deutlicher Unschärfe wiedergegeben.
- Duplizieren Sie die Hintergrundebene, bevor Sie die folgenden Arbeitsschritte ausführen.
- Legen Sie im Bild mit Hilfe einer Auswahl den Bereich fest, der *unscharf* dargestellt werden soll.
- Wählen Sie *Auswahl > Weiche Auswahlkante*, um keinen harten Rand entstehen zu lassen.
- Klicken Sie in der Ebenenpalette den *Ebenenmaske-hinzufügen*-Schalter.
- Wechseln Sie in der Ebenenpalette von der *Ebenenmaskenminiatur* auf die *Ebenenminiatur*.
- Rufen Sie *Filter > Weichzeichnungsfilter > Tiefenschärfe abmildern* auf.
- Wählen Sie in der Abteilung *Tiefen-Versetzung* unter *Quelle* die *Ebenenmaske* aus. (Sollten jetzt der scharfe und der unscharfe Bereich vertauscht dargestellt werden, klicken Sie auf den Schalter *Umkehren* im Dialog.)
- Nehmen Sie mit Hilfe der Regler im Dialogfenster die gewünschten Manipulationen vor.
- Bestätigen Sie die Änderungen bei Gefallen mit *OK*.

✔ Die Ebenenmaske kann über einen oder mehrere Auswahlbereiche erzeugt werden. Es ist aber auch möglich, direkt in die Ebenenmaske zu malen oder einen Verlauf zu verwenden.

In der Ebenenmaske wird der weichzuzeichnende Bereich weiß dargestellt. Achten Sie darauf, dass vor dem Aufruf des Filters die *Ebenenminiatur* ausgewählt ist.

Ein mögliches Ergebnis

✔ Der Beleuchtungseffekte-Filter kann nur in RGB-Bildern verwendet werden.

Beleuchtungseffekte (Rendering-Filter)

Einer der Filter, die man häufig einsetzen kann, um ein schlichtes Bild optisch aufzuwerten, ist der Filter *Beleuchtungseffekte*. Damit kann die Stimmung eines Bildes verändert und Plastizität herausgearbeitet werden.

Der Filter Beleuchtungseffekte öffnet einen Einstellungsdialog, in dem aus einer Anzahl vordefinierter Beleuchtungsstile (*Stil*-Untermenü) ausgewählt werden kann. Diese vordefinierten Beleuchtungsmöglichkeiten können nach Belieben verändert werden. Oder Sie legen sich selbst neue Lichtquellen an, die Sie nach Ihren Wünschen einstellen. Die Lichtquellen erscheinen im Vorschaufenster als weiße Punkte, die durch Anklicken und Ziehen mit gedrückter Maustaste in ihrer Position verändert werden können. Um eine neue Lichtquelle einzurichten, klicken Sie auf das Symbol *Neue Lichtquelle* (die kleine Glühbirne unten links im Dialog) und ziehen sie auf das

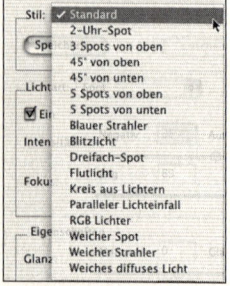

Vordefinierte Beleuchtungsstile

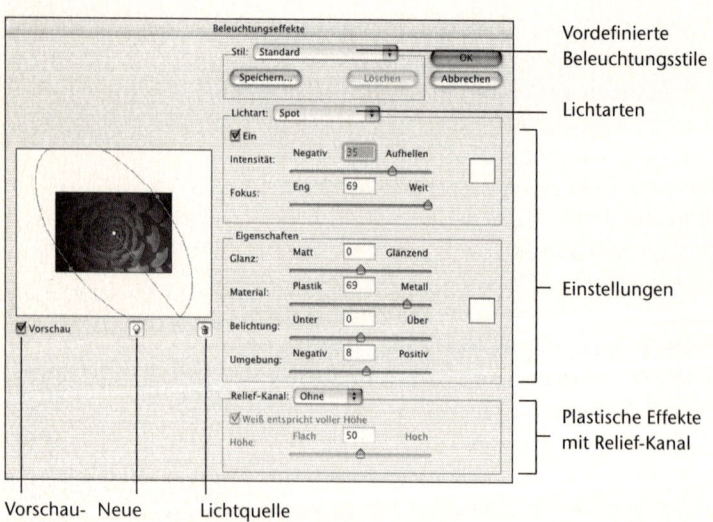

Vordefinierte Beleuchtungsstile

Lichtarten

Einstellungen

Plastische Effekte mit Relief-Kanal

Vorschau-Schalter   Neue Lichtquelle   Lichtquelle löschen

452 Filter

Vorschau-Fenster – maximal 16 Lichtquellen in einem RGB-Bild sind möglich. Zum Löschen einer Lichtquelle klicken Sie sie an und ziehen sie auf den Papierkorb.

Eine Lichtquelle muss ausgewählt sein, um sie bearbeiten zu können. Dies geschieht durch Klicken auf den weißen Punkt. Damit beziehen sich alle Einstellungen der rechten Seite des Dialoges auf diese Lichtquelle. Je nach Lichtart wird eine Lichtquelle unterschiedlich dargestellt. Die Anfasser dienen zur Regulierung der Intensität, der Lichtrichtung (des Einfallswinkels) und des Abstandes der Lichtquelle.

■ *Diffuses Licht* strahlt wie die Sonne aus größerer Entfernung, sodass es keinen Abfall des Lichtwinkels gibt. Deshalb spielt die Position der Lichtquelle keine Rolle. Indem Sie den grauen Anfasser zum weißen Punkt hin- oder von ihm wegziehen, verändern Sie die Intensität des Lichts.

■ *Strahler* strahlt gleichmäßig in alle Richtungen und genau von oben auf das Bild, so als würde eine Glühbirne direkt über dem Bild hängen. Ziehen Sie einen der vier Anfasser vom weißen Mittelpunkt weg, vergrößern Sie den Abstand der Lichtquelle vom Bild (der Beleuchtungsradius wird größer, das Licht schwächer); ziehen Sie einen der vier Anfasser zum weißen Mittelpunkt hin, verringern Sie den Abstand der Lichtquelle vom Bild (der Radius wird kleiner, das Licht intensiver).

■ *Spot* wirft einen ellipsenförmigen Lichtkegel mit stark abfallendem Lichtwinkel. Das Ziehen an einem der vier Anfasser bewirkt eine Veränderung des Lichtkegels, der Richtung und des Winkels des Spots.

✔ Der Einsatz des Beleuchtungseffekte-Filters ist sehr rechenintensiv und kann auf langsamen Rechnern zur Geduldsprobe werden. Probieren Sie die Wirkung ggf. erst an einer verkleinerten bzw. niedrigauflösenden Kopie Ihrer Datei aus.

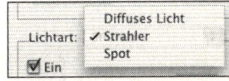

Lichtarten

Ausgangsbild

Diffuses Licht

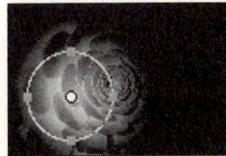

Strahler

Spot

Zusätzlich kann das Licht in einer beliebigen Farbe strahlen. Dazu klicken Sie auf das Farbfeld bei *Lichtart* – der Farbwähler öffnet sich – und wählen eine Farbe aus. Mit den übrigen Einstellungsreglern können Sie das Licht individuell nach Sicht auf Ihr Bild und Ihre Wünsche abstimmen.

Verwendung eines Relief-Kanals

✔ Um die Relief-Kanäle im Beleuchtungsfilter anwenden zu können, sollten Sie im Arbeiten mit Alpha-Kanälen ein wenig geübt sein – lesen Sie hierzu bitte im Kapitel 13 nach.

✔ Beachten Sie beim Vorbereiten von Formen für den Relief-Kanal: Je größer der Kontrast im Kanal, desto deutlicher kann der plastische Effekt herausgearbeitet werden.
• Deshalb arbeiten Sie also im Allgemeinen im Alpha-Kanal mit Schwarz und Weiß; ggf. Weichzeichnungsfilter verwenden für weichere Übergänge.
• Im Grafik-Programm verwenden Sie einfarbige Füllungen und achten darauf, dass Binnenflächen nicht (Weiß) gefüllt, sondern gestanzt sind; die Formen werden dann einzeln im EPS-Format exportiert (FreeHand) bzw. über die Zwischenablage kopiert (Illustrator) und im Alpha-Kanal eingesetzt.

Interessante Möglichkeiten bietet die Verwendung eines Relief-Kanals im Beleuchtungseffekte-Filter. Hier kann ein beliebiges Photoshop-Dokument bzw. ein Alpha-Kanal als Struktur zur Erzeugung von dreidimensionalen Effekten auf ein Bild übertragen werden. Der Filter stellt eine Erweiterung des Filters *Mit Struktur versehen* (Strukturierungsfilter) dar, da der Effekt durch Beleuchtung und Regulierung der Höhe variiert werden kann. Es muss vor der Anwendung des Filters ein neuer Alpha-Kanal mit der gewünschten Form angelegt bzw. ein Bild oder eine Grafik, welche Sie als Relief verwenden wollen, in die Kanäle-Palette des Zielbildes kopiert oder dort platziert werden. Erst dann kann es aus der Liste des Untermenüs *Relief-Kanal* im Einstellungsdialog des Beleuchtungsfilters ausgewählt werden.

Gehen Sie so vor:
• Legen Sie ein neues RGB-Bild (Hintergrundinhalt *Transparent*) an. Platzieren Sie eine vorbereitete Grafik aus einem Grafik-Programm über *Datei > Platzieren* bzw. *Bearbeiten > Einfügen* oder erstellen Sie die gewünschten Formen in Photoshop (z. B. mit den Formwerkzeugen) und füllen sie mit einem mittleren Grau. Laden Sie die Transparenzmaske dieser Ebene.
• Aktivieren Sie die Kanäle-Palette. Erstellen Sie einen neuen Alpha-Kanal, indem Sie auf das Symbol *Neuer Kanal* ( ) klicken (wird *Alpha 1*). Füllen Sie die noch aktive Auswahl

Weiß. Heben Sie die Auswahl auf. Zeichnen Sie ggf. zuvor ausgewählte Teilbereiche im Alpha-Kanal weich. (Für Mehrfacheffekte müssen entsprechend weitere Kanäle angelegt werden.)

- Aktivieren Sie den Gesamtkanal (⌘ ~).
- Wählen Sie im *Beleuchtungseffekte*-Dialog im Untermenü *Relief-Kanal* den Kanal *Alpha 1*. Stellen Sie die Beleuchtung (im Beispiel unten ein Spot) ein. Beachten Sie, dass Sie durch den Schalter *Weiß entspricht voller Höhe* die Wirkung des Reliefs umkehren können: Es entsteht optisch entweder eine Vertiefung oder eine Erhebung. Zusätzlich können Sie über den Höhenregler den plastischen Eindruck verstärken oder abschwächen. Filtern Sie ggf. mit weiteren Kanälen. Aktuelle Einstellungen im Beleuchtungseffekte-Filter lassen sich über den Speichern-Schalter speichern und erscheinen dann in der *Stil*-Liste.

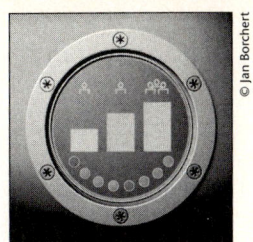

Das Beispiel auf dieser Seite ist dieser Grafik entnommen. Für jedes der plastischen Elemente wurde eine Ebene mit dem Beleuchtungseffekte-Filter und einem Relief-Kanal auf die beschriebene Weise gefiltert.

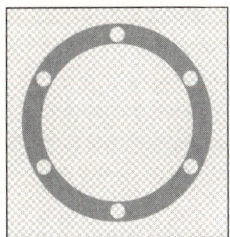

Ansicht der vorbereiteten Ebene

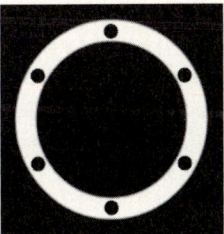

Ansicht des vorbereiteten Alpha-Kanals (*Alpha 1*)

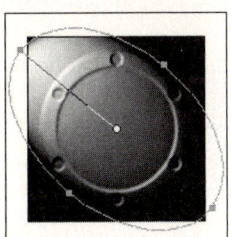

Vorschau des Beleuchtungseffekts (*Spot*)

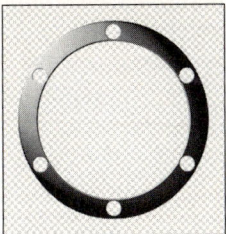

Fertige Form

✔ Der etwas irreführende Name des Filters stammt von einer Methode aus der herkömmlichen fotografischen Technik ab. Dabei wird ein unscharfes Positiv auf ein scharfes Negativ gelegt und auf kontrastreiches Fotopapier projiziert. Am Rechner wird dieser Vorgang mit einem ähnlichen Ergebnis simuliert: flächige Bereiche des Bildes werden etwas weichgezeichnet (Kontrast wird reduziert), in Bereichen mit abrupten Farbübergängen wird der Kontrast erhöht – beides zusammen erzeugt den Eindruck höherer Schärfe im Bild.

Unscharf maskieren (Scharfzeichnungsfilter)

Nahezu jede Bildkorrektur wird durch die Anwendung des *Unscharf-Maskieren*-Filters (USM) abgeschlossen. Der USM-Filter verfügt über einen Einstellungsdialog, der es ermöglicht, den Filter individuell auf das Bild abzustimmen. Bilder mit vielen kleinen Details können eine stärkere Unscharf-Maskierung vertragen als Bilder mit sehr weichen Farbverläufen. Die *Stärke* legt fest, wie stark der Kontrast in den Bereichen mit abrupten Farbübergängen verstärkt werden soll. *Radius* begrenzt die Breite dieses Bereiches. Mit dem *Schwellenwert* stellt man ein, wie abrupt die Farbübergänge im Ausgangsbild sein müssen, damit der Filter wirksam wird. Der Schwellenwert dient dazu, Streupartikel oder natürliche Unregelmäßigkeiten in Bildbereichen mit weichen Farbübergängen (z. B. in Hautpartien) nicht zu verstärken. Normale Ausgangswerte zeigt die Abbildung des Einstellungsdialoges. Der Radius sollte 2 Pixel nicht übersteigen. Es ist sinnvoll, den Filter lieber mehrmals mit kleineren Werten einzusetzen als einmal mit sehr hohen Werten. Bei Bildern mit weichen Farbübergängen (z. B. Bilder mit glattem Himmel, Porträts) erhöhen Sie den Schwellenwert (20 bis 200 Stufen), bis Sie mit dem Ergebnis zufrieden sind. Der Filter sollte bei einer Bildschirmdarstellung von 100 % angewendet werden.

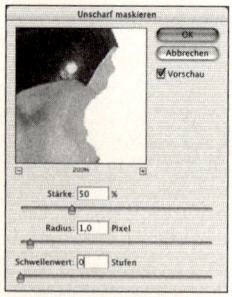

Einstellungsdialog des *Unscharf-maskieren*-Filters

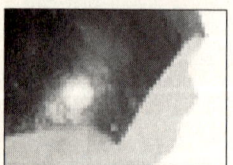

Ausgangsbild (vergrößerte Darstellung)

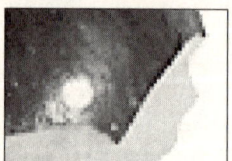

Ergebnis bei 100 %, 1 Pixel, 0 Stufen (vergrößerte Darstellung)

Ergebnis bei 100 %, 1 Pixel, 20 Stufen (vergrößerte Darstellung)

Selektiver Scharfzeichner (Scharfzeichnungsfilter)

Der im amerikanischen Original *Smart Sharpen* benannte Filter erweitert die von *Unscharf maskieren* bekannten Qualitäten um fortgeschrittene Analysefähigkeiten.

Während in der *Entfernen*-Option *Gaußscher Weichzeichner* die Ergebnisse weitgehend dem bewährten USM entsprechen, versucht der Filter mit der Option *Tiefenschärfe abmildern* eine Fehlfokussierung auszugleichen und mit *Bewegungsunschärfe* gar ein durch Bewegung des Objekts oder des Fotografen verwackeltes Bild zu retten. Dazu kann der *Winkel* für die zu korrigierende Bewegungsrichtung eingestellt werden, um vorhandene Wischspuren zu erfassen und zu reduzieren.

Nach Umschalten von *Einfach* zu *Erweitert* stehen in allen drei *Entfernen*-Optionen neben *Scharfzeichnen* die Reiter *Tiefen* und *Lichter* zur Schärfensteuerung dieser Tonwertbereiche zur Verfügung. Dies lässt eine viel präzisere Bestimmung der Schärfebereiche zu, als das mit *Unscharf maskieren* möglich ist. Besonders interessant ist hierbei der Regler für die *Tonbreite*, der die flächigen Bereiche von einer Schärfung weitgehend ausnehmen kann, um ein Rauschen des Hintergrunds zu vermeiden.

✔ Der *selektive Scharfzeichner* wird *Unscharf maskieren* kaum vollständig ersetzen. Bei allen unbestreitbaren (und besonders bei hochauflösenden Bildern sichtbaren) Vorteilen des neuen Filters ist der Einstellungsaufwand für ein geeignetes Bild deutlich zeitaufwendiger als mit USM.

Ausschnitt aus dem Ausgangsbild

Das Ergebnis. Durch die Erhöhung der *Tonbreite* in den Reglern kann die Schärfung auf die bildprägenden Details eingeschränkt werden.

Blendenkorrektur (Verzerrungsfilter)

Der Filter *Blendenkorrektur* gleicht tonnen- oder kissenförmige Verzerrungen aus, die beim Fotografieren mit Weitwinkelobjektiven im Nahbereich entstehen können. Dabei funktioniert der Filter ähnlich wie *Wölben* vom Bildzentrum aus. Bei asymmetrischen Verzerrungen kann es hilfreich sein, die Arbeitsfläche zur Bildbearbeitung vorübergehend zu vergrößern und das Motiv aus dem Zentrum heraus an eine geeignetere Stelle zu verschieben, damit die *Blendenkorrektur* optimal arbeiten kann.

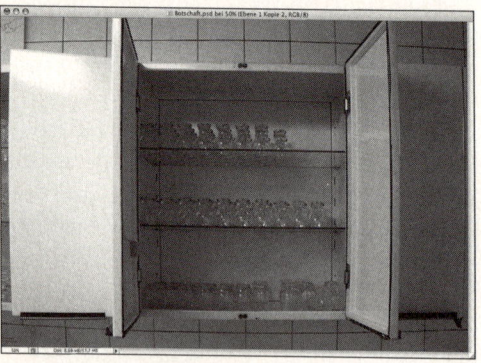

- Rufen Sie den Dialog aus dem Verzeichnis der *Verzerrungsfilter* auf.

Das *Verzerrung-entfernen-Werkzeug* erlaubt das direkte Manipulieren im Vorschaubild.

Mit dem *Gerade-ausrichten-Werkzeug* lässt sich eine Referenzlinie in der Vorschau bestimmen.

Mit dem *Raster-verschieben-Werkzeug* kann die Hilfskonstruktion an das Bild angepasst werden.

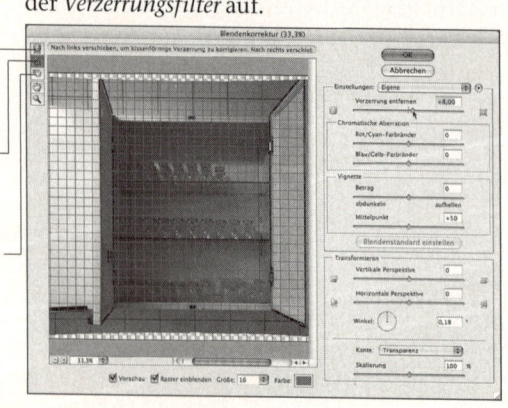

- Vor dem Entfernen der objektivbedingten Verzerrungen kann mit *Transformieren* die Bildperspektive korrigiert werden. Mit der *Winkel*-Option wird das gesamte Bild gedreht.
- Ziehen Sie den Regler *Verzerrung entfernen* in die gewünschte Richtung oder manipulieren Sie das Bild direkt im Vorschaufenster mit dem *Verzerrung-entfernen-Werkzeug*. Sind mehrere ähnliche Bilder zu bearbeiten, mag es hilfreich sein, die Einstellungen im Untermenü des Dialogs zu speichern. Im einfachen Wiederholungsfall wählen Sie aus dem Untermenü *Vorherige Korrektur*.

✔ Die Perspektive kann zwar auch mit den *Transformieren*-Befehlen aus dem *Bearbeiten*-Menü gerade gerückt werden. Zur Vermeidung von Detailverlusten ist es aber vorzuziehen, alle Rechenvorgänge innerhalb eines Dialogs abzuwickeln.

✔ Passen Sie ggf. die Rastergröße, -farbe und seinen Ausgangspunkt mit dem *Raster-verschieben-Werkzeug* an Ihr Motiv an.

- Falls *Chromatische Aberrationen* zu reduzieren sind, vergrößern Sie die Vorschau auf 100% oder ein Vielfaches davon. *CA* sind nicht komplett zu entfernen, vergleichen Sie beim Einstellen den linken und den rechten Bildrand, um eine optimale Einstellung zu finden.
- Auch eine *Vignettierung*, eine Randabschattung mancher Objektive bei weit geöffneter Blende, kann weitgehend ausgeglichen werden. Bestimmen Sie zunächst mit dem Regler *Mittelpunkt* das Zentrum der Abdunkelung und hellen dann nach Augenmaß oder mit Hilfe von Messwerten aus der Info-Palette die Bildecken auf.

✔ Aberrationen sind Unschärfen und Farbsäume, die entstehen können, wenn Lichtstrahlen unterschiedlicher Wellenlänge (Farben) von einer Linse unterschiedlich gebrochen werden.

Photomerge (Automatisieren)

Photomerge setzt mehrere Bilder weitgehend automatisch zu einem Panorama zusammen. Zu finden ist das Werkzeug allerdings nicht im *Filter*-Menü, sondern im *Datei*-Menü unter *Automatisieren*.

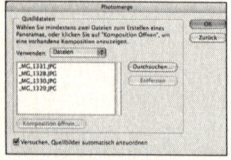

Der Quelldatei-Dialog. *Kompositionen* (bereits vorgenommene Bildzuordnungen ohne endgültige Berechnung) müssen erst einmal gespeichert werden, ehe sie hier geöffnet werden können.

Um ein Panorama zu erzeugen, rufen Sie Photomerge auf und bestimmen im ersten Dialogfeld, welche Bilder für die Komposition verwendet werden sollen. Es können bereits geöffnete sowie geschlossene Dateien einzeln oder in kompletten Ordnern geladen werden. Mit der Option *Versuchen, Quellbilder automatisch zuzuordnen* probiert das Programm, selbständig zusammenhängende Bilder zu erkennen und entsprechend zu platzieren.

Mit *OK* öffnet sich ein zweiter Dialog. In der Vorschau sind die gewählten Bilder bereits gemäß den Vorgaben auf der rechten Seite kombiniert. Es kann vorkommen, dass Photoshop nicht alle Bilder einordnen kann, diese befinden sich dann in der Leiste über der Vorschau und können manuell in die Komposition gezogen werden. Genauso gut lassen sich ausgewählte Dateien auch entfernen.

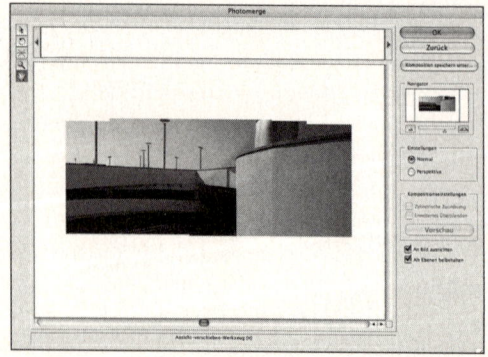

✔ Weitere Informationen finden Sie in der Photoshop-Hilfe.

Meist sind die Ergebnisse mit der Einstellung *Normal* brauchbarer als solche, die mit *Perspektive* erzeugt wurden.

Der Schalter *An Bild ausrichten* sollte immer aktiv sein, damit das Programm versucht, alle geladenen Dateien einem gemeinsamen Bild zuzuordnen.

Die Option *Als Ebenen beibehalten* vereint die geladenen Dateien bei Bestätigung mit *OK* nicht zu einer Ebene und ermöglicht eine spätere Nachbearbeitung, wenn das Ergebnis nicht zufrieden stellend war.

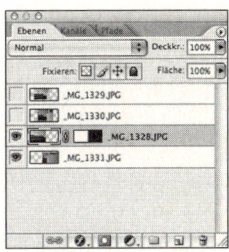

Bei nicht optimalen Aufnahmen sind die Nahtstellen oft deutlich sichtbar, und auch die Farbsprünge in homogenen Flächen (etwa dem Himmelsblau) sind kaum zu tolerieren.

Ungenaue Bildanschlüsse lassen sich mit dem *Frei-transformieren-Werkzeug* oder mit *Verkrümmen* anpassen, für Farbkorrekturen eignet sich besonders (*Bild > Anpassen >*) *Gleiche Farbe*, da sich als Farbreferenz auch eine andere Ebene derselben Datei auswählen lässt.

Für Feinarbeiten bieten sich der Reparatur-Pinsel und das Stempelwerkzeug mit verschiedenen Radien, hoher Kantenunschärfe und reduzierter Deckkraft an.

✔ Häufig ist zur Erreichung weicher Übergänge eine Ebenenmaske hilfreich, die mit einem Verlauf von *Deckend* nach *Transparent* gefüllt ist.

Störungen reduzieren (Störungsfilter)

Wie bei zahlreichen anderen Filtern auch (Tiefen/Lichter, Selektiver Scharfzeichner u. a.) gilt es bei *Störungen reduzieren*, ein optimales Verhältnis zwischen dem Zurücknehmen von störenden Bilddetails und dem Erhalt von Einzelheiten mit Hilfe der Regler im Dialog zu finden.

In der Standardeinstellung *Einfach* wirken sich die Veränderungen auf alle Farbkanäle gleichmäßig aus, mit *Erweitert* können Sie die Kanäle im RGB- oder CMYK-Modus separat beeinflussen.

■ *Stärke* vermindert das Helligkeitsrauschen (Luminanzrauschen) im Bild, glättet aber nicht nur Farbflächen, sondern auch Objektkanten.

■ *Details erhalten* steuert der Weichzeichung von *Stärke* entgegen, fügt bei hoher Einstellung homogenen Flächen aber auch wieder Störungen hinzu.

■ *Farbstörung reduzieren* entfernt das Rauschen bunter Pixel.

■ *Details scharfzeichnen* erhält Einzelheiten.

■ *JPEG-Artefakt entfernen* erkennt und beseitigt die regelmäßigen Pixel-Blöcke, die bei starker JPEG-Komprimierung entstehen.

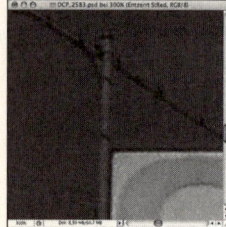

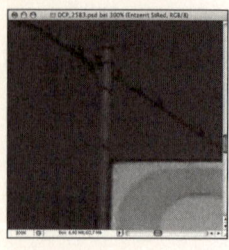

Ein Bildausschnitt vor (oben) und nach dem Filtern (unten). Dokumente, die für den Offsetdruck vorgesehen sind, machen unter Umständen andere Einstellungen erforderlich als Bilder fürs WWW.

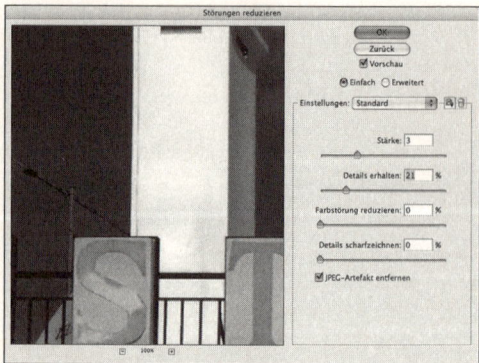

Neue Filter und andere Zusatzmodule (Plug-Ins) installieren

Wie bereits erwähnt, können weitere Adobe-Filter oder Filter von anderen Anbietern oder andere Zusatzmodule, die in Form von Photoshop-kompatiblen Plug-Ins vorliegen, zusätzlich installiert werden. Der Vorgang ist ganz einfach:
• Unter Macintosh ziehen Sie eine Kopie des Plug-Ins in den jeweiligen Unterordner des Ordners *Zusatzmodule* des Photoshop-Programmordners.
• Unter Windows verwenden Sie das Installationsprogramm (falls vorhanden) oder kopieren das Plug-In in das jeweilige Unterverzeichnis des Verzeichnisses *Zusatzmodule* des Photoshop-Programmverzeichnisses.
• Anschließend ist ein Neustarten des Programms notwendig. Nach der Installation erscheinen neue Filter ganz unten in der Liste des Filter-Menüs. Andere Plug-Ins finden Sie als Optionen in den Menüs *Importieren, Exportieren* oder *Automatisieren*, als *Dateiformate in den Dialogen Öffnen und Speichern* oder, falls der Platz dort nicht mehr ausreicht, im Menü *Filter > Sonstige Filter*.

Eine andere Möglichkeit besteht darin, über *Photoshop > Voreinstellungen > Zusatzmodule & Virtueller Speicher* einen zusätzlichen Ordner außerhalb des Photoshop-Programm-Ordners auszuwählen, um auch Zusatzmodule zu verwenden, die z. B. mit anderen Programmen gespeichert wurden.

✔ Weitere Zusatzmodule befinden sich auf der Programm-CD im Ordner *Zugaben > Optionale Zusatzmodule*.

✔ Sie können außerdem eine Verknüpfung (Win) bzw. ein Alias (Mac) für ein in einem anderen Ordner gespeichertes Zusatzmodul erstellen. Danach können Sie die Verknüpfung bzw. das Alias in den Zusatzmodule-Ordner einfügen, um dieses Zusatzmodul mit Photoshop zu verwenden.

13 Alpha-Kanäle

Arbeiten mit Alpha-Kanälen

✔ Farbkanäle werden im Kapitel 10 und Vollton-kanäle im Kapitel 16 besprochen.

Neben den Farbkanälen, die automatisch angelegt werden, um die Farbinformationen eines Bildes zu speichern, gibt es die Möglichkeit, zusätzliche Kanäle in einem Bild zu erstellen. Diese zusätzlichen Kanäle werden auch als *Alpha-Kanäle* bezeichnet. Die zentrale Bedeutung der Alpha-Kanäle liegt darin, Auswahlbereiche bzw. Masken speichern, laden sowie bearbeiten zu können. Alpha-Kanäle werden ähnlich wie Ebenen in einer dafür vorgesehenen Palette – der Kanäle-Palette – angezeigt, bearbeitet und verwaltet. Von dort können sie auch ganz einfach in andere Dokumente kopiert und in diesen verwendet werden.

Alpha-Kanäle haben die gleiche Bildgröße und -auflösung wie das zugehörige Bild. Wie die einzelnen Farbkanäle auch, speichern sie lediglich Helligkeitsinformationen, wobei 8 Bit Speicherkapazität, also 256 Helligkeitswerte pro Kanal, zur Verfügung stehen. Deshalb sind Alpha-Kanäle mit Graustufenbildern vergleichbar.

Beim Hinzufügen eines Alpha-Kanals vergrößert sich die Dateigröße. Beim Speichern des Bildes werden die Kanaldaten jedoch automatisch (*Photoshop*-Format) oder optional (*TIFF*-Format) komprimiert. Ein Photoshop-Bild kann maximal 56 Kanäle inklusive der Farbkanäle enthalten. Damit die Dateigröße nicht zu sehr anwächst, sollte man nicht mehr benötigte Alpha-Kanäle löschen.

Arbeiten mit der Kanäle-Palette

Zum Arbeiten mit Kanälen müssen Sie die Kanäle-Palette geöffnet halten. Sie blenden die Kanäle-Palette ein über das Menü *Fenster > Kanäle einblenden* oder indem Sie auf den Reiter *Kanäle* in der Paletten-Gruppe *Ebenen, Kanäle, Pfade* klicken. In der Kanäle-Palette werden die Farbkanäle der gerade aktiven Ebene sowie alle eventuell vorhandenen Alpha-Kanäle angezeigt.

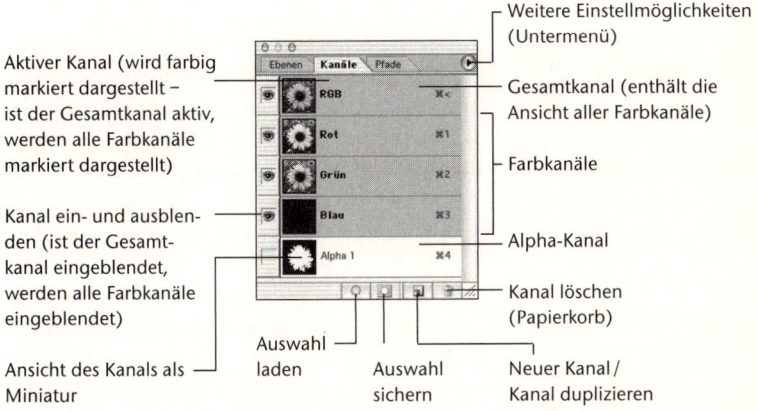

Aktiver Kanal (wird farbig markiert dargestellt – ist der Gesamtkanal aktiv, werden alle Farbkanäle markiert dargestellt)

Kanal ein- und ausblenden (ist der Gesamtkanal eingeblendet, werden alle Farbkanäle eingeblendet)

Ansicht des Kanals als Miniatur

Auswahl laden

Auswahl sichern

Weitere Einstellmöglichkeiten (Untermenü)

Gesamtkanal (enthält die Ansicht aller Farbkanäle)

Farbkanäle

Alpha-Kanal

Kanal löschen (Papierkorb)

Neuer Kanal / Kanal duplizieren

Benutzen Sie die Rollbalken, wenn nicht alle Kanäle in der Palette sichtbar sind. In der Kanäle-Palette können Sie neue Kanäle erstellen, Auswahlbereiche als Kanäle sichern und wieder laden, Kanäle ein- und ausblenden, kopieren, duplizieren und löschen. Die gleichen sowie ergänzende Befehle zum Bearbeiten von Kanälen sind im Untermenü der Kanäle-Palette verfügbar.

Um einen Kanal aktiv zu machen – also zur Bearbeitung auszuwählen –, klicken Sie auf den Kanal in der Kanäle-Palette (auf den Namen oder die Miniaturdarstellung). Der

Kanal auswählen

aktive Kanal wird immer farbig oder schwarz markiert dargestellt. Beachten Sie, dass bei aktivem Gesamtkanal alle *Farbkanäle* aktiv und damit markiert dargestellt sind. Umgekehrt wird, wenn alle *Farbkanäle* aktiv sind, automatisch der Gesamtkanal aktiv. Der Grund dafür liegt darin, dass alle *Farbkanäle* zusammen den Gesamtkanal bilden.

Mehrere Kanäle auswählen

Wie auch bei der Bearbeitung von Ebenen können mehrere Kanäle gleichzeitig zur Bearbeitung ausgewählt werden:
• Halten Sie die Umschalttaste (⇧) gedrückt und klicken Sie nacheinander auf die Namen oder Miniaturen der gewünschten Kanäle. Beachten Sie, dass alle Veränderungen immer die ausgewählten Kanäle betreffen.

Kanäle anzeigen

Durch Klicken auf das Augensymbol in der Kanäle-Palette kann der betreffende Kanal aus- und wieder eingeblendet werden. Durch Klicken, Maustaste-gedrückt-halten und Ziehen über die Augen-Spalte können mehrere Kanäle gleichzeitig aus- und eingeblendet werden.

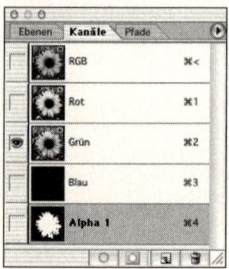

Aktiver Kanal ist ausgeblendet

Die Anzeige und Auswahl der Kanäle in der Kanäle-Palette kann schnell unübersichtlich werden. Bevor Sie beginnen, die Kanäle zu bearbeiten, vergewissern Sie sich, welcher Kanal aktiv ist. Der Inhalt ausgeblendeter Kanäle kann nicht bearbeitet werden – die entsprechenden Befehle sind grau dargestellt, also nicht verfügbar, bei der Verwendung von Mal- und Bearbeitungswerkzeugen erscheint ein Verbotssymbol (∅).

Bearbeitung ist nicht möglich

Beachten Sie die möglichen Darstellungsvarianten auf der folgenden Seite.

 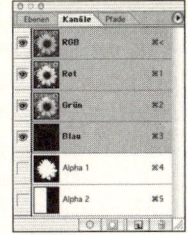 Wenn der Gesamtkanal eingeblendet ist, werden automatisch auch alle Farbkanäle eingeblendet. Umgekehrt wird, wenn alle Farbkanäle eingeblendet sind, automatisch der Gesamtkanal eingeblendet.

 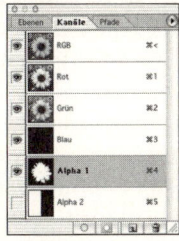 Werden Farbkanäle *und* ein Alpha-Kanal eingeblendet, so wird der Alpha-Kanal als Rotmaske angezeigt. (Mit Rotmasken arbeiten Sie auch im *Maskierungsmodus* sowie in *Ebenenmasken*. Vergleichen Sie hierzu Kapitel 8.)

 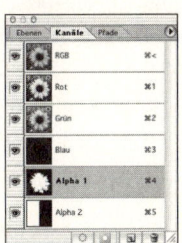 Werden Farbkanäle *und* *mehrere* Alpha-Kanäle zusammen eingeblendet, addieren sich die Rotmasken der Alpha-Kanäle.

 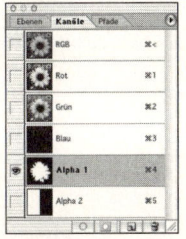 Wird ein Alpha-Kanal (oder Farbkanal) *allein* eingeblendet, erscheint er als Graustufenkanal.

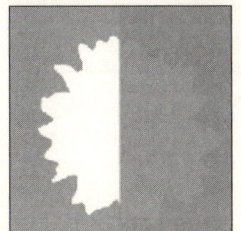 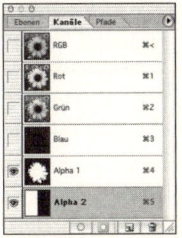 Werden *mehrere* Alpha-Kanäle zusammen (*ohne* Farbkanäle) eingeblendet, erscheinen sie als sich addierende Rotmasken.

Alpha-Kanäle 467

Das *Auswahl*-Menü

Hinzufügen neuer Alpha-Kanäle (Speichern von Auswahlbereichen)

Es gibt verschiedene Möglichkeiten, einen neuen Alpha-Kanal zu erstellen. Ein Alpha-Kanal kann aus einer aktiven Auswahl durch Speichern derselben hervorgehen:

• Klicken Sie auf den Schalter *Auswahl speichern* ( ) in der Kanäle-Palette, während eine aktive Auswahl im Bild vorhanden ist. Oder:

• Sichern Sie einen aktiven Auswahlbereich über das Menü *Auswahl > Auswahl speichern...*

Ein Alpha-Kanal, der aus einer Auswahl hervorgegangen ist, speichert die aktuelle Auswahl als Graustufenbild ab: normalerweise erscheinen vorher ausgewählte Bereiche weiß, Bereiche, die vorher nicht ausgewählt waren, erscheinen schwarz, weiche Auswahlkanten erscheinen in Graubstufungen. Sollte dies bei Ihnen nicht so sein, lesen Sie den Abschnitt *Ändern der Alpha-Kanal-Optionen* auf S. 473.

Wenn Sie eine Auswahl über das Menü *Auswahl* sichern, erscheint der *Auswahl-speichern*-Dialog:

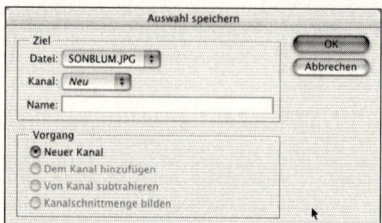

Im Untermenü *Datei* wählen Sie, ob der Alpha-Kanal im aktuellen Dokument, einem anderen geöffneten Dokument (es erscheinen nur geöffnete Dokumente in exakt gleicher Pixelgröße) oder einem neuen Dokument abgespeichert werden soll. Im Untermenü *Kanal* können Sie aus folgenden Möglichkeiten wählen:

■ *Neu:* Erstellt aus der Auswahl einen neuen Alpha-Kanal. Wenn Sie die Nummer (bzw. den Namen) eines bereits vorhandenen Kanals wählen, werden die *Operationen* aktiv. Wählen Sie die gewünschte Operation durch Anklicken des Schalters aus.

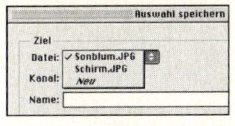

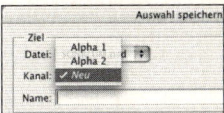

■ *Neuer Kanal*: Es entsteht ein neuer Alpha-Kanal entsprechend der Auswahl.

■ *Zum Kanal hinzufügen*: Es entsteht ein neuer Kanal aus der Addition des vorhandenen und des durch die aktuelle Auswahl definierten Kanals (so, als würde man einen vorhandenen Auswahlbereich mit gedrückter Umschalttaste um weitere Auswahlbereiche erweitern).

■ *Vom Kanal abziehen*: Es entsteht ein neuer Kanal, wobei der durch die aktuelle Auswahl definierte Kanal vom vorhandenen subtrahiert wird (so, als würde man einen vorhandenen Auswahlbereich mit gedrückter Wahltaste um weitere Auswahlbereiche einschränken).

■ *Schnittmenge bilden:* Es entsteht ein neuer Kanal, der nur die Bereiche erfasst, wo sich die aktuelle Auswahl und der vorhandene Kanal überlappen.

Verlassen Sie den *Auswahl-speichern*-Dialog mit *OK*.

✔ Die *Operationen* sind vergleichbar mit den Befehlen zum *Verändern von Auswahlbereichen* (vergleichen Sie dazu S. 105 ff.).

Es kann aber auch ein völlig neuer Alpha-Kanal erstellt werden, der noch keine Informationen enthält:

• Durch Wählen des gleichnamigen Befehls im Untermenü der Kanäle-Palette erscheint folgender Dialog:

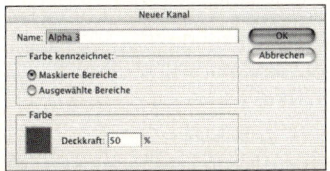

Untermenü der Kanäle-Palette

Alpha-Kanäle 469

✔ Sollte bei Ihnen ein weißer Alpha-Kanal erscheinen, lesen Sie bitte den Abschnitt *Ändern der Alpha-Kanal-Optionen* auf S. 473.

Mit diesen Standardeinstellungen entsteht ein schwarzer Alpha-Kanal (Rotmaske). (Ändern der Einstellungen: S. 473.) Oder:
• Klicken Sie auf den Schalter *Neuer Kanal* (▫) in der Kanäle-Palette, um einen neuen Kanal in den aktuellen Einstellungen des Dialoges *Neuer Kanal* zu erhalten.

Ein neuer Alpha-Kanal erscheint immer – fortlaufend nummeriert – an letzter Stelle in der Kanäle-Palette.

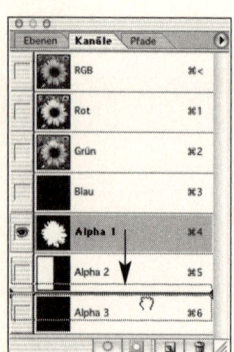

Verändern der Reihenfolge von Alpha-Kanälen zueinander

Reihenfolge der Alpha-Kanäle verändern

Die Farbkanäle können in ihrer Anordnung (Hierarchie) in der Kanäle-Palette nicht verändert werden. Dagegen lassen sich Alpha-Kanäle in ihrer Reihenfolge zueinander verändern:
• Klicken Sie den gewünschten Kanal in der Kanäle-Palette an (Zeigehand 👆).
• Halten Sie die Maustaste gedrückt (Zeigehand ändert ihre Form ✊) und ziehen Sie den Kanal an die neue Position. Die neue Position wird vor dem Absetzen durch eine etwas dickere schwarze Trennlinie markiert.

Duplizieren von Kanälen

Es kann sinnvoll sein, einen Kanal zu duplizieren, um eine identische Kopie zur weiteren Bearbeitung zu erhalten oder als Sicherungskopie zu verwenden. Das Duplikat kann im selben Dokument, einem neuen oder einem anderen geöffneten Dokument angelegt werden. Um einen Kanal zu duplizieren, haben Sie folgende Möglichkeiten:
• Am einfachsten ist es, einen Kanal zum Duplizieren mit gedrückter Maustaste in der Kanäle-Palette auf den Schalter *Neuer Kanal* (▫) zu ziehen. Der duplizierte Kanal erscheint – fortlaufend nummeriert – an letzter

Stelle in der Kanäle-Palette. Oder:
- Wählen Sie *Kanal duplizieren...* im Untermenü der Kanäle-Palette, nachdem Sie den gewünschten Kanal in der Kanäle-Palette aktiv gemacht haben. Sie können den zu duplizierenden Kanal auch bei gedrückter Wahltaste (⌥) auf den Schalter *Neuer Kanal* (▣) ziehen.

In diesen Fällen gelangen Sie in den Dialog *Kanal duplizieren:*

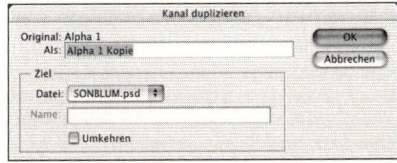

Unter *Duplizieren als:* können Sie gleich einen Namen für den neuen Kanal vergeben.
Im Untermenü *Datei* wählen Sie, ob der Alpha-Kanal im aktuellen Dokument, einem anderen geöffneten Dokument (es erscheinen nur geöffnete Dokumente in exakt gleicher Pixelgröße) oder einem neuen Dokument abgespeichert werden soll. Im letzten Fall wird das *Name*-Eingabefeld aktiv. *Umkehren* kehrt das Duplikat ins Negativ um.

Kanäle kopieren

Der Inhalt von Alpha-Kanälen kann über die Befehle des *Bearbeiten*-Menüs problemlos kopiert und in andere Kanäle des gleichen oder eines anderen Dokuments eingesetzt werden. Wenn Sie zwischen zwei Dokumenten mit unterschiedlichen Größenverhältnissen (Bildgröße bzw. Bildauflösung) kopieren wollen, müssen Sie eventuell eine Größenkorrektur vornehmen (vor dem Kopieren über *Bild > Bildgröße* bzw. nach dem Kopieren über *Ebene > Transformieren > Skalieren*). Zum Kopieren gehen Sie so vor:

Kanäle kopieren über die Zwischenablage

✔ Wenn Auswahlen in einen Zielkanal eingefügt werden, sind sie nur dort sichtbar, wo die Zielebene deckende Pixel enthält.

✔ Beim Einfügen einer Auswahl aus der Zwischenablage erscheint der kopierte Bildteil über dem aktiven Kanal des Zieldokuments als schwebende Auswahl. Beim Abklicken (⌘ D) verschmilzt die kopierte Auswahl mit dem Kanal; durch Drücken der Löschtaste (⌫) wird sie entfernt. Genauso verhält es sich mit Auswahlbereichen, die per Drag and Drop in ein anderes Dokument gelangt sind.

- Aktivieren Sie den gewünschten Kanal. (Der Übersichtlichkeit halber sollten Sie alle anderen Kanäle ausblenden.)
- Treffen Sie eine Auswahl mit einem beliebigen Auswahlwerkzeug oder wählen Sie alles aus (⌘ A).
- Wählen Sie *Bearbeiten > Kopieren* (⌘ C), um die Auswahl in die Zwischenablage zu kopieren.
- Wählen Sie den Kanal aus, in den der Inhalt der Zwischenablage eingesetzt werden soll (im gleichen oder einem anderen Dokument).
- Wählen Sie *Bearbeiten > Einfügen* (⌘ V).

Kanäle kopieren per Drag and Drop

✔ Soll der Inhalt des Kanals beim Kopieren per Drag and Drop über der Mitte des Zieldokuments platziert werden, halten Sie beim Ziehen die Umschalttaste (⇧) gedrückt. Andernfalls kann es passieren, dass die über die Arbeitsfläche hinausragenden Teile des Kanals abgeschnitten werden.

Noch einfacher können Sie einen Kanal insgesamt per Drag and Drop in ein anderes Dokument kopieren. Quell- und Zieldokument müssen geöffnet und sichtbar sein.

- Wählen Sie den Kanal in der Kanäle-Palette aus, den Sie kopieren wollen. Achten Sie darauf, dass nichts ausgewählt ist, wenn Sie einen Kanal insgesamt kopieren wollen. Ziehen Sie den Kanal aus der Kanäle-Palette in das Bildfenster der Zieldatei. Wenn der Zielbereich markiert erscheint, lassen Sie die Maustaste los. Benutzen Sie das Bewegen-Werkzeug (▶⊕), um den Inhalt des Kanals an die gewünschte Position zu verschieben. Der kopierte Kanal erscheint ganz unten in der Kanäle-Palette der Zieldatei. Die Quelldatei bleibt unverändert.

Löschen von Kanälen

Die einfachste Methode, einen Kanal zu entfernen, ist, ihn in der Kanäle-Palette anzuklicken und mit gedrückter Maustaste auf den Papierkorb (🗑) der Kanäle-Palette zu ziehen. Sie können den betreffenden Kanal aber auch aktivieren und dann einmal auf den Papierkorb der Kanäle-Palette klicken (bestätigen Sie die folgende Abfrage mit *OK*).

Bewegen von Kanälen

Genauso wie bei den Ebenen kann der Inhalt eines einzelnen Kanals oder auch mehrerer Alpha-Kanäle gemeinsam bewegt werden (sofern das Dokument nur aus einer Hintergrundebene besteht, können auch die Farbkanäle zusammen mit Alpha-Kanälen bewegt werden). Dazu verwendet man das Bewegen-Werkzeug (![Werkzeug]) aus der Werkzeug-Palette. Es darf nichts ausgewählt sein, wenn Sie den kompletten Inhalt eines Kanals bewegen wollen. Beachten Sie, dass der freigelegte Bereich in den betroffenen Farbkanälen mit Weiß und in den Alpha-Kanälen standardmäßig mit Schwarz aufgefüllt wird. Gehen Sie so vor:

- Wählen Sie einen Kanal oder mehrere Kanäle (mit gedrückter ⇧-Taste) in der Kanäle-Palette aus.
- Klicken Sie ins Bild und ziehen Sie den Kanal bzw. die Kanäle an die gewünschte Position.

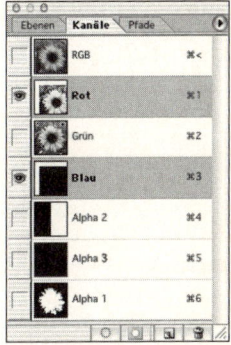

In diesem Beispiel wurden der Rotkanal und der Blaukanal gemeinsam bewegt.

Ändern der Alpha-Kanal-Optionen

Der Dialog *Kanal-Optionen* wird durch Doppelklick auf einen Alpha-Kanal oder durch Wählen des gleichnamigen Befehls im Untermenü geöffnet. In einen vergleichbaren Dialog gelangen Sie beim Anlegen eines neuen Kanals. Die Kanal-Optionen ermöglichen, einen eigenen *Namen* für den Kanal einzugeben. Außerdem können Sie die *Farbe* und *Deckkraft* der Rotmaske ändern (s. S. 297).

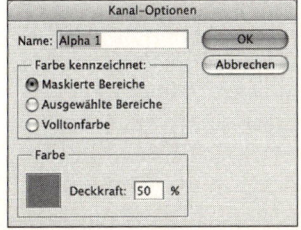

Empfehlenswerte Einstellung der Kanal-Optionen (Standardeinstellung)

Alpha-Kanäle 473

Die Optionen bei *Farbe kennzeichnet:* kehren die Darstellung des Alpha-Kanals um:

- *Maskierte Bereiche*: Standardmäßig stellt schwarze Farbe im Kanal (bzw. rote Maskenfarbe) die *nicht* ausgewählten Bereiche dar.
- *Ausgewählte Bereiche*: Schwarze Farbe (bzw. rote Maskenfarbe) stellt die ausgewählten Bereiche dar.
- *Volltonfarbe*: Mit dieser Option lässt sich ein Alpha-Kanal in einen Volltonfarbenkanal umwandeln (s. S. 523).

Empfehlenswert ist die oben gezeigte Einstellung.

**Laden von Kanälen
(Laden von Auswahlbereichen)**
Ist ein Auswahlbereich einmal gespeichert oder wurde ein Alpha-Kanal auf andere Weise erstellt, kann er jederzeit geladen werden. Beim Laden wird der Alpha-Kanal in einen aktiven Auswahlbereich umgewandelt und hat dann alle Eigenschaften einer normalen Auswahl. Dies bedeutet beispielsweise auch, dass die Auswahl durch einfaches Klicken ins Bild aufgehoben wird oder dass Bereiche, die im Alpha-Kanal mehr als 50 % schwarz waren, nicht durch die blinkende Auswahlbegrenzung dargestellt werden (s. S. 82).

Falls sich ausschließlich Pixel mit einer Deckkraft unter 50 % (= mehr als 50 % Schwarz) im Alpha-Kanal befinden, erhalten Sie beim Laden des Alpha-Kanals unten stehende Meldung – eine solche Auswahl kann aber trotzdem bearbeitet (z. B. gefüllt) werden (s. S. 82).

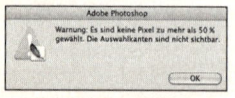

Um einen Alpha-Kanal zu laden, aktivieren Sie zuerst den Kanal (z. B. den Gesamtkanal) und die Ebene, in welche die Auswahl geladen werden soll. Dann gibt es folgende Möglichkeiten:
• Wählen Sie den Befehl *Auswahl > Auswahl laden...* Der Auswahl-laden-Dialog öffnet sich.
• Nehmen Sie die gewünschten Einstellungen vor. Falls Sie andere Dateien (in exakt gleicher Pixelgröße) geöffnet haben, erscheinen auch diese im *Datei*-Untermenü, und es kann ein

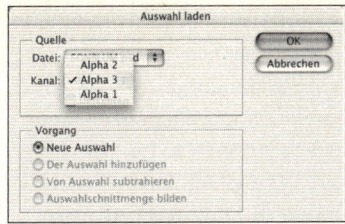

Kanal aus diesen geladen werden. Wählen Sie den gewünschten Kanal aus dem Untermenü *Kanal*. *Umkehren* erstellt eine Auswahl aus einem Negativ des Kanals (so wie sie mit dem Befehl *Auswahl > Auswahl umkehren* erzeugt werden würde).

Die übrigen Optionen bei *Vorgang* werden aktiv, wenn vorher bereits eine Auswahl im Bild vorhanden war:

▪ *Neue Auswahl*: Eine vorhandene Auswahl wird aufgehoben, es erscheint nur die durch den neu geladenen Kanal definierte Auswahl.

▪ *Zur Auswahl hinzufügen*: Eine vorhandene Auswahl bleibt bestehen, die durch den geladenen Kanal definierte Auswahl wird hinzugefügt.

▪ *Von Auswahl subtrahieren*: Der durch den geladenen Kanal definierte Auswahlbereich wird von der vorhandenen Auswahl entfernt.

▪ *Auswahlschnittmenge bilden:* Der Bereich, in dem sich eine vorhandene Auswahl und die durch den geladenen Kanal definierte Auswahl überlappen, wird zur aktuellen Auswahl. Falls es keine Überlappungen gibt, wird nichts ausgewählt.

• Verlassen Sie den *Auswahl-laden*-Dialog mit *OK*.

Oder einfacher, um den Kanal ohne weitere Einstellungen zu laden:

• Klicken Sie mit gedrückter ⌘-Taste auf den gewünschten Kanal in der Kanäle-Palette.

Kanal laden ohne Dialog

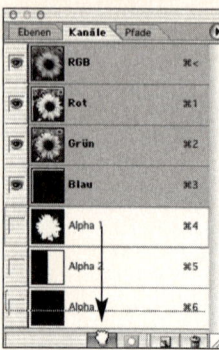

Auswahl von Kanal *Alpha 1* laden (in den Gesamtkanal, da dieser z. Zt. aktiviert ist)

✔ Eine einmal geladene Auswahl bleibt übrigens auch bestehen, wenn Sie den Kanal oder die Ebene wechseln – das heißt, dass Sie auch zuerst eine Auswahl laden können und anschließend den Kanal bzw. die Ebene aktiv machen, in der Sie die Auswahl verwenden wollen.

Bearbeiten von Kanälen

Man muss erwähnen, dass das Arbeiten in Kanälen durch die umfangreichen Möglichkeiten, die das Arbeiten mit Ebenen, Ebenenmasken, den Bearbeitungsmodi der Ebenen und vor allem den Ebeneneffekten bietet, immer mehr in den Hintergrund tritt. Selbst Spezialeffekte, die früher nur mit Alpha-Kanälen möglich waren, können heute zum großen Teil durch den Einsatz von Ebenentechniken erzeugt werden. Die Alpha-Kanäle dienen also hauptsächlich dem dauerhaften Speichern von Auswahlbereichen. Aber auch das einfache Modifizieren und Verfeinern von einmal erstellten Auswahlbereichen mit Hilfe der Alpha-Kanäle ist bei vielen Aufgaben hilfreich, um sie dann auf ein oder mehrere Bilder anzuwenden. Beachten Sie auch, dass das Arbeiten in Kanälen dem Arbeiten in einem Graustufenbild, welches nur aus einer deckenden Hintergrundebene besteht, bzw. dem Arbeiten in Ebenenmasken oder im Maskierungsmodus vergleichbar ist. Dementsprechend sind in der Farbfelder-Palette nur Graustufen verfügbar.

Sie können, während Sie in Kanälen arbeiten, benutzen:

▨ Mal- und Bearbeitungs-Werkzeuge mit beliebigen Pinselgrößen und -formen sowie Auswahl-Werkzeuge,

▨ Befehle aus dem Auswahl-Menü (z. B. ⌘ A oder *Weiche Auswahlkante...*),

▨ Befehle aus dem Bearbeiten-Menü (z. B. ⌘ C, ⌘ V, *Löschen, Fläche und Kontur füllen*),

▨ Befehle aus dem Bild-Menü (z. B. *Helligkeit/Kontrast, Tonwertkorrektur, Umkehren*),

▨ Transformationsbefehle sowie

▨ Filter.

Maskierung im Alpha-Kanal bearbeiten (Maskierungsmodus)

Wenn Sie im *Maskierungsmodus* arbeiten, erstellen Sie eine temporäre Maske, die Sie als Rotmaske über Ihrem Bild liegend sehen und bearbeiten können (s. S. 297 ff.). Photoshop legt beim Arbeiten im Maskierungsmodus vorübergehend einen Alpha-Kanal in der Kanäle-Palette an, der dort auch betrachtet, bearbeitet und bei Bedarf in einen richtigen, dauerhaft gesicherten Alpha-Kanal umgewandelt werden kann. Dieser temporäre Alpha-Kanal erscheint kursiv geschrieben ganz unten in der Kanäle-Palette. Solange der Gesamtkanal des Bildes eingeblendet ist, sehen Sie die Maskierung (bzw. die aufgetragene Maskierungsfarbe) als Rotmaske. Blenden Sie den Gesamtkanal aus, sehen Sie die Maskierung nur als Graustufenkanal. Zum dauerhaften Speichern des Maskierungsmodus-Kanals ziehen Sie ihn einfach auf das Symbol *Neuer Kanal* (🗔).

Darstellung eines Bildes bei aktiver Auswahl im *Standardmodus* (links), im *Maskierungsmodus* (Rotmaske kennzeichnet die maskierten Bereiche) (Mitte) sowie im *Maskierungsmodus* bei ausgeblendetem Gesamtkanal (schwarze Farbe kennzeichnet die maskierten Bereiche) (rechts).

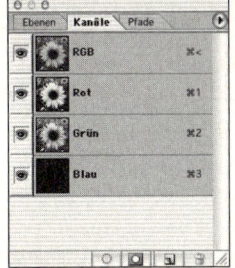 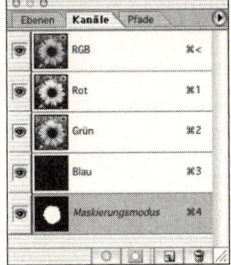 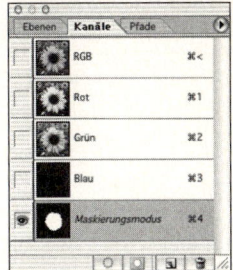

✔ Eine kleine Schwäche des Programms: Möchte man ein Photoshop-RGB-Dokument mit einem Alpha-Kanal im PICT-Format mit 32 Bit Farbtiefe so abspeichern, dass der Alpha-Kanal erhalten bleibt, um ihn z. B. im Multimediaprogramm „Director" zu verwenden, ist dies nur möglich, wenn man vorher bereits einmal im PICT-Format mit 32 Bit Farbtiefe abgespeichert hatte. Ansonsten wird der Alpha-Kanal *nicht* mit abgespeichert, was auch an der deaktivierten Option im *Speichern*-Dialog zu erkennen ist.

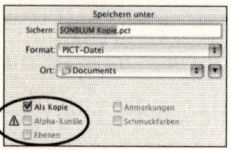

Speichern Sie also das Dokument einmal (als Kopie) als PICT mit 32 Bit Farbtiefe ab und verfrachten es in den Papierkorb.

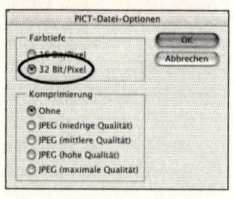

Bei nochmaligem Speichern läuft alles korrekt ab.

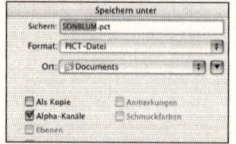

Speichern von Dokumenten mit Alpha-Kanälen

Für die Speicherung von Dateien mit Alpha-Kanälen empfiehlt sich – wenn das Dokument nur aus einer Hintergrundebene besteht – das TIFF-Format mit eingeschalteter LZW-Komprimierung. Für RGB-Bilder kommt auch das PICT-Format in Frage (max. 1 Alpha-Kanal). Wenn mehrere Ebenen und/oder Alpha-Kanäle im Dokument vorhanden sind und erhalten bleiben sollen, muss das TIFF- oder Photoshop-Format gewählt werden (es findet automatisch eine Komprimierung der Alpha-Kanäle während des Speichervorganges statt).

Bei fast allen anderen Speicherformaten gehen die Alpha-Kanäle möglicherweise verloren, bzw. das gewünschte Format ist im *Format*-Einblendmenü des Dialoges *Speichern unter...* nicht anwählbar. Sie können mit dem Befehl *Kopie speichern unter...* zwar weitere Speicherformate im *Format*-Einblendmenü wählen (z. B. das EPS-Format) – beachten Sie jedoch, dass dabei die Alpha-Kanäle nicht mitgespeichert werden. Weitere Informationen zu Dateiformaten finden Sie im Kapitel 14.

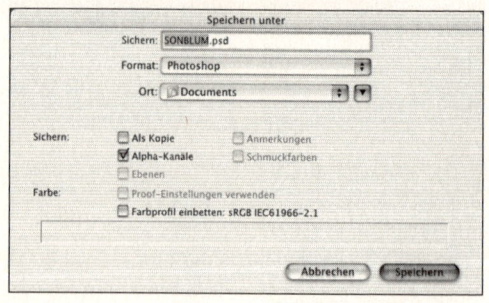

Um Alpha-Kanäle trotz der Verwendung eines anderen Speicherformats zu erhalten, können Sie entweder *zusätzlich* zum Original eine Kopie des Dokuments mit allen Alpha-Kanälen

im TIFF- oder Photoshop-Format abspeichern.
Oder Sie duplizieren das Dokument (*Bild > Bild duplizieren*), löschen alle außer den erwünschten Kanälen und speichern es unter einem schlüssigen Namen im TIFF- oder Photoshop-Format ab. Die Kanäle können dann später jederzeit per Drag and Drop wieder in das Original gezogen werden.

Bild- und Kanalberechnungen

Die *Bild-* und *Kanalberechnungen* im *Bild*-Menü sind durch die Möglichkeiten der Ebenen mit den unterschiedlichen Ebenenmodi nahezu überflüssig geworden. Informationen dazu finden Sie aber in der Photoshop-Hilfe. Einzig der Befehl *Bild duplizieren...* ist von größerer Bedeutung. *Bild duplizieren...* erstellt eine exakte Kopie der Datei mit allen Ebenen und Kanälen. Besteht das Bild aus mehreren Ebenen, kann es auf eine Ebene reduziert werden.

Kanäle teilen – Kanäle zusammenfügen

Die einzelnen Farbkanäle, aus denen ein Bild besteht, können über den Befehl *Kanäle teilen* im Untermenü der Kanäle-Palette so getrennt werden, dass aus jedem Kanal eine separate Graustufendatei wird. Voraussetzung ist, dass das betreffende Dokument nur aus einer *Hintergrundebene* besteht. Umgekehrt lassen sich auch einzelne *Graustufenbilder* über den Befehl *Kanäle zusammenfügen* im Untermenü der Kanäle-Palette zu einem Dokument vereinen. Voraussetzung hierfür ist, dass die betreffenden Graustufenbilder exakt die gleichen Größen (gleiche Pixelanzahl in Breite und Höhe) aufweisen und geöffnet sind. Je nach Anzahl der Graustufendateien wird der passende Modus und eine Reihenfolge vorgeschlagen.

✔ Das Zusammenfügen von Kanälen kann zum Beispiel sinnvoll sein, falls einmal versehentlich die Masterdatei eines DCS-Dokuments gelöscht wurde (s. S. 493). Mit dem Befehl *Kanäle zusammenfügen...* aus dem Untermenü der Kanäle-Palette können die vier DCS-Dateien wieder zu einer einzigen Datei vereint werden. Die Datei muss dann erneut im DCS-Format abgespeichert werden.

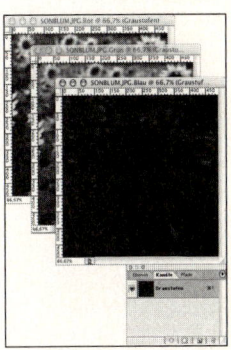

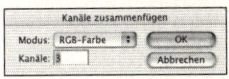

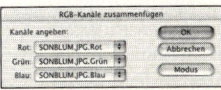

14 Datenaustausch mit anderen Programmen

Speichern von Dokumenten

✔ Grundlegendes zum Öffnen und Speichern von Dateien siehe auch S. 27.

Photoshop-Dokumente lassen sich in verschiedenen *Formaten* abspeichern. Speicher- oder Dateiformate – kurz *Formate* genannt – dienen dazu, Photoshop-Bilder so zu kodieren, dass sie auch zur Verwendung in anderen Programmen (z. B. Layout-, Grafik-, Multimedia- oder Videobearbeitungsprogrammen) und speziellen Ausgabeformen (z. B. Internet-Präsentation) geeignet sind. Leider gibt es kein für alle Zwecke gleichermaßen geeignetes Format. Dieses Kapitel soll Ihnen einen knappen Überblick über die angebotenen Formate und deren Verwendungszweck bieten.

✔ Informationen zum Dialog *Für Web sichern* finden Sie im 17. Kapitel.

✔ Haben Sie zusätzliche Export-Zusatzmodule installiert, finden Sie diese unter *Datei > Exportieren*.

Sie wählen das Dateiformat im Dialog *Speichern unter...* des *Datei*-Menüs. Beachten Sie, dass nur solche Formate im *Format*-Einblendmenü erscheinen, die für die Erfordernisse des aktuellen Bildes sinnvoll sind. Zuerst wird das Dateiformat im *Format*-Einblendmenü vorgeschlagen, in dem das Dokument ursprünglich gespeichert wurde bzw. welches alle z.Zt. im Dokument enthaltenen Features (z. B. Ebenen, Alpha-Kanäle, Pfade usw.) unterstützt. Wählen Sie im letzten Fall ein anderes, erscheint ggf. eine Warnung, dass *mit dieser Auswahl eine Kopie* gespeichert werden muss.

✔ Soll beispielsweise eine Bilddatei, die Ebenen enthält, als JPEG gespeichert werden, erscheint eine Warnung, da das JPEG-Format keine Ebenen enthalten kann.

Um die Datei mit den Ebenen weiterbearbeiten zu können, muss sie im Photoshop- oder TIFF-Format gesichert werden.

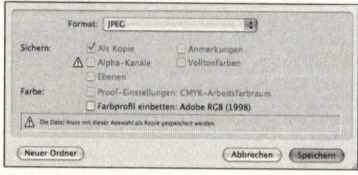

Voreinstellungen beim Speichern

Am PC wird die *Dateinamenerweiterung* automatisch durchgeführt. Am Macintosh ist die Verwendung der *Dateinamenerweiterung* optional, aber als Standardeinstellung aktiviert. Das kann gegebenenfalls in den Voreinstellungen (*Photoshop > Voreinstellungen > Dateien verarbeiten*) umgestellt werden.

Wählen Sie dann im *Dateinamenerweiterunganhängen*-Untermenü *Nie*, *Immer* oder *Beim Speichern wählen*.

▪ *Immer* fügt automatisch in jedem Fall die vorgegebene Erweiterung an.

▪ *Beim Speichern wählen* zeigt beim ersten Speichern eines Dokuments im *Speichern-unter*-Dialog einen Schalter an, mit dem gewählt werden kann, ob die Erweiterung angehängt werden soll oder nicht.

Sie können zudem einstellen, ob die Dateinamenerweiterung in *Klein- oder Großbuchstaben* ausgeführt werden soll. Für den plattformübergreifenden Datenzugriff sind Kleinbuchstaben vorzuziehen.

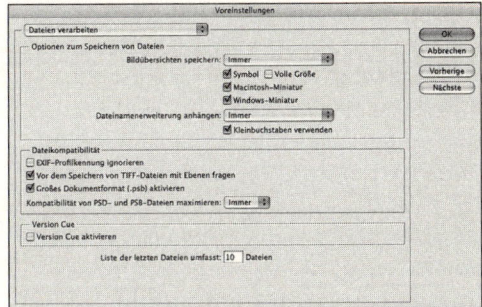

Sie haben verschiedene Möglichkeiten, Bildübersichten mit dem Dokument abzuspeichern. Die Bildübersichten erleichtern die Handhabung und Verwaltung der Bilddateien im Finder bzw. im Explorer, vergrößern jedoch auch die Datei minimal.

Dateinamenerweiterung

Die Dateinamenerweitung (z. B. für das Format: .psd) ist eine aus drei Zeichen bestehende Kodierung am Ende eines Dateinamens, durch Punkt abgetrennt. Sie dient der internen Verwaltung verschiedenartiger Dokumente am PC. Falls Sie am Mac in Photoshop erstellte Dokumente auch unter Windows nutzen wollen, ist die Dateinamenerweiterung notwendig. Da sie auch auf das Speicherformat schließen lässt, ist sie für die persönliche Datenverwaltung sehr hilfreich.

Bildübersichten

Mitgespeicherte Voransichten vergrößern die Datei zwar nur minimal. Im Fall einer Bilddatei für das Web, wo versucht wird, die Dateigröße maximal zu reduzieren, werden die Bits trotzdem gerne eingespart, um das Datenpaket schneller übertragen zu können.

Programm-Symbol

Individuelles Symbol

✔ Seit Photoshop CS können Dokumente bis zu 300000 mal 300000 Pixel groß sein (das ist das Zehnfache des bis dahin geltenden Limits). Solche Dateien müssen im *Großen Dokumentformat* (.psb) gespeichert werden und sind nur in Photoshop CS und CS2 zu öffnen. In den *Voreinstellungen* muss unter *Dateikompatibilität* der entsprechende Schalter markiert sein.

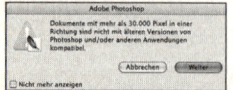

Wählen Sie im Untermenü von *Bildübersichten speichern*, ob *Nie* oder *Immer* eine Bildübersicht mitgesichert werden soll oder ob Sie dies von Fall zu Fall *beim Speichern* eines Bildes bestimmen wollen.

Die Schalter unter *Bildübersichten speichern* bieten folgende Optionen:
Ist keiner der vier Schalter aktiviert, wird die Datei mit dem Programm-Symbol angezeigt.

▪ *Symbol* erstellt eine Miniatur des Bildes, die im Finder angezeigt wird.

▪ *Macintosh-Miniatur* zeigt eine Vorschau des Bildes im Öffnen-Dialog an.

▪ *Windows-Miniatur* zeigt eine Bildübersicht auf Windows-Systemen an.

▪ *Volle Größe* braucht nur angeschaltet zu sein, wenn Photoshop-Bilder in Programmen geöffnet werden sollen, die nur Bilder mit einer Bildauflösung von 72 dpi öffnen können, das Bild jedoch eine andere Auflösung hat.

Dateikompatibilität

Im Gegensatz zu Photoshop können die meisten Programme in TIFF-Dokumenten enthaltene Ebenen nicht interpretieren.

Aktivieren Sie den entsprechenden Schalter in der Abteilung *Dateikompatibilität*, um sich vor dem Speichern solcher problematischer Dateien vom Programm warnen zu lassen.

Die aktivierte Option *Kompatibilität von Photoshop-PSD- und PSB-Dateien maximieren* speichert die Datei so ab, dass sie mit früheren Versionen von Photoshop und mit anderen Programmen geöffnet und weiterverwendet werden kann.

Wenn Sie diese Option nicht brauchen, sollte sie ausgeschaltet oder auf *Fragen* gesetzt werden, um die Dateigröße gering zu halten.

Übersicht über die wichtigsten Speicherformate

Photoshop ermöglicht, Dokumente in vielen Dateiformaten abzuspeichern. Ebenso können Dokumente in diesen Formaten in Photoshop geöffnet werden.

Diese Übersicht orientiert sich in der Reihenfolge der Darstellung nicht an der Wichtigkeit der Formate, sondern benutzt die Ordnung, die im *Speichern-unter-* und im *Öffnen-*Dialog verwendet wird.

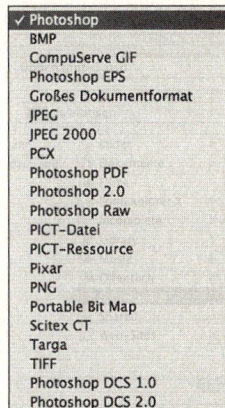

Mögliche Speicherformate

Photoshop ist das Standard-Dateiformat für neu erstellte Bilder. Dieses Format ist neben dem *Großen Dokumentformat* das einzige, welches alle Photoshop-Bildmodi (Bitmap, Graustufen, Duplex, Indizierte Farben, RGB, CMYK, Lab und Mehrkanal), Ebenen, Vektordaten, Alpha-Kanäle, Hilfslinien und Raster unterstützt. (Beachten Sie beim Sichern in einem anderen Format, dass ggf. alle Ebenen zu einer Ebene zusammengefasst werden bzw. Alpha-Kanäle eventuell nicht mitgespeichert werden – in vielen Fällen empfiehlt sich daher der Befehl *Kopie speichern unter...*, um eine Version der Originaldatei zu erhalten.)

Photoshop

BMP ist ein Standardformat für Bilder auf DOS- und Windows-kompatiblen Computern. Das Dateiformat wählen Sie entsprechend dem Betriebssystem aus. Hat das Bild eine Farbtiefe von 4 oder 8 Bit, wird die RLE-Komprimierung (eine verlustfreie Komprimierung) aktiv und kann gewählt werden.

BMP

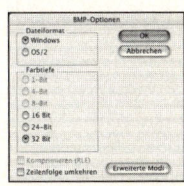

Datenaustausch mit anderen Programmen

CompuServe GIF

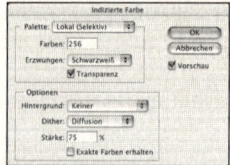

✔ Die Option *Interlaced* bewirkt beim Herunterladen eines Bildes im Browser eine niedrigauflösende Bildanzeige. Bei dieser Methode erscheint die Ladezeit kürzer und der Ladevorgang wird sichtbar gemacht. Hierdurch vergrößert sich allerdings auch die Dateigröße.

CompuServe GIF (Graphics Interchange Format) wird für die Darstellung von indizierten Farbbildern in HTML-Dateien (HyperText Markup Language) im Internet, aber auch in Animations- und 3D-Programmen verwendet. Es kann für Dateien im Modus Bitmap, Graustufen, Indizierte Farben oder im RGB-Modus verwendet werden. Das GIF-Format reduziert die Anzahl der Farben auf maximal 256. Beim Speichern eines RGB-Bildes wird deshalb automatisch der Dialog *Indizierte Farben* angezeigt (s. S. 366). Mit dem GIF-Format ist es möglich, transparente Bereiche von Bildern in einer bestimmten Browser-Hintergrundfarbe innerhalb von HTML-Dateien anzuzeigen. Die weiteren *GIF-Einstellungen* beziehen sich auf die Darstellung des Bildes beim Laden im Browser: *Interlaced* baut das Bild in mehreren Durchgängen mit immer feineren Details auf. Weitaus bessere Kontrolle beim Speichern im GIF-Format haben Sie mit dem Befehl *Für Web speichern...* (s. S. 529).

Photoshop EPS

✔ Das *Photoshop EPS* ist für Bilder im Bitmap-, Graustufen-, RGB-, CMYK-, Duplex- oder Mehrkanal-Modus verfügbar; das *Photoshop DCS* ist hingegen nicht für Bilder im Bitmap- und Duplex-Modus verfügbar und empfiehlt sich auch nur für CMYK-Bilder oder Bilder mit Volltonfarben.

Das *EPS*-Format (Encapsulated PostScript File Format) ist das bevorzugte Dateiformat der meisten Grafik- und Seitenlayout-Programme zur Ausgabe von Dateien für Printmedien. Eine Variante des EPS-Formats ist das *DCS* von Quark (Desktop Color Separations) (s. S. 493). Das EPS-Format kann sowohl pixel- als auch vektorbasierte Dateiinformationen beinhalten und ist damit neben DCS und PDF eines der wenigen Formate, die Vektordaten auch *außerhalb von Photoshop* auflösungsunabhängig ausgeben (Option *Vektordaten*). EPS-Dateien können nur an PostScript-fähigen Druckern bzw. -Belichtern korrekt ausgegeben werden. Wenn Sie das EPS-Format wählen, gelangen Sie in den EPS-Optionen-Dialog:

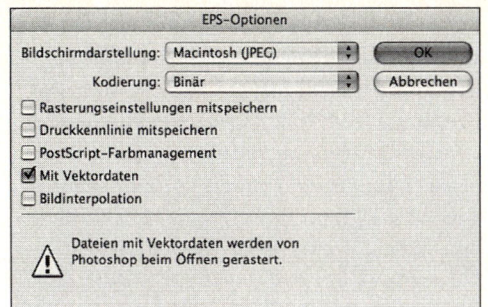

✔ Wenn Sie Probleme beim Drucken von binärkodierten Dateien haben, sollten Sie auf ASCII zurückgreifen, da einige Netzwerktreiber und Druckerspooler die Binärkodierung nicht unterstützen.

▓ *Bildschirmdarstellung* erzeugt eine Vorschau des Bildes zum Layouten bzw. Platzieren im Seitenlayout- oder Grafikprogramm: *Ohne* erzeugt keine Vorschau; *TIFF* erzeugt eine Vorschau im TIFF-Format (in S/W oder 256 Farben) und muss gewählt werden, wenn das Bild am PC verwendet werden soll; die *Macintosh-(JPEG)*-Option erzeugt eine Vorschau im JPEG-Format, die die beste Darstellung des Bildes im Seitenlayout- oder Grafikprogramm gewährleistet. Die übrigen *Macintosh*-Optionen erzeugen eine Vorschau im PICT-Format (in S/W oder 256 Farben).

✔ Beim Importieren einer EPS- oder DCS-Datei mit einer TIFF-Vorschau in Programme wie FreeHand kann die Darstellung der Transparenz von Beschneidungspfaden schrecklich aussehen. Dies betrifft jedoch nur die Bildschirmdarstellung und nicht die gedruckten Beschneidungspfade. Machen Sie trotzdem immer einen Kontrollausdruck an einem PostScript-Drucker.

▓ Die *Kodierung* dient der Übertragung von Bilddaten an den Drucker (bzw. Belichter). Das *binäre* Format ist das kleinere Format und lässt sich schneller im Netzwerk übertragen. Deshalb ist am Macintosh in der Regel die *Binär*-Kodierung (8-Bit-Kodierung) besser geeignet. In der DOS-Welt findet man häufiger auf 7 Bit konfigurierte parallele Schnittstellen, die mit der Binärkodierung nichts anfangen können. Wenn Sie also eine EPS-Datei am Mac erzeugen, um sie am PC auszugeben, oder überhaupt nur am PC arbeiten und drucken, empfiehlt sich die *ASCII*-Kodierung. Von der JPEG-Kodierung ist eher abzuraten, da sie die Ausgabequalität verschlechtert.

▓ Wenn die Schalter für *Rastereinstellungen*

und *Druckkennlinien* angeschaltet sind, werden bei der Ausgabe des Bildes (am PostScript-Drucker bzw. -Belichter) aus einem Layoutprogramm die für das Bild im Photoshop-*Drucken-mit-Vorschau*-Dialog getroffenen Einstellungen verwendet (s. S. 502) und nicht die Rasterungseinstellungen des Layoutprogramms bzw. die Druckkennlinie des Druckers.

■ Für die Ausgabe an PostScript-Farbdruckern schalten Sie *PostScript-Farbmanagement* ein, um die Daten in die jeweiligen Farbauszüge umzuwandeln. Wählen Sie diese Option nicht, wenn die Datei bereits in den Farbraum des Druckers umgewandelt wurde und wenn das Bild in einem anderen Dokument positioniert werden soll, auf das das Farbmanagement angewendet wird.

■ *Mit Vektordaten*: Speichert die Vektordaten zur ausschließlichen Nutzung im Layout- oder Grafik-Programm (Texte, Formen oder Beschneidungspfade). Wird eine solche Datei jedoch erneut in Photoshop geöffnet, werden die Vektordaten gerastert (Warnhinweis).

■ Werden *Bitmap*-Bilder im EPS-Format abgespeichert, können die weißen Bildteile durch Anklicken der Option *Weiß ist transparent* im Grafik- oder Seitenlayoutprogramm transparent angezeigt und ausgegeben werden.

■ *Bildinterpolation*: Glättet die gedruckte Erscheinung eines niedrigaufgelösten Bildes.

EPS- und DCS-Format sind dazu geeignet, in Photoshop erstellte *Beschneidungspfade* zu speichern und zu interpretieren (s. S. 263 ff.). Wenn Sie die Datei auf einem PostScript-Drucker bzw. -Belichter ausgeben wollen, speichern Sie die Datei im Format *Photoshop EPS* oder *DCS* ab und importieren sie in einem Layoutprogramm. (Zur Ausgabe auf Nicht-PostScript-Druckern speichern Sie besser als TIFF.)

✔ Nur PostScript-Level-3-Drucker unterstützen PostScript-Farbmanagement für CMYK-Bilder. Wenn Sie ein CMYK-Bild auf einem Level-2-Drucker mit PostScript-Farbmanagement drucken wollen, müssen Sie es in den Lab-Modus umwandeln und dann als EPS speichern.

✔ Beim erneuten Öffnen einer als EPS oder DCS gespeicherten Datei in Photoshop werden die Vektordaten gerastert, d. h. in Pixel umgewandelt. Speichern Sie deshalb auch eine Kopie im Photoshop-Format zur späteren Bearbeitung.

Großes Dokumentformat (PSB) wird zum Speichern von Dokumenten verwendet, die größer als 2 GB sind, aber weiterhin die Attribute einer Photoshop-Datei (Ebenen, Alpha-Kanäle, etc.) behalten sollen. Das Große Dokumentformat muss zunächst unter *Voreinstellungen > Dateien verarbeiten* aktiviert werden.

JPEG (Joint Photographics Experts Group) ist ein Format, welches überwiegend für die Darstellung von Bildern in HTML-Dateien für das Internet in Frage kommt. Im Vergleich zum GIF können mit JPEG auch Bilder mit mehr als 256 Farben abgespeichert werden. Die speziellen Komprimierungsfunktionen des JPEG-Formates sind „verlustbehaftet". Im Einstellungs-Dialog kann das Verhältnis zwischen Stärke der Komprimierung und Bildqualität gewählt werden. Bei den *Format-Optionen* bietet *Baseline optimiert* eine verbesserte Farbwiedergabe. *Mehrere Durchgänge* bezieht sich auf den Ladevorgang des Bildes im Web-Browser – das Bild wird in der eingegebenen Anzahl von Durchgängen mit immer kleineren Details aufgebaut. (Diese Art der Darstellung benötigt mehr Arbeitsspeicher und wird nicht von allen Browsern unterstützt.) Falls die Datei transparente Bereiche enthält, wird die Option *Hintergrund* aktiv (s. S. 370 und 531). Empfehlenswerter ist das Abspeichern einer solchen Datei mit dem Befehl *Datei > Für Web speichern...*, da hier eine bessere Vorschau und weitere Optionen zur Verfügung stehen (s. S. 529).

Wenn Sie Bilder im CMYK-Modus abspeichern, sollten Sie keinesfalls das JPEG-Format wählen, da Probleme bei der korrekten Separierung in Layoutprogrammen auftreten können sowie mit Qualitätseinbußen („Kompressionsartefakte") zu rechnen ist.

Großes Dokumentformat

JPEG

✔ Es gibt unterschiedliche Bildkomprimierungsverfahren, die aber alle dem Verringern der Dateigröße dienen:
Die „verlustreiche" Komprimierung (z. B. JPEG) entfernt „überflüssige", über die Wahrnehmung des menschlichen Auges hinausgehende Daten tatsächlich aus dem Bild. Die Stärke der Komprimierung steht in einem direkten Verhältnis zur Qualität des komprimierten Bildes und kann individuell festgelegt werden. Ein stark komprimiertes Bild hat zwar eine geringere Dateigröße, aber auch eine schlechtere Qualität.

⚠ Die Bilddatei darf nur einmal am Ende der Bearbeitung in diesem Format gespeichert werden. Da das JPEG-Format bei jedem Speichern Bilddaten entfernt, würde sich sonst die Bildqualität kontinuierlich verschlechtern. Am besten bewahren Sie sich noch eine Kopie der Datei im Photoshop-Format auf.

Datenaustausch mit anderen Programmen

JPEG 2000

JPEG 2000 ist eine deutliche Weiterentwicklung des bekannten und verbreiteten *JPEG*. Die Bildqualität ist trotz stärkerer Kompression weiter verbessert und es steht eine Option zum verlustfreien Speichern zur Verfügung. Im Gegensatz zu JPEG unterstützt JPEG 2000 auch Transparenzen (Alpha-Kanäle). JPEG 2000 ist nicht standardmäßig in Photoshop verfügbar, sondern muss von der Programm-CD aus dem Ordner *Zugaben > Photoshop CS2 > Optionale Zusatzmodule > Nur Photoshop > Dateiformat* nachinstalliert werden.

Von der Verwendung im Internet muss leider abgeraten werden, da die verbreiteten Browser JPEG 2000 noch nicht unterstützen.

PCX

PCX ist ein weit verbreitetes Format unter Windows zum Speichern von Graustufen- und Farbbildern. Hauptsächlich dient es zum Austausch von Dateien mit dem PC-Programm Paintbrush, zu dem es auch entwickelt wurde.

Photoshop PDF

PDF (Portable Document Format) ist ein Format von Adobe (Adobe Acrobat) zum elektronischen plattformübergreifenden Publizieren. *Photoshop-PDF*-Dateien enthalten nur ein Bild. Andere, so genannte *generische PDF-Dateien* können mehrere Seiten und Bilder enthalten, daneben können elektronische Inhaltsverzeichnisse, Kommentare, Such- und Navigationsfunktionen eingebunden sein.

✔ Beim Öffnen von generischen PDF-Dateien können Sie die zu öffnende Seite sowie Rasteroptionen festlegen. Bilder (im Gegensatz zu Seiten) einer PDF-Datei können über *Datei > Importieren > PDF-Bild* geöffnet werden.

PDF-Dateien können ohne das Programm, mit dem die ursprünglichen Dateien erzeugt wurden, gelesen und gedruckt werden (dazu notwendig ist nur der Acrobat Reader, der kostenlos zu elektronischen Publikationen mitgeliefert wird oder aus dem Internet heruntergeladen werden kann). PDF-Dateien können auf CD-ROM, im Intranet und Internet

✔ Das PDF-Format kann auch Photoshop-Dateien mit mehreren Ebenen speichern.

publiziert werden. PDF gewinnt zunehmend an Bedeutung.

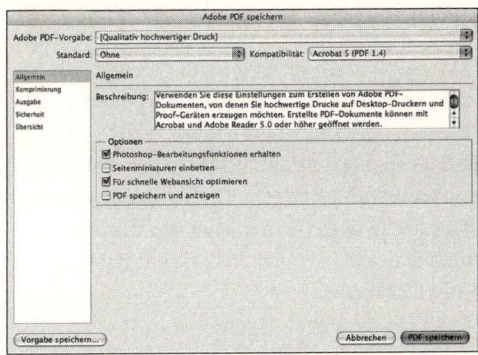

In der neuesten Ausgabe von Photoshop wurde die Erstellung von PDFs grundsätzlich überarbeitet und an die Standards angepasst, die der Hersteller in Zusammenarbeit mit der Druckindustrie und internationalen Standardisierungsgremien (ISO) festgelegt hat.

Um eine der mitgelieferten Vorgaben für die Ausgabe im Web oder für Druckerzeugnisse zu verwenden, wählen Sie einen Eintrag aus dem *Adobe PDF-Vorgabe*-Menü. Wenn Sie eine oder mehrere Optionen in den Rubriken *Allgemeine*, *Komprimierung*, *Ausgabe* oder *Sicherheit* ändern, können die Einstellungen in einer eigenen Vorgabe gespeichert und mit einem Kommentar versehen werden.

Photoshop 2.0 wählen Sie, wenn die Datei in der Photoshop-Version 2.0 geöffnet oder in ein Programm exportiert werden soll, welches nur Photoshop 2.0 unterstützt. (Nur für Mac.)

Photoshop 2.0

Photoshop RAW ist nicht zu verwechseln mit Camera Raw, den Rohdaten aus einer Digitalkamera, die von jedem Hersteller unterschiedlich kodiert werden.

Photoshop RAW

Diese können in Photoshop zwar geöffnet und konvertiert (mit Adobe Camera Raw), aber nicht gespeichert werden. Photoshop RAW ist ein offenes Austauschformat, das der Anwender in gewissem Umfang nach den eigenen Erfordernissen modifizieren und benennen kann. Die Bilder dürfen beliebig groß sein, aber keine Ebenen enthalten. In CMYK-, RGB-, und Graustufenbildern werden Alpha-Kanäle unterstützt, Mehrkanalbilder nur ohne gespeicherte Auswahlen. Näheres entnehmen Sie bitte der Photoshop-Hilfe.

PICT-Datei

Das *PICT*-Format wird am Macintosh häufig zur Darstellung einer Vorschau des Bildes im Layout- oder Grafikprogramm (siehe EPS-Format) verwendet. Daneben ist das PICT-Format gängig für die Verwendung von Bildern in einigen Multimedia-Programmen (z. B. Macromedia Director). Das PICT-Format komprimiert automatisch (ohne Verluste), was sich besonders bei Bildern mit großen flächigen Bereichen bemerkbar macht. Bei RGB-Bildern kann ein einzelner Alpha-Kanal mitgespeichert werden. Für ein RGB-Bild im PICT-Format können Sie in den *PICT-Datei-Optionen* eine Farbtiefe von 16 oder 32 Bit, für Graustufenbilder 2, 4 oder 8 Bit wählen (keine Alpha-Kanäle). Falls die Datei keine zusätzlichen Ebenen enthält, können Sie zusätzlich eine JPEG-Komprimierung wählen.

✔ Zum Speichern von PICT-Dateien mit einem Alpha-Kanal s. S. 478

PICT-Ressource

Eine *PICT-Ressource* enthält neben den Bilddaten einen zusätzlichen Namen und eine Ressourcen-ID, um das Bild beim Programmieren in einem Autorenprogramm (etwa Macromedia Director) ansprechen zu können.

Pixar

Das *Pixar*-Format dient zum Datenaustausch mit High-End-Grafikanwendungen, mit denen speziell dreidimensionale Bilder berechnet und aufwendige Computeranimationen erstellt werden.

PNG

PNG (Portable Network Graphics) ist ein Format zur Darstellung von Bildern im World Wide Web und wurde als Alternative zum GIF entwickelt. Anders als GIF unterstützt PNG 24-Bit-Bilder und erstellt eine Hintergrundtransparenz mit weichen Bildkanten (8-Bit-Transparenz). Der Bildaufbau ist in mehreren Durchgängen mit immer kleineren Details möglich (Interlace: Adam 7). PNG wird von einigen Browsern nicht zuverlässig unterstützt.

Portable Bit Map

Portable Bit Map (auch Portable Bitmap, PBM) wurde von Sun Microsystems als einfaches Datenaustauschformat herausgebracht und unterstützt ausschließlich monochrome Bitmaps (1 Bit pro Pixel). Es existieren zahlreiche Modifikationen.

Scitex CT

Scitex-Systeme (Computer, Scanner, Belichter sowie auch spezielle Rasterungsverfahren) werden für die High-End-Bildbearbeitung und -ausgabe eingesetzt. Das Scitex-CT-Format (Scitex Continuous Tone) ist für RGB-, CMYK-Farbbilder und Graustufenbilder verfügbar. Sie benötigen weitere Hilfsprogramme, um Dokumente in diesem Format an ein Scitex-System zu übertragen.

Targa

Das TARGA-Format wird häufig von MS-DOS-Programmen (Animation und 3D) verwendet. Es lassen sich dabei nicht nur 256 Farben, sondern auch RGB-Bilder mit 16, 24 und 32 Bit Farbtiefe speichern.

TIFF

Das *TIFF*-Format (Tagged Image File Format) ist ein universelles Bildformat, welches zum Austauschen von Dokumenten zwischen unterschiedlichen Programmen und Computerplattformen geeignet ist. Alternativ zum EPS-Format kann es verwendet werden, um Bilder in Grafik- und Layoutprogramme für die Ausgabe in Printmedien zu integrieren.

▪ *Bildkomprimierung:* Die LZW- oder ZIP-Komprimierung ist interesssant, da sie die Dateigröße ohne Verluste verringert. Allerdings kann es zu Problemen bei der Weitergabe von Dokumenten kommen.

▪ Die *Pixelanordnung* bestimmt die Reihenfolge, in der die Informationen innerhalb der Datei abgelegt sind.

▪ *Byte-Anordnung:* Beim Speichern im TIFF-Format kann zwischen Mac- und IBM-PC-kompatibel, je nach Zielplattform, gewählt werden.

▪ *Mit Bildpyramide*: Bilder können unterschiedliche Auflösungen enthalten*, welche mit dieser Option gespeichert werden. Adobe InDesign und einige Bildserver unterstützen diese Option – Photoshop jedoch nicht. Hier werden Bilder immer mit der höchsten in der Datei vorgesehenen Auflösung angezeigt.

▪ *Mit Transparenz:* Bei gewählter Option bleibt beim Öffnen der Datei in einem anderen Programm die Transparenzmaske als zusätzlicher Alpha-Kanal erhalten. (Beim Öffnen in Photoshop oder ImageReady bleibt Transparenz grundsätzlich erhalten.)

▪ *Ebenenkomprimierung* legt die Komprimierungsmethode für die Pixel in Ebenen fest: Das TIFF-Format ist in der Lage, die Ebeneninformationen von Photoshop (auch Vektordaten) zu erhalten, sofern die Option *Ebenen verwerfen und eine Kopie speichern* ausgeschaltet

✔ Verlustfreie Arten der Komprimierung, z. B. LZW (Lemple-Zif-Welch) beim TIFF-Format oder ZIP beim PDF-Format, entfernen keine Daten aus dem Bild. Die Stärke der Komprimierung hängt vom Motiv des Bildes ab: Je mehr große flächige Bereiche mit wenig Farbunterschieden, desto kleiner wird die Datei. Beim Öffnen eines solchen Bildes wird es dekomprimiert und weist keinen Unterschied zu vorher auf.

Auch RLE (Run Length Encoding) ist eine verlustfreie Komprimierungsart.

* Wenn in Photoshop beim Speichern eines Bildes mit unterschiedlichen Auflösungen ein Dialogfeld angezeigt werden soll, aktivieren Sie im Dialogfeld *Voreinstellungen > Dateien verarbeiten* die Option *Vor dem Speichern von TIFF-Dateien mit Ebenen fragen*.

bleibt. Im Gegensatz zu Photoshop können die meisten Programme Ebenendaten nicht verarbeiten und überspringen diese Informationen beim Öffnen einer TIFF-Datei einfach. Dateien mit integrierten Ebenendaten sind zwar größer, der große Vorteil ist aber, dass die Ebenendaten nicht mehr in einer separaten Photoshop-Datei gespeichert werden müssen.

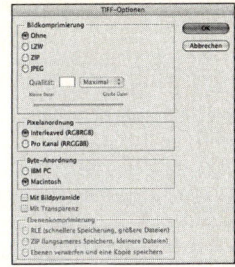

Bitmap-Bilder, die im TIFF-Format abgespeichert und in Layoutprogramme importiert werden, können die weißen Flächen transparent darstellen (Bildhintergrundfarbe muss im Layoutprogramm auf *Transparent/Keine/Papier* gestellt werden). Bitmap- und Graustufen-Bilder im TIFF-Format können in Layoutprogrammen „eingefärbt" werden, d. h. den schwarzen Bereichen bzw. den Graustufen kann eine andere Farbe zugewiesen werden.

DCS 1.0 ist ein erweitertes EPS-Format zur Speicherung von Farbseparationen im CMYK-Modus und zur beschleunigten Ausgabe (Belichtung) aus einigen Layoutprogrammen (z. B. QuarkXPress). Beim Wählen des Formats wird die ursprüngliche Bilddatei in fünf separate Dateien aufgeteilt: vier Dateien entsprechen den Farbkanälen, eine „Masterdatei" entspricht dem Gesamtkanal. Keine der fünf DCS-Dateien darf umbenannt oder gelöscht werden. Sie müssen sich im gleichen Verzeichnis befinden, da sonst eine korrekte Belichtung nicht möglich ist.

Beim Wählen des DCS-1.0-Formats gelangen Sie in einen den EPS-Optionen sehr ähnlichen Dialog. Um einen Farbproof aus dem Zielprogramm ausgeben zu können, muss unter *DCS* die Option *Farbcomposite-Bild (72 Pixel/Inch)* ausgewählt werden. Die Vorschau wird in die Masterdatei aufgenommen.

Photoshop DCS 1.0

✔ Die DCS-Formate können zwar auch für Bilder im RGB-Modus ausgewählt werden (die Dateien werden dabei automatisch separiert). Für eine optimale Kontrolle empfiehlt sich jedoch eine vorherige Konvertierung in den CMYK-Modus.

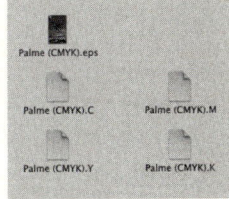

DCS-1.0-Dateien mit Masterdatei

Photoshop DCS 2.0

✔ Das *Photoshop EPS* ist für Bilder im Bitmap-, Graustufen-, RGB-, CMYK-, Duplex- oder Mehrkanal-Modus verfügbar; das *Photoshop DCS* ist hingegen nicht für Bilder im Bitmap- und Duplex-Modus verfügbar und empfiehlt sich auch nur für CMYK-Bilder oder Bilder mit Volltonfarben.

✔ Beim erneuten Öffnen einer DCS-Datei in Photoshop werden die Vektordaten gerastert, d. h. in Pixel umgewandelt. Speichern Sie deshalb auch eine Kopie im Photoshop-Format zur späteren Bearbeitung.

DCS 2.0 ist auch ein erweitertes EPS-Format für Bilder im CMYK-Modus und ebenfalls dazu geeignet, in Photoshop erstellte *Beschneidungspfade* zu speichern. Im Format DCS 2.0 können zusätzlich Schmuckfarben-Kanäle (Volltonfarben) und ein einzelner Alpha-Kanal im Bild erhalten bleiben. Beim Wählen des DCS-2.0-Formats gelangen Sie in den DCS-Optionen-Dialog. Hier können Sie wählen, ob Sie die Farbkanal-Informationen als separate Dateien (wie bei DCS 1.0) oder als einzelne Datei speichern wollen. Mit einer einzelnen Datei sparen Sie Speicherplatz.

Sie können außerdem eine Graustufen- oder Farbversion des Bildes mit 72 dpi einschließen, wenn Sie einen Farbproof aus dem Zielprogramm ausgeben wollen.

DCS 1.0 und DCS 2.0 können nur auf einem PostScript-fähigen Drucker oder -Belichter ausgegeben werden.

DNG

Das *Digital Negative Format* (DNG) ist ein Dateiformat, das Photoshop nicht speichern kann, das hier im Zusammenhang der Speicherformate aber doch erwähnt werden soll.

DNG wird vom RAW-Konverter *Adobe Camera Raw* ausgegeben und dient, nach dem Willen Adobes, der herstellerunabhängigen Weiterverwendung von Kamera-Rohdaten. Im Gegensatz zu den zahlreichen von den diversen Kameraherstellern zur Verfügung gestellten Raw-Formaten ist DNG hinreichend dokumentiert und gewährleistet damit die unlimitierte Verfügbarkeit der „digitalen Negative" für den Fotografen.

Neben den reinen Bilddaten sind zahlreiche Metainformationen im Dokument enthalten. Mehr Informationen zu DNG finden Sie in der *Hilfe* und der Internetpräsenz von Adobe.

Datenaustausch zwischen Photoshop und Zeichen- bzw. Layoutprogrammen (PostScript)

Photoshop bietet die Möglichkeit, die Vorzüge vektorbasierter und pixelbasierter Arbeitsweise zu verbinden. Dies kann fast immer eine große Arbeitserleichterung darstellen, wenn sich Bild und Text überlagern, wie dies z. B. bei Covern aller Art der Fall ist. Trotzdem ist es in verschiedenen Fällen notwendig oder sinnvoll, in Grafikprogrammen zu arbeiten oder vorbereitete oder gelieferte Daten aus Grafikprogrammen zu übernehmen. Die Vektorfunktionen der Grafikprogramme (Illustrator, FreeHand, CorelDraw) sind präziser und vielfältiger; Text lässt sich immer noch besser formatieren, exakter in Pfade umwandeln, an Zeichenwegen (Pfaden) ausrichten, und die anfallende Datenmenge ist wesentlich geringer. Andererseits ist es unvermeidbar, für mehrseitige Dokumente oder die Verarbeitung größerer Textmengen Layoutprogramme zu verwenden und die Bilder aus Photoshop dort zu integrieren.

✔ **Text in Photoshop importieren (Mac)**
Größere Textmengen lassen sich in einem Text-, Grafik- oder Layoutprogramm schreiben und über die Zwischenablage in Photoshop importieren. Wählen Sie dazu den Text im Grafik- oder Layoutprogramm aus und kopieren mit ⌘ C. Dann wechseln Sie in Photoshop, wählen das Text-Werkzeug aus der Werkzeug-Palette, klicken ins Bild und ziehen, sodass ein Begrenzungsrahmen für Absatztext entsteht. Setzen Sie den Text aus der Zwischenablage mittels Befehl *Einfügen* ein (⌘ V). Formatierungen und typografische Einstellungen gehen dabei allerdings verloren.

Verwenden von Vektorgrafiken in Photoshop

Am unproblematischsten funktioniert die Übertragung von Dateien aus *Adobe Illustrator* in Photoshop über die Zwischenablage: Der Pfad bzw. die Grafik wird in Illustrator ausgewählt, kopiert (⌘ C) und in Photoshop eingefügt (⌘ V). Beim Einfügen können Sie wählen, ob die Datei in Pixel umgewandelt, als Pfad, als Formebene oder als Smart-Objekt eingefügt werden soll. Mit der Option *Pixel*

Illustrator-Dateien über die Zwischenablage einsetzen

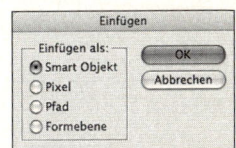

✔ Eine FreeHand-Datei (ab FreeHand 8) kann auch über die Zwischenablage kopiert und – allerdings nur mit der Option *Pixel* – in Photoshop eingefügt werden. Sie erscheint ebenfalls in einem Begrenzungsrahmen.

erscheint die Datei wie beim *Transformieren* (s. S. 137 ff.) in einem Begrenzungsrahmen mit 8 Anfassern, über welchen die Größe (proportional mit gedrückter Umschalttaste / ⇧) angepasst werden sowie weitere Transformationen erfolgen können. Auch in der Werkzeug-Optionen-Leiste können Größe und Form numerisch eingegeben und optional geglättet werden (s. S. 140).

Die Grafik wird bei Bestätigung mit der Returntaste (⏎) (Abbruch erfolgt mit der Escapetaste / esc) in der Bildauflösung der Photoshop-Datei gerastert und auf einer neuen Inhaltsebene platziert.

▪ Mit der Option *Pfad* erscheint die Grafik als *Arbeitspfad* in der Pfade-Palette (s. S. 238).

▪ Die Option *Formebene* setzt die Grafik auf einer Formebene ein (s. S. 224 ff.).

▪ Als *Smart Objekt* bleibt die Skalierungsfähigkeit ohne Einbuße erhalten (s. S 308 ff.)

EPS-Dateien öffnen

Sie können eine EPS-Datei aus einem anderen Grafikprogramm bzw. eine Illustrator-Datei, die als EPS gespeichert wurde, mit dem Befehl *Datei > Öffnen* als neues Photoshop-Dokument öffnen. In diesem Fall erscheint nebenstehender Dialog, in dem die *Größe, Auflösung* und der *Farbmodus* für die neue Datei vorgegeben werden können (*Proportionen erhalten* bezieht sich auf das Verhältnis von Breite und Höhe). Die Datei wird dann bei Bestätigung in der entsprechenden Bildauflösung gerastert und auf einer neuen Inhaltsebene platziert.

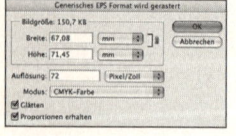

Illustrator-Dateien (.ai) platzieren

Sie können eine Illustrator-Datei, die im eigenen Format (mit der Endung .ai) gespeichert wurde, aber auch über den Befehl *Platzieren* in

Photoshop übernehmen. Es ist damit möglich, Bildelemente in ein bereits geöffnetes Photoshop-Dokument einzusetzen. Es erscheint der Dialog *PDF importieren* (da das Grafikprogramm zum Datenaustausch mit dem PDF-Format arbeitet).

✔ Der Dialog *PDF importieren* erscheint auch, wenn eine Illustrator-Datei (.ai) mit *Datei > Öffnen* aufgerufen wird. In diesem Fall wird aber eine neue Photoshop-Datei angelegt.

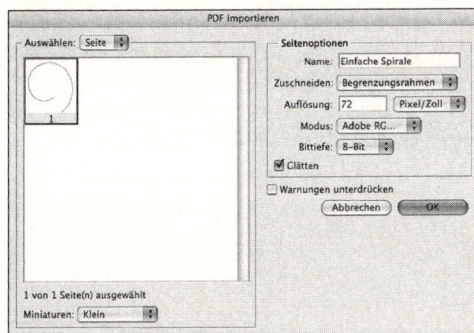

Die Illustrator-Datei wird als Smart-Objekt auf einer neuen Ebene im Photoshop-Dokument platziert.

Generell funktioniert das EPS-Format (Mac: *Macintosh-EPS* bzw. Win: *EPS mit TIFF-Vorschau*) beim Exportieren/Importieren von Grafiken relativ fehlerfrei. Sollten bei EPS-Dateien aus FreeHand oder anderen Grafikprogrammen Probleme auftreten, wandeln Sie vor dem Exportieren alle vorhandenen Texte in Zeichenwege um und heben alle Gruppierungen auf und exportieren erneut im EPS-Format.

Beachten Sie, dass verschiedene Grafikattribute wie z. B. Füllmuster oder konturierter Text innerhalb einer FreeHand- bzw. CorelDraw-Datei nicht oder nicht immer korrekt in Photoshop übernommen werden. Hier helfen eventuell Hilfsprogramme bei der richtigen Konvertierung (z. B. *eps-Converter* oder *Epilogue*), die es teilweise als Shareware gibt.

✔ Auch der plattformübergreifende Datenaustausch funktioniert reibungslos, wenn am Mac die *Dateinamenerweiterung* erfolgt ist und keine Umlaute und Sonderzeichen in den Dateinamen vorkommen.

Werden Bildelemente aus Illustrator in ein geöffnetes Photoshop-Dokument gezogen (Drag and Drop), wird in der Ebenenpalette eine neue Ebene mit einem Smart-Objekt angelegt. Die Pfade sind in Photoshop allerdings nicht editierbar, es wird kein Eintrag in der Kanäle-Palette angelegt.

Illustrator-Dateien per Drag and Drop

Photoshop-Pfade in Grafikprogramme exportieren

In Photoshop erstellte Pfade können auch in Grafikprogramme exportiert werden, z. B. um sie dort weiter zu bearbeiten. In vielen Fällen bietet Photoshop die besseren automatischen Möglichkeiten des Nachzeichnens als die Grafikprogramme (entsprechende Auswahl erstellen und in Pfad umwandeln). Um einen Pfad aus Photoshop zu exportieren, wählen Sie *Datei > Exportieren > Pfade > Illustrator*. Das Illustrator-.ai-Format kann von den meisten Grafikprogrammen interpretiert werden.

✔ Bitte beachten Sie, dass der exportierte Pfad im Zeichenprogramm u. U. zunächst nur in der Ansicht *Umriss*, *Grobansicht* bzw. *Zeichnung* zu sehen ist. In normaler Ansicht sind nur die Abmessungen durch Begrenzungsmarken zu sehen – wählen Sie alles aus und definieren Sie eine Linie oder Füllung.

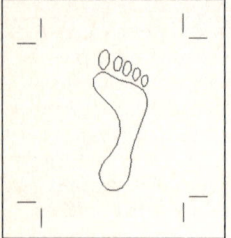

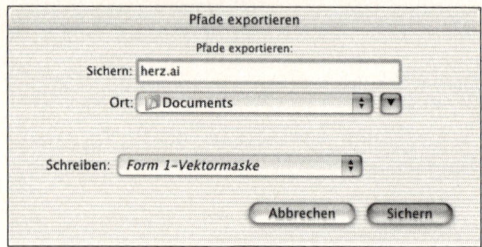

Der Pfad erscheint im Grafikprogramm mit Begrenzungsmarken, die gelöscht werden können.

✔ Die Importbefehle in den Grafik- und Layoutprogrammen haben unterschiedliche Bezeichnungen: *Positionieren, Bild platzieren, Bild laden, Importieren* usw. Gegebenenfalls müssen Sie im Handbuch des jeweiligen Programms nachschlagen, um den richtigen Befehl zu finden. Photoshop-Dateien, die nicht im richtigen Format vorliegen, erscheinen meist gar nicht im Import-Dialog des Grafik- oder Layoutprogramms.

Photoshop-Dateien in Zeichen- und Layoutprogramme integrieren

Ganz problemlos lassen sich Bilder, welche in Photoshop erstellt oder bearbeitet wurden, in Zeichen-, Layout- und auch Textverarbeitungsprogramme integrieren. Die Photoshop-Dateien müssen hierfür nur im richtigen Format abgespeichert werden: TIFF-Format oder EPS-Format (Bildschirmdarstellung nicht vergessen) sind die gängigsten, um das Dokument in Printmedien ausgeben zu lassen. Außerdem sind auch das PICT-Format sowie einige andere Formate geeignet – im Zweifelsfall können Sie auch einfach ausprobieren, welche Formate sich in dem gefragten Programm öffnen lassen, oder im Handbuch des Herstellers nachlesen.

15 Drucken

Allgemeines

Je nach Anforderung gibt es verschiedene Möglichkeiten, die Ergebnisse der Arbeit in Photoshop auszugeben. Gewöhnlich macht man während der Arbeitsphase Kontrolldrucke mit einem Schwarzweiß-Laserdrucker oder einem Farbtintenstrahldrucker. Auch farbige Digital-Proofs (s. S. 387) kommen zur Kontrolle in Frage. Sollen Bilder jedoch industriell gedruckt werden, müssen reproduktionsfähige Vorlagen auf Film oder Papier mit einem hochauflösenden Belichter ausgegeben werden. Laserdrucker und -Belichter basieren auf derselben Technologie. Durch die Möglichkeit, auflösungsunabhängige Vektordaten aus Photoshop auszugeben, können bestimmte Dokumente direkt aus Photoshop belichtet werden. Meist jedoch werden Bilder in Layoutprogramme integriert und aus diesen belichtet. Dementsprechend werden häufig die Rasterungs- und Separationseinstellungen des Layoutprogramms verwendet. Es ist aber auch möglich, die Layoutdatei mit den Rasterungs- und Separationseinstellungen des Layoutprogramms und gleichzeitig einzelne oder alle darin integrierten Bilder mit anderen Einstellungen auszugeben. Solche spezifischen Rasterungseinstellungen, die Priorität gegenüber Drucker- bzw. Layoutprogrammeinstellungen haben, müssen in Photoshop im *Drucken-mit-Vorschau*-Dialog (im *Datei*-Menü) festgelegt werden. Um ein Halbtonbild drucken zu können, muss es in unterschiedlich große Raster-

So würde ein Verlauf mit einem autotypischen Raster gedruckt (Rasterweite oben = 140 lpi; unten = 15 lpi)

✔ Beim *autotypischen* Raster sind alle Rasterzellen gleich groß. Beim *Zufallsraster* gibt es keine Rasterzellen. (Vgl. Kapitel 2, S. 23.)

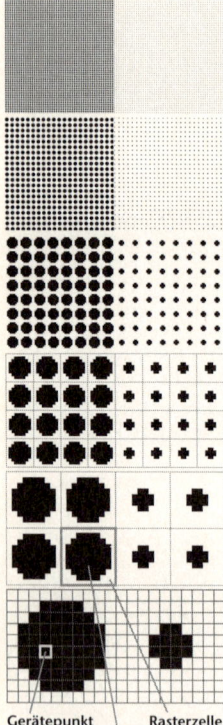

Gerätepunkt   Rasterzelle
      Rasterpunkt

Autotypisches Raster in sechs Vergrößerungsstufen. Die unterschiedlichen Größen der Rasterpunkte ergeben sich aus den Tonwerten der Flächen. Ein Rasterpunkt wird durch das Zusammensetzen vieler kleiner Gerätepixel durch den Drucker bzw. Belichter erzeugt.

punkte aufgeteilt werden. Die Rasterpunkte legen fest, wie viel Farbe an einer bestimmten Stelle aufgetragen wird. Durch das Verändern von Größe und Dichte dieses Rasters können unterschiedliche Grau- bzw. Farbtöne simuliert werden. Für ein CMYK-Bild werden vier Raster eingesetzt – eines für jede zu druckende Farbe. Im traditionellen Reproduktionsverfahren wird ein autotypisches Raster erzeugt, indem eine Rasterfolie oder Rasterglasscheibe zwischen das Bild und einen Film gelegt wird, welcher dann belichtet wird. Im digitalen Reproduktionsverfahren werden die Rasterungseigenschaften im DTP-Programm direkt vor dem Belichten oder Ausdrucken festgelegt. Jeder Rasterpunkt befindet sich innerhalb einer (imaginären) *Rasterzelle*. Die Größe der einzelnen Rasterzellen wird durch die eingegebene *Rasterweite* bestimmt – mit dem Ergebnis eines feineren (kleine Rasterzellen) oder gröberen Rasters (große Rasterzellen). Innerhalb dieser Rasterzelle wird der Rasterpunkt entsprechend der Vorlage elektronisch erzeugt: helle Bildstelle = kleiner Rasterpunkt; dunkle Bildstelle = großer Rasterpunkt. Laserdrucker und -Belichter müssen die einzelnen Rasterpunkte wiederum aus noch kleineren Punkten (*Gerätepixeln* oder *Gerätepunkten*) zusammensetzen, da der Drucker/Belichter die Rasterpunktgröße nicht variieren kann. Die Anzahl der Gerätepixel, die eine Rasterzelle aufnehmen kann, wird durch die *Geräteauflösung* des Druckers/Belichters bestimmt. Die Geräteauflösung des Druckers/Belichters gibt Auskunft darüber, wie viele Gerätepixel pro Inch erzeugt werden können, und wird in *dpi*, *lpi* oder *lpcm* angegeben (nicht zu verwechseln mit der *Bildauflösung* oder *Rasterweite*).

Beim Probedruck am Laserdrucker übernimmt der eingebaute Prozessor des Druckers die Aufgabe, die Rasterpunkte (ihre Größe, Form und Anzahl) zu errechnen; beim Belichter bzw. bei High-End-Laserdruckern erledigt dies ein eigens dafür zwischengeschalteter Rechner, der *Raster Image Processor* (RIP).

Aus der Kombination beider Komponenten (Rasterweite und Geräteauflösung) ergibt sich die Anzahl darstellbarer Graustufen. Je höher die Rasterweite (= kleinere Rasterzellen) bei gleich bleibender Geräteauflösung, desto weniger Graustufen können erzeugt werden. Das Ergebnis ist zwar ein feineres Raster, aber gleichzeitig laufen die Rasterpunkte zusammen, und in Verläufen bilden sich Streifen. Maßgebend für die zu wählende Rasterweite (und Geräteauflösung) ist das Druckverfahren und die Papierqualität. Ein saugfähiges Papier verlangt ein gröberes Raster – ein gestrichenes Kunstdruckpapier kann mit einem sehr feinen Raster bedruckt werden, ohne dass die Rasterpunkte zusammenlaufen. Ziel ist es, ein optimales Verhältnis zwischen der Größe der Rasterpunkte und der Anzahl der darstellbaren Graustufen zu erreichen.

Die Anzahl möglicher Graustufen lässt sich so berechnen:

Mögliche darstellbare Graustufen (GS) =

$$\frac{\text{Geräteauflösung (dpi)}^2}{\text{Rasterweite (lpi)}^2} + 1$$

Beispiel: Stellt man an einem 300-dpi-Laserdrucker eine Rasterweite von 60 lpi ein, können 26 Graustufen erzeugt werden.

$$\frac{300 \text{ dpi}^2}{60 \text{ lpi}^2} + 1 = 26 \text{ GS}$$

Übliche (PostScript-)Laser-Belichter verfügen über Geräteauflösungen von 1270 lpi, 2540 lpi und höher. Hier können mit Rasterweiten zwischen 100 und 200 lpi maximal 256 Graustufen erzeugt werden. (Rein rechnerisch sind mehr als 256 GS möglich, 256 GS bilden jedoch die technische Grenze von PostScript – übrigens mehr, als das menschliche Auge wahrnehmen kann.)

übliche Rasterweite	60 lpi (24 l/cm)	75 – 85 lpi (29 – 33 l/cm)	100 lpi (39 l/cm)	150 – 200 lpi (59 – 79 l/cm)
Geräteauflösung üblicher Ausgabegeräte für diese Rasterweite	300 dpi (Laserdrucker)	635 dpi (Belichter) 600 dpi (Laserdrucker)	1270 dpi (= 500 l/cm) (Belichter)	2540 dpi (= 1000 l/cm) (Belichter)
mögliches Druckverfahren	Laserdruck Offsetdruck	Offsetdruck Laserdruck	Offsetdruck	Offsetdruck
Papier	jedes	jedes	jedes	gestrichenes
Anwendung	Kontrollausdrucke Kleindrucksachen ohne Fotos	Schriftqualität und Graustufenbilder gut; üblich für Tageszeitungen	Schriftqualität u. Graustufenbilder gut, Farbbilder in mittelmäßiger Qualität	hochwertige Drucksachen; üblich für Magazine, Kataloge usw.

Qualitativ verschiedenartige Drucksachen erfordern unterschiedliche Rasterweiten

Ausgabe-Einstellungen

Einzelne Kanäle oder Ebenen drucken

Photoshop druckt grundsätzlich alles Sichtbare (Kanäle und Ebenen) aus. Um einzelne Kanäle oder Ebenen auszudrucken, wählen Sie diese vor dem Druck als einzige sichtbare Kanäle bzw. Ebenen in der Kanäle- bzw. Ebenen-Palette aus.

Drucken mit Vorschau...
Verwenden Sie den *Drucken-mit-Vorschau...*-Dialog, um:

- Druckoptionen für einen Ausdruck des Bildes aus Photoshop festzulegen oder
- *Rasterungs-* und *Druckkennlinien*-Optionen für ein Photoshop-Dokument festzulegen, welches in ein Layoutprogramm integriert und mit anderen als den Einstellungen des Layoutprogramms gerastert werden soll.

✔ Für eine zügige Ausgabe ist es sinnvoll, ein Bild nicht in der *Querformat*-Option auszugeben, sondern das Bild vorher mit dem *Arbeitsfläche-drehen*-Befehl im *Bild*-Menü um 90° zu drehen und dann mit der *Hochformat*-Option auszugeben. Das Gleiche gilt für Bilder, die in ein Layoutprogramm exportiert und dort gedreht oder gespiegelt werden sollen: in Photoshop drehen und spiegeln beschleunigt die Ausgabe am Drucker und Belichter.

Sie öffnen den Dialog über das Menü *Datei*. Der *Drucken-mit-Vorschau...*-Dialog enthält Optionen zum Layouten einer Photoshop-Datei auf dem Ausgabe-Papier-Format und zur Ausgabe-Skalierung. Die Option *Mehr Optionen > Ausgabe* enthält u. a. die *Rasterungs-* und *Druckkennlinien*-Einstellungen.

Die Einstellungen, die Sie in diesen Dialogen vornehmen, können nach dem Bestätigen mit dem *Datei > Speichern*-Befehl (⌘ S) dauerhaft mit dem Bild gespeichert werden.

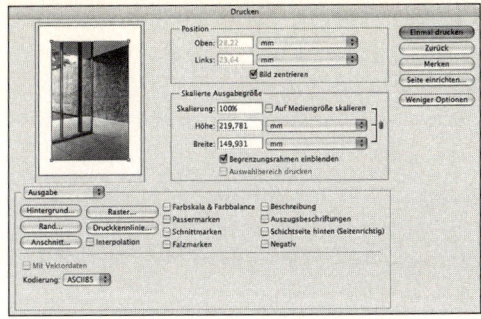

Drucken-mit-Vorschau...-Dialog (über den Schalter *Drucken* kann direkt ausgedruckt werden)

Position

Unter *Position* kann eine andere als die standardmäßig zentrierte Position auf dem Papierformat ausgewählt werden. Deaktivieren Sie dazu den Schalter *Bild zentrieren* und geben die gewünschten Abstände von oben und links ein (in Zoll, Zentimeter, Millimeter, Punkt oder Pica).

Skalierte Ausgabegröße

Standardmäßig wird die Originalgröße des Bildes (also in 100%) angezeigt und ausgedruckt. Eine andere Größe für den Ausdruck kann prozentual oder in einer Maßeinheit (Zoll, Zentimeter, Millimeter, Punkt oder Pica) eingegeben werden (die Proportionen bleiben dabei erhalten). Alternativ ist auch eine manuelle Skalierung möglich: Bei aktivierter Option *Begrenzungsrahmen einblenden* kann das Bild im Vorschau-Fenster über einen der vier Anfasser skaliert werden, wobei die aktuelle Größe gleichzeitig angezeigt wird. Eine weitere Option besteht darin, die Bildausgabegröße automatisch der ausgewählten Papiergröße anzupassen (Option *Auf Mediengröße skalieren* aktivieren).

Auswahlbereich drucken

Existiert eine aktive Auswahl im Bild, kann der Ausdruck mit der Option *Auswahlbereich drucken* auf diesen Bereich beschränkt werden.

Farbmanagement

Bei aktiviertem Schalter *Mehr Optionen* können Sie im Untermenü unter dem Vorschaubild von *Ausgabe* auf *Farbmanagement* umschalten.

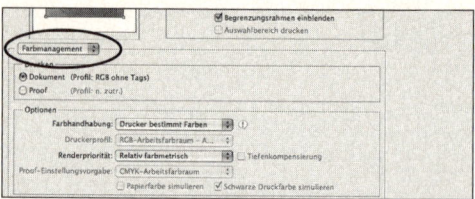

✔ Eine knappe Einführung zum komplexen Thema Farbmanagement finden Sie in diesem Buch zu Beginn des Kapitels 11.

▪ In der Abteilung *Drucken* legen Sie zunächst fest, ob sich die im Folgenden vorgenommenen Einstellungen auf einen direkten Ausdruck beziehen (*Dokument*) oder ob ein industrieller Druck simuliert werden soll (*Proof*).

▪ In der Abteilung *Optionen* wird unter *Farbhandhabung* bestimmt, ob für das Farbmanagement Photoshop (*Photoshop bestimmt Farben*) oder der Druckertreiber (*Drucker bestimmt Farben*) zuständig ist.

✔ Entscheiden Sie sich für ein Farbmanagement **entweder** im Programm **oder** im Druckertreiber.
Für Ausdrucke mit einem einfachen Tintenstrahldrucker empfiehlt Adobe die Steuerung über den Druckertreiber.

Zudem kann das Farbmanagement an dieser Stelle ganz deaktiviert werden, und aus CMYK-, Duplex- und Mehrkanaldateien lassen sich Farbauszüge (Separationen) ausgeben.

Separationen (Farbauszüge) drucken

Soll das Programm das Farbmanagement übernehmen, muss ein *Druckerprofil* eingestellt werden (das meist von den Geräteherstellern mitgeliefert wird oder von deren Internetpräsenz bezogen werden kann). Die Proof-Einstellungsvorgabe und weitere Optionen bezieht Photoshop aus den im *Bearbeiten*-Menü festgelegten *Farbeinstellungen*.

⚠ Stimmen Sie sich vor einem Auflagendruck auf jeden Fall rechtzeitig mit Ihrer Druckerei oder Ihrem Druckvorstufenbetrieb ab.

Bei der Einstellung *Drucker bestimmt Farben* wird die Renderpriorität ebenfalls aus den *Farbeinstellungen* übernommen.

▪ In *Beschreibung* schließlich werden die für den *Drucken*-Dialog relevanten Informationen beim Überfahren der einzelnen Optionen mit der Maus eingeblendet.

✔ Benutzen Sie die Photoshop-Hilfe, um weitere Informationen zum Farbmanagement und zum Drucken-Dialog zu finden.

Wählen Sie im Untermenü *Ausgabe* aus, um die technischen Parameter des Drucks festzulegen.

Ausgabe

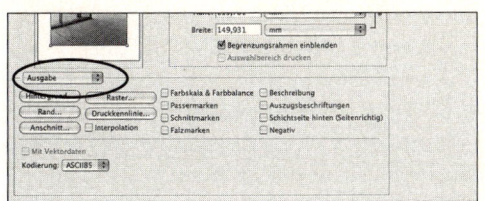

■ Mit der Option *Farbskala & Farbbalance* wird ein 11-stufiger Graukeil (Übergänge von Weiß nach Schwarz in 10-Prozent-Schritten) mitgedruckt. Falls Sie ein CMYK-Bild ausdrucken, wird dazu noch eine *Farbskala* am rechten Bildrand und ein Graukeil am linken Rand mit ausgegeben.

Farbskala und Farbbalance
(Nur für PostScript-fähige Drucker)

■ Wenn die *Passermarken*-Option eingeschaltet ist, werden Ausrichtungsmarken, bestehend aus *Passermarken* und *Marken für die Detailauflösung,* um das Bild herum gesetzt. Diese Markierungen werden für das Ausrichten der Filme bei mehrfarbigen Drucksachen, für die Montage und den Druckvorgang benötigt.

Passermarken

■ Die Optionen *Schnitt-* bzw. *Falzmarken* drucken Marken zum Beschneiden des Bildes an den Ecken sowie Falzmarken (die relativ unbrauchbar sind, da deren Position nicht verändert werden kann) in der Mitte jeder Bildkante.

Schnitt- und Falzmarken

■ Falls Sie im *Datei-Informationen*-Dialog (s. S. 33) einen Text eingegeben haben, können Sie diesen nach Anklicken der Option *Beschreibung* ausdrucken lassen.

Beschreibung

■ *Auszugsbeschriftung* druckt den Namen des Dokuments sowie des Kanals (beim Druck einzelner Kanäle oder von Farbauszügen) mit aus.

Auszugsbeschriftung

■ Die Option *Schichtseite hinten (Seitenrichtig)* betrifft die Ausgabe auf Film. Normalerweise

Schichtseite hinten (Seitenrichtig)

befindet sich die fotoempfindliche Beschichtung bei seitenrichtiger Betrachtung (Text lesbar) hinten. In einigen Fällen kann es notwendig sein, die Schichtseite vorn zu haben. Sprechen Sie auch hier vorher mit Ihrer Druckerei.

Negativ
(Nur für Belichter)

■ Die Option *Negativ* bezieht sich auf die Ausgabe am Belichter. Sie gibt eine invertierte Version des Bildes aus (betrifft nur den Ausdruck und ist nicht am Bildschirm zu sehen). Es ist in Deutschland unüblich, mit Negativfilmen zu arbeiten. Falls Sie im Ausland drucken lassen oder wenn Sie sich unsicher sind, ob Positiv- oder Negativfilme benötigt werden, sprechen Sie mit Ihrer Druckerei. Am Laserdrucker geben Sie auf Papier immer ein Positiv aus.

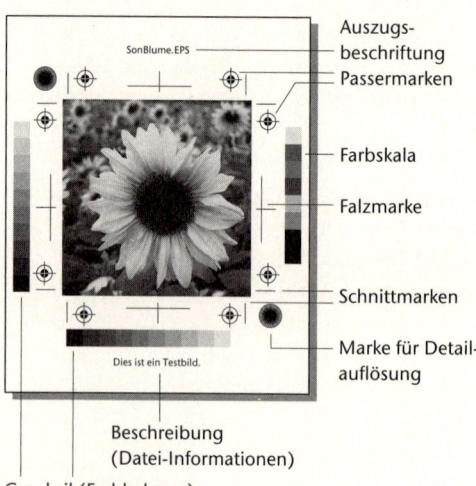

✔ Der Text der *Beschreibung* und der *Auszugsbeschriftung* erscheint immer in 9 pt Helvetica / Arial.

Mit Vektordaten

■ Sind im Bild Vektordaten (Text- oder Formebenen oder Beschneidungspfade) vorhanden und eingeblendet, bewirkt die aktive Option *Mit Vektordaten* eine hochaufgelöste Ausgabe auf PostScript-Druckern und Belichtern. Andernfalls werden Vektoren in Pixel umgewandelt.

■ Zur Druckkodierung (Binär oder ASCII) lesen Sie bitte auf S. 485 nach.

Kodierung

■ *Hintergrund* ermöglicht, eine Farbe auszuwählen, die außerhalb des Bildbereiches auf der Seite ausgegeben wird. Das ist sinnvoll bei einer Ausgabe des Bildes am Diabelichter, da dort häufig ein farbiger oder schwarzer Hintergrund gewünscht wird, wenn das Bild nicht den Proportionen des Diafilmformates entspricht. Das Bild selbst wird nicht verändert.

Hintergrund

■ *Rand* erzeugt beim Ausdruck einen schwarzen Rand (Rahmen) in der eingegebenen Stärke (max. 3,5 mm) um das Bild herum. Dieser Rand ist nicht am Bildschirm sichtbar.

Rand

■ Mit der Option *Anschnitt* können Sie festlegen, dass die Schnittmarken innerhalb (max. 3,18 mm) eines Bildes gedruckt werden sollen.

Anschnitt

Raster...

Im Dialog *Rastereinstellungen* legen Sie die Rasterungseigenschaften (Rasterweite, Rasterform, Rasterwinkel) fest. Wie schon erwähnt, brauchen Sie für ein Bild nicht unbedingt Rasterungseinstellungen vorzunehmen: Falls Sie direkt aus Photoshop einen Probedruck machen, empfiehlt sich die Option *Rastereinstellungen des Druckers verwenden*.

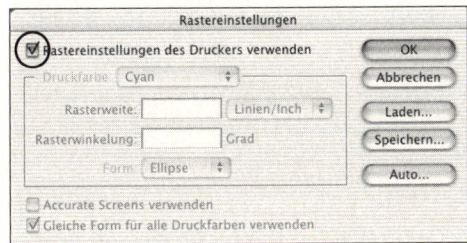

Wenn Sie das Bild in ein Layoutprogramm integrieren wollen, können Sie das Bild mit den Rasterungseinstellungen des Layoutprogramms ausgeben. Wollen Sie jedoch die

Standard-Rasterwinkel im Vierfarbdruck:

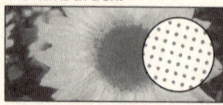

Cyan 105°

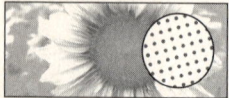

Magenta 75° (165°)

Gelb 90°

Schwarz 45°

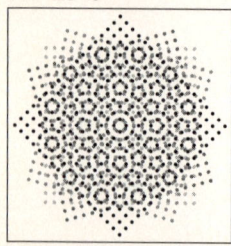

Im Zusammendruck ergeben die vier Raster das typische Rosettenmuster (eigentlich auch ein Moiré, aber eines, das als harmonisch empfunden wird).

✔ Erkundigen Sie sich bei Ihrer Druckerei, um die optimalen Rastereinstellungen für Ihre spezielle Aufgabe in Erfahrung zu bringen. Eventuell erhalten Sie eine Rasterdatei, die Sie dann nur zu laden brauchen.

Rasterungseinstellungen in Photoshop vornehmen, müssen Sie den Schalter *Rastereinstellungen des Druckers verwenden* ausschalten. Damit werden die übrigen Einstellungsoptionen aktiv.

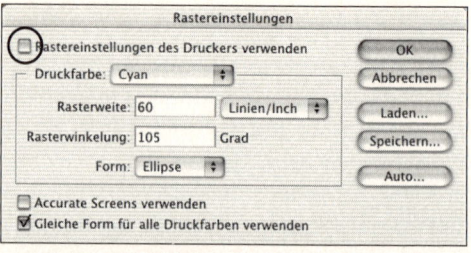

Geben Sie die Rasterweite, mit der gedruckt werden soll, ein. Wenn es sich um ein CMYK-Bild handelt, müssen Sie außerdem für jede Farbe einen unterschiedlichen Rasterwinkel festlegen, damit die einzelnen Farben später beim Druck harmonisch erscheinen und keine Interferenzmuster (Moiré) entstehen. Wenn Sie keine Informationen über die Rasterwinkelung von Ihrer Druckerei erhalten haben, sollten Standard-Rasterwinkel (siehe links) eingegeben werden. Üblich sind die Rasterformen Raute, Ellipse oder Punkt sowie gleiche Rasterform für alle Druckfarben.

Alternativ können Sie auch die *Auto*-Funktion benutzen:

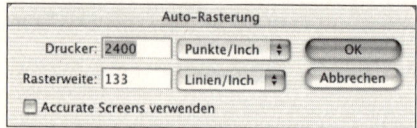

Dort geben Sie die entsprechenden Werte (*Geräteauflösung* des Belichters und *Rasterweite*) im Dialogfeld manuell ein. Durch die Bestätigung mit *OK* errechnet das Programm automatisch optimierte Werte.

Die Option *Accurate Screens verwenden* bezieht sich auf hochauflösende Belichter (PostScript Level 2), sie hat bei anderen Geräten keine Auswirkung.

Vergessen Sie nicht, das Bild dann im EPS-, DCS-1.0- oder DCS-2.0-Format mit der Option *Rasterungseinstellungen mitspeichern* abzuspeichern, sonst hat die Rasterungseinstellung in anderen Programmen keine Auswirkung.

Raster-Datei

✔ Die Rasterungseinstellungen sind Ausgabe-Optionen, die weder das Bild noch seine Darstellung am Bildschirm ändern, sondern erst beim Drucken oder Belichten wirksam werden. Insofern können Sie auch bis zum endgültigen Drucken / Belichten jederzeit korrigiert werden.

Druckkennlinie...

Mit der *Druckkennlinie* können Sie die Dichte einstellen, mit der ein Bild belichtet werden soll, also den Tonwertzuwachs oder -verlust zwischen *Bild und Film*, der durch ungenau kalibrierte Belichter verursacht werden kann, ausgleichen. Außerdem kann der Tonwertzuwachs zwischen *Film und Druck* ausgeglichen werden, wobei dieser Tonwertzuwachs besser mit dem Dialog *CMYK einrichten* korrigiert wird (s. S. 385 ff.). Mittels Druckkennlinie werden die Rasterpunktgrößen so manipuliert, dass die Dichte des Films (Zuwachs zwischen *Film und Druck* berücksichtigt) weitgehend mit der Dichte der Vorlage übereinstimmt. Wenn Sie eine Druckkennlinie selbst festlegen wollen (um den Tonwertzuwachs oder -verlust zwischen Bild und Film auszugleichen), müssen densitometrische Messungen an *Vorlage und Film* eines vergleichbaren Erzeugnisses vorgenommen und die ermittelten Zuwachswerte von den Zielwerten abgezogen werden: Erscheint z. B. ein 50%iger Ton der Vorlage auf dem Film mit einer Dichte von 55% (= 5% Zuwachs), müssen Sie in das Eingabefeld 50 den Wert 45 % eingeben (50−5).

Wenn Sie die Druckkennlinie mit einem Bild zusammen in ein Layoutprogramm exportieren wollen, müssen Sie die Option *Druckkennlinien*

✔ Auch die Veränderung der Druckkennlinie ist eine Ausgabe-Option, die weder das Bild noch seine Darstellung am Bildschirm ändert, sondern erst beim Drucken oder Belichten wirksam wird.

Druckkennlinien-Datei

des Druckers überschreiben anschalten und das Bild im EPS-, DCS-1.0- oder DCS-2.0-Format mit der Option *Druckkennlinie mitspeichern* abspeichern.

✔ Das Druckkennlinien-Diagramm stellt auf der x-Achse die Grauwerte im Bild von Weiß nach Schwarz und auf der y-Achse den Dichteausgleich dar.

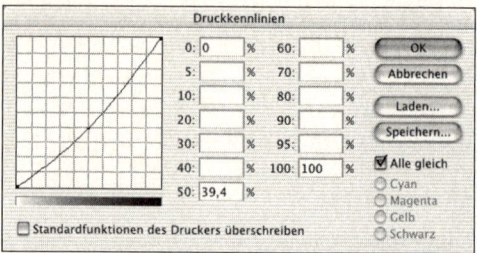

Interpolation
(Nur für Belichter)

⚡ Es gibt bestimmte Belichtersysteme, die Rasterungs- und Druckkennlinien-Einstellungen ignorieren, um (auch vermeintliche) Anwenderfehler zu korrigieren. Informieren Sie auf jeden Fall Ihren Belichter, wenn Sie individuelle Rasterungs- und Druckkennlinien-Einstellungen in Photoshop vorgenommen haben.

■ Einige PostScript-Level-2-Drucker (-Belichter) können das gezackte Aussehen von Bildern mit niedriger Auflösung automatisch glätten (es wird beim Druck automatisch eine höhere Bildauflösung berechnet). Die Option *Interpolation* hat keine Auswirkung, wenn der Drucker nicht über diese Möglichkeit verfügt.

Dieser Vorgang kann allerdings auch die Bildschärfe verschlechtern, wenn niedrigauflösende Bilder beabsichtigt sind.

Drucken

Auch mit *Datei > Drucken* (⌘ P) können Farbmanagement-Einstellungen bestimmt und aus einer Reihe weiterer Optionen gewählt werden.

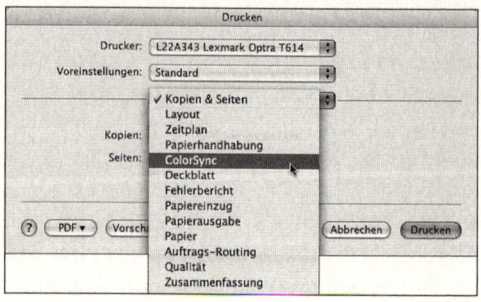

✔ Im Drucken-Dialog kann das Erscheinungsbild je nach Ausgabegerät variieren.

16 Reproduzieren von Bildern für Printmedien

Wenn Bilder in Printmedien reproduziert werden, sind verschiedene Arbeitsstufen notwendig, bis das Bild auf Film(e), der zur Herstellung der Druckplatte dient, belichtet werden kann. Bisher wurden in der Reihenfolge der Anwendung beschrieben:

- Farbmanagement/Kalibrierung (S. 381 ff.),
- das optimale Scannen (S. 322 ff.),
- die Tonwert- und Farbkorrekturen (S. 403 ff.) sowie
- das Schärfen (S. 456 ff.).

Ein Graustufenbild oder ein Bitmap-Bild wäre damit fertig zum Belichten. Farbbilder hingegen müssen nun noch

- vom RGB-Modus in den CMYK-Modus umgewandelt werden, um sie drucken zu können. Dieser Umwandlungsprozess von RGB nach CMYK heißt *Separation*. (Eventuell kann eine Feinabstimmung der Tonwerte und Farben sowie eine *Überfüllungseinstellung* notwendig sein.)

Graustufenbilder können durch das Drucken mit einer zweiten, dritten oder vierten Farbe aufgewertet bzw. getönt werden (Duplex).

- Dafür müssen sie vor dem Belichten in den *Duplex*-Modus umgewandelt werden.

CMYK-Bilder und Graustufenbilder können mit zusätzlichen Volltonfarben (Schmuckfarben) oder Lacken gedruckt werden.

- Dafür müssen *Volltonfarbenkanäle* eingerichtet werden.

✔ Im Rahmen dieses Buches kann nur auf den Offsetdruck (Flachdruckverfahren) als weit verbreitetes Druckverfahren eingegangen werden. Wenn Sie Bilder für andere Druckverfahren, z. B. Tiefdruck oder Siebdruck, vorbereiten wollen, sollten Sie sich unbedingt mit der Druckerei in Verbindung setzen, um das Bild für die Ausgabe optimal vorzubereiten.

Die Separation muss nicht zwangsläufig von Ihnen selbst durchgeführt werden. Es gibt auch die Möglichkeit, die Separation in der Druckerei (sofern sie mit einer eigenen Druckvorstufe ausgestattet ist) oder im Druckvorstufenbetrieb (der eng mit der Druckerei zusammenarbeiten sollte) durchführen zu lassen. Dies garantiert meist das bessere Ergebnis, zumal wenn Ihnen die Materie nicht vertraut ist. Zumindest sollte man sich, falls man die Separation selbst durchführt, mit der Druckerei über die richtigen Einstellungen abstimmen.

Separation
(Umwandlung vom RGB- in den CMYK-Modus)

Vorschau in CMY und Schwarz bei Separationsmethode *GCR* (stark)

Vorschau in CMY und Schwarz bei Separationsmethode *UCR*

Eigentlich ist der Separationsprozess mit dem Auswählen des *CMYK-Modus* im Menü *Bild > Modus* ein Kinderspiel. Wenn Sie die richtigen Einstellungen getroffen haben, werden Sie auch ein gutes Druckergebnis erhalten.

Der Separationsprozess ist eine komplexe Angelegenheit. Der Grund dafür besteht darin, dass *drei* Grundfarben (RGB) in *vier* Grundfarben (CMYK) umgewandelt und damit alle Farben des Bildes neu berechnet werden müssen. Dies kann auf höchst unterschiedliche Weise geschehen und mit den Einstellungen im Menü *Bearbeiten > Farbeinstellungen... > Arbeitsfarbräume: CMYK > Eigenes CMYK* (s. S. 384 ff.) beeinflusst werden. Unterschiedliche Einstellungen sind deshalb möglich, weil der dunkle (oder schwarze) Anteil einer Farbe durch eine Kombination von Cyan, Magenta und Gelb *oder* durch einen entsprechenden Anteil schwarzer Druckfarbe *oder alle vier Druckfarben* erzeugt werden kann. Der Anteil schwarzer Farbe kann also variiert werden – man spricht hierbei auch von unterschiedlichem *Schwarzaufbau*. Die Regulierung des Schwarzaufbaus hat noch eine weitere Aufgabe: den *Gesamtfarbauftrag* zu senken. Der Gesamtfarbauftrag in den schwarzen Bildteilen würde sonst theoretisch bis zu 400 % (100 % für jede Farbe) erreichen. Daraus ergäben sich technische Probleme bei der Farbannahme und Trocknung der Druckfarben.

Für den Schwarzaufbau gibt es bei der herkömmlichen Reproduktion zwei unterschiedliche Methoden, die auch in Photoshop als Voreinstellung im Dialog *Farbeinstellungen... > Arbeitsfarbräume: CMYK > Eigenes CMYK* gewählt werden können:

- Unbuntaufbau (GCR = Gray Component Replacement)
- Unterfarbenrücknahme, auch Buntaufbau genannt (UCR = Under Color Removal)

Schwarzaufbau

Unbuntaufbau (GCR)

Die englische Übersetzung beschreibt den *Unbuntaufbau* viel präziser mit „Grauanteil-Ersetzen". Helle und mittlere Grautöne werden beim Buntaufbau durch Cyan, Magenta und Gelb gebildet. Beim Unbuntaufbau hingegen entsteht Grau durch das Ersetzen dieses Anteils durch die „unbunte" Farbe Schwarz. Je nach Stärke des Unbuntaufbaus werden die drei Grundfarbenanteile, die ein Grau ergeben, vollständig oder teilweise ersetzt.

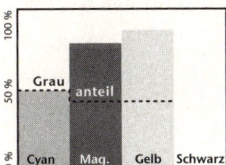
Farbe Braun mit C, M, und Y aufgebaut (100 % Buntaufbau). Die Farbe Braun enthält einen Grauanteil (neutrale Grautöne enthalten prozentual mehr Cyan als M und Y).

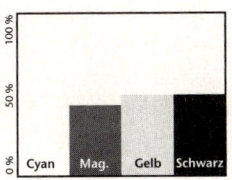
Farbe Braun mit M, Y und Schwarz aufgebaut (Unbuntaufbau *Maximum*) – hier wurde der Grauanteil vollständig durch Schwarz ersetzt.

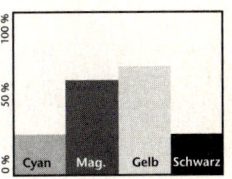
Farbe Braun mit C, M, Y und Schwarz aufgebaut (Unbuntaufbau *Mittel*) – hier wurde der Grauanteil teilweise durch Schwarz ersetzt.

Die Option *Unterfarbenzugabe* (UCA = Under Color Addition) bewirkt, dass nach dem allgemeinen Unbuntaufbau in den dunklen Bereichen wieder Buntfarben (C, M, Y) hinzugefügt werden. Damit können dunkle Bildteile satter

Unterfarbenzugabe (UCA)

Das Diagramm bei *Separations-Optionen* (Abb. rechts) stellt die Zusammensetzung neutraler Grautöne im Bild aus den vier Druckfarben (Graubalance) dar:
x-Achse = neutrale Grauwerte von Weiß nach Schwarz;
y-Achse = Menge jeder Druckfarbe.

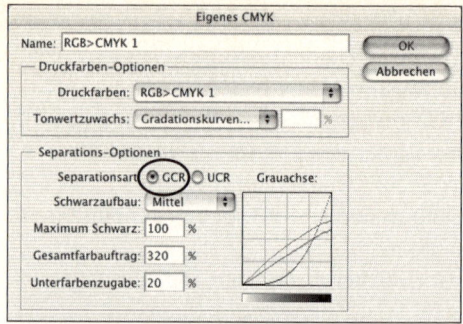

Vorgegebene Kurve nach der GCR-Methode.
Ein 50%iger Grauton im Beispiel oben würde aus ca. 45% C, 30% M, 30% Y und 12% K erzeugt.

✔ Der Gesamtfarbauftrag lässt sich auch in der Info-Palette prüfen: Wählen Sie die gleichnamige Option in der Info-Palette aus. Bewegen Sie dann den Mauszeiger über die fraglichen Stellen im Bild, und lesen Sie den Wert unter ∑ ab.

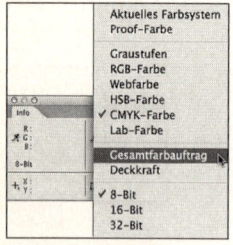

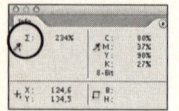

und kräftiger gedruckt werden, die sonst, würden sie nur mit Schwarz gedruckt, flach und fade erschienen.

In Photoshop sind 5 Stufen des Schwarzaufbaus vordefiniert, wobei *Mittel* eine gute Basis bildet. Es ist auch möglich, eine eigene Kurve für den Schwarzaufbau zu definieren. Der *Gesamtfarbauftrag* (GFA) richtet sich sehr stark nach dem verwendeten Druckverfahren bzw. Papier und kann zwischen 220% (Offset-Zeitungsdruck) und 340% (Bogenoffset) liegen (je saugfähiger das Papier, desto geringer muss der GFA sein). Der maximale Schwarzanteil sollte in den meisten Fällen 90% nicht übersteigen. Eine *Unterfarbenzugabe* (UCA) von 15 bis 20% kann verwendet werden, wenn sehr viele Details in dunklen Bereichen vorhanden sind (Nachtbilder) oder wenn der Gesamtfarbauftrag weniger als 250% beträgt.

Unterfarbenrücknahme (UCR)
Das Prinzip der Unterfarbenrücknahme (Buntaufbau) beruht auf der Überlegung, dass für die Wiedergabe von schwarzen Bildstellen theoretisch Schwarz allein genügt und die Buntfarben daher in diesen Bereichen verrin-

| 100 % K |
| 100 % C |
| 100 % M |
| 100 % Y |

Schwarz: erzeugt durch 400 % Gesamtfarbauftrag

| 100 % K |
| 80 % C |
| 60 % M |
| 60 % Y |

Schwarz: erzeugt durch 300 % Gesamtfarbauftrag mit der UCR-Methode

gert werden können, mit dem Ziel, den Gesamtfarbauftrag (GFA) zu reduzieren. Bei der Unterfarbenrücknahme wird die Verschwärzlichung der bunten Farben durch Anteile ihrer Komplementärfarben erreicht. Das Schwarz wird erst in den dunklen, neutralen Bildstellen eingesetzt, um den Kontrast zu erhöhen und dem Motiv mehr Zeichnung zu geben.

Wenn Sie in Photoshop die Option *UCR* anwählen, kann der Buntaufbau lediglich durch den GFA, der nicht weniger als 280 % betragen sollte, und den maximalen Schwarzanteil reguliert werden. Um einen eigenen Schwarzaufbau nach der UCR-Methode zu erstellen, können Sie notfalls die Option GCR, *Schwarzaufbau > Eigene Werte* wählen und die Kurve nach Ihren Wünschen verändern.

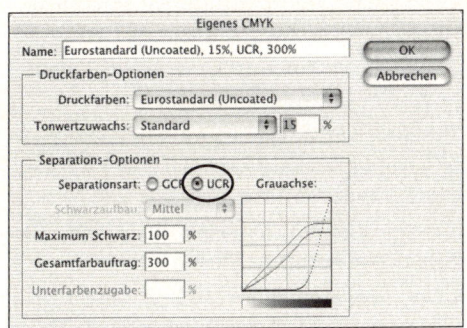

Vorgegebene Kurve nach der UCR-Methode.
Ein 50%iger Grauton würde nach der UCR-Einstellung im Beispiel aus ca. 50 % C, 32 % M, 32 % Y und 0 % K erzeugt werden.

✔ GCR oder UCR?

Welche Separationseinstellungen Sie wählen, hängt maßgeblich vom Motiv, dem Druckverfahren sowie dem beim Druck verwendeten Papier ab. Sachgerechte Auskünfte kann Ihnen nur die Druckerei bzw. der Reprobetrieb, welcher mit Ihrer Druckerei zusammenarbeitet, geben, da sie die speziellen Bedingungen aus Erfahrung am besten kennen.

GCR Vorteil:
- Da die Verschwärzlichung der Tertiärfarben (Grau-, Braun- und Olivtöne) mit Schwarz erfolgt, sind diese Töne (auch helle Grau- und Hauttöne) absolut neutral und nicht anfällig für Schwankungen im Druck und sich daraus ergebende Farbstiche (Stabilisierung der Graubalance).
- Teure Buntfarben können teilweise durch die preiswertere Druckfarbe Schwarz ersetzt werden.

UCR Vorteil:
- Stabilisierung der Graubalance nur in den dunklen Bildteilen.

UCR Nachteil:
- Gefahr der Verschmutzung der Buntfarben, wenn die Tonwertkorrektur (Lichter und Tiefen festlegen) nicht oder nicht richtig durchgeführt wurde.
- Kontrastverlust bei einem GFA von weniger als 280 % (für den Zeitungsdruck lieber die Alternative GCR verwenden).

Blitzer und Überfüllung

Wenn eine oder mehrere Druckfarben nicht registerhaltig übereinander gedruckt werden, kann es in Bereichen, wo verschiedenfarbige Flächen aneinander grenzen, zu so genannten Blitzern (kleine Lücken, durch die das Papierweiß hindurchscheint) kommen. Dieses Problem kann auch durch den Verzug des Papiers beim Kontakt mit der nassen Druckfarbe auftreten, sodass es praktisch nie ganz zu vermeiden ist.

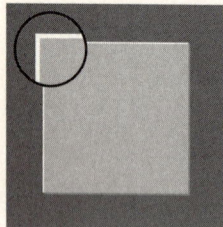

Blitzer durch Registerungenauigkeit ohne Überfüllung

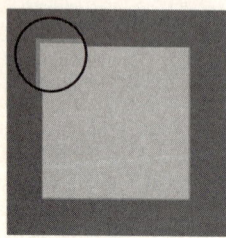

Registerungenauigkeit mit Überfüllung

Alle Einstellungen des Dialoges *Eigenes CMYK* wirken sich erst dann auf ein Bild aus, wenn es von RGB in CMYK konvertiert wird. Der Separationsprozess ist *nicht vollständig umkehrbar*. Ist ein Bild einmal in den CMYK-Modus konvertiert worden, kann es zwar wieder in den RGB-Modus umgewandelt werden, wird aber nie wieder den Farbumfang des ursprünglichen RGB-Bildes erhalten. Führen Sie deshalb die Separation erst am Ende der Bildbearbeitung durch, und verwenden Sie dafür gegebenenfalls eine Kopie der Datei, um das Bild für spätere Konvertierungen mit anderen Einstellungen (z. B. für andere Papiersorten) noch als Original-RGB-Datei zur Verfügung zu haben.

Überfüllung

Mit der Einstellung einer Überfüllung, die einen kleinen Überlappungsbereich der betroffenen Farben definiert, wird Blitzern vorgebeugt.

Das Thema Überfüllung kann in Photoshop eine Rolle spielen, wenn überwiegend mit Vektorformen gearbeitet wird. Bei den meisten CMYK-Bildern (Halbtonbilder, z. B. Fotos) darf die Überfüllung nicht angewendet werden, da sie unerwünschte Nebeneffekte, die erst auf den belichteten Filmen zu sehen sind, hervorbringt.

Die *Überfüllung* im *Bild*-Menü ist nur für CMYK-Bilder verfügbar. Den genauen Überfüllungswert erfragen Sie am besten in der Druckerei oder Ihrem Druckvorstufenbetrieb. Weitere Informationen finden Sie in der Photoshop-Hilfe.

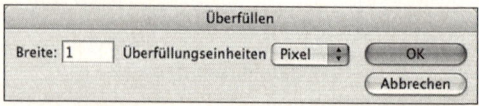

Duplexbilder

Graustufenbilder können mit einer anderen Farbe als Schwarz – meist einer Sonderfarbe – gedruckt werden. Sie können aber auch mit zwei, drei oder vier Druckfarben gedruckt werden – dann werden sie allgemein als *Duplex*-Bilder oder entsprechend der Anzahl der verwendeten Druckfarben als *Triplex* bzw. *Quadruplex* bezeichnet. Duplex wird eingesetzt, um den Tonwertumfang des gedruckten Bildes zu vergrößern und das Bild dadurch optisch aufzuwerten. Durch die Verwendung von Duplex ist aber auch eine Farbtönung von Graustufenbildern möglich.

Die beim Duplex zusätzlich verwendeten Farben können CMYK-Farben, Volltonfarben oder Mischfarben sein. Duplexbilder werden von Photoshop als Graustufenbilder mit nur einem Kanal (8 Bit Farbtiefe) behandelt. Es ist demzufolge nicht möglich, einzelne Farben in den Kanälen zu bearbeiten, sondern nur mit Hilfe der *(Gradations-)Kurven im Duplex-Optionen-Dialog*. Wenn Sie ein Duplexbild anlegen wollen, gehen Sie so vor:

- Öffnen Sie ein Graustufenbild, oder wandeln Sie ein Farbbild in Graustufen um.
- **Wählen Sie** *Bild > Modus > Duplex*. Der Duplex-Optionen-Dialog wird geöffnet.
- Wenn Sie eine von Photoshop mitgelieferte Duplex-Kurve verwenden wollen, klicken Sie auf den Schalter *Laden*. Suchen Sie dann im Programmordner *Photoshop > Vorgaben > Duplex* die entsprechende Kurve. (Sie können

✔ Der Duplex-Modus erzeugt eine Tönung mit Volltonfarbe(n) über das gesamte Bild. Möchten Sie nur Teilbereiche mit Volltonfarben drucken (partielles Duplex), können Sie mit Volltonfarbenkanälen arbeiten (s. S. 520). Volltonfarben werden auch als Schmuck-, Echt- oder Sonderfarben bezeichnet.

✔ Obwohl ein Graustufenbild als Datei 256 Helligkeitsabstufungen aufweisen kann, liegt der tatsächliche Tonwertumfang dieses – mit einer Farbe – gedruckten Bildes nur bei 50 Graustufen. Beim Drucken von Graustufenbildern mit mehr als einer Farbe erhöht sich die Anzahl der wiedergegebenen Graustufen. Beispielsweise können hochwertigste Schwarzweißfotos mit drei verschiedenen Grautönen und Schwarz gedruckt werden. Damit kann eine vielfache Menge an Graunuancen reproduziert werden.

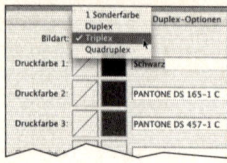 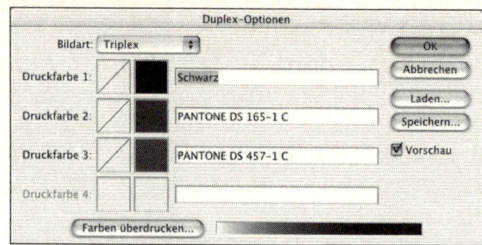

⚡ Wenn Sie CMYK-Druckfarben als Duplexfarben verwenden, dürfen Sie nicht die englischen Bezeichnungen verwenden, sondern müssen „Gelb" bzw. „Schwarz" in das jeweilige Eingabefeld statt „Yellow" und „Black" eintragen. Das Gleiche gilt, wenn Sie von Photoshop vordefinierte Kurven verwenden, die CMYK-Farben enthalten: Die englischen Bezeichnungen müssen durch deutsche ersetzt werden, da die Datei sonst nicht korrekt belichtet wird.

von einer Photoshop-Kurve ausgehen und diese nach Bedarf auch abwandeln.)

• Zum Erstellen eigener Kurven wählen Sie aus dem *Bildart*-Untermenü, mit welcher Anzahl an Druckfarben Sie arbeiten wollen.

• Klicken Sie dann auf ein Farbfeld, um eine Druckfarbe aus dem Farbwähler auszuwählen. Tun Sie dies auch für alle weiteren Farben bzw. um Farben nachträglich zu verändern.

• Mit *Farben übereinander drucken* können Sie die *Bildschirmdarstellung* von Duplexbildern korrigieren. (Im Dialog erscheinen die Druckfarben so, als wenn sie zu je 100% übereinander gedruckt würden, am Bildschirm.) Eine Korrektur ist im Normalfall nicht notwendig.

• Sie können nun (oder auch später) noch die Verteilung der einzelnen Druckfarben über die Lichter- und Tiefenbereiche des Bildes mit der Gradationskurve des Duplex-Optionen-Dialoges verändern. Dazu klicken Sie die Miniaturdarstellung der Kurve neben dem jeweiligen Farbfeld an.

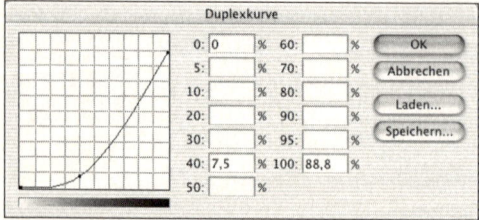

Die Kurve lässt sich durch Hinzufügen, Bewegen oder Entfernen von Punkten oder Eingabe von Zielwerten verändern.

• Speichern Sie Ihre Duplex-Einstellungen im *Duplex-Optionen*-Dialog, um sie auf weitere Bilder anwenden zu können.

⚡ Da die dunklen Farben vor den hellen gedruckt werden sollten, ist es wichtig, die Farben im *Duplex-Optionen*-Dialog in einer Reihenfolge von oben (dunkelste Farbe) nach unten (hellste Farbe) festzulegen.

Speichern/Exportieren von Duplexbildern

Duplexbilder müssen im EPS-Format abgespeichert werden. Beim Exportieren von Duplexbildern in Layoutprogramme müssen vordefinierte Volltonfarben auch die Originalbezeichnungen haben, damit sie korrekt belichtet werden können (siehe auch Hinweis auf der gegenüberliegenden Seite).

Beachten Sie, dass das Druckergebnis sehr stark von der Reihenfolge, in der die einzelnen Farben der Duplexbilder gedruckt werden, sowie von den Rasterwinkeln abhängt. Wenn Sie mit vordefinierten Volltonfarben arbeiten und auf einem PostScript-Level-2-Belichter oder höher belichten, können Sie die Rasterungseigenschaften automatisch festlegen lassen über *Datei > Drucken mit Vorschau > Rasterung > Auto*... (diese beziehen sich auf einen Druck von der dunkelsten zur hellsten Farbe). Im Auto-Rasterung-Dialog ist dann unbedingt die Option *Accurate Screens verwenden* einzustellen. Ansonsten lassen Sie sich die Rasterwinkel von Ihrer Druckerei mitteilen.

Drucken Sie Separationen zur Kontrolle aus (s. S. 504).

Reproduzieren von Bildern für Printmedien

Volltonfarbenkanäle (partielles Duplex)

✔ Volltonfarben werden auch als Schmuck-, Echt- oder Sonderfarben bezeichnet (s. S. 349).

Seit Photoshop Version 5 gibt es die Möglichkeit, unkompliziert und ohne Umwege Bildbereiche mit Volltonfarben festlegen und ausgeben zu können. In Photoshop sind *Volltonfarben* Farben oder Lacke, die zusätzlich zu oder anstelle von CMYK-Farben gedruckt werden können. Auch Graustufenbilder lassen sich mit Volltonfarbenkanälen kombinieren. Jede Volltonfarbe wird als ein separater Film ausgegeben, als eine separate Druckplatte belichtet und demzufolge in einem separaten Druckgang gedruckt. Für eine Volltonfarbentönung im ganzen Bild verwenden Sie den Duplex-Modus (s. S. 517). Für eine Beschränkung der Volltonfarben auf bestimmte Bildbereiche arbeiten Sie mit Volltonfarbenkanälen.

Sie können neue Volltonfarbenkanäle erstellen oder einen Alpha-Kanal in einen Volltonfarbenkanal konvertieren. Volltonfarbenkanäle können wie Alpha-Kanäle bearbeitet oder gelöscht werden (s. S. 464). Volltonfarben können allerdings nicht auf einzelne Ebenen angewendet werden. Das Bild sollte also vorher fertig bearbeitet und dann auf die Hintergrundebene reduziert werden. Gehen Sie am besten von einem Bild im Graustufen-, CMYK- oder Duplexmodus aus.

Es sind unzählige Varianten von Volltonfarben möglich – hier nur zwei Beispiele:

Beispiel 1

Graustufenbild mit Volltonfarbenkanal (partielles Duplex) – nur der Staffelstab ist rot getönt (hier leider nicht zu sehen).

Der Staffelstab wurde ausgewählt, kopiert und in einen neu angelegten Volltonfarbenkanal (hier mit einem Pantone-Rot) eingefügt.

Schwarz-Farbauszug

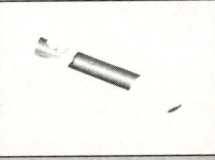

Rot-Farbauszug

Beispiel 2

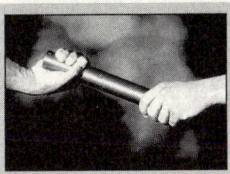

Graustufenbild mit Volltonfarbenkanal – der Staffelstab könnte so z. B. mit einem Klarlack oder mit Gold gedruckt werden.

Es wurde ein Alpha-Kanal (die gespeicherte Auswahl des Staffelstabes) in einen Volltonfarbenkanal umgewandelt.

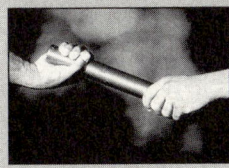

Schwarz-Farbauszug

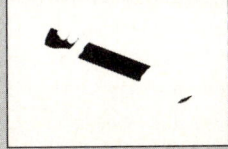

Klarlack-Farbauszug

Neuen Volltonfarbenkanal erstellen

• Blenden Sie die Kanäle-Palette ein (*Fenster > Kanäle*).
• Wenn Sie einen bestimmten Bereich mit einer Volltonfarbe füllen wollen, müssen Sie

Volltonfarbenkanäle brauchen nicht in Photoshop angelegt zu werden, wenn die Volltonbildteile glatte Konturen haben und das darunterliegende Bild ausgespart werden soll (Fragezeichen-Beispiel). Solche Volltonbildteile legen Sie im Zeichen- oder Layout-Programm an.

So soll das fertige Bild aussehen (Graustufenbild und orangefarbenes Fragezeichen).

Das Graustufenbild kommt als TIFF aus Photoshop und wird z. B. in FreeHand importiert, dort wird auch das Fragezeichen erstellt.

Farbauszüge (Schwarz und Orange) aus FreeHand ausgedruckt. Das Fragezeichen wird im Schwarz automatisch ausgespart.

eine entsprechende Auswahl erstellen oder laden.

• Klicken Sie bei gedrückter Befehlstaste (⌘) auf das Symbol *Neuer Kanal* ( ) in der Kanäle-Palette, oder wählen Sie *Neuer Volltonfarbenkanal...* im Untermenü. (Der Auswahlbereich ist mit der aktuellen Volltonfarbe gefüllt.)

Auswahl laden

Neuen Schmuckfarbenkanal erstellen

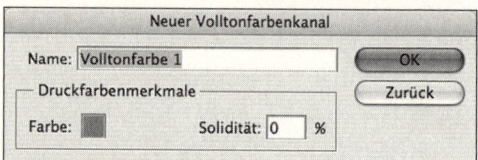

Auswählen einer Farbe über das Farbfeld bei *Farbe* und Einstellung der *Solidität* der Druckfarbe

• Ein Einstellungsdialog öffnet sich. Klicken Sie auf das Farbfeld und wählen Sie eine Farbe aus dem Farbwähler (s. S. 372). Durch Auswahl einer vordefinierten Volltonfarbe (*Farbwähler > Eigene*) ist gewährleistet, dass das Ergebnis kalkulierbar ist.

• Geben Sie bei *Solidität* einen Wert zwischen 0 % und 100 % ein. Mit dieser Option wird die Solidität der gedruckten Volltonfarbe auf dem Bildschirm simuliert. Ein Wert von 100 % simuliert eine vollständig deckende Schmuckfarbe (z. B. metallische Farbe) und 0 % eine durchsichtige Farbe (z. B. Klarlack). So können Sie auch eine ansonsten transparente Farbe (wie eben z. B. Klarlack) sehen. Die Einstellung bei *Solidität* ist also abhängig von der Art der Druckfarbe, die Sie verwenden.

Wichtig: *Solidität* ist nicht die tatsächliche Druckdichte, sondern nur die Bildschirmdarstellung einer Druckfarbe.

• Wenn Sie in Schritt 5 eine vordefinierte Volltonfarbe gewählt haben, erhält der Kanal automatisch den Namen dieser Farbe. Verändern Sie diese Bezeichnung nicht (gegebenenfalls wählen Sie nochmals eine neue Farbe aus). Wenn Sie eine andere Farbe verwenden, müssen Sie diese benennen.

• Bestätigen Sie mit *OK*.

Alpha-Kanal in einen Volltonfarbenkanal umwandeln

Sie können auch aus einer gespeicherten Auswahl (also einem Alpha-Kanal) einen Volltonfarbenkanal erstellen.

• Doppelklicken Sie in der Kanäle-Palette auf den Alpha-Kanal.

• Ein Einstellungsdialog öffnet sich. Wählen Sie *Volltonfarbe*. Klicken Sie auf das Farbfeld, und wählen Sie eine Farbe aus dem Farbwähler sowie einen Tonwert wie unter *Neuen Volltonfarbenkanal erstellen* beschrieben.

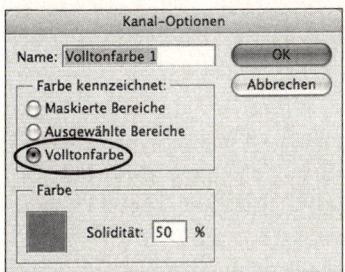

• Klicken Sie auf *OK*.

Die Bereiche des Kanals, die Graustufenwerte (also alle Helligkeitswerte außer Weiß) enthielten, werden in eine Volltonfarbe umgewandelt. Wenn Sie die Wirkung umkehren wollen, wählen Sie *Bild > Einstellen > Umkehren*.

> Es ist wichtig, Volltonfarben zu benennen bzw. vordefinierte Farbnamen (z. B. Pantone-Namen) nicht zu verändern, damit sie von anderen Anwendungen, in die Sie das Photoshop-Bild dann importieren, richtig erkannt werden können, insbesondere wenn Sie die gleiche Schmuckfarbe im Layoutprogramm verwenden wollen. Ansonsten wird die Datei eventuell nicht richtig oder auch gar nicht gedruckt bzw. belichtet.

Volltonfarbenkanal bearbeiten

Sie können Volltonfarbenkanäle jederzeit weiterbearbeiten. Sie können alle Werkzeuge benutzen, die auch zur Bearbeitung von Alpha-Kanälen möglich sind (s. S. 476).

- Wählen Sie den gewünschten Volltonfarbenkanal in der Kanäle-Palette aus.
- Malen Sie mit einem Mal- oder Bearbeitungs-Werkzeug (z. B. mit dem Pinsel) im Bild.

Verwenden Sie Schwarz, um Volltonfarbe mit voller Deckkraft aufzutragen, Grau, um Volltonfarbe mit niedrigerer Deckkraft hinzuzufügen – Weiß entfernt Volltonfarbe.

Wichtig: Mit der Option *Deckkraft* in der Optionen-Palette des Mal- oder Bearbeitungs-Werkzeuges legen Sie die tatsächliche Dichte der Druckfarbe für den späteren Druck fest. Damit unterscheidet sie sich von der Option *Solidität* im Dialogfeld *Volltonfarbenkanal*.

- Wollen Sie nachträglich die *Volltonfarbe* oder die *Solidität* im Dialogfeld *Volltonfarbenkanal* ändern, machen Sie einen Doppelklick auf den Volltonfarbenkanal in der Kanäle-Palette.

Aussparungen erzeugen

Wenn Sie mehrere Volltonfarbenkanäle angelegt haben, kann es vorkommen, dass Bereiche, die sich überlappen, nicht überdruckt werden sollen. In diesen Fällen müssen Sie „manuell" eine Aussparung erzeugen, d. h., Sie entfernen eine der Schmuckfarben an der Stelle, an der sie überlappt. In anderen Fällen sind Aussparungen nicht nötig, z. B. bei Lacken, oder man möchte sogar durch das Überdrucken Mischfarben erreichen.

Um eine Volltonfarbe auszusparen, gehen Sie so vor:

✔ Das Aussehen der Farben nach dem Drucken können Sie nur überprüfen, indem Sie ein gedrucktes Muster der überdruckten Farben zum Einstellen der Bildschirmanzeige verwenden.

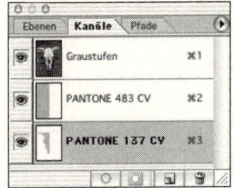
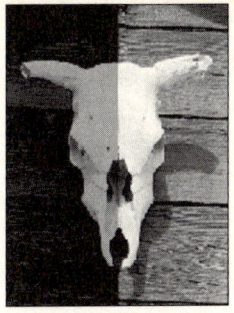

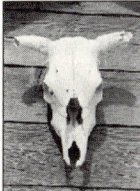
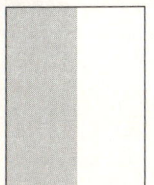

Die einzelnen Kanäle vor der Aussparung

Das Beispiel ist ein Graustufenbild mit zwei Volltonfarbenkanälen: eine rechteckige Fläche (483CV – ein dunkles Braun) und die linke Schädelhälfte (137CV – ein helles Ocker). Das Ocker soll nicht über das Braun drucken. Deshalb muss hier eine Aussparung (mit Überfüllung) erzeugt werden.

- Wählen Sie in der Kanäle-Palette den Volltonfarbenkanal aus, dessen Farbe ausgespart werden soll.
- Wählen Sie die *Transparenzmaske* des Kanals, der die auszusparende Form enthält (mit gedrückter Befehlstaste auf diesen Kanal in der Kanäle-Palette klicken).
- In diesem Fall ist es sinnvoll, eine *manuelle*

Überfüllung zu erzeugen, damit durch die Aussparung keine Blitzer entstehen. Wählen Sie *Auswahl > Verändern > Ausweiten/Verkleinern*, je nachdem, ob die überlappende Volltonfarbe

Reproduzieren von Bildern für Printmedien 525

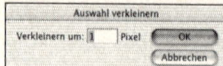

dunkler oder heller als die tiefer liegende Volltonfarbe ist.
- Stellen Sie Weiß als Vordergrundfarbe ein, und drücken Sie die Löschtaste (⌫).

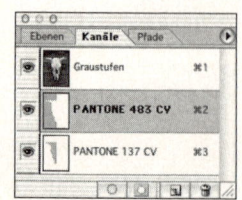

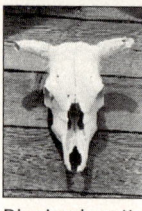

Die einzelnen Kanäle nach der Aussparung

✔ Volltonfarbenkanäle können auch mit Farbkanälen gemischt werden, wobei die Volltonfarbe in die jeweiligen Farbkanalkomponenten aufgeteilt wird. Weitere Informationen finden Sie im Hilfe-Menü von Photoshop.

Auf diese Art und Weise können Bereiche aus ggf. weiteren Kanälen unter einer Volltonfarbe ausgespart werden.
- Falls eine Volltonfarbe in einem Kanal mehr als eine andere Volltonfarbe überlappt, wiederholen Sie diesen Vorgang für jeden Kanal mit Bereichen, die Sie entfernen möchten.

Bilder mit Volltonfarbenkanälen speichern, drucken und exportieren

✔ Das Konvertieren eines CMYK-Bildes in den Mehrkanalmodus erzeugt Volltonfarbenkanäle für Cyan, Magenta, Gelb und Schwarz. Sie können im Mehrkanalmodus kein Farb-Composite drucken.

In den meisten Fällen werden die dunklen Farben vor den hellen gedruckt. Beachten Sie, dass Volltonfarbenkanäle in der Reihenfolge überdruckt werden, in der sie in der Kanäle-Palette erscheinen. Die Reihenfolge der Volltonfarbenkanäle kann einfach durch Anklicken und Verschieben in der Kanäle-Palette verändert werden. Um einen Volltonfarbenkanal in der Kanäle-Palette verschieben zu können, muss das Bild in den Mehrkanalmodus konvertiert werden.

Wenn Sie ein Bild mit Volltonfarbenkanälen auf einem Belichter ausgeben, werden die Volltonfarben als Extrafilme gedruckt. Überprüfen Sie auf alle Fälle die Rasterungseinstellungen – lassen Sie sich die Rasterwinkel von Ihrer Druckerei mitteilen, und geben Sie diese im *Drucken-mit-Vorschau*-Dialog unter *Rasterung* ein (s. S. 507 ff.). Zur Kontrolle sind Ausdrucke von Separationen auf einem PostScript-Drucker ratsam – die Namen der Volltonfarben können mit auf die Separationen gedruckt werden (im *Drucken-mit-Vorschau*-Dialog *Auszugsbeschriftungen* anklicken).

Bilder mit Volltonfarbenkanälen müssen im DCS-2.0-Format abgespeichert werden. Beim Exportieren von Bildern mit Volltonfarbenkanälen in Layoutprogramme müssen vordefinierte Volltonfarben auch die Originalbezeichnungen haben, damit sie korrekt belichtet werden können (siehe Hinweis auf S. 518). Drucken Sie zur Kontrolle unbedingt auch Separationen (Farbauszüge) aus dem Layoutprogramm auf einem PostScript-Drucker aus. Es muss für jeden Farbkanal und für jeden Volltonfarbenkanal ein Auszug aus dem Drucker kommen. Falls dies nicht so ist, also keine Separationen gedruckt werden, wandeln Sie das Bild in den Mehrkanalmodus um, speichern es erneut im DCS-2.0-Format ab, aktualisieren es im Layoutprogramm und drucken nochmals.

17 Bilder für das Web

Bilder für die Einbindung in HTML-Seiten müssen zum Teil anderen Anforderungen gerecht werden als Bilder für Printmedien. Dies betrifft nicht nur ästhetische Aspekte, sondern auch medienbezogene, z. B. die Dateigröße und das Exportformat.

Vorbereitung für WWW-Präsentation

✔ Photoshop bietet auch die Möglichkeit, *Bilder mit Transparenz* automatisch exportfertig machen zu lassen. Rufen Sie im *Hilfe*-Menü mit *Transparentes Bild exportieren* den Export-Assistenten auf und folgen den Anweisungen. Das Bild kann wahlweise im GIF- oder PNG-Format exportiert werden – Sie müssen nur noch einen Speichernamen eingeben.

✔ Weitere Informationen zu Speicherformaten finden Sie im Kapitel 14 ab S. 483.

Eine Vorlage kann mit einer Standardbildauflösung von 300 dpi eingescannt und bearbeitet werden. Das fertig bearbeitete Bild sollte dann auf eine Bildauflösung von *72 dpi* (die Monitorauflösung) heruntergerechnet und die endgültigen *Pixelmaße* festgelegt werden, da es sonst vergrößert im Browser erscheint (anschließend nochmals scharfzeichnen). Bilder können zwar im HTML-Editor verkleinert werden – eine größere Datei als benötigt verlängert jedoch nur unnötig die Ladezeit. Mögliche Bildmodi sind Bitmap, Graustufen, Indizierte Farben und RGB. Als Speicherformate sind GIF, JPEG oder PNG geeignet, wobei das PNG-Format von einigen Browsern nicht zuverlässig unterstützt wird.

	GIF	JPEG	PNG
Mögliche Farben	max. 256	16,7 Mio.	256 oder 16,7 Mio.
Speicherung der Farben	Farbtabelle	als RGB-Werte	Farbtabelle oder als RGB-Werte
Komprimierung	ohne Verluste	mit Verlusten	ohne Verluste
Transparenz	ja (1-Bit-Transparenz)	nein	ja (8-Bit-Transparenz)
Bevorzugt für	Grafiken, Schriftzüge (mit wenig Farben; vorwiegend scharfe Konturen)	Fotorealistische Abbildungen (ohne harte Kontraste, Linien und Flächen)	alle Arten von Bildern

Für-Web-speichern...-Dialog

Zur Speicherung von Bildern für das Internet verwenden Sie den Befehl *Datei > Für Web speichern...* Hier können Sie alle relevanten Einstellungen vornehmen und verschiedene Varianten hinsichtlich Aussehen und Dateigröße vergleichen.

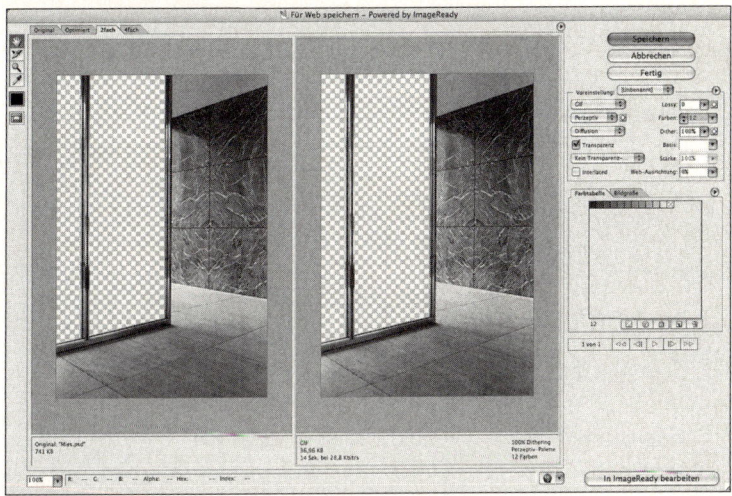

• Wählen Sie die Vorschau-Option *2-fach* oder *4-fach*, um das Originalbild mit der für das Web komprimierten Ansicht zu vergleichen. Durch Anklicken einer Bildvariante wird die Vorschau aktualisiert.
• Treffen Sie eine Auswahl aus den Speicheroptionen rechts im Dialogfenster. Beachten Sie die Veränderungen in der Vorschau und die Angaben zur Dateigröße unter dem Bild.

Beim *GIF*-Format wählen Sie entweder die Web-Palette (für Web-sichere Farben, s. S. 350) oder eine andere Palette (s. S. 366), wenn die Farben exakter der Vorlage entsprechen müssen. Haben Sie die Web-Farbtabelle gewählt, erscheint im Feld *Farben: Auto*, d.h. Photoshop

GIF-Format

Farb-Palette

	stellt aus der Web-Palette die für das aktuelle Bild brauchbarsten Farben zusammen und zeigt sie gleichzeitig in der Farb-Palette an. Sie können nun versuchen, die Anzahl der *Farben* (und damit die Dateigröße) weiter zu reduzieren. Außerdem können Sie über den Schieberegler bei *Lossy* den zulässigen Datenverlust bei der GIF-Komprimierung steuern. Verfolgen Sie dabei immer die aktuelle Vorschau.
Lossy	

Da beim GIF-Format die Anzahl der Farben auf 256 beschränkt ist, kann es zu sehr harten Farbübergängen kommen – wählen Sie ggf. die Dithering-Option *Diffusion* (s. S. 370) und bewegen den Schieberegler bei *Dither*, bis Sie mit der Farbverteilung zufrieden sind.

Dithering

Transparenz

Gibt es transparente Bereiche im Bild, kann die Option *Transparenz* gewählt und damit in die Browserdarstellung übernommen werden (s. S. 370 und im Farbteil). Bei deaktivierter Option werden durchsichtige Bereiche mit der ausgewählten Hintergrundfarbe gefüllt.

Hintergrund

Hintergrund legt die Hintergrundfarbe für geglättete Kanten neben transparenten Bildbereichen fest. Ist *Transparenz* aktiviert, wird die Hintergrundfarbe zur Anpassung an gleichfarbige Web-Hintergründe auf Kantenbereiche angewendet. Ist *Transparenz* deaktiviert, werden die transparenten Bereiche vollständig mit der ausgewählten Farbe gefüllt. Ist die Option *Hintergrund*: Ohne gewählt und *Transparenz* aktiviert, wird Transparenz mit harten Kanten erzeugt – ist dagegen *Transparenz* deaktiviert, werden durchsichtige Bereiche mit Weiß gefüllt (s. S. 370). In jedem Fall ist das Ergebnis im aktuellen Vorschau-Fenster zu sehen.

✔ Bei aktivierter Option *Transparenz* können auch teiltransparente Bereiche (z. B. weiche Schatten) gedithert werden. *Diffusion-Transparenz-Dither* ist für die meisten Fälle am besten geeignet.

(GIF-)Animation

Wurde in Photoshop mit Hilfe des *Animation*-Fensters eine Animation erzeugt, kann im Dialog eine Vorschau davon abgespielt werden.

JPEG-Format

Beim JPEG-Format wählen Sie eine Qualitätsstufe aus dem Menü oder ziehen den Schieberegler, um die Qualität stufenlos einzustellen.

Mehrere Durchgänge

Mehrere Durchgänge bezieht sich auf den Ladevorgang des Bildes im Web-Browser – das Bild wird in mehreren Durchgängen mit immer feineren Details aufgebaut. (Diese Art der Darstellung benötigt mehr Arbeitsspeicher und wird auch nicht von allen Browsern unterstützt; s. S. 487.)

Hintergrund

Falls die Datei transparente Bereiche enthält, wird die Option *Hintergrund* aktiv. Die im Photoshop-Bild angelegte Transparenz kann zwar im JPEG-Format nicht übernommen werden, es ist aber möglich, die transparenten Bereiche gezielt – z.B. mit einer websicheren Farbe – zu füllen, die auch nach der JPEG-Komprimierung unverändert erhalten bleibt. Ist die Option *Hintergrund*: *Ohne* aktiv, werden die transparenten Bereiche mit Weiß gefüllt.

ICC-Profil

Wählen Sie, ob das verwendete Farbprofil (*ICC-Profil*) in die Datei eingebettet werden soll. Von dieser Option ist eigentlich abzuraten, da sie die Datei mitunter erheblich vergrößert und nur von wenigen Browsern berücksichtigt wird.

PNG-Format

Beim PNG-Format kann entschieden werden, ob mit den Einstellungen zu PNG-8 komprimiert wird (die Optionen gleichen denen des GIF-Formats) oder mit den sehr rudimentären Möglichkeiten bei PNG-24.

WBMP-Format

WBMP ist das Standardformat zur Optimierung von Bildern für mobile Geräte, z. B. für Mobiltelefone. WBMP wandelt die Farbtiefe des Bildes in 1-Bit-Farbe, sodass WBMP-Bilder nur schwarze und weiße Pixel enthalten. Verschiedene Dithering-Optionen sind möglich.

18 Rückgängig machen und Wiederherstellen mit Protokoll-Palette und Protokoll-Pinsel

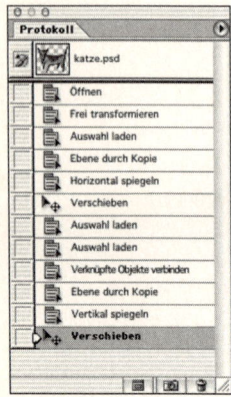

Protokoll-Palette

Photoshop bietet die Möglichkeit, beliebige Arbeitsschritte zurückzuverfolgen, rückgängig zu machen oder auch wiederherzustellen. In einer eigens dafür geschaffenen Palette – der *Protokoll-Palette* – kann jeder auch noch so kleine Arbeitsschritt innerhalb einer Arbeitssitzung (Zeitraum zwischen dem Öffnen und Schließen eines Photoshop-Dokuments) aufgezeichnet und zu diesem zurückgesprungen werden.

Arbeiten mit der Protokoll-Palette
Die Protokoll-Palette wird über das Menü *Fenster* ein- und ausgeblendet und erscheint zusammen mit der Aktionen-Palette in einer Gruppe.
Die Protokoll-Palette ist in zwei Arbeitsbereiche gegliedert:

■ Im oberen Bereich befinden sich die so genannten *Schnappschüsse* (Momentaufnahmen eines bestimmten Zustandes),
■ Unten die einzelnen aufgezeichneten *Arbeitsschritte* in Form von Protokollobjekten.

Standardmäßig erscheint beim Öffnen bzw. Neuanlegen eines Bildes ein *Schnappschuss* des aktuellen Bildes in Miniaturdarstellung im oberen Teil der Protokoll-Palette. Der untere Bereich der Protokoll-Palette enthält zunächst nur den ersten Arbeitsschritt (*Öffnen* bzw. *Neu*).

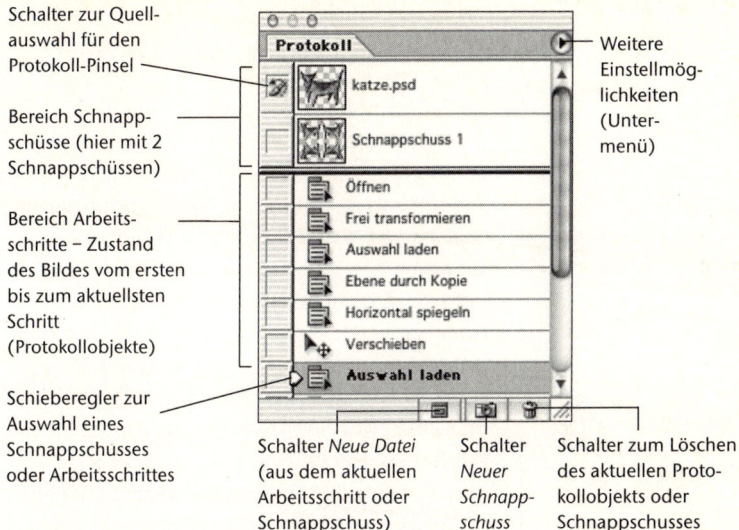

Schalter zur Quellauswahl für den Protokoll-Pinsel

Bereich Schnappschüsse (hier mit 2 Schnappschüssen)

Bereich Arbeitsschritte – Zustand des Bildes vom ersten bis zum aktuellsten Schritt (Protokollobjekte)

Schieberegler zur Auswahl eines Schnappschusses oder Arbeitsschrittes

Weitere Einstellmöglichkeiten (Untermenü)

Schalter *Neue Datei* (aus dem aktuellen Arbeitsschritt oder Schnappschuss)

Schalter *Neuer Schnappschuss*

Schalter zum Löschen des aktuellen Protokollobjekts oder Schnappschusses

Die im Laufe einer Arbeitssitzung ausgeführten Arbeitsschritte werden von oben beginnend nach unten mit dem Namen des verwendeten Befehls bzw. Werkzeugs aufgelistet – der letzte Arbeitsschritt befindet sich also ganz unten.

Allgemeine Hinweise zum Arbeiten mit der Protokoll-Palette

Beachten Sie folgende Hinweise beim Arbeiten mit der Protokoll-Palette:

▪ Eine Arbeitssitzung umfasst den Zeitraum zwischen dem Öffnen und Schließen eines Photoshop-Dokuments. In dieser Zeit wird die voreingestellte Anzahl von Arbeitsschritten aufgezeichnet. Wird ein Dokument geschlossen und wieder geöffnet, so sind alle Arbeitsschritte und Schnappschüsse der letzten Arbeitssitzung gelöscht.

▪ Mit der Standardeinstellung werden 20 Arbeitsschritte in der Protokoll-Palette aufgezeichnet. Diese Voreinstellung lässt sich ändern (siehe nächster Abschnitt). Wird die vorgegebene Anzahl von Aufzeichnungen überschritten, wird bei jedem weiteren

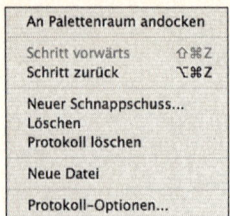

Untermenü der Protokoll-Palette

Arbeitsschritt automatisch das älteste Protokollobjekt gelöscht. Um einen bestimmten Status trotzdem zu konservieren, kann man einen Schnappschuss aufnehmen (siehe gleichnamiger Abschnitt).

▪ Programmübergreifende Änderungen wie z. B. geänderte Voreinstellungen, Änderungen in Paletten usw. sind keine das aktuelle Bild betreffenden Änderungen und werden demzufolge auch nicht in der Protokoll-Palette erfasst.

Springen zwischen (Auswählen von) Schnappschüssen bzw. Arbeitsschritten

Man kann entweder zu einem beliebigen Schnappschuss *oder* zu einem beliebigen (früheren) Arbeitsschritt (Protokollobjekt) springen. Das Springen erfolgt durch Auswahl des gewünschten Arbeitsschrittes / Schnappschusses in der Protokoll-Palette durch
▪ Anklicken des Namens oder
▪ Ziehen des Schiebereglers.

Der entsprechende Arbeitsschritt / Schnappschuss wird dunkel markiert dargestellt. Wahlweise können auch die Befehle *Schritt vorwärts* bzw. *Schritt zurück* aus dem Untermenü der Protokoll-Palette verwendet werden. Das Bild erscheint nun in diesem (früheren) Status. Die ursprünglich nachfolgenden Arbeitsschritte werden in der Protokoll-Palette kursiv und aufgehellt angezeigt. Das Bild kann nun ausgehend vom ausgewählten Status weiterbearbeitet werden. Standardmäßig werden in diesem Fall die ursprünglich folgenden Arbeitsschritte automatisch gelöscht.

Anzahl der aufgezeichneten Arbeitsschritte

Die Anzahl der aufgezeichneten Arbeitsschritte lässt sich unter *Photoshop > Voreinstellungen > Allgemeine* einstellen (s. S. 117). Bis zu 100 Protokollobjekte sind möglich, jedoch hängt die tatsächlich mögliche Anzahl von folgenden Faktoren ab: der Dateigröße des Bildes, der Art der Änderungen am Bild und dem für Photoshop verfügbaren Arbeitsspeicher.

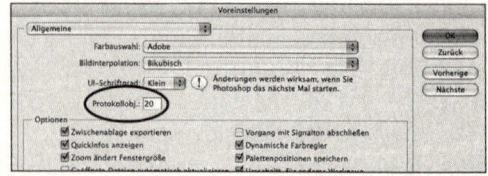

Löschen von Arbeitsschritten

Um einen Arbeitsschritt aus der Liste der Protokoll-Palette zu löschen:

Löschen eines Arbeitsschrittes

- Wählen Sie den gewünschten Arbeitsschritt durch Anklicken aus, und benutzen Sie dann den Befehl *Löschen* aus dem Untermenü der Protokoll-Palette, oder klicken Sie auf den Papierkorb (🗑) der Protokoll-Palette. Oder:
- Ziehen Sie den gewünschten Arbeitsschritt mit gedrückter Maustaste auf den Papierkorb der Protokoll-Palette.

Es gibt zwei Möglichkeiten, alle Arbeitsschritte aus der Liste der Protokoll-Palette zu löschen (der aktuelle Zustand des Bildes bleibt in beiden Fällen erhalten):

Löschen aller Arbeitsschritte

- Wählen Sie *Protokoll löschen* aus dem Untermenü der Protokoll-Palette. Dieser Arbeitsschritt lässt sich rückgängig machen (⌘ Z). Oder:
- Wählen Sie bei gedrückter Wahltaste (⌥) *Protokoll löschen* aus dem Untermenü der Protokoll-Palette. Dieser Arbeitsschritt lässt sich *nicht* rückgängig machen, sondern es wird der dafür reservierte Teil das Arbeitsspeichers entleert. Dieser Schritt kann z. B. sinnvoll sein, wenn Sie eine Meldung erhalten, dass Photoshop zu wenig Arbeitsspeicher zur Verfügung steht. Dementsprechend können auch alle Arbeitsschritte *aller geöffneten* Bilder gelöscht werden, um Arbeitsspeicher freizugeben:

Löschen aller Arbeitsschritte aller geöffneten Bilder

- Wählen Sie *Bearbeiten > Entleeren > Protokolle*. Auch dieser Arbeitsschritt ist *nicht* rückgängig zu machen.

Schnappschüsse

Man kann beliebige weitere Schnappschüsse (temporäre Kopien) vom jeweils aktuellen Zustand aufnehmen. Jeder neue Schnappschuss wird im oberen Bereich der Protokoll-

Palette aufgelistet. Durch Auswahl eines Schnappschusses kann man das Bild von diesem Zustand ausgehend weiterbearbeiten.

Beachten Sie: Schnappschüsse werden nicht zusammen mit dem Bild abgespeichert. Beim Schließen des Bildes werden alle Schnappschüsse gelöscht. Lesen Sie dazu auch den Abschnitt *Erstellen eines neuen Dokuments aus einem Schnappschuss oder Arbeitsschritt* auf der nächsten Seite.

Die Vorteile von Schnappschüssen sind:

- Durch Aufnehmen von Schnappschüssen können bestimmte Zustände für die gesamte Dauer der Arbeitssitzung konserviert werden, auch wenn die entsprechenden Arbeitsschritte, die zu diesem Zustand geführt haben, schon gelöscht wurden.
- Das Experimentieren mit verschiedenen Techniken wird erleichtert. Wollen Sie beispielsweise zwei Techniken ausprobieren, machen Sie einen Schnappschuss vom Zustand des Bildes vor und nach dem Anwenden der ersten Technik. Dann springen Sie zurück zum ersten Schnappschuss und probieren die zweite Technik aus. Anschließend vergleichen Sie und wählen Ihre bevorzugte Variante aus.
- Machen Sie einen Schnappschuss, bevor Sie eine *Aktion* anwenden. Eine Aktion kann aus einer größeren Anzahl von Arbeitsschritten bestehen, als Sie in der Protokoll-Palette zur Aufzeichnung zugelassen haben, sodass Sie u. U. nicht den Zustand vor der Anwendung der Aktion zurückerlangen können. (Mit *Bearbeiten > Rückgängig* lässt sich jeweils nur der letzte Schritt rückgängig machen.)

Schnappschüsse aufnehmen

Um einen Schnappschuss aufzunehmen:
• Klicken Sie auf den Schalter *Neuer Schnappschuss* in der Protokoll-Palette ( ). Auf diese Weise erstellte neue Schnappschüsse erscheinen unter gleichem Namen fortlaufend nummeriert in der Protokoll-Palette. Oder:
• Wählen Sie *Neuer Schnappschuss...* aus dem Untermenü der Protokoll-Palette. Das folgende Dialogfenster erscheint:

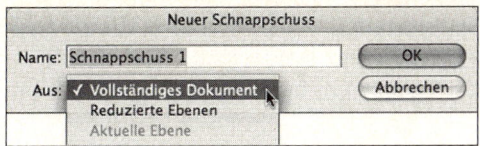
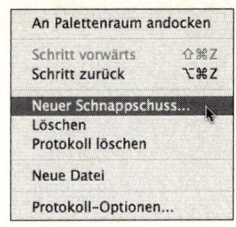

Untermenü der Protokoll-Palette

Geben Sie einen schlüssigen Namen ein. Unter *Aus* wählen Sie den Inhalt Ihres Schnappschusses: *Vollständiges Dokument* (gesamtes Dokument mit allen Ebenen); *Reduzierte Ebenen* (gesamtes Dokument, jedoch auf eine Ebene reduziert); *Aktuelle Ebene* (nur die zur Zeit aktive Ebene).

Schnappschüsse löschen
Um einen Schnappschuss aus der Liste der Protokoll-Palette zu löschen:
• Wählen Sie den gewünschten Schnappschuss durch Anklicken aus und benutzen Sie dann den Befehl *Löschen* aus dem Untermenü der Protokoll-Palette, oder klicken Sie auf den Papierkorb (🗑) der Protokoll-Palette. Oder einfacher:
• Ziehen Sie den gewünschten Schnappschuss mit gedrückter Maustaste auf den Papierkorb der Protokoll-Palette.

Erstellen eines neuen Dokuments aus einem Schnappschuss oder Arbeitsschritt
Zum Erstellen eines neuen Dokuments aus einem Schnappschuss bzw. einem Arbeitsschritt gehen Sie so vor:
• Wählen Sie den gewünschten Schnappschuss/Arbeitsschritt durch Anklicken aus, und benutzen Sie dann den Befehl *Neue Datei* aus dem Untermenü der Protokoll-Palette, oder klicken Sie auf den Schalter *Neue Datei* (🔲) der Protokoll-Palette. Oder einfacher:
• Ziehen Sie den gewünschten Schnappschuss/Arbeitsschritt mit gedrückter Maus-

✔ Um einen oder mehrere Schnappschüsse bzw. Arbeitsschritte in späteren Arbeitssitzungen verfügbar zu haben, können Sie von den entsprechenden Schnappschüssen bzw. Arbeitsschritten jeweils ein separates Dokument erstellen. Wenn Sie das Originalbild erneut öffnen, öffnen Sie gleichzeitig auch die anderen gespeicherten Dokumente. Dann ziehen Sie die entsprechenden Schnappschüsse bzw. Arbeitsschritte per Drag and Drop in das Originalbild.

Rückgängig machen und Wiederherstellen 537

taste auf den Schalter *Neue Datei* (🗋) der Protokoll-Palette. Das neue Dokument muss dann natürlich gespeichert werden.

Außerdem lässt sich ein Dokument durch einen ausgewählten Schnappschuss/Arbeitsschritt aus einem anderen geöffneten Dokument durch Drag and Drop ersetzen.

Ändern der Protokoll-Paletten-Optionen
Wählen Sie *Protokolloptionen...* aus dem Untermenü der Protokoll-Palette. Der folgende Dialog erscheint:

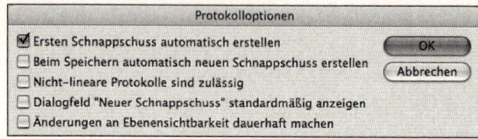

■ Legen Sie fest, ob gleich beim Öffnen eines Dokuments automatisch ein Schnappschuss erstellt werden soll.

■ *Beim Speichern automatisch neuen Schnappschuss erstellen* registriert jeden Speichervorgang mit einem Schnappschuss.

■ *Nicht-lineare Protokolle sind zulässig* ist im Normalfall eher nicht zu empfehlen.
Wenn diese Option *ausgeschaltet* ist und Sie das Bild ausgehend von einem früheren Zustand weiterbearbeiten, werden automatisch alle ursprünglich folgenden Arbeitsschritte gelöscht und nur die neu erfolgenden Arbeitsschritte aufgezeichnet. Wenn die Option *eingeschaltet* ist, können Sie einen früheren Arbeitsschritt auswählen und das Bild ausgehend von diesem Zustand weiterbearbeiten. Es bleiben alle ursprünglich folgenden Arbeitsschritte erhalten, und die nun neu erfolgenden Arbeitsschritte werden zusätzlich aufgezeichnet. Dies bringt zwar noch mehr Flexibilität,

jedoch auch die Gefahr der Unübersichtlichkeit in der Protokoll-Palette.

▪ Wenn Sie *Dialogfeld Neuer Schnappschuss standardmäßig anzeigen* aktivieren, werden Sie zum Eingeben von Schnappschuss-Namen aufgefordert, auch wenn Sie die Schalter in der Protokoll-Palette verwenden.

Malen mit einem früheren Arbeitsschritt oder Schnappschuss mit dem Protokoll-Pinsel

Der Protokoll-Pinsel ist eine sinnvolle Ergänzung der Protokoll-Palette. Seine Funktionalität ist dem Stempel-Werkzeug (s. S. 177) vergleichbar. Im Gegensatz zu diesem kann der Protokoll-Pinsel jedoch Bildteile aus jeder zurückliegenden Arbeitsphase oder aus einem Schnappschuss innerhalb einer Arbeitssitzung, allerdings nur innerhalb des aktuellen Bildes, auftragen. Man könnte auch sagen, dass der Protokoll-Pinsel zu einem beliebigen früheren Arbeitsschritt oder Schnappschuss innerhalb des aktuellen Bildes zurückmalt oder diesen freilegt.

Der Protokoll-Pinsel lässt sich hinsichtlich seiner Werkzeugspitze (Größe und Form) und seines Mal- und Bearbeitungsmodus genauso wie der normale Pinsel einstellen. Damit lassen sich interessante Effekte erzielen.

So verwenden Sie den Protokoll-Pinsel:
• Wählen Sie den Protokoll-Pinsel aus der Werkzeug-Palette ( ). Um die Protokoll-Palette zu öffnen, wählen Sie *Fenster > Protokoll*.
• Wählen Sie eine Pinselgröße und -form sowie einen Mal- und Bearbeitungsmodus in der Werkzeug-Optionen-Leiste aus.
• Klicken Sie in der linken Spalte der Protokoll-Palette auf den Arbeitsschritt oder den Schnappschuss, den Sie als Quelle für den

✔ Beachten Sie: Sollte sich eine aktive Auswahl im Bild befinden, wird auch der Protokoll-Pinsel nur innerhalb dieses Bereichs wirksam.

Protokoll-Pinsel verwenden wollen.

• Tragen Sie den früheren Zustand nun an den gewünschten Bildstellen auf.

Ausgangsbild
(mit automatisch erstelltem Schnappschuss vom Zustand nach dem Öffnen)

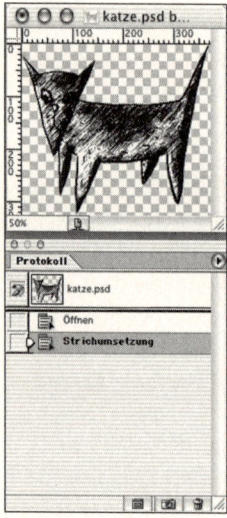

Als nächsten Arbeitsschritt den *Filter > Zeichenfilter > Strichumsetzung* auf das Bild anwenden. Danach den Protokoll-Pinsel aus der Werkzeug-Palette auswählen.

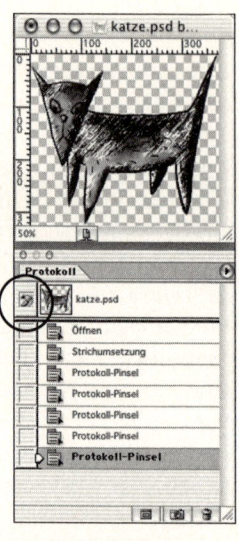

Den gewünschten Schnappschuss bzw. Arbeitsschritt in der linken Spalte der Protokoll-Palette markieren. (Zunächst ist der erste Schnappschuss ausgewählt.) Dann im Bild malen.

Sie können auch andersherum an die Sache herangehen: Machen Sie beispielsweise einen Schnappschuss *nach* einer Änderung (z. B. Filteranwendung), die Sie am Bild vorgenommen haben. Machen Sie diesen Schritt rückgängig (⌘ Z). Wählen Sie den letzten Schnappschuss als Quelle für den Protokoll-Pinsel aus. Sie können die Änderung (den Filter) nun selektiv auf Ihr Bild auftragen.

19 Arbeitsabläufe automatisieren

Arbeiten mit der Aktionen-Palette

Dieses Kapitel gibt Ihnen aufgrund des begrenzten Umfangs nur einen Überblick über die Arbeit mit Aktionen. Eine ausführliche Beschreibung, die sich auch ausdrucken lässt, finden Sie im Hilfe-Menü von Photoshop.

Seit Photoshop 4.0 ist es möglich, Arbeitsabläufe zu automatisieren, indem man mehrere Befehle zu einem einzigen Befehl zusammenfasst und in einer so genannten *Aktion* aufzeichnet. Damit werden häufig benutzte Befehlsabfolgen beliebig oft reproduzierbar. Zur besseren Verwaltung können mehrere Aktionen in *Sets* zusammengefasst werden. Zusätzlich lässt sich mit der *Stapelverarbeitung* (Batch-Prozess) eine Aktion auf mehrere Dateien innerhalb eines Ordners anwenden.

Es können die meisten, jedoch nicht alle Befehle aufgezeichnet werden. Die in der Aktionen-Palette aufgezeichneten Befehle können nachträglich bearbeitet, mit Stoppmarken oder anderen Unterbrechungen versehen werden, um nicht aufzeichenbare Arbeitsschritte durchführen oder in bestimmten Dialogen neue Werte eingeben zu können.

Alle Aktionen werden in der *Aktionen-Palette* verwaltet, die Sie über das Menü *Fenster > Aktionen aufrufen* können. Wenn Sie diese Palette das erste Mal benutzen, sind dort schon einige vom Hersteller vordefinierte Aktionen enthalten.

✔ Die Befehle im Menü *Datei > Automatisieren* vereinfachen mehrstufige Operationen wie z. B. das Skalieren von Bildern und Erstellen von Kontaktabzügen (s. S. 551). Mehr Informationen dazu finden Sie im Hilfe-Menü von Photoshop.

✔ Beachten Sie, dass Sie beim Aufzeichnen von Aktionen mit gewissen Einschränkungen rechnen müssen, da die Ergebnisse von Variablen abhängen. Dies bezieht sich z. B. auf Programmvoreinstellungen, Farbmodus, aktuelle Vorder- und Hintergrundfarbe, Bildauflösung usw. So können konkrete Werte in Befehlen zu unterschiedlichen Ergebnissen führen: Z. B. hat eine Kontur von 3 Pixeln in einem Bild mit einer Auflösung von 72 dpi eine andere Wirkung als in einem Bild mit einer Auflösung von 300 dpi.

✔ Photoshop unterstützt auch bestimmte externe Automatisierungsabläufe auf Betriebssystemebene (AppleScript für Mac bzw. OLE Automatisierungs-Controller unter Windows). Weitere Informationen hierzu finden Sie im Hilfe-Menü von Photoshop.

Die Aktionen-Palette lässt sich im *Listen-Modus* oder *Schalter-Modus* darstellen, wobei der Listen-Modus den besseren Überblick bietet, da jeder einzelne Schritt einer Aktion mit allen Einstellungen sichtbar ist. Die Inhalte von Sets, Aktionen und Befehlen können durch einen Mausklick auf das Dreieck links neben dem Set, der Aktion oder dem Befehl ein- und ausgeblendet werden.

Der Schalter-Modus wird über das Untermenü der Aktionen-Palette ein- und ausgestellt. Der Schalter-Modus zeigt nur die Namen der Aktionen, welche mit einem einfachen Mausklick auf den Schalter sofort ausgelöst werden. Auch die Belegung der Funktionstasten Ihrer Tastatur mit Befehlen oder Aktionen ist möglich.

Palette im Schalter-Modus

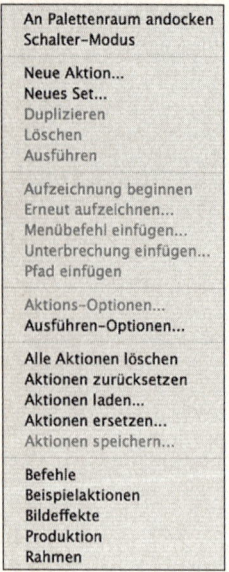

Untermenü der Aktionen-Palette

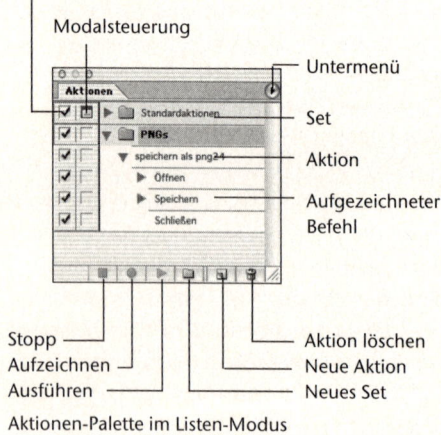

Aktionen-Palette im Listen-Modus

Beachten Sie beim Aufzeichnen und Abspielen von Aktionen, dass das Ergebnis auch von Faktoren wie Farbmodus, Auflösung, gewählter Ebene, aktueller Vorder- und Hintergrundfarbe des Dokuments abhängt.

Aufzeichnen von Aktionen

Während Sie Befehle ausführen, können Sie einzelne oder alle Befehlsabfolgen aufzeichnen. Dazu gehen Sie so vor:

• Wählen Sie ein vorhandenes Set aus. Oder klicken Sie gleich auf das Symbol *Neue Aktion* ( ) in der Aktionen-Palette. Alternativ wählen Sie den gleichnamigen Befehl aus dem Untermenü der Aktionen-Palette. Es erscheint der Dialog *Neue Aktion*:

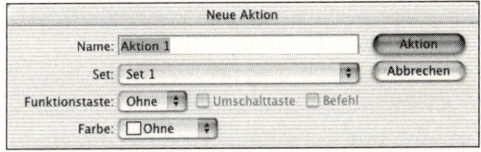

✔ Wenn noch kein Set in der Aktionen-Palette vorhanden ist, wird beim Aufzeichnen einer neuen Aktion automatisch ein neues Set angelegt. Ansonsten ist das Auswahlmenü *Set* im Dialog *Neue Aktion* aktiv, und es kann dort ausgewählt werden, in welches Set die neue Aktion aufgenommen werden soll. Sie können natürlich auch erst ein *Neues Set* ( ) anlegen und dann mit dem Aufzeichnen einer neuen Aktion beginnen.

• Geben Sie einen Namen für die Aktion ein. Optional wählen Sie eine Funktionstaste (oder eine Kombination mit Umschalt- oder Befehlstaste) und eine Farbe für die Darstellung der Aktion im Schalter-Modus. Klicken Sie dann auf *Aktion*, um den Dialog zu verlassen. War noch kein Set vorhanden, erscheint die neue Aktion in der Aktionen-Palette in einem neuen Set. Der *Aufzeichnen*-Schalter (●) ist aktiv (rot) – jeder ab jetzt folgende Befehl wird aufgezeichnet, bis Sie die Aufzeichnung durch Klicken auf den Stoppschalter (■) beenden.

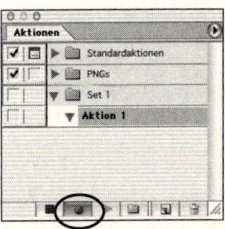

Aktion aufzeichnen

(● Wenn Sie eine unveränderte Originalversion des Bildes, auf das Sie die Aktion später anwenden, erhalten wollen, wählen Sie als ersten Befehl *Datei > Kopie speichern unter...* Legen Sie keinen Dateinamen fest, da Photoshop dann diesen Namen mit aufzeichnet und jedesmal beim späteren Ausführen der Aktion verwendet.)

• Führen Sie nun die gewünschten Befehle der Reihe nach aus. (Wird ein Befehl durch Klicken auf *Abbrechen* im Befehlsdialog abgebrochen, wird er nicht mit aufgezeichnet.)

Arbeitsabläufe automatisieren

- Beenden Sie das Aufzeichnen durch Klicken auf den Stoppschalter (■).

Menübefehl einfügen

Sie können während der Aufzeichnung einer Aktion oder auch nachträglich „manuell" Menübefehle in eine Aktion einfügen. Dies kann z. B. erforderlich sein, um „nicht aufzeichenbare" Befehle, wie eine Tonwertkorrektur, in eine Aktion aufnehmen zu können. Das Besondere an einem eingefügten Befehl ist, dass er nicht am aktuellen Bild angewendet wird, sondern erst später bei der Ausführung der Aktion. Das bedeutet, dass weder die Datei bei der Aufzeichnung verändert wird noch irgendwelche Werte aufgenommen werden. Wenn der eingefügte Befehl einen Dialog enthält, wird dieser erst bei der Ausführung der Aktion geöffnet, und es können dann gegebenenfalls Werte eingegeben werden. Erst nach dem Beenden des Dialogs mit *OK* oder *Abbrechen* wird die Ausführung der Aktion fortgesetzt.

So können Sie einen Menübefehl einfügen:
- Wählen Sie den Namen einer Aktion in der Aktionen-Palette durch Anklicken aus, um den Befehl am Ende der Aktion einzufügen. Oder:
- Wählen Sie einen Befehl in der Aktionen-Palette durch Anklicken aus, um den Befehl dahinter einzufügen.
- Dann wählen Sie *Menübefehl einfügen...* aus dem Untermenü der Aktionen-Palette.

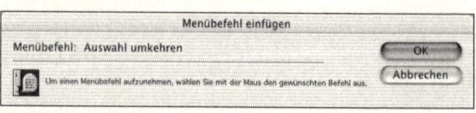

- Während der *Menübefehl-einfügen*-Dialog geöffnet ist, wählen Sie den gewünschten Befehl aus der Menüleiste. Bestätigen Sie mit *OK*.

✔ Mit dem Befehl *Menübefehl einfügen* lassen sich häufig benutzte Befehle zusammenstellen, die über Funktionstasten aufgerufen werden können:
- Wählen Sie *Neues Set* (▢) und dann *Neue Aktion* (▢) in der Aktionen-Palette. Geben Sie den Namen des Befehls ein, dem eine Funktionstaste zugewiesen werden soll (z. B. *Auswahl umkehren*). Wählen Sie ein freie Funktionstaste im Untermenü *Funktionstaste*. Klicken Sie auf *Aktion*, um den Dialog zu verlassen.
- Die neue Aktion erscheint im neuen Set in der Aktionen-Palette. Klicken Sie auf den Stoppschalter (■), um das Aufzeichnen zu beenden.
- Wählen Sie nun *Menübefehl einfügen* aus dem Untermenü der Aktionen-Palette.
- Während der *Menübefehleinfügen*-Dialog geöffnet ist, wählen Sie den gewünschten Befehl aus der Menüleiste (z. B. *Auswahl > Auswahl umkehren*). Bestätigen Sie mit *OK*. Der Befehl *Auswahl umkehren* kann nun mit der gewählten Funktionstaste aufgerufen werden.

Unterbrechung (Stoppmarken) einfügen

Sie können Unterbrechungen in Aktionen einfügen, um Arbeitsschritte auszuführen, die sich nicht aufzeichnen lassen (z. B. um eine Auswahl zu erstellen). Gleichzeitig kann eine kurze Meldung Bestandteil der Unterbrechung sein, die an den zu erledigenden Arbeitsschritt erinnert.

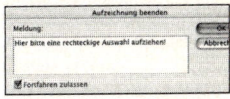

So fügen Sie eine Unterbrechung ein:
• Wählen Sie einen Befehl in der Aktionen-Palette durch Anklicken aus, um die Unterbrechung dahinter einzufügen.

• Dann wählen Sie *Unterbrechung einfügen...* aus dem Untermenü der Aktionen-Palette. Wahlweise können Sie eine Notiz eingeben, die bei der Ausführung am Bildschirm erscheint. *Fortfahren zulassen* ermöglicht, die Unterbrechung zu beenden, ohne einen Arbeitsschritt auszuführen.

Unterbrechungsmeldung

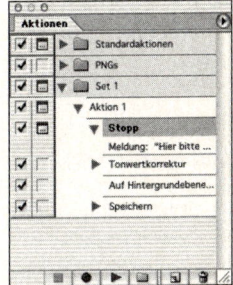

• Die Unterbrechung erscheint als *Stopp* in der Aktionen-Palette.

Unterbrechung (mit Meldung und Möglichkeit zum Fortfahren)

Aktionen ausführen

Die Befehle einer Aktion werden in der Reihenfolge ausgeführt, in der sie sich in der Liste der Aktionen-Palette befinden. Sie wählen einfach eine Aktion durch Anklicken aus und klicken auf den Ausführen-Schalter ([▷]) oder den gleichnamigen Befehl im Untermenü der Aktionen-Palette. Sie können aber auch mit einem beliebigen Befehl innerhalb einer Aktion (durch Anklicken auswählen) beginnen. Des Weiteren können Sie einzelne Befehle einer Aktion von der Ausführung ausschließen. Dazu klicken Sie ganz links in das Feld neben dem Namen des Befehls, um das Häkchen zu entfernen. Durch erneutes Klicken in das Feld wird der Befehl wieder eingeschlossen.

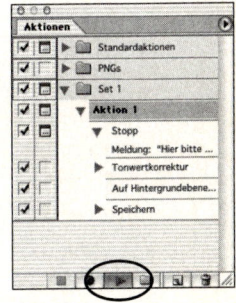

Aktion ausführen

Arbeitsabläufe automatisieren

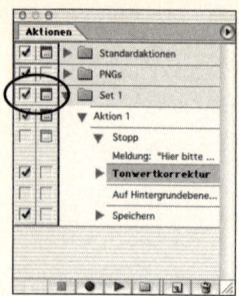

Eine Aktion mit teilweise ausgeschlossenen Befehlen wird durch ein rotes Häkchen gekennzeichnet.

Wenn eine Aktion Befehle mit Einstellungsdialogen oder Befehle mit Modaloperationen (z. B. die Transformationsbefehle) enthält oder Werkzeuge anwendet, die Positionen aufzeichnen (z. B. die Verlaufswerkzeuge), können Sie entscheiden, ob der Befehl mit den Werten bzw. Einstellungen, die beim Aufzeichnen aktuell waren, ausgeführt werden soll oder ob eine Unterbrechung stattfinden soll, die den Dialog öffnet, um die Einstellungen ändern zu können (*Modalsteuerung*). Klicken Sie in die zweite Spalte neben dem Namen des Befehls, um den Dialog bei der Ausführung öffnen zu lassen (es erscheint ein kleines Dialog-Symbol). Klicken Sie auf ein Dialog-Symbol, um es wieder zu entfernen (keine Unterbrechung).

Durch den Befehl *Bearbeiten > Rückgängig* (⌘ Z) können Sie immer nur den letzten Befehl einer Aktion, aber nie die ganze Aktion rückgängig machen. Arbeiten Sie gegebenenfalls mit einer Kopie der Datei.

Wenn Sie keine Modalsteuerung verwenden, führt Photoshop den Befehl unter Verwendung der Werte aus, die beim Aufzeichnen der Aktion angegeben wurden (und das Dialogfeld wird nicht angezeigt). (Damit der Effekt eines Modalwerkzeugs angewendet wird, muss die Eingabetaste oder der Zeilenschalter gedrückt werden.)

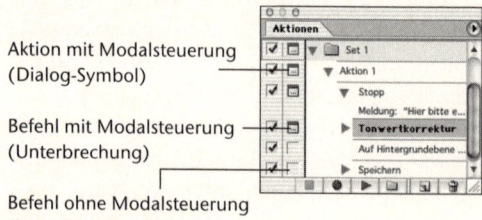

Aktion mit Modalsteuerung (Dialog-Symbol)

Befehl mit Modalsteuerung (Unterbrechung)

Befehl ohne Modalsteuerung (keine Unterbrechung)

Löschen von Sets, Aktionen und Befehlen

Einzelne Sets, Aktionen oder Befehle werden gelöscht, indem man sie anklickt und auf den Papierkorb zieht oder die gleichnamigen Befehle im Untermenü der Aktionen-Palette anwählt.

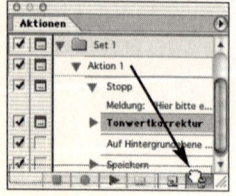

Aktion löschen

Speichern, Laden und Ersetzen von Aktionen
Alle Aktionen, die Sie erstellen, werden in einer Voreinstellungsdatei (*Adobe Photoshop CS2 Einstellungen*, s. S. 292) gespeichert. Wenn diese Datei gelöscht wird, gehen die Aktionen verloren und sind beim nächsten Starten von Photoshop nicht mehr verfügbar. Deshalb sollten Aktionen für die spätere Verwendung in der Aktionen-Palette oder im *Vorgaben-Manager* (s. S. 129) gespeichert und im *Programm-Ordner > Vorgaben > Photoshop-Aktionen* abgelegt werden – sie erhalten die Extension *.atn. Beim *Speichern* von Aktionen lässt sich nur der gesamte Inhalt eines Sets speichern – nicht eine einzelne Aktion daraus. Beim *Laden* von gespeicherten Aktionen werden diese zu den vorhandenen hinzugefügt (die im Vorgaben-Manager befindlichen erscheinen immer in der Palette). Beim Befehl *Aktionen ersetzen* erscheinen nur die gespeicherten Aktionen – die vorhandenen werden gelöscht. *Alle Aktionen löschen* löscht den kompletten Inhalt der Aktionen-Palette. *Aktionen zurücksetzen* lädt die von Photoshop vordefinierten Aktionen.

Untermenü der Aktionen-Palette

Stapelverarbeitung
Eine Möglichkeit, eine erstellte Aktion automatisch auf mehrere Dokumente anzuwenden, ist die Stapelverarbeitung. Dabei müssen die Dateien nicht geöffnet sein und können sich an einem beliebigen Ort Ihrer Festplatte befinden.

Um die Mehrfachkonvertierung anzuwenden, gehen Sie so vor:
- Öffnen Sie unter *Datei > Automatisierung* das Dialogfeld *Stapelverarbeitung*.
- Wählen Sie die anzuwendende Aktion aus einem Aktionenset.
- Geben Sie den Speicherort und die zu konvertierende Datei an (*Quelle*). Es können auch

✔ Falls Sie beim Aufzeichnen der für die Stapelverarbeitung verwendeten Aktion das „Öffnen" und „Speichern" mit aufgezeichnet haben und mit ungeöffneten Dateien arbeiten, wählen Sie bei *Quelle* „Öffnen" in Aktionen überschreiben bzw. bei *Ziel* „Speichern unter" in Aktionen überschreiben.

Arbeitsabläufe automatisieren

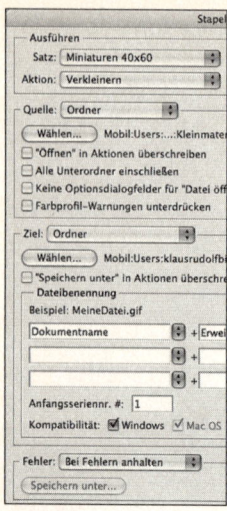

So zeigt sich ein *Droplet* auf dem Schreibtisch

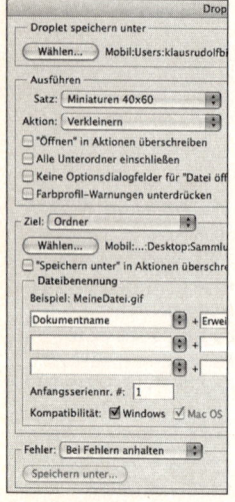

komplette Verzeichnisse und darin befindliche Unterordner umgewandelt werden.

• Mit *Ziel* bestimmen Sie zunächst, wohin die geänderten Dokumente gesichert werden. Sinnvoll ist es meistens, ein neues Verzeichnis zur Aufnahme der umgewandelten Dateien anzulegen. Es ist aber auch möglich, die bearbeiteten Dokumente geöffnet zu halten und die Änderungen erst einmal nicht abzuspeichern (*Ziel: Ohne*). Weitere Optionen in der Abteilung *Ziel* dienen der automatischen Nummerierung und (Um-)Benennung der geänderten Dateien.

• Sollen die Daten plattformübergreifend Verwendung finden, aktivieren Sie die Häkchen für die jeweils anderen Systeme.

• Es ist gut, die Konvertierung mit *Bei Fehlern anhalten* zu stoppen und nach dem zugrunde liegenden Fehler zu suchen, wenn Photoshop die Verarbeitung unvorhergesehen anhält.

• Bestätigen Sie den Dialog schließlich mit *OK*, wenn alle Einstellungen festgelegt sind, um die Stapelverarbeitung zu beginnen.

Droplet erstellen

Einem ähnlichen Zweck wie die Stapelverarbeitung dient *Droplet erstellen*, jedoch wird damit ein eigenes kleines Programm erstellt, das an beliebiger Stelle (etwa auf dem Desktop) abgelegt werden kann. Ziehen Sie eine zu konvertierende Datei oder ein Dateiverzeichnis auf das Programmsymbol, wird Photoshop aufgerufen und die Umwandlung gestartet.

Sie öffnen den Dialog mit *Datei > Automatisieren > Droplet erstellen...* , die Bedienung erfolgt wie im Abschnitt *Stapelverarbeitung* oben beschrieben.

Automatisieren von Bildübersichten

PDF-Präsentation
Um schnell einer Reihe von Bildern eine Form zu geben und sie zur Begutachtung weiterzureichen, ist die *PDF-Präsentation* eine gute Idee.

Mit Aufruf der Funktion unter *Datei > Automatisieren* geben Sie im Dialogfeld im Bereich *Quelldateien* mit *Durchsuchen* zunächst die Dateien an, die präsentiert werden sollen. Falls Sie Bilder mehrfach verwenden wollen, müssen die Dateien dupliziert werden. Fälschlich gewählte Bilder können entfernt werden. Die Reihenfolge lässt sich durch Verschieben in der Liste verändern.

Die Option *Geöffnete Dateien hinzufügen* sammelt die aktuell in Photoshop geöffneten Bilder und hängt sie der Liste im Dialog an.

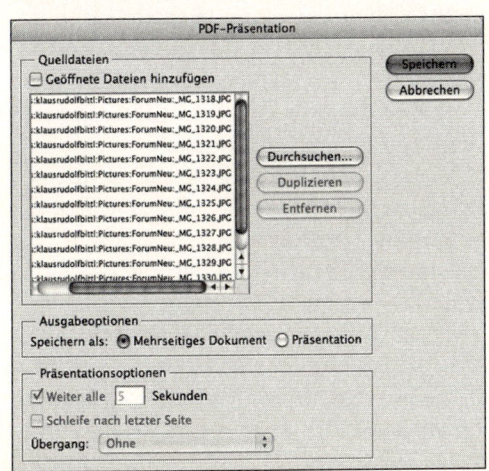

✔ Egal, ob Sie sich für ein *Mehrseitiges Dokument* oder für eine Bildschirm-*Präsentation* entscheiden, das resultierende PDF kann mit dem kostenlosen Acrobat Reader plattformunabhängig weitergegeben und betrachtet werden.

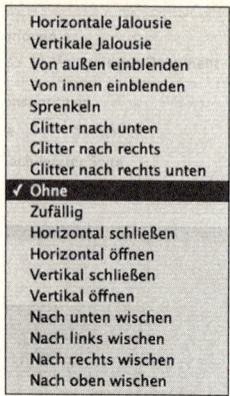

Horizontale Jalousie
Vertikale Jalousie
Von außen einblenden
Von innen einblenden
Sprenkeln
Glitter nach unten
Glitter nach rechts
Glitter nach rechts unten
✓ Ohne
Zufällig
Horizontal schließen
Horizontal öffnen
Vertikal schließen
Vertikal öffnen
Nach unten wischen
Nach links wischen
Nach rechts wischen
Nach oben wischen

Wählen Sie einen der zahlreichen Übergänge im entsprechenden Menü, um die Bilderschau aufzuwerten.

✔ Mehr Informationen zum PDF-Format finden Sie ab Seite 488.

In den Ausgabe-Optionen muss festgelegt werden, ob der Auftritt in Form eines (druckbaren) *mehrseitigen Dokuments* oder als selbständig ablaufende *Präsentation* stattfinden soll.

Für eine Bildschirmpräsentation ist anzugeben, wie lange eine Bild angezeigt wird, ob sich die Liste am Ende wiederholt und ob der *Übergang* zwischen den einzelnen Bildern mit einem Effekt versehen werden soll.

Ist die Entscheidung getroffen und *Speichern* gedrückt, öffnet sich der Dialog *Adobe PDF speichern*, mit dem Sie auch konfrontiert werden, wenn Sie ein einzelnes Dokument als PDF-Datei sichern wollen.

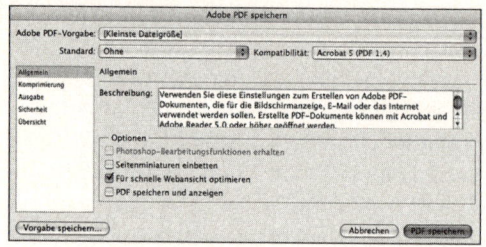

Bestimmen Sie als *Adobe-PDF-Vorgabe* eine Einstellung, die dem Anwendungszweck und Ihren Qualitätsvorstellungen entspricht.

Wenn Sie sich für ein *Mehrseitiges Dokument* entscheiden, das beim Empfänger ausdruckbar sein soll, wählen Sie als Adobe-PDF-Vorgabe eine entsprechend hohe Qualität.

Wünschen Sie eine *Präsentation*, wählen Sie am besten eine kleine Dateigröße, um das resultierende PDF über das Internet verschicken zu können und dem Empfänger keine langen Ladezeiten zuzumuten.

Sobald Sie Ihre Einstellungen mit *PDF speichern* bestätigt haben, werden alle ausgewählten Bilder in Photoshop geöffnet, gemäß den Vorgaben konvertiert und in eine einzige PDF-Datei gespeichert.

Kontaktabzug II

Zur Zeit der analogen Fotografie haben sich Fotografen Kontaktkopien ihrer Negative angefertigt oder anfertigen lassen, um einen Überblick über das aufgenommene Material zu bekommen und eine Vorauswahl zu treffen, welche Aufnahmen vergrößert werden sollen.

Auch wenn der in Photoshop angebotene *Kontaktabzug II* nur eine unvollkommene Analogie darstellt, kann mit Hilfe der ausgedruckten Bilder-Bögen doch eine Orientierung in umfangreichen Bildarchiven hergestellt werden.

✔ Der *Kontaktabzug II* ist auch bei hoher Druckqualität keine wirkliche Alternative zum analogen Kontaktbogen, weil er zum Beispiel keinen Eindruck von der Schärfe des Bildes geben kann.

Um einen Kontaktabzug herzustellen, gehen Sie wie folgt vor:
• Öffnen Sie das Dialogfeld unter *Datei > Automatisieren*.
• Im Bereich *Quellbilder* bestimmen Sie zunächst eine Auswahl von Dateien, die auf dem Kontaktbogen erscheinen sollen; das können auch die aktuell im Programm geöffneten Bilder sein.
• Im Bereich *Dokument* legen Sie das Seitenformat, die Druckauflösung und den Farbmodus fest. Bedenken Sie, dass die meisten

✔ Auch bei Verwendung einer Bilddatenbank kann es mitunter hilfreich sein, über ein gedrucktes Archiv zu verfügen.

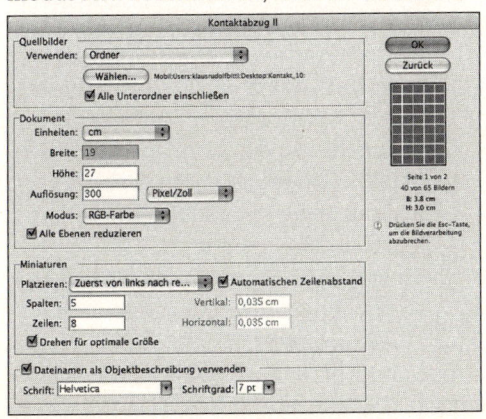

✔ In vielen Fällen reicht auch der Ausdruck auf einem s/w-Laserdrucker aus. Steht der *Modus* auf *Graustufen*, lässt sich etwas Druckzeit sparen.

Arbeitsabläufe automatisieren

Drucker nicht bis zum Rand drucken können.

Die Option *Alle Ebenen reduzieren* bezieht sich auf die Bild- und die Objektbeschreibungsebene und ist nur dann von Interesse, wenn die Kontaktbogendatei noch weiter bearbeitet werden soll.

• Unter *Miniaturen* bestimmen Sie das Layout des Kontaktabzugs. Mit *Platzieren* wird die Richtung festgelegt (von links nach rechts oder von oben nach unten), in der die Bilder angeordnet werden.

Über *Spalten* und *Zellen* bestimmen Sie zugleich auch die Anzahl der Bilder, die auf den Bogen passen. Auch in Abhängigkeit von der Druckqualität sollten die Miniaturen nicht zu klein gewählt werden, wenn der Kontaktabzug noch seinen Zweck erfüllen soll. Eine stilisierte Vorschau der Seitenaufteilung erscheint auf der rechten Seite des Dialogs.

Drehen für optimale Größe kippt Hochformatbilder in das Querformat, um mehr Motive auf der Seite unterzubringen.

Die Option *Automatischen Zeilenabstand* regelt den Abstand zwischen den Bildern selbständig. Ist der Schalter deaktiviert, lassen sich die Maße auch manuell eingeben.

• Als einzige Möglichkeit, dem Kontaktabzug schriftliche Informationen hinzuzufügen, können Sie *Dateinamen als Objektbeschreibung verwenden*.

Diese Texte sind dann im Programm editierbar, wenn die Option *Alle Ebenen reduzieren* in der Abteilung *Dokument* deaktiviert war.

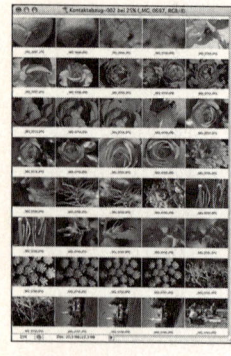

✔ Das Berechnen der Kontaktabzüge kann bei umfangreichen Bildverzeichnissen eine ganze Weile dauern.
Werden von einer Kamera parallel RAW- und JPEG-Daten aufgezeichnet, ist es meistens ausreichend, die kleineren JPEG-Dateien als Kontaktbogen zu drucken.

Nach der Bestätigung mit *OK* öffnet Photoshop alle Dateien, skaliert, dreht und montiert die Bilder. Es werden automatisch weitere Kontaktabzüge angelegt, wenn die Miniaturen nicht auf eine einzelne Seite passen.

Web-Fotogalerie

Wer ohne Programmierkenntnisse und ohne großen Aufwand eine Bildergalerie für das World Wide Web benötigt, kann eine von Photoshop erzeugte *Web-Fotogalerie* probieren.

Um eine Web-Fotogalerie anzulegen, öffnen Sie den Dialog unter *Datei > Automatisieren*.
• Wählen Sie einen *Stil* aus dem umfangreichen Untermenü. Unter den *OK / Zurück*-Schaltern erscheint eine (leider sehr kleine) Vorschau. Geben Sie eine *E-Mail*-Adresse als Kontaktmöglichkeit ein.
• Im Bereich *Quellbilder* bestimmen Sie bei *Verwenden* den Ordner, dem die Bilder entnommen werden. Da Sie keinen Zugriff auf einzelne Dateien haben, muss das Verzeichnis ggf. vor dem Auswählen sortiert werden.

Als *Ziel* muss ein Ordner benannt (oder neu angelegt) werden, der die Bilddaten und alle von Photoshop erzeugten HTML-Dokumente aufnimmt, die zur Anzeige der Galerie im Internet benötigt werden.

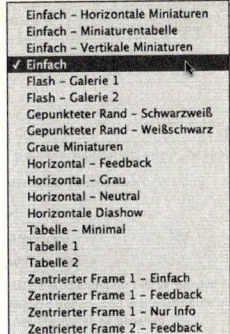

Die angebotenen *Stile* decken ein weites Spektrum ab. Verfügen Sie über HTML-Kenntnisse, lassen sich die Vorlagen weiter den eigenen Bedürfnissen anpassen. Detaillierte Hinweise dazu finden Sie in der Photoshop-Hilfe.

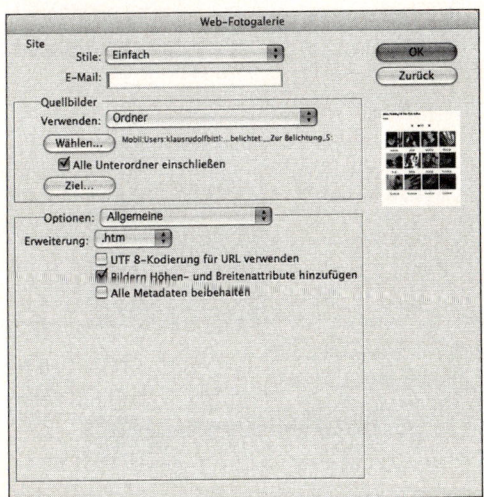

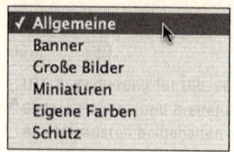

Das Untermenü der *Optionen*.

Die optionalen Kriterien, zu denen unter *Schutz* Angaben gemacht werden können.

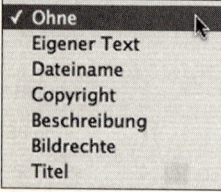

- Die *Optionen* sind in sechs Rubriken sortiert, die Sie über ein Untermenü auswählen.

Allgemeine erlaubt einige Einstellungen, die Einfluss auf die Erzeugung des HTML-Codes haben.

In *Banner* legen Sie wichtige Informationen fest, die auf der Seite zu lesen sein werden: einen Titel für den Internetauftritt, das Erstellungsdatum, den Namen des Fotografen und Kontaktinformationen. Die Schriftauswahl ist sehr eingeschränkt, um eine identische Darstellung auf verschiedenen Rechnerplattformen zu gewährleisten.

In *Große Bilder* können die Dateien skaliert werden. Vorzuziehen ist in jedem Fall der Verzicht auf diese Option – legen Sie Bildgröße und JPEG-Qualität besser selbst fest.

Für die *Miniaturen* ist das automatische Skalieren unproblematisch.

Eigene Farben lassen sich dem Seitenhintergrund und den Textlinks zuweisen.

Unter *Schutz* können kurze Texte hinzugefügt werden, die das Copyright sichern sollen.

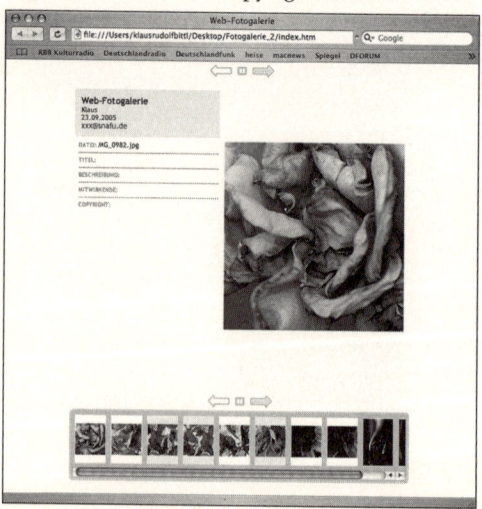

Im Beispiel der Stil *Horizontale Diashow*.

Nach dem Bestätigen des *Web-Fotogalerie*-Dialogs konvertiert Photoshop die ausgewählten Dateien, erzeugt den nötigen HTML-Code und öffnet die resultierende Galerie im Standard-Web-Browser.

20 Speicherverwaltung

Unter Mac OS X und Windows XP findet die Speicherverwaltung automatisch statt.

Unter beiden Betriebssystemen wird Photoshop standardmäßig ein Anteil des verfügbaren Arbeitsspeichers zugewiesen. Es ist in der Regel nicht nötig, diese Einstellungen im Dialogfeld *Voreinstellungen > Arbeitsspeicher & Bildcache* zu ändern.

Arbeitsvolumes festlegen

Wenn der verfügbare Arbeitsspeicher nicht ausreicht, greift Photoshop auf festgelegte Volumes (Festplatten) zu und benutzt sie zur Zwischenlagerung von Daten. Die Arbeitsvolumes legen Sie unter *Photoshop > Voreinstellungen > Zusatzmodule & virtueller Speicher* fest. Das *erste Arbeitsvolume* sollte immer Ihre schnellste Festplatte sein. Sie können insgesamt vier Arbeitsvolumes (interne oder externe Speichermedien oder Partitionen) festlegen.

Speicher entleeren

Wenn Sie in Photoshop Bildteile in die Zwischenablage kopieren oder Protokolle aufnehmen, unterteilt Photoshop den zugeteilten Arbeitsspeicher in entsprechende Einzelbereiche, die dann für andere Arbeitsschritte blockiert sind. Sind diese Speicherbereiche belegt, können ggf. andere Arbeitsschritte langsamer durchgeführt oder verweigert werden. Verwenden Sie den Befehl *Bearbeiten > Entleeren*, um einzelne oder alle Teile des belegten Arbeitsspeichers freizugeben.

✔ Bei Computersystemen mit 64-Bit-Prozessoren kann Photoshop bis zu 3,5 GB Arbeitsspeicher nutzen.

Für 32-Bit-Systeme gilt eine Beschränkung auf 2 GB.

- Arbeitsvolumes sollten sich auf einem lokalen Laufwerk befinden, der Zugriff sollte nicht über ein Netzwerk erfolgen.
- Arbeitsvolumes sollten keine Wechselmedien sein.
- RAID-Festplatten/Festplatten-Arrays sind eine sehr gute Wahl für Arbeitsvolumes.
- Ideal ist es, Photoshop als *Erstes Arbeitsvolume* eine eigene Partition oder Festplatte zur Verfügung stellen zu können.

Stichwortverzeichnis

A

Abgeflachte Kante und Relief 278
Absatztext 209
Abschwächen von
  Filtereffekten 443
Abwedler 65, 178
Additives Farbsystem 344
Adobe Illustrator 308, 383, 495
Adobe Bridge 28, 44, 67, 333, 382
Ähnliches auswählen 109
Airbrush 162, 172
Aktionen 541
Alias 12
Alle Ebenen einbeziehen 166
Alles einblenden 144
Allgemeine Füllmethode 276
Alpha-Kanäle (s.a. Kanäle)
  115, 464
  – in einen Volltonfarbenkanal
  umwandeln 523
Analog-Proof 388
Analoge Daten 13
Andruck 388
Animation 530
Ankerpunkt 18, 237
Ankerpunkt-Werkzeuge 62, 238
Anschnitt 507
Ansicht 46, 51
  – der Ebenenmaske 294
  – Ganzes Bild 48
  – Tatsächliche Pixel 48
Ansichtsgröße 22
Anti-Aliasing 166
Anziehungsabstand 52
Apple-Farbwähler 347, 372
Arbeitsbereich 61
Arbeitsdatei-Größen 56
Arbeitsfarbräume 383, 389
Arbeitsfläche drehen und
  spiegeln 147
Arbeitsfläche vergrößern 146
Arbeitsmodi 69
Arbeitspfad 219, 225
  – mit den Formwerkzeugen
  erstellen 234
  – Aus Arbeitspfad eine Form-
  ebene erzeugen 300
Arbeitsschritte 532
  – Anzahl der aufgezeichneten
  Arbeitsschritte 534
Arbeitsspeicher (RAM) 10
Arbeitsvolume 10, 555
ASCII 485
Audio-Anmerkung 193
Auf die Hintergrundebene
  reduzieren 89
Auf eine Ebene reduziert
  kopieren 122
Aufnahmebereich der
  Pipette 188
Ausbessern-Werkzeug 64, 176
Ausblenden von
  Ebenenbereichen 288, 298
Ausgabe (Drucken) 502
Ausrichten 52
Ausschneiden 116
Auswahl 97
  – aufheben 97
  – aus- und einblenden 112
  – einschränken (abziehen) 106
  – erweitern (hinzufügen) 106
  – laden 115
  – Quadratische oder runde 98
  – speichern 114
  – transformieren 112
  – umkehren 109
  – verändern 110, 111
  – vergrößern 109
  – verschieben 105
  – von der Mitte aus 98
Auswahlbereiche 97
Auswählen auf der Basis von
  Farben 421
Auswählen des gesamten
  Bildes 107
Auswählen von CMYK-
  Farben 374
Auswählen von Echtfarben 375
Auswählen von Pfaden 247
Auswahlrechteck und
  -oval 63, 98
Auswahl-Werkzeuge 63, 97
Auszoomen 46
Auszugsbeschriftung 505
Auto-Farbe, Auto-Kontrast,
  Auto-Tonwertkorrektur 406
Automatisieren 541
Autotypisches Raster 23, 500
Average-Key-Bild 397

B

Basis 273
Bearbeiten von
  – Ebenen 269
  – Kanälen 476
  – Verläufen 182
Begrenzungsrahmen
  82, 120, 247, 496
Beleuchtungseffekte 452
Belichter 499
Belichtung 164
Bereichsreparatur-Pinsel 64, 174
Beschneidungspfade 263, 485
Bewegen 116
  – von Auswahlbereichen 105
  – von Bildteilen 118
  – von Ebenen 81
  – von Kanälen 473
  – von Pfaden 252
Bewegen-Werkzeug
  53, 63, 75, 81, 118
Bikubisch 148, 150
Bikubisch glatter 148
Bikubisch schärfer 148
Bild am Monitor 22, 46
Bild duplizieren 38, 479
Bild- und Kanal-
  berechnungen 479
Bild-Menü 143
Bildauflösung 16, 20, 325
Bildgröße 20, 149, 324
Bildimport 315
Bildinformationen 28, 50, 56
Bildkomprimierung 487, 492
Bildschirmauflösung 21
Bildschirmmodus 49
Bildübersicht 481
Binärkodierung 485
Bitmap 36, 352, 357, 365, 486
Bitmap-Modus 352
Bits und Bytes 14
Blendenkorrektur 458
BMP 483
Boundingbox 82, 120
Bridge > Adobe Bridge
Browserunabhängige
  Farben 350
Buchstabenabstand 213
Buntstift 64, 171
Byte 15

C

Camera Raw 332, 334
CCD-Sensoren 317, 330
Chromalin 388
CIE-Lab-Modell 348
CMOS-Sensoren 330
CMYK-Äquivalent 374
CMYK-Modell 348
CMYK-Modus
  36, 353, 355, 504, 511
CompuServe GIF 484, 529

D

Darstellbare Graustufen 501
Darstellung von Bildern am
  Monitor 22, 46
Datei / Dokument 17
Datei, Neu 35
Datei-Informationen 33, 44, 334
Datei-Menü 27
Dateiformat 40, 483
Dateigröße 15, 25, 56
Dateinamenerweiterung 481
Datenaustausch 495
DCS 1.0 / DCS 2.0 266, 493
Deckkraft 74, 164, 443
  – der Ebenenmaske 297

- der Maske 197
- des Verlaufs 187
- von weniger als 50 % 82
Densitometer 387, 396
Dichte 387
Dichte-Skala 396
Diffusion Dither 362
Digimarc 440
Digitalkamera 330, 451, 458, 462
Digital-Proof 388, 499
Digitale Daten 13
Digitalisierung 13
Direkt-Auswahl-Werkzeug 66, 248
Distanz 54, 192
Dither / Dithering 362, 370, 530
DNG 494
Dokumentprofil 56
Dreh- und Neigungswinkel 55
Drehen 113, 138, 256
Droplet 548
Drucken 499, 502, 510
- Einzelne Kanäle oder Ebenen 502
Druckfarbenarten 384
Druckkennlinien 386, 509
Druckoptionen 502
Druckpunktzuwachs (s. a. Tonwertzuwachs) 387
Duplex 353, 375, 517
Duplex-Modus 359
Duplizieren
- von Bildern 38
- von Ebenen 80
- von Kanälen 470
Durchschnittsbild 397

E

Ebenen 71, 167
- aktivieren 75
- anzeigen 75
- ausrichten 83
- automatisch wählen 75, 81
- duplizieren 80
- erstellen 286
- (in Dateien) exportieren 96
- Hinzufügen neuer Ebenen 75
- reduzieren 88
- sichtbare auf eine Ebene reduzieren 89
- Stapelreihenfolge 77
- stempeln 91
- umbenennen 76
- verteilen 85
- verbundene ausrichten 83
Ebenen-Palette 74
Ebenendeckkraft 270
Ebeneneffekte 274
- Einstellungsoptionen 280
- entfernen 284
- kopieren und einfügen 283
- skalieren 284
Ebeneneigenschaften 76, 287

Ebeneninhalt ändern 435
Ebeneninhalt auswählen 108
Ebenenkompositionen 311
Ebenenmaske 288
- anwenden oder löschen 296
- auf andere Ebene kopieren 295
- ausschalten 294
- bearbeiten 291
- hinzufügen 290
Ebenenmaske und Vektormaske kombinieren 301
Ebenenminiatur 96
Ebenenmodus 270
Ebenenset > Gruppe
Ebenenstil 275, 283, 285
Ebenentransparenz 107, 272
Echtfarben 349, 375
Eckiger Verlauf 180
Eckpunkt 237
Effektebenen 71, 74, 80, 274
Effizienz 57
Eigenes CMYK 384,385
Eigenes Muster (Bitmap) 364
Eigenes Muster definieren 128
Einfügen 116, 123
Einfügen bei unterschiedlichen Auflösungen 124
Einfügen in eine andere Auswahl 123
Eingebettete Profile 390
Einstellungen-Menü 399
Einstellungsebenen 71, 74, 403, 429
Einzelne Zeile / Einzelne Spalte 98
Einzoomen 46
Entfärben 422
Entfernung 54
EPS 266, 484, 496
EPS-Optionen 485
Erneut transformieren 141
Erneut wählen 107
Erweiterte Füllmethode 276
Euroskala oder Eurostandard 348
EXIF 29, 334
Extrahieren 199
Extras 51

F

Fadenkreuz 69
Farb-Palette (GIF) 529
Farb-Proof 388
Farbaufnehmer 61, 190
Farbbereich auswählen 428
Farbe ersetzen 422
Farbe-ersetzen-Werkzeug 62, 172
Farbeffekte 421
Farbempfindung 342
Farben 342, 381, 421
Farben auswählen 372, 376
Farben vertauschen 68
Farbfelder-Palette 376

Farbkanäle 351
Farbmanagement 381
- Richtlinien 390
Farbmischung 344
Farbmodelle 346, 374
Farbmodi / Farbmodus 36, 351, 353
Farbprofil 56
Farbräume 345
Farbregler-Palette 397
Farbreproduktion 342
Farbskala und Farbbalance 505
Farbstich entfernen 415
Farbsysteme 344
Farbtabellen 366
- bearbeiten 371
Farbtiefe 16, 25, 319, 323, 353
Farbton 347
Farbton / Sättigung 418
Farbüberlagerung 282
Farbumfang 345
Farbumfangwarnung 355, 374, 392
Farbverfälschung 395
Farbeinstellungen 382
Farbwähler 372
Farbwert 15, 134, 352
Fasern 437
Fenster-Menü 60
Film 316, 385, 499
Filter 436
Filtergalerie 441
Fixieren 74, 167, 272
Fläche füllen 127
Fluchtpunkt-Werkzeug 204
FOCOLTONE 350
Formate 480
Formebenen 71, 224, 301
- rastern 232
Formen ausrichten und verteilen 231
Form-Werkzeuge 66, 224
Fotofilter 425
Fotos freistellen und gerade ausrichten 329
Frei transformieren 140
Freiform-Zeichenfeder 66, 240
Freistellen 199
Freistellen (Beschneiden) 143
Freistellungs-Werkzeug 63, 152
Freistellungspfade 263
Frequenzmodulierte Raster 23
Füll-Werkzeug 65, 178
Füllebenen 429, 434
- Muster 435
- Verlauf 434
- Volltonfarbe 434
Fülloptionen 276
Für Web speichern 528

G

Gamma-Korrektur 393
Gamma-Wert 384, 393, 397, 401

GCR 513
Gerasterte Formen 231
Geräteauflösung 24, 500
Gerätepixel, Gerätepunkt 23, 265, 500
Gesamtfarbauftrag (GFA) 513, 515
GIF-Format 484, 529
Glanz 282
Glätten 166
Gleiche Farbe 424
Globaler / Lokaler Lichteinfall 280
Gradationskurven 386, 401, 421
Grafikkarte 11
Graubalance 386, 398
Graustufen 36, 353
Graustufenbild umwandeln 361, 366
Graustufenmodus 354
Grundfarben 344
Gruppe (Ebenenset) 70, 74, 92
Gruppen automatisch wählen 81
Gruppeneigenschaften 287
(Neue) Gruppe aus Ebenen 94
(Neue) Gruppe erstellen 93
Gruppe 92, 94
 – anzeigen 93
 – umbenennen 92
 – Hindurchwirken 93, 270

Halbtonbilder 23, 499
Hardware-Kalibrator 381
Harte Mischung 136
HDR 57, 414
Helligkeit 347
Helligkeit / Kontrast 420
Helligkeitswert 15
Herunterrechnen 150
Hexadezimales Zahlensystem 350
High-End-Scan 316
High-Key-Bild 397
Hilfe 59
Hilfslinien 52
Hilfsmittel 46
Hindurchwirken 93, 270
Hintergrund 71, 142
Hintergrund-Radiergummi 65, 169
Hintergrundfarbe 68
Histogramm 336, 399, 405
Histogramm-Palette 55
HKS 349
Hochrechnen 150
Horizontaler Text 208
Hot Spot 69
HSB / HSV-Modell 347

ICC-Standard 381
In die Auswahl einfügen 123
In Profil konvertieren 391

Indizierte Farben 353, 358, 366
Info-Palette 54, 403
Inhaltsebenen 71
Intensität 347
Interpolation 147, 510
Interpolierte Auflösung 319

JPEG 246, 332, 462, 485, 531
JPEG 2000 488

Kalibrierung 393
Kanäle
 – anzeigen 466
 – auswählen 465
 – filtern 445
 – kopieren 471
 – laden 474
 – teilen 479
Kanalmixer 426
Kerning 213
Kilobyte (K) 26
Klassifizierung von Vorlagen 379
Kolorieren 421
Kombinieren (Pfade oder Formen) 249
Komprimierung 487, 492
Kontaktabzüge II 551
Kontext-Menü 59
Kontrast in den Mitteltönen korrigieren (Gradationskurven-Dialog) 412
Kontur (Ebeneneffekte) 282
Kontur füllen 132
Konvertierungsoptionen 391
Kopie einer Datei speichern 41
Kopieren 116
 – Auf eine Ebene reduziert kopieren 122
 – durch Drag and Drop 125
 – einer Auswahl beim Bewegen 121
 – und Ausschneiden über die Zwischenablage 121
 – von Ebenen zwischen Bildern 85
 – von Pfaden 253
Kopierstempel > Stempel
Körperfarben 343
Kunstfilter und Malfilter 437, 447
Kunstprotokoll-Pinsel 64, 539
Kurvenpunkt 237
Kurzbefehle für Korrektur-Dialoge 400

Lab-Modus 36, 353, 358
Lasso 63, 99
Laufweite 215
Lichter und Tiefen festlegen
 – (Auto-Farbe bzw. Auto-Tonwertkorrektur) 406
 – (mit den Tonwertkorrektur-

Reglern) 409
 – (mit Zielwerten) 408
Lichtfarben 344
Lineale 50
Linearer Verlauf 180
Linie (Formwerkzeug) 60, 66, 224
Low-Key-Bild 397
Luminanz 358
LZW-Komprimierung 492

Magischer Radiergummi 62, 65, 170
Magnetische Hilfslinien 53
Magnetische Zeichenfeder 62, 242
Magnetisches Lasso 62, 101
Mal- oder Bearbeitungsmodus (Modus) 133, 166
 – für Ebenen und Gruppen 270
Mal- und Bearbeitungs-Werkzeuge 156
Malen mit einem früheren Arbeitsschritt oder Schnappschuss 539
Maße 50
Maßeinheiten 35
 – Kürzel 99, 133
Maske der Einstellungsebene 431
Masken 194, 288, 298
Maskierungsmodus 69, 194, 477
 – als Auswahl-Werkzeug 195
Matchprint 388
Megabyte (M) 26
Mehrere Ebenen
 – bewegen 82
 – transformieren 141
Mehrkanal-Modus 359
Menü Bearbeiten 121
Menübefehl einfügen (Aktionen) 544
Mess-Werkzeug 66, 191
Metadaten 28, 33, 334
Mitteltöne abdunkeln (Tonwertkorrektur- o. Gradationskurven-Dialog) 411
Mitteltöne aufhellen (Tonwertkorrektur- o. Gradationskurven-Dialog) 410
Modalsteuerung (Aktionen) 542, 546
Modus (Mal- oder Bearbeitungsmodus) 133, 166
 – für Ebenen und Ebenensets 270
Modus Indizierte Farben 353, 358
Moiré 327
Monitor-Kalibrierung 393
Monitorfarben 346

Muster 128
Muster festlegen 128, 364
Mustergenerator 130
Mustersätze 128
Musterstempel 64, 176
Musterüberlagerung 282

Nachbearbeiten von einkopierten Bildteilen 273
Nachbelichter 65, 178
Nachtbild 397
Nasse Kanten 162
Navigator-Palette 48
Negativ (Drucken) 506
Neigen 114, 139
Neu-Dialog 35
Neuberechnung 147, 150
Neue Ebene 75
 – durch Ausschneiden 77
 – durch Kopie 77
Neue Formebene mit Zeichenfeder 240
Neue Pinselvorgabe 157
Neuer Pfad 238
Neuer Volltonfarbenkanal 521
Neues Dokument 35
Notizen 193
Nullpunkt 50

Öffnen von Dokumenten 27, 28
OpenType-Fonts 217
Optimales Scannen 322
Optische Auflösung 318

Paletten 60
Paletten-Optionen 96
Palettengruppen 61
Palettenpositionen zurücksetzen 67
Palettenraum 67
Palettenreiter 60
Panorama-Bilder 460
PANTONE-Farben 349
Papierformat 57, 503
Passermarken 505
PCX 488
PDF 308, 488, 497
PDF-Präsentation 549
Perspektivisch verzerren 114, 139
Pfad 233
 – auswählen 238
 – Aus Pfad eine Formebene erzeugen 301
 – beenden 241
 – Geschlossener und offener 238
 – in Vektormaske umwandeln 300
 – löschen 255
 – transformieren 256
Pfad-Auswahl-Werkzeuge 62, 247
Pfade oder Formen kombinieren 249
Pfade in Grafikprogramme exportieren 498
Pfade-Palette 235
Pfadfläche füllen 257
Pfadkontur füllen 258
Pfadtext 222
Pfeilspitzen 230
Pfeiltasten 105
Photomerge 460
Photoshop-Dateien in Zeichen- und Layoutprogramme integrieren 498
Photoshop-Farbwähler 372
Photoshop-Format 483
Photoshop-2.0-Format 489
Photoshop-RAW 489
PICT-Datei 490
Pinsel 64, 156, 172
Pinselform 158
Pinselvorgaben 156
Pipette 66, 190
Pipette einstellen 403
Pixel 16
Pixel füllen 225
Pixelbilder 17
PNG 491, 531
Polygonformen 230
Polygonlasso 63, 100
Position des Bildes auf dem Papierformat 57, 503
PostScript 264, 484, 501
Profil zuweisen 391
Programm beenden 39
Programmoberfläche 34
Proof 388
Protokoll 532
Protokoll-Pinsel 64, 539
Prozessfarben 349
Punkt (Maßeinheit) 50
Punkttext 209

Radialer Verlauf 180
Radiergummi 64, 168
Rand (Drucken) 507
Raster 23, 52, 325, 499
Rastereinstellung 363
Rasterpunkt 23, 500
Rasterpunktform 509
Rasterung 507
Rasterweite 23, 325, 501
Rasterwinkel (Standard-) 508
Rasterzelle 500
Rautenförmiger Verlauf 181
RAW-Format 322, 334, 489, 494
Rechenoperation 134
Referenzbild 387
Reflektierter Verlauf 181
Reiter 60
Relief-Kanal 454

Rendering-Filter 437, 452
Reparatur-Pinsel 64, 173
Reproduktion von Bildern 395, 452, 511
RGB-Farbwürfel 350
RGB-Modell 346
RGB-Modus 36, 353, 357
RIP 501
RLE-Komprimierung 492
Rote-Augen-Werkzeug 64, 175
Rotmaske 197, 294
Rückgängig 116
Rückgängig machen und Wiederherstellen 532

Samplingfaktor 325
Sättigung 347
Sättigung verringern 422
Scannen 315, 395
Scannen gerasterter Vorlagen 327
Scanner 315
Scanner-Software 320
Schachbrettmuster 36
Scharfzeichner 65, 177
Scharfzeichnungsfilter 437, 456
Schatten nach innen 278
Schein nach außen 278
Schein nach innen 278
Schichtseite 507
Schlagschatten 278
Schließen von Dokumenten 39
Schmuckfarben > Volltonfarben
Schnappschuss 535
Schneebild 397
Schnitt- und Falzmarken 505
Schnittmasken 302
Schnittmenge auswählen 106
Schriftart 211
Schriftgröße 212
Schriftschnitt 211
Schwamm 66, 178
Schwarzaufbau 513
Schwebende Auswahl 119, 272
Schwellenwert 362, 365, 427
Scitex CT 491
Segment 237
Seite einrichten 506
Selektive Farbkorrektur 419
Selektiver Scharfzeichner 457
Separation 512
Separationen (Farbauszüge) drucken 504
Skalieren 113, 138
Slice-Werkzeug 63
Sliceauswahl-Werkzeug 64
Smart Objekte 305
Soft-Proof 392
Sonstige Filter 440
Spalten 36, 51
Speicher entleeren 555
Speicherformat 483

Stichwortverzeichnis 559

Speicherverwaltung 555
Speicherzuteilung 555
Spiegeln 139
Standard (Werkzeugzeigerdarstellung) 70
Standardfarben 68
Standardmodus 69
Stapelreihenfolge von
- Ebenen 77
- Gruppen 92
Stapelverarbeitung 340, 541, 547
Stempel 64, 176
Stile-Palette 284
Stilisierungsfilter 438
Störungen reduzieren 462
Störungsfilter 438, 447
Strichzeichnungen 326
Strukturierungsfilter 438, 447
Subtraktives Farbsystem 344
Systemanforderungen 11

T

Tags 390
TARGA 491
Tastaturbefehle und Menüs 58
Text 208
Text glätten 212
Text rastern 218
Textebenen 71, 208
Textformatierung 213
Textmaskierungswerkzeug 208
Text-Palette
- Absatz 215
- Zeichen 212
Textverkrümmung 222
Text-Werkzeug 66, 208
Tiefen/Lichter 413
Tiefenschärfe abmildern 451
TIFF 492
Timing 57
Tontrennung 427
Tonwertangleichung 427
Tonwertkorrektur 399
Tonwertspreizung 400
Tonwertumfang 395
Tonwertzuwachs 387, 509
Tracking 213
Transformieren
- von Auswahlbereichen 112
- von Bildteilen 137
- per Eingabe 140
- von Ebenen 137
- von Pfaden 256
Transparente Bereiche 444
Transparente Bereiche schützen 272
Transparenz 36, 370, 530
Transparenzmaske 107
TRUEMATCH 349
Typografische Sonderzeichen 215

Ü

Überfüllung 516

Überlagern 136
Überlappungsoptionen 228
Überstehender Ebeneninhalt 86, 144
UCR 513
Umgekehrt multiplizieren 135
Umkehren 427
Umwandeln
- vom RGB- in den CMYK-Modus (Farbseparation) 366, 504
- in den Bitmap-Modus 361
- in Indizierte Farben 366
- von Auswahlbereichen in Pfade 261
- von Ebeneneffekten in Ebenen 286
- von Pfaden in Auswahlbereiche 259
Unbuntaufbau (GCR) 513
Undefinierte Bereiche 404
Unscharf maskieren (USM) 456
Unterfarbenrücknahme (UCR) 504
Unterfarbenzugabe (UCA) 503

V

Variationen 420
Vektorbilder 18
Vektorgrafiken in Photoshop verwenden 495
Vektormasken 233, 298, 300
Verändern von Bildgröße oder Bildauflösung 147
Verändern von Dokumentgrößen 143
Verbiegen-Filter 448
Verbindung zwischen der Ebene und Ebenenmaske 295
Verblassen 160, 443
Verbundene Ebenen 82
Verflüssigen 202
Vergrößerungsfilter 438
Verkrümmen 140, 142
Verkrümmen von Text 220
Verläufe bearbeiten 182
Verlaufstyp
- Durchgehend 182
- Störung 189
Verlaufsüberlagerung 282
Verlaufsumsetzung 422
Verlauf-Werkzeuge 65, 179
Verschiebehand 48, 66
Verschwärzlichung 398
Versetzen-Filter 450
Version Cue 42
Vertikaler Text 208
Verzerren 114, 139
Verzerrungsfilter 439, 445, 448, 450
Videofilter 439
Vierfarbdruck 508
Vierfarbskala 348

Virtueller Speicher 555
Volltonfarben (Echtfarben) 375
Volltonfarbenkanäle 520
- bearbeiten 524
- speichern, drucken und exportieren 526
- Aussparungen erzeugen 524
Vordergrundfarbe 68
Voreinstellungen
- Allgemeine 61, 117
- Bildschirm- & Zeigerdarstellung 69
- Dateien verarbeiten 492
- Farbwähler 347, 372
- Hilfslinien und Raster 52
- Interpolation 148
- Kompatibilität für Photoshop-PDS-Dateien 482
- Maßeinheiten und Lineale 50
- Standardpalettenpositionen 60
- Tastaturzoom 46
- Tastaturbefehle 58
- Zusatzmodule & Virtueller Speicher 555
- Zwischenablage exportieren 121
Vorgaben-Manager 129, 165

W

Web-Fotogalerie 553
Web(-sichere) Farben 350, 374, 529
Weiche Auswahlkante 98
Weichzeichner 65, 177
Weichzeichnungsfilter 439, 444
Werkzeug-Kurzbefehle 63, 156
Werkzeug-Optionen 67, 156, 164
Werkzeug-Palette 62
Werkzeugspitzen > Pinsel
Werkzeugvoreinstellungen 165
Werkzeugzeigerdarstellung 69
Windows-Farbwähler 347, 272
Winkel 54
Wischfinger 65, 177

Z

Zauberstab 63, 103
Zeichenfeder 66, 243
Zeichenfilter 440, 447
Zeilenabstand 212
Ziel-Gamma-Wert 393
Zoll (Maßeinheit) 20, 24, 35, 99
Zoomstufe-Eingabefeld 48
Zoom-Werkzeug 46, 66
Zusammenfassen von Ebenen in Gruppen 92
Zusatzmodule 436, 463, 555
Zusatzmodule (Plug-Ins) installieren 463
Zuschneiden 144